tomato 패스

기본서 반영 최신 개정판

무역 / **모**든 것에 대한 / **한** 가지 솔루션

무모한
국제무역사
2급
초단기완성

STEP.01 핵심이론

심하룡 편저

tomato TV 방송용 교재

- **압도적 합격률**, 토마토패스의 국제무역사 2급 전문 교재
- **시험에 나오는 부분만 효율적으로**, 시간과 비용의 최소화!
- 모든 과목을 Chapter로 분류, **전문성 있는 내용과 족집게 구성**
- STEP 1(핵심이론) + STEP 2(기출유사문제) + STEP 3(협약집)의 단계별 학습

저자직강 동영상강의 www.tomatopass.com

예문사

기본서 반영 최신 개정판

무역 / **모**든 것에 대한 / **한** 가지 솔루션

무모한

국제무역사
2급
초단기완성

STEP. 01 핵심이론

심하롱 편저

PROFILE
저자약력

심하롱

前) 관세법인 정민국제 수출입통관팀
前) 관세법인 지오 관세환급 팀장
前) 중소기업 수출 컨설턴트
前) 중소기업 글로벌전략마케팅 역량강화 강사
現) 코스맥스(주) 구매팀
現) 토마토패스 무역전문교수
국제무역사, 원산지관리사, 보세사, 물류관리사 등 자격증 21종 보유

무모한 교실 **Blog** | http://blog.naver.com/hrshim2646
E-mail | hrsim2646@naver.com

※ 추신
무모한 교실(무역, 모든 것에 대한 교실) 블로그를 통해 교재와 강의에서 다루지 못한 부분들과 실시간 개정사항, 출제 유력 문제풀이, 그 외 궁금증들을 해소할 수 있도록 여러분과 소통하고자 합니다.
아래의 블로그를 통해 여러분들의 필요한 부분을 마저 채워 드릴수 있기를 바랍니다.
무모한 교실 **Blog** | http://blog.naver.com/hrshim2646

우리나라 기업은 대부분이 무역회사이며, 무역은 우리 일상생활에서도 필수불가결한 것입니다. 대부분의 대학교에 국제통상, 무역학과가 개설되어 있고 세계 흐름에 맞추어 국제무역의 중요도가 높아짐에 따라 무역에 대한 관심은 갈수록 높아지고 있습니다.

이러한 상황에서 무역에 대한 기본 소양을 갖추고 전문적인 무역인으로 발돋움하는 데에 국제무역사라는 자격증은 충분한 지식을 제공하는 자격증입니다. 본 저자 역시도 국제무역사라는 자격증을 처음 취득하면서 무역에 대한 관심이 생겨 현재 무역업에 종사하고 있으며 실무에서도 국제무역사 자격증을 취득할 때 공부했던 많은 이론들을 활용하고 있습니다.

자격시험은 자격증 취득이라는 명백한 목표가 존재하는 만큼 "출제가 예상되는 문제"를 풀이하는 방법이 가장 중요하고, 또 효과적입니다. 따라서 본서는 이론을 최소화하고 기출 유사문제에 중점을 두었으며, 실무 협약에서 빈출되는 협약집을 별도 구성하여 협약을 더 효과적으로 숙지할 수 있도록 하였습니다.

자격증이나 시험은 취득하고 합격여야 의미가 있으며, 따라서 무작정 많은 이론 공부보다는 문제풀이에 집중한 합격을 목표로 하여야 합니다.

본서에서는 실제 시험에서 출제가 될 가능성이 높은 기출 유사문제를 중점적으로 다루고 있습니다. 본서를 통해 공부하는 분들께서는 Step1의 이론을 대략적으로 살펴보고, Step2를 통해 문제에 익숙해 진 후 Step3의 협약집을 충분히 숙지하고 가면 국제무역사 취득에 한 걸음 앞서 가실 수 있을 것입니다.

부디 본서가 수험생 여러분들의 도움이 되길 바랍니다.

편저자 심하룡 배상

시험명

국제무역사 2급(International Trade Specialist)

시험내용

국제무역사 2급 자격시험은 현장 실무 위주의 "초급 무역인력 양성"을 위하여 시행하는 자격시험입니다. 무역 현장에서 필요한 실무지식을 검증하는 자격시험입니다.

응시정보

- **응시자격 :** 제한없음
- **시험방법 :** 객관식 4지선다형
- **시험준비물 :** 수험표, 신분증, 필기도구 및 일반 계산기
- **시험장소 :** 매 과목을 100점 만점으로 하여 과목별 40점 이상, 평균 60점 이상 획득 시 합격

과목구성

과목명	세부내용	배점	시험시간
1교시(60분) 09:30~10:30	무역법규/통관 무역계약/운송보험	기본 무역규범 수출입 통관절차 무역계약 운송/보험	객관식 60문항 (4지선다형)
2교시(60분) 10:45~11:45	무역결제/무역영어 무역서식/실무사례	대금결제 무역영어 무역서식 해석 및 작성요령 실무 사례	객관식 60문항 (4지선다형)
계		100점	120분

도서 활용법

기존의 국제무역사 수험서들은 방대한 이론들을 보기 좋게 나열하기만 하여, "본 도서는 시험범위에 해당하는 내용을 모두 수록하였으니 학습자는 알아서 학습해라"는 식의 구성이 될 수밖에 없었습니다.

본 도서는 다음과 같이 총 3권으로 구성되어 있습니다.

정말 시험에 나올 부분만 핵심 요약한 이론파트	기출문제를 기반으로 이 부분 외에서는 출제가 되지 않는다는 확신을 가지고 만든 문제파트	국제무역사의 기본이자 가장 중요한 부분이라 할 수 있는 협약집
[STEP 1]	**[STEP 2]**	**[STEP 3]**

이같은 구성으로 국제무역사 취득에 있어 가장 효율적이고 가장 확실한 학습방법을 제시하고 있습니다.

머리말에도 밝혔듯이 자격시험은 자격증 취득이라는 뚜렷한 목표가 있으므로 "출제가 예상되는 문제"를 풀이하는 방법이 가장 효과적입니다.

국제무역사 2급. 가장 확실한 부분의 이론만을 학습하시고, 가장 유력시되는 부분의 문제만을 풀어보며, 시간과 효율성을 극대화하는 협약집까지 함께한다면 국제무역사 2급의 합격은 그만큼 가까워질 것입니다.

기존 국제무역사 수험서 중 가장 합리적인 구성이라 자부할 수 있는 본 도서와 함께 반드시 시험에 합격하시기 바랍니다.

한눈에 보는
Incoterms 2020

■ : 매도인의 의무　■ : 위험　■ : 비용　■ : 부보(Insurance)

INCOTERMS® 2020	수출 통관	공장	수출국	선측	수출항	수입항	수입국	양하	관세	수입 통관	
EXW Ex Woks	매수인									매수인	
FCA Free Carrier	매도인									매수인	
FAS Free Alongside Ship	매도인									매수인	
FOB Free on Board	매도인									매수인	
CFR Cost and Freight	매도인									매수인	
CIF Cost, Insurance Freight	매도인									매수인	
CPT Carriage Paid To	매도인									매수인	
CIP Carriage Insurance Paid to	매도인									매수인	
DAP Delivered at Place	매도인									매수인	
DPU Delivered at Place Unloaded	매도인									매수인	
DDP Delivered Duty Paid to	매도인									매도인	

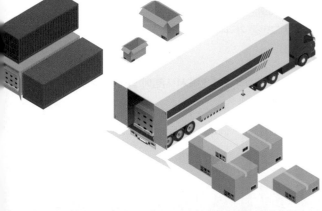

인도조건	특 징
공장인도	인도 : 매도인의 구내 또는 수출국내 합의한 지정 장소에서 인도 ※ 매도인의 최소, 매수인의 최대부담조건
운송인인도	인도 : (1) 매도인의 구내 : 매수인의 운송수단에 적재 (2) 그 외 장소: 매도인의 운송수단에 적재된 상태 ※ 매도인이 선적선하증권을 발행하도록 지시 합의 가능
선측인도	인도 : 지정선적항의 매수인이 지정한 선박의 선측 또는 바지선에 적재
본선인도	인도 : 선적항에서 본선에 적재가 되거나 또는 조달된 상태
운임포함인도	인도 : 선적항에서 본선에 적재가 되거나 또는 조달된 상태 ※ 매도인 목적항까지의 운임부담
운임 · 보험료포함도	인도 : 선적항에서 본선에 적재가 되거나 조달된 상태 ※ 매도인의 목적항까지의 운임 및 보험부보(최소담보조건 ; ICC C또는 FPA)
운송비지급인도	인도 : 매도인과 계약을 체결한 운송인에게 물품을 교부하거나 조달한 때 ※ 매도인 목적항까지의 운임부담
운송비 · 보험료 포함인도	인도 : 매도인과 계약을 체결한 운송인에게 물품을 교부하거나 조달한 때 ※ 매도인 목적항까지의 운임 및 보험부보(최대담보조건 ; ICC A 또는 A/R)
도착지인도조건	인도 : 지정목적지의 합의된 지점에서 도착운송수단에 실어둔 채 양하준비된 상태로 매수인의 처분하에 놓인 때
도착지양하인도조건	인도 : 지정목적지의 합의된 지점에서 도착운송수단에서 양하된 상태로 매수인의 처분하에 놓인 때 ※ 매도인 양하의무 조건
관세지급인도조건	인도: 지정목적지의 합의된 지점에서 도착운송수단에 실어둔 채 양하준비된 상태로 매수인의 처분하에 놓인 때 ※ 매도인 수입통관절차 수행 ※ 매도인의 최대, 매수인의 최대부담조건

CONTENTS
차례

PART 01
무역실무

tomato 패스

무역실무

- **검정목표** 무역절차 전반에 대한 이론적 이해와 실무에 입각한 무역실무 지식 함양을 검정목표로 하며, 계약, 결제, 운송, 보험 및 실무에 사용되는 서류의 서식과 무역용어, 무역영어의 숙지능력을 측정

- **주요 검정내용**
  - **계약론**
    - 계약의 성립과정과 계약서의 각 조항의 이해 및 사례를 통한 해석과 적용
    - 국제규칙인 Incoterms®2020 및 CISG(비엔나협약)의 숙지
    - 클레임에 따른 계약 종료시 분쟁 해결절차 및 중재의 장점 및 특징

  - **결제론**
    - 송금, 추심, 신용장 및 환어음, 기타 결제방식의 각 특징과 절차의 이해
    - 신용장통일규칙(UCP600) 및 국제은행표준관습(ISBP745)의 숙지를 통한 실무 사례 적용

  - **운송론**
    - 해상운송 및 복합운송의 특징과 운송절차
    - B/L의 특징 및 타 운송증권과의 비교
    - 운송관련 협약의 숙지 및 운송인의 책임한도

  - **보험론**
    - 적하보험의 개념과 보험용어, 사례에 따른 담보약관 및 면책약관 암기
    - 협회적하약관(ICC) 및 영국해상보험법(MIA)의 숙지

  - **무역영어**
    - 무역서신의 작성요령, 순서배열, 및 문법
    - 무역실무에 적용되는 협약의 원문 표현 숙지

CHAPTER 01 계약론

SECTION 1 무역계약의 기초

1. 무역거래의 개요

무역이란 국가 간 영업소를 둔 당사자 간의 거래를 말하며, 무역을 통해 이익을 실현하기 위하여 시장 조사를 거쳐 무역계약을 맺고 이행하여 종료된다. 무역거래의 흐름은 아래와 같다.

> 시장조사 → 계약성립 → 종속계약체결 → 계약의 이행 → 계약의 종료
>
> ① 시장조사 : 인터넷 또는 직·간접 조사를 통해 해외 거래처를 발굴하여 거래를 제의한다.
> ② 계약성립 : 청약(Offer)과 승낙(Acceptance)을 통해 계약을 성립하고, 계약서를 작성한다.
> ③ 종속계약체결 : 수출입자 상호 간 합의하여 작성한 계약서의 계약사항을 이행하기 위하여 제3자(운송인, 보험회사, 은행)와 종속된 계약을 체결한다.
> ④ 계약의 이행 : 물품인도와 대금지급의무를 이행한다.
> ⑤ 계약의 종료 : 물품을 수령하고, 대금을 수취하거나 상대방 의무의 불이행에 따른 클레임을 제기한다.

2. 매매계약의 성립 과정

(1) 계약의 성립을 위한 사전 단계

무역계약은 청약자(매매를 제의하는 자)와 피청약자(청약을 받는 자)의 청약과 승낙으로 이루어진다. 이러한 청약과 승낙이 이루어지기 위하여 거래당사자는 상대방(해외거래처)을 발굴하고 조사하는 사전단계를 거치게 된다.

(2) 무역계약 성립 과정

① 해외시장 조사(Overseas Market Research)

② 거래 제의(Business Proposal) / 거래권유장(Circular letter) 송부

③ 거래 조회(Trade Inquiry) → 거래 회신(Reply to the Inquiry)

④ 신용조회(Credit Inquiry)

⑤ 청약(Offer)

⑥ 반대청약(Counter Offer)

⑦ 승낙(Acceptance)

⑧ 계약서 작성

3. 신용조회의 3C

신용조회란 거래상대방의 재정상태, 영업능력 등을 사전에 조회하여 확인하는 과정을 말한다.

(1) 3C's : Character(성실성, 영업능력), Capital(재정상태), Capacity(영업능력)

(2) 5C, 7C : 3C + {Country(정치 · 경제적 상황), Currency(통화), Condition(거래조건), Collateral(담보력)}

4. 청약(Offer)

(1) 청약의 개념

청약은 거래의 직접적인 제안을 하는 것으로서 수출자도, 수입자도 할 수 있다. 청약은 Selling Offer(팔고 싶습니다) Buying Offer(사고 싶습니다) 등 상대방의 승낙(Acceptance)에 의해 계약이 성립되는 출발점이다.

(2) 청약의 종류

청약은 크게 확정청약과 불확정청약으로 나뉘게 되며, 확정청약은 상대방의 승낙만으로 계약이 성립되나, 불확정청약은 상대방(피청약자)의 승낙이 있더라도 다시 원청약자의 확인이 있어야 계약이 성립된다. 또한 동시에 청약을 하는 교차청약(Cross Offer)과 상대방의 청약에 조건을 변경/추가하여 다시 청약하는 반대청약(Counter Offer)도 있다.

① Firm Offer(확정청약)

㉠ 청약자(Offerer)가 청약기간에 대하여 승낙회답의 유효기간을 정하고 있는 청약을 말하며, 유효기간을 정하지 않더라도 그 청약이 확정적(Firm) 또는 취소불능(Irrevocable)이라는 표시가 있으면 확정청약으로 간주한다.

㉡ 확정오퍼는 유효기간이 경과하거나 상대방의 거절의사표시로 인하여 효력을 상실하며, 유효기간 내에 상대방이 승낙통지를 하면 계약이 체결된 것으로 간주한다.

> **T / I / P** 국제물품매매계약에 관한 UN협약(CISG)상 청약의 확정력에 필요한 최소 조건
> ・물품(Goods)　　　　・수량(Quantity)　　　　・가격(Price)

> **T / I / P** 확정청약 특징
> ・유효기간(Validity) 표기, 유효기간 경과 시 자동 효력 소멸　　・Firm(확정), Irrevocable(취소불능) 명기
> ・변경, 취소, 철회의 불가능　　　　　　　　　　　　　　　　・상대방의 승낙에 계약체결이 구속됨

② Free Offer(불확정청약 ; 자유청약), Conditional Offer(조건부청약)

㉠ 청약자가 청약 시에 승낙 · 회답의 유효기간이나 확정적(Firm)이라는 표시를 하지 아니한 청약이다. 이는 상대방이 승낙을 하기 전까지는 청약자가 청약내용을 일방적으로 철회하거나 변경할 수 있으며 피청약자(Offeree)의 승낙이 있어도 청약자가 이를 수락한다는 청약자의 최종확인(Final confirmation)이 필요하다.

 ⓛ Conditional Offer(조건부청약)는 청약내용에 어떤 조건이나 단서가 붙는 것을 말하며 형식적으로는 불완전청약이나 엄밀한 의미에서는 청약의 유인에 지나지 않는다. 이러한 조건부청약은 다음과 같이 분류된다.

조건부청약의 유형	조건부청약의 특징
최종확인조건부 청약 (Offer subject to final confirmation)	피청약자가 승낙하여도 청약자가 최종적인 수락확인을 하지 않으면 계약이 성립되지 않는 조건부청약이다.
재고잔류조건부청약 (Offer subject to being unsold)	승낙의 의사표시가 청약자에 도달했을 때 재고가 남아 있는 것을 조건으로 하는 청약이다.
반품허용조건부 청약 (Offer on sale or return)	송부한 물품을 판매하고 잔품에 대하여 반품을 허용하는 조건·서적 등 정기간행물의 판매에 적합하다.
선착순판매조건부 청약 (Offer subject to prior sale)	피청약자의 승낙에 대하여 선착순으로 계약이 성립하게 되는 조건이며 동시에 다수 거래선에 청약을 할 경우에 사용된다. 'Stock Offer'라고도 한다.
시황변동조건부 청약 (Offer subject to market fluctuation, Offer subject to market situation)	청약서상의 물품가격은 시장가격의 변동에 따라 변동된다는 조건이다. 국제가격의 변동이 잦은 유류, 곡물, 원자재 등의 물품거래에 이용하며 청약자 입장에서는 시세변동의 위험을 줄일 수 있다. 현재의 매매가격을 결제시점이나 특정일을 기준으로 하여 정하는 것이 일반적이다.
예약불능 청약 / 무확약청약 (Offer without engagement) (Offer subject to change without notice)	시황 등 환경 변화에 따라 사전통보 없이 제시가격이 변동될 수 있다는 조건의 청약이다.
승인(점검)조건부 청약 (Offer on approval)	청약과 함께 견본을 송부하여 피청약자가 물품을 점검해보고 만족하면 청약이 유효하며 신시장 개척 시 적합하다.
수출승인획득조건부 청약 (Offer subject to export license)	피청약자의 승낙이 있어도 청약자가 수출승인취득을 해야만 계약이 성립되는 청약을 말한다.
수입승인획득조건부 청약 (Offer subject to import license)	피청약자의 승낙이 있어도 청약자가 수입승인취득을 해야만 계약이 성립되는 청약을 말한다.

(3) 청약의 유인(예비교섭, invitation to offer, invitation to treat)

 청약이 법적으로 구속력을 가지고 상대방에게 보내는 확정적 의사표시인 데 반하여 청약의 유인이란 청약을 위한 예비교섭(Preliminary negotiation)으로서 타인을 권유(또는 유혹)하는 자기에게 청약하도록 하는 행위를 말한다. 청약의 유인은 상대방이 승낙하여도 청약자의 확인이 없으면 계약은 성립되지 않는다. 다음의 사항들이 해당된다.

① Sub-con offer(Offer subject to confirmation : 확인조건부 청약)인 불확정청약

② 정찰가 상품

③ 경매와 입찰(Auction, Bid)

④ 광고와 카탈로그, 정가표, 견적서와 같은 유사청약(Inquiry, Quotation, Price list 등)

(4) 교차청약(Cross Offer)

청약자와 피청약자 상호 간에 동일한 내용의 청약이 우연히 상호교차되는 청약을 말한다. 우리나라, 독일, 일본 등의 대륙법계 국가는 계약의 성립을 인정하지만 영미법에서는 인정하지 않는다. 따라서 실무상의 거래에서 교차청약이 발생하면 어느 한 당사자가 재확인 절차를 거치는 것이 거래상 안전하며 반드시 확인이 필요하다. 이에 대하여 통일된 국제법규는 없다.

(5) Counter Offer(반대청약 ; 역청약)

청약자의 청약에 대하여 피청약자가 매매조건에서 수량·가격·선적·결제조건 등의 일부 또는 전부를 변경하여 제시되는 오퍼를 말한다. 이는 원청약에 대한 거절이며 동시에 새로운 청약으로 간주된다. 따라서 반대청약을 하면 원청약(Original Offer)은 무효가 된다.

> **예** Your offer meets our requirements in quality, however, we need the merchandise shipped at the latest by July 20.

(6) 청약의 효력 발생 시기

일반적으로 청약은 피청약자에게 도달하였을 때에 비로소 그 효력이 발생한다. 한국민법도 "상대방의 의사표시는 그 통지가 상대방에게 도달한 때로부터 그 효력이 생긴다"라고 하여 도달주의 원칙이 준수되고 있다.

(7) 청약의 철회 및 취소

① 청약의 철회(Withdrawal)
　㉠ 청약의 효력 발생 전(일반적으로 청약의 의사표시가 피청약자에게 도달하기 전)에 청약자가 임의로 청약효력을 소멸시키는 것
　㉡ 계약의 청약이 있으면 보통 그 상대방은 그에 대한 고려와 준비를 하게 되므로, 우리나라 민법은 청약을 철회하지 못하게 제한함(제527조)

② 청약의 취소(Revocation)
　㉠ 청약이 상대방에게 도착하여 효력을 발생한 후더라도 피청약자가 승낙의 통지를 보내기 전 소급하여 청약을 실효시키는 것
　㉡ 이 경우 특정 취소사유에 해당하여야 가능함

※ CISG 제16조에서는 청약은 계약이 체결될 때까지 피청약자가 승낙자의 통지를 발송하기 전까지 취소 가능하다고 규정하고 있다. 다만 다음의 경우에는 청약은 취소될 수 없다.
- 청약이 승낙을 위한 지정된 기간을 명시하거나 또는 기타의 방법으로 그 것이 철회불능임을 표시하고 있는 경우
- 피청약자가 청약을 취소불능이라고 신뢰하는 것이 합리적이고, 또 피청약자가 그 청약을 신뢰하여 행동한 경우

(8) 청약의 효력소멸 원인

① 피청약자가 원청약자의 청약을 거절한 경우
② 청약을 철회하거나 취소하는 경우
③ 청약에 제시된 유효기간 또는 승낙기간을 경과한 경우
④ 청약자의 사망
⑤ 청약 이후 계약이행의 위법
⑥ 피청약자가 청약자로부터 철회통지 받기 전 수락통지(승낙, Acceptance) 시 계약 성립

5. 승낙(Acceptance)

(1) 개요

피청약자가 청약의 내용을 받아들여서 계약을 성립시키고자 하는 의사표시를 말한다. 대한민국 민법에서는 오퍼 즉 청약은 도달주의를, 승낙은 발신주의(대화자는 도달주의)를 택하고 있다. 그러나 CISG에서는 청약과 승낙 모두 도달주의를 택하고 있다. 승낙은 경상의 법칙(mirror image ; 거울에 비춘 것과 같음)에 따라 청약의 내용 그대로 승낙해야 하는 것이 원칙이다.

(2) 승낙의 조건

① 승낙은 약정된 기간 또는 합리적 기간 내에 이루어져야 한다.

② 청약이 특정인 앞으로 되었다면 승낙도 동일인에 의해서 이루어져야 한다.

③ 승낙은 무조건적(unconditional ; unqualified)이고 절대적이어야 한다.

④ 승낙에 대한 피청약자의 의사표시(communication of acceptance)가 있어야 한다.

(3) 승낙의 방법

① 청약서상 미리 지정하였을 경우 – 그 지정된 방법에 의한다.

② 청약서상에 지정되지 않았을 경우 – 합리적인 방법과 수단으로 승낙의 의사표시를 한다.

③ 구두청약에 대한 승낙 – 구두청약의 경우 별도의 사정이 없는 한 즉시 승낙되어야 한다. 청약 시에 청약방법이 지정된 경우에는 지정된 통신수단을 이용하여 승낙하여야 하며 다른 통신수단을 이용하는 경우 청약자의 승인이 없으면 그 계약은 성립하지 않는다.

④ 피청약자가 통지 없이 물품발송이나 대금지급의 행위를 함으로써 동의를 표시할 경우 – 승낙은 이런 행위가 이행된 때 발생한다.

(4) 승낙의 효력발생 시기

승낙은 청약자의 청약에 대하여 피청약자의 회신으로 계약이 성립되지만, 격지자 간인 무역거래에 있어서는 발신주의, 도달주의, 요지주의의 3가지 효력인정 시기 견해가 존재한다.

승낙 회신 방법	한, 미, 일, 영	비엔나(CISG)
대화자 간(직접)	도달주의	도달주의
전화		
텔렉스		
우편	발신주의	
전보		

(5) 승낙철회

승낙은 승낙의 효력이 발생하기 이전에 혹은 그와 동시에 철회의 통지가 청약자에게 도달하는 경우에 승낙은 철회될 수 있다. 승낙은 도달주의의 입장을 취하고 있으므로 승낙의 도달에 의하여 계약이 성립되기 이전이라면, 승낙은 언제든지 철회가 가능하다.

> **[CISG 제22조]**
> An acceptance may be withdrawn if the withdrawal reaches the offeror before or at the same time as the acceptance would have become effective.
> → 승낙은 그 승낙의 효력이 발생하기 이전 또는 그와 동시에 철회가 청약자에게 도달하는 경우에는 이를 철회할 수 있다.

(6) 계약을 성립시키지 못하는 승낙

① 변경승낙(Modified acceptance) : 원 청약의 내용을 변경해서 승낙하는 것은 계약을 성립시키지 못하며 Counter offer가 됨

② 조건부승낙(Conditional acceptance) : 청약에 대하여 어떤 조건을 붙이고 이의 수용에 따라 승낙을 하겠다는 의사표시를 말하는데 이는 계약이 성립되지 않음

(7) 부분 승낙(Partial acceptance)

청약조건 변경을 의미하므로 새로운 청약으로 간주되며 계약의 성립이 되지 않음 **예** 선적일, 가격, 품질조건 등을 제시하여 청약을 하였는데 피청약자가 이 중 선적일만 받아들이고 가격, 품질조건에 대하여 수정을 요구했다면 이는 새로운 청약이 되며 원청약은 소멸

(8) 지연승낙(Late acceptance)

청약의 유효기간을 넘긴 지연승낙은 그 자체로 청약의 효력이 상실되지만, 청약자가 피청약자의 지연승낙에 대해 유효하다는 취지의 통지를 하면 승낙으로 인정된다.

(9) 승낙의 침묵

실무상 상대방의 청약에 대하여 회신하지 않는 경우가 발생하게 된다. 이때 침묵을 승낙으로 볼지 거절로 볼지에 대해 비엔나협약(CISG)에서는 청약에 대한 동의를 나타내는 의미를 표시한 피청약자의 진술 및 기타의 행위는 승낙으로 간주되지만, 침묵(Silence) 또는 무작위(Inactivity) 그 자체는 승낙이 될 수 없다고 규정하고 있다.

T / I / P 승낙의 의사표시에 대한 발신주의와 도달주의

• 발신주의(Post-mail Rule) : 피청약자가 승낙의 의사표시를 발송한 때에 계약이 유효하게 성립한다고 인정하는 이론이며 한국, 미국, 일본 등의 대부분의 국가가 해당한다.
• 도달주의(Receipt Rule) : 피청약자의 승낙 의사표시가 청약자에게 도달한 때를 승낙의 효력시기로 보는 것으로, 독일 등 일부 국가가 채택하고 있으며 CISG는 도달주의를 적용하고 있다.
• 요지주의(Acknowledgement theory) : 승낙의 의사표시가 물리적으로 청약자에게 도달할 뿐만 아니라 현실적으로 청약자가 그 내용을 인지(acknowledge)한 때에 계약의 성립을 인정하는 주의로, 이탈리아, 이집트 등의 국가가 적용하고 있다.

1. 무역계약의 4대 법적 성격

(1) 낙성계약(합의계약 : Consensual contract) (↔ 반대 : 요물계약)

계약이 유효하게 성립하기 위하여 계약당사자의 의사표시의 합치, 즉 매매당사자의 합의만 있으면 그 자체로 계약이 성립하는 것을 말한다. 이러한 합의는 거래의 제의를 하는 일방의 청약(offer)을 상대방이 수락(acceptance)함으로써 성립된다. 그러나 물품의 점유권 이전, 소유권 이전이나 계약서 작성 및 교환 등의 사실이 성립의 요건이 되는 것은 아니다.

> **T / I / P   요물계약**
>
> 당사자의 합의 이외에 당사자 일방이 물건의 인도 기타급부를 하여야 하는 소비대차, 사용대차 등의 법이 정한 일정한 행위가 있을 때에 계약이 유효하게 성립되는 것을 말하며 낙성계약과 구분된다. 즉 계약의 성립을 위하여 반드시 물건의 제공이 있어야 하거나 소유권 이전에 따른 등기 등의 요건을 필요로 하는 계약을 말한다.

(2) 쌍무계약(Bilateral contract) (↔ 반대 : 편무계약)

쌍방이 계약상의 의무를 부담하는 계약으로서 계약 성립과 동시에 매매당사자가 서로 채무를 부담한다. 매도인은 물품의 인도의무를 지고, 매수인은 대금지급의무가 있다. 이에 반하여 증여, 사용대차 등과 같이 일방만이 의무를 부담하는 것을 편무계약이라 한다. 모든 쌍무계약은 유상계약에 속한다.

In a contract of sale, both the contracting parties are bound to fulfil obligations reciprocally towards each other. That is to say, one comes to deliver the thing sold, and the other to pay the price of it.

(3) 유상계약(Remunerative contract) (↔ 반대 : 무상계약)

계약당사자 쌍방이 상호대가적 관계에서 급부를 목적으로 하는 계약을 말한다. 매도인의 물품인수에 대하여 매수인의 대금지급이 있어야 한다. 어느 일방이 대금을 받지 않고 행하는 증여, 사용대차와 같은 무상계약과 구별된다.

(4) 불요식계약(Informal contract) (↔ 반대 : 요식계약)

매매계약을 체결함에 있어서 요식(Formal)에 의하지 않고 문서나 구두에 의한 명시계약(Expressed contract)이나 묵시계약(Implied contract)으로서도 계약이 성립되는 것을 말한다. 이에 반하여 매매당사자의 의사표시가 서면이나 그밖의 형식을 요하는 요식계약(Formal contract)과 구별된다. 무역계약의 경우 책임의 범위와 의무를 명확히 하기 위해선 요식계약에 따라 조건을 명료하게 하여 계약을 체결하는 것이 좋다.

> **[CISG, 제11조]**
>
> A contract of sale need not be concluded in or evidenced by writing and is not subject to any other requirement as to form. It may be proved by any means, including witness.
>
> → 매매계약은 서면으로 입증될 필요가 없고, 형식에 관한 기타 요구조건에 따르지 아니하여도 증인에 의해서도 입증될 수 있다.

2. 무역계약의 법 및 규칙적용의 우선순위

무역계약은 당사자 간의 합치만으로 이루어지지만, 무역계약을 이행하는 데는 언제나 강행규정이 최우선 적용된다. 그러나 인코텀즈 및 비엔나협약 등의 임의규칙은 계약에 포함하거나 제외, 수정하여 적용하는 것도 가능하다.

순위	성격	예시
1순위	강행규정/국내법	이음법, 상법, 관세법 등
2순위	당사자 간 합의	계약(Contract)
3순위	임의규칙	인코텀즈, 비엔나협약 등
4순위	상관습	항구의 관습, 관례 등

3. 무역계약의 위험성

무역계약은 국가 간에 이루어지는 거래임에 따라 거래특성상 존재하는 상업위험과 신용위험은 물론, 환율의 변동과 각종 위험이 존재한다.

Risk	내용
Transport risk	운송위험 : 운송 중 물품의 손실, 운송의 지연 등의 위험
Credit risk	신용위험 : 매수인의 대금지급 거절 위험
Mercantile risk	상업위험 : 매도인의 물품 미인도, 부적합물품 인도 위험
Quality of Goods risk	품질위험 : 품질 부적합 위험
Force Majure Risk	천재지변 등 불가항력에 따른 위험
Legal Risk	법적 위험 : 상이한 국가의 법적 위반에 따른 위험
Exchange Rate Risk	환변동위험 : 환율의 변동에 따른 대금 손실 위험
Unforeseen risk	예측불능 위험

4. 수출자와 수입자

수출자(Exporter)와 수입자(Importer)는 매도인, 매수인 외에도 각 거래 시에 각기 다른 명칭으로 거래에 임하게 된다. 시험목적상 아래의 표를 숙지하는 것을 권장한다.

구분	매도인(Seller)	매수인(Buyer)
관세법 등	수출자(Exporter)	수입자(Importer)
운송	송하인(Consignor)	수하인(Consignee)
추심결제	추심의뢰인(Principal)	지급인(Drawee)
환어음	발행인(Drawer), 수취인(Payee)	지급인(Drawee)
신용장	Beneficiary(수익자, 수혜자)	Applicant(개설의뢰인)
보험증권	• 보험계약자(C, D조건) • 피보험자(CFR, CPT, D조건)	• 보험계약자(E, F조건), • 피보험자(E, F, CIF, CIP조건)
작성/발행서류	• OFFER SHEET, Profoma invoice, INVOICE(SELLING) • B/L(일반적 FOB기준) • Insurance Policy(보험증권) • Insurance Certificate(보험증명서) • 환어음 Draft(추심, 신용장 방식)	• PURCHASE ORDER(P/O) • INVOICE(BUYING) • Letter of Credit (L/C) • Letter of Indemnity, (L/I) • Letter of Guarantee, (L/G)

5. 계약의 종류

무역계약의 종류	계약 종류별 특징
(1) 개별계약 (Case by Case Contract)	매 거래 시마다 매도인과 매수인 간에 어떤 품목에 대한 거래가 성립되면, 품목별 거래에 대하여 계약서를 작성하고 그 계약에 대한 거래가 종결되면 그것으로 해당 계약이 종료되는 계약을 말한다. 매도인 측이 작성하는 것으로는 매매계약서(Sales Note, Sales Contract, Confirmation of Order)가 있고 매수인 측이 작성하는 것으로는 구매계약서(Purchase Order, Purchase Contract), 주문서(Order), Memorandum 방식 등이 있다.
(2) 포괄계약, 장기계약 (Master contract)	매매당사자 간에 상호 장기간 거래를 하였거나 동일한 상품을 계속적으로 거래할 때, 매 거래 시마다 개별적으로 계약하는 것이 서로 불편하므로 일정한 기간을 기준으로 하여 계약을 체결하고 필요시마다 거래상품을 선적해주는 경우의 계약을 말한다. 이러한 계약에 대하여 상호합의하는 문서를 교환하게 되는데, 이를 일반거래조건협정서(Agreement on general terms and conditions of business)라 한다.
(3) 독점계약 (Exclusive contract)	특정 물품의 수출입에 있어서 쌍방 지정된 자 이외에 약정품목을 취급하지 않겠다는 조건으로 맺어지는 계약이다. 독점판매(공급)계약서[Exclusive sales(Distributorship) contract] 등이 있다.
(4) 위탁판매무역과 지급보증대리인 (Del Credere Agent)	Del Credere는 이탈리아어로서 보증 또는 담보를 의미한다. 대리인이 본인의 위탁(Consignment)에 의거하여 상품을 현지에서 판매하는 경우에 현지의 고객의 지급에 대하여 보증한다는 지급보증계약(del Credere agreement)을 본인과 체결하고 있는 대리인을 말한다.
	위탁판매무역(Sales on consignment) : 무역품의 대외판매를 수출지인 외국시장의 중개상에 판매를 위탁하여 행하는 간접적, 타동적 무역을 총칭한다. 물품인도 시 대금의 지급이 없는 무환거래로 이루어지며 매수인은 현지 판매량에 대해서만 지급책임을 진다.
	지급보증대리인 : 지급보증수수료(del Credere commission)를 받고 대리점의 거래선인 고객이 채무불이행으로 대금을 지급하지 않는 경우에도 본인(매도인)이 입은 손해를 배상할 책임이 있는 대리인을 말한다. 판매대리인은 자신이 판매한 물품에 대한 대금을 자신의 책임 하에 매도인에게 지급보증을 한다는 점에 있어서 위탁판매보다 책임이 더 무겁다. 따라서 본인인 매도인은 대리인에게 통상의 수수료(Commission) 이외에 별도의 지급보증에 대한 수수료를 지급하게 되는데 이를 지급보증수수료라고 한다.
(5) 병행수입 계약	해외의 유명브랜드 물품은 한국의 총판매대리점을 통해 수입되므로 독점공급에 따라 가격이 비싼 것이 일반적이다. 이에 수입물품의 신용이나 상표권을 침해하지 않는 조건으로 총판매대리점 이외의 수입자가 제조국 이외의 제3국 등을 경유하여 수입하는 것을 허가하는 제도를 병행수입제도라 한다.
(6) 개별거래조항과 이면조항	• 개별거래조항 : 거래 시마다 결정하여야 할 사항 즉, 품명, 품질, 규격, 수량, 가격, 선적시기 등에 관한 사항으로서 보통 계약서의 표면에 타이핑되므로 표면조항, 또는 타이핑조항이라고도 불린다. • 이면조항 : 불가항력, 무역조건, 권리침해(infringement)조항, 클레임제기기한, 중재, 준거법 등과 같이 모든 거래에 공통되는 사항들을 계약서의 이면(뒷면)에 인쇄하므로 이면조항 또는 인쇄조항이라고 부른다.

1. 매매계약서(Sales Contract)

청약자(Offerer)의 청약(Offer)에 피청약자(Offeree)의 승낙(Acceptance)에 따라 계약은 성립하며, 거래 당사자는 다음과 같은 사항이 포함된 매매계약서를 작성하게 된다.

- 품질조건(Quality Terms)
- 인도조건(Delivery Terms) or 선적조건(Shipment Terms)
- 가격조건(Price Terms) : 통상 인코팀즈 적용
- 클레임조건(Claim Terms)
- 기타조건(일반거래조건 등)
- 수량조건(Quantity Terms)
- 보험조건(Insurance Terms)
- 결제조건(Payment Terms)
- 중재조항(Arbitration Terms)

2. 품질조건(Quality Terms)

(1) 견본에 의한 매매(Sales by sample)

① 견본을 이용한 계약 시 품질의 표현

"견본과 완전히 일치하는 것" → 클레임 대비 피해야 함, 함정문구	가. Quality to be same as sample 나. Quality to be up to samples 다. Quality to be fully equal to sample
"대체로 견본과 비슷한 것" → 권장 표현	가. Quality to be similar to samples 나. Quality to be as per samples 다. Quality about equal to samples

② 견본(Samples)의 종류

매도인 견본(Seller's sample)	매도인 송부 대표 품질 샘플
매수인 견본(Buyer's sample)	매수인 주문 품질 샘플(Original sample)
반대견본(Counter sample, Similar sample)	매수인 견본에 따른 주문에 대해 매도인이 제공하는 견본
선적견본(Shipping sample, Adavance sample)	실제 선적된 물품 중 일부를 미리 보내는 견본
승인견본(Approval sample)	반대견본(Counter sample)의 수락 견본
시험견본(Test sample, Feeler sample)	상품의 성능시험, 품질 테스트를 위한 견본

(2) 상표에 의한 매매(Sales by brand or Trade mark)

세계적으로 널리 알려진 브랜드를 이용한 품질 조건으로 견본 제시가 필요 없다(NIKE, Coca-Cola 등).

(3) 규격에 의한 매매(Sales by type or grade)

물품의 규격이 국제적으로 통일되어 있거나 수출국의 공적 규격으로 특정되어 있는 경우의 품질 기준이다. 예 국제표준화기구(ISO), 영국의 BBS, 한국의 KS, 일본의 JIS

(4) 명세서에 의한 매매(Sales by specification)

견본, 상표 제시가 어려운 선박, 항공기 등의 경우, 설계도 및 카탈로그 등으로 품질을 제시하는 것이다.

(5) 표준품에 의한 매매(Sales by standard)

농산물, 수산물 등 일차산품의 경우 주로 이용되는 품질조건이다.

품질결정시기	대응 Incoterms	구분	설명
선적품질조건 (Shipped Quality Terms) ※ 곡물 : T.Q, S.D	E, F, C	평균중등품질 (F.A.Q. : Fair Average Quality)	표준품매매의 가장 일반적인 방법이다. 주로 곡물이나 과일 등 농산물과 같이 일정한 규격이 없고 견본 제시도 곤란할 때 사용된다. 당해지역에서 생산되는 해당연도의 평균 중등품(중간 정도의 품질)으로 공인기관의 등급을 받은 물품으로 거래하며 특히 선물거래에 많이 사용된다.
양륙품질조건 (Landed quality terms) ※ 곡물 : R.T	D	판매적격품질 (G.M.Q. : Good Merchantable Quality)	목재, 냉동어류, 광석류 등 외관상으로 품질을 알 수 없고 잠재하자(latent defect, hidden defect)가 있을 가능성이 있는 생산물의 거래에 사용된다. 품질의 등급과는 상관없이 목적지에서 인도할 때 물품의 품질이 판매할 수 있는 상태의 것, 즉 판매적격품질의 물품을 인도하기로 약정하는 조건이다. 판매부적격 제품의 책임은 매도인이 부담한다.
거래당사자 합의에 따른 검사시기에 따라 품질결정시기 변동		보통표준품질 (U.S.Q. : Usual Standard Quality)	주로 원면거래에 이용되며 공인검사기관 또는 공인표준기관에 의하여 표준품이 되는 품질조건이 미리 정해져 있다. 국내에서는 인삼과 오징어거래에 사용된다.

(6) 점검매매(Sales by inspection)

매수인이 전시장 등에서 현품을 직접 확인 후 매매계약을 체결하는 것으로서 국내거래에서는 많이 사용되지만 무역거래에서는 BWT조건이나 COD조건에서 제한적으로 사용된다.

(7) 품질의 결정시기

무역거래는 국가 간 운송구간이 길고 운송 중 변질될 우려가 있는 물품의 경우에는 계약과 품질의 불일치를 이유로 Claim을 제기할 수 있으므로 사전에 품질결정 시점을 명확히 하는 것이 바람직하다.

① 선적품질조건 : 선적 당시 품질이 결정되어 선적 이후 매수인의 책임으로 운송하게 됨

② 양륙품질조건 : 목적항에 도착하여 양륙시점의 품질로 계약상 품질을 결정하는 조건

품질 결정 시기	선적품질조건 (Shipped Quality Terms)	양륙품질조건 (Landed Quality Terms)
인코텀즈	E, F, C조건	D조건
표준품 매매 (USQ는 합의)	FAQ 평균중등품질 (Fair Average Quality terms)	GMQ 판매적격품질 (Good Merchantable Quality Terms)
곡물/농산물	T.Q(Tale Quale) S.D(Sea Damage)	R.T(Rye Terms)

3. 수량조건(Quantity Terms)

(1) 중량 단위

① Long Ton(L/T) : 영국식 1,016kg

② Short Ton(S/T) : 미국식 907kg

③ Metric Ton(M/T) : 프랑스식 1,000kg

(2) 포장에 따른 중량의 결정

① Gross Weight(총중량) : 외포장 + 내포장 + 충전물 + 물품

② Net Weight(순중량) : 내포장 + 충전물 + 물품

③ Contents Weight(정미중량) : 물품

(3) 개수의 단위

① 12ea = 1Dozen

② 144ea = 12Dozen = 1Gross

③ 1,728ea = 144Dozen = 12 Gross = 1 Greate Gross

④ 1,440ea = 120Dozen = 10 Gross = 1 Small Gross

(4) 개산수량조건(Approximately Quantity Terms, 과부족용인조건)

① Bulk(살)화물(예 유류, 곡물류) 특성상 정확한 계약수량을 맞추기 어려우므로 과부족 용인

② 5% 과부족 용인 : 신용장 결제조건을 사용하는 경우 UCP600 30조에 따라 Bulk화물에 한해 ±5% 용인

③ 10% 과부족 용인 : "About", "Approximately"등의 수식어를 사용하는 경우

(5) 컨테이너의 용적

① CBM : Cubic Meter 컨테이너의 부피(용적) 단위
1m를 기준으로 하며, 폭(예 1M) × 길이1m × 높이1m = 1CBM

② TEU : 20feet 컨테이너(Twenty Equivalent Unit load)

③ FEU : 40feet 컨테이너(Forty Equivalent Unit load)

4. 선적(운송)조건(Shipment Terms)

(1) 선적일(Shipment date)

선적의무가 있는 당사자는 계약에 따른 일자까지 선적의 의무가 있다. 이러한 선적일자는 실제로 본선에 적재한 날짜, 즉 본선적재부기일(Onboard Notation)을 우선하여 적용되며 본선적재부기가 별도로 표기되지 않는 경우에는 선적서류(B/L)의 발행일자를 적용한다.

(2) 선적기간의 계산

"on or about"	전 후 5일 포함 총 11일
to, until, till, from, between	해당 일자 포함
before, after	해당 일자 제외
first half / second half	1일~15일, 16일~말일(초, 말일 포함)
beginning / middle / end	1일~10일 / 11일~20일 / 21일~말일(초, 말일 포함)
prompt, immediately, As soon as possible 등	애매한 표현은 무시

(3) 분할선적(Partial Shipment)

둘 이상의 운송수단에 나누어 적재하는 것을 말한다. 신용장통일규칙(UCP600)상 분할선적은 허용된다.

(4) 할부선적(Instalment Shipment)

일정 기간을 두고 일부 정해진 수량만큼만 적재하는 것을 말한다. UCP600상 일정기간 내 선적되지 않는 일부분은 무효, 그 이후분도 무효이다.

(5) 환적(Transhipment)

적재한 운송수단으로부터 다른 운송수단으로 재적재하는 것을 말한다. UCP600상 환적은 원칙적으로 허용되며, 환적 금지 시 Transhipment is Prohibited라고 명기한다.

5. 포장조건(Packing Terms)

(1) 포장의 종류

① 외포장(Outer Packing) : 외부용기에 대한 포장

② 내포장(Inner Packing) : 내부포장, 충전물 등

③ 개품포장(Contents Packing) : 상품 자체에 포함되는 개별상품의 포장

④ 벌크포장(Bulk Packing) : 별도의 용기를 사용하지 않고 자루 등에 포장

(2) 화인(Shipping Marks)

① 주화인(Main Mark) : 다른 화물과의 식별을 용이하게 하기 위한 일정 기호로 보통 오면에 삼각형, 다이아몬드형, 마름모, 타원형 등의 표시를 하고 그 안에 상호의 약자 등을 기재함

② 부화인(Counter Mark) : 주화인만으로 다른 화물과의 구별이 어려울 경우 주화인 아래에 표시하는 생산자 또는 공급자의 약자

③ 중량표시(Quantity Mark) : 주로 화물의 순중량과 총중량을 표시

④ 목적항표시(Destination Mark) : 선적, 양륙작업을 용이하게 하고 화물이 잘못 배송(오송)되는 일이 없도록 목적지의 항구를 표시

⑤ 화물번호(Case Number) : 포장물이 다수인 경우 포장마다 표시하는 고유번호

⑥ 원산지표시(Country of Origin) : 당해 화물의 원산국 표시

⑦ 품질마크(Quality Mark) : 공인기관의 품질마크가 있는 경우 표시

⑧ 주의표시(Care Mark)
- ㉠ 화물의 운송 또는 보관 시 취급상 주의사항을 표시
- ㉡ 보통 측면에 표시하기 때문에 Side mark라고도 함(예 KEEP DRY, NO HOOK, WITH CARE, FRAGILE 등)

6. 중재조항(Arbitration Terms)

(1) 중재조항

계약 당사자 어느 일방의 불이행으로 인한 클레임(Claim), 분쟁(Dispute) 발생을 대비하여 사전 계약 당시에 서면으로 중재조항을 삽입하여야만 적용된다.

(2) 중재조항 삽입의 효과

중재조항의 삽입으로 직소금지효과, 즉 곧바로 소송 제기가 불가능하고 반드시 중재절차를 먼저 거쳐야 하는 효과가 발생한다.

(3) 중재의 장점

소송에 비해 ⓐ 경제적이고, ⓑ 신속(단심제)하며, ⓒ 비밀 유지가 가능하고, ⓓ 전문가의 판결이 가능하며, ⓔ 국제적 효력 확보가 용이하다.

7. 일반거래조건(General terms and conditions)

(1) 일반거래협정서, 일반거래조건

계약체결 당시 분쟁을 방지하기 위하여 수출상과 수입상은 다양한 용어와 방법으로 명확히 계약을 하고자 한다. 그렇게 하기 위해서 수많은 설명조항을 계약서에 삽입하여야 하므로, 일반거래협정서의 조항들을 사용하여 대부분의 무역거래상이 관습적으로 통용되는 방식으로 계약서를 작성하게 된다. 이러한 일반거래협정서는 '요식화, 형식화'까지는 아니더라도, '관습적으로' 계약서에 자주 사용된 조항들로 정형화되었다고 이해하면 된다.

(2) 계약서 삽입 개별 조항

완전합의조항 (Entire Agreement : Integration Clause)	이전 계약, 관습 등 무시, 본 계약만 따름
권리침해조항 (Infringement Clause)	상표권, 저작권 등 지식재산권 침해관련 책임 및 면책 조항
불가항력조항(Force Maejure Clause)	천재지변 등으로 인한 계약 불이행 면책조항
권리불포기조항(Non-Waiver Clause)	이행청구를 하지 않더라도 이행청구권 박탈 불가
손해배상액 예정조항 (Liquidated Damage Clause)	손해배상금액의 사전 약정 조항
계약분리조항(Severability Clause)	계약 일부 유지(존속) 조항(중요부분 해제시 예외)
사정변경조항, 이행가혹조항, 계약유지조항 (Hardship Clause)	계약 체결 후 계약이행이 불가능하게 되는 경우 계약이행을 존속할 수 있도록 일방은 계약내용 변경을 요구할 수 있고, 상대방은 이에 응해야 하는 조항
재판관할조항(Jurisdiction)	소송 제기 국가 지정
계약양도조항(Assignment Clause)	계약의 양도(계약 전매) 금지 조항
설명조항(Whereas Clause : Recitals Clause)	계약 조항의 상세 설명을 참조 또는 이면 기재

증가비용조항 (Escalation Clause : Contingent Cost Clause)	예상치 못한 (추가)증가비용의 부담 주체
준거법조항(Applicable Law : Proper Law : Governing Law Clause)	계약 적용 준거법 지정 조항
생산물배상책임(Product Liability ; P/L Clause)	생산물로 인한 사고 발생 시 배상책임
비밀유지조항(Non–Disclosure Clause : Secrecy Clause : Confidential)	기밀 누설 금지 조항

SECTION 4 인코텀즈(Incoterms® 2020)

1. 인코텀즈 2020

(1) 정형거래조건 인코텀즈

인코텀즈란 수출자와 수입자 간 위험의 이전과 비용의 이전을 규정한 임의규칙·국제규칙으로서 무역계약서 작성 시 계약서에 삽입하여 실무에서 가격조건으로 사용되는 정형거래조건을 말한다. 일반적으로 무역거래는 상이한 국가에 위치한 당사자가 어느 시점에 물품 등을 이전할지를 결정하는 것이 복잡하며 또한 운송 및 적하보험, 적재(load) 및 양하(Unload)비용 등을 누가 부담할지 매 계약 시마다 정하는 것은 매우 번거롭다. 따라서 수출자와 수입자는 인코텀즈 규칙을 활용하여 어느 장소에서 위험과 비용을 이전하는지 결정할 수 있다.

(2) 인코텀즈 2020의 구성

인코텀즈는 수출자와 수입자의 위험 및 비용 등 업무를 구분하여 3개 문자로 이루어져 있는 11가지 규칙으로 구성된다. 인코텀즈는 크게 7개의 복합운송(어떠한 운송수단을 불문하고 사용 가능) 규칙과 4개의 해상·해수로 운송 규칙으로 구분되어 있다.

(3) 인코텀즈 2020 규칙의 구분

① 운송방식	복합운송 규칙 : EXW, FCA, CPT, CIP, DAT, DPU, DDP	해상, 내수로운송 규칙 : FAS, FOB, CFR, CIF
② 통관의무	수출입통관 : 수입자(EXW) 수출입통관 : 수출자(DDP)	수출통관 : 수출자(기타 모든 조건) 수입통관 : 수입자(기타 모든 조건)
③ 수출자 보험부보의무	CIF(ICC C, 최소담보원칙) CIP(ICC A, 최대담보원칙)	기타 모든 조건 : 부보의무 없음
④ 인도분기점	수출국 : E, F, C조건	수입국 : D조건
⑤ 비용분기점	수출국 : E, F조건	수입국 : C, D조건
⑥ 인도/비용분기점	동일 : E, F, D조건	상이 : C조건

2. 인코텀즈 규칙의 이해

(1) 인코텀즈 2020의 소개문

본 소개문의 목적은 다음 네 가지이다.

① 인코텀즈 2020 규칙이 무슨 역할을 하고 또 하지 않는지 그리고 어떻게 인코텀즈 규칙을 가장 잘 편입시킬 수 있는지를 설명하는 것

② 다음과 같은 인코텀즈 규칙의 중요한 기초들을 기술하는 것 : 매도인과 매수인의 기본적 역할과 책임, 인도, 위험 및 인코텀즈 규칙과 계약들(전형적인 수출/수입매매계약 및 해당되는 경우 국내매매계약을 둘러싼 계약들)사이의 관계

③ 어떻게 당해 매매계약에 올바른 인코텀즈 규칙을 가장 잘 선택할지를 설명하는 것

④ 인코텀즈 2010과 인코텀즈 2020의 주요한 변경사항들을 기술하는 것

(2) 인코텀즈 2020은 어떤 역할을 하는가?

인코텀즈 규칙은 물품 구매와 판매계약에서 비즈니스 간 실무를 반영하는 11개의 가장 많이 사용되는 3단어(예를 들면 CIF, DAP 등)로 이루어진 규칙을 말한다.

① 의무 : 매도인과 매수인 사이에 누가 무엇을 하는지, 즉 누가 물품의 운송이나 보험을 마련하는지 또는 누가 선적서류의 수출 또는 수입허가를 취득하는지

② 위험 : 매도인은 어디서 그리고 언제 물품을 "인도"하는지, 다시 말해 위험은 어디서 매도인으로부터 매수인에게 이전하는지

③ 비용 : 예컨대 운송비용, 포장비용, 적재 또는 양하비용 및 점검 또는 보안관련 비용에 관하여 어느 당사자가 어떤 비용을 부담하는지.

※ 인코텀즈 규칙은 A1/B1 등의 번호가 붙은 일련의 10개 조항에서 위와 같은 사항들을 다루는데, 여기서 A조항은 매도인의 의무를, 그리고 B조항은 매수인의 의무를 지칭한다.

(3) 인코텀즈 규칙이 다루지 않는 사항

① 인코텀즈 규칙 그 자체는 매매계약이 아니며, 따라서 매매계약을 대체하지도 않는다. 인코텀즈 규칙은 어떤 특정한 종류의 물품이 아니라 모든 종류의 물품에 관한 거래관행을 반영하도록 고안되어 있다. 인코텀즈 규칙은 산적화물(bulk cargo) 형태의 철광석 거래에도 적용될 수 있고 5개의 전자장비 컨테이너 또는 항공운송되는 5개의 생화 팔레트의 거래에도 적용될 수 있다.

② 인코텀즈 규칙은 다음의 사항을 다루지 않는다.

    ㉠ 매매계약의 존부

    ㉡ 매매계약의 성상

    ㉢ 대금지급의 시기, 장소, 방법 또는 통화

    ㉣ 매매계약 위반에 대하여 구할 수 있는 구제수단

    ㉤ 계약상 의무이행의 지체 및 그 밖의 위반의 효과

    ㉥ 제재의 효력

    ㉦ 관세부과

    ㉧ 수출 또는 수입의 금지

    ㉨ 불가항력 또는 이행가혹

    ㉩ 지식재산권

ⓔ 의무위반의 경우 분쟁해결의 방법, 장소, 또는 준거법

ⓣ 매매물품의 소유권/물권의 이전

※ 아마도 가장 주요한 것으로서 강조되어야 하는 사항이다.

③ 위와 같은 사항들은 당사자들이 매매계약에서 구체적으로 규정할 필요가 있다. 그렇게 하지 않는다면 의무의 이행이나 위반에 관하여 분쟁이 발생하는 경우에 문제가 생길 수 있다. 요컨대 인코텀즈 2020 규칙 자체는 매매계약이 아니다. 즉 인코텀즈 규칙은 이미 존재하는 매매계약에 편입되는 때에 그 매매계약의 일부가 될 뿐이다. 인코텀즈 규칙은 매매계약의 준거법을 정하지도 않는다. 매매계약에 적용되는 법률체계(legal regimes)가 있으며, 이는 국제물품매매협약(CISG)과 같은 국제적인 것이거나 예컨대 건강과 안전 또는 환경에 관한 국내의 강행법률일 수 있다.

3. 인코텀즈 2020 개정의 특징

(1) DAT에서 DPU로의 명칭 변경

과거 Incoterms 2010 버전의 DAP(Delivered At Terminal)조건은 Incoterms 2020 버전의 DPU(Delivered at Place Unloaded)로 명칭이 변경되었다. 이는 과거 "터미널"에 국한된 목적지 지정장소가 도착지인 수입국 목적지의 지정장소로 확장됨을 의미함

(2) CIF와 CIP간 부보수준의 차별화

과거 Incoterms 2010 버전의 CIF(Cost Insurance Freight)조건과 CIP(Carriage Insurance Paid to)조건에서는 협회적하약관(ICC) "C"조건으로 최소담보부보만을 매도인의 의무로 규정하였다. 그러나, Incoterms 2020 버전의 CIP조건에서는 복합운송이 대부분 항공운송을 이용하며, 항공운송의 경우 일반적으로 ICC(A)조건으로 부보하는 실무 상황을 반영하여 CIP조건에서는 최대 수준의 담보를 기본조건으로 하되, 더 낮은 수준의 담보는 수출입자 간 협의하여 조정할 수 있도록 규정하였다.

(3) FCA, DAP, DPU, DDP조건에서 매도인 또는 매수인 자신의 운송수단에 의한 운송 허용

과거 Incoterms 2010 버전에서는 인코텀즈 규칙에 따라 제3자 운송인(Third-Party Carrier)이 물품을 운송하는 것으로 전반적으로 가정하였으나, Incoterms 2020 버전에서는 운송을 아웃소싱하지 않고 자신의 운송수단을 사용하여 운송하는 것을 허용하였다.

(4) 본선적재표기가 있는 B/L과 인코텀즈 FCA 규칙

FCA(Free Carrier)조건은 매도인이 매수인의 운송인에게 인도함으로써 인도와 비용부담의 의무가 종료되므로 매도인은 선적 및 B/L수취가 불가능하다. 그러나 L/C결제조건 등의 무역거래에서 매도인은 개설은행에 제출하기 위하여 선적서류 등을 구비하여야 했다.

이에 FCA조건에서 매수인은 선적 후 선적선하증권을 매도인에게 발행하도록 매수인의 운송인에게 지시할 것을 합의할 수 있다.

(5) 조달(Procure)의 전 조건 확장

Incoterms 2010에서는 해상운송조건 중 FOB, CFR, CIF에 한하여 매도인이 본선적재 대신 연속매매에 따라 그렇게 선적된 상태로 조달한 물품도 인도의무를 이행한 것으로 인정하였으나, Incoterms 2020에서는 EXW조건을 제외한 모든 조건에서 조달한 물품도 인도의무를 이행한 것으로 인정하도록 확장되었다.

(6) Incoterms 규칙의 역할

규정 사항	비규정 사항
① 당사자 의무의 규정 : 매도인과 매수인 사이의 운송, 보험, 통관, 서류 등의 의무	① 매매계약의 존부
	② 매매물품의 성상
	③ 대금지급의 시기, 장소, 방법, 통화
	④ 매매계약 위반에 대한 구제수단
② 위험의 이전 : 매도인이 어디서, 언제 물품을 인도하는지	⑤ 계약상 의무이행 지체 및 위반 효과
	⑥ 제재의 효력
	⑦ 관세부과
③ 비용의 부담 : 운송, 포장, 적재, 양하, 보안 관련 비용 등의 부담 주체	⑧ 수출 또는 수입의 금지
	⑨ 불가항력 또는 이행가혹
	⑩ 지식재산권
	⑪ 의무위반 시 분쟁해결의 방법, 장소, 준거법
	⑫ 매매물품의 소유권 및 물권의 이전

(7) Incoterms 2020의 사용 방법

① Incoterms 규정 사용 시 연도 표기를 권장(버전 적용상의 혼돈 방지)

② 지정장소의 구체적인 명기

    예 DAP No.123 ABC Street, Shanghai Incoterms®2020

4. 인코텀즈 2020 각 규칙(요약본)

INCOTERMS 2020®		통관	인도지점	매도인 비용부담
EXW(공장인도조건) Ex Works	수출국 내 지정장소 기입	**수출통관:매수인** 수입통관:매수인	매도인의 구내 또는 수출국 내 합의한 지정 장소	
FAS(선측인도조건) Free Alongside Ship	수출항 내 선측장소 기입	수출통관:매도인 수입통관:매수인	지정선적항의 매수인이 지정한 선박의 선측 또는 바지선에 적재	
FCA(운송인인도조건) Free Carrier	수출국 내 지정장소 기입	수출통관:매도인 수입통관:매수인	(1) 매도인의 구내인 경우 : 매수인의 운송수단에 적재 (2) 그 외 수출국 내 합의한 지정 장소 : 매도인의 운송수단에 적재된 상태 ***매도인이 선적선하증권을 발행하도록 지시 합의 가능**	
FOB(본선인도조건) Free On Board	수출국 내 선적항 기입	수출통관:매도인 수입통관:매수인	지정선적항에서 매수인이 지정한 선박에 적재하거나 조달한 때	
CFR(운임지급인도조건) Cost Freight	목적(수입)국 목적항 기입	수출통관:매도인 수입통관:매수인	선적항에서 본선에 적재가 되거나 또는 조달된 상태	목적항까지의 운임
CIF(운임보험료지급인도조건) Cost Insurance Freight	목적(수입)국 목적항 기입	수출통관:매도인 수입통관:매수인	선적항에서 본선에 적재가 되거나 또는 조달된 상태	목적항까지의 운임 및 보험부보(ICC C또는 FPA)
CPT(복합운임지급인도조건) Carriage Paid To	목적(수입)국 지정장소 기입	수출통관:매도인 수입통관:매수인	매도인과 계약을 체결한 운송인에게 물품을 교부하거나 조달한 때	목적항까지의 운임

CIP(복합운임보험료지급인도조건) Carriage Insurance Paid to	목적(수입)국 지정장소 기입	수출통관:매도인 수입통관:매수인	매도인과 계약을 체결한 운송인에게 물품을 교부하거나 조달한 때	목적항까지의 운임 및 보험부보(ICC A 또는 A/R)
DAP(도착지인도조건) Delivered At Place	목적(수입)국 지정장소 기입	수출통관:매도인 수입통관:매수인	지정목적지의 합의된 지점에서 도착운송수단에 실어둔 채 양하준비된 상태로 매수인의 처분하에 놓인 때	
<u>DPU(도착지양하인도조건)</u> <u>Delivered At Place</u> <u>Unloaded</u>	목적(수입)국 지정장소 기입	수출통관:매도인 수입통관:매수인	지정목적지의 합의된 지점에서 도착운송수단에서 **양하된 상태로** 매수인의 처분하에 놓인 때	
DDP(관세지급인도조건) Delivered Duty Paid to	목적(수입)국 지정장소 기입	수출통관:매도인 **수입통관:매도인**	지정목적지의 합의된 지점에서 도착운송수단에 실어둔 채 양하준비된 상태로 매수인의 처분하에 놓인 때	

5. Incoterms 개별규칙

(1) EXW(공장인도) : Ex Works

1) 인도와 위험 : "공장인도"는 매도인이 다음과 같이 한 때 매수인에게 물품을 인도하는 것을 의미한다.

① 매도인이 물품을(공장이나 창고와 같은) 지정장소에서 매수인의 처분하에 두는 때

② 그 지정장소는 매도인의 영업구내일 수도 있고 아닐 수도 있음

※ 인도가 일어나기 위하여 매도인은 물품을 수취용 차량에 적재하지 않아도 되고, 물품의 수출통관이 요구되더라도 이를 수행할 필요가 없다.

2) 운송방식 : 본 규칙은 선택되는 어떤 운송방식이 있는 경우에 그것이 어떠한 단일 또는 복수의 운송방식인지를 불문하고 사용될 수 있다.

3) 인도장소 또는 인도지점 : 당사자들은 단지 인도장소만 지정하면 된다. 그러나 당사자들은 또한 지정인도장소 내에 정확한 지점을 가급적 명확하게 명시하는 것이 좋다. 그러한 정확한 지정인도지점은 양 당사자에게 언제 물품이 인도되는지와 언제 위험이 매수인에게 이전하는지를 명확하게 하며, 또한 그러한 정확한 지점은 매수인의 비용부담의 기준점을 확정한다. 당사자들이 인도지점을 지정하지 않는 경우에는 매도인이 "그의 목적에 가장 적합한" 지점을 선택하기로 한 것으로 된다. 이는 매수인으로서는 매도인이 물품의 멸실 또는 훼손이 발생한 지점이 아닌 그 직전의 지점을 선택할 수도 있는 위험이 있음을 의미한다. 따라서 매수인으로서는 인도가 이루어질 장소 내의 정확한 지점을 선택하는 것이 가장 좋다.

4) 매수인을 위한 유의사항 : EXW는 매도인에게 최소의 일련의 의무를 지우는 인코텀즈 규칙이다.

따라서 매수인의 관점에서 이 규칙은 아래와 같은 여러 가지 이유로 조심스럽게 사용하여야 한다.

5) 적재위험 : 인도는 물품이 적재된 때가 아니라 매수인의 처분하에 놓인 때에 일어난다. – 그리고 그 때 위험이 이전된다. 그러나 매도인이 적재작업을 수행하는 동안에 발생하는 물품의 멸실 또는 훼손의 위험을 적재에 물리적으로 참여하지 않은 매수인이 부담하는 것은 으레 그렇듯이 논란이 될 수 있다. 이러한 가능성 때문에 매도인이 물품을 적재하여야 하는 경우 당사자들은 적재 중 물품의 멸실 또는 훼손의 위험을 누가 부담하는지를 미리 합의하여 두는 것이 바람직하다. 단순히 매도인이 그의 영업구내에서 필요한 적재장비를 가지고 있을 가능성이 더 많기 때문에 혹은 적용 가능한 안전규칙이나 보안규칙에 의하여 권한 없는 인원이 매도인의 영업구내에 접근하는 것이 금지되기 때문에 매도인이 물품을 적재하는 것은 흔한 일이다. 매도인의 영업구내에서 일어나는 적재작업 중의 위험을 피하고자 하는 경우에 매수인은 FCA규칙을 선택하는 것을 고려하여야 한다(FCA규칙에서는 물품이 매도인의 영업구내에서 인도되는 경우에 매도인이 매수인에 대하여 적재의무를 부담하고 적재작업중에 발생하는 물품의 멸실 또는 훼손의 위험은 매도인이 부담한다).

6) 수출통관 : 물품이 매도인의 영업구내에서 또는 전형적으로 매도인의 국가나 관세동맹지역 내에 있는 다른 지정지점에서 매수인의 처분하에 놓인 때에 인도가 일어나므로, 매도인은 수출통관이나 운송 중에 물품이 통과할 제3국의 통관을 수행할 의무가 없다. 사실 EXW는 물품을 수출할 의사가 전혀 없는 국내거래에 적절하다. 수출통관에 관한 매도인의 참여는 물품 수출을 위하여 매수인이 요청할 수 있는 서류와 정보를 취득하는 데 협력을 제공하는 것에 한정된다. 매수인이 물품을 수출하기를 원하나 수출통관을 하는 데 어려움이 예상되는 경우, 매수인은 수출통관을 할 의무와 그에 관한 비용을 매도인이 부담하는 FCA규칙을 선택하는 것이 더 좋다.

(2) FCA(운송인인도) : Free Carrier

1) 인도와 위험 : "운송인인도(지정장소)"는 매도인이 물품을 매수인에게 다음과 같은 두 가지 방법 중 어느 하나로 인도하는 것을 의미한다.

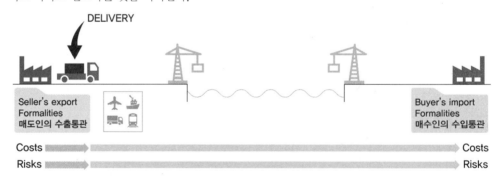

① 지정장소가 매도인의 영업구내인 경우, 물품은 다음과 같이 된 때 인도된다.

   ㉠ 물품이 매수인이 마련한 운송수단에 적재된 때

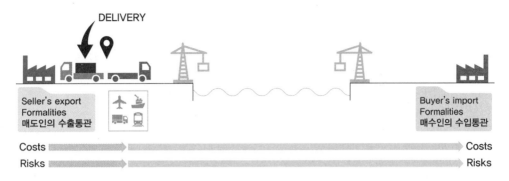

② 지정장소가 그 밖의 장소인 경우, 물품은 다음과 같이 될 때 인도된다.

　㉠ 매도인의 운송수단에 적재되어서

　㉡ 지정장소에 도착하고

　㉢ 매도인의 운송수단에 실린 채 양하준비된 상태로

　㉣ 매수인이 지정한 운송인이나 제3자의 처분하에 놓인 때

③ 상기 두 장소 중에서 인도장소로 선택되는 장소는 위험이 매수인에게 이전되는 곳이자 또한 매수인이 비용을 부담하기 시작하는 시점이 된다.

2) 운송방식 : 본 규칙은 어떠한 운송방식이 선택되는지를 불문하고 사용할 수 있고 둘 이상의 운송방식이 이용되는 경우에도 사용할 수 있다.

3) 인도장소 또는 인도지점 : FCA 매매는 지정장소 내에 정확한 인도지점을 명시하지 않고서 매도인의 영업구내나 그 밖의 장소 중 어느 하나를 단지 인도장소로 지정하여 체결될 수 있다. 그러나 당사자들은 지정인도장소 내에 정확한 지점도 가급적 명확하게 명시하는 것이 좋다. 그러한 정확한 지정인도지점은 양 당사자에게 언제 물품이 인도되는지와 언제 위험이 매수인에게 이전되는지를 명확하게 하며, 또한 그러한 정확한 지점은 매수인의 비용부담의 기준점을 확정한다. 그러나 정확한 지점이 지정되지 않는 경우에는 매수인에게 문제가 생길 수 있다. 이러한 경우에 매도인은 "그의 목적에 가장 적합한" 지점을 선택할 권리를 갖는다. 즉 이러한 지점이 곧 인도지점이 되고 그곳에서부터 위험과 비용이 매수인에게 이전된다. 계약에서 이를 지정하지 않아서 정확한 인도지점이 정해지지 않은 경우에, 당사자들은 매도인이 "자신의 목적에 가장 적합한"지점을 선택하도록 한 것으로 된다. 이는 매수인으로서는 매도인이 물품의 멸실 또는 훼손이 발생한 지점이 아닌 그 직전의 지점을 선택할 수도 있는 위험이 있음을 의미한다. 따라서 매수인으로서는 인도가 이루어질 장소 내의 정확한 지점을 선택하는 것이 가장 좋다.

4) '또는 그렇게 인도된 물품을 조달한다' : 여기에 "조달한다"(procure)고 규정한 것은 꼭 이 분야에서 그런 것만은 아니지만 특히 일차산품거래(commodity trades)에서 일반적인 수차에 걸쳐 연속적으로 이루어지는 매매(연속매매, string sales)에 대응하기 위함이다.

5) 수출/수입통관 : FCA에서는 해당되는 경우에 매도인이 물품의 수출통관을 하여야 한다. 그러나 매도인은 물품의 수입을 위한 또는 제3국 통과를 위한 통관을 하거나 수입관세를 납부하거나 수입통관절차를 수행할 의무가 없다.

6) FCA 매매에서 본선적재표기가 있는 선하증권 : 이미 언급하였듯이 FCA는 사용되는 운송방식이 어떠한지를 불문하고 사용할 수 있다. 이제는 매수인의 도로운송인이 라스베이거스에서 물품을 수거(pick uip)한다고 할 때, 라스베이거스에서 운송인으로부터 본선적재표기가 있는 선하증권을 발급

받기를 기대하는 것이 오히려 일반적이지 않다. 라스베이거스는 항구가 아니어서 선박이 물품 적재를 위하여 그곳으로 갈 수 없기 때문이다. 그럼에도 FCA Las Vegas 조건으로 매매하는 매도인은 때로는(전형적으로 은행의 추심 조건이나 신용장 조건 때문에) 무엇보다도 물품이 라스베이거스에서 운송을 위하여 수령된 것으로 기재될 뿐만 아니라 그것이 로스엔젤레스에서 선적되었다고 기재된 본선적재표기가 있는 선하증권이 필요한 상황에 처하게 된다. 본선적재표기가 있는 선하증권을 필요로 하는 FCA 매도인의 이러한 가능성에 대응하기 위하여 인코텀즈 2020 FCA에서는 처음으로 다음과 같은 선택적 기제를 규정한다. 당사자들이 계약에서 합의한 경우에 매수인은 그의 운송인에게 본선적재표기가 있는 선하증권을 매도인에게 발행하도록 지시하여야 한다. 물론 운송인으로서는 물품이 로스앤젤레스에서 본선적재된 때에만 그러한 선하증권을 발행할 의무가 있고 또 그렇게 할 권리가 있기 때문에 매수인의 요청에 응할 수도, 응하지 않을 수도 있다. 그러나 운송인이 매수인의 비용과 위험으로 매도인에게 선하증권을 발행하는 경우 매도인은 바로 그 선하증권을 매수인에게 제공하여야 하고 매수인은 운송인으로부터 물품을 수령하기 위하여 그 선하증권이 필요하다. 물론 당사자들의 합의에 의하여 매도인이 매수인에게 물품의 본선적재 사실이 아니라 단지 물품이 선적을 위하여 수령되었다는 사실을 기재한 선하증권을 제시하는 경우 이러한 선택적 기제는 불필요하다. 또한 강조되어야 할 것은 이러한 선택적 기제가 적용되는 경우에도 매도인은 매수인에 대하여 운송계약조건에 관한 어떠한 의무도 없다는 것이다. 끝으로, 이러한 선택적 기제가 적용되는 경우에 내륙의 인도일자와 본선적재일자는 부득이하게 다를 수 있을 것이고, 이로 인하여 매도인에게 신용장상 어려움이 발생할 수 있다.

(3) FAS(선측인도) Free Alongside Ship

1) 인도와 위험

① "선측인도"는 다음과 같이 될 때 매도인이 물품을 매수인에게 인도하는 것을 의미한다.

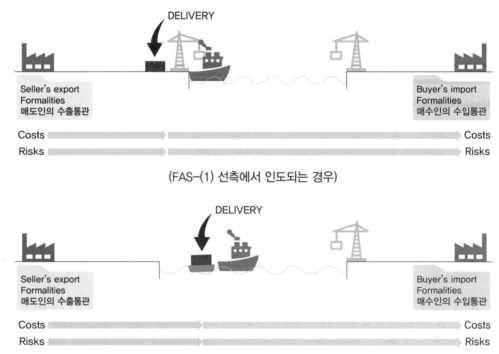

(FAS-(1) 선측에서 인도되는 경우)

(FAS-(2) 외항이 있는 경우, 부선(Barge)에 실려 인도되는 경우)

㉠ 지정선적항에서

㉡ 매수인이 지정한 선박의

㉢ 선측에 (예컨대 부두 또는 바지(barge)에) 물품이 놓인 때

㉣ 또는 이미 그렇게 인도된 물품을 조달한 때.

② 물품의 멸실 또는 훼손의 위험은 물품이 선측에 놓인 때 이전하고, 매수인은 그 순간부터 향후의 모든 비용을 부담한다.

2) 운송방식 : 본 규칙은 당사자들이 물품을 선측에 둠으로써 인도하기로 하는 해상운송이나 내수로 운송에만 사용되어야 한다. 따라서 FAS규칙은 물품이 선측에 놓이기 전에 운송인에게 교부되는 경우, 예컨대 물품이 컨테이너터미널에서 운송인에게 교부되는 경우에는 적절하지 않다. 이러한 경우에 당사자들은 FAS규칙 대신에 FCA규칙을 사용하는 것을 고려하여야 한다.

3) 정확한 적재지점 지정 : 당사자들은 지정선적항에서 물품이 부두나 바지(barge)로부터 선박으로 이동하는 적재지점을 가급적 명확하게 명시하는 것이 좋다. 그 지점까지의 비용과 위험은 매도인이 부담하고, 이러한 비용과 그와 관련된 처리비용(handling charges)은 항구의 관행에 따라 다르기 때문이다.

4) '또는 그렇게 인도된 물품을 조달함' : 매도인은 물품을 선측에서 인도하거나 선적을 위하여 이미 그렇게 인도된 물품을 조달하여야 한다. 여기에 "조달한다"(procure)고 규정한 것은 특히 일차산품거래(commodity trades)에서 일반적인 수차에 걸쳐 연속적으로 이루어지는 매매(연속매매, string sales)에 대응하기 위함이다.

5) 수출/수입통관 : FAS에서는 해당되는 경우에 매도인이 물품의 수출통관을 하여야 한다. 그러나 매도인은 물품의 수입을 위한 또는 제3국 통과를 위한 통관을 하거나 수입관세를 납부하거나 수입통관절차를 수행할 의무가 없다.

(4) FOB(본선인도) : Free On Board

1) 인도와 위험

① "본선인도"는 매도인이 다음과 같이 물품을 매수인에게 인도하는 것을 의미한다.

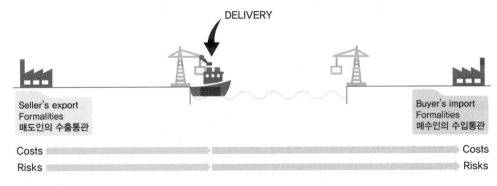

㉠ 지정선적항에서

㉡ 매수인이 지정한

㉢ 선박에 적재함

㉣ 또는 이미 그렇게 인도된 물품을 조달함

② 물품의 멸실 또는 훼손의 위험은 물품이 선박에 적재된 때 이전되고, 매수인은 그 순간부터 향후의 모든 비용을 부담한다.

2) 본 규칙은 당사자들이 물품을 선박에 적재함으로써 인도하기로 하는 해상운송이나 내수로운송에만 사용되어야 한다. 따라서 FOB규칙은 물품이 선박에 적재되기 전에 운송인에게 교부되는 경우, 예 컨대 물품이 컨테이너터미널에서 운송인에게 교부되는 경우에는 적절하지 않다. 이러한 경우에 당 사자들은 FOB규칙 대신에 FCA규칙을 사용하는 것을 것을 고려하여야 한다.

3) '또는 그렇게 인도된 물품을 조달함' : 매도인은 물품을 선박에 적재하여 인도하거나 선적을 위하여 이미 그렇게 인도된 물품을 조달하여야 하다. 여기에 "조달한다"(procure)고 규정한 것은 특히 일 차산품거래(commodity trades)에서 일반적인 수차에 걸쳐 연속적으로 이루어지는 매매(연속매매, string sales)에 대응하기 위함이다.

4) 수출/수입통관 : FOB에서는 해당되는 경우에 매도인이 물품의 수출통관을 하여야 한다. 그러나 매 도인은 물품의 수입을 위한 또는 제3국 통과를 위한 통관을 하거나 수입관세를 납부하거나 수입통 관절차를 수행할 의무가 없다.

(5) CFR(운임포함인도) : Cost and Freight

1) 인도와 위험

① "운임포함인도"는 매도인이 물품을 매수인에게 다음과 같이 인도하는 것을 의미한다.

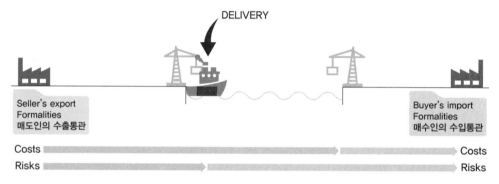

㉠ on board the vessel

㉡ 선박에 적재함

㉢ or procures the goods already so delivered

㉣ 또는 이미 그렇게 인도된 물품을 조달함.

② 물품의 멸실 또는 훼손의 위험은 물품이 선박에 적재된 때 이전하고, 그에 따라 매도인은 명시된 수 량의 물품이 실제로 목적지에 양호한 상태로 도착하는지를 불문하고 또는 사실 물품이 전혀 도착하 지 않더라도 그의 물품인도의무를 이행한 것으로 된다. CFR에서 매도인은 매수인에 대하여 부보의 무가 없다. 따라서 매수인은 스스로 부보하는 것이 좋다.

2) 운송방식 : 본 규칙은 해상운송이나 내수로운송에만 사용되어야 한다. 물품이 컨테이너터미널에서 운송인에게 교부되는 경우 일반적으로 그러하듯이 둘 이상의 운송방식이 사용될 때 사용하기 적절 한 규칙은 CFR이 아니라 CPT이다.

3) '또는 그렇게 인도된 물품을 조달함' : 여기에 "조달한다"(procure)고 규정한 것은 특히 일차산품거 래(commodity trades)에서 일반적인 수차에 걸쳐 연속적으로 이루어지는 매매(연속매매, string sales)에 대응하기 위함이다.

4) 인도항(port of delviery)과 목적항(port of destination) : CFR에서는 두 항구가 중요하다. 물품 이 선박에 적재되어 인도되는 항구와 물품의 목적항으로 합의된 항구가 그것이다. 위험은 물품이

선적항에서 선박에 적재됨으로써 또는 이미 그렇게 인도된 물품을 조달함으로써 매수인에게 인도된 때 매도인으로부터 매수인에게 이전된다. 그러나 매도인은 물품을 인도지부터 합의된 목적지까지 운송하는 계약을 체결해야 한다. 따라서 예컨대 물품은 (항구인) 사우샘프턴까지 운송되기 위하여 (항구인) 상하이에서 선박에 적재된다. 그러면 물품이 상하이에서 적재된 때 여기서 인도가 일어나고, 그 시점에 위험이 매수인에게 이전된다. 그리고 매도인은 상하이에서 사우샘프턴으로 향하는 운송계약을 체결해야 한다.

5) 선적항은 반드시 지정되어야 하는가? : 계약에서 항상 목적항을 명시할 것이지만, 위험이 매수인에게 이전하는 장소인 선적항은 명시하지 않을 수도 있다. 예컨대 매수인이 매매대금에서 운임요소가 합리적인지 확인하고자 하는 경우에 그러하듯이 선적항이 특히 매수인의 관심사항인 경우 당사자들은 계약에서 선적항을 가급적 정확하게 특정하는 것이 좋다.

6) 양륙항 내 목적지점 지정 : 당사자들은 지정목적항 내의 지점을 가급적 정확하게 지정하는 것이 좋다. 그 지점까지 비용을 매도인이 부담하기 때문이다. 매도인은 물품을 인도지로부터 지정목적항까지 또는 그 지정목적항 내의 지점으로부터 매매계약에서 합의된 지점까지 물품을 운송하는 단일 또는 복수의 계약을 체결하여야 한다.

7) 복수의 운송인 : 예컨대 먼저 홍콩에서 상하이까지는 피더선(feeder vessel)을 운항하는 운송인이 담당하고 이어서 상하이에서 사우샘프턴까지를 항해선박(ocean vessel)이 담당하는 경우와 같이, 상이한 해상운송구간을 각기 담당하는 복수의 운송인이 운송을 수행하는 것도 가능하다. 이때 과연 위험은 매도인으로부터 매수인에게 홍콩에서 이전되는지 아니면 상하이에서 이전되는지 의문이 발생한다. 즉, 인도는 어디서 일어나는가? 당사자들이 매매계약 자체에서 이를 잘 합의하였을 수도 있다. 그러나 그러한 합의가 없는 경우에 (본 규칙이 규정하는) 보충적 입장은, 위험은 물품이 제1운송인에게 인도된 때, 즉 홍콩에서 이전되고, 따라서 매수인이 멸실 또는 훼손의 위험을 부담하는 기간이 증가한다는 것이다. 당사자들은 그 뒤의 어느 단계에서(여기서는 상하이) 위험이 이전되기를 원한다면 이를 매매계약에 명시하여야 한다.

8) 양하비용 : 매도인은 자신의 운송계약상 목적항 내의 명시된 지점에서 양하에 관하여 비용이 발생한 경우 당사자 간에 달리 합의되지 않은 한 그러한 비용을 매수인으로부터 별도로 상환받을 권리가 없다.

9) 수출/수입통관 : CFR에서는 해당되는 경우에 매도인이 물품의 수출통관을 하여야 한다. 그러나 매도인은 물품의 수입을 위한 또는 제3국 통과를 위한 통관을 하거나 수입관세를 납부하거나 수입통관절차를 수행할 의무가 없다.

(6) CIF (운임 · 보험료포함인도) Cost Insurance and Freight

1) 인도와 위험

① "운임 · 보험료포함인도"는 매도인이 물품을 매수인에게 다음과 같이 인도하는 것을 의미한다.

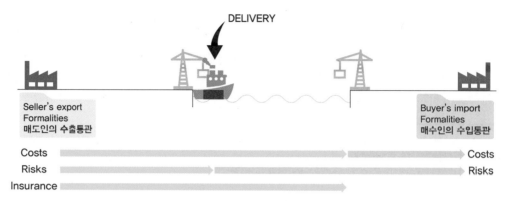

ⓐ 선박에 적재함

ⓑ 또는 이미 그렇게 인도된 물품을 조달함

② 물품의 멸실 또는 훼손의 위험은 물품이 선박에 적재된 때 이전되고, 그에 따라 매도인은 명시된 수량의 물품이 실제로 목적지에 양호한 상태로 도착하는지를 불문하고 또는 사실 물품이 전혀 도착하지 않더라도 그의 물품인도 의무를 이행한 것으로 된다.

2) 운송방식 : 본 규칙은 해상운송이나 내수로운송에만 사용되어야 한다. 물품이 컨테이너터미널에서 운송인에게 교부되는 경우 일반적으로 그러하듯이 둘 이상의 운송방식이 사용되는 경우에 사용하기 적절한 규칙은 CIF가 아니라 CIP이다.

3) '또는 그렇게 인도된 물품을 조달함' : 여기에 "조달한다"(procure)고 규정한 것은 특히 일차산품거래(commodity trades)에서 일반적인 수차에 걸쳐 연속적으로 이루어지는 매매(연속매매, string sales)에 대응하기 위함이다.

4) 인도항(port of delivery)과 목적항(port of destination) : CIF에서는 두 항구가 중요하다. 물품이 선박에 적재되어 인도되는 항구와 물품의 목적항으로 합의된 항구가 그것이다. 위험은 물품이 선적항에서 선박에 적재됨으로써 또는 이미 그렇게 인도된 물품을 조달함으로써 매수인에게 인도된 때 매도인으로부터 매수인에게 이전된다. 그러나 매도인은 물품을 인도지부터 합의된 목적지까지 운송하는 계약을 체결해야 한다. 따라서 예컨대 물품은 (항구인) 사우샘프턴까지 운송되기 위하여 (항구인) 상하이에서 선박에 적재된다. 그러면 물품이 상하이에서 적재된 때 여기서 인도가 일어나고, 그 시점에 위험이 매수인에게 이전된다. 그리고 매도인은 상하이에서 사우샘프턴으로 향하는 운송계약을 체결해야 한다.

5) 선적항은 반드시 지정되어야 하는가? : 계약에서 항상 목적항을 명시할 것이지만, 위험이 매수인에게 이전하는 장소인 선적항은 명시하지 않을 수도 있다. 예컨대 매수인이 매매대금에서 운임요소가 합리적인지 확인하고자 하는 경우에 그러하듯이 선적항이 특히 매수인의 관심사항인 경우에 당사자들은 계약에서 선적항을 가급적 정확하게 지정하는 것이 좋다.

6) 양륙항 내 목적지점 지정 : 당사자들은 지정목적항 내의 지점을 가급적 정확하게 지정하는 것이 좋다. 그 지점까지의 비용을 매도인이 부담하기 때문이다. 매도인은 물품을 인도지로부터 지정목적항까지 또는 그 지정목적항 내의 지점으로부터 매매계약에서 합의된 지점까지 물품을 운송하는 단일 또는 복수의 계약을 체결하여야 한다.

7) 복수의 운송인 : 예컨대 먼저 홍콩에서 상하이까지는 피더선(feeder vessel)을 운항하는 운송인이 담당하고 이어서 상하이에서 사우샘프턴까지를 항해선박(ocean vessel)이 담당하는 경우와 같이, 상이한 해상운송구간을 각기 담당하는 복수의 운송인이 운송을 수행하는 것도 가능하다. 이때 과연 위험은 매도인으로부터 매수인에게 홍콩에서 이전되는지 아니면 상하이에서 이전되는지 의문이 발생한다. 즉, 인도는 어디서 일어나는가? 당사자들이 매매계약 자체에서 이를 잘 합의하였을 수도 있다. 그러나 그러한 합의가 없는 경우에 (본 규칙이 규정하는) 보충적 입장은, 위험은 물품이 제1운송인에게 인도된 때, 즉 홍콩에서 이전되고, 따라서 매수인이 멸실 또는 훼손의 위험을 부담하는 기간이 증가한다는 것이다. 당사자들은 그 뒤의 어느 단계에서 (여기서는 상하이) 위험이 이전되기를 원한다면 이를 매매계약에 명시하여야 한다.

8) 보험 : 매도인은 또한 선적항부터 적어도 목적항까지 매수인의 물품의 멸실 또는 훼손 위험에 대하여 보험계약을 체결하여야 한다. 이는 목적지 국가가 자국의 보험자에게 부보하도록 요구하는 경우에는 어려움을 야기할 수 있다. 이러한 경우에 당사자들은 CFR로 매매하는 것을 고려하여야 한다. 또한 매수인은 인코텀즈 2020 CIF하에서 매도인은 협회적하약관의 A-약관에 의한 보다 광범위한 담보조건이 아니라 협회적하약관의 C-약관이나 그와 유사한 약관에 따른 제한적인 담보조건으로 부보하여야 한다는 것을 유의하여야 한다. 그러나 당사자들은 여전히 더 높은 수준의 담보조건으로 부보하기로 합의할 수 있다.

9) 양하비용 : 매도인은 자신의 운송계약상 목적항 내의 명시된 지점에서 양하에 관하여 비용이 발생한 경우 당사자 간에 달리 합의되지 않은 한 그러한 비용을 매수인으로부터 별도로 상환받을 권리가 없다.

10) 수출/수입통관 : CFR에서는 해당되는 경우에 매도인이 물품의 수출통관을 하여야 한다. 그러나 매도인은 물품의 수입을 위한 또는 제3국 통과를 위한 통관을 하거나 수입관세를 납부하거나 수입통관절차를 수행할 의무가 없다.

(7) CPT(운송비지급인도) : Carriage paid to

1) 인도와 위험 : "운송비지급인도"는 다음과 같이 매매도인이 수인에게 물품을 인도하는 것을, 그리고 위험을 이전하는 것을 의미한다.

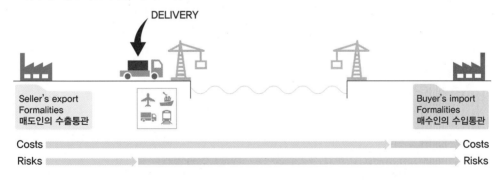

① 매도인과 계약을 체결한 운송인에게

② 물품을 교부함으로써

③ 또는 그렇게 인도된 물품을 조달함으로써

④ 매도인은 사용되는 운송수단에 적합한 방법과 그에 적합한 장소에서 운송인에게 물품의 물리적 점유를 이전함으로써 물품을 인도할 수 있다. 물품이 이러한 방법으로 매수인에게 인도되면 매

도인은 그 물품이 목적지에 양호한 상태로 명시된 수량 또는 그 전량이 도착할 것을 보장하지 않는다. 왜냐하면 물품이 운송인에게 교부됨으로써 매수인에게 인도된 때 위험은 매도인으로부터 매수인에게 이전되기 때문이다. 그러나 매도인은 물품을 인도지로부터 합의된 목적지까지 운송하는 계약을 체결하여야 한다. 따라서 예컨대 (항구인) 사우샘프턴이나 (항구가 아닌) 윈체스터까지 운송하기 위하여 (항구가 아닌) 라스베이거스에서 운송인에게 물품이 교부된다. 이러한 각각의 경우에 대한 위험을 매수인에게 이전시키는 인도는 라스베이거스에서 일어나고, 매도인은 사우샘프턴이나 윈체스터로 향하는 운송계약을 체결하여야 한다.

2) 운송방식 : 본 규칙은 어떠한 운송방식이 선택되는지를 불문하고 사용할 수 있고 둘 이상의 운송방식이 이용되는 경우에도 사용할 수 있다.

3) 인도장소(또는 인도지점)와 목적지 : CPT에서는 두 곳이 중요하다. 물품이 (위험이전을 위하여) 인도되는 장소 또는 지점(있는 경우)이 그 하나이고, 물품의 목적지로서 합의된 장소 또는 지점이 다른 하나이다(매도인은 이 지점까지 운송계약을 체결하기로 약속하기 때문이다).

4) 정확한 인도장소 또는 인도지점 지정 : 당사자들은 매매계약에서 가급적 정확하게 두 장소(인도장소 및 목적지) 또는 그러한 두 장소 내의 실제 지점들을 지정하는 것이 좋다. 인도장소나 인도지점(있는 경우)을 가급적 정확하게 지정하는 것은 복수의 운송인이 참여하여 인도지부터 목적지까지 사이에 각자 상이한 운송구간을 담당하는 일반적인 상황에 대응하기 위하여 중요하다. 이러한 상황에서 당사자들이 특정한 인도장소나 인도지점을 합의하지 않는 경우 (본 규칙이 규정하는) 보충적 입장에서 위험은 물품이 매도인이 전적으로 선택하고 그에 대하여 매수인이 전혀 통제할 수 없는 지점에서 제1운송인에게 인도된 때 이전한다는 것이다. 그 후의 어느 단계에서 (예컨대 바다나 강의 항구 또는 공항에서) 또는 그 전의 어느 단계에서 (예컨대 바다나 강의 항구로부터 멀리 있는 내륙의 어느 지점에서) 위험이 이전되길 원한다면, 당사자들은 이를 매매계약에 명시하고 물품이 실제로 멸실 또는 훼손되는 경우 결과가 어떻게 되는지 신중하게 생각할 필요가 있다.

5) 가급적 정확한 목적지 지정 : 당사자들은 또한 매매계약에서 합의된 목적지 내의 지점을 가급적 정확하게 지정하는 것이 좋다. 그 지점까지 매도인은 운송계약을 체결하여야 하고, 그 지점까지 발생하는 운송비용 또는 매도인이 부담하기 때문이다.

6) '또는 그렇게 인도된 물품을 조달한다' : 여기에 "조달한다"(procure)고 규정한 것은 특히 일차산품 거래(commodity trades)에서 일반적인 수차에 걸쳐 연속적으로 이루어지는 매매(연속매매, string sales)에 대응하기 위함이다.

7) 목적지의 양하비용 : 매도인이 자신의 운송계약상 지정목적지에서 양하에 관하여 비용이 발생한 경우 매도인은 당사자 간에 달리 합의되지 않은 한 그러한 비용을 매수인으로부터 별도로 상환받을 권리가 없다.

8) 수출/수입통관 : CPT에서는 해당되는 경우에 매도인이 물품의 수출통관을 하여야 한다. 그러나 매도인은 물품의 수입 또는 제3국 통과를 위해 통관을 하거나 수입관세를 납부하여 수입통관절차를 수행할 의무가 없다.

(8) CIP(운송비 · 보험료지급인도) : Carriage and Insurance Paid To

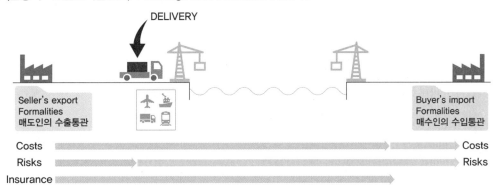

1) 인도와 위험 : "운송비 · 보험료지급인도"는 다음과 같이 매도인이 매수인에게 물품을 인도하는 것, 그리고 위험을 이전하는 것을 의미한다.

① 매도인과 계약을 체결한 운송인에게

② 물품을 교부함으로써

③ 또는 그렇게 인도된 물품을 조달함으로써

④ 매도인은 사용되는 운송수단에 적합한 방법과 그에 적합한 장소에서 운송인에게 물품의 물리적 점유를 이전함으로써 물품을 인도할 수 있다. 물품이 이러한 방법으로 매수인에게 인도되면 매도인은 그 물품이 목적지에 양호한 상태로 명시된 수량 또는 그 전량이 도착할 것을 보장하지 않는다. 왜냐하면 물품이 운송인에게 교부됨으로써 매수인에게 인도된 때 위험은 매도인으로부터 매수인에게 이전되기 때문이다. 그러나 매도인은 물품을 인도지로부터 합의된 목적지까지 운송하는 계약을 체결하여야 한다. 따라서 예컨대 (항구인) 사우샘프턴이나 (항구가 아닌) 윈체스터까지 운송하기 위하여 (항구가 아닌) 라스베이거스에서 운송인에게 물품이 교부된다. 이러한 각각의 경우에 대한 위험을 매수인에게 이전시키는 인도는 라스베이거스에서 일어나고, 매도인은 사우샘프턴이나 윈체스터로 향하는 운송계약을 체결하여야 한다.

2) 운송방식 : 본 규칙은 어떠한 운송방식이 선택되는지를 불문하고 사용할 수 있고 둘 이상의 운송방식이 이용되는 경우에도 사용할 수 있다.

3) 인도장소(또는 인도지점)와 목적지 : CIP에서는 두 곳이 중요하다. 물품이 (위험이전을 위하여) 인도되는 장소 또는 지점이 그 하나이고, 물품의 목적지로서 합의된 장소 또는 지점이 다른 하나이다 (매도인은 이 지점까지 운송계약을 체결하기로 약속하기 때문이다).

4) 보험 : 매도인은 인도지점부터 적어도 목적지점까지 매수인의 물품의 멸실 또는 훼손 위험에 대하여 보험계약을 체결하여야 한다. 이는 목적지 국가가 자국의 보험자에게 부보하도록 요구하는 경우 어려움을 야기할 수 있다. 이때 당사자들은 CPT로 매매하는 것을 고려하여야 한다. 또한 매수인은 인코텀즈 2020 CIP하에서 매도인은 협회적하약관의 C-약관에 의한 제한적인 담보조건이 아니라 협회적하약관의 A-약관이나 그와 유사한 약관에 따른 광범위한 담보조건으로 부보하여야 한다는 것을 유의하여야 한다. 그러나 당사자들은 여전히 더 낮은 수준의 담보조건으로 부보할 수 있다.

5) 정확한 인도장소 또는 인도지점 지정 : 당사자들은 매매계약에서 가급적 정확하게 두 장소(인도장소 및 목적지) 또는 그러한 두 장소 내의 실제 지점들을 지정하는 것이 좋다. 인도장소나 인도지점(있는 경우)을 가급적 정확하게 지정하는 것은 복수의 운송인이 참여하여 인도지부터 목적지까지 사이

에 각자 상이한 운송구간을 담당하는 일반적인 상황에 대응하기 위하여 중요하다. 이러한 상황에서 당사자들이 특정한 인도장소나 인도지점을 합의하지 않는 경우에 (본 규칙이 규정하는) 보충적 입장에서, 위험은 물품이 매도인이 전적으로 선택하고 그에 대하여 매수인이 전혀 통제할 수 없는 지점에서 제1운송인에게 인도된 때 이전한다는 것이다. 그 후의 어느 단계에서 (예컨대 바다나 강의 항구 또는 공항에서) 또는 그 전의 어느 단계에서 (예컨대 바다나 강의 항구로부터 멀리 있는 내륙의 어느 지점에서) 위험이 이전되길 원한다면, 당사자들은 이를 매매계약에 명시하고 물품이 실제로 멸실 또는 훼손되는 경우 결과가 어떻게 되는지 신중하게 생각할 필요가 있다.

6) 가급적 정확한 목적지 지정 : 당사자들은 매매계약에서 합의된 목적지 내의 지점을 가급적 정확하게 시정하는 것이 좋다. 그 시점까지 매노인은 운송계약과 보험계약을 체결하여야 하고, 그 지점까지 발생하는 운송비용 또한 보험비용을 매도인이 부담하기 때문이다.

7) '또는 그렇게 인도된 물품을 조달함' : 여기에 "조달한다"(procure)고 규정한 것은 특히 일차산품거래(commodity trades)에서 일반적인 수차에 걸쳐 연속적으로 이루어지는 매매(연속매매, string sales)에 대응하기 위함이다.

8) 목적지의 양하비용 : 매도인이 자신의 운송계약상 지정목적지에서 양하에 관하여 비용이 발생한 경우, 매도인은 당사자 간에 달리 합의되지 않은 한 그러한 비용을 매수인으로부터 별도로 상환받을 권리가 없다.

9) 수출/수입통관 : CIP에서는 해당되는 경우에 매도인이 물품의 수출통관을 하여야 한다. 그러나 매도인은 물품의 수입 또는 제3국 통과를 위해 통관을 하거나 수입관세를 납부하여 수입통관절차를 수행할 의무가 없다.

(9) DAP(도착지인도) : Delivered at Place

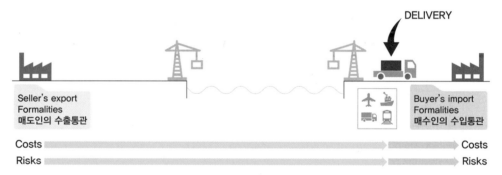

1) 인도와 위험 : "도착지인도"는 다음과 같이 된 때 매도인이 매수인에게 물품을 인도하는 것, 그리고 위험을 이전하는 것을 의미한다.

　① 물품이 지정목적지에서 또는

　② 지정목적지 내에 어떠한 지점이 합의된 경우에는 그 지점에서

　③ 도착운송수단에 실어둔 채 양하준비된 상태로

　④ 매수인의 처분하에 놓인 때 매도인은 물품을 지정목적지까지 또는 지정목적지 내의 합의된 지점까지 가져가는 데 수반되는 모든 위험을 부담한다. 따라서 본 인코텀즈 규칙에서 인도와 목적지의 도착은 같은 것을 의미한다.

2) 운송방식 : 본 규칙은 어떠한 운송방식이 선택되는지를 불문하고 사용할 수 있고 둘 이상의 운송방식이 이용되는 경우에도 사용할 수 있다.

3) 정확한 인동장소/목적지 또는 인도/목적지점 지정 : 당사자들은 몇가지 이유로 가급적 명확하게 목적지나 목적지점을 명시하는 것이 좋다.

① 물품의 멸실 또는 훼손의 위험은 인도/목적지점에서 매수인에게 이전한다. 따라서 매도인과 매수인은 결정적인 이전이 일어나는 지점에 대하여 명확하게 해두는 것이 가장 좋다.

② 그러한 인도장소/목적지 또는 인도/목적지점 전의 비용은 매도인이 부담하고 그 후의 비용은 매수인이 부담한다.

③ 매도인은 물품을 합의된 인도장소/목적지 또는 인도/목적지점까지 운송하는 계약을 체결하거나 그러한 운송을 마련하여야 한다.

④ 그렇게 하지 않는 경우에 매도인은 인코텀즈 DAP 규칙상 그의 의무를 위반한 것이 되고 매수인에 대하여 그에 따른 손해배상책임을 지게 된다. 따라서 예컨대 매도인은 추가적인 후속운송(on-carriage)을 위하여 운송인이 매수인에게 부과하는 추가비용에 대하여 책임을 지게 된다.

4) '또는 그렇게 인도된 물품을 조달함' : 여기에 "조달한다(procure)고 규정한 것은 특히 일차산품거래(commodity trades)에서 일반적인 수차에 걸쳐 연속적으로 이루어지는 매매(연속매매, string sales)에 대응하기 위함이다. 그러나 매도인이 자신의 운송계약상 인도장소/목적지에서 양하에 관하여 비용이 발생한 경우, 매도인은 당사자 간에 달리 합의되지 않은 한 그러한 비용을 매수인으로부터 별도로 상환받을 권리가 없다.

5) 양하비용 : 매도인은 도착운송수단으로부터 물품을 양하(unload)할 필요가 없다. 그러나 매도인이 자신의 운송계약상 인도장소/목적지에서 양하에 관하여 비용이 발생한 경우에 매도인은 당사자 간에 달리 합의되지 않은 한 그러한 비용을 매수인으로부터 별도로 상환받을 권리가 없다.

6) 수출/수입통관 : DAP에서는 해당되는 경우에 매도인이 물품의 수출통관을 하여야 한다. 그러나 매도인은 물품의 수입 또는 인도 후 제3국 통과를 위해 통관을 하거나 수입관세를 납부하여 수입통관절차를 수행할 의무가 없다. 따라서 매수인이 수입통관을 못하는 경우에 물품은 목적지 국가의 항구나 내륙터미널에 묶이게 될 것이다. 그렇다면 물품이 목적지 국가의 입국항구(port of entry)에 묶여있는 동안에 발생하는 어떤 멸실의 위험은 누가 부담하는가? 그 답은 매수인이다. 즉 아직 인도가 일어나지 않았고, B3(a)는 내륙의 지정지점으로의 통과가 재개될 때까지 물품의 멸실 또는 훼손의 위험을 매수인이 부담하도록 하기 때문이다. 만일 이러한 시나리오를 피하기 위하여 물품의 수입통관을 하고 수입관세나 세금을 납부하고 수입통관절차를 수행하는 것을 매도인이 하도록 하고자 하는 경우에 당사자들을 DDP를 사용하는 것을 고려할 수 있다.

(10) DPU(도착지양하인도) : Delivered at place Unloaded

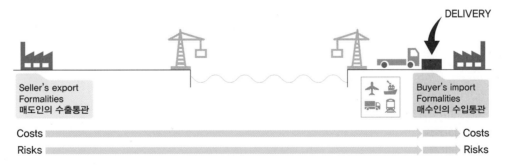

1) 인도와 위험 : "도착지양하인도"는 다음과 같이 된 때 매도인이 매수인에게 물품을 인도하는 것, 그리고 위험을 이전하는 것을 의미한다.

① 물품이

② 지정목적지에서 또는

③ 지정목적지 내에 어떠한 지점이 합의된 경우에는 그 지점에서

④ 도착운송수단으로부터 양하된 상태로

⑤ 매수인의 처분하에 놓인때, 매도인은 물품을 지정목적지까지 가져가서 그곳에서 물품을 양하하는데 수반되는 모든 위험을 부담한다. 따라서 본 인코텀즈 규칙에서 인도와 목석시의 노착은 같은 것을 의미한다. 따라서 매도인은 자신이 그러한 지정장소에서 양하를 할 수 있는 입장에 있는지를 확실히 하여야 한다. 당사자들은 매도인이 양하의 위험과 비용을 부담하기를 원하지 않는 경우에는 DPU를 피하고 그 대신 DAP를 사용하여야 한다.

2) 운송방식 : 본 규칙은 어떠한 운송방식이 선택되는지를 불문하고 사용할 수 있고 둘 이상의 운송방식이 이용되는 경우에도 사용할 수 있다.

3) 정확한 인도장소/목적지 또는 인도 목적지점 지정 : 당사자들은 몇 가지 이유로 가급적 명확하게 목적지나 목적지점을 명시하는 것이 좋다.

① 물품의 멸실 또는 훼손의 위험은 인도/목적지점에서 매수인에게 이전한다. 따라서 매도인과 매수인은 결정적인 이전이 일어나는 지점에 대하여 명확하게 해두는 것이 가장 좋다.

② 그러한 인도장소/목적지 또는 인도/목적지점 전의 비용은 매도인이 부담하고 그 후의 비용은 매수인이 부담한다.

③ 매도인은 물품을 합의된 인도장소/목적지 또는 인도/목적지점까지 운송하는 계약을 체결하거나 그러한 운송을 마련하여야 한다.

④ 그렇게 하지 않는 경우에 매도인은 본 규칙상 그의 의무를 위반한 것이 되고 매수인에 대하여 그에 따른 손해배상책임을 지게 된다. 따라서 예컨대 매도인은 추가적인 후속운송(on-carriage)을 위하여 운송인이 매수인에게 부과하는 추가비용에 대하여 책임을 지게 된다.

4) 또는 그렇게 인도된 물품을 조달함' : 여기에 "조달한다"(procure)고 규정한 것은 특히 일차산품거래(commodity trades)에서 일반적인 수차에 걸쳐 연속적으로 이루어지는 매매(연속매매, string sales)에 대응하기 위함이다.

5) 수출/수입통관 : DPU에서는 해당되는 경우에 매도인이 물품의 수출통관을 하여야 한다. 그러나 매도인은 물품의 수입을 위한 또는 인도 후 제3국 통과를 위한 통관을 하거나 수입관세를 납부하거나 수입통관절차를 수행할 의무가 없다. 따라서 매수인이 수입통관을 못하는 경우에 물품은 목적지 국가의 항구나 내륙터미널에 묶이게 될 것이다. 그렇다면 물품이 목적지 국가의 입국항구(port of entry)나 내륙터미널에 묶여있는 동안에 발생하는 어떤 멸실의 위험은 누가 부담하는가? 그 답은 매수인이다. 즉 아직 인도가 일어나지 않았고, B3(a)는 내륙의 지정지점으로의 통과가 재개될 때까지 물품의 멸실 또는 훼손의 위험을 매수인이 부담하도록 하기 때문이다. 이러한 시나리오를 피하기 위하여 물품의 수입신고를 하고 수입관세나 세금을 납부하고 수입통관절차를 수행하는 것을 매도인이 하도록 하는 경우에 당사자들은 DDP를 사용하는 것을 고려할 수 있다.

(11) DDP(관세지급인도) : Delivered Duty Paid

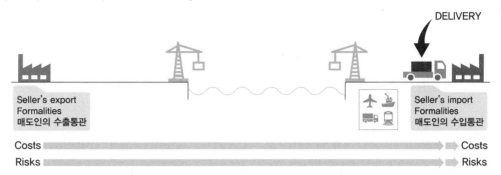

1) 인도와 위험 : "관세지급인도"는 다음과 같이 된 때 매도인이 매수인에게 물품을 인도하는 것을 의미한다.

① 물품이 지정목적지에서 또는 지정목적지 내의 어떠한 지점이 합의된 경우에는 그러한 지점에서

② 수입통관 후

③ 도착운송수단에 실어둔 채

④ 양하준비된 상태로

⑤ 매수인의 처분하에 놓인 때, 매도인은 물품을 지정목적지까지 또는 지정목적지 내의 합의된 지점까지 가져가는 데 수반되는 모든 위험을 부담한다. 따라서 본 인코텀즈 규칙에서 인도와 목적지의 도착은 같은 것을 의미한다.

2) 운송방식 : 본 규칙은 어떠한 운송방식이 선택되는지를 불문하고 사용할 수 있고 둘 이상의 운송방식이 이용되는 경우에도 사용할 수 있다.

3) 매도인을 위한 유의사항 : 최대책임 – DDP에서는 인도가 도착지에서 일어나고 매도인이 수입관세와 해당되는 세금의 납부책임을 지므로, DDP는 11개의 모든 인코텀즈 규칙 중에서 매도인에게 최고수준의 의무를 부과하는 규칙이다. 따라서 매도인의 관점에서, 본 규칙은 아래 7번 단락에서 보는 바와 같이 여러 가지 이유로 조심스럽게 사용하여야 한다.

4) 정확한 인도장소/목적지 또는 인도/목적지점 지정 : 당사자들은 몇 가지 이유로 가급적 명확하게 목적지나 목적지점을 명시하는 것이 좋다.

① 물품의 멸실 또는 훼손의 위험은 그러한 인도/목적지점에서 매수인에게 이전한다. 따라서 매도인과 매수인은 그러한 결정적인 이전이 일어나는 지점에 대하여 명확하게 해두는 것이 가장 좋다.

② 수입통관비용을 포함하여 그러한 인도장소/목적지 또는 인도/목적지점 전의 비용은 매도인이 부담하고 수입비용을 제외한 그 후의 비용은 매수인이 부담한다.

③ 매도인은 물품을 합의된 인도장소/목적지 또는 인도/목적지점까지 운송하는 계약을 체결하거나 그러한 운송을 마련하여야 한다.

④ 그렇게 하지 않는 경우에 매도인은 인코텀즈 DDP 규칙상 그의 의무를 위반한 것이 되고 매수인에 대하여 그에 따른 손해배상책임을 지게 된다.
따라서 예컨대 매도인은 추가적인 후속운송(on-carriage)을 위하여 운송인이 매수인에게 부과하는 추가비용에 대하여 책임을 지게 된다.

5) '또는 그렇게 인도된 물품을 조달함' : 여기에 "조달한다"(procure)고 규정한 것은 특히 일차산품거래(commodity trades)에서 일반적인 수차에 걸쳐 연속적으로 이루어지는 매매(연속매매, string sales)에 대응하기 위함이다.

6) 양하비용 : 매도인은 자신의 운송계약상 인도장소/목적지에서 양하에 관하여 비용이 발생한 경우 당사자 간에 달리 합의되지 않은 한 그러한 비용을 매수인으로부터 별도로 상환받을 권리가 없다.

7) 수출/수입통관 : 위의 3번 단락에서 보듯이, DDP에서는 해당되는 경우에 메도인이 물품의 수출통관 및 수입통관을 하여야 하고 또한 수입관세를 납부하거나 모든 통관절차를 수행하여야 한다. 따라서 매도인은 수입통관을 완료할 수 없어서 차라리 이러한 부분을 수입국에 있는 매수인의 손에 맡기고자 하는 경우에 인도는 여전히 목적지에서 일어나지만 수입통관은 매수인이 하도록 되어 있는 DAP나 DPU를 선택하는 것을 고려하여야 한다. 이때 세금문제가 기재될 수 있는데 이러한 세금은 매수인으로부터 상환받을 수 없다(A9(d) 참고).

SECTION 5   비엔나협약(CISG)

1. 비엔나협약(CISG)

(1) 정의

국제물품매매계약에 관한 UN협약(United Nations Convention on Contracts for the International Sale of Goods : CISG)이란 유엔국제무역법위원회(UNCITRAL)에 의하여 1980년 3월 비엔나에서 제정되어 "비엔나협약" 또는 "CISG"라고 부른다. 우리나라는 2005년부터 체약국으로 효력이 발생되고 있다.

(2) 특징

비엔나협약은 국제 물품 매매계약에 상이한 상관습 등에 대하여 모호한 부분들로 인하여 발생되는 분쟁을 방지하기 위하여 제정되었으며, 특징은 아래와 같다.

① 대륙법과 영미법의 조화
② 적용대상과 비적용대상의 구분
③ 당사자 합의가 우선되는 임의규칙
④ 소유권이전에 대한 규정은 없음
⑤ 국제거래에 적용됨
⑥ 계약의 성립에 대하여 청약과 승낙의 효력 등에 대한 규정
⑦ 매도인과 매수인의 의무 및 상대방의 위반에 따른 피해자의 구제권에 대하여 규정

2. 비엔나협약의 적용 범위

(1) 적용 대상

비엔나(CISG)협약은 협약의 체약국에 속한 국가의 당사자 간의 거래이거나, 어느 일방이 속하거나, 비엔나협약을 준용하기로 한 거래에 적용된다. 이 경우 당사자의 국적이나 계약의 성격은 고려하지 않

는다.

(2) 비적용 대상

비엔나협약은 국제 물품계약에 적용되므로, ⓐ 개인이 사용하는 물품이나 ⓑ 경매에 의한 매매, ⓒ 강제집행 또는 기타 법률상의 권한에 의한 매매, ⓓ 주식, 지분, 투자증권, 유통증권 또는 통화의 매매, ⓔ 선박, 부선, 수상익선(水上翼船) 또는 항공기의 매매, ⓕ 전기의 매매에는 적용되지 않는다. 또한 노무 및 서비스 등에도 적용되지 않으며, 관행 및 소유권의 이전에 대해서도 규정하지 않는다.

3. 계약의 성립

(1) 청약(Offer)

① 확정청약의 요건 : 특정한 자에게 계약체결 제의 통지하는 것을 청약이라 하며, 이러한 제의는 충분히 확정적이어야 하고, 승낙에 구속되어야 함

  ※ 충분히 확정적인 제의 : 물품, 수량, 대금이 지정된 제의

② 청약의 유인 : 청약의 유인은 청약으로 볼 수 없으며, 불특정 다수에게 제의하는 것을 의미함

③ 효력 발생 시기 : 청약이 상대방에게 도달했을 때 효력 발생

④ 청약의 철회(Withdrawal) : 청약의 도달 전 또는 철회의 의사가 청약과 동시에 도달 시 청약 철회 가능

⑤ 청약의 취소(Revocation) : 피청약자의 승낙(Acceptance) 발송 전까지 취소통지 도착 시 청약 취소

T / I / P 취소될 수 없는 청약

• 승낙기간이 지정되어 있는 경우
• 취소불능임이 표시된 청약
• 피청약자가 청약의 취소불능을 신뢰하여 행동한 경우

---

⑥ 청약의 거절 : 청약은 취소불능이더라도 피청약자의 거절로 효력이 상실됨

(2) 승낙(Acceptance)

① 승낙의 요건
  ㉠ 진술뿐 아니라 행위에 의해서도 승낙이 가능
    ⓔⓘ 구매주문서(Purchase Order ; P/O)에 따라 수출상이 선적을 한 경우
    ⓔⓘ 청약자인 수출자가 견적송장(Proforma Invoice)을 송부한 데 대해 피청약자가 대금지급을 한 경우
  ㉡ 그러나 청약에 대한 침묵(Silence)이나 부작위(Omission)에 대해서는 승낙으로 보지 않음
    ⓔⓘ 청약을 송부하였으나 피청약자가 아무런 회신도 없음 → 계약 성립 ×

② 승낙의 효력 발생 시기
  ㉠ 승낙의 의사표현이 청약자에게 도달했을 때 승낙의 효력이 발생
  ㉡ 단, 기간을 지정한 경우 기간 내에 승낙이 도달하여야 하며, 기간이 지정되지 않은 경우에는 합리적인 (상당한) 기간 내에 승낙이 도달하여야 함
  ㉢ 구두로 청약을 한 경우에는 즉시 승낙하여야 효력이 발생

③ 반대청약(Counter offer) : 조건부 승낙(Conditional acceptance)은 원청약에 대한 거절이며, 반대청약으로 봄

④ 실질적 변경이 없는 조건부 승낙

　　㉠ 실질적 조건의 변경 : 품질, 수량, 대금, 인도, 책임범위, 분쟁해결 조건의 변경

　　㉡ 실질적인 조건의 변경이 없는 조건부 승낙은 승낙으로 봄

　　㉢ 단, 청약자가 반대하는 경우 계약 성립 ×

⑤ 승낙기간의 기산일(기간계산의 시작일) :

　　㉠ 격지자 간의 경우 : 청약의 발신일자로부터 기산

　　㉡ 전보 교부 시 : 서신표시일자, 봉투표시일자로부터 기산

　　㉢ 동시수단(전화, 텔렉스 등)의 경우 : 도달 시점부터 기산

　　㉣ 승낙기간 계산 시 공휴일, 비영업일은 산입하며, 승낙기간의 말일이 공휴일 혹은 비영업일인 경우 최초영업일까지 연장

⑥ 지연승낙

　　㉠ 승낙기간이 지나 승낙한 경우 : 청약자가 유효하다는 통지를 한 경우 승낙으로 간주

　　㉡ 전산 오류 등으로 지연되어 승낙한 경우 : 승낙(사고부 지연 승낙의 인정)

　　㉢ 사고부 지연의 경우에도 청약자가 실효통지(효력상실)를 한 경우 승낙으로 보지 않음

⑦ 승낙의 철회 : 승낙의 효력이 발생하기 이전 또는 동시에 승낙의 철회통지가 청약자에게 도달한 경우 철회 가능

> **T I P　도달의 정의**
>
> ⓐ 구두통지 혹은 ⓑ 모든 수단으로, ⓒ 영업소, 우편송부처 또는 ⓓ 일상 거주지에 전달된 때 도달로 본다.

4. 매도인, 매수인의 의무

(1) 매도인의 의무

매도인은 물품 인도, 서류 교부, 계약과 물품이 일치할 의무를 가진다.

① 인도 장소

　　㉠ 특정한 장소에서 인도하기로 합의된 경우 : 해당 장소에서 인도

　　㉡ 계약이 운송을 포함한 경우 : 최초의 운송인에게 인도

　　㉢ 그 외의 경우 : 재고, 생산 장소, 매도인의 영업소에서 인도

② 인도 관련 의무

　　㉠ 매도인은 화인 등을 통해 물품을 특정하여 탁송통지서를 송부해야 함

　　㉡ 선적수배의 의무 등이 있는 경우 적절한 운송수단으로 지정 장소까지의 운송계약을 체결해야 함

　　㉢ 매도인이 보험부보의 의무가 없는 경우 매수인이 보험을 부보할 수 있도록 관련 정보를 제공해야 함

③ 인도 시기

　　㉠ 인도기일이 지정되어 있는 경우 : 해당 기일

　　㉡ 기간으로 지정되어 있는 경우 : 기간 내

　　㉢ 계약에 인도 시기가 정해지지 않은 경우 : 계약 체결 후 상당기일 내

④ 서류 교부의 의무

　　㉠ 매도인은 물품과 관련한 서류를 교부할 의무를 가지며, 계약에 따라 교부 시기, 교부 장소, 교부 방법을 준수하여야 함

      ⓛ 서류 교부 이전까지 결함이 있는 경우 매수인의 불편이나 불합리한 비용이 발생하지 않는 범위 내에서 결함 보완이 가능

⑤ 계약물품 일치의무
      ㉠ 매도인은 계약과 일치하는 물품을 인도해야 함(수량, 품질, 상품명세, 용기 포장 방법 등이 포함)
      ⓛ 매수인이 계약 체결 당시 고의적으로 불일치한 물품을 안 경우 매도인 면책

⑥ 불일치 물품에 대한 책임
      ㉠ 계약과 물품이 불일치한 경우 매도인은 의무 위반에 따른 책임이 있으며, 여기에는 보증의 범위도 포함됨
      ⓛ 매도인은 인도기일 이전까지 결함 보완이 가능

⑦ 매수인의 물품 검사의무
      ㉠ 매수인은 실행 가능한 짧은 기간 내 검사의무가 있음
      ⓛ 계약에 운송이 포함되고 운송 중 전매가 이루어진 경우 : 물품검사의무는 목적지 도착 후까지 연기가 가능
      ⓒ 매수인이 불일치를 발견한 날로부터 상당기간 내 통지하지 않거나, 현실인도된 날로부터 2주 이내에 않은 경우 불일치를 주장할 권리 박탈(보증기간이 있는 경우에는 예외)
      ⓔ 매도인이 불일치를 알고 있었던 경우 매수인이 불일치 통지를 하지 않더라도 불일치 주장 권리 박탈 ×

⑧ 지식재산권 등 제3자의 권리에 자유로운 물품을 인도할 의무 : 매도인은 몰랐던 경우가 아닌 이상 제3자의 권리로부터 자유로운 물품을 인도하여야 함

(2) 매수인의 의무

매수인은 매도인의 물품인도를 수령할 의무와 대금 지급의 의무를 가진다.

① 매수인의 대금 지급 의무 : 지급을 가능하게 하는 계약(신용장 개설 등), 요구 조치, 절차 준수 등이 포함

② 지급할 대금의 확정
      ㉠ 매수인이 지급할 대금이 확정되지 않은 경우 : 유사계약의 동일 사정하에 매각되는 동종 물품의 대금을 묵시적으로 참조한 것으로 간주
      ⓛ 중량에 따라 대금이 지정되는 경우 : 순중량(Net weight)을 기준으로 대금을 결정

③ 대금 지급 장소
      ㉠ 대금은 지급하기로 약정한 장소에서 지급
      ⓛ 지급 장소가 결정되지 않은 경우 : 매도인의 영업소 또는 물품 관련 서류가 교부되는 장소에서 지급

④ 대금 지급 시기 : 물품 또는 서류를 인도할 때에 대금을 지급

⑤ 인도수령 의무 : 매수인은 인도가 가능하게 하는 행위의 의무가 있으며, 물품을 수령할 의무가 있음

5. 매도인, 매수인의 권리 구제

(1) 본질적 계약위반(Fundamental breach of contract)

본질적 계약위반이란 당사자의 일방이 범한 계약위반이 그 계약하에서 상대방이 기대할 권리가 있는 것을 실질적으로 박탈할 정도의 손해를 상대방에게 주는 경우를 말한다. 다만, 계약위반자 또는 동일 사정하의 동종 거래자들도 예측할 수 없었을 경우에는 예외로 한다.

(2) 매도인과 매수인의 권리구제권

권리구제권	매도인	매수인
특정이행청구권	○	○
추가이행기간설정권	○	○
계약해제권	○	○
손해배상청구권	○	○
물품명세확정권	○	×
대금감액권	×	○
대체품인도청구권	×	○
하자보완청구권	×	○

6. 인코텀즈와 비엔나협약

구분	인코텀즈	비엔나협약
적용요건	인코텀즈 적용 준거문언 필요	상이한 국가에 위치한 국제물품계약에 배제하지 않는 한 자동 적용
적용규정	매도인과 매수인의 위험의 이전 및 비용 분기점을 규정	청약과 승낙, 매도인, 매수인의 의무, 구제권 등 규정
규정 상충 시	인코텀즈규정이 비엔나협약보다 우선 적용됨(인코텀즈는 당사자 간 합의에 의해 적용되므로)	
공통점	• 국제 물품 매매계약에 적용되는 준거규정 • 임의규정으로 당사자 간의 합의가 우선 적용됨 • 소유권 및 대금지급수단, 분쟁해결절차 등에는 규정 X	

1. 계약의 종료

(1) 당사자 간 성립된 무역계약의 종료 사유

① 이행 : 물품인도와 대금지급의 의무를 이행하여 계약이 종료되는 경우

② 취소 : 불가항력 또는 당사자 쌍방의 합의로 계약을 무효화하는 경우

③ 클레임 : 일방의 계약 불이행의 따른 계약위반으로 계약위반을 주장하는 자가 클레임을 제기, 분쟁 절차가 이루어지는 경우

(2) 무역계약 종료 구분

2. 클레임의 해결

클레임(Claim)은 계약위반에 따라 위반주장자가 제기하는 일종의 배상청구이며, 이러한 클레임은 당사자 간에 해결하거나, 제3자의 개입에 의해 해결되어 종료된다.

(1) 당사자 간 해결

클레임이 발생한 경우 당사자 간 일정 합의에 의하여 손해배상 청구를 하거나, 이후의 거래관계를 위하여 청구를 포기하고 화해하는 경우 등이 포함된다.

(2) 제3자에 의한 해결

거래 당사자 외의 제3자에 의한 개입으로 클레임이 해결되는 것을 말하며, 대표적으로 조정, 중재, 소송이 있다. 일반적으로 소송의 경우 많은 비용이 소요되며, 경제적, 시간적 손해가 쌍방에 크므로 무역 거래에서는 소송 대신 조정, 중재 등의 방법으로 클레임을 해결하는 것을 권장하는데, 이러한 소송을 대신한 분쟁해결방법을 ADR(Alternative Dispute Resolution)이라 한다.

클레임(Calim) 해결 절차		
당사자 간의 해결	청구권 포기(Waiver of Claim)	단순 경고, 주의 촉구 등
	화해 (Amicable Settlement, Composition)	자주적인 교섭에 의해 화해

		협상(Negotiation)	타결의사를 가진 당사자들 간 의사소통을 통해 합의를 이루는 과정
제3자 개입에 의한 해결	ADR* (대체적 분쟁해결제도)	알선(Intercession, Recommendation)	공정한 제3자가 요청에 의해 사건에 개입하여 원만한 해결을 위하여 조언(강제력이 없음)
		조정 (Conciliation, Mediation)	중립적 제3자인 조정인이 당사자 간 합의를 이끌어 낼 수 있도록 조정절차를 거쳐 조정합의안 도출(합의 시 강제력 발생 가능)
		중재(Arbitration)	중재합의계약 → 중재인(기관)의 판정에 따름 (강제력 발생)
	소송(Litigation)		법원 판결에 의하여 분쟁 강제적 해결

※ ADR : Altanative Dispute Resolution(소송절차에 의한 판결에 의하지 않은 분쟁해결)

3. 중재와 소송의 비교

구분	중재	소송(재판)
요건	당사자의 서면에 의한 중재합의 필요	관할권을 가진 법원에 유효한 소를 제기할 것, 자격 등을 갖출 것
효력	• 법원 확정판결과 동일 효력 • 뉴욕협약 체약국은 해외 강제집행도 가능	구속력, 형식적 확정력, 기관력, 집행력이 있으나 해당 관할 국가에 한정됨
신속성	단 한번의 중재판정으로 신속함	복잡한 소송제도 및 3심제도로 긴 시간이 소요
비용	단심제, 변호사 비용이 필요 없으므로 소송에 비해 저렴	변호사비용, 인지대 등 비용발생, 항소심 등으로 심급이 올라가면 비용 추가발생
심판자	무역 전문 중재인의 중재(전문성, 합리적) ※ 그러나 중재인의 판정은 예측 곤란	• 판사(법관)의 법적 기준으로만 • 판결 법적 기준으로 예측은 가능
공개성	비공개주의 원칙에 따라 기밀누설 방지	공개주의 원칙(영업비밀 노출 가능)

※ 중재합의는 사전에 서면으로 합의하는 것이 원칙이며, 중재합의가 사전에 있는 계약의 경우, 직소금지원칙에 따라 중재 이전에 소송(재판) 신청이 불가함(직소금지 : 직접 소(訴)를 제기하지 못함). 다만, 중재판정에 대하여 소를 제기하는 것은 가능

SECTION 1 | 송금(Remittance)

1. 송금의 정의

송금(Remittance)은 물품의 대금을 거래 당사자 간 직접 보내는 것을 말하며, 시험목적상 송금은 은행을 이용하지 않는 것으로 숙지하는 것이 좋다. 물품 대금의 송금은 사전송금과 사후송금으로 수출자의 입장에서는 물품 인도 전 사전송금이 가장 유리하며, 수입자의 경우에는 물품 수취 후 사후송금이 가장 유리하다.

2. 송금 수단

① 송금수표 : D/D(Demand Draft)
② 우편환 : M/T(Mail Transfer)
③ 전신환 : T/T(Telegraphic Transfer)

3. 송금 시기에 따른 송금 방식

구분	송금 방식	설명
수출자 유리	주문동시결제방식 (CWO : Cash With Order)	수입자가 주문과 동시에 대금을 지급하는 사전송금방식. 주문불이라고도 함
	사전송금 (Advanced remittance)	주문 후 송금이 이루어지며, 송금 후 수출자는 물품을 인도
↑ ↓	서류상환결제방식 (CAD : Cash Against Document)	수출자는 선적 후 선적서류(B/L)를 송부하고 선적서류와 상환하여 대금을 송금(COD는 거래 불발 시 수입국에서 물품 회수가 어려울 수 있는 위험이 있으나, CAD는 B/L만 회수하면 되므로 상대적으로 수출자 입장에서는 COD에 비해 리스크가 적음)
	상품인도결제방식 (COD : Cash On Delivery)	수입국 도착 후 수입자는 물품을 보고 주문한 품질, 수량 등을 확인 후 대금지급(주로 고가품, 귀금속 및 목적국 도착 시 상하기 쉬운 어류, 목재 등)
수입자 유리	사후송금 (Deferred remittance)	수출자가 물품 인도 후 수출자가 대금을 송금
	청산결제방식 (O/A : Open Account)	서로 수출입이 빈번히 이루어지는 자회사 간 거래 등의 경우 일정 기간 후 대차를 상계하여 차액을 송금하는 방식

4. CAD와 D/P

(1) B/L(Bill of Lading)

선하증권으로 선적 시 운송사가 발행하는 대표적인 선적서류이며 B/L 원본이 수입자에게 전달되어야 B/L과 상환으로 수입항에 도착한 물품을 회수할 수 있으므로 물품의 권리를 나타내는 권리증권으로 사용된다.

(2) CAD(Cash Against Document)

선적 후 발행되는 운송서류(B/L)와 상환으로 수입자가 대금을 송금하는 방식이다.

(3) D/P(Document Against Payment)

은행과 환어음을 이용하는 추심결제방식으로, 서류(B/L)와 상환으로 대금을 지급하는 방법에서는 동일하다.

※ 송금결제 방식인 CAD는 B/L을 송부하여 대금결제가 이루어진다는 점에서 유럽식D/P(European D/P)이라고도 한다.

T / I / P CAD(Cash Against Document)와 D/P(Document Against Payment)의 비교

결제구분		CAD(Cash Against Document)	D/P(Document Against Payment)
공통점		서류상환 대금결제방식 형식상 동시지급방식(실제로는 사후결제)	
차이점	결제방식	송금(Remittance)	추심(Collection)
	환어음	×	○
	은행개입	×	○

SECTION 2   추심(Collection) 결제 방식

1. 추심(Collection) 개요

(1) 추심(Collection)의 정의

은행이 접수된 지시에 따라 ⓐ 지급, 인수 혹은 ⓑ 지급, 인수를 위하여 서류를 인도하거나, ⓒ 기타 조건에 따라 서류를 인도하기 위한 목적으로 금융서류 또는 상업서류를 취급하는 것을 의미한다.

T / I / P URC522 추심통일규칙 "추심의 정의"

"Collection" means the handling by banks of documents as financial document or commercial document in accordance with instructions received, in order to :

1. obtain payment and/or acceptance, or
2. deliver documents against payment and/or against acceptance, or
3. deliver documents on other terms and conditions.

---

(2) 서류(Documents)

① 금융서류(Financial documents) : 환어음, 약속어음, 수표 또는 기타 금전의 지급을 취득하기 위하여 사용되는 이와 유사한 증권

② 상업서류(Commercial documents) : 송장, 운송서류, 권리증권 또는 기타 이와 유사한 서류, 또는 그밖에 금융서류가 아닌 모든 서류

(3) 추심의 종류

① 무담보추심(Clean collection) : 상업서류가 첨부되지 아니한 금융서류의 추심

② 화환추심(Documentary collection) : 상업서류가 첨부된 금융서류의 추심, 금융서류가 첨부되지 아니한 상업서류의 추심

(4) 관계당사자(Parties thereto)

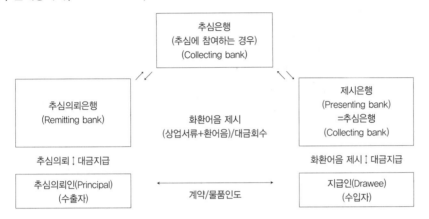

① 추심의뢰인(Principal) : 은행에 추심업무를 위탁하는 당사자

② 추심요청은행(Remitting bank) : 추심의뢰인으로부터 추심업무를 위탁받은 은행

③ 추심은행(Collecting bank) : 추심요청은행 이외에 추심업무의 과정에 참여하는 모든 은행

④ 제시은행(Presenting bank) : 지급인에게 제시를 행하는 추심은행

⑤ 지급인(Drawee) : 추심의뢰서에 따라 제시를 받는 자

2. 추심결제방식의 종류

(1) 환어음(Bill of Exchange : Draft)

① 환어음은 발행인(Drawer)이 지급인(Drawee)으로 하여금 지정된 만기일에 거래금액을 수취인(Payee)에게 무조건적으로 지급할 것을 지시하는 무역거래를 위한 지급수단의 일종을 말한다.

② 환어음은 약속어음(Promissory)과 달리 지급받고자 하는 자(수출자)가 발행하며(발행인, Drawer), 제시받은 지급인(Drawee)은 환어음의 종류에 따라 제시 시 즉시 지급(일람지급, Sight)하거나, 인수 후 만기에 지급(기한부, Usance)한다.

(2) 추심의 종류

환어음이 일람지급(Sight Draft)으로 발행되느냐 기한부(Usance Draft)로 발행되느냐에 따라 추심방식은 D/P(지급상환서류인도방식) 및 D/A(인수상환서류인도방식)로 구분된다.

① 지급인도조건(D/P : Document against Payment) : 수출자(추심에서는 본인, Principal)는 일람지급(일람출급, Sight) 환어음을 발행하여 상업서류(B/L 등 선적서류)를 제시하고 지급과 상환으로 서류(B/L)를 인도하는 추심 방식

② 인수인도조건(D/A : Document against Acceptance)

    ㉠ 수출자(본인)는 기한부(Usance) 환어음을 발행하여 상업서류(B/L)와 함께 제시하며 수입자(지급인)는 인수(Acceptance)와 상환으로 서류(B/L)를 인도받음

    ㉡ 기한부환어음의 만기(Maturity)에 대금을 지급하는 추심방식을 말한다.

    ※ 추심에서의 인수(Acceptance)란 기한부환어음에 대해 만기 지급을 약속하는 의사표시를 말한다.

③ 기한부 D/P(D/P Usance) : D/P(지급상환서류인도조건)에도 기한부(Usance) 환어음을 사용할 수 있다. 기한부 환어음을 발행하고 화환어음(서류 + 환어음)을 제시하여 인수(Acceptance) 후 만기(Maturity)에 대금 지급과 상환으로 서류를 인도받는 방식을 말한다.

    ※ 화환어음 : 상업서류 + 환어음

3. 추심결제의 절차 및 특징

(1) 추심결제 절차

D/P(Sight)	D/A(Usance)	D/P(Usance)
수출업자와 수입업자 간 매매계약 체결		
수출업자의 선적 및 추심의뢰		
추심은행이 수입업자에게 서류 도착 통보 및 서류상환 대금 결제 요구	추심은행이 수입업자에게 서류 도착 통보 및 서류 인수 요구	
수입업자 수입대금 결제 및 서류 인도	수입업자 인수 후 서류 인도	수입업자 인수
추심은행이 추심의뢰은행으로 대금 송금	추심은행이 추심의뢰은행으로 인수 통보	
	만기 수입업자 추심은행으로 대금 지급	만기 수입업자 추심은행으로 대금 지급 및 서류 인도
	추심은행이 추심의뢰은행으로 대금 송금	

(2) 추심결제의 특징

적용법령	어음법(국내법, 강행규정), URC522(추심통일규칙)	
지급시기	• D/P : 이론상으로는 동시지급방식 • D/A : 사후지급방식	
vs 송금(Remittance)	• 송금과 달리 환어음을 발급(환어음발급비용이 발생하는 단점) • 추심에 참여하는 은행이 반드시 필요함	
vs 신용장(L/C)	• 신용장 결제 방법보다 저렴함(신용장 발행비용 발생 ×) • 은행의 대금지급 확약이 없음(신용위험, 상업위험 존재) • 추심에서의 은행은 단순히 서류만 인도할 뿐임	
환어음(B/E, Draft)	Collection Base • Drawer(발행인) : 수출자 • Drawee(지급인) : 수입자 • Payee(수취인) : 수출자	L/C Base • Drawer : 수출자 • Drawee : 개설은행 • Payee : 매입은행(통상의 경우)

(3) 추심거래에 참여하는 은행의 의무와 면책

① 추심거래은행의 의무

ㄱ 신의성실 및 상당주의 의무

ㄴ 추심지시서와 외관상 일치하는지 서류 확인 의무(최소의 서류 확인 의무 ⓔ 발행통수, 종류 일치 여부 정도만)

ㄷ 외관상 불일치 시 통지 의무

ㄹ 추심의뢰은행은 다른 은행(추심은행)을 이용할 수 있음 → 추심은행의 손해와 비용 등 보상의무

② 추심거래은행의 면책

ㄱ 추심의뢰은행은 다른 은행(추심은행)을 이용할 수 있음 → 지시받은 다른 추심은행이 추심의뢰은행의 지시를 불이행하더라도 송부한 은행은 책임이 없음

ㄴ 접수한 서류의 위·변조, 양식, 충분성, 정확성, 진정성 등에 대하여 책임 없음

ㄷ 실제 물품 존재 여부 등에 관해서도 면책

ㄹ 서류송달의 지연, 운송 중 손실, 번역 등 면책

ㅁ 불가항력(천재지변, 폭동, 전쟁 등) 면책

1. 환어음의 개요

(1) 환어음의 정의

> The bill of exchange is a negotiable and formal credit instrument. It is a document by means of which the drawer instructs the drawee to pay unconditionally on the due date a certain sum to the payee.
> → 환어음은 발행인(Drawer)이 지급인(Drawee)으로 하여금 지정된 만기일에 거래금액을 수취인(Payee)에게 무조건적으로 지급할 것을 지시하는 무역거래를 위한 지급수단의 일종이다.

(2) 환어음의 특성

① 환어음은 국내법(어음법)의 적용을 받아 강행규정이 적용됨(어음법에 따라 소구 가능)

② 약속어음(Promissory note)과 달리 돈을 받을 자가 발행함

③ 환어음은 2통으로 구성되며, 어느 한 통이라도 제시되는 경우 효력 발생

④ 요식증권(필수기재사항 기재 필수), 유통증권[배서(Endorsement)에 의한 양도 가능]

> **T / I / P 필수기재사항**
> ⓐ 발행일, 발행지, ⓑ 만기표시, ⓒ 환어음문구, ⓓ 무조건지급문구, ⓔ 지급인, 지급지, ⓕ 발행인 기명날인, 서명

2. 환어음의 실무

(1) 추심거래와 신용장거래상의 환어음 당사자

환어음 당사자	추심(Collection)	신용장(L/C)
Drawer(발행인)	본인(수출자)	수익자(수출자)
Drawee(지급인)	지급인(수입자)	개설은행(Issuing Bank)
Payee(수취인)	본인(수출자)	매입은행(Negotiating Bank)

(2) 환어음 양식

> BILL OF EXCHANGE
> No.002018 DATE ： JUNE 01, 2018
> FOR USD 1,000,000.　　　　　　Place ： Seoul Korea
> AT (만기) (SIGHT/USANCE) OF THIS FIRST BILL OF EXCHANGE (SECOND OF THE SAME TENOR DATE BEING UNPAID)
> PAY TO (Payee, 수취인) OR ORDER THE SUM OF SAY US DOLLARS ONE HUNDRED THOUSAND ONLY
>
> VALUE RECEIVED AND CHARGE THE SAME TO ACCOUNT OF (지급인, drawee/최종대금결제인) DRAWN UNDER L/C NO. JM0806 DATED May. 23, 2018
> TO (Drawee, 지급인)
>
> 　　　　　　　　　　　　　　　　　　signature (Drawer, 발행인 서명)

1. 개요

신용장이란 조건에 일치하는 서류를 제시하는 경우 개설은행이 대금지급을 확약하는 일종의 조건부 지급확약서이다. 수출자는 조건에 일치하는 서류만 구비하면 수입자가 대금지급을 하지 않아도 은행이 대금지급을 확약하므로 신용위험을 회피할 수 있다.

신용장 거래는 신용장 발행비용이 발생하지만 신규 거래 등 신용이 확실치 않은 경우 개설되어 사용된다. 신용장의 개설은 수입자가 하며, 수출자는 신용장조건에 일치하는 서류를 구비하여야 한다.

2. 신용장 거래 절차

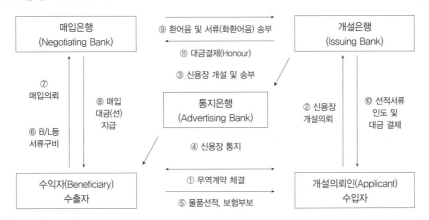

3. 신용장 거래의 효용과 한계

효용 **(장점)**	수출자(수익자)	• 대금회수의 확실성 보장(은행확약) • 수출대금의 조기회수 가능(수입자 결제 전 매입은행 지급) • 무역금융 수혜 가능(통지받은 신용장 담보로 내국신용장 등 발급을 통한 금융 혜택)
	수입자 (개설의뢰인)	• 계약 시 유리(수출자의 대금지급 회수 위험 감소) • 은행심사를 통한 조건에 일치하는 B/L 수취 보장 • 물품 인도 시기의 예상 가능 • 대금 사후 지급 : 선적서류 도착 후 지급 또는 인수
	VS 송금	• 선·후지급에 따른 수출입자 상호 불리한 부분이 없음 • 물품 인도의 불확정성 감소 • 제3자인 은행의 개입으로 거래 안정성 보장
	VS 추심	• 개설은행의 대금 지급 확약을 통해 결제의 안정성 • 은행의 심사의무에 따른 은행 책임 부과
한계 **(단점)**	수출자	• 신용위험의 완벽한 감소 불능(신용장조건에 엄밀 일치한 서류를 제시하지 못할 경우 대금 지급 거절 ; 악의적 클레임으로 거절 가능) • 송금, 추심에 비해 은행수수료로 인한 비용 부담 증가
	수입자	• 완벽히 계약에 일치하는 물건 인수 기대 불가 • 은행은 서류만 심사하므로, 선적서류 등이 조작될 경우 또는 서류상만 일치하는 경우 실제 물건 보장은 없음

4. 화환신용장 거래의 특성

(1) 독립성(Independence)

신용장은 매매계약 또는 다른 계약에 근거하여 개설되지만, 개설 후에는 매매계약 등 근거계약과는 전혀 무관하며 은행은 구속되지 않는다. 따라서 원인계약, 견적송장 등 신용장의 일부분으로 포함이 불가능하다.

(2) 추상성(Abstraction)

은행은 계약상 물품 또는 계약이행과는 무관하며, 추상화된 서류만을 심사하여 일치성, 지급결정을 판단하는 원칙으로 서류거래의 원칙이라고도 한다. 은행은 단지 서류만을 거래히며 관계된 물품, 용역, 의무이행과는 관계가 없다.

(3) 엄격일치/상당일치 원칙

① 엄격일치 원칙(Doctrine of Strict Compliance) : 은행은 서류 심사 시 신용장 조건에 완전 일치한 경우에만 지급/인수/매입을 결정하며, 경미한 불일치라도 대금지급 거절 가능

② 상당일치 원칙(Doctrine of Substantial Compliance) : 엄격일치원칙에 대한 예외로서 상업송장 (Invoice) 이외의 서류에서 물품, 서비스, 의무이행의 명세는 신용장상 명세와 저촉되지 않는 한 일반적인 용어로 기재되는 경우 수리 가능

※ 오, 탈자의 경우 하자로 보지 않는 경우의 예
- 수리 : Machine 대신 Mashine, Fountain pen 대신 fountan pen, model 대신 modle
- 불일치 : Model 321 대신 Model 123(물품의 특정성에 관계되는 경우 수리하지 않음)

③ 사기거래의 원칙(Fraud rule) : 비록 서류가 신용장조건에 일치하더라도 위조 또는 사기에 의한 허위 작성된 서류라는 것이 밝혀지면 은행은 이를 수리할 의무가 없으며 지급 거절 가능

5. 신용장 거래의 정의

(1) 신용장 거래 당사자

기본 당사자	수익자 (Beneficiary)	수출자, 신용장을 통지받아 조건에 일치하는 서류를 제시할 의무를 가진 자
	개설은행 (Issuing Bank)	개설의뢰인의 신청으로 신용장을 개설(발행)하고 조건에 일치하는 서류를 제시하는 수익자 또는 선의의 소지인에게 지급, 인수, 매입을 확약하는 신용장거래의 대금지급 책임자
	확인은행(Confirming Bank)	개설은행의 수권 또는 요청에 따라 신용장에 확인을 추가한 경우 개설은행의 대금지급확약에 추가하여 신용장 조건에 일치하는 서류를 제시하는 경우 지급, 인수, 매입을 확약하는 은행 (개설은행을 보증하는 은행 아님 → '보증, 대신' 나오면 오답)

기타 당사자	개설의뢰인(Applicant)		신용장 개설을 신청한 수입자. 신용장거래에서는 대금지급의 주 채무자가 수입자가 아닌 개설의뢰인이기 때문에 수입자는 기타당사자로 분류됨
	통지은행(Advising Bank)		개설은행의 요청에 따라 신용장을 통지하는 은행. 일반적으로는 개설은행의 지점이나, 매입은행을 겸하여 수출자의 편의를 돕는 수출국 은행
	지정은행 (Nominating Bank)	지정은행	개설은행 또는 수익자가 지정하는 은행. 보통 환거래예치가 되어있지 않은 은행 간 거래 등 수익자의 편의를 위하여 타은행을 지정하여 신용장 거래에 개입시킴
		지급은행 (Payment)	일람지급신용장(Sight Credit), 연지급신용장(Deferred Payment Credit)에 수익자가 제시하는 서류에 직접 대금지급(Honour)을 하는 은행
		인수은행 (Acceptance)	인수신용장(Acceptance Credit)에서 수익자가 제시한 기한부(Usance) 환어음에 대하여 인수하고 만기에 대금을 지급하는 은행
		매입은행 (Negotiating)	수익자가 제시한 화환어음을 매입(Negotiation)하고 개설은행으로부터 지급받는 은행
	상환은행 (Reimbursing Bank)		개설은행으로부터 상환 수권을 받아 지급, 인수, 매입한 은행의 상환청구에 대하여 개설은행을 대신하여 대금상환을 하는 은행(주결제은행, Settling Bank)
	양도은행(Transferable Bank)		중계무역에 주로 사용되며, 개설은행 또는 개설은행을 대신하여 신용장을 제2수익자에게 양도하는 은행

(2) 신용장통일규칙(UCP600)상 정의

UCP600(화환신용장통일규칙) 제2조 정의	
통지은행(Advising Bank)	개설은행의 요청에 따라 신용장을 통지하는 은행
개설의뢰인(Applicant)	신용장이 발행되도록 요청하는 당사자
은행영업일(Banking day)	UCP600에 따라 업무가 이행되는 장소에서 은행이 정상영업을 하는 일자
수익자(Beneficiary)	자신을 수익자로 하여 신용장을 발행받는 당사자
일치하는 제시(Complying Presentation)	신용장의 제조건, 이 규칙 및 국제표준은행관행의 적용 가능한 규정에 따른 제시
확인(Confirmation)	개설은행의 확약에 추가하여 일치하는 제시를 지급이행 또는 매입할 확인은행의 확약
확인은행 (Confirming Bank)	개설은행의 수권 또는 요청에 따라 신용장에 확인을 추가하는 은행
신용장(Credit)	명칭이나 기술에 관계없이 취소불능이며 일치하는 제시를 지급이행할 개설은행의 확약을 구성하는 모든 약정
지급이행(결제)(Honour)	일람지급, 연지급(만기지급), 인수 후 만기지급
개설은행(Issuing Bank)	개설의뢰인의 요청에 따르거나 자신을 위하여 신용장을 발행하는 은행
매입(Negotiation)	상환이 지정은행에 행해져야 할 은행영업일에 또는 그 이전에 수익자에게 대금을 선지급하거나 또는 선지급하기로 약정함으로써, 일치하는 제시에 따른 환어음(지정은행이 아닌 은행을 지급인으로 하여 발행된) 및/또는 서류의 지정은행에 의한 구매를 말한다.
지정은행 (Nominated Bank)	신용장이 사용될 수 있는 은행 또는 모든 은행에서 사용될 수 있는 신용장의 경우에는 모든 은행.
제시(Presentation)	개설은행 또는 지정은행에게 신용장에 의한 서류를 인도하는 행위 또는 그렇게 인도된 서류
제시인(Presenter)	제시를 행하는 수익자, 은행 또는 기타 당사자

(3) 신용장 거래의 절차도

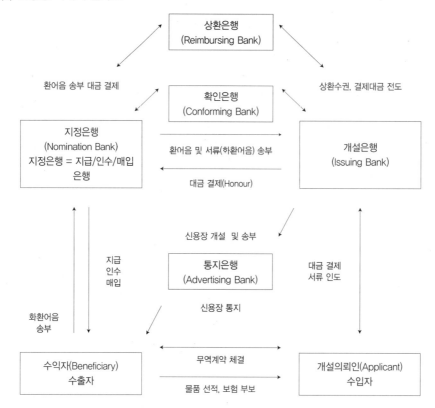

6. 신용장 거래은행의 면책

서류 관련 면책	서류 형식 등 면책	충분성, 정확성, 진정성, 위조 여부, 법적 효력, 서류 조건에 대한 책임 ×
	서류 내용 등 면책	물품, 용역, 기술 등 면책
	매매거래 관련 자 면책	송하인, 운송인, 수하인 등의 거래 불이행 등에 대한 면책
서류 송달 면책	송달 중 분실 등 면책	송달 중 분실, 훼손, 지연 등 면책
	전문용어 번역 등 면책	기술적인 번역, 해석상 오류 면책
불가항력	불가항력 면책	천재지변, 전쟁, 직장 폐쇄 등에 따른 영업 중단으로 발생되는 손해 면책
	유효기일 경과 면책	불가항력으로 유효기일 경과한 신용장에 대하여 지급, 매입, 인수 등 결제 거절 가능
지시받는 자의 행위에 관한 면책	개설의뢰인의 비용 및 위험 부담	개설의뢰인의 지시를 이행하기 위한 경우 개설의뢰인의 위험과 비용으로 이행
	지시(요청)자의 비용부담	개설은행, 통지은행이 타은행의 선정에 있어서 전달한 지시가 수행되지 않은 경우에는, 개설은행 또는 통지은행은 어떠한 의무, 책임도 부담하지 않음
	외국법 및 관행에 따른 채무면책	개설의뢰인은 외국의 법률과 관행에 의하여 부과되는 모든 의무와 책임에 대하여 은행에게 보상 책임을 짐

7. 신용장의 종류

선적서류의 유무	화환신용장 (Documentary Credit)	신용장의 개설은행이 (수익자가 발행한 환어음 + 신용장조건 일치 B/L등 운송서류 등) 첨부를 조건으로 지급, 인수, 매입을 확약하는 신용장
	무화환신용장 (Clean Credit)	개설은행이 B/L 등 선적서류 없이 지급을 확약하는 신용장
신용장의 개설 후 변경/취소 가능 여부	취소가능신용장 (Revocable Credit)	신용장상에 Revocable이라는 표시가 있는 신용장. 수익자에게 통지가 되더라도 언제든지 개설은행이 사전통지 없이 신용장의 조건을 변경하거나 취소가 가능한 신용장 (UCP600에서는 취소가능 신용장이 없음. 인정하지 않음.)
	취소불능신용장 (Irrevocable Credit)	신용장상에 취소불능(Irrevocable)또는 아무 표기가 없는 모든 신용장으로서 신용장이 개설되면 당사자 전원이 합의하지 않는 한 조건 변경이나 취소가 불가능한 신용장
확인은행 추가 여부	확인신용장 (Confirmed Credit)	확인 = 개설은행의 확약에 추가하고 일치하는 제시를 지급, 인수, 매입할 확인은행의 확약을 말하며, 이러한 확인은행의 확약을 추가한 신용장(반대 : 미확인신용장, Unconfirmed Credit)
상환은행 추가 여부	상환신용장 (Reimbursement Credit)	지급, 인수, 매입하도록 수권받은 은행과 개설은행이 예치환계정을 보유하지 않은 무예치환거래은행 관계일 경우 별도 지정한 결제은행(Settling Bank), 상환은행(Reimbursing Bank)앞으로 환어음을 송부하여 대금을 지급받는 신용장
제2수익자 양도 가능	양도가능신용장 (Transferable Credit)	신용장상에 "Transferable(양도 가능)"문언이 있는 신용장으로서 수익자가 제3자(제2수익자)에게 신용장의 권리를 양도할 수 있는 신용장이며 통상 중계무역에 많이 사용됨.
환어음 발행 및 지급, 인수방법에 따른 신용장	지급신용장 (Payment Credit)	신용장 개설 시 수출국에 소재하는 개설은행과 예치환거래은행관계의 지급은행을 지정하여 환어음이 발행되지 않더라도 일치하는 서류의 제시에 대하여 지급을 확약하는 신용장
	연지급신용장 (Deferred Payment Credit)	신용장 개설 시 수출국에 소재하는 개설은행과 예치환 거래은행을 연지급은행으로 지급하여, 신용장 조건에 일치하는 서류가 제시되는 경우 만기일에 연지급확약은행에서 지급되는 신용장(환어음 발급이 되지 않음)
	인수신용장 (Acceptance Credit)	개설은행이 인수은행을 지정하고, 조건에 일치하는 서류가 제시되는 경우, 인수은행이 기한부 환어음을 인수하고 만기에 대금을 지급하는 신용장
매입은행을 수익자가 자율적으로 지정 여부	매입신용장 (Negotiation Credit)	화환어음을 개설은행이 아닌 수익자가 지정하는 타 은행에서 매입할 수 있는 조건부로 발급되는 신용장으로 화환어음을 매입한 매입은행은 선의의소지인(Bona-fide holder)으로서 개설은행이 지급을 확약함
	매입제한신용장 (Restricted Credit)	개설은행이 지정한 은행에서만 매입이 가능하도록 매입이 제한되어 있는 신용장
환어음 일람불 기한부 발행 여부	일람지급(불, 출금)신용장 (Sight Credit)	• 환어음의 지급인(Drawee)에게 제시되면 즉시 지급되는 일람지급환어음(Sight Draft)을 사용하는 거래의 신용장 • 또는 선적서류를 제시한 즉시 지급하는 신용장
	기한부신용장 (Usance Credit)	환어음이 기한부(Usance)로 발급되어 지급인에게 제시되고, 인수(Acceptance) 후 만기에 대금지급하는 신용장
할부지급	할부신용장 (Installment Credit)	• 수입자(개설의뢰인)가 선적서류를 인도받더라도 대금은 일정기간별로 나누어 상환하도록 약정된 신용장 • 환어음을 지급만기일을 달리 발급하기도 함

수출자의 B/L 제시 전 자금 조달 가능 신용장	선대신용장(전대신용장, Red Clause Credit, Packing Credit Advance, Payment Credit)	수출자가 선적 전 일정 조건으로 수출대금을 미리 받을 수 있도록 매입은행에 선대(전대, 선지급)할 수 있도록 수권하는 상환 확약 신용장. 수출상의 물품 확보에 사전 자금조달에 용이, 이자는 수익자부담
	연장신용장 (Extended Credit)	수출상이 선적 전 운송서류(B/L)의 첨부 없이 개설은행을 지급인(Drawee)로 하는 무담보어음(Clean Draft)을 발행하여 매입하고, 어음발행 후 일정기간 내 B/L 등을 매입은행에 제공하는 신용장
상환 청구 (소구 가능) 여부	상환청구기능신용장 (With Recourse Credit)	소구가능신용장(With Recourse L/C)이라고도 하며, 일반적으로 소구 가능 표시가 되어 있거나, 별도의 표시가 없는 경우 환어음의 매입은행 또는 선의의소지인이 환어음의 지급인(Drawee)인 개설은행으로부터 지급, 인수를 거절당한 경우 수익자(Drawee, 발행인)에게 소구(상환청구)가 가능한 신용장
	상환청구불능신용장 (Without Recourse Credit)	• 소구불능 표시가 있는 신용장으로, 발행인(Drawee)인 수익자가 상환의무를 부담하지 않는 신용장 • 매입은행 등 선의의 소지인이 매입한 경우, 개설은행으로부터 지급, 인수를 거절당한다 하더라도 상환을 청구할 수 없음
기타 특수 신용장	회전신용장 (Revolving Credit)	• 동일한 거래선과 동일 품목을 지속적으로 거래하는 경우 1회 신용장을 개설 하여 누적(Cumulative)하여 사용 가능한 신용장 • 절차가 간편해지고, 수수료부담 및 신용장 개설 보증금 부담이 감소함
	동시발행 신용장 (Back to Back Credit)	수출입을 연계하여, 수입신용장 발행 후 수출국에서도 Counter L/C를 발행하여 오는 경우에 유효한 조건부 신용장
	토마스 신용장 (TOMAS Credit)	매도인과 매수인이 신용장을 서로 발급하는 조건하에, 일방이 먼저 발행 후 다른 상대방이 신용장을 개설하는 조건으로 보증서를 발행할 때 효력이 발생하는 신용장
	기탁신용장 (Escrow Credit)	신용장에 따른 환어음의 대금을 수익자에게 지급하지 않고 매입은행이 보유한 수익자의 기탁계정(Escrow Account)에 기탁 후 신용장의 개설의뢰인이 수입하는 물품대금 결제 시에만 사용하도록 조건이 붙는 신용장
	보증신용장 (Stand by Credit)	• 보증신용장 개설은행이 특정인이 만기에 채무의 상환을 하지 않을 경우 지급을 대신 이행하는 채무보증신용장 • UCP600과 ISP980이 적용되며, 화환서류의 제시가 필요로 되지 않는 Clean L/C
	내국신용장 (Local Credit)	수출자(수익자)는 해외 수입자로부터 신용장을 통지받아, 해당 원신용장(Master L/C)을 바탕으로 국내 물품 조달 업체 등에 발급하는 신용장(Local L/C)

T / I / P	화환신용장, 보증신용장, 은행보증서의 비교		
구분	화환신용장	보증신용장	은행보증서
영문명칭	Documentary Credit	Standby L/C	Bank Guarantee
의의	상품거래에 따른 환어음과 이를 담보하는 운송서류의 제시를 요구하는 신용장 혹은 화환신용장	금융의 담보 또는 채무이행의 보증을 목적으로 발행되는 Clean L/C	보증서의 외형만 지니고 있을 뿐 Standby L/C와 성격이 내용에서 동일함
적용규칙	UCP600, ISBP 745	UCP600, ISP98	URDG 785
제시서류	선적서류	불이행 진술서	서면청구서

8. 신용장의 개설 및 통지

(1) 개설 및 통지 절차

통지은행 (Advising Bank)	← ③ L/C통지	개설은행 (Issuing Bank)
↓ ④ L/C통지		↑
(제2통지은행)		② L/C개설의뢰
↓ ④ L/C통지		
수익자(Beneficiary)	① 계약(Contract) ←→	개설의뢰인(Applicant)

(2) 당사자의 의무와 권리

수익자	개설의뢰인을 지급인으로 하는 환어음을 발행해서는 안 됨(L/C거래 지급인 : 개설은행)
개설의뢰인	수익자와의 계약에 따라 개설은행에 신용장 개설(발행)을 신청
개설은행	• 일람지금/연지금/인수에 의해 사용 가능한 신용장 발행 • 지정은행, 개설은행에 제시된 서류가 일치하는 제시를 구성하는 경우 지급이행의무를 확약 • 신용장 발행시점부터 개설은행은 취소불능으로 지급확약의무 부담 • 지정은행이 일람지급/연지급/인수/매입하지 않는 경우 최종지급이행 • 지정은행에 상환의무가 있음 • 매입은행, 지정은행이 선지급했더라도 만기 전 지급할 의무는 없음 • 수익자에 대한 확약과 지정은행에 대한 확약은 독립(별개)
통지은행	• 지급, 매입의 확약 없이 신용장 및 조건변경 통지의무만 지님 • 외관상 진정성, 신용장의 제조건을 반영하는지 검토할 의무만 존재 • 외관상 진정성, 신용장 제조건 불충족 시 → 통지요청은행에 즉시 통보 • 통지 거절 가능 → 통지 거절 시 통지요청은행에 즉시 통보 • 제2통지은행 이용 가능

9. 신용장의 확인 및 조건 변경

(1) 확인 추가 및 조건 변경

통지은행 (Advising Bank)	← ③ L/C 통지 조건 변경 통지 →	확인은행 (Confirming Bank)	← 확인 추가 조건 변경	개설은행 (Issuing Bank)
↓ ④ 조건 변경 통지 (제2통지은행) ↓ ④ 조건 변경 통지				↑ ② 조건 변경
수익자 (Beneficiary)	① 조건 변경 합의 ← →			개설의뢰인 (Applicatnt)

(2) 확인은행 및 조건변경 시 통지 은행 의무

확인은행	• 지정은행, 확인은행에 제시된 서류가 일치하는 제시를 구성하는 경우 지급이행의무를 개설은행에 추가하여 확약 • 신용장 확인 추가 시점부터 확인은행은 취소불능으로 지급확약, 매입의무 부담 • 지정은행이 일람지급/연지급/인수/매입하지 않는 경우 최종지급이행 • 지정은행이 매입하지 않는 경우 상환의무 없이 매입 • 매입은행, 지정은행이 선지급했더라도 만기 전 지급할 의무는 없음 • 확인추가 거절 가능, 거절 시 개설은행에 즉시 통보
통지은행 조건 변경 시	• 지급, 매입의 확약 없이 조건변경 통지의무만 지님 • 외관상 진정성, 신용장 조건변경을 반영하는지 검토할 의무만 존재 • 외관상 진정성, 신용장 조건변경 불충족 시 → 통지요청은행에 즉시 통보 • 조건변경통지 거절 가능 → 통지 거절 시 통지요청은행에 즉시 통보 • 통지 시 이용했던 동일한 제2통지은행을 통해서만 조건변경 통지 가능

(3) 조건 변경 요건

① 신용장 조건 변경 요건 : 개설은행, 확인은행, 수익자 전원의 합의에 의해서만 가능

② 신용장을 양도하는 경우 : 개설은행, 확인은행, 수익자, 제2수익자(일부만 변경 가능) 전원 또는 일부 합의

10. 은행의 서류심사(서류심사의 원칙)

① 지정, 확인, 개설은행은 서류만을 심사(신용장의 독립성, 추상성)

② 제시기한 : ⓐ 선적일~21일 내 + ⓑ 신용장 유효기간 내

③ 심사기간 : 제시일의 다음 날~최대 5영업일

④ 서류와 신용장은 동일할 필요는 없지만 상충되어서는 안 됨

⑤ 상업송장은 엄격일치(완전일치) / 기타 서류는 일반용어 기재 가능(상당일치)

⑥ 무서류조건은 무시(제시되는 서류 없는 신용장조건)

⑦ L/C 발행일자보다 이전에 발행된 서류는 수리, 제시일자보다 늦게 발행된 서류는 수리 거절

⑧ 최소 원본 1통은 제시되어야 함. 사본 제시의 경우 원본 1통과 나머지 사본으로 수리 가능

제시서류	서류요건
상업송장	• 상업송장은 신용장의 조건대로 작성되어야 함(엄격일치) • 수익자가 발행할 것(양도신용장의 경우 제외) • 개설의뢰인 앞으로 발행될 것(양도신용장의 경우 제외) • 신용장과 동일 통화로 작성될 것 • 서명될 필요는 없음 • 신용장금액 초과하는 송장은 수리 가능/ 초과분 거절도 가능
운송서류	• 송하인과 수익자는 동일할 필요는 없음 • 운송서류는 모든 당사자에 의해 발급이 가능 • 발행된 원본 전통 제시될 것 • 용선계약서는 수리되지 않음 • 신용장에서 금지하더라도 환적은 수리 가능 • 본선적재 표기될 것 • 선적항~양륙항 표기된 것, 양륙항은 구역 또는 지리적 지역으로 표시 가능(선적항 ×) • 분할선적 수리 가능 • 신용장 기간 내 할부선적되지 않은 부분 → 효력 상실
보험서류	• 보험서류 발행/서명권자 : 보험회사, 보험업자, 대리업자 • 발행 원본 전통 제시될 것 • 보험각서(Cover note)는 수리 불가 • 보험증권(Insurance policy) 제시 요구 시 보험증명서(Insurance certificate) 수리 가능 • 보험서류일자는 선적일보다 늦어선 안 됨 • 보험담보금액 : 물품, 송장가액 등 비율에 따라 최소 CIF 110% 부보, 송장금액 초과 불가 • 보험담보구간 : 수탁, 선적지 ~ 양륙항, 최종목적지 • 신용장 "전위험" 요구 시 → 전위험 담보조항 보험서류 제시로 수리 • 면책조항 및 소손해면책비율 조항, 부가담보위험 등 표기 가능

11. 화환취결 지급/인수/매입/지급이행(Honour)

(1) 사용 여부에 따른 신용장 구분

신용장 종류	환어음 발행 여부	지급시기
일람지급(Sight Payment)신용장	△(Sight일람불)	서류 제시와 동시 상환
연지급(Defered payment)신용장	×	서류 제시 = 연지급확약 후 만기 지급
인수(Acceptance)신용장	○(Usance 기한부)	인수 후 만기 지급
매입(Negotiation)신용장	○(Sight/Usance)	서류 대금 선지급

※ Payment L/C 지급신용장은 환어음 사용 조건이 의무가 아님에 유의
※ 특히 연지급 신용장의 경우 환어음 발행비용 절감목적으로 개설하므로 환어음 사용이 없음

(2) 개설(확인)은행의 지급이행(Honour)의 정의

Honour means :

a. to pay at sight if the credit is available by sight payment.

b. to incur a deferred payment undertaking and pay at maturity if the credit is available by deferred payment.

c. to accept a bill of exchange ("draft") drawn by the beneficiary and pay at maturity if the credit is available by acceptance.

→ 지급이행이라 함은 다음을 말한다.

a. 신용장이 일람지급에 의하여 사용될 수 있는 경우 일람 후 지급하는 것

b. 신용장이 연지급에 의하여 사용될 수 있는 경우 연지급확약의무를 부담하고 만기일에 지급하는 것

c. 신용장이 인수에 의하여 사용될 수 있는 경우 수익자에 의하여 발행된 환어음("어음")을 인수하고 만기일에 지급하는 것

※ 지급이행 : 일람지급, 연지급, 인수

12. 신용장의 양도

(1) 양도신용장의 거래 구조

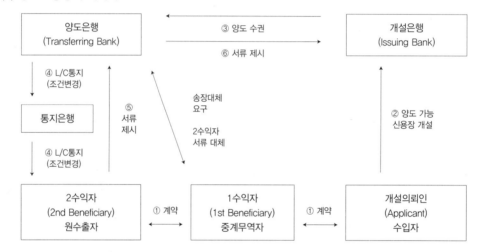

(2) 양도신용장의 특징

① 은행은 명시적으로 동의하여야 신용장 양도의무 부담 "Transferable" 명기

② 양도은행 = 개설은행이 양도를 수권한 은행, 개설은행도 양도은행일 수 있음

③ 양도신용장 = 2수익자 이용 가능 신용장(둘 이상의 2수익자 이용 가능, 단 1회만 양도 가능)

④ 양도신용장 관련 비용 부담 : 1수익자(별도의 명시가 없는 한)

⑤ 양도요청 시 2수익자 조건 변경 통지 방법 명시, 둘 이상의 2수익자는 일부만 조건 변경 적용 가능 (일부는 조건 변경 거절 가능)

⑥ (−)감액 · 단축 가능 : 금액, 단가, 유효기일, 제시 기일, 선적일, 기간

⑦ (+)증가 가능 : 보험부보비율

⑧ 1수익자 명의 : 개설의뢰인으로 대체 가능

⑨ 송장대체권 : 2수익자의 송장 및 어음을 1수익자의 송장 및 어음으로 대체(단, 최초 양도은행의 요구 시 정정하지 않으면 은행 면책으로 2수익자의 서류를 개설은행에 제시)

SECTION 1 국제운송 개요

1. 국제운송의 개념

국제매매계약은 서로 다른 나라에 거주하는 거래당사자인 수출자와 수입자의 물품을 인도하는 계약이므로 이러한 계약을 이행하기 위하여 다양한 종속계약을 체결해야 한다. 그중 국가 간 국제운송이 필수인 국제물품매매계약은 운송계약체결의무는 불가피하며, 이러한 국제운송은 계약의 목적물을 수입국 또는 제3국으로 이동시키는 행위를 말한다.

국제운송은 18세기부터 해상운송이 주가 되어 발전되어 왔고 현대에는 항공운송 및 철도, 차량운송 등도 그 비중이 점차 늘어나고 있다. 그러나 아직까지도 물품 적재량이 가장 많고, 국가 간 이동에 해운을 이용하는 것이 용이함에 따라 해상운송이 국제운송의 대부분을 차지하고 있다.

최근에는 Door to Door Service가 중요시되므로 두 가지 이상의 운송수단을 사용하여 운송하는 복합운송(Multimodal Transport) 계약 체결이 증가되고 있다.

2. 국제운송수단에 따른 비교

구분	해상운송	항공운송	철도운송	차량운송
비중	약 80%	약 10%	약 5%	약 5%
적재량	대량화물	소량화물	대량화물	소량화물
운임	저렴	비쌈	저렴	비쌈
신속성	장기간 소요	매우 신속	장기간 소요	보통
편리성	불편	불편	불편	편리
국제규칙	헤이그, 함부르크, 로테르담 등	바르샤바, 몬트리올 협약 등	국제철도운송조약 CIM	국제도로운송조약 CMR
운송구간	port to port	airport to airport	국경 간 연결된 철도에 한정	door to door 서비스가 가능

1. 해상운송의 장단점

해상운송은 해운을 이용한 국제운송수단으로 대량물품의 운송이 가능하며, 운임이 비교적 저렴한 장점이 있다. 반면 운송에 장기간이 소요되고 항구 간 운송만 가능하며, 해적 및 해상기후에 따른 위험도 존재한다는 단점도 있다.

2. 해상운송의 구분

(1) 정기선과 부정기선

해상운송은 크게 정기선(Liner)과 부정기선(Tramper)으로 구분된다. 정기선이란 정해진 항로 간을 운항하는 대부분의 선박을 말하며, 부정기선은 용선(배의 일부 또는 전부를 대여)하여 특정 화주가 원하는 항로로 대량의 화물을 운송하는 선박을 말한다. 정기선은 화주가 선사의 스케줄에 따라 개품운송계약(Contract of Affreightment in a general ship)을 체결하며, 부정기선은 용선주(배를 빌려주는 자)와 용선자(배를 빌리는 화주) 간 용선계약서(Charter party contract)를 작성하여 계약을 체결하게 된다.

(2) 정기선과 부정기선의 비교

계약	개품운송계약 (Contract of Affreightment in a general ship)	용선운송계약 (Charter party contract)
운송형태	정기선(Liner)	부정기선(Tramper)
거래내용	다수의 화주로부터 위탁받은 개개화물의 운송	특정 화주와 특약하여 선복 또는 배 자체를 빌려주는 운송
화주	불특정 다수	특정 화주(단일이라고 보면 됨)
화물	소량, 컨테이너, 포장화물	대량, 살물(Bulk), 원유 곡물 등
계약	요식성 → 스케줄 확인 후 컨펌 → B/L	용선계약서(Charter Party)에 따라 청약과 승낙
운임	공시운임률(Tariff rate), 보통 비쌈	시장가격에 따름(Open rate), 저렴
하역비용	Berth terms, Liner terms(정해진 대로)	FI, FO, FIO, FIOST 등 (화주와 선주가 협의하여 선택 가능)
항로	정해진 항로와 스케줄에 따름(= 버스)	화주와의 계약에 따름(= 택시)

3. 정기선 운송 절차

(1) 선사의 Shipping Schedule 확인

(2) 선복요청 Shipping Request(S/R)

(3) Booking Note 교부 및 EIR 서명

(4) 수출통관(Export License : E/L)

(5) 선하증권 교부

① 재래선의 경우

㉠ 선사의 선적지시서 발급(Shipping Order : S/O)

㉡ 화물의 검수, 검량, 검정

㉢ 1등항해사의 선적 후 본선수취증(Mate Receipt : M/R) 발급

㉣ M/R과 상환으로 선하증권 교부(Bill of Lading : B/L)

② 컨테이너선의 경우

㉠ FCL(Full Container Load) : CY(Container Yard)로 이동하여 부두수취증(D/R : Dock Receipt) 교부, 선적 후 B/L 발급받음

㉡ LCL(Less than Container Load) : CFS(Container Freight Station)로 이동하여 Freight Forwarder에 혼적(Consolidation) 후 FCL화하여 CY 이동, 선적 후 B/L 교부받음

(6) 수입통관(Import License : I/L)

(7) 수입국선사에 B/L제시

운송 후 수입국 도착 시 수하인(Consignor)은 선하증권 원본(Original B/L)을 선사에 제시 후 운임 등을 정산한다.

(8) 화물인도지시서(Delivery Order : D/O) 교부

수하인(Consignee, 수입자)은 화물인도지시서를 선사에 제출하고 수입물품을 인도받음으로써 국제운송절차가 종료된다.

T / I / P 정기선의 운송계약 체결 절차

① 선사의 Shipping Schedule 확인

② 화주가 선사에 S/R(shipping Request) 선복요청

③ 선사가 화주에게 Booking Note 교부(선적 요청을 승낙), Traffic order 제공(빈 컨테이너 적입 날짜), 실무적으로 Booking number를 제공. 화주는 공컨테이너 확인 후 적입(적입 시 기기수도증(EIR)에 서명)

④ 수출통관 진행(세관에 수출신고)

재래선	컨테이너선	
⑤ 선적지시서 발급 S/O (Shipping Order)	FCL(Full Container Load)	LCL(Less than Container Load)
⑥ 화물 검수인의 검수, 검량, 검정	⑤ CY 이동	⑤ CFS 이동
⑦ 일등항해사는 선적 후 본선수취증 M/R(Mate Receipt) 발급	⑥ D/R(Dock Receipt) 발급 (부두수취증)	⑥ CFS에서 혼적(Consolidation) → FCL
⑧ 화주는 선사에 M/R 제출 후 B/L 발급받음	⑦ Received B/L 발급	⑦ CY로 이동
	⑧ 선적 후 On board B/L 발급	⑧ 선적 후 On board B/L 발급

⑨ 수입통관 진행

⑩ 목적항에서 선사에 B/L 제시 후 운임 등 정산 → 화물인도지시서(D/O : Delivery Order) 발급

※ 선적과정 또는 그 이전에 화물에 문제가 있어 사고부 선하증권(Foul B/L, Dirty B/L) 발급 시 → 화주는 선사에 파손화물보상장(L/I : Letter of Indemnity)를 제출하고 Clean B/L 교부

4. 파손화물보상장(Letter of Indemnity : L/I)

선사(운송인)는 운송 중 물건의 파손, 망실 등에 대한 책임이 있으므로, 하자가 있는 물건은 선적을 거부하거나, 선적당시 문제가 있음을 Foul B/L, Dirty B/L, Claused B/L 등으로 발급하여 사전에 면책한다. 그러나 이러한 Foul B/L등은 신용장 거래 시 은행이 인정하지 않으므로, 수하인과의 합의하에 해당 물품에 대한 책임을 송하인이 지는 조건으로 L/I를 선사에 제출하여 Clean B/L을 교부받을 수 있다.

T / I / P 부지약관(Unknown Clause)

FCL의 경우 일반적으로 빈컨테이너를 화주의 창고까지 이동시켜 화주가 적입(Stuffing)을 완료한 후 봉인(Sealing)을 하므로 화물의 상태를 선적 시에 선사가 확인할 수 없다. 따라서 정상적으로 적재가 되었는지 선사는 알 수가 없으며, 그 내용물에 대해 송하인의 책임으로 하는 문구를 부지약관이라 한다. 즉, FCL의 경우에는 Foul B/L, Dirty B/L이 발행될 일이 없으며, L/I(파손화물보상장)를 제출할 일도 없다.

⑩ FCL B/L상에 기재되는 부지약관 문언 : "Shipper's Load and Count, Sealing."

T / I / P 파손화물보상장(Letter of Indemnity : L/I) 양식의 예

We, the undersigned HR Corporation, HR Building, Hak–dong · 6000 Seoul, Korea, requesting the deletion of the exceptions and/or issue of a Clean Bill of Lading and hereby warrant and guarantee that the exceptions referred to, do not constitute any diminution of the value of the above–mentioned cargo.

Now in consideration of your complying with our above request, we the undersigned hereby agree as follow :

1. To identify you, the Master, your servants, Vessel's owner, agents and any other of your servants and agents to hold all of you harmless in respect of any liability, loss, damage, including consequential damages punitive damages or expense of whatsoever nature which you may sustain by reason of our above request.

2. Furthermore we guarantee the payment and settlement of claims including but not limited to cargo claims in connection with the above shipment relating to the aforesaid exceptions.
   If any claims are presented at your option we agree to adjust them directly with claimants in the first instance relieving you, your servants and agents and we will reimburse Owners and aforesaid in full. If you adjust claims in the first instance we will indemnify for any claim paid and all expenses incurred including attorney fees.

3. To pay you, your servants as aforesaid on first demand the amount of any loss or damage of whatsoever nature which you, the Master and/or agents as aforesaid may incur as a result of the signing the Bill of Lading with the noted exceptions and/or Clean Bill of Lading, including legal fees, loss of hire, and fees, penalties and fines.

수하인(Consignee, 수입자)이 화물은 도착했으나 B/L을 수취하지 못하여 선사에 B/L을 제시하지 못하는 경우 은행이 수하인을 보증하여 수입화물선취보증서(Letter of Guarantee)를 선사에 제출하고 먼저 물건을 수취한 후, 원본 B/L 수취 후 보완한다.

T / I / P L/G(Letter of Guarantee) 서식

Whereas you have issued a Bill of Lading covering the above shipment and the above cargo has been arrived at the above port of discharge (or the above place of delivery), we hereby request you to give delivery of the said cargo to the above mentioned party without presentation of the original Bill of Lading. As soon as the original Bill of Lading corresponding to the above cargo comes into our possession, we shall surrender the same to you, whereupon our liability hereunder shall case.

서류명	L/I(파손화물보상장)	L/G(수입화물선취보증서)	T/R(수입화물대도)
Full name	Letter of In demnity	Letter of Guarantee	Trust Receipt
용도	선적 중 또는 선적 이전 물건의 하자발생으로 선사(운송인)가 물품의 운송 과정 중 책임을 면하기 위하여 B/L 발급 당시 Foul B/L 등을 발급하면, 이에 송하인(화주)이 화물에 대한 책임을 지는 문서로서 선사에 L/I를 제출하고 Clean B/L을 교부받을 수 있는 일종의 각서	목적항(수입항)에 화물은 도착하였으나, 권리증권인 B/L(선하증권) 등 선적서류가 도착하지 않은 경우 수입상과 개설은행이 연대보증하여 B/L 원본대신 선사에 L/G를 발급하여 제출 후 물품을 인수받을 수 있음. 이후 선적서류 도착 시 B/L 원본 제출 및 L/G 회수	개설의뢰인(수입상)이 일람지급신용장거래방식(Sight L/C)에서 선적서류가 개설은행에 도착 시 대금결제 할 자금이 부족한 경우, T/R 발급을 통해 소유권 이전을 유보하고 선적서류를 먼저 인도받아 추후 판매대금으로 은행에 수입대금을 결제
발행자 → 받는 자	수출상 → 선사	수입상(개설의뢰인)신청, 개설은행 발급 → 선사	수입상(개설의뢰인) → 개설은행
Part	운송	결제	결제

5. 정기선 운임제도

(1) 개요

정기선(Liner)의 운임은 일반적으로 운임율표(Tariff)에 따라 부과된다. 운임은 기본운임과 할증료, 기타 부대비용으로 구성된다.

> 운임 = 기본운임(Freight) + 할증료(Surcharge) + 기타 부대비용(Other Charge)

(2) 기본운임(Ocean Freight)

기본운임은 일반적으로 중량 또는 용적에 따라 부과되며, 선박에 적재 가능한 중량 또는 부피(용적)에 따라 선박에 적재 가능 범위가 결정되므로, 둘 중 큰 쪽(수입톤, R Ton)에 의하여 부과된다. 이러한 운임의 부과는 중량 기준, 용적기준, 가격기준 등으로 구분되며, 일정 요율로 부과되는 FAK Rate, 일정 개수에 따라 부과되는 Box rate등이 있다.

(3) 할증료(Surcharge)

해상운송 중에도 변동되는 비용 및 부과되는 비용 등이 발생하는 것을 할증료라 하며, 대표적으로 BAF(유류할증료)와 CAF(통화할증료)가 있다. 그 외에도 체선할증료, 중량할증료, 용적할증료 등이 있다.

(4) 부대비용(Other Charge)

항만사용료(Wharfage), 서류발급비용(Doc fee), 컨테이너세(CTX) 등 기본운임과 할증료 외에 발생하는 비용 등을 말하며, 시험목적상 무역영어 part에서는 체선료와 조출료가 주로 등장한다. 체선료(Demurrage)는 CY(Container Yard)마다 주어지는 Free time 내에 적재·양하를 마치지 못하는 경우 화주가 선사에 지급하는 벌금 성격의 비용이며, 조출료(Dispatch money)는 반대로 주어진 기간보다 일찍 적재나 양하를 마친 경우 선사가 화주에 지급하는 보상적 성격의 지급금이다. 일반적으로 체선료는 조출료의 2배이다.

구분			정기선(개품운송계약) 운임
기본운임	지급시기별		선불운임(Freight Prepaid) : 인코텀즈 C, D조건
			후불운임(Freight Collect) : 인코텀즈 E, F조건
	부과기준		종가운임(Ad Valorem Freight) : 귀금속 등 고가품
			중량기준(Weight Basis) : 실제 중량 기준
			용적기준(Measurement Basis) : 용적(CBM = 부피) 기준으로 부과
			무차별운임(FAK Rate = Freight All Kinds Rate) : 일정 요율로 일괄 부과
			운임톤, 수입톤 (R/T = Revenue Ton) : 중량 또는 용적 중 높은 운임
			박스운임(Box Rate) : 화물 종류와 관계없이 컨테이너 개수당 부과
할증료	BAF(Bunker Adjustment Factor) : 유류할증료(운송 중 유류가격 상승 시)		
	CAF(Currency Adjustment Factor) : 통화할증료(운송 중 운임통화 하락 시)		
	Heavy life surcharge : 중량할증운임(기준 중량초과 시)		
	Bulky/lengthy surcharge : 용적 및 장척할증료(부피나 길이 초과 시)		
	체선할증료(Port congestion surcharge) : 도착항 선박이 혼잡할 경우		
	Optional Charge : 선적 후 목적항이 2개 → 1개로 감소하는 경우		
	Diversion Charge(항구 변경료) : 하주가 선적 시 지정했던 목적항을 화물을 선적한 후에 다른 목적항으로 변경하는 경우에 추가로 부과		
부대비용	부두사용료/항만사용료(WFG = Wharfage)		
	THC(Terminal Handling Charge) : 터미널화물취급비용		
	CFS 작업료(CFS Charge)		
	컨테이너세(CTX = Container Tax)		
	서류발급비용(DOC fee = Documentation Charge)		
	체선료(Demmurage) : 선적 또는 양하일수가 정박기간(Laydays)을 초과하는 경우, 통상 조출료의 2배		
	조출료(Dispatch money) : 정박기간(Ladays) 내에 선적, 양하를 완료한 경우 선사가 화주에게 지급하는 금액으로 통상 체선료의 1/2		
	지체료(Detention Charge) : 화주가 허용된 시간(Free time)내 반출한 컨테이너를 CY로 반환하지 않을 경우 지불하는 비용, 또는 컨테이너 또는 트레일러를 대여받았을 때 규정된 시간(Free Time) 내에 반환하지 못하는 경우 운송업체에 지불하는 비용		

6. 선하증권 B/L(Bill of Lading) 및 B/L의 종류

(1) 선하증권(Bill of Lading)

선하증권(Bill of Lading 이하 "B/L")이란 해상물품운송계약에 따른 운송물품의 수령 또는 선적을 증명하고 해상운송인에 대한 운송물품의 인도청구권을 나타내는 유가증권을 말한다. 또한 운송계약의 증빙으로서 선사가 화주로부터 인도받아 계약에 따라 목적지까지 화물을 운송하여 인도할 것을 약속하는 증권이기도 한다.

(2) B/L의 기능

선하증권(B/L)은 운송인(선사)이 송하인(수출자)에 대하여 운송계약체결의 증빙서류로 선적된 화물의 권리를 나타내는, 무역거래 시 가장 중요한 서류로서 유통이 가능하다. 이에, B/L은 배서로써 수하인(물품을 받을 권리자)을 변경, 하나의 권리증권(물품의 권리)으로서 양도, 양수, 매매가 가능하다. 배서(Endorsement)란 선하증권의 수하인(Consignee)을 기명(지정)하지 않고, 지시식(to Order)으로 수하인을 변경하는 것을 말한다.

구분	항목		비고
B/L 기능	운송계약 증거		운송인과의 계약체결
	화물수취증		화물 수취 영수증의 기능
	권리증권		물품인도와 동일한 효과
B/L 법적 성질	유가증권성		유통 가능 증권
	지시증권성		B/L의 권리자는 타인을 새로운 권리자로 지시가 가능
	인도/채권증권성		B/L의 정당한 소지인은 B/L을 발급한 운송인에게 화물인도 청구가 가능
	상환증권성		화물인도는 B/L의 상환으로써만 교환 가능하며, 수하인의 채무관계 역시 B/L과의 교환으로써만 변제가 가능
	제시/처분 증권성		수하인은 B/L을 제시하여야만 선사는 물품 인도, 처분 가능
발행 방식	기명식		수하인 : 특정인, 특정은행, 이름을 기재하는 방식 (Consignee = ABC Co.)
	지시식	단순지시식	Consignee(수하인)란에 기재 X (To order)
		기명지시식	수하인 : 수출자 또는 은행이 지시하는 자 (Order of the Seller or Bank)
		선택지시식	수하인 : 기명식 또는 지시식 선택 가능 (ABC Co. or Order)
	소지인식		배서 없이 서류의 교부로 인해 양도 가능(Bearer)
	무기명식		백지배서식이라고도 하며, 수하인을 공란으로 배서 없이 교부

(3) 선하증권(B/L)의 종류

B/L은 그 운송구간의 구분, 운송수단 등으로 인하여 다양하게 발행될 수 있다. B/L의 종류가 실제로 여러 가지 양식이 존재하는 것은 아니나, 그 기능 등에 의해 분류가 가능하다. 시험목적상 B/L의 종류는 빈출되므로 간략하게 이해하고 문제풀이에서 빈출되는 B/L을 암기하는 것이 바람직하다.

구분	B/L종류	내용
발행 시기	Received B/L	수취선하증권 : 운송인 화물수취 시 발급
	OnBoard B/L	선적선하증권 : 수취화물 본선 적재 후 수취선하증권상 본선적재표기(On Board notation)된 선하증권
	Shipped B/L	선적선하증권 : 운송화물 본선 적재 후 발급
	Back date B/L	선선하증권 : 실제 선적 전 대금결제 등을 목적으로 소급발행(편법)
하자 유무	Clean B/L	무사고선하증권 : 선적 시 화물의 상태가 양호하며 정상적으로 적재가 완료된 경우 발급
	Foul, Dirty, Claused B/L	사고부선하증권 : 적재과정 중 물품의 하자가 발견되어 사고부문언을 기재한 선하증권(L/I 제출 시 Clean B/L 발급 가능)
유통 가능 권리증권 수하 인별	Straight B/L	기명식선하증권 : 수하인(Consignee)이 지정되어 있는 B/L(원칙적으로 기명식은 유통이 불가하나, 우리나라 상법에서는 특별히 금지하지 않는 한 B/L은 배서를 통해 유통 가능)
	Order B/L	지시식선하증권 : 수하인이 특정되지 않아 유통/매매가 가능한 선하증권
	Negotiable B/L	유통선하증권 : 유통가능선하증권
	Non-Negotiable B/L	비유통선하증권 : 유통 불가능한 선하증권으로 Surrendered된 B/L 및 SWB 등은 Non-Negotiable 문언이 B/L상에 기재됨
	Surrendered B/L	권리포기선하증권, 서렌더비엘 : 유통 가능성을 포기한 비유통선하증권으로서, 유통이 가능한 선하증권은 원본 B/L을 제시해야 하므로, 신속한 화물인도를 위해 선사에 원본 B/L을 제출하고 Surrender를 요청하면 사본으로도 화물인수도가 가능함, 단 신용장거래 시 은행은 B/L 원본제시를 원칙으로 하므로 Surrender B/L은 사용이 부적절함
발행 주체	Master B/L	본선하증권, 마스터비엘 : 선사 발행 B/L
	House B/L	혼재선하증권, 하우스비엘 : 포워더, 화물운송주선업자가 발행
	Groupage B/L	집단선하증권
운송 방법	Ocean B/L	해상선하증권 : 국제항구 간 운송되는 B/L
	Local B/L	내국선하증권 : 국내해상 간 운송되는 B/L
	Air way bill	항공화물운송장 : 항공화물에 대한 운송장으로 B/L과는 다름
	Sea way bill	해상화물운송장 : 해상, 내수로 운송장으로 B/L과는 다름(AWB, SWB은 권리증권, 처분증권, 양도 가능성이 없음. 단순한 화물의 수취증, 단순한 영수증의 성격)
	Multimodal Transfer B/L	복합운송증권 : 복합운송인이 자기의 보관 아래 화물을 인수하였다는 것 및 그 계약의 내용에 따라서 운송인이 화물을 인도할 의무를 부담하는 것을 증명하는 증권
	Through B/L	통선하증권 : 화물을 목적지까지 운송하는 데 환적 등이 예정된 경우 최초 운송인이 계약운송 전 구간에 대해 발급
	Transhipment B/L	환적선하증권 : 운송 도중 다른 선박으로 환적이 예정된 B/L, UCP(신용장통일규칙)에서는 인정(전 운송이 하나의 동일한 선하증권에 의하여 포괄될 경우 환적 가능 표시)

용선 여부	Liner B/L	정기선 선하증권 : 정기선 선사가 발급하는 B/L
	Charter Party B/L	용선계약부 선하증권 : 선주와 화주가 용선계약을 맺고, 이러한 용선계약을 근거로 임차인인 용선자가 발급하는 선하증권으로 운송계약 증거서류로 보기는 어려움
요식성	Long Form B/L	정식선하증권 : 선하증권의 앞·뒷면에 선적 내용과 약관 등을 모두 갖춘 선하 증권
	Short Form B/L	약식선하증권 : 정식 선하증권의 번거로움을 없애기 위해 선하증권의 뒷면에 기재되어 있는 약관을 없애고 필수 기재 내용만 기입한 증권 ※ 일반적으로 약식 선하증권은 정식 선하증권을 따른다고 표기되어 있으므로 L/C 거래 시 인정되어 수리 가능
중계무역	Third Party B/L	제3자 선하증권 : 송하인이 신용장상 수익자가 아닌 B/L로 중계무역, 운송 중 전매, 양도가능신용장 등에서 사용 ※ 제3국에서 수입하여 수출하는 경우에 사용
	Switch B/L	스위치선하증권 : 중계무역 등에 활용되며, 목적항, 도착항 외의 제3의 장소에서 송하인, 수하인 등 사항이 변경되어 재발행된 선하증권(원 수출자를 숨기기 위한 목적으로 발급 신청)
기타	Stale B/L	기간경과 선하증권, 지체선하증권 : 신용장거래 시 "서류제시기일(선적일 다음 날~21일)"을 경과하여 제시된 선하증권, 은행 서류 거부 (Stale B/L Acceptable 문구 삽입 시 은행 수리 가능)
	Red B/L	적색선하증권 : 선하증권 + 보험증권. 해당 증권에 기재된 화물이 항해 중 사고 발생 시 선사가 보상하는 선하증권, 일정 보험료가 부과됨

7. 용선계약의 종류 및 운임

(1) 부정기선(Tramper) 운송

부정기선은 특정 단일 화주의 대량화물 운송 시 낮은 운임으로 선복(Ship's Space) 또는 선박 자체를 빌려(용선) 운송하는 방법으로 정기선 운송방법과 대별된다.

(2) 용선계약 종류

용선계약 종류	용선방법
전부용선계약(Whole Charter)	선복의 전부를 빌림
일부용선계약(Partial Charter)	선복의 일부만 빌림
항해용선계약(Voyage Charter)	항해당 용선료 지불
기간용선계약(Time Charter)	기간당 용선료 지불
나용선계약(Bareboat, Demise Charter)	선박 자체를 대여(선박임대차)
재용선계약(Sub-Charter)	배를 빌려 다시(제3자에게) 빌려주는 것

(3) 항해용선계약과 관련한 운임 등

① 정박기간(Laydays, Laytime) : 선적, 양륙을 위하여 선주가 용선자에게 허용하는 기간

T / I / P **정박기간 산정방법**	
정박기간 산정 방식	**내용**
C.Q.D(Customary Quick Delivery)	관습적 조속하역 : 항구의 관습에 따라 가능한 빨리 선적, 하역기간을 결정(불가항력 제외, 일요일 공휴일 = 관습에 따라 계산함)
Running Laydays	계속일 : 불가항력, 일 · 공휴일 포함하여 모두 정박기간 산입
WWD(Weather Working Days)	호천하역일 : 하역이 가능한 좋은 날씨만 정박기간에 산입
SHEX(Sunday Holyday Except)	일요일, 공휴일 제외
SHEXUU (Sunday Holyday Except Unless Used)	하역작업을 하지 않는 일요일, 공휴일 제외

② 체선료(Demurrage) 와 조출료(Dispatch Money)
  ㉠ 체선료(Demurrage) : Laydays(정박기간) 내 하역작업을 수행하지 못한 경우 용선자가 선주에게 지급하여야 하는 손해배상금
  ㉡ 조출료 : Dispatch money) : 용선자가 허용된 정박기간을 전부 사용하지 않고 조기에 하역을 완료한 경우 선주가 용선자에게 지급하는 금액(통상 체선료의 1/2)

③ 항해용선계약에서의 하역비 부담조건

선적 및 양륙 시 하역비부담조건	부담주체
Berth Terms(Liner Terms) = Gross Terms(미국식 표현)	용선자(화주)는 선측까지 운반만 해 두고, 선주의 책임과 비용으로 선적 및 양륙작업(선주가 전부)
Free In(F.I.)	선적은 화주/양륙은 선주(책임, 비용 부담)
Free Out(F.O.)	선적은 선주/양륙은 화주
Free In & Out(F.I.O.)	선적, 양륙 모두 화주의 책임과 비용
Free In, Free Out, Stowed, Trimmed (F.I.O.S.T) = Net Terms(미국식 표현)	선적, 양륙, 본선 내의 적부(Stowage), 트리밍(Trimming)이 모두 화주의 책임과 비용으로 부담

1. 항공운송(Air Transport)

(1) 항공 운송의 개요

항공운송은 항공기를 이용하여 운송하는 것으로, 신속하지만 운송료가 비싸며 대량화물운송이 불가능하다는 한계를 가진다.

(2) 항공화물운송장(AWB : Air WayBill)

항공화물은 송하인이 항공화물대리점 또는 항공화물운송주선업자(Air Freight Forwarder)를 통해 운송계약 체결 후 발급받으며, 통상 6부가 발행이 된다. 원본 3통은 운송인용, 송하인용, 수하인용으로 발행된다. AWB은 B/L과 동일하게 운송계약의 증빙, 화물수령증의 기능을 하지만, 배서에 의한 양수도가 불가능하여 유통증권, 권리증권, 처분증권 등의 기능은 없다(= 단순한 영수증).

(3) 항공운임

항공운송은 통상 적재 가능한 항복(Plane's Space)이 제한되어 있어, 용적 또는 물품의 가격에 따라 부과하며, 다음과 같은 부과기준이 적용된다.

① GCR(General Cargo Rate, 일반화물요율) : 항공화물에 적용되는 기본 운임요율

② SCR(Specific Commodity Rate, 특정품목할인요율) : 동일 · 반복 운송되는 특정 품목의 할인요율

③ VC(Valuation Charge, 종가운임) : 일정 금액을 초과하는 경우 가격에 비례하여 부가되는 운임

④ CCR(Commodity Classification Rate, 품목분류요율) : 화물에 따라 저율을 부과하거나 고율을 부과하는 운임 요율(서적, 공산품 등은 할인되고 고가품이나 동물 등은 할증되는 운임)

⑤ BUC(Bulk Unitization Charge, 팰릿 · 컨테이너운임) : 단위탑재용기(ULD)의 개수에 따라 부과되는 운임

2. 복합운송

복합운송(Multimodal Transport)이란 육상, 해상, 내수, 항공, 철도, 도로 중 적어도 두 가지 이상의 다른 종류의 운송수단에 의하여 물품을 운송하는 것을 말한다. 국제물류가 점차 다각화되며 운송구간의 여부와 관계없이 door to door 서비스를 원하게 되고 컨테이너가 등장하면서 복합운송은 크게 발전하였다. 컨테이너(Container)는 기후의 변화에도 관계없이 운송이 가능하고, 규격화되어 있어 환적(다른 운송수단으로 적재)하거나 보관하는 데에도 용이하여 복합운송에 거의 필수적인 요소가 되었다.

3. 컨테이너운송

(1) 컨테이너운송 절차

① Booking Note 작성

② FCL : 적입 후 CY에서 인도, LCL : CFS에서 혼재 후 FCL화하여 CY에서 컨테이너 인도

③ 선사는 화주에게 D/R(부두수취증) 교부

④ 선사에 D/R 제출 후 B/L 수취

⑤ A/N(Arrival Notice) : 선사는 입항 후 착화통지처(Notify Party)란에 기재된 통지인에게 도착 통지

⑥ 수하인은 선사에 배서(Endorsement)한 B/L을 제출 후 운임 정산

⑦ 선사는 B/L을 제시받고, D/O(Delivery Order)를 발급하여 화물인도장소에서 물건 인도

(2) 컨테이너화물의 운송 형태

① CY/CY(FCL/FCL, Door to Door)	DOOR → FCL(CY)	→	FCL(CY) → DOOR
② CY/CFS(FCL/LCL, Door to Pier)	DOOR → FCL(CY)	→	LCL(CFS)
③ CFS/CY(LCL/FCL, Pier to Pier)	LCL(CFS)	→	FCL(CY) → DOOR
④ CFS/CFS(LCL/LCL, Pier to Pier)	LCL(CFS)	→	LCL(CFS)

※ CY = FCL = Door(화주의 공장) / CFS = LCL = Pier(부두)

(3) 컨테이너의 종류

① 건화물 컨테이너(Dry Container) : 전자제품, 의류 등 운송용 일반 컨테이너

② 냉동 컨테이너(Reefer Container) : 육류, 어류 등 냉동이 필요한 식품 등의 운송용으로서 온도조절장치가 있는 컨테이너

③ 팬 컨테이너(Pen Container) : 가축, 동물 등을 운송하기 위하여 통풍과 먹이를 주기에 적합한 컨테이너

④ 오픈 탑 컨테이너(Open Top container) : 장척물, 기계류 등의 적재가 용이하도록 천장이 개방되어 있는 컨테이너

⑤ 플랫 컨테이너(Flat Container) : 바닥과 기둥만 있는 컨테이너로 장척물 등의 하역작업에 용이하도록 만들어진 컨테이너

⑥ 탱크 컨테이너(Tank Container) : 유류, 주류 등 화학물질 등의 액체 운송용 컨테이너

⑦ 행거 컨테이너(Hanger Container) : 의류 및 면류 등을 구김 없이 운송하기 위해 행거가 결합된 컨테이너

(4) 컨테이너선의 하역방식

① RO/RO(Rool On/Roll Off) : 선박에 설치된 개구부와 선내 경사로를 통해 컨테이너나 자동차가 이동 가능 예 자동차 수출입 시

② LO/LO(Lift On/Loft Off) : 크레인이 본선에 설치되어 본선에 수직 적재, 양하가 가능한 컨테이너선(일반적인 컨테이너선)

③ FO/FO(Float On/Float Off) : 부선(Barge)에 화물을 적재하고 부선을 크레인으로 적재 · 양하하는 방법(LASH선 : 바지선을 부착하고 다님)

4. AWB, MT B/L, SWB 등 B/L의 종류별 비교

구분	B/L(Bill of Lading) 선하증권	AWB(Air WayBill)	SWB(Sea WayBill)	MT B/L(Multimodal Transport B/L) 복합운송증권
권리증권성	• 유가증권 • 권리증권 • 처분증권	화물수취증 (유통 불능)	화물수취증 (유통 불능)	• 유가증권 • 권리증권 • 처분증권
발행방식	기명식, 지시식, 소지인식, 무기명식	기명식	기명식	기명식, 지시식, 소지인식, 무기명식
수하인 변경	가능	원칙적으로 불가	원칙적으로 불가	가능
양도가능성	배서, 교부에 의해 양도 가능	매매, 양도 불가	매매, 양도 불가	배서, 교부에 의해 양도 가능
운송계약의 증거	O	O	O	O
운송인의 화물수취증	O	O	O	O

5. 복합운송 경로

① 시베리아 랜드 브리지(SLB : Siberia Land Bridge)

부산, 일본	→(해상)	시베리아	→(철도)	중동, 유럽

② 아메리카 랜드 브리지(ALB : America Land Bridge) 극동－유럽

한국, 일본	→(해상)	미국 서부	→(철도)	미국 동부	→(해상)	유럽

③ 캐나다 랜드 브리지(CLB : Canada Land Bridge)

한국, 일본	→(해상)	캐나다 서부	→(철도)	캐나다 동부	→(해상)	유럽

④ 미니 랜드 브리지(MLB : Mini Land Bridge)

한국, 일본	→(해상)	미국 서부	→(철도)	미국 동부 / 걸프만

CHAPTER 04 무역보험

SECTION 1 보험 기본 개요

1. 개요

무역은 국가 간의 물품거래가 이루어지므로 내국운송에 비해 국제운송은 운송구간이 길고 그에 따른 위험이 존재한다. 이러한 위험을 담보하기 위하여, 거래당사자는 부보(보험계약 체결)의 주체를 계약 시 정하여야 하며, 보험 구간, 위험 담보 범위 등을 결정하여야 한다. 무역 보험은 18세기부터 무역의 주종을 이루는 영국해상보험법(MIA)에 기초하여 해상보험이 그 근간이 되고 있다.

2. 해상보험계약

해상보험계약이란 보험자가 피보험자에 대하여 그 계약에 의해서 합의한 방법과 범위 내에서 해상손해, 즉 해상사업에 수반하는 손해를 보상할 것을 약속하는 계약이다.

3. 보험계약의 당사자

(1) 보험 당사자

보험계약자는 보험자에게 보험료를 지불하고, 해상손해가 발생하는 경우 보험자는 피보험자에게 보험금을 지급하여 손해를 보상한다.

① 보험계약자(Policy holder) : 보험계약을 체결하고 보험료를 지불하는 자

② 보험자(Insurer) : 보험회사, 담보한 손해 발생 시 보험금을 지급하는 자

③ 피보험자(Insured) : 손해 발생 시 보험금을 지급받는 자

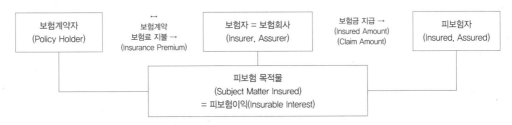

(2) 인코텀즈에 따른 보험당사자

인코텀즈에서는 CIF, CIP 두 조건에서만 매도인(수출자)의 보험계약체결의무를 부과하고 있다. 그러나 위험의 분기점은 본선 적재 시(Onboard)이므로 운송구간 동안의 손해는 매수인(수입자)의 책임이 된다. 따라서 아래와 같이 구분된다.

① CIF, CIP 조건 : 수출자 = 보험계약자 / 수입자 = 피보험자

② 그 외의 조건 : 운송 중 물품의 위험을 책임을 부담하는 자=보험계약자, 피보험자

4. 해상보험의 분류

해상보험은 부보의 대상(목적물)에 따라, 보험 기간 및 금액에 따라 분류가 가능하다.

(1) 피보험이익에 따른 분류

보험의 대상이 되는 것을 피보험이익이라 하며, 피보험이익은 적하물품 뿐 아니라, 선박이나 경제성이 있는 이익, 비용 등에도 부보 가능하다.

(2) 보험기간에 따른 분류

해상보험은 항해당 보험 부보를 하는 것이 일반적이지만, 일반적으로 선박 등의 경우에는 계속해서 보험에 가입하여야 하므로 기간 단위로 부보가 가능하다.

(3) 확정금액에 따른 분류

해상보험은 보험계약 당시 보험금액이나 보험구간, 담보사항 등이 모두 확정되어 있어야 하는 것은 아니다. 무역계약은 당사자의 합의에 따라 수정이나 변경이 가능하기도 하고, 수출자는 일반적으로 무역계약 체결 당시 수출 물품을 확보하지 않은 경우도 있으므로 예정보험을 가입할 수도 있다.

(4) 보험의 종류

분류 기준	보험 종류	보험 내용
피보험이익	선박보험	선박의 소유자가 선박을 보험목적으로 피보험이익을 부보
	적하보험	화물의 소유자가 적하(적재된 화물)에 대해 피보험이익을 부보
	배상책임보험	제3자에 대한 배상책임으로 발생하는 손해를 보상
	운임보험	운송을 통해 얻게 될 운임에 대한 피보험이익
	희망이익보험	화물의 안전한 도착 시 얻게 될 예상이익에 대한 부보
보험 기간	항해보험	항해 단위 기준(1 Voyage) – 적하보험에 주로 사용
	기간보험	일정 기간 기준(1 Time) – 선박보험에서 주로 사용
	혼합보험	기간과 항해의 동시 기준 적용 – 선박보험에서 주로 사용
부보 형태	확정보험	보험계약 체결 시 모든 사항이 확정되어 있는 보험
	예정보험	보험계약 체결 시 보험계약의 내용이 하나 이상 불확정한 보험

1. 최대선의의 원칙(Utmost good faith), 고지의무

보험계약 체결 시에는 보험자와 계약자가 계약의 내용을 거짓 없이 사실 그대로 고지하여 계약을 체결하는 것을 말한다. 계약 성립 시까지 고지의무를 준수하지 않는 경우 보험계약은 취소되거나 또는 해지가 가능하다.

(1) 고지시기 : 계약 성립 전까지
(2) 고지사항 : 보험료 산정 및 위험이 증가되는 모든 사항
(3) 고지하지 않아도 되는 사항 : 위험 감소 사실, 보험자가 아는 사실, 고지받을 권리를 거절한 사실

2. 실손보상원칙

실손보상원칙(Principle of Indemnity)이란 보험계약은 손해발생 전 원상회복까지만 보상하는 원칙을 말한다. 즉, 실손 이상은 보상하지 않는다. 보험가액(Insurance value)은 피보험목적물의 최대 금액을 말하며, 이러한 가액보다 더 많은 보험료를 납입하는 것을 초과보험이라 한다. 사람을 대상으로 하는 건강보험의 경우 많은 보험을 들수록 많은 보험금을 받을 수 있지만, 적하보험에서는 해당 물품의 가액을 초과하는 것을 인정하지 않고 있다.

(1) 일부보험 : 보험료를 납부한 비율만큼 일부 보상하는 것
(2) 전부보험 : 보험가액만큼 보험료를 납부한 경우, 보험손실분만큼 전부 보상 가능
(3) 초과보험 : 적하보험에서는 초과보험을 인정하지 않으며 물품가액만큼만 보상

3. 담보준수의 원칙

담보(Warranty)란 피보험자가 반드시 준수해야 하는 약속이나 조항을 말한다. 피보험자가 담보준수의 의무를 위반한 경우 담보 위반일 이후부터 보험자는 면책된다. 그러나 보험자는 담보 위반 이전 발생 손해는 보상한다.

(1) 명시담보 : 보험증권에 기재된 준수사항
(2) 묵시담보 : 감항성(항해 감당 가능), 적법성(합법)

4. 근인주의원칙(Proximate Cause)

실손 발생에 가장 큰 영향력을 미친 사유(손해원인)에 따라 보상 여부를 결정하는 원칙을 말한다. 예를 들어 충돌로 인한 화재가 발생하여 피보험목적물이 전소된 경우, 충돌에 의한 원인보다는 가까운 원인인 화재를 실손 근거로 보상 여부를 결정하는 것을 말한다.

5. 소급보상 원칙

적하보험에서는 보험계약 체결 전 발생한 손해라도 계약당사자가 알지 못했던 손해는 보상 가능하다. 다만 악의 또는 고의적으로 알고 있었던 손해를 보험자에게 고지하지 아니한 경우에는 소급보상에서 제외된다.

6. 법적 성질

보험계약은 무역계약과 비슷한 법적 성질을 가지고 있다. 다만, 보험자의 계약조건에 일방이 전적으로 승인하는 부합계약이라는 점에서 차이가 있으며, 손해 발생 여부를 근거로 계약을 함에 따라 사행계약의 성격을 가지고 있다.

(1) 낙성계약 : 당사자의 합의만으로 계약 성립

(2) 쌍무계약 : 보험계약자 – 보험료 지급, 보험자 – 사고 발생 시 보험금 지급 의무

(3) 유상계약 : 손해보상 확약조건 보험료 지급

(4) 불요식계약 : 별도 요식 필요 없음

(5) 부합계약 : 일방(보험자)의 계약조건에 보험계약자의 승인 ↔ 자유계약

(6) 사행계약 : 우연한 사고에 기인하는 계약

7. 피보험이익(Insurable Interest)

손실발생 시 피보험자가 보상받는 경제적 이익을 말한다. 이러한 피보험이익이 없다면 보험계약체결의 대상이 없으므로 해상보험계약은 체결이 불가능하다. 피보험이익의 성립요건은 다음과 같다.

요건	경제성 : 피보험이익은 경제성을 가지고 있어야 한다. 가령 공기, 시체 등과 같이 경제성이 없는 것은 보험부보의 대상이 될 수 없다.
	확정성 : 피보험대상은 존재하여야 한다. 계약체결 당시에 확정될 필요는 없으나 최소 사고발생 전까지 존재하는 것을 요건으로 한다.
	적법성 : 법적으로 합법적이어야 한다. 마약 등 관계법령에 의하여 제재를 받을 수 있는 불법 관련 물품 등은 피보험이익을 구성할 수 없다.
보험가액, 보험금액	보험가액(Insurable Value) : 부보 가능 최대금액을 말한다(이 이상 보상받을 수 없는 금액).
	보험금액(Insured Amount) : 보험금, 보험금액은 실손 발생 시 실제로 보상받는 금액(실제로 보상 받는 금액)으로 즉, 보험금액은 보험가액을 초과할 수 없다(보험가액≥보험금액).

1. 협회적하약관

협회적하약관(ICC)은 2009년 신약관으로 개정되어 사용되고 있으나, 실무적으로 구약관도 사용을 병행하고 있다. 보험약관에 해당되는 손해 또는 위험에 따른 손실발생 시 보험자가 보상하며, 면책사항에 해당하는 경우에는 보상하지 않는다. 구약관은 손해 위주의 약관이 명시되어 있으며, 신약관은 손해보다 큰 개념인 위험을 기준으로 약관이 명시되어 있다. 보험약관은 크게 포괄주의(ICC(A), A/R)와 열거주의약관(ICC(B, C) FPA, WA)으로 대별된다.

구약관ICC				신약관ICC200⑨				
담보손해(Loss)	FPA	W/A	A/R	담보위험(Risk)		C	B	A
1. 전손(현실전손, 추정전손) 2. 해손 ① 선박, 부선의 좌초, 침몰, 화재에 의한 단독해손 ② 공동해손 3. 부가담보 ① 선적, 환적, 또는 하역작업 중 포장당 전손 ② 단독해손(화재, 폭발, 충돌, 운송용구와의 접촉, 피난항에서의 화물의 하역) ③ 특별비용(구조비, 손해방지비용, 피난항 특별비용 및 부대비용)	○	○	○	기본	공동해손 쌍방과실충돌	○	○	○
				화좌육충조난공투	• 화재 · 폭발 • 선박, 부선의 좌초, 교사, 침몰, 전복 • 육상운송용구의 전복, 탈선 • 선박, 부선, 운송용구의 타물과의 충돌, 접촉 • 조난항에서의 화물의 양륙하역 • 공동해손 희생 • 투하			
악천후 위험에 희한 해수손 ① WA 3% : 손해 3% 초과 시 보상 ② WA 5% : 손해 5% 초과 시 보상 ③ WAIOP : 면책비율 관계없이 전부보상(Franchise : 손해 초과 시 전액보상, Deductive : 손해 초과분만 보상)	×	○	○	지갑수하	• 지진, 분화, 낙뢰 • 갑판유실 • 해수, 호수, 하천수의 운송용구 등에의 유입 • 적재, 양륙 하역 중 낙하, 추락에 의한 포장단위당 전손	×	○	○
기타 모든 외부적, 우발적 원인에 의한 손해(어떠한 자의 의도적인 손상파괴 담보 ×)	×	×	○	상기 이외 일체의 위험 + 어떠한 자의 의도적인 손상, 파괴		×	×	○

2. 면책약관

면책약관은 보험자의 면책사항을 나열해 두고 있다. 면책사항에 해당되는 경우 보험자는 보상의 의무가 없으며, 이러한 보상까지 담보를 원하는 경우에는 부가담보특약을 가입하면 된다.

암기식	보험자의 면책약관(아래 면책사항은 보상책임 ×)
피	피보험자의 고의적 불법행위
통	통상 누손, 중량등 감소, 자연소모
포	포장 불완전, 부적합
고	물품 고유의 하자
핵	원자핵무기에 의한 손해
지연	지연
채무	선박소유자, 관리자, 용선자, 운항자의 지급불능/채무불이행
어떠	어떠한 자의 불법행위에 의한 의도적인 손상 파괴 ※ ICC A조건에서는 담보
전쟁	전쟁위험
동맹	동맹파업

3. 부가담보특약

도난, 발화, 불착(TPND)	도난, 발화 = 훔쳐가거나/불착 = 물건 미도착 시에도 보상하는 특약
빗물과 담수에 의한 손해(RFWD)	바닷물 이외의 물(水)에 의한 손해를 추가로 보상하는 특약
유류, 타화물과 접촉(COOC)	유류 및 오염물질 등에 의해 오염되는 손해 및 타 화물에 의해 파손되는 경우 추가로 보상하는 특약
갑판유실(WOB)	갑판적재화물이 파도에 의해 유실되는 위험 보상
파손담보특약(Breakage)	유리, 도자기 등 깨지기 쉽거나 고장 나기 쉬운 화물 보상

1. 해상손해

보험약관의 구약관은 손해를 중심으로 규정되어 있다. 시험목적상 손해에 대한 구별을 이해하여야 추정전손 및 비용손해 등을 이해할 수 있다. 해상손해는 크게 물적 손해와 비용손해로 나뉘며 물적 손해는 다시 전손과 분손으로 구별된다.

2. 해상손해의 구분

손해 (Loss)	물적손해 (Physical Loss)	전손 (Actual loss)	현실전손(Actual Loss)	피보험목적물의 전부 손실
			추정전손 (Constructive total loss)	일부 손실이나, 그 수리비용, 구조비용이 보험가액을 초과하는 경우(+ 피보험자의 위부 통지 필요) → 전손 인정
		분손(Average)	단독해손 (PA. Particular Average)	피보험목적물의 일부 손실
			공동해손 (GA. General Average)	공동의 안전을 위한 희생 요건 : 의도적(Intentional), 이례적(Irritational), 합리적(Reasonable)
	비용손해 (Expensive Loss)	구조비(Salvage Charge)		해상에서 조난자 구조로 발생된 비용
		손해방지비용 (Sue & Labour Charge)		손해를 경감시키거나 방지하기 위하여 들어간 비용(유일하게 보험가액을 초과하더라도 보상)
		특별비용 (Particular Charge)		피보험목적물의 안전, 보존을 위해 지출된 기타비용
		공동해손비용(General Expense)		공동해손분담금
	배상책임손해	쌍방과실충돌, 선박충돌손해배상책임(collision Liability)		
	공동해손	공동해손		–

(1) 추정전손(Constructive Loss)

수리비 및 보상금액이 가액을 초과함에 따라 피보험자의 위부통지에 따라 보험자는 전손에 해당하는 보상금을 지급한다.

(2) 공동해손(General Loss, or Expense)

G.A.라고도 하며 YAR(York antwarp Rule)에 따라 적용된다. 공동해손은 공동희생에 해당될 때 인정된다.

※ 공동희생요건 : 의도적(Intentinal) + 이례적(Irritational) + 합리적(Reasonable) + 선장의 지시

(3) 쌍방과실충돌 등

구상권, 잔존물 등에 대한 대위(Subrogation)로 피보험자의 권리는 보험자에게 이전된다.

(4) 손해방지비용(Sue & Labour Charge)

보험가액을 초과하더라도 보상이 가능하며, 손실 발생 전 손해를 방지하기 위한 비용을 포함하여, 손실 발생 후 손해 경감에 따른 비용도 보상된다.

3. 위부 vs 대위

실제로 피보험목적물 전부에 대한 손해가 발생하지 않더라도, 그 구조비용이나 손실이 보험가액을 초과하는 경우 추정전손에 해당된다. 그러나 이러한 추정전손은 피보험자의 위부(Abandonment)의 통지가 있어야 가능한바, 이는 구상권 대위와도 비슷하다. 위부와 대위는 아래와 같이 구별된다.

위부(Abandonment)	구분	대위(Subrogation)
추정전손의 피보험자가 경우 산손불의 일제의 권리를 보험자에게 양도	정의	보험자가 보상한 보험금 한노 내 보험목적, 세3사에 대한 권리를 취득(잔존물 권리, 구상권)
추정전손 시에만	범위	모든 손해보험
보험자의 승낙 필요	승낙 여부	당연한 권리 이전(승낙 필요 ×)
피보험자 → 추정전손 인정, 전손 해당 보험금 보상	효과	보험자 → 잔존물 및 구상권 취득
공통점 : 피보험자의 피보험목적물에 대한 권리를 보험자에게 양도		

4. 수출보험

수출보험이란 수출거래에 관련하여 신용위험이나 비상위험 등으로 수출이 불가능하게 되거나 대금회수를 하지 못하게 되는 손실을 담보하는 보험을 말하며, 시험문제로 출제되는 경우 다양한 형태로 1문제 정도 출제가 되므로 종류만 숙지하고 넘어가는 것이 바람직하다.

수출보험종류		내용
단기	단기수출보험	대금결제 2년 이내 수출계약 체결 후 수출이 불가능하게 되거나, 수출대금을 미회수 하게 될 경우의 손실을 보상하는 보험
	중소중견 plus(+) 보험	중소, 중견기업이 보험료를 납부하고 수입자, 신용장, 수입국 등 보험계약자가 선택한 담보위험으로 손실 발생 시 무역보험공사가 손실을 보상하는 보험
중장기	중장기 수출보험	결제기간 2년 초과 수출계약 후 수출이 불가능하게 되거나, 수출대금을 미회수 하게 될 경우의 손실을 보상하는 보험
	수출보증보험	금융기관이 해외공사계약 또는 수출계약과 관련하여 수입자에게 보증서를 발급한 후 보증채무 이행 시에 발생하는 손실을 보상하는 보험
	해외투자보험	주식취득 등 해외투자 후 원리금, 배당금 미회수 시 보상하는 보험
	이자율 변동보험	금융기관의 금리 차이로 인해 발생하는 손실 보상보험
환변동보험		수출업체에 일정 환율을 보장해 준 후 수출대금, 결제시점 시 환차손을 보상하고 환차익은 환수하는 보험
수출신용보증보험		수출입자가 수출입계약과 관련하여 대출을 받거나 환어음 매각에 따른 금융기관에 대한 수출금융채무를 공사가 연대보증하는 보험
신용생명보험		Credit life insurance, 채무자가 사망하는 경우 대출금 미상환을 보증하는 보험
채무상환보험		Credit disability insurance, 채무 미상환 시 보증하는 보험

※ 수출신용보험은 화물 손상에 대한 리스크는 커버하지 않음

SECTION 1 무역 서신 작성의 원칙

1. 무역서신 작성의 "5C"

(1) Correctness(정확성)

We put some of your goods in several containers.

→ We input 100 PC of your goods in containers no. ABCU000301.

(2) Clearness(명료성)

We will issue an L/C sooner on later.

→ We will issue an L/C for 100/MT of rubber next Tuesday.

(3) Conciseness(간결성)

We packed your goods in a very careful manner.

→ We packed your goods carefully.

(4) Courtesy(예의성)

Do ship our order by next Monday.

→ You are kindly requested to ship our order by next Monday.

(5) Completeness(완벽성)

Payment will be made after delivery date.

→ Payment will be made on 15 date after B/L issued date.

※ 신용조사의 3C(Capital, Capacity, Character)와 헷갈리지 않게 주의

2. AIDA원칙

(1) Attention : 주의 끌기

(2) Interest : 흥미유발

(3) Desire : 거래 욕구창출

(4) Action : 거래 실현

1. 거래제의(Business Proposal)

(1) 거래제의 시 주요 삽입 내용

① 상대방을 알게 된 경위

② 자사소개(영업종목, 자산상태, 영업경력, 거래선)

③ 거래를 희망하는 상품이나 업무내용(수입, 수출, 대리점, 위탁판매)

④ 거래조건, 특히 결제조건

⑤ 신용조회선

⑥ 가능하면 가격표, 카탈로그, 견본을 같이 보냄

T / I / P   거래제의 예시

① We owe your name and address to…

② We are indebted to… for your name and address as…

③ Through the courtesy of…, your name has come to us as…

④ We have found your name in A showing you as…

⑤ Your name was [has been] given through [by] A as…

---

(2) 거래 희망 의사표현

① We would like to open an account with you.

② We would like to do business with you.

③ We would like to enter into business with you.

④ We are anxious to enter into business relations with you.

⑤ We wish to establish a connection with a firm which is interested in…

(3) 자사 소개

① We are extensive manufactures and exporters of…

② We are exporters of general merchandise and have been exporting these goods to Canada.

③ We are exporters and importers of high-quality machine tools including…

④ We are one of the leading manufacturers of Portland cement in Korea with annual production capacity of…

⑤ We have established an import trade in Seoul.

2. 문의(Inquiry)

(1) 문의의 필수 요건

① 상품명(Commodity's name)

② 품질(Quality)

③ 수량(Quantity)

④ 가격(Price)

⑤ 선적기(Time of shipment)

⑥ 지불 조건(Terms of payment)

⑦ 포장 방법(Mode of packing)

⑧ 부보 조건(Terms of insurance convenance coverage)

(2) 견본(Sample) 요청

① Please send us, by return air mail, samples of this type of glove.

② At present we are particularly interested in receiving samples of…

③ Please send us samples of the Silk Blouses mentioned in your circular.

④ Please send us a full set of samples of your Christmas Novelties.

(3) 가격조건 문의

① We appreciate your quoting the lowest possible CPI Pusan prices, delivery time and mode of payment.

② We should like to receive for these products your best possible prices in U.S.$ CIF quotation.

③ Please send us, by return air mail, your samples of these types of gloves with your best prices delivered G.A.S. Pusan.

3. 그 외

(1) 신용조회(Credit Inquiry)

① We shall be pleased if you will inform us confidentially respecting their pecuniary resources, their mode of doing business and the general reputation they enjoy in business circles.

② They gave us their bankers, the American Bank, as a reference.

(2) 신용장 개설 관련 주요 서신

① We will await your contract covering this order, and would appreciate your cabling us the Letter of Credit number as soon as the Credit is opened.

② Now that everything is ready, we await the early arrival of your L/C.

③ We are pleased to inform you that the above L/C has been opened and the particulars are as follows :

(3) 선적통지

① We have shipped today the July portion of your order by the Pacific Queen, which will arrive in your port around September 10.

② We are pleased to inform you that we have shipped today, as per copy of our cable enclosed, by the Geumkang-ho, 4,000 doz. Ladies Rubber Shoes' ordered by your cable of May 15. This boat is scheduled to arrive at your port on July 26.

(4) 클레임 제기(Claim)

① On examining the goods we discovered that many of them were damaged.

② When we examined your shipments, we were disappointed at their quality.

③ We are compelled to claim U.S.D. $ 5,000.00 for compensation.

④ They will be obliged to claim on The Boston Company to make up for the loss amounting to U.S. $ 2,000.00.

1. 가격제시 서신

TOMATO INDUSTRIAL CO.,LTD.
Gangnam - gu, SEOUL, KOREA
Tel : 82-2-1000-1234, Fax : 82-2-1000-4321
E-Mail : hrsim2646@○○○.com, Homepage : www.tomatopass.co.kr

Seoul, July 20, 2018

James & co., Inc.
50 Libeity st.,
New York, N.Y. 12345
U.S.A.

Gentlemen;

We have the pleasure of acknowledging your letter of July 30, requesting us to quote the most favorable price on cotton shirts.

We regret that our prices were not low enough to meet your requirements.

But the above revised is the best price we can make at present since the high quality of our goods cannot be maintained at lower prices.

In fact, our revised price is closely calculated and we shall not be able to make any further price reduction in spite of our eagerness to do business with you.

We trust you will accept it without delay.

Yours truly,

TOMATO Industrial. co. ltd
H.R. Sim
Director Trading Department

2. 견본품과의 품질 상이로 인한 클레임 청구 서신

TOMATO INDUSTRIAL CO.,LTD.
C.P.O. BOX 1234, SEOUL, KOREA
Tel : 82-2-1234-5432, Fax : 82-2-5432-5433
E-Mai : hrsim2646@○ ○ ○.com, Homepage : www.tomatopass.co.kr

Seoul, July 5, 2018

James & co., Inc.
50 Libeity st.,
New York, N.Y. 10005
U.S.A.

Gentlemen;

Five Bales of Cotton Goods for our Order No.100 per M/S "Island Container" VQOA 823 have reached us, but we regret to have to inform you that their quality is inferior to the samples for which we placed the order.

Enclosed find sample from the goods we received. You will admit that your shipments do not come up to the quality of the sample.

We hope that you will correct the matter at once and let us know by return mail.

Yours truly,

TOMATO IND. CO.
H.R. Sim
Director Trading Department

1. SALES CONTRACT(계약서)

TOMATO CORPORATION

W.T.P.O. BOX 1010

Trade Tower 30F.

Gangnam – gu, Seoul, Korea

TEL : 02–6000–5353 FAX : 02–6000–5161

SALES CONTRACT NO.123

DATE : June 10, 2018

MESSRS, PFISTER & VOGEL INC.

Los Angeles, U.S.A.

We as Seller confirm having sold you as Buyer the following goods on the terms and conditions as stated below and on the back hereof.

QUANTITY	DESCRIPTION	PRICE	SHIPMENT
10,000yards	Printed Synthetic Febric 44 x about 500yards 100% Acrylic Fast Color	CIF New York in U.S. Currency $0.72	Aug. 2018

Total Amount : US$7,200.00

PAYMENT : By a Documentary Letter of Credit at 90 days after sight in favour of you.

INSURANCE : Seller to cover the CIF price plus 10% against All Risks including War and SRCC Risks.

PACKING :About 500 yards in a carton box

DESTINATION : LOS ANGELES, U.S.A.   〈SHIPPING MARK〉

P&V

LOS ANGELES

BOX NO. 1/UP

MADE IN KOREA

PLEASE SIGN AND RETURN THE DUPLICATE

BUYER	SELLER
PFISTER & VOGEL INC.	TOMATO CORPORATION.
(Signed)	(Signed)
David Jones	GIL DONG HONG
President	Export Manager

2. Bill of Lading

Bill of Lading						
① Shipper/Exporter ABC TRADING CO. LTD. 1. PIL–DONG, JUNG–GU, SEOUL, KOREA			⑪ B/L No. ; But 1004			
② Consignee TO ORDER OF XYZ BANK						
③ Notify Party ABC IMPORT CORP. P.O.BOX 1, BOSTON, USA						
Pre–Carrage by	⑥ Place of Receipt BUSAN, KOREA					
④ Ocean Vessel WONIS JIN	⑦ Voyage No. 1234E		⑫ Flag			
⑤ Port of Loading　⑧ Port of Discharge　⑨ Place of Delivery ⑩ Final Destination(For the Merchant Ref.) BUSAN, KOREA　BOSTON, USA　　BOSTON, USA　　BOSTON, USA						
⑬ Container No. ⑭ Seal No. 　　　　　Marks & No	⑮ No. & Kinds of Containers or Packages	⑯ Description of Goods	⑰　G r o s s Weight	Measurement		
ISCU1104 Total No. of Containers or Packages(in words)	1 CNTR	LIGHT BULBS (64,000 PCS)	4,631 KGS	58,000 CBM		
⑱ Freight and Charges	⑲　R e v e n u e tons	⑳ Rate	Per	Prepaid	Collect	
Freight prepaid at	Freight payable at	Place and Date of Issue May 21, 2007, Seoul Signature				
Total prepaid in	No. of original B/L					
Laden on board vessel Date　　　　　Signature May 21, 2000		ABC Shipping Co. Ltd. 　as agent for a carrier, zzz Liner Ltd.				

3. 신용장개설신청서

<table>
<tr><td>고객용</td></tr>
</table>

취소불능화환신용장발행신청서
(APPLICATION FOR IRREVOCABLE DOCUMENTARY CREDIT)
(Reopen 구분 : □ 1차발행 □ 2차발행)

To : WOORI BANK   1. DATE :

※ Advising Bank :   (BIC CODE)

※ 2. Credit No. :   용도구분 :　(예시 : NS,ES,NU등)

3. Applicant :

4. Beneficiary :

5. Amount : 　　통화　　　　　　금액　　　　　　　　　　　　　　　　　　　　　　　　　　　　(Tolerance :　/　)

6. Expiry Date :　　　　　　　　　　　　　　　　　　　　　7. Latest date of shipment :

8. Tenor of Draft　　　　□ At Sight　(□ Reimburse　　　　□ Remittance)
　　　　　　　　　　　　□ Usance　　days

9. For　　　%　of the invoice value (Usance L/C only :　□ Banker's　　　□ Shipper's　　　　□ Domestic)

DOCUMENTS REQUIRED (46A :)

10. □　Full set of clean on board ocean bills of lading made out to the order of WOORI BANK mal
　　　"Freight_____and notify (□ Accountee, □ Other : _____
　　　Air Waybills consigned to WOORI BANK marked "Freight _____ and "notify Accountee"

11. □　Insurance Policy or certificate in duplicate endorsed in blank for 110% of the invoice value, stipulating that claims are payble
　　　in the currency of the draft and also indicating a claim setting agent in Korea. Insurance must include :
　　　the institute Cargo Clause _____

12. □　Signed commercial invoice in_____　　13. □ Certificate of analysis in_____

14. □　Packing list in_____　　　　　　　　15. □ Certificate of weight in_____

16. □　Certificate of origirn in　　　　issued by

17. □　Inspection certificate in　　　　issued by

18. □　Other documents(if any)

19. Description of goods and/or services(45A :)　　　　　　　　　　　　　　(Price Term　　　　　　　　)

Commodity Description	Quantity	Unit Price	Amount
(H.S CODE :　　　　　)			
Country of Origin		Total	

20. Shipment From : _____　　　　　　Shipment To : _____

21. Partial Shipment : □ Allowed　□ Prohibited　　22. Transhipment :　　□ Allowed　□ Prohibited

23. Confirmation :　　□
　　Confirmation charges : □ Beneficiary,　□ Applicant

24. Transfer :　　□ Allowed(Transfering Bank :_____　　　　　　　　　　)

25. Documents must be presented within　　　　days after the date of shipment of B/L or other transportation documents.

Additional Conditions(47A :)

□　All banking charges(including postage, advising and payment commission, negotiation and reimbursement commission)
　　outside Korea are for account of　　□ Beneficiary　　□ Applicant

□　Stale B/L AWB acceptable　　　　□ Charter Party B/L is acceptable　　□ Third party B/L acceptable

□　Third party document acceptable　　□ Combined shipment B/L is acceptable

□　T/T Reimbursement :　　　　　　□ Allowed　　　□ Prohibited

□　Bils of lading should be issued by _____

□　(House) Air Waybills should be issued by _____

□　(　　　) % More or less in quantity and amount to be acceptable

□　The number of this credit must be indicated in all documents

□　Other conditions :

※ Drawee Bank (42A) :

※ Reimbursement Bank(53A) :

Except so far as otherwise expressly stated, This Documentary credit is subject to the Uniform Customs and Practice for Documentary Credits (1993 Revision) International Chamber of Commerce Publication No. 500

위와같이 신용장 발행을 신청함에 있어서 따로 제출한 외국환거래약정서의 해당 조항을 따를 것을 확약하며, 아울러 위 수입물품에 관한 모든 권리를 귀행에 양도하겠습니다.

	주　소		인감 및 원본확인
	신 청 인	(인)	
	신 청 인	(인)	

4. Insurance Policy

TOMATO INSURANCE Co., Ltd.
CERTIFICATE OF MARINE CARGO INSURANCE

Assured(s), etc ② THE HR CORPORATION	

Certificate No. 　　① 002599A65334	Ref. No.③ Invoice No. DS−070228 L/C No. IOMP20748
Claim, if any, payable at : ⑥ 　GELLATLY HANKEY MARINE SERVICE 　842 Seventh Avenue New York 10018 　Tel(201)881−9412 Claims are payable in	Amount insured ④ 　　USD 65,120.− 　(USD59,200 XC 110%)

Survey should be approved by ⑦ 　THE SAME AS ABOVE	Conditions ⑤ * INSTITUTE CARGO CLAUSE(A) 1982 * CLAIMS ARE PAYABLE IN AMERICA IN 　THE CURRENCY OF THE DRAFT.

⑧ Local Vessel or Conveyance	⑨From(interior port or place of loading)	
Ship or Vessel called the ⑩ KAJA−HO V−27	Sailing on or about ⑪ MARCH 3, 2007	
at and from ⑫ PUSAN, KOREA	⑬ transshipped at	
arrived at ⑭NEW YORK	⑮ thence to	

Goods and Merchandiese ⑯ 16,000YDS OF PATCHWORK COWHIDE LEATHER	Subject to the following Clauses as per back hereof institute Cargo Clauses Institute War Clauses(Cargo) Institute War Cancellation Clauses(Cargo) Institute Strikes Riots and Civil Commotions Clauses Institute Air Cargo Clauses(All Risks) Institute Classification Clauses Special Replacement Clause(applying to machinery) Institute Radioactive Contamination Exclusion Clauses Co−Inssurance Clause Marks and Numbers as

Place and Date signed in ⑰ SEOUL, KOREA MARCH 2, 1999　No. of Certificates issued. ⑱ TWO
⑳ This Certificate represents and takes the place of the Policy and conveys all rights of the original policyholder (for the purpose of collecting any loss or claim) as fully as if the property was covered by a Open Policy direct to the holder of this Certificate.
This Company agrees lossed, if any, shall be payable to the order of Assured on surrender of this Certificate. Settlement under one copy shall render all otehrs null and viod.
Contrary to the wording of this form, this insurance is governed by the standard from of English Marine Insurance Policy.
In the event of loss or damage arising under this insurance, no claims will be admitted unless a survey has been held with the approval of this Compay's office or Agents specified in this Certificate.

SEE IMPORTANT INSTRUCTIONS ON REVERSE
⑲ TOMATO INSURANCE Co., Ltd.

AUTHORIZED SIGNATORY
This Certificate is not valid unless the Declaration be signed by an authorized representative of the Assued.

5. Bill of Exchange(환어음)

BILL OF EXCHANGE

① NO. _____123456_____ BILL OF EXCHANGE, ② MAY 10, 2007 ③ SEOUL, KOREA

④ FOR US$53,200.−

⑤ AT ×××××_ SIGHT OF THIS ORIGINAL BILL OF EXCHANGE(SECOND OF THE SAME TENOR AND DATE BEING UNPAID)

PAY TO ⑥ WOORI BANK OR ORDER THE SUM OF

⑦ SAY US DOLLARS FIFTY THREE THOUSAND TWO HUNDERED ONLY ;

VALUE RECEIVED AND CHARGE THE SAME TO ACCOUNT OF ⑧ TOKYO SUPPLY LTD.

⑨ DRAWN UNDER THE MIISUBISHI BANK, LTD. HEADOFFICE TOKYO, JAPAN

⑩ L/C NO. U−1041509 ⑪ DATED APRIL 17, 2007

⑫ TO THE MIISUBISHI BANK, LTD.

HEADOFFICE, TOKYO

⑬ K.K. TRADING CO.

MEMO

PART 02
규범론

tomato 패스

국제무역사 2급

International Trade Specialist

규범론

■ **검정목표** 대외무역법, 외국환거래법, 관세법 및 FTA관세환급 특례법에 대한 이해와 관련 규정의 암기 및 숙지

■ **주요 검정내용**

- **대외무역법**
  - 대외무역법상 수출입의 정의 및 실적과 인정금액 등의 숙지
  - 수출입공고, 통합공고의 수출입 요건과 절차 관련 사항의 이해
  - 외화획득용 원료, 전략물자, 플랜트수출 등 특수 수출입의 이해

- **외국환거래법**
  - 외국환 거래법의 적용범위, 적용대상
  - 신고대상 외국환거래의 이해와 숙지

- **관세법**
  - 관세의 구성 및 세율 적용에 대한 이해와 법령의 숙지
  - 관세 감면 및 보세구역, 통관 등 기타 규정의 숙지
  - 관세환급 특례법상 개별환급과 간이정액환급, 양도세액 증빙서류의 이해

- **FTA특례법**
  - FTA세율의 적용절차, 적용요건
  - 원산지결정기준 및 원산지판정
  - 원산지증명서 발급 주체, FTA체약국

International Trade Specialist **PART 02**

---

1. 대외무역법의 개요

대외무역법은 대외무역을 진흥하고 공정한 거래질서를 확립하여 국제수지의 균형과 통상의 확대를 도모함으로써 국민경제를 발전시키는 데 이바지함을 목적으로 하는 법이다. 대외무역법은 무역에 관한 기본법이며 일반법으로 무역과 관련된 우리나라 최상위의 법이다. 다만, 타 무역 관련 법령은 특별법으로서 대외무역법보다 상세하게 규정하여 우선 적용된다.

2. 대외무역법 용어의 정의

(1) 대외무역법상 무역 : 물품, 용역, 전자적 형태의 무체물의 수출입을 말한다.

대상		상세 내용
무역 = 수출입	물품	외국환거래법상 지급 수단, 증권, 채권을 화체화 한 서류는 제외
	용역	경영상담업, 서비스업(법무, 회계/세무, 엔지니어링), 디자인, 컴퓨터시스템 설계/자문, 문화산업업종, 운수업, 관광사업, 그 밖의 산업통상자원부장관이 고시하는 용역
	전자적 형태의 무체물	소프트웨어산업 진흥법에 따른 소프트웨어, 부호 · 문자 · 음성 · 음향 · 이미지 · 영상 등을 디지털 방식으로 제작하거나 처리한 자료 또는 정보 등으로 산업통상자원부장관이 정하여 고시하는 것, 위의 집합체 및 유사한 전자적 형태의 무체물로서 산업통상자원부 장관이 정하여 고시한 것

(2) 수출입의 정의

① 수출

물품	매매, 교환, 임대차, 사용대차, 증여 등으로 국내로부터 외국으로 물품을 이동하는 것	
	유상 외국 → 외국	보세판매장 판매, 외국인도수출
용역	• 용역의 국경을 넘은 이동에 의한 제공 • 비거주자의 국내에서의 소비에 의한 제공 • 거주자의 상업적 해외주재에 의한 제공 • 거주자의 외국으로의 이동에 의한 제공	
전자적 형태의 무체물	컴퓨터 등 정보처리능력을 가진 장치에 저장한 상태로 반출 · 반입한 후 인도 · 인수하는 것	

② 수입

물품	매매, 교환, 임대차, 사용대차, 증여 등으로 외국으로부터 국내로 물품을 이동하는 것	
	유상 외국 → 외국	중계무역, 외국인수수입
용역	• 용역의 국경을 넘은 이동에 의한 제공 • 거주자의 외국에서의 소비에 의한 제공 • 비거주자의 상업적 국내주재에 의한 제공 • 비거주자의 국내로 이동에 의한 제공	
전자적 형태의 무체물	컴퓨터 등 정보처리능력을 가진 장치에 저장한 상태로 반출·반입한 후 인도·인수하는 것	

※ 대외무역법과 관세법의 수출입 비교

구분	대외무역법	관세법
대상	물품, 용역, 전자적 형태의 무체물	물품(only)
범위	국가 간 물품 등의 이동	통관 절차를 거쳐 관세선을 통과하는 기준
선용품 공급 및 어로 등	불인정	인정
외국간거래 (중계무역, 외국인도수출, 외국인수수입)	인정(유상)	불인정
보세구역	불인정	인정
무환수출입	인정	

1. 특정거래형태

(1) 특정거래형태의 개요

대외무역법상 산업통상자원부장관은 수출입이 원활히 이루어질 수 있도록 특정거래형태를 인정할 수 있다. 특정거래형태란 거래의 전부 또는 일부가 수출입의 제한을 회피할 우려가 있거나 산업보호에 지장을 초래할 우려가 있는 거래, 외국에서 외국으로 물품이동이 있고 대금 지급이나 영수가 국내에서 이루어져 대금결제 상황 확인이 곤란한 거래, 무환수출입 등이다.

(2) 특정거래형태의 11가지 종류(시험 목적상 암기 필요)

위탁판매수출	물품 등을 무환으로 수출하여 해당 물품이 판매된 범위 안에서 대금을 결제하는 계약에 의한 수출
수탁판매수입	물품 등을 무환으로 수입하여 해당 물품이 판매된 범위 안에서 대금을 결제하는 계약에 의한 수입
위탁가공무역	가공임을 지급하는 조건으로 외국에서 가공(제조, 조립, 재생, 개조를 포함. 이하 동일)할 원료의 전부 또는 일부를 거래 상대방에게 수출하거나 외국에서 조달하여 이를 가공한 후 가공물품등을 수입하거나 외국으로 인도하는 수출입을 말한다.
수탁가공무역	가득액을 영수(領收)하기 위하여 원자재의 전부 또는 일부를 거래 상대방의 위탁에 의하여 수입하여 이를 가공 한 후 위탁자 또는 그가 지정하는 자에게 가공물품 등을 수출하는 수출입. 다만, 위탁자가 지정하는 자가 국내에 있음으로써 보세공장 및 자유무역지역에서 가공한 물품 등을 외국으로 수출할 수 없는 경우 「관세법」에 따른 수탁자의 수출 · 반출과 위탁자가 지정한 자의 수입 · 반입 · 사용은 이를 「대외무역법」에 따른 수출 · 수입으로 봄
임대수출	임대(사용대차를 포함. 이하 동일) 계약에 의하여 물품 등을 수출하여 일정 기간 후 다시 수입하거나 그 기간의 만료 전 또는 만료 후 해당 물품 등의 소유권을 이전하는 수출
임차수입	임차(사용대차를 포함. 이하 동일) 계약에 의하여 물품 등을 수입하여 일정기간 후 다시 수출하거나 그 기간의 만료 전 또는 만료 후 해당 물품의 소유권을 이전받는 수입
연계무역	물물교환(Barter Trade), 구상무역(Compensation trade), 대응구매(Counter purchase), 제품환매(Buy Back) 등의 형태에 의하여 수출 · 수입이 연계되어 이루어지는 수출입
중계무역	수출할 것을 목적으로 물품 등을 수입하여 「관세법」제154조에 따른 보세구역 및 같은 법 제156조에 따라 보세구역외 장치의 허가를 받은 장소 또는 「자유무역지역의 지정 등에 관한 법률」제4조에 따른 자유무역지역 이외의 국내에 반입하지 아니하고 수출하는 수출입
외국인수수입	수입대금은 국내에서 지급되지만 수입 물품 등은 외국에서 인수하거나 제공받는 수입
외국인도수출	수출대금은 국내에서 영수하지만 국내에서 통관되지 아니한 수출 물품 등을 외국으로 인도하거나 제공하는 수출
무환수출입	외국환거래가 수반되지 아니하는 물품 등의 수출 · 수입

2. 수출입 실적

(1) 수출 실적

대외무역법상 수출 실적은 다음 기준에 해당하는 수출통관액, 입금액, 가득액(稼得額) 수출에 제공되는 외화획득용 원료 · 기재의 국내공급액을 말한다.

① 유상수출(대북한 유상 반출 실적 포함)

② 수출승인 면제 대상

③ 수출용 외화획득용 원료 또는 물품 등의 공급

④ 외국인으로부터 대금을 영수하고 외화획득용 시설기재를 외국인과 임대차계약을 맺은 국내업체에 인도하는 경우

⑤ 외국인으로부터 대금을 영수하고 「자유무역지역의 지정 및 운영에 관한 법률」 제2조의 자유무역지역으로 반입신고한 물품 등을 공급하는 경우

⑥ 외국인으로부터 대금을 영수하고 그가 지정하는 자가 국내에 있음으로써 물품 등을 외국으로 수출할 수 없는 경우 「관세법」 제154조에 따른 보세구역으로 물품 등을 공급하는 경우

※ 수출 실적 인정 구분표

수출 실적 인정 거래	거래 구분	인정 금액	인정 시점	확인 기관
유상수출 (+ 북한유상반출)	수출통관	수출통관액(FOB금액)	수출신고수리일	한국무역협회, 산업통상자원부장관 지정기관
	중계무역	가득액 = 수출(FOB)금액 - 수입(CIF)금액	입금일	외국환은행
	외국인도수출	외국환은행 입금액	입금일	외국환은행
	위탁가공수출	가득액 = 판매액 - 원자 재수출금액,가공임	입금일	외국환은행
	원양어로 수출 중 현지경비 사용	외국환은행 확인 금액	확인일	외국환은행
	용역	한국무역협회장 발급 수 출입확인서에 의해 외국 환은행이 확인한 입금액	입금일	외국환은행
	전자적 형태 무체물	한국무역협회장, 한국소 프트웨어산업협회장 발 급 수출입확인서에 외국 환은행이 확인한 입금액	입금일	외국환은행의 장
수출승인 면제 대상 무상수출	외국 박람회 등 출품 후 현지 매각분	외국환은행 입금액	입금일	외국환은행
	해외투자 등 사업 종 사자에게 무상반출물 품 중 해외건설공사에 직접 사용되는 원료 및 기계류 등	수출통관액(FOB)	수출신고수리일	한국무역협회장
외화획득용 시설기재	내국 신용장(Local L/C)에 의한 공급	외국환은행 결제액	결제일	외국환은행
	구매확인서에 의한 공급	외국환은행 결제액	결제일	외국환은행 전자무역 기반사업자
외화를 받고, 외화 획득용 시설기재 외국인과 임대차계약을 맺은 국내업체에 인도		외국환은행 입금액	입금일	외국환은행
외화를 받고, 자유무역지역 또는 관세자유지 역으로 반입신고한 물품 공급		외국환은행 입금액	입금일	외국환은행
수출 물품 포장용 골판지상자 공급		외국환은행 확인행	결제일	외국환은행

(2) 수입 실적

수입 실적은 다음 기준에 해당하는 ⓐ 수입통관액 및 ⓑ 지급액으로 한다.

거래 구분	인정 금액	인정 시점	확인 기관	증명발급 기관
수입통관	수입통관액(CIF)	수입신고수리일	한국무역협회	한국무역협회장, 산업통상자원부장관 지정 기관장
외국인수수입	외국환은행 지급액	지급일	외국환은행	
용역				한국무역협회장, 한국선주협회장, 한국관광협회중앙회장, 문체부장관 지정 업종별 관광협회장
전자적 형태 무체물				한국무역협회장, 한국소프트웨어산업협회장

※ 위 〈표〉의 수입거래 중 유상수입만 수입 실적으로 인정

3. 수출입공고, 통합공고

(1) 수출입공고

수출입공고는 산업통상자원부장관이 수출입물품에 대한 직접적인 관리를 위해 물품의 수출입에 관한 승인품목, 금지품목 등의 구분에 관한 사항과 물품의 종류 등의 제한에 관한 조항 및 동 제한에 따른 추천 또는 확인 등에 관한 사항을 종합적으로 책정하여 공고한 것을 말한다.

(2) 통합공고

대외무역법 이외의 다른 법령에서 해당물품에 대한 수출입의 요건 및 절차 등을 정하고 있는 경우, 수출입 요건 확인 및 통관업무의 간소화와 무역질서 유지를 위하여 다른 법령이 정한 물품의 수출 또는 수입 요건 및 절차에 관한 사항을 조정, 통합하여 규정할 목적으로 산업통상자원부장관이 정하여 고시한다. 통합공고는 현재 58개로 약사법 및 마약류관리에 관한 법률, 화장품법, 식품위생법 등이 있으며 이들을 개별법령이라 한다.

(3) 수출입공고와 통합공고의 관계

수출입공고와 통합공고의 개별법령에서 정한 수출입제한이 동시에 적용될 경우에는 모두 충족되어야만 수출입이 가능하다. 1개 품목에 2개 이상의 요건 확인대상에 해당되는 경우에는 2개 이상의 요건을 해당 기관에서 확인받아야 한다.

4. 외화획득용 원료·기재의 수입

외화획득용 원료·기재의 수입승인제도는 수출 등 외화획득에 사용된 원료 등의 조달을 원활하게 함으로써 외화 획득의 이행을 촉진하기 위함이며 다음과 같은 지원 혜택이 있다.

① 수출입공고 수량제한 적용 배제 : 외화획득용 원료·기재의 수입은 외화획득 이행을 위해 수입하는 것이므로 수출 등 외화획득을 위해 수입제한 품목을 수입하는 경우에는 수출입공고에 의한 수입제한 품목이라도 산업통상자원부의 승인을 받아 수출입공고에 따른 품목, 수량, 규격 등의 제한을 받지 않고 수입할 수 있음

② 관세환급 : 외화획득용으로 수입한 원자재 등을 사용하여 물품을 수출할 경우 당초 수입통관 시 납부한 관세 등을 환급함

③ 무역금융 지원 : 원자재 수입대금 등을 무역금융에서 융자 지원

④ 원산지표시 면제 : 외화획득용 원료·기재의 수입 시 원산지표시 면제 혜택 부여

5. 구매확인서

(1) 구매확인서의 발급

산업통상자원부장관은 외화획득용 원료·기재를 구매하려는 자가 「부가가치세법」 제24조에 따른 영(零)의 세율을 적용받기 위하여 확인을 신청하면 외화획득용 원료·기재를 구매하는 것임을 확인하는 서류(이하 '구매확인서'라 함)를 발급할 수 있다. 산업통상자원부장관은 구매확인서를 발급받은 자에 대하여는 외화획득용 원료·기재의 구매 여부를 사후관리하여야 한다.

(2) 구매확인서의 신청 및 제출서류

국내에서 외화획득용 원료·기재를 구매하려는 자 또는 구매한 자는 외국환은행의 장 또는 전자무역기반사업자에게 구매확인서의 발급을 신청할 수 있다. 구매확인서를 발급받으려는 자는 구매확인신청서에 다음의 서류를 첨부하여 산업통상자원부장관에게 제출하여야 한다.

① 구매자·공급자에 관한 서류

② 외화획득용 원료·기재의 가격·수량 등에 관한 서류

③ 외화획득용 원료·기재라는 사실을 증명하는 서류로서 산업통상자원부장관이 정하여 고시하는 서류

 ※ 구매확인서를 발급받으려는 자가 전산설비를 갖추지 못하였거나 기타 부득이한 사유로 전자문서를 작성하지 못하는 때에는 전자무역기반사업자에게 위탁하여 신청할 수 있다.

(3) 발급절차

산업통상자원부장관은 제1항에 따른 신청을 받은 경우 신청인이 구매하려는 원료·기재가 외화획득의 범위에 해당하는지를 확인하여 발급 여부를 결정한 후 구매확인서를 발급하여야 한다. 구매확인서를 발급받으려는 자는 구매확인신청서를 「전자무역 촉진에 관한 법률」 제12조에서 정하는 바에 따른 전자무역문서로 작성하여 외국환은행의 장 또는 전자무역기반사업자에게 제출하여야 한다.

외국환은행의 장 또는 전자무역기반사업자는 외화획득용원료·기재구매확인서를 전자무역문서로 발급하고 신청한 자에게 발급사실을 알릴 때 승인번호, 개설 및 통지일자, 발신기관 전자서명 등 최소한의 사항만 알릴 수 있다.

> ※ 구매확인서의 전자발급(빈출)
> 대외무역법 개정에 따라 2011년 7월 1일부터 구매확인서의 신청과 발급이 유트레이드허브(www.utradehub.or.kr) 또는 다른 전자무역 소프트웨어(S/W)를 통한 온라인으로만 가능하다.
> 또한 부가가치세법 시행령 개정을 계기로 개별업체의 부가가치세 영세율 신고시 구매확인서 사본 제출 의무가 없으며, 구매확인서를 중계·보관하는 전자무역사업자인 한국무역정보통신(KT NET)이 발급내역을 국세청에 일괄 제출하게 된다.

(4) 2차 구매확인서 및 단계별 순차적 발급 가능

외국환은행의 장 또는 전자무역기반사업자는 제1항에 따라 신청하여 발급된 구매확인서에 의하여 2차 구매확인서를 발급할 수 있으며 외화획득용 원료·기재의 제조·가공·유통(완제품의 유통을 포함한다)과정이 여러 단계인 경우에는 각 단계별로 순차 발급할 수 있다.

(5) 사후발급, 재발급 가능

구매확인서를 발급한 후 신청 첨부 서류의 외화획득용 원료·기재 내용 변경 등으로 이미 발급받은 구매확인서와 내용이 상이하여 재발급을 요청하는 경우에는 새로운 구매확인서를 발급할 수 있다.

6. 내국신용장(LOCAL L/C)

(1) 내국신용장 개요

내국신용장은 외국으로부터 수출신용장을 받은 국내 수출업자가 수출 물품을 제조하기 위하여 필요한 원자재를 국내에서 조달하기 위하여 완제품 수출자를 수익자로 발행하는 신용장을 말한다.

(2) 내국신용장의 특징

① 국내에서만 사용이 가능한 신용장

② 은행이 지급을 보증함에 따라 국내 원재료구매에 대한 대금 지급이 보장됨

③ 일람불 신용장(Sight Local L/C)과 기한부 신용장(Usance Local L/C) 발행 가능

④ 이미 공급한 물품에 대하여는 내국신용장 사후발급이 불가능

⑤ 양도가 불가능하며 취소불능 신용장임

(3) 구매확인서와의 비교

구분	구매확인서	내국신용장
발행기관	외국환은행, 전자무역기반 사업자(KT-NET)	외국환은행
거래대상	외화획득용 원료 · 기재	수출용 원자재 및 완제품
지급확약	지급확약 X	외국환은행의 지급확약 O
수출 실적 인정시점	세금계산서 발급일 또는 외국환은행 결제일	매입, 추심의뢰시점
발급 근거	수출거래, 내국신용장, 구매확인서, 외화획득 제공 입증서류, 융자대상수출 실적	수출거래, 외화계약서
발급차수	제한 없으나 이미 발급된 구매확인서는 2차 발급까지 가능	제한 없음
사후발급	사후발급 가능	사후발급 불가
공통점	• 원화, 외화 표시가 가능 • 수출 실적 인정 • 관세환급 근거서류로 사용 • 부가가치세 영세율 적용 • 무역금융 수혜, 금융 융자 가능	

1. 전략물자의 수출입

(1) 전략물자수출입고시

산업통상자원부장관은 관계 행정기관의 장과 협의하여 대통령령으로 정하는 국제수출통제체제의 원칙에 따라 국제평화 및 안전유지와 국가안보를 위하여 수출허가 등 제한이 필요한 물품 등(대통령령으로 정하는 기술을 포함한다)을 지정하여 고시하여야 한다.

(2) 수출허가 대상 전략물자

① 전략물자 또는 전략물자관련 기술을 수출하려는 자는 대통령령으로 정하는 바에 따라 산업통상자원부장관이나 관계 행정기관의 장의 '수출허가'를 받아야 함

② 다만, 「방위사업법」에 따라 허가를 받은 방위산업물자 및 국방과학기술이 전략물자에 해당하는 경우에는 그러하지 아니함

(3) 상황허가

① 전략물자에는 해당되지 아니하나 대량파괴무기와 그 운반수단인 미사일(대량파괴무기 등)의 제조ㆍ개발ㆍ사용 또는 보관 등의 용도로 전용될 가능성이 높은 물품 등을 수출하려는 자는 그 물품 등의 수입자나 최종 사용자가 그 물품 등을 대량파괴무기 등의 제조ㆍ개발ㆍ사용 또는 보관 등의 용도로 전용할 의도가 있음을 알았거나 그 수출이 다음 각 호의 어느 하나에 해당되어 그러한 의도가 있다고 의심되면 대통령령으로 정하는 바에 따라 산업통상자원부장관이나 관계 행정기관의 장의 허가(이하 '상황허가'라 한다)를 받아야 함

② 산업통상자원부장관이나 관계 행정기관의 장은 수출허가 신청이나 상황허가 신청을 받으면 국제평화 및 안전유지와 국가안보 등 대통령령으로 정하는 기준에 따라 수출허가나 상황허가를 할 수 있음

(5) 수출허가의 면제

산업통상자원부장관 또는 관계 행정기관의 장은 재외공관에서 사용될 공용물품을 수출하는 경우 등 대통령령으로 정하는 경우에는 수출허가 또는 상황허가를 면제할 수 있다.

(6) 전략물자의 판정 등

물품 등의 무역거래자(기술이전 행위의 전부 또는 일부를 위임하거나 기술이전 행위를 하는 자를 포함)는 대통령령으로 정하는 바에 따라 산업통상자원부장관이나 관계 행정기관의 장에게 수출하려는 물품 등이 전략물자 또는 상황허가 대상인 물품 등에 해당하는지에 대한 판정을 신청할 수 있다. 이 경우 산업통상자원부장관이나 관계 행정기관의 장은 전략물자관리원장 또는 대통령령으로 정하는 관련 전문기관에 판정을 위임하거나 위탁할 수 있다.

2. 플랜트수출

(1) 산업통상자원부 장관의 승인

산업통상자원부 장관은 다음의 플랜트수출을 승인할 수 있다.

① 농업·임업·어업·광업·제조업, 전기·가스·수도사업, 운송·창고업 및 방송·통신업을 경영하기 위하여 설치하는 기재·장치 및 산업통상자원부장관이 정하는 일정 규모 이상의 산업설비의 수출

② 일괄수주방식에 의한 수출

(2) 일괄수주방식에 의한 수출

① 산업통상자원부장관이 일괄수주방식에 의한 수출에 대하여 승인 또는 변경승인하려는 때에는 미리 국토교통부장관의 동의를 받아야 함

② 산업통상자원부장관은 일괄수주방식에 의한 수출로서 건설용역 및 시공부문의 수출에 관하여는 「해외건설 촉진법」에 따른 해외건설업자에 대하여만 승인 또는 변경승인이 가능

SECTION 4   원산지제도

1. 원산지표시

(1) 수출입 물품 등의 원산지의 표시

① 산업통상자원부장관이 공정한 거래 질서의 확립과 생산자 및 소비자 보호를 위하여 원산지를 표시하여야 하는 대상으로 공고한 물품 등(이하 '원산지표시대상물품'이라 한다)을 수출하거나 수입하려는 자는 그 물품 등에 대하여 원산지를 표시해야 함

② 산업통상자원부장관은 원산지표시대상물품을 공고하려면 해당 물품을 관장하는 관계 행정기관의 장과 미리 협의해야 함

(2) 단순가공활동 시 원산지표시 손상, 변형 시 당초 원산지표시

수입된 원산지표시대상물품에 대하여 단순한 가공활동*을 거침으로써 해당 물품 등의 원산지표시를 손상하거나 변형한 자(무역거래자 또는 물품 등의 판매업자에 대하여 제4항이 적용되는 경우는 제외한다)는 그 단순 가공한 물품 등에 당초의 원산지를 표시하여야 한다. 이 경우 다른 법령에서 단순한 가공활동을 거친 수입 물품 등에 대하여 다른 기준을 규정하고 있으면 그 기준에 따른다.

※ 단순한 가공활동 : 판매 목적의 물품포장 활동, 상품성 유지를 위한 단순한 작업 활동 등 물품의 본질적 특성을 부여하기에 부족한 가공활동을 말하며, 그 가공활동의 구체적인 범위는 관계 중앙행정기관의 장과 협의하여 산업통상자원부장관이 정하여 고시한다.

(3) 원산지표시 원칙

① 수출입물품의 원산지표시 방법 : 원산지표시대상물품을 수입하려는 자는 다음의 방법에 따라 해당 물품에 원산지를 표시하여야 함

1) 수입 물품의 원산지는 다음의 어느 하나에 해당되는 방식으로 한글, 한자 또는 영문으로 표시할 수 있다.
    1. "원산지 : 국명" 또는 "국명 산(産)"
    2. "Made in 국명" 또는 "Product of 국명"
    3. "Made by 물품 제조자의 회사명, 주소, 국명"
    4. "Country of Origin : 국명"
    5. 국제상거래관행상 타당한 것으로 관세청장이 인정하는 방식
2) 수입 불품의 원산지는 최종구매자가 해낭 불품의 원산시를 용이하게 판독할 수 있는 크기의 활자체로 표시하여야 한다.
3) 수입물품의 원산지는 최종구매자가 정상적인 물품구매과정에서 원산지표시를 발견할 수 있도록 식별하기 용이한 곳에 표시하여야 한다.
4) 표시된 원산지는 쉽게 지워지지 않으며 물품(또는 포장 · 용기)에서 쉽게 떨어지지 않아야 한다.
5) 수입 물품의 원산지는 제조단계에서 인쇄(printing), 등사(stenciling), 낙인(branding), 주조(molding), 식각(etching), 박음질(stitching) 또는 이와 유사한 방식으로 원산지를 표시하는 것을 원칙으로 한다. 다만, 물품의 특성상 위와 같은 방식으로 표시하는 것이 부적합 또는 곤란하거나 물품을 훼손할 우려가 있는 경우에는 날인(stamping), 라벨(label), 스티커(sticker), 꼬리표(tag)를 사용하여 표시할 수 있다.
6) 최종구매자가 수입 물품의 원산지를 오인할 우려가 없는 경우에는 다음 각 호와 같이 통상적으로 널리 사용되고 있는 국가명이나 지역명 등을 사용하여 원산지를 표시할 수 있다.
    1. United States of America를 USA로
    2. Switzerland를 Swiss로
    3. Netherlands를 Holland로
    4. United Kingdom of Great Britain and Northern Ireland를 UK 또는 GB로
    5. UK의 England, Scotland, Wales, Northern Ireland
    6. 기타 관세청장이 산업통상자원부장관과 협의하여 타당하다고 인정하는 국가나 지역명
7) 「품질경영 및 공산품안전관리법」, 「식품위생법」 등 다른 법령에서 원산지표시 방법 등을 정하고 있는 경우에는 이를 적용할 수 있다.

(4) 원산지표시 방법의 예외

① 최소포장, 용기 원산지표시대상 물품

  ㉠ 해당 물품에 원산지를 표시하는 것이 불가능한 경우

  ㉡ 원산지표시로 인하여 해당 물품이 크게 훼손되는 경우 예 당구공, 콘택트렌즈, 포장하지 않은 집적회로 등

  ㉢ 원산지표시로 인하여 해당 물품의 가치가 실질적으로 저하되는 경우

  ㉣ 원산지표시의 비용이 해당 물품의 수입을 막을 정도로 과도한 경우 예 물품값보다 표시비용이 더 많이 드는 경우 등

  ㉤ 상거래 관행상 최종구매자에게 포장, 용기에 봉인되어 판매되는 물품 또는 봉인되지는 않았으나 포장, 용기를 뜯지 않고 판매되는 물품 예 비누, 칫솔, VIDEO TAPE 등

  ㉥ 실질적 변형을 일으키는 제조공정에 투입되는 부품 및 원재료 수입 후 실수요자에게 직접 공급하는 경우

  ㉦ 물품의 외관상 원산지의 오인 가능성이 적은 경우 예 두리안, 오렌지, 바나나와 같은 과일 · 채소 등

  ㉧ 관세청장이 산업통상자원부장관과 협의하여 타당하다고 인정하는 물품

② 국명만 표시 가능한 경우 : 수입 물품의 크기가 작아 해당 물품의 원산지를 표시할 수 없을 경우에는 국명만을 표시하는 것이 가능

③ 오인 없는 경우 보조표시 병기 가능 : 최종구매자가 수입물품의 원산지를 오인할 우려가 없도록 표시하는 전제하에 원산지표시와 병기하여 물품별 제조공정상의 다양한 특성을 반영할 수 있도록 다음의 예시에 따른 보조표시 가능

> • "Designed in 국명", "Fashioned in 국명", "Moded in 국명", "stlyed in 국명", "Licensed by 국명", "Finished in 국명" 등
> • 기타 관세청장이 위의 표시에 준하여 타당하다고 인정한 보조표시 방식

④ 기타의 경우
　㉠ 단순 조립물품 : "Organized in 국명(부분품별 원산지 나열)"
　㉡ 단순 혼합물품 : "Mixed in 국명(원재료별 원산지 나열)"
　㉢ 중고물품 : "Imported from 국명"

⑤ 원산지 오인 우려 수입 물품의 원산지표시
　㉠ 원산지 오인 우려 표시물품 : 원산지표시대상물품이 다음의 어느 하나에 해당되는 물품
　　• 주문자 상표부착(OEM)방식에 의해 생산된 수입 물품의 원산지와 주문자가 위치한 국명이 상이하여 최종구매자가 해당 물품의 원산지를 오인할 우려가 있는 물품
　　• 물품 또는 포장 · 용기에 현저하게 표시되어 있는 상호 · 상표 · 지역 · 국가 또는 언어명이 수입 물품의 원산지와 상이하여 최종구매자가 해당 물품의 원산지를 오인할 우려가 있는 물품
　㉡ 최소포장용기 표시 > 오인초래표시와 가까이 표시
　　• 수입 물품은 해당 물품 또는 포장 · 용기의 전면에 원산지를 표시하여야 하며, 물품의 특성상 전후면의 구별이 어렵거나 전면에 표시하기 어려운 경우 등에는 원산지 오인을 초래하는 표시와 가까운 곳에 표시하여야 함
　　• 다만, 해당물품에 원산지가 적합하게 표시되어 있고, 최종판매단계에서 진열된 물품 등을 통하여 최종구매자가 원산지확인이 가능하며, 국제 상거래 관행상 통용되는 방법으로 원산지를 표시하는 경우 세관장은 산업통상자원부장관과 협의하여 포장 · 용기에 표시된 원산지가 원산지 오인을 초래하는 표시와 가깝지 않은 곳에 있어도 원산지 오인이 없는 것으로 볼 수 있음
　㉢ 원산지 오인 우려 수입 물품 판매 시 : 수입 물품을 판매하는 자는 판매 또는 진열시 소비자가 알아볼 수 있도록 상품에 표시된 원산지와는 별도로 스티커, 푯말 등을 이용하여 원산지를 표시하여야 함

(5) 원산지표시 면제 대상

최소포장 · 용기에 원산지표시대상 수입 물품이 다음 중 하나에 해당되는 경우에는 원산지를 표시하지 아니할 수 있다. 세관장은 원산지표시가 면제되는 물품에 대하여 외화획득 이행 여부, 목적 외 사용 등 원산지표시 면제의 적합여부를 사후 확인할 수 있다.

① 외화획득용 원료 및 시설기재로 수입되는 물품

② 개인에게 무상 송부된 탁송품, 별송품 또는 여행자 휴대품

③ 수입 후 실질적 변형을 일으키는 제조공정에 투입되는 부품 및 원재료로서 실수요자가 직접 수입하는 경우(실수요자를 위하여 수입을 대행하는 경우를 포함)

④ 판매 또는 임대목적에 제공되지 않는 물품으로서 실수요자가 직접 수입하는 경우. 다만, 제조에 사용할 목적으로 수입되는 제조용 시설 및 기자재(부분품 및 예비용 부품을 포함)는 수입을 대행하는 경우 인정 가능

⑤ 연구개발용품으로서 실수요자가 수입하는 경우(실수요자를 위하여 수입을 대행하는 경우를 포함)

⑥ 견본품(진열 · 판매용이 아닌 것에 한함) 및 수입된 물품의 하자보수용 물품

⑦ 보세운송, 환적 등에 의하여 우리나라를 단순히 경유하는 통과 화물

⑧ 재수출조건부 면세 대상 물품 등 일시 수입 물품

⑨ 우리나라에서 수출된 후 재수입되는 물품

⑩ 외교관 면세 대상 물품

⑪ 개인이 자가소비용으로 수입하는 물품으로서 세관장이 타당하다고 인정하는 물품

⑫ 그 밖의 관세청장이 산업통상자원부장관과 협의하여 타당하다고 인정하는 물품

(6) 소비자 보호 및 수입국 원산지표시원칙 우선적용

① 수입물품을 관장하는 중앙행정기관의 장은 소비자를 보호하기 위하여 필요한 경우에는 산업통상자원부장관과 협의하여 해당 물품의 원산지표시에 관한 세부적인 사항을 따로 정하여 고시 가능

② 수출 물품의 경우 원산지표시 방법에 따라 표시하되, 수입국에서 다르게 정하는 경우 수입국 표시원칙을 우선 적용(단순가공물품에는 원산지 적용 불가)

(7) 원산지표시 위반 행위

무역거래자 또는 물품 등의 판매업자는 다음의 어느 하나에 해당하는 행위를 하여서는 아니 된다.

① 원산지를 거짓으로 표시하거나 원산지를 오인(誤認)하게 하는 표시를 하는 행위

② 원산지의 표시를 손상하거나 변경하는 행위

③ 원산지표시대상물품에 대하여 원산지표시를 하지 아니하는 행위(무역거래자만 해당)

④ 원산지표시 규정에 위반되는 원산지표시대상물품을 국내에서 거래하는 행위

(8) 원산지의 표시 위반에 대한 시정명령 등

① 시정조치 명령
  ㉠ 산업통상자원부장관 또는 시 · 도지사는 원산지표시 규정을 위반한 자에게 판매중지, 원상복구, 원산지표시 등 대통령령으로 정하는 시정조치 명령 가능
  ㉡ 시정조치 명령은 위반행위의 내용, 시정조치 명령의 사유 및 내용, 시정기한을 명시한 서면으로 하여야 함

T / I / P 시정조치 내용

1) 원산지표시의 원상 복구, 정정, 말소 또는 원산지표시명령
2) 위반물품의 거래 또는 판매 행위의 중지

---

② 3억원 이하의 과징금의 부과 : 산업통상자원부장관 또는 시 · 도 지사는 원산지표시 위반 시 위반한 자에게 3억원 이하의 과징금 부과 가능(단, 원산지표시 위반 물품을 국내에서 거래하는 경우에는 제외)

(9) 원산지표시 방법의 확인

① 원산지표시 의무가 있는 자 : 해당 물품이 수입되기 전에 문서로 그 물품의 적절한 원산지표시 방법에 관한 확인을 산업통상자원부장관에게 요청 가능

② 산업통상자원부장관의 원산지표시 방법의 확인에 관하여 이의가 있는 자 : 확인 결과를 통보받은 날부터 30일 이내에 서면으로 산업통상자원부장관에게 이의 제기가 가능

③ 원산지표시 방법에 대한 확인 요청과 확인 결과에 대한 이의 제기에 필요한 사항은 산업통상자원부장관이 정하여 고시

④ 산업통상자원부장관은 원산지표시대상물품을 수입하는 자에 대하여 해당 물품이 통관할 때 원산지표시규정에 따른 원산지의 표시 방법 및 표시 여부 등의 확인이 가능(이 경우 확인방법과 확인절차 등에 관하여는 산업통상자원부장관이 정하여 고시)

2. 원산지 판정

(1) 산업통상자원부장관의 원산지 판정

산업통상자원부장관은 필요하다고 인정하면 수출 또는 수입 물품 등의 원산지 판정을 할 수 있다.

(2) 원산지 판정 기준

① 완전생산물품 : 수입 물품의 전부가 하나의 국가에서 채취되거나 생산된 물품(이하 '완전생산물품'이라 한다)인 경우에는 그 국가를 그 물품의 원산지로 할 것

> **T / I / P 완전생산물품**
> • 해당국 영역에서 생산한 광산물, 농산물 및 식물성 생산물
> • 해당국 영역에서 번식, 사육한 산 동물과 이들로부터 채취한 물품
> • 해당국 영역에서 수렵, 어로로 채포한 물품
> • 해당국 선박에 의하여 해당국 이외 국가의 영해나 배타적 경제수역이 아닌 곳에서 채포(採捕)한 어획물, 그 밖의 물품
> • 해당국에서 제조, 가공공정 중에 발생한 잔여물
> • 해당국 또는 해당국의 선박에서 상기 물품을 원재료로 하여 제조 · 가공한 물품

② 실질적 변형 기준

　㉠ 수입 물품의 생산 · 제조 · 가공 과정에 둘 이상의 국가가 관련된 경우에는 최종적으로 실질적 변형을 가하여 그 물품에 본질적 특성을 부여하는 활동(이하 "실질적 변형"이라 한다)을 한 국가를 그 물품의 원산지로 할 것

　※ 실질적 변형 : 해당국에서의 제조 · 가공과정을 통하여 원재료의 세번과 상이한 세번(HS 6단위 기준)의 제품을 생산하는 것을 말한다.

　㉡ HS 6단위가 변경되지 않는 경우 : 산업통상자원부장관은 관계기관의 의견을 들은 후 물품 생산에서 발생한 부가가치와 주요 공정 등 종합적인 특성을 감안하여 실질적 변형에 대한 기준을 제시할 수 있으며, 별도로 정하는 물품에 대하여는 부가가치, 주요 부품 또는 주요 공정 등이 해당 물품의 원산지 판정 기준이 됨

③ 단순가공국가 원산지 금지 : 수입 물품의 생산 · 제조 · 가공 과정에 둘 이상의 국가가 관련된 경우 단순한 가공활동을 하는 국가를 원산지로 하지 않아야 함

단순한 가공활동

1) 운송 또는 보관 목적으로 물품을 양호한 상태로 보존하기 위해 행하는 가공활동
2) 선적 또는 운송을 용이하게 하기 위한 가공활동
3) 판매목적으로 물품의 포장 등과 관련된 활동
4) 제조·가공결과 HS 6단위가 변경되는 경우라도 다음의 어느 하나에 해당되는 가공과 이들이 결합되는 가공은 단순한 가공활동의 범위에 포함된다. → 통풍, 건조 또는 단순가열(볶거나 굽는 것을 포함한다), 냉동, 냉장, 손상부위의 제거, 이물질 제거, 세척, 기름칠, 녹방지 또는 보호를 위한 도색, 도장, 거르기 또는 선별(sifting or screening), 정리(sorting), 분류 또는 등급선정(classifying, or grading), 시험 또는 측정, 표시나 라벨의 수정 또는 선명화, 가수, 희석, 흡습, 가염, 가당, 전리(ionizing), 각피(husking), 탈각(shelling or unshelling), 씨 제거 및 신선 또는 냉장육류의 냉동, 단순 절단 및 단순 혼합, 품목별 사육기간 미만의 기간 동안 해당국에서 사육한 가축의 도축(slaughtering), 펴기(spreading out), 압착(crushing) 등

(3) 수입원료를 사용한 국내 생산 물품 등의 원산지 판정 기준

① 산업통상자원부장관은 공정한 거래질서의 확립과 생산자 및 소비자 보호를 위하여 필요하다고 인정하면 수입원료를 사용하여 국내에서 생산되어 국내에서 유통되거나 판매되는 물품 등(국내생산물품 등)에 대한 원산지 판정에 관한 기준을 관계 중앙행정기관의 장과 협의하여 정할 수 있음(다만, 다른 법령에서 국내생산물품등에 대하여 다른 기준을 규정하고 있는 경우에는 그러하지 아니함)

② 그 물품에 대한 원산지 판정기준이 수입국의 원산지 판정기준과 다른 경우에는 수입국의 원산지 판정기준에 따라 원산지 판정이 가능

(4) 원산지 판정 요청

① 원산지 판정 요청
  ㉠ 무역거래자 또는 물품 등의 판매업자 등은 수출 또는 수입 물품 등의 원산지 판정을 산업통상자원부장관에게 요청 가능
  ㉡ 산업통상자원부장관은 원산지 사전 판정 요청을 받은 경우 해당 물품 등의 원산지 판정을 하여서 요청한 사람에게 알려야 함

② 원산지 판정 절차
  ㉠ 수출 또는 수입 물품의 원산지 판정을 받으려는 자 : 대상 물품의 관세·통계통합품목분류표상의 품목번호·품목명(모델명을 포함), 요청 사유, 요청자가 주장하는 원산지 등을 명시한 요청서에 견본 1개와 그 밖의 원산지 판정에 필요한 자료를 첨부하여 산업통상자원부장관에게 제출(판정에 지장 없는 경우 견본 제출 생략 가능)
  ㉡ 산업통상자원부 장관 : 제출된 요청서 등이 미비하여 원산지 판정 곤란 시 자료 보정 요구가 가능하며, 기간 내 보정하지 않을 경우 반려 가능
  ㉢ 산업통상자원부 장관은 원산지 판정 요청일로부터 60일 이내 원산지를 판정하여 문서로 요청자에게 알려야 함(자료수집기간은 산입 ×)

③ 이의제기
  ㉠ 원산지 판정 통보를 받은 자가 원산지 판정에 불복하는 경우에는 통보를 받은 날부터 30일 이내에 산업통상자원부장관에게 이의제기 가능
  ㉡ 산업통상자원부장관은 제5항에 따라 이의를 제기받은 경우 이의제기를 받은 날부터 150일 이내에 이의제기에 대한 결정을 알려야 함

3. 원산지증명서

(1) 원산지의 확인

대외무역법령 등의 규정에 따라 원산지를 확인하여야 할 물품을 수입하는 자는 수입신고 전까지 원산지증명서 등 관계 자료를 제출하고 확인을 받아야 한다.

(2) 원산지증명서 제출 사유

① 통합공고에 의하여 특정 지역으로부터 수입이 제한되는 물품

② 원산지 허위표시, 오인 · 혼동표시 등을 확인하기 위하여 세관장이 필요하다고 인정하는 물품

③ 그 밖의 법령에 따라 원산지확인이 필요한 물품

(2) 원산지증명서 등의 제출 면제

다음의 어느 하나에 해당하는 물품은 원산지증명서 등의 제출을 면제한다.

① 과세가격이 15만원 이하인 물품

② 우편물(수입신고 대상 우편물 제외)

③ 개인에게 무상 송부된 탁송품, 별송품 또는 여행자의 휴대품

④ 재수출조건부 면세 대상 물품 등 일시 수입 물품

⑤ 보세운송, 환적 등에 의하여 우리나라를 단순히 경유하는 통과화물

⑥ 물품의 종류, 성질, 형상 또는 그 상표, 생산국명, 제조자 등에 의하여 원산지가 인정되는 물품

⑦ 그 밖의 관세청장이 산업통상자원부장관과 협의하여 타당하다고 인정하는 물품

(3) 원산지확인에 있어서의 직접 운송 원칙

수입 물품의 원산지는 그 물품이 비원산국을 경유하지 아니하고 원산지 국가로부터 직접 우리나라로 운송 반입된 물품에만 해당 물품의 원산지를 인정한다. 다만, 다음의 어느 하나에 해당하는 경우에는 해당 물품이 비원산국의 보세구역 등에서 세관 감시하에 환적 또는 일시장치 등이 이루어지고, 이들 이외의 다른 행위가 없었음이 인정되는 경우에만 이를 우리나라로 직접 운송된 물품으로 본다.

① 지리적 또는 운송상의 이유로 비원산국에서 환적 또는 일시장치가 이루어진 물품의 경우

② 박람회, 전시회 그 밖의 이에 준하는 행사에 전시하기 위하여 비원산국으로 수출하였던 물품으로서 해당 물품의 전시 목적에 사용 후 우리나라로 수출한 물품의 경우

4. 수입수량제한조치

산업통상자원부장관은 특정 물품의 수입 증가로 인하여 국내산업이 심각한 피해 등이 있음이 무역위원회의 조사를 통하여 확인되고 심각한 피해 등을 구제하기 위한 조치가 건의된 경우로서 그 국내산업을 보호할 필요가 있다고 인정되면 그 물품의 국내산업에 대한 심각한 피해 등을 방지하거나 치유하고 조정을 촉진하기 위하여 필요한 범위에서 수입수량제한조치를 시행할 수 있다. 수입수량제한조치는 조치일 이후 수입분부터 적용되며 적용기간은 4년을 넘어선 안 된다.

SECTION 1 총칙

1. 외국환거래법의 목적

외국환거래와 그 밖의 대외거래의 자유를 보장하고 시장기능을 활성화하여 대외거래의 원활화 및 국제수지의 균형과 통화가치의 안정을 도모함으로써 국민경제의 건전한 발전에 이바지함을 목적으로 한다.

2. 외국환거래법 적용대상

(1) 행위대상

① 대한민국에서의 외국환과 대한민국에서 하는 외국환거래 및 그 밖에 이와 관련되는 행위

② 대한민국과 외국 간의 거래 또는 지급·수령, 그 밖에 이와 관련되는 행위(외국에서 하는 행위로서 대한민국에서 그 효과가 발생하는 것을 포함)

③ 외국에 주소 또는 거소를 둔 개인과 외국에 주된 사무소를 둔 법인이 하는 거래로서 대한민국 통화로 표시되거나 지급받을 수 있는 거래와 그 밖에 이와 관련되는 행위

④ 대한민국에 주소 또는 거소를 둔 개인 또는 그 대리인, 사용인, 그 밖의 종업원이 외국에서 그 개인의 재산 또는 업무에 관하여 한 행위

⑤ 대한민국에 주된 사무소를 둔 법인의 대표자, 대리인, 사용인, 그 밖의 종업원이 외국에서 그 법인의 재산 또는 업무에 관하여 한 행위

(2) 인적대상

외국환거래법은 거주자와 비거주자로 구분하여 법을 적용하므로 거주자와 비거주자의 범위의 인적 구분은 중요하며, 거주자와 비거주자의 구분 시 국적은 관계없이 아래와 같이 구별한다.

T / I / P   거주자의 범위

"거주자"란 대한민국에 주소 또는 거소를 둔 개인과 대한민국에 주된 사무소를 둔 법인을 말한다.

• 대한민국 재외공관
• 국내에 주된 사무소가 있는 단체·기관, 그 밖에 이에 준하는 조직체
• 다음의 어느 하나에 해당하는 대한민국 국민
  – 대한민국 재외공관에서 근무할 목적으로 외국에 파견되어 체재하고 있는 자
  – 비거주자이었던 자로서 입국하여 국내에 3개월 이상 체재하고 있는 자
• 다음의 어느 하나에 해당하는 외국인
  – 국내에서 영업활동에 종사하고 있는 자
  – 6개월 이상 국내에서 체재하고 있는 자

비거주자의 범위

거주자 외의 개인 및 법인을 말한다. 다만, 비거주자의 대한민국에 있는 지점, 출장소, 기타 사무소는 법률상 대리권의 유무에 상관없이 거주자로 본다.

- 국내에 있는 외국정부의 공관과 국제기구
- 대한민국과 아메리카합중국 간의 상호방위조약 제4조에 의한 시설과 구역 및 대한민국에서의 합중국 군대의 지위에 관한 협정에 따른 미합중국군대 및 이에 준하는 국제연합군(이하 "미합중국군대 등"). 미한중국군대 등의 구성원·군속·초청계약자와 미합중국 군대 등의 비세출자금기관·시우편국 및 군용은행시설
- 외국에 있는 국내법인 등의 영업소 및 그 밖의 사무소
- 외국에 있는 주된 사무소가 있는 단체·기관, 그 밖에 이에 준하는 조직체
- 다음의 어느 하나에 해당하는 대한민국 국민
  - 외국에서 영업활동에 종사하고 있는 자
  - 외국에 있는 국제기구에서 근무하고 있는 자
  - 2년 이상 외국에 체재하고 있는 자. 이 경우 일시 귀국의 목적으로 귀국하여 3개월 이내의 기간 동안 체재한 경우 그 체재기간은 2년에 포함되는 것으로 본다.
- 다음의 어느 하나에 해당하는 외국인
  - 국내에 있는 외국정부의 공관 또는 국제기구에서 근무하는 외교관·영사 또는 그 수행원이나 사용인
  - 외국정부 또는 국제기구의 공무로 입국하는 자
  - 거주자였던 외국인으로서 출국하여 외국에서 3개월 이상 체재 중인 자

(3) 물적대상

① 외국환 : 대외지급수단, 외화증권, 외화파생상품, 외화채권

② 내국지급수단 : 대외지급수단 외의 지급수단

③ 귀금속 : 금, 금합금의 지금, 유통되지 아니하는 금화, 기타 금을 주재료로 하는 제품 및 가공품

SECTION 2 지급과 거래

1. 지급과 수령 방법의 신고 개요

거주자 간, 거주자와 비거주자 간 또는 비거주자 상호 간의 거래나 행위에 따른 채권·채무를 결제할 때 거주자가 다음의 어느 하나에 해당하면 대통령령으로 정하는 바에 따라 그 지급 또는 수령의 방법을 기획재정부장관에게 미리 신고하여야 한다. 다만, 외국환수급 안정과 대외거래 원활화를 위하여 대통령령으로 정하는 거래의 경우에는 사후에 보고하거나 신고하지 아니할 수 있다.

2. 신고대상 지급과 수령

(1) 신고대상 거래

① 상계 등의 방법으로 채권·채무를 소멸시키거나 상쇄시키는 방법으로 결제하는 경우

② 기획재정부장관이 정하는 기간을 넘겨 결제하는 경우

③ 거주자가 해당 거래의 당사자가 아닌 자와 지급 또는 수령을 하거나 해당 거래의 당사자가 아닌 거주자가 그 거래의 당사자인 비거주자와 지급 또는 수령을 하는 경우

④ 외국환업무취급기관등을 통하지 아니하고 지급 또는 수령을 하는 경우

⑤ 자본거래를 하려는 자

⑥ 지급수단을 수출입하려는 자

※ 단, 지급과 수령에 따른 신고를 하거나, 자본거래 신고를 한 자가 지급수단을 수출입하는 경우 제외한다.

(2) 미신고대상 지급과 수령 거래

① 거주자와 비거주자가 상계의 방법으로 결제할 때 기획재정부장관이 정하여 고시하는 방법으로 일정한 외국환은행을 통하여 주기적으로 결제하는 경우

② 기획재정부장관에게 자본거래 신고한 방법에 따라 채권을 매매, 양도 또는 인수하는 경우

③ 계약 건당 미화 5만 달러 이내의 수출대금을 기획재정부장관이 정하여 고시하는 기간을 초과하여 수령하는 경우

④ 거주자가 건당 미화 1만 달러 이하의 경상거래에 따른 대가를 외국환업무취급기관 등을 통하지 아니하고 직접 지급하는 경우

⑤ 그 밖에 기획재정부장관이 정하여 고시하는 경우

3. 자본거래의 신고 등

자본거래를 하려는 자는 기획재정부장관에게 신고하여야 한다. 다만, 외국환수급 안정과 대외거래 원활화를 위하여 대통령령으로 정하는 자본거래는 사후에 보고하거나 신고하지 아니할 수 있다. 자본거래의 신고수리(申告受理)는 송금, 재산반출절차 이전에 완료하여야 한다.

T/I/P 신고대상 자본거래

• 외국환업무취급기관이 외국환업무로서 수행하는 거래. 다만, 외환거래질서를 해할 우려가 있거나 급격한 외환유출입을 야기할 위험이 있는 거래로서 기획재정부장관이 고시하는 경우에는 신고하도록 할 수 있다.

• 기획재정부장관이 정하여 고시하는 금액 미만의 소액 자본거래

• 해외에서 체재 중인 자의 비거주자와의 예금거래

• 추가적인 자금유출입이 발생하지 아니하는 계약의 변경 등으로서 기획재정부장관이 경미한 사항으로 인정하는 거래

• 그 밖에 기획재정부장관이 정하여 고시하는 거래

관세법

SECTION 1 관세법 총칙

1. 관세법 개요

관세법은 관세의 부과 징수 및 수출입통관을 적정하게 하고 관세수입을 확보함으로써 국민경제 발전에 이바지함을 목적으로 하는 법이다. 관세법은 관세의 산출 및 부과, 징수부터 통관절차까지 규정하고 있으며, 시험목적상 각 부분에서 주요 출제되는 비교포인트를 암기하는 것이 핵심이다.

2. 용어의 정의

(1) **통관** : 수입, 수출, 반송

(2) **수입** : 외국 물품을 우리나라에 반입하거나 우리나라에서 소비 또는 사용하는 것

수입이란		외국 물품을	우리나라에 반입하거나	우리나라에서 소비 또는 사용
외국물품	수입 전	외국에서 우리나라로 도착한 물품 중 수입신고수리 전의 것	+ 보세구역을 경유하는 경우 보세구역으로부터 반입하는 것을 포함한다.	+ 우리나라 운송 수단 안에서의 소비 또는 사용을 포함한다.
		외국선박 공해 채집, 포획한 수산물 등으로서 수입신고수리 전의 것		
	수출	수출신고 수리된 물품		
	보세	보수작업 시 외국물품에 부가된 내국물품		
		보세공장에서 외국물품과 내국물품을 원자재로 혼용하여 제조한 물품		
		환급특례법상 환급목적으로 보세구역, 자유무역지역에 반입한 물품		

※ 수입의 의제 6가지(상기 외의 경우로서 수입한 것으로 보는 경우)

국	국고귀속 물품
통	통고처분으로 납부된 물품
매	매각된 물품
우	우편물(수입신고 대상제외)
추	몰수에 갈음하여 추징된 물품
몰	몰수된 물품

(3) 수출 : 내국물품을 외국으로 반출하는 것을 말한다.

수출이란		내국물품을	외국으로	반출하는 것
내국물품	외×	우리나라 물품 중 외국물품이 아닌 것		
	선(박)	우리나라의 선박 등이 공해에서 채집, 포획한 수산물		
	입	입항 전 수입신고가 수리된 물품		
	(반출)승(인)	수입신고수리 전 반출승인을 받아 반출된 물품		
	즉시	수입신고 전 즉시반출신고를 하고 반출된 물품		

※ 암기법 : 내국물품 = 즉시 선박 외× 로 입승

(4) 반송

국내 도착 물품이 수입통관 절차를 거치지 않고 다시 외국으로 반출되는 것을 말한다(수입물품은 보세구역에 장치함을 원칙으로 하는데, 보세구역은 국내지만 관세선을 통과하지 않으므로 외국물품 상태이다. 아직 외국물품상태에서 다시 외국으로 반출할 때 반송신고를 한다).

3. 관세 납부기한

(1) 관세의 납부기한

구분	납부기한	비고
납세신고를 한 경우	납세신고 수리일~15일	납세 의무자는 수입신고 수리 전에도 세액 납부 가능 (세금을 빨리 내면 좋다)
납세고지를 받은 경우	납세고지 받은 날~15일	
수입신고 전 즉시반출신고	수입신고일~15일 내 납부	
월별 납부	요건 충족 성실납세자 → 납부기한 속하는 달 말일까지	
천재지변 등 기한 연장	1년 초과하지 않는 기간 내 납부기한 연장 가능	

※ 천재지변 등의 경우 : 천재도전화(천재지변, 재해, 도난, 전쟁, 화재) + 재산 심한 손실, 사업 현저 손실, 사업 중대 위기

(2) 납부기한 경과 시

구분	납부기한	비고
납세신고를 한 경우	납세신고 수리일~15일	납부지연 가산세(3%) 부과 + 가산이자(1일 10만분의 25)
납세고지를 받은 경우	납세고지 받은 날~15일	
수입신고 전 즉시반출신고	수입신고일~15일 내 납부	
월별 납부	요건 충족 성실납세자 → 납부기한 속하는 달 말일까지	월납취소 + 납세고지 + 납부지연가산세부과 + 가산이자
천재지변 등 기한 연장	1년 초과하지 않는 기간 내 납부기한 연장 가능	기한연장취소 + 납세고지 가산세부과 + 가산이자

1. 과세 요건

(1) 개요

관세는 내국세와 달리 수입물품에만 부과된다. 관세는 과세의 요건을 충족할 경우 납세의무가 성립하게 되며, 이러한 과세의 4대 요건은 과세물건, 과세표준, 관세율, 납세의무자로 구성된다. 수입 시 관세 및 부가가치세 등을 산출하여 신고 · 납부하는 것을 원칙으로 한다.

(2) 관세의 산출

① 관세 = 과세표준(과세가격, 또는 수량)×관세율

② 부가가치세 = {(관세 + 과세표준)×내국세 등}×부가가치세(VAT)

③ 과세의 4대 요건

관세 4대 요건	원칙	비고
과세물건	수입물품	수출 · 반송 X
과세표준	종가세(종량세 일부)	수입가격 또는 수량
관세율	기본세율	우선순위세율 순차적용
납세의무자	화주	예외 있음

※ 종가세란 수입물품의 가격(정확히는 과세가격)을 기준으로 관세를 산출, 부과하는 방식
※ 종량세란 수입물품의 수량(Quantity) 또는 길이(Length)를 기준으로 관세를 산출, 부과하는 방식

2. 과세물건

관세는 수입물품에만 부과한다. 수출 물품이나 반송물품에는 부과되지 않는다.

(1) 수입물품

① 수입물품에만 과세 : 수출 물품, 반송, 경유, 환적하는 물품에는 비과세

② 물품에만 과세 : 형체가 있는 물품에만 과세(기체, 액체류도 과세)

※ 유체물과 결합되지 않고 독립적으로 제공되는 용역, 온라인으로 거래되는 전자적 형태의 무체물(無體物)은 과세 대상이 아님

③ 가격/용도 : 유/무상, 판매, 자가소비용, 샘플용 관계없이 과세 대상

원칙적으로 과세물건은 수입신고 시점의 수입물품(의 성질과 수량)으로 기준을 잡습니다.
그러나 예외적으로 정식 수입신고를 하지 않았음에도 부과 대상이 된 경우를 과세물건 확정의 예외라고 합니다.

(2) 과세물건의 확정시기

구분		과세물건	확정시점		적용법령
원칙		수입신고 시 (+입항 전 수입신고) 성질과 수량	수입신고시점		수입신고 당시
예외	선	선(기)용품을 허가대로 적재하지 않은 물품	하역허가시점	허	그러한 사실이 발생한 날
	보	보세구역 외 보수작업물품	보세구역 밖 보수작업 승인시점	승	
	멸	보세구역장치 중 멸실, 폐기물품	멸실 폐기된 때	멸	
	외	보세공장(건설장), 종합보세구역 외 작업허가기간 경과물품	보세구역 외 작업 허가, 신고받은 때	외	
	운	보세운송기간 경과물품	보세운송 신고, 승인시점	운	
	소	수입신고수리 전 소비사용물품	수입수리 전 소비·사용된 때	소	
	즉	수입신고 전 즉시반출 신고 후 반출한 물품	즉시 반출 신고한 때	즉	
	우	우편 수입물품	통관우체국 도착시점	우	
	도	도난, 분실물품	도난, 분실된 때	도	
	매	관세법에 의해 매각되는 물품	매각된 때	매	
	기	기타 수입물품(통관 X)	수입신고시점	수	
		보세공장 원료과세물품	사용신고시점		수입신고시점
		보세건설장 반입물품	건설장 반입 후 사용 전 수입신고시점		사용 전 수입신고 수리된 날

3. 과세표준(과세표준×관세율 = 납부 관세)

(1) 종가세

수입물품의 가격을 과세표준으로 하며, 종량세 또는 선택세 부과대상 물품을 제외한 관세율표의 대부분의 물품에 적용된다.

세종(세율종류)	과세가격
관세	관세의 과세가격 = 수입가격(원칙적인 경우)×관세율
개별소비세	(수입가격 + 관세)×개소세율
주세	(수입가격 + 관세 + 개소세)×주세율
교통 에너지 환경세	(수입가격 + 관세 + 개소세 + 주세)×교통에너지환경세율
농어촌특별세	(수입가격 + 관세 + 개소세 + 주세 + 교통에너지환경세)×농특세율
교육세	(수입가격 + 관 + 개 + 주 + 교 + 농)×교육세율
부가가치세	(수입가격 + 관 + 개 + 주 + 교 + 농 + 교)×부가가치세율

※ 수입 시 세관장이 부과·징수하는 세종 → '관부개주교농교'로 암기

(2) 종량세

수입물품의 수량을 과세표준으로 과세한다. 📢 영화용 필름, 보증된 참조물질, 비디오 마그네틱 테이프

(3) 선택세

종가세와 종량세 중 조건에 따라 세종을 선택하여 과세한다. 📢 당근, 일부 버섯

※ 우리나라는 종가세가 대부분이지만 종가세, 종량세, 선택세를 모두 적용함

4. 과세환율

수입신고한 날의 전주의 외국환매도율을 평균하고 관세청장이 정한 율을 말한다.

5. 납세의무자

관세의 납세의무자는 원칙적으로 수입신고한 화주이나, 예외적인 상황에서는 특별납세의무자로 규정하여 특별납세의무자가 납세의무를 부담하게 된다.

구분		과세물건	납세의무자		
원칙		수입신고 시(+ 입항 전 수입신고) 성질과 수량	원칙	수입신고한 화주	
			화주 불분명	위탁, 대행수입 ○	위탁자
				위탁, 대행수입 ×	상업서류 상 수하인
			수입신고 전 양도한 경우 : 양수자		
특별 납세 의무자	선	선(기)용품을 허가대로 적재하지 않은 물품	하역허가를 받은 자		허
	보	보세구역 외 보수작업물품	보수작업 승인받은 자		승
	멸	보세구역장치 중 멸실, 폐기물품	운영인 또는 보관인		운
	외	보세공장(건설장), 종합보세구역 외 작업허가기간 경과물품	보세구역 외 작업허가를 받거나 신고한 자		외
	운	보세운송기간 경과물품	보세운송 신고, 승인받은 자		운
	소	수입신고수리 전 소비사용물품	소비, 사용한 자		소
	즉	수입신고 전 즉시반출 신고 후 반출한 물품	수입신고 전 즉시반출한 자		즉
	우	우편 수입물품	수취인		수
	도	도난, 분실물품	보세구역 장치 물품	운영인 또는 화물관리인	도-화
			보세운송 물품	보세운송신고승인 받은 자	도-운
			그 밖의 경우	보관인 또는 취급인	도-보
	기	기타 수입물품(통관 X)	소유자 및 점유자		소
	기	그 외	관세법, 다른 법에 따른 납세의무자		법
연대 납세 의무자		수입신고가 수리된 물품 또는 수입신고수리 전 반출승인을 받아 반출된 물품에 대하여 납부관세액이 부족한 경우	신고인(화주 또는 관세사 등)		보통 관세사, 관세법인, 통관취급법인 등

기타	분할법인, 분할합병	분할되는 법인, 분할 또는 분할합병으로 설립되는 법인, 존속하는 분할합병의 상대방 법인 및 신회사	
	공유물, 공동사업물품	공유자, 공동사업자	
	관세포탈로 다른 사람을 납세의무자로 신고한 경우	해당 물품을 수입신고하는 화주	
납부보증자		관세법, 다른 법령에 따라 납부보증한 자	보증보험 회사 등
제2차 납세의무자		납세의무자와 일정한 관계에 있는 자	법인, 출자자 등
그래도 안 내는 경우		납세의무자와 다른 재산 체납처분	
그래도 안 내는 경우		양도담보재산 체납처분	

※ 특별 > 원칙(수입화주) > 연대 > 보증자 > 2차 > 체납처분 > 양도담보재산
※ 납세의무자가 2인 이상인 경우에는 2인 이상이 납세의무자이다.
※ 납세의무자의 우선순위: 특별 > 원칙(수입화주) > 연대 > 보증자 > 2차 > 체납처분 > 양도담보재산 (암기식 : 특,수,연,보,2,체,양담)
※ 납세의무자가 2인 이상인 경우에는 2인 이상이 납세의무자이다.

6. 납세의무의 소멸 등

(1) 납부의무의 소멸

납세의무자는 아래의 사유에 해당되는 경우 성립된 관세 또는 체납처분비의 납세의무가 소멸됨(가산세는 제외)

① 관세 납부

② 충당(담보 등으로 충당)

③ 부과 취소

④ 부과제척기간 만료

⑤ 징수권 소멸시효 완성

(2) 관세부과의 제척기간

과세요건이 성립하면 납세의무자는 납세의무가 성립됨. 그러나 이러한 납세의무는 과세관청인 세관(또는 관세청)에 "신고"하거나 "부과"되기 전에는 과세관청의 강제성("징수")을 부여할 수 없음. 따라서 관세의 "부과"는 "징수"라는 강제성을 부여하기 위한 필수 법적 행위임. 과세관청(세관)이 관세 등을 "부과"를 할 수 있는 기간을 "부과제척기간"이라고 하며, 그 시작일을 부과 제척기간의 "기산일"이라고 함

구분	부과제척기간 기산일	부과제척기간
원칙	부과할 수 있는 날(수입신고한 날)의 다음 날	5년
	부정한 경우(포탈/감면/환급)	10년
예외	납세의무자의 불복청구(이의신청, 심사청구, 심판청구)에 대한 결정이 있는 경우	1년
	감사원법에 따른 심사청구에 대한 결정이 있는 경우	
	「행정소송법」에 따른 소송에 대한 판결이 있는 경우	
	압수물품의 반환결정이 있는 경우	
	FTA특례법에 따른 원산지증명서 등의 확인요청의 회신이 있는 경우	
	경정청구가 있는 경우	2개월
	국제조세조정법에 따른 과세가격 조정신청의 결정이 있는 경우	

※ 수입신고를 하지 않는 경우의 부과제척기간 기산일(어렵게 나오는 경우)

선보멸외운소즉우도매기	사실 발생한 날의 다음 날	
의무불이행 등으로 감면된 관세를 징수하는 경우	사유 발생한 날의 다음 날	
보세건설장 반입 외국 물품	둘 중 먼저 도래한 날의 다음 날	건설공사완료보고일
		보세건설특허기간 만료일
과다, 부정환급으로 추징 시	환급한 날의 다음날	
잠정가격신고 후 확정가격신고 한 경우	확정가격신고 한 날의 다음 날	

(3) 관세징수의 소멸시효 : 5년(5억원 이상은 10년)

관세는 부과제척기간 동안 부과될수 있으며, 부과된 관세를 과세관청은 납세의무자에게 강제로 징수할 수 있는데, 그 징수할수 있는 법적 기한을 "소멸시효"라고 함

T / I / P

관세징수의 소멸시효의 종류별 기산일(빈출) 암기

구분	관세징수기간 소멸시효 기산일	소멸시효기간
신고납부	수입신고수리일~15일이 경과한 날의 다음 날	• 5억원 이상 관세(내국세포함) = 10년 • 5억원 미만 관세(내국세포함) = 5년
월별납부	납부기한이 경과한 날의 다음 날	
보정신청	보정신청일의 다음날의 다음 날	
수정신고	수정신고일의 다음날의 다음 날	
부과고지	납세고지를 받은 날부터 15일이 경과한 날의 다음 날	
즉시반출신고	즉시반출신고~10일 내 수입신고한 날부터 15일이 경과한 날의 다음 날	
타법령 납세고지	납부기한이 만료된 날의 다음 날	

※ 관세징수 소멸시효의 중단 및 정지 사유

관세징수의 소멸시효는 아래의 사유로 중단되거나 정지될 수 있는데, 중지와 정지의 차이는 아래와 같음
- 소멸시효의 중단 : 기산일~ 중단 사유로 발생된 기간동안 진행된 시효기간 효력 없음
- 소멸시효의 정지 : 기산일~ 정지사유 발생시 시효기간 유예, 정지사유 해제시 정지시점부터 다시 남은 시효기간이 계속됨
    ㉐ 20년 1월 관세부과 → 22년 1월 소멸시효 중단사유 발생 → 24년 12월 소멸시효완성
    ㉑ 20년 1월 관세부과 → 22년 1월 소멸시효 정지사유 발생 → 23년 12월 정지사유 해제 → 24년 1월(소멸시효 재개) ~ 26년 12월 소멸시효 완성

중단 사유		정지 사유	
경	경정처분	사해행위 취소소송 기간 중	4(사)
납	납세고지	분할납부기간	분
공	공소제기	체납처분유예기간	체
고	고발	징수유예기간	중(징)

앞(압)	압류	
교	교부청구	중단 8개 / 정지 4개
통	통고처분	
최고(독촉)	납세독촉(+ 납부최고 포함)	

(4) 환급청구권 소멸시효 : 5년

착오 등으로 돌려받아야 할 관세환급금이 있는 경우, 납세의무자가 환급청구를 할 수 있는 기간을 환급청구권 소멸시효라고 함

관세환급 구분	환급청구권 소멸시효 기산일	소멸시효
경정청구로 인한 경정	경정 경정일	
착오납부 이중납부	그 납부일	
계약상이(위약)물품 환급	수출신고수리일 또는 보세공장반입신고일	
보세구역장치 중 폐기 · 멸실 · 변질 · 손상된 물품	폐기 · 멸실 · 변질 · 손상된 날	환급은 5년
종합보세구역 판매물품 환급	환급에 필요한 서류의 제출일	
수입신고(+ 입항 전) 후 관세납부 후 취하 · 각하된 경우	취하일 또는 각하일	
관세납부 후 법률개정으로 환급하는 경우	그 법률의 시행일	

> **T / I / P** 빈출(암기) : 관세환급 사유에 따른 환급청구권 소멸시효의 기산일
>
> 소멸시효의 기산일 암기

SECTION 3 과세가격의 결정

1. 과세가격의 결정 – 과세가격 결정의 원칙(제1방법)

(1) 과세가격(= 종가세의 과세표준)

과세가격은 6가지 방법을 순차적으로 적용하여 결정하되, 원칙적으로 우리나라에 수입된 물품에 대하여 수입자가 지불하거나 지불하여야 할 금액에 법정 가산요소를 더하여 조정한 거래가격을 과세가격의 원칙으로 하고 있다. 이때 법정가산요소를 객관적이고 수량화할 수 있는 자료로 더할 수 없는 경우 혹은 거래가격 배제사유에 해당하는 경우 제1방법 적용이 불가하며, 제2방법 이하를 검토하여야 한다.

적용 순서	과세가격 결정방법
제1방법(원칙)	당사자 간 합의된 실제 지급 거래가격
제2방법	동종 · 동질 물품의 거래가격을 기초로 한 과세가격
제3방법	유사 물품의 거래가격을 기초로 한 과세가격
제4방법	국내판매가격을 기초로 한 과세가격

제5방법(단, 제5방법은 납세의무자 선택 시 제4방법보다 우선 적용 가능)	산정가격을 기초로 한 과세가격
제6방법	합리적 기준에 따른 과세가격의 결정

※ 우리나라는 종가세(대부분), 종량세, 선택세를 모두 사용하고 있으며, 종량세의 경우 수량 또는 중량, 길이 등으로 관세가 부과된다.

(2) 과세가격 결정의 원칙(제1방법)

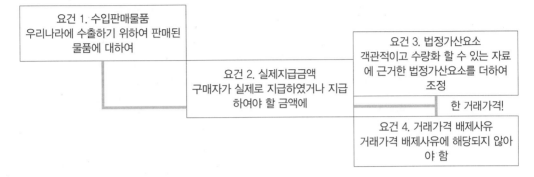

(3) 수출 판매 물품

다음의 '무경책별임무산'은 수출판매 된 물품으로 보지 않는다(해당 시 1방법 거래가격 제외).

무상	1. 무상으로 수입하는 물품
경매	2. 수입 후 경매 등을 통하여 판매가격이 결정되는 위탁판매수입물품
책임	3. 수출자의 책임으로 국내에서 판매하기 위하여 수입하는 물품
별개	4. 별개의 독립된 법적 사업체가 아닌 지점 등에서 수입하는 물품
임대	5. 임대차계약에 따라 수입하는 물품
무상	6. 무상으로 임차하는 수입물품
산업	7. 산업쓰레기 등 수출자의 부담으로 국내에서 폐기하기 위하여 수입하는 물품

(4) 실제지급금액

구매자가 실제로 지급하였거나 지급하여야 할 가격으로, 해당 수입 물품의 대가로서(+) 구매자가 지급하였거나 지급하여야 할 총금액을 말한다.

	(+)직접지급금액		물품 대가(송품장상의 가격)	
실제 지급금액	(+)간접지급금액 ※ 구매자가 물품 대가와 별도로 지급하는 경우 에만 더함	상계	구매자가 해당 수입물품의 대가와 판매자의 채무를 상계하는 금액	
		변제	구매자가 판매자의 채무를 변제하는 금액	
		제3자 대금 지급	판매자의 요청으로 수입물품의 대가 중 전부 또는 일부를 제3자에게 지급하는 경우 그 지급금액	
		하자보증비	구매자가 해당 수입물품의 거래조건으로 판매자 또는 제3자가 수행하여야 하는 하자보증을 대신하고 그에 해당하는 금액을 할인받았거나 하자보증비 중 전부 또는 일부를 별도로 지급하는 경우 해당 금액	
		외국(교육) 훈련비	수입물품의 거래조건으로 구매자가 지급하는 외국훈련비 또는 외국교육비	
		판매자 부담 금융 비용	그 밖의 일반적으로 판매자가 부담하는 금융비용 등을 구매자가 지급하는 경우 그 지급금액	
	(−)공제요소 (수입 후 발생비용) ※ 확인 불가 시 공 제 불가!	기	기술	수입 후에 하는 해당 수입품의 건설, 설치, 조립, 정비, 유지 또는 해당 수입물품에 관한 기술지원에 필요한 비용
		운	운송	수입항에 도착한 후 해당 수입물품을 운송하는 데에 필요한 운임·보험료와 그 밖의 운송과 관련되는 비용
		공	공과금	우리나라에서 해당 수입물품에 부과된 관세 등의 세금과 그 밖의 공과금
		연	연불이자	연불조건(延拂條件)의 수입인 경우에는 해당 수입물품에 대한 연불이자
+ 법정가산요소	수수료와 중개료			(−)구매수수료는 제외
	용기비용 포장비(+ 노무비, 자재비)			수입물품과 동일체 취급 시만
	생산지원비			(−)국내생산 디자인권 등은 제외
	권리사용료(로열티)			특허권, 디자인권 등
	사후귀속이익			
	운임, 보험료(CIF 기준)			
= (제1방법 거래가격 배제사유에 해당하지 않는 한) = 과세가격(1방법 거래가격 원칙)				

(5) 법정가산요소

	(제1방법) = 당사자 간 합의된 수입 실제지급가격(+ 간접지급금액 − 공제요소) + 법정가산요소		
실제지급금액	직접지급금액	송품장(invoice)상 판매금액	
	간접지급금액	상계, 변제, 하자보증비, 외국훈련비 등	
	공제요소	국내발생 비용(기운공연)	
법정가산요소	구매자가 부담하는 수수료와 중개료		구매수수료는 제외
	• 수입물품과 동일체취급 용기 비용 • 수입풀품 포장비용(자재비 + 노무비)		구매자가 지급하는 경우
	생산지원비	수입물품의 생산/수출을 위하여 구매자가 무료/인하된 가격으로 직·간접적으로 공급한 금액	
	권리사용료(로열티)	특허권, 실용신안권, 디자인권, 상표권 및 저작권 사용 대가로 구매자가 지급하는 금액(+ 경제적 가치가 있는 영업비밀 사용료 포함)	권리사용로 암기법 (디저특상실) : 디저트를 상실했다.
	사후귀속이익	수입물품을 수입한 후 전매·처분 또는 사용하여 생긴 수익금액 중 판매자에게 직접 또는 간접으로 귀속되는 금액	
	운임, 보험료(CIF)	수입항 도착시점까지 구매자가 부담하는 운임, 보험료	

(6) 거래가격 배제 사유

아래 7가지에 해당하는 경우 수입물품의 거래가격을 과세가격으로 인정하지 않고, 제2방법(동종동질 물품의 거래가격), 제3방법(유사물품의 거래가격) 등의 순으로 내려간다.

7가지 배제 사유	거래가격 배제사유	비고
1. 수출판매 ×	우리나라에 수출판매되지 않는 경우(7가지)	무경책별임무산
2. 가산요소 ×	법정가산요소 6가지를 더하여 조정할 수 없는 경우	객관적, 수량화할 수 있는 자료가 없는 경우
3. 제한	수입물품의 처분 또는 사용에 제한이 있는 경우	
4. 조건 or 사정	금액으로 조정할 수 없는 조건 또는 사정이 있는 경우	
5. 사후귀속이익	금액으로 조정할 수 없는 사후귀속이익이 있는 경우	
6. 특수관계영향	구매자와 판매자가 특수관계에 있어 가격에 영향을 미친 경우	
7. 합리적 의심	세관장의 합리적인 의심이 있어 납세의무자가 의심을 해소할 수 있는 객관적인 자료를 증명하지 못하는 경우	

2. 예외적인 과세가격 결정 방법(제2방법~제6방법)

원칙 (제1방법)	수입물품의 거래가격 = 실제지급금액(+ 간접지급금액 − 공제요소) + 법정가산요소 (단, 배제사유에 해당되지 않는 경우)			
	대상 물품	**거래가격**	**가산요소**	**공제요소**
제1방법	해당 수입 물품	송품장상 그 물건의 판매가격	법정가산요소 6가지	수입 후 발생비용 등 4가지
	1방법 배제 사유	① 수출판매 ✕ ② 법정가산요소를 더할 수 없는 경우 ③ 수입물품의 제한, 사후귀속이익, 조건 또는 사정, 특수관계가 있어 가격에 영향을 미쳐 조정이 불가능한 경우 ④ 세관장의 합리적 의심에 입증하지 못하는 경우		
제2방법	해당수입물품과 동종·동질의 물품	모든 면에서 동일한 다른 물건의 수입가격	거래내용에 차이가 있는 경우 ±조정 ※ 거래내용 : 수량, 운송거리, 운송형태	
	2방법 배제 사유	① 동일생산국이 없는 경우 ② 해당 수입일과 거의 동시 선적되지 않은 수입가격 ③ 거래내용(수량, 운송거리, 운송방법 등)의 차이 조정 불가능 ④ 세관장 불인정		
제3방법	해당 수입 물품과 유사 물품	• 동일기능 수행 • 대체사용 가능한 물품의 수입가격	거래내용에 차이가 있는 경우 ±조정 ※ 거래내용 : 수량, 운송거리, 운송형태	
	3방법 배제 사유	① 동일생산국이 없는 경우 ② 해당 수입일과 거의 동시 선적되지 않은 수입가격 ③ 거래내용(수량, 운송거리, 운송방법(수단, 형태) 등)의 차이 조정 불가능 ④ 세관장 불인정		
제4방법	국내판매가격	해당 수입 물품의 수입 후 90일 내 국내 판매가격	① 이윤 ② 일반경비 ③ 국내수수료 ④ 국내운임 등	
	4방법 배제 사유	① 특수관계자에게 판매되는 경우 ② 90일 내 판매된 가격이 없는 경우 ③ 세관장 의심 ④ 납세의무자가 5방법 먼저 신청 시		
제5방법	산정가격	생산자의 생산가격	① 이윤 ② 일반경비 ③ 해외 운임 등	
	5방법 배제 사유	① 납세의무자의 원가자료 공개 거부 시 ② 회계원칙에 따라 작성되지 않은 경우(객관 ✕)		
제6방법	합리적 기준	제1방법~제5방법을 신축적으로 적용 요건을 확대하여, 합리적인 기준으로 가격 결정		
	금지가격	국내 생산 물품의 국내판매가격		
		선택 가능 시 높은 가격 결정기준의 가격		
		수출국 국내판매가격		
		동일, 유사물품의 5방법 외의 방법으로 생산비용을 기초한 가격		
		미리 설정한 최저과세기준가격		
		자의적, 가공적 가격		

1. 신고납부, 부과고지

(1) 신고납부

납세의무자가 수입신고를 하는 때에 과세표준 및 납부세액 등을 스스로 결정, 신고, 납부납세의무자의 신고납부 → 세관장의 세액심사

원칙 (수리 후 세액심사)	신고서 사항 및 관세법상 확인사항 심사. 그러나 세액은 수리 후 심사하는 것이 원칙 ※ 자율심사대상 업체는 세액도 자율심사 가능(그러나 수리 전(사전) 세액심사 물품은 제외)	
예외(수리 전 세액심사) 사전세액심사대상	감	관세 또는 내국세를 감면받고자 하는 물품
	분	분할납부 대상 물품
	체	체납자 신고 물품(10만원 미만, 체납 7일 내 신고 시 제외)
	불	불성실신고인 신고 물품
	부	가격변동이 큰 물품 등 수리 후 세액심사 부적합으로 관세청장이 정하는 물품

(2) 부과고지

① 납세의무자의 신고납부원칙에 대한 예외로서 세관장(과세관청)의 부과처분으로 과세표준 및 세액을 결정하여 납세의무자에게 고지하는 제도

② 부과고지 대상물품(신고납부 ×, 세관장이 관세 부과·징수)

예외	• 예외적 과세물건으로 확정되는 물품 • 수입신고 전 즉시반출 후 반출한 물품은 제외(즉시반출 후 10일 내 수입신고를 할 수 있으므로)
건설	보세건설장에 건설된 시설로서 수입신고 수리 전 가동된 경우
수리 전 반출	보세구역(보세구역 외 장치 허가 장소 포함) 반입물품이 수입신고 수리 전 반출된 경우
요청	납세의무자가 과세가격, 관세율은 결정하기 곤란하여 부과고지를 요청하는 경우
즉시	수입신고 전 즉시반출 신고 후 10일 내 수입신고를 하지 않아 관세를 징수하는 물품
여	여행자 또는 승무원의 휴대품 및 별송품
우	우편물(수입신고 대상 우편물 제외)
세	법령에 따라 세관장이 관세를 부과, 징수하는 물품
관	기타 납세신고가 부적당한 관세청장이 지정하는 물품

※ 암기법 : 예외/건설/수리 전 반출/요청/즉시/여/우/세/관

③ 납부기한 : 부과고지(납세고지)를 받은 자는 납세고지를 받은 날부터 15일 내

(3) 징수금액의 최저한

세관장은 납세의무자가 납부하여야 하는 세액이 1만원 미만인 경우에는 징수하지 않는다. 이 경우 납부일(납부하지 않았지만) = 수입신고수리일로 본다.

※ 납세의무자가 납부하여야 하는 세액 : 관세, 부가가치세, 개별소비세, 주세, 교육세, 농특세, 교통에너지환경세(관부개주교농교)

(4) 신용카드에 등에 의한 관세 납부

납세의무자가 신고하거나 세관장이 부과 또는 경정하여 고지한 세액(세관장이 관세와 함께 징수하는 내국세 등의 세액을 포함한다)은 신용카드, 직불카드 등으로 납부할 수 있다.

2. 세액의 정정(세액정정, 보정, 수정, 경정)

납세의무자가 납세(수입)신고한 세액 또는 납부한 세액이 부족하거나 과다한 깃을 알게 된 경우에는 신고 또는 신고납부한 날로부터 경과되는 기간에 따라 신고(납부)한 세액의 정정을 통해 부족세액을 추가로 납부하거나, 과다한 세액을 환급 신청하여 돌려받을 수 있다.

신고납부한 세액이 부족한 경우에는 기간이 경과할수록 보정이자, 또는 납부지연 가산세가 추가되며, 징수 소멸시효(5년) 이내 과세관청은 이를 알게되면 직권 경정후 추징(부족세액 추가 징수)을 할 수 있으므로 납세의무자는 조기에 발견하여, 신고(납부)세액을 정정하는 것이 바람직하다.

신청구분	주체	시기	납부한 세액	납부기한	비고
세액정정	납세의무자	납부기한 내	과부족	당초 납부 기한까지	
보정신청		신고납부한 날부터 6개월 이내	부족	보정신청한 다음 날	+ 보정이자 (보정이자 면제대상 규정 참고)
수정신고		보정신청 기간 이후 5년 (부과제척기한) 이내	부족	수정신고한 다음 날	+ 부족세액 가산세
경정청구		납세신고한 날부터 5년 이내	과다		과오납환급
경정(직권)	세관장 (과세관청)	부과 제척기간 내	과부족		+ 부족세액 가산세 재경정 가능

※ 보정이자율(1.8%) : 「은행법」에 의한 은행업의 인가를 받은 은행으로서 서울특별시에 본점을 둔 은행의 1년 만기 정기예금 이자율의 평균을 감안하여 기획재정부령으로 정하는 이자율(연 1천분의 18)
※ 보정이자 면제대상
- 국가 또는 지방자치단체(지방자치단체조합을 포함)가 직접 수입하는 물품과 국가 또는 지방자치단체에 기증되는 물품
- 우편물. 다만, 수입신고를 해야 하는 것은 제외한다.
- 신고납부한 세액의 부족 등에 대하여 납세의무자에게 다음의 정당한 사유가 있는 경우

> 정당한 사유가 있는 경우
> 1) 천재지변등으로 인한 납부 기한 연장 사유에 해당하는 경우
> 2) 관세법 해석에 관한 질의 · 회신 등에 따라 신고 · 납부했으나 이후 동일한 사안에 대해 다른 과세처분을 하는 경우
> 3) 그 밖에 납세자가 의무를 이행하지 않은 정당한 사유가 있는 경우

3. 가산세

가산세란, 관세법령상의 신고, 납부 등의 이행의무를 위반한 경우 부과되는 금전적 제재수단을 말한다.

(1) 부족세액 가산세(= 부족세액가산세 + 가산이자 + 납부지연 가산세)

세관장은 납세의무자가 "법정납부기한"까지 미납부한 세액을 징수하거나 부족세액을 징수할 때에는 다음의 금액을 합한 금액을 가산세로 징수한다.

① 부족세액 가산세 : 부족세액의 100분의 10(※ 부당한 방법으로 과소신고 한 경우: 100분의 40)

② 가산이자 : 미납부세액 또는 부족세액 × 법정납부기한의 다음 날부터 납부일까지의 기간(납세고지일부터 납세고지서에 따른 납부기한까지의 기간은 제외한다) × 금융회사 등이 연체대출금에 대하여 적용하는 이자율 등을 고려하여 대통령령으로 정하는 이자율(1일 10만분의 25)

③ 납부지연가산세 : 법정납부기한까지 납부하여야 할 세액 중 납세고지서에 따른 납부기한까지 납부하지 아니한 세액 × 100분의 3(관세를 납세고지서에 따른 납부기한까지 완납하지 아니한 경우에 한정한다)

> ※ 부당한 방법 : 납세자가 관세의 과세표준 또는 세액계산의 기초가 되는 사실의 전부 또는 일부를 은폐하거나 가장하는 것에 기초하여 관세의 과세표준 또는 세액의 신고의무를 위반하는 다음의 행위
> 1. 이중송품장·이중계약서 등 허위증명 또는 허위문서의 작성이나 수취
> 2. 세액심사에 필요한 자료의 파기
> 3. 관세부과의 근거가 되는 행위나 거래의 조작·은폐
> 4. 그 밖에 관세를 포탈하거나 환급 또는 감면을 받기 위한 부정한 행위

(2) 미신고 가산세

수입신고를 하지 않고 수입한 물품에 대하여 관세를 부과·징수할 때에는 다음 각 호의 금액을 합한 금액을 가산세로 징수한다.

① 해당 관세액의 100분의 20(밀수출입죄에 해당하여 처벌받거나 통고처분을 받은 경우에는 100분의 40)

② 가산이자 : 해당 관세액 × 수입된 날부터 납부일까지의 기간(납세고지일부터 납세고지서에 따른 납부기한까지의 기간은 제외한다) × 금융회사 등이 연체대출금에 대하여 적용하는 이자율 등을 고려하여 대통령령으로 정하는 이자율(1일 10만분의 25)

③ 납부지연가산세 : 해당 관세액 중 납세고지서에 따른 납부기한까지 납부하지 아니한 세액 × 100분의 3(관세를 납세고지서에 따른 납부기한까지 완납하지 아니한 경우에 한정한다)

> 미신고 가산세의 징수 예외
> ① 여행자, 승무원 휴대품 및 이사물품의 미신고 가산세를 징수하는 경우
> ② 천재지변 등 수입신고를 하지 아니하고 수입한 데에 정당한 사유가 있는 것으로 세관장이 인정하는 경우

(3) 여행자, 승무원 휴대품 미신고 가산세 : 납부할 세액(관세+내국세)의 40% (자진신고를 *반복적으로 안 하는 경우 60%) *반복적 : 입국일 기준 2년 내 2회 이상

(4) 이사물품 미신고 가산세 : 납부할 세액의 20%

(5) 재수출불이행 가산세 : 해당 물품에 부과될 관세의 20%(단, 500만원 이내)

(6) 수입신고 전 즉시반출 후 10일 내 수입신고 불이행 가산세 : 관세의 20% + 즉시반출대상업체 지정 취소

(7) 신고지연 가산세 : 수입 또는 반송물품을 보세구역에 장치한날로부터 30일 이내에 신고하지 않는 경우, 과세가격의 2% 범위 내에서 부과(단, 500만원 한도)

신고기한이 경과한 날로부터	과세가격의
~20일 내 신고	0.5%
~50일 내 신고	1%
~80일 내 신고	1.5%
80일 초과 시~	2%

(8) 가산세 관련 규정

① 가산세의 납부기한 : 납부기한의 다음날부터 5년을 초과할수 없다.

② 체납된 관세(세관장이 징수하는 내국세 포함)가 100만원 미만인 경우 가산이자는 적용제외

③ 납부지연가산세를 징수하는 경우에는 납세고지서를 발급하지 아니할 수 있다.

④ 납부지연가산세의 납세의무의 성립 및 확정에 관하여는 「국세기본법」을 준용한다.

관세법상 가산세 규정		
가산세 종류	부과 시기	가산세율
부족세액 가산세	법정납부기한까지 세액을 미납 또는 부족세액을 징수 시	부족세액의 10%(부당한 경우 40%) 가산이자(부족세액×경과기간×1일10분의 25(0.025%) 납부지연가산세(3%)
미신고 가산세	수입신고를 하지 않고 수입물품에 관세를 부과, 징수 시	관세의 20% (밀수출입죄, 통고처분시 40%) 가산이자(부족세액×경과기간×0.025%) 납부지연가산세(3%)
여행자·승무원 휴대품 미신고 가산세	휴대품 미신고 시	납부세액의 40% (반복 자진신고 하지 않을시 60%)
이사물품 미신고 가산세	이사물품 미신고 시	납부할 세액의 20%
재수출 불이행 가산세	수입 후 재수출 기간 내 재수출 미이행 시	관세의 20%(500만원 한도)
즉시반출물품 미신고 가산세	즉시반출 후 10일내 미신고 시	관세의 20% + 즉시 반출업체 지정 취소
신고지연 가산세	보세구역 장치 후 30일 내 미신고 시	과세가격의 2% 내(0.5~0.2%, 500만원 한도)

2. 가산세의 감면

세관장은 다음의 어느 하나에 해당하는 경우 가산세액에서 다음에서 정하는 금액을 감면한다.

(1) 가산세 완전 면제 대상 (부족세액가산세 + 납부지연가산세 + 가산이자)

① 수입신고가 수리되기 전에 관세를 납부한 결과 부족세액이 발생한 경우로서 수입신고가 수리되기 전에 납세의무자가 해당 세액에 대하여 수정신고를 하거나 세관장이 경정하는 경우

② 잠정가격신고를 기초로 납세신고를 하고 이에 해당하는 세액을 납부한 경우(납세의무자가 제출한 자료가 사실과 다름이 판명되어 추징의 사유가 발생한 경우는 제외)

③ 국가 또는 지방자치단체(지방자치단체조합을 포함)가 직접 수입하는 물품과 국가 또는 지방자치단체에 기증되는 물품

④ 우편물. 다만, 수입신고를 해야 하는 것은 제외한다

⑤ 신고납부한 세액의 부족 등에 대하여 납세의무자에게 다음의 정당한 사유가 있는 경우

> 정당한 사유가 있는 경우
> 1. 천재지변등으로 인한 납부 기한 연장 사유에 해당하는 경우
> 2. 관세법 해석에 관한 질의·회신 등에 따라 신고·납부했으나 이후 동일한 사안에 대해 다른 과세처분을 하는 경우
> 3. 그 밖에 납세자가 의무를 이행하지 않은 정당한 사유가 있는 경우

(2) 부족세액가산세 면제대상

① 특수관계자간 과세가격 결정방법 사전심사의 결과를 통보받은 경우 그 통보일부터 2개월 이내에 통보된 과세가격의 결정방법에 따라 해당 사전심사 신청 이전에 신고납부한 세액을 수정신고하는 경우

② 사전세액 심사(수입신고 수리전 세액심사) 대상 물품 중 감면대상 및 감면율을 잘못 적용하여 부족세액이 발생한 경우

> 1) 관세 또는 내국세를 감면받고자 하는 물품
> 2) 관세를 분할납부하고자 하는 물품
> 3) 관세 체납중인자의 신고 물품(체납액이 10만원 미만이거나 체납기간 7일 이내에 수입신고하는 경우 제외)
> 4) 납세자의 성실성 등을 참작하여 관세청장이 정하는 불성실신고인이 신고하는 물품
> 5) 가격변동이 큰 물품 등 수리 후 세액을 심사가 부적합하여 관세청장이 정하는 물품

(3) 납부지연세 감면 대상(20%~10%)

수정신고(보정기간이 지난 날부터 1년 6개월이 지나기 전으로 한정)를 한 경우

① 보정기간이 지난 날부터 6개월 이내 : 부족세액가산세의 20% 감면

② 보정기간이 지난 날부터 6개월 초과 1년 6개월 이내 : 부족세액가산세의 10% 감면

> 감면 제외대상
> 관세에 대하여 과세표준과 세액을 경정할 것을 미리 알고 수정신고를 한 다음의 경우
> 1) 납세자가 관세조사의 사전통지를 받은 후 수정신고서를 제출한 경우
> 2) 납세자가 사전통지 없이 관세조사가 개시된 사실을 알고 수정신고서를 제출한 경우
> 3) 납세자가 부족세액 징수 전 사전 서면통지를 받은 후 수정신고서를 제출한 경우

(4) 가산이자의 감면 50%

관세심사위원회가 과세전적부심사 기간 내에 과세전적부심사의 결정·통지를 하지 아니한 경우

(5) 가산세 감면 신청 절차

부족세액에 가산하여야 할 금액을 면제받으려는 자는 다음의 사항을 적은 신청서를 세관장에게 제출하여야 한다.

① 납세의무자의 성명 또는 상호 및 주소

② 면제받으려는 금액

③ 정당한 사유

가산세 감면신청과 관련한 증명자료가 있으면 이를 첨부할 수 있다. 세관장은 감면신청서를 제출받은 경우에는 신청일부터 20일 이내에 면제 여부를 서면으로 통지하여야 한다.

가산세 완화 적용 규정				
부족세액 가산세	가산 이자	납부 지연 가산세	암기식	가산세 면제/감면 신청 사유
면제	면제	면제	수리	수입신고가 수리 전에 납세의무자가 해당 세액에 대하여 수정신고를 하거나 세관장이 경정하는 경우
			잠	잠정가격신고 후 세액을 납부한 경우 (납세의무자가 제출한 자료가 사실과 달라 추징 시 제외)
			국지	국가 또는 지자체가 직접 수입하거나, 기증되는 물품
			우	우편물. (다만, 수입신고를 해야 하는 것은 제외)
			정	**부족세액에 정당한 사유가 있는 경우** 천재지변등으로 인한 납기 연장 관세법 해석에 관한 질의·회신 등에 따라 신고·납부 사안에 대해 다른 과세처분을 하는 경우 기타 납세자가 의무불이행의 정당한 사유가 있는 경우
면제	–	–	특	특수관계자간 과세가격 결정방법 사전심사 결과를 통보일부터 2개월 이내에 통보된 방법에 따라 세액을 수정신고 한 경우
			감분체불부	**사전 심사 대상 중 감면대상 및 감면율을 잘못 적용하여 부족세액이 발생한 경우** 관세 또는 내국세를 감면받고자 하는 물품 관세를 분할납부하고자 하는 물품 관세 체납중인자의 신고 물품(체납액이 10만원 미만이거나 체납기간 7일 이내에 수입신고하는 경우 제외) 납세자의 성실성 등을 참작하여 관세청장이 정하는 불성실신고인이 신고하는 물품 가격변동이 큰 물품 등 수리 후 세액을 심사가 부적합하여 관세청장이 정하는 물품
–	–	20% 감면	1.6수정	보정기간 경과 1년 6개월 내 수정신고를 한 경우	보정기간이 지난 날~ 6개월 이내
		10% 감면			보정기간이 지난 날~ 6개월 초과 1년 6개월 이내
–	50% 감면	–		관세심사위원회 기간 내 과세전적부심사의 결정·통지를 하지 아니한 경우

138 토마토패스 www.tomatopass.com

1. 관세율 종류 및 적용 우선순위

적용순위	세율종류	우선 적용하는 경우
1	덤핑방지관세, 상계관세, 보복관세, 긴급관세, 농림축산물에 대한 특별긴급관세, 특정국물품 특별긴급관세, ※조정관세	최우선 적용
2	편익관세, 국제협력관세(WTO협정세율, FTA협정세율)	3~7보다 낮은 경우에만 우선 적용
3	조정관세, 계절관세	4~6순위보다 우선적용
3	할당관세	① 4~6순위보다 낮은 경우에만 우선 적용 ② ※ 기본세율보다 높은 세율의 특정 농림축산물은 5~6순위보다 우선 적용
4	일반특혜관세	5, 6보다 우선 적용
5	잠정관세	6보다 우선적용
6	기본관세	1~6이 적용되지 않는 경우 적용

※ 덤 · 상 · 보 · 긴 · 농 · 특 · (조))편 · 국 > 조 · 할 · 계 > 일 > 잠 > 기, 그러나 1순위 (탄력)세율 외 우선순위 세율이더라도 대부분 세율이 낮은 경우(유리한 경우)에만 적용

※ 1순위 조정관세 적용 사유 : 공중도덕 보호, 인간 · 동물 · 식물의 생명 및 건강 보호, 환경보전, 유한(有限) 천연자원 보존 및 국제평화와 안전보장 등을 위하여 필요한 경우에 한정

※ 5~6순위보다 항상 우선적용되는 할당관세 : 국제기구와 관세에 관한 협상에서 국내외가격차에 상당한 율로 양허하거나 시장접근개방과 함께 기본세율보다 높은 세율로 양허한 특정 농림축산물

2. 관세율의 종류별 부과 요건 및 부과세율

적용 순위	세율	부과요건	부과권자 (근거법령)	세율
1	덤핑 방지	정상가격 이하(덤핑)로 수입되어 국내산업에 실질적 피해 등을 주거나 줄 우려가 있어 무역위원회의 조사를 통하여 기획재정부장관에게 부과 건의	기획재정부령	덤핑차액에 상당하는 금액 이하를 실효(적용)관세율에 더하여 부과
1	상계	장려금(보조금) 등을 받아 수입되어 국내산업에 실질적 피해 등을 주거나 줄 우려가 있어 무역위원회의 조사를 통하여 기획재정부장관에게 부과 · 건의	기획재정부령	보조금 등의 금액 이하를 실효(적용)관세율에 더하여 부과
1	보복	교역상대국이 우리나라의 수출 물품등에 부당한 대우를 하여(권익을 부인 · 제한하거나 차별조치) 무역이익이 침해되는 경우	대통령령	피해상당액의 범위
1	긴급	특정 물품의 수입 증가로 국내산업에 심각한 피해 등이 있음이 조사를 통하여 확인되고, 국내산업 보호를 위한 피해의 구제 등을 위하여 긴급관세를 추가하여 부과	기획재정부령	필요한 범위 내 + 추가 부과

1	농특	국내외 가격차가 상당한 비율로 양허한 농림축산물의 수입물량 급증, 수입가격 하락 시	기획재정부령	• 물량 증가 : 양허세율의 1/3 추가세율 • 가격 하락 : 기준가격과 가격차에 따라 누진적 부과
	특정국	국제조약 또는 일반적인 국제법규에 따라 허용되는 한도에서 특정국 물품의 수입 증가가 국내시장을 교란하거나, WTO회원국의 피해 방지 조치로 인하여 우리나라로 수입이 전환될 우려가 있는 경우 추가하여 부과	기획재정부령	필요한 범위 내 + 추가 부과
	조정	공중도덕 보호, 인간 · 동물 · 식물의 생명 및 건강 보호, 환경보전, 유한(有限) 천연자원 보존 및 국제평화와 안전보장 등을 위하여 필요한 경우	대통령령	(100/100 – 기본세율) + 기본세율
2	FTA	FTA협정국을 원산지로 하는 물품 중 적용 요건을 갖추어 수입하는 경우	FTA특례법	각 협정세율에 따라 상이함
	편익	관세 관련 조약에 따라 편익을 받지 않는 나라의 수입 물품(= 최혜국대우)	관세법	이미 우리나라와 체결된 다른 외국조약의 편익한도 내 편익 부여
	국제협력	정부는 우리나라의 대외무역증진을 위하여 특정국가, 국제기구와 관세 관련 협상 가능		• 국제기구 : 100% • 특정국 : 기본세율의 50/100 이내
3	조정	세율불균형, 국내 개발 물품 일정기간 내 보호 목적, 국제경쟁력 취약 물품의 수입 증가로 국내시장 교란, 산업기반 붕괴 우려 시	대통령령	(100/100 – 기본세율) + 기본세율
	할당	• 원활한 물자수급, 산업경쟁력강화를 위한 특정 물품 수입촉진 • 수입 (원재료)가격 급등시 국내가격 안정을 위하여 • 유사 물품 간 현저한 세율 불균형을 시정하기 위하여	대통령령	• 인상 : 기본세율 + (40/100범위율) • 인하 : 기본세율 – (40/100범위율) ※ 세율 인하 수량 제한 가능 • 농림축산물 : 기본세율 + 국내외 가격차 상당율
	계절	계절에 따라 가격 차이가 심한 물품 수입으로 국내시장 교란, 생산기반 붕괴 우려 시	기획재정부령	• 인상 : 국내외 가격차 상당율 범위 • 인하 : 기본세율 – (40/100)
4	일반특혜	대통령령으로 정하는 개도국(특혜때상국)을 원산지로 하는 물품 중 대통령령으로 정하는 물품 수입 시	대통령령	기본세율보다 낮은 관세
5	잠정	국회에서 관세법 별표 관세율표에 제정함	대통령령	기본세율보다 낮은 관세
6	기본		관세법	HS CODE에 따라 세율이 정해짐

※ 덤핑방지, 상계, 보복관세는 관세환급이 불가능함

※ 편익관세 적용 15개 국가

지역	편익관세 적용 대상 국가
1. 아시아	부탄
2. 중동	이란 · 이라크 · 레바논 · 시리아
3. 대양주	나우루
4. 아프리카	코모로 · 에디오피아 · 리베리아 · 소말리아
5. 유럽	안도라 · 모나코 · 산마리노 · 바티칸 · 덴마크(그린란드 및 페로제도에 한정)

3. 품목분류(HS CODE)

(1) 관세율표

무역상품의 품목분류에 적용되는 HS(Harmonized System) CODE는 관세법 별표 관세율표에 기재되어 있다. 관세율표란 품목별 세번부호(HS CODE)가 기재되어 있고, 기본 및 잠정세율이 함께 고시되어 있으며 다음과 같다.

번호		품명	세율(%)
호	소호		
2001		식초나 초산으로 조제하거나 보존처리한 채소 · 과실 · 견과류와 그 밖의 식용에 적합한 식물의 부분	
2001	10	오이류	30
2001	90	기타	30

※ 관세율표 20류, 기본세율, 잠정세율은 6단위 소호만 알아도 알 수 있다.

(2) HS CODE의 구성

부 > 류(2단위) > 호(4단위) > 소호(6~10단위)

HS : 20 01 . 90 - 9020
↑ ↑ ↑
(류 호 . 소호)

제4부 (Section) 조제식료품 (제16류 ~ 제24류)	제20류 (chapter) 채소, 과실의 조제식료품	heading (호 : 4단위)	sub-heading(소호 : 6~10단위)		
		2001 식초, 초산조제품	10 오이류	00	00
			90 기타	10 과실과 견과류	00
		2002 토마토조제품		90 기타	10쪽파
					20토마토

⑩ 식초로 조제한 토마토 : 2201.90-9020호(제4부 > 제20류 > 제2001호 > 소호 : 제2001.10-9020호)

※ 6자리까지는 세계 공통이며 7~10자리는 각국의 사정에 따라 규정한다. 미국은 8자리, 일본은 9자리, 한국은 10자리를 사용

※ HS CODE가 정해지더라도, 관세율은 자동적용이 아님에 유의 → 요건을 갖추어 유리한 세율을 선택 적용 가능 ⑩ 기본세율 8% 대신, 원산지증명서를 구비하여 FTA 5% 선택 적용 가능

(3) 품목분류

관세율표상 게기된 HS CODE의 수보다 실제 무역에 이루어지는 관세품목(무역거래 물품)은 수없이 많다. 그렇기 때문에 관세율표에서는 통칙에 따라 품목을 분류하는 기준을 제시한다.

품목분류 해석에 관한 통칙			
통칙 1. 분류 원칙	관세율표의 부·류·절의 표제는 단순 참조용 법적 효력 : 각 호의 용어, 부,류의 주(Legal Note) 각 호나 주에서 따로 규정하지 않은 경우 통칙 2호 아래 적용을 검토		1순위
통칙 2.	미조립, 미완성된 물품	완성품의 본질적 특성이 있는 경우 완성품으로 봄	2순위
	혼합물, 복합물	부수된 물질, 첨가된 복합물은 원래 재료, 물질로 봄	
통칙 3.	둘 이상의 호로 분류 가능한 물품	① 구체적(협의)호로 우선분류	3순위
		② 세트 물품 중 본질적(중요) 특성에 따라 분류	
		③ 순서상 마지막 호(최종호)로 분류	
통칙 4.	통칙 1~3호로 분류 불가능한 경우 유사물품 호로 분류		4순위
통칙 5.	케이스, 포장용기의 품목 분류	케이스는 해당 물품과 함께 분류 (물품 전용 케이스로서 함께 제시되는 경우에 한함)	보충적 기준
		포장재료, 용기도 해당 물품과 함께 분류 (반복 사용하는 물품은 제외)	
통칙 6.	소호의 품목분류	소호의 용어, 소호의 주, 통칙 적용	

※ 통칙, 주(NOTE), 호(HEADING) 부나 류의 표제 = 법적 효력 ×, 단지 참조를 위함

(4) 품목분류 사전심사 제도

물품을 수출하거나 수입하는 자는 관세청장(관세평가분류원장)에게 해당 수출입 물품에 적용될 관세율표상의 품목분류 심사를 미리 요청할 수 있다.

① 품목분류 사전심사 신청 절차 : 신청서, 물품설명서, 견본(견본은 제출 생략 가능)

② 분석수수료 3만원 : 품목분류를 심사하기 위해 화학적 분석 등이 필요한 경우에는 품목당 분석수수료 3만원을 신청인에게 납부하게 할 수 있음

③ 30일내 통지 : 관세청장(관세평가분류원장)은 해당 물품에 적용될 품목분류를 심사하여 30일 이내에 신청인에게 통지

④ 30일 내 재심사 신청 가능 : 통지를 받은 자는 통지 내용에 의문이 있는 경우 통지받은 날부터 30일 이내에 일정한 서류를 갖추어 재심사 신청 가능

1. 관세감면 제도

(1) 감면제도의 목적

무조건 감면세		조건부 감면세	
감면세율	목적	감면세율	목적
외교관용 물품 등의 면세	외교관례, 국제관례 존중	세율불균형의 시정	세율불균형 시정
정부용품 등의 면세	정부기관 등의 통관 시 편의 제공	학술연구용품의 감면세	학술연구진흥, 교육발전 지원
소액 물품 등의 면세	소액 물품 등 통관상 편의 제공	종교용품, 자선용품, 장애인용품 등의 면세	복지 및 공익, 사회복지향상
여행자휴대품 및 이사 물품 등의 면세	여행자 통관절차 편의 제공	특정 물품의 면세 등	사회정책 수행
재수입면세	국산품 비과세 이중과세의 방지	환경오염 방지 물품 등에 대한 감면세	환경오염 방지, 중소제조업체의 공장자동화 지원
손상감세	수입신고 수리 전 멸실, 변질, 손상된 부분에 대한 비과세, 과세형평	재수출 면세	일시수입물품에 대한 감면, 교역증진
해외임가공물품 등의 감세	가공무역 촉진	재수출 감면세	
사후관리 ×		사후관리 = 3년 내 용도 외 사용 금지, 양도 금지	

(2) 감면 신청 시기

원칙적으로 수입신고 수리 전까지 감면신청서를 세관장에게 제출해야 한다(단, 관세청장이 정하는 경우, 감면 신청을 간소화한 방법으로 가능).

※ 예외
- 세관장의 착오 등으로 추징(부족한 금액을 징수)하는 경우 : 납부고지를 받은 날부터 5일 이내
- 기타 수입신고 수리 전까지 제출하지 못한 경우 : 수입신고 수리일부터 15일 내(단, 해당물품이 보세구역에서 반출되지 않아야 함)

2. 무조건감면세

구분	대상 물품	감면율	특징
외교관 물품 등 면세	• 우리나라에 있는 외국의 대사관·공사관·영사관 ·이에 준하는 기관의 업무용품, 및 사절과 그 가족, 직원이 사용하는 물품 • 정부사업 수행용 수입 업무용품 • 국제기구, 외국 정부로부터 우리나라 정부에 파견된 고문관·기술단원 등이 사용하는 물품	면세	• 양수제한 물품 : 자동차, 선박, 피아노, 전자오르간, 엽총(자선피전엽) • 수입신고수리일로부터 3년 내 다른 용도로 사용하기 위해 양수 금지
정부용품 등 면세	정부, 국가기관, 지방자치단체에 기증하거나 수입하는 물품 등	면세	환경오염, 상수도 수질 측정 물품 포함
소액 물품 등 면세	• 우리나라의 거주자에게 수여된 훈장·기장(紀章)표창장, 상패 • 서류, 견품, 광고용품, 상품목록, 가격표 등 • 우리나라 거주자가 받는 소액물품	면세	• 견품(샘플)으로 보이는 미화 250$ 이하 물품 • 150$ 이하 개인용품 • 박람회 등 무상수입 제공되는 5$ 상당액 이하

여행자 등 휴대품 및 이사 물품 등 면세

대상 물품	감면율	구분		면세한도		비고
1인당 600$ 이하의 여행자, 승무원의 휴대품 및 이사물품(술, 담배, 향수 제외)	면세	술		1병		1L 이하이고, 400$ 이하 한정
면세대상 외 여행자 휴대품, 별송품을 자진 신고 시	30% 경감	담배		궐련	200개비	2 이상 담배 종류를 반입 시 한 종류로 한정
				엽궐련	50개비	
			전자담배	궐련형	200개비	
				니코틴용액	20ml	
				기타유형	110g	
				기타 담배	250g	
		향수		60ML		

구분	대상 물품	감면율	특징
손상 감세	• 수입신고 후 • 수입신고 수리 전 멸실, 변질, 손상	경감 : 가치 감소분	신고 − (가치감소) → 수리
해외임가공 물품 등 감세	• 원재료, 부분품 수출하여, 85류, 9006호로 제조 가공한 물품 • 가공, 수리 목적으로 수출하여 HS CODE 10단위가 일치하는 물품으로 수입되는 물품(세관장 일치성 확인 가능 시 10단위 불일치 가능)	경감 : 수출당시 신고금액 × 수입세율	감면, 환급, 관세부과 제외인 경우 제외

3. 조건부 감면세

구분	대상 물품		감면율	특징
세율불균형 물품의 면세	중소기업자가 세관장이 지정하는 공장에서 1) 항공기 2) 반도체 제조용장비를 제조·수리하기 위하여 수입하는 부분품과 원재료		면세	중소기업만 해당
	중소기업이 아닌자	1) 항공기 제조·수리용 부분품·원재료	19~21년도 100% 22년도 80% 23년도 60% 24년도 40% 25년도 20%	
		2) 반도체 제조용장비 제조·수리용 부분품·원재료	•19년도 : 90%, 20년도 : 80% •21년도 : 70%, 22년도 : 60% •23년도 : 50%, 24년도 : 40% •25년도 : 20%	
학술연구용품의 감면세	•국가기관 및 기관 등에서 수입하는 학술연구용품·교육용품 및 실험실습용품 •산업기술의 연구개발용 수입 물품 •학교, 공공의료기관, 공공직업훈련원, 박물관 등 기관 학술연구용·교육용·훈련용·실험실습용 및 과학기술연구용 수입 물품, 기증 물품		감면율 : 80/100 (공공의료기관 및 학교부설의료기관 수입 물품 : 50/100)	
종교, 자선, 장애인용품 등의 면세	•종교, 자선용, 봉사활동 목적 기증 물품 •장애인용품 및 의료용구		면세	
특정 물품 면세 등	•동식물 번식, 종자개량 용품 •박람회, 국제경기대회 참가용 물품 •핵, 방사능 구호용품 •해수부장관 추천 수산물 및 포장자재 •중소기업 기계 성능시험 기계 •국내방문 외국 원수, 가족, 수행원 물품 •교량, 통신시설, 해저통로 건설, 수리용품 •품질, 규격, 안전표 •외국부담 선박, 항공기의 해체, 수리물품 •올림픽 등 운동용구(부분품포함) •국립묘지의 자재, 관·유골함, 장례용품 •국내 상속 피상속인의 신변용품 •보석의 원석 및 나석		면세	
환경오염 방지 물품 등에 대한 감면세	•오염물질(소음, 진동 포함), 폐기물 배출방지, 처리용품 •공장 자동화 기계 등 핵심부분품		중소 제조업자 : 30% (21년 12월 31일까지는 50%) 중견 제조업체 : 21년 12월 31일까지 30%	
재수출면세	기획재정부령으로 정하는 물품 중 1년 내 재수출 물품(부득이한 사유로 1년 초과 시 연장 가능) ※ 재수출 이행기간 : 재수출 신고일까지 (수리일 ×)		면세	재수출 미이행 시 재수출 불이행 가산세 : 관세의 20/100(500만원 한도 내)

재수출감면세	• 장기사용물품이 임대차, 도급으로 국내에서 일시 사용되는 경우 • 수입신고 수리일로부터 2년(부득이한 경우 4년) 내 재수출되는 경우 기간별 단계적 감면. 단, 국제조약에 따른 상호조건 시 면제	기간에 따라 85/100~30/100 국제조약, 협정에 따른 상호조건 시 면제	재수출기간에 따라 감면 • 6개월 내 : 85/100 • 6개월 초과~1년 : 70/100 • 1년 초과~2년 : 55/100 • 2년 초과~3년 : 40/100 • 3년 초과~4년 : 30/100

> **T / I / P 조건부 감면을 받은 물품의 사후관리**
>
> • 감면받은 물품은 수입신고 수리일부터 3년간 : 용도 외 사용 및 양도 불가능
> • 감면된 관세 즉시 징수 : 용도외 사용 · 양도 → 용도외 사용자, 양도인, 임대인(> 양수인, 임차인)
> • 관세를 즉시 징수하지 않는 경우 : 재해 등 부득이한 사유로 멸실, 미리 세관장 폐기 승인

SECTION 7 관세환급(관세법 및 관세환급특례법 포함)

1. 관세법상 관세환급

(1) 관세법상 관세환급 vs 관세환급특례법상 관세환급

관세법	관세환급특례법
관세환급금 환급	개별환급
계약내용과 상이한 물품에 대한 관세환급	
지정보세구역 장치 물품의 멸실 · 변질 · 손상으로 인한 환급	
수입한 상태 그대로 수출되는 자가사용 물품의 환급	간이정액환급
보세판매장 구매 후 환불에 따른 관세환급	
종합보세구역 내 판매 물품에 대한 관세환급	

※ 관세법상 관세환급 대상 세금 : 관세(관세, 가산금, 가산세, 체납처분비, 과오납금), 부가가치세, 개별소비세, 주세, 교육세, 농어촌특별세, 교통에너지환경세

※ 관세환급특례법상 관세환급 대상 세금 : 관세(환급특례법에서는 가산세 환급 불가), 임시수입부가세, 개별소비세, 주세, 교육세, 농어촌특별세, 교통에너지환경세

(2) 관세법상 관세환급

환급 종류	의의	요건	관세환급금	관세환급 가산금
관세환급금 환급	과오납(너무 많이 낸 관세 등) 환급	• 세관장이 알았거나 • 납세의무자의 환급신청(세액 정정 후 환급신청)	과오납부한 관세 등	가산금 = 환급금 × 과오납부한 날의 다음날부터 환급결정을 하는 날까지의 기간 × 이자율 ※ 이자율 : 연 1.6%(16/1,000)
계약내용과 상이한 물품에 대한 관세환급	위약물품(계약내용과 상이하여 재수출)	• 계약내용과 상이 • 수입신고 당시의 성질 · 형태가 변경되지 않아야 함 • 수입신고 수리일 내로부터 1년 이내 보세구역(보세공장에서 생산된 물품은 보세공장에 반입까지)에 반입, 수출할 것(수출은 1년 지난 후 가능)	수출한 수입 물품 전부 또는 일부에 해당하는 관세 등	

지정보세구역 장치물품의 멸실 · 변질 · 손상으로 인한 환급	수입신고 수리 후 지정보세구역 장치 중 재해로 가치감소분에 대한 관세환급	• 수입신고 수리 후 지정보세구역에 장치 중 재해로 멸실 · 변질 · 손상 • 입항 전 수입신고 수리 시 보세구역 등으로부터 반출만 되지 않으면(선박 위 포함) 재해로 멸실 · 변질 · 손상 시 관세환급 신청 가능	(1) 멸실 시 : 전액 (2) 손상/변질 시 : 다음 중 많은 금액 • 가치감소분 상응 관세 등 • 수입물품 전체 세액 − 가치 감소 후 의 물품 관세 등
수입상 상태 그대로 수출 되는 자가사용 물품의 환급	개인 자가사용 물품의 미사용 · 원상태수출 물품	• 수입신고 당시의 성질 · 형태가 변경되지 않은 상태로 수출 • 국내에서 사용된 사실이 없다고 세관장이 인정	(1) 전부 수출 : 전액 (2) 일부수출 : 일부 물품 해당액
보세판매장 구매 후 환불에 따른 관세환급	보세판매장 구입 후 신고 납부 물품의 반환에 따른 세액 환급	• 여행자가 보세판매장에서 구입 후 입 자진신고, 납부 • 보세판매장에 환불 시	여행자 휴대품에 대한 자진신고 납부 세액
종합보세구역 내 판매물품에 대한 관세환급	외국인 관광객 등 종합보세구 역(면세점)에서 구입 후 국외 반출 시 환급	• 외국인 관광객 등 : 외국인(비거주자), 단 법인 · 외교관 · 미군 등은 제외 • 판매인 : 판매물품 수입신고 및 납부, 구매자에게 판매확인서 교부 • 구매자 : 출국 시 관할 세관장에게 판매확인서 · 물품 제시/확인	종합보세구역에서 구매한 물품에 대한 면세

2. 관세환급 특례법상 관세환급(수출용원재료에 대한 관세 등 환급에 관한 특례법)

(1) 환급특례법(수출용원재료에 대한 관세 등 환급에 관한 특례법)상 관세환급

① 5대 환급 요건

ㄱ 관세 등 납부 + "환급대상 원재료"에 해당

ㄴ "수출이행기간" 내 수출될 것(개별환급)

ㄷ "환급대상 수출 등"에 해당

ㄹ "환급청구 기간 내 환급신청"

ㅁ 환급신청권자의 관세환급 신청

② 환급특례법상 관세환급 종류

환급 구분	개별환급	간이정액환급
개요	• 개별환급은 수입 시 납부한 관세를 그대로 돌려받을 수 있어 간이정액환급에 비해 환급금이 더 크나, 소요량산출 및 서류 구비 및 관세환급금 산출 등이 복잡함 • 일반적으로 대기업이 적용함	• 간이정액환급금은 실제로 수입시 납부한 관세가 없더라도, 중소제조업체가 연간 환급액 6억 이하의 경우 제조수출 물품에 한하여 관세율표에 게기된(HS CODE) 간이정액환급금에 따라 환급을 신청할 수 있는 제도 • 수출신고필증만 있으면 환급 신청이 가능하여 소요량 산출도 필요 없고 서류 구비도 쉬우나, 통상적으로 개별환급에 비해 환급금이 적음

환급금 산출	• 일반적으로 더 많음 • 실제 납부한 관세 등을 수입신고필증, 분증(분할증명서), 기납증(기초원재료납세증명서)으로 증명하며, 소요량 계산에 따라 수출 수량을 곱하여 산출됨(수출에 사용된 물품 중 수입 시 납부한 관세액 만큼 환급 신청 가능)	• 일반적으로 적음 • FOB수출신고필증상 수출금액×관세율표상 HS CODE에 따라 게기된 간이정액환급금(10,000원당 ××원)을 곱하여 산출됨
구비 서류	• 수입신고필증 • 소요량계산서 • 분증(분할증명서) • 기납증(기초원재료납세증명서) • 수출신고필증	수출신고필증
소요량 산출	• 제조하는 경우 반드시 필요(소요량계산서 작성) • 원상태수출 또는 국내 물품 구매 후 그대로 수출하는 경우에는 제외	필요 없음
제조 구분	제조를 할 수도 있고, 안 할 수도 있음 • 제조업체 • 구매 후 제조 없이 그대로 수출하는 업체(원상태수출)	반드시 제조하여야 함 + 반드시 중소기업이어야 함
관세환급 요건	• 수입 시 관세를 납부할 것 • 소요량 산출 및 소요량계산서 작성 • 수입신고필증(분증, 기납증), 수출신고필증 등 서류 구비	• 실제 수입 시 관세 납부 여부는 관계없음 • 수출 HS CODE상 간이정액환급금이 있어야 함 • 제조를 하여야 함 • 중소기업만 가능 • 연간 환급실적 6억 이하
공통점	• 환급대상 수출에 해당할 것 • 환급청구기간(수출신고 수리 후 2년 내) 관세환급 신청 • 환급신청권자가 환급 신청할 것(수출신고필증상 환급신청인으로 기재된 자)	

(2) 5대 환급요건

① 환급대상 원재료

　㉠ 수출 물품 생산(제조) 시 → 암기법(화물소포)

화물	해당 수출 물품에 물리적 또는 화학적으로 결합되는 물품
소	해당 수출 물품을 생산하는 공정에 투입되어 소모되는 물품. 다만, 수출 물품 생산용 기계·기구 등의 작동 및 유지를 위한 물품 등 수출 물품의 생산에 간접적으로 투입되어 소모되는 물품은 제외한다.
포	해당 수출 물품의 포장용품

　㉡ 수입한 상태 그대로 수출한 경우 : 해당 수출 물품

　㉢ 국산원재료도 관세환급 가능 : 국내에서 생산된 원재료와 수입된 원재료가 ⓐ 동일한 질(質)과 특성을 갖고 있어 ⓑ 상호 대체 사용이 가능하여 ⓒ 수출 물품의 생산과정에서 이를 구분하지 아니하고 사용되는 경우에는 수출용원재료가 사용된 것으로 봄

② 환급대상 수출 등

1. 유상수출신고 수리(원칙)	※ 무상수출신고임에도 관세환급이 가능한 경우 • 외국 박람회, 전시회 등 무상 반출후 외국에서 외화를 받고 판매된 물품 • 해외 투자 · 건설 · 용역 · 산업설비수출 기타 이에 준하는 사업에 종사하고 있는 우리 나라의 국민(법인포함)에게 무상 송부되는 기계 · 시설자재 및 근로자용 생활필수품 기타 그 사업 관련 물품 • 수출된 물품이 계약조건과 상이하여 반품된 물품에 대체하기 위한 물품의 수출 • 해외구매자와의 수출계약을 위하여 무상으로 송부하는 견본용 물품의 수출 • 외국으로부터 가공임 또는 수리비를 받고 국내에서 가공 또는 수리를 할 목적으로 수 입된 원재료로, 가공하거나 수리한 물품의 수출 또는 당해 원재료 중 가공하거나 수리 하는 데 사용되지 아니한 물품의 반환을 위한 수출 • 외국에서 위탁가공할 목적으로 반출하는 물품의 수출 • 위탁판매용 무상으로 반출하는 물품의 수출(외국에서 외화를 받고 판매된 경우에 한 한다)
2. 국내 외화획득용 판매 또는 공사	• 주한미군에 대한 물품의 판매 • 주한미군, 재외공관이 시행하는 공사 • 관세 등의 면제를 받을 수 있는 자에 대한 국산승용자동차의 판매 • 외국인 투자 또는 출자의 신고를 한 자에 대한 자본재 • 국제금융기구로부터 제공되는 차관자금에 의한 국제경쟁입찰에서 낙찰된 물품
3. 보세구역, 자유무 역지역의 입주기업 체에 대한 공급	• 보세창고(수리 · 보수 또는 해외조립생산을 위하여 부품 등을 반입) • 보세공장(수출용원재료에 한함) • 보세판매장 • 종합보세구역(수리, 보수, 해외조립생산, 수출용원재료, 판매용)
4. 기타 수출	• 우리나라와 외국 간을 왕래하는 선박 또는 항공기에 선용품 또는 기용품으로 사용되 는 물품의 공급 • 해양수산부장관의 허가 · 승인, 지정을 받은 자가 원양어선에 무상 송부 반출하는 물 품으로서 해양수산부장관 또는 해양수산부장관이 지정한 기관의 장이 확인한 물품의 수출

※ 중계무역 대상 물품은 외국 물품으로 국내 반입에 따른 수입관세 납부가 없기 때문에 관세납부, 관세환급의
대상이 아니다.
※ 위탁가공무역(수출)은 환급대상 수출이나, 수탁가공무역(수입)은 환급대상 수출이 아니다.
※ 3. 보세구역, 4. 외국무역선, 외항기에 선 · 기용품을 공급하는 경우 수출신고필증 대신 환급대상수출 물품 반
입확인서(2–3호 서식, 수출 갈음 서류)를 세관장에게 발급 신청하여 관세환급을 신청할 수 있다.

(3) 수출이행기간

※ 불가피한 수출 등의 지연사유 : 플랜트 수출 물품 중 무역 상대국의 전쟁 · 사변, 천재지변 또는 중대한 정치적 ·
경제적 위기로 인하여 불가피하게 수출 등이 지연되었다고 관세청장이 인정하는 경우

① 수출이행기간 기준일

　㉠ 수출(통관)신고 수리하는 경우(유 · 무상) : 수출신고를 수리한 날이 속하는 달의 말일

　㉡ 그 외 외화획득용 판매, 공사, 보세구역 공급 등 : 수출 · 판매 · 공사 또는 공급을 완료한 날이 속하
　는 달의 말일

② 수입 등 = 수출 등(수출이행기간 기준일)으로부터 소급 2년 내 수입 등이 이루어져야 함

　㉠ 수입신고 수리

ⓒ 수입신고 수리 전 반출승인

ⓒ 수입신고 전 즉시 반출신고

ⓔ 수출용원재료가 내국신용장 등에 의하여 거래된 경우에는 최후의 거래

③ 수출이행기간의 계산

㉠ 수출이행기간 : 수입 후 2년 내 수출이 이루어져야 함

㉡ 내국신용장 등 거래 시 제조가 있는 경우 기간 계산에 산입하지 않음

T / I / P   내국신용장 등 거래

수출 전 단계(전 전 단계도 가능) 거래업체가 거래를 하는 경우 내국신용장 또는 구매확인서 등으로 거래를 하게 되면 영세율 세금계산서가 발행됨. 원래는 세금계산서가 발급되어 부가가치세가 과세되는데, 이러한 영세율 세금계산서를 발급받으면 부가가치세가 부과되지 않음

㉢ 국내 양도세액 환급 증명서류 : 분증, 기납증, 평세증(평세증은 잘 쓰지 않으므로 생략)

• 수입세액분할증명서(이하 : 분증) : 수입 후 그대로(제조 없이) 국내에서 판매되는 경우 납부한 세액(관세 등)을 증빙하는 서류

> ⓔ 딸기 100kg 수입 시 10,000원의 관세를 납부하고 국내에서 30kg를 판매했다면, 분증(분할증명서)상 관세는 3,000원으로 기재된다. 즉, 수출자가 30kg 수출 시 3,000원 관세환급이 가능하다.

• 기초원재료 납세증명서(이하 기납증) : 수입 후 제조/가공을 거쳐 국내에서 판매되는 경우 납부한 세액을 증빙하는 서류

> ⓔ 100kg 수입 시 10,000원의 관세를 납부하고 딸기주스를 1L를 만드는 데에 딸기 10kg가 소요(소요량)되는 경우 10L의 딸기주스를 만들 수 있다. 수출자에게 딸기주스 5L를 판매하는 경우 최초 수입 딸기 50kg가 소요되므로 기납증(기초원재료 납세증명서)상 관세는 5,000원으로 기재된다.

㉣ 제조·가공하여 국내 거래가 되는 경우 : 수출이행기간 다시 계산(수출이행기간 연장), 제조·가공하지 않는 경우 당초 수입일까지 소급하여 계산함

국내 거래를 거치는 경우의 수출이행기간 계산(연장)방법

수입/유통 업체 A (제조 ×, 수입)	→ 내국신용장 등 판매 (분증)	제조사 B (제조 ○, 판매)	→ 내국신용장 등 판매 (기납증)	수출업체 C (제조 ×, 수출)
	(기간계산에 산입하지 않음)		2년 내 수출	

수입/유통 업체 A (제조 ×, 수입)	→ 내국신용장 등 판매 (분증)	유통사 B (제조 ×, 판매)	→ 내국신용장 등 판매 (분증)	수출업체 C (제조 ×, 수출)
	수입된 상태 그대로 거래되는 경우 전부 계산 : 수입 후 2년 내 수출			

(4) 환급청구권 및 환급신청

① 환급청구기간 : 수출 등 후 2년 내 환급신청

구분	환급청구기간
관세법	5년 내 환급신청
환급특례법	2년 내 환급신청

② 환급방법에 따른 제출 서류

개별환급(원상태수출)	개별환급(제조 시)	개별환급 (국내 유통/제조 포함 시)	간이정액환급
수출신고필증	수출신고필증	수출신고필증	수출신고필증
수입신고필증	수입신고필증	수입신고필증	–
분할증명서 (국내거래 포함 시)	기초원재료납세증명서 (국내 거래 포함시)	기초원재료납세증명서, 분할증명서	–
	소요량계산서	소요량계산서	–

※ 환급신청인이 제조를 하는 경우 : 소요량계산서를 작성하여 제출하여야 한다(소요량증명서라는 것은 없음).

③ 환급신청인 : 수출대행자/수출화주 또는 제조자 중 수출신고필증상 환급신청인으로 기재된 자

USD 1,057.35

USD 1,057.35

수출신고필증(갑지)

UNI-PASS

①신고자 관세법인 토마토 심하룡	⑤ 신고번호 41234-18- 012345X	⑥ 세관,과 030- 15	⑦ 신고일자 2018-00-00	⑧ 신고구분 H 일반P/L신고	⑨ C/S구분 A

② 수출대행자 (통관고유부호)　　　　　　　　수출자구분 A 　수출화주 (통관고유부호) (주소) (대표자)　　　　(소재지) (사업자등록번호)	⑩ 거래구분 11 일반형태	⑪ 종류 A 일반수출	⑫ 결제방법 TT 단순송금방식
	⑬ 특정국 JP JAPAN	⑭ 적재항 KRPUS 부산항	⑮ 선박회사 (항공사)
	⑯ 선박명(항공편명)	⑰ 출항예정일자	⑱ 적재예정보세구역 030123456
	⑲ 운송형태 10 LC		⑳ 검사희망일 2018/00/00
	┌ 물품소재지		
③제조자 (통관고유부호) 제조장소　　　　　산업단지부호	┌ L/C번호		┌ 물품상태 N
	┌ 사전임시개청통보여부 N		┌ 반송 사유
④ 구매자 (구매확인부호)	□ 환급신청인 2 (1 :수출대행자/수출화주, 2 :제조자) 자동간이정액환급 NO		

●품명 · 규격 (란번호/총란수 :　001/00X)

┌ 품명 ┌ 거래품명	┌ 상표명		

┌ 모델 · 규격		┌ 성분	┌ 수량(단위)	┌ 단가(USD)	┌ 금액(USD)
(NO.01) PCB - MONORITHIC			123 (PC)	1.00	123

┌세번부호	8534.00- 1000	┌ 순중량	1.23 (KG)	┌ 수량	123 PC	┌ 신고가격(FOB)	$ 123
┌ 송품장부호	00012345678	┌ 수입 신고번호		┌ 원산지 KR——N		┌ 포장갯수(종류)	1 (CT)
┌ 수출요건확인 (발급서류명)							

┌총중량	157 (KG)	┌ 총포장갯수	1(CT)	┌ 총신고가격 (FOB)	$ 123 ₩ 130,0540
┌ 운임(₩)		┌ 보험료(₩)		┌ 결제금액	

┌ 수 입 화 물 관리번호		컨테이너번호		N

※신고인기재란	세관기재란

운송(신고)인 기간　　부터　　까지	적재의무기한	2018 /00/00	담당자	세관 공무원	신고수리일자	2018/00/00

(5) 개별환급

원재료의 수입 시(또는 국내 구매 시) 납부한 관세를 수출 시 돌려받기 위하여, 제조하는 경우 소요량
을 산출하고, 제조하지 않는 경우 수입신고필증, 분증, 기납증 등을 구비하여 관세환급 신청하는 환급
방법을 말한다.

① 개별환급 장점 : 일반적으로 간이정액환급보다 환급을 많이 받을 수 있음

② 개별환급 단점 : 소요량 계산이 복잡함, 서류 구비가 어려움, 납부한 관세가 없는 경우 환급 신청
   이 불가능함

T / I / P 개별환급 적용 대상 업체

• 대기업
• 전년도 환급실적이 6억원을 초과한 업체
• 자동 간이정액환급업체(중소기업)
• 간이정액환급업체이나, 원상태 수출 시, 또는 원상태 국내 판매 시(제조/가공 없이 수출되는 경우)
• 간이정액환급 비적용 승인을 받은 업체

※ 즉, 제조하지 않는 경우에는 언제나 개별환급이다.

---

(6) 간이정액환급

① 간이정액환급 : ⓐ 환급실적이 연간 6억원을 초과하지 않는 ⓑ 중소 ⓒ 제조업체가 제조하여 수출하
   는 경우, 관세율표(간이정액환급률표)상 ⓓ HS CODE에 따라 게기된 간이정액환급금을 수출FOB
   금액에 곱하여 환급신청을 하는 것

   ㉠ 간이정액환급 장점 : 소요량 산출이 필요 없음, 서류 구비가 단순함(수출신고필증만 제출)

   ㉡ 간이정액환급 단점 : 일반적으로 환급금이 개별환급보다 적음, 제조하지 않는 경우 환급 불가

② 중소제조업체만 가능

   ㉠ 수입물품을 수입한 상태 그대로 수출한다면 그 물품을 수출하는 주체가 누구인지를 불문하고 간이정
      액환급 방법으로 관세 등을 환급받는 것은 불가능함

   ㉡ 간이정액환급업체라도 수입한 상태 그대로 수출하거나 수입한 상태 그대로 국내 판매 시에는 개별환
      급을 적용

   ※ 시험과는 무관하다.

   ※ 대기업은 간이정액환급을 받을 수 없다.

③ 간이정액환급률표

   ㉠ 관세청장은 중소기업 수출 물품에 대한 관세 등의 환급 절차를 간소화하기 위하여 수출용원재료에 대
      한 관세 등의 최근 6개월 평균 환급액 또는 평균 납부세액 등을 기초로 정액환급률표를 정하여 고시함

   ㉡ 간이정액환급률표에 정하여진 금액은 해당 물품을 생산하는 데 드는 수출용원재료를 수입한 때에 납
      부하는 관세 등으로 보아 환급

   ㉢ HS 코드 10단위 별로 간이정액 환급액이 고시되어 있음

④ 간이정액환급금의 계산
   수출FOB금액×간이정액환급금(×원/10,000원당)

예 갈비 수출 FOB금액 기준 5,000,000원

세번	품명	수출금액(FOB) 1만원당 환급액
0202.20-1000	갈비	30
0202.30-0000	뼈 없는 것	150
0303.23-0000	틸라피아[오레오크로미스(Oreochromis)종]	40
0303.24-0000	메기[판가시우스(Pangasius)종·실루러스(Silurus)종·클라리아스(Clarias)종·익타루러스(Ictalurus)종]	40

※ 2018년도 간이정액환급률표 : (FOB)5,000,000원×30/10000 = 15,000원(갈비의 간이정액환급금)

⑤ 간이정액 비적용 승인신청

간이정액환급을 적용받지 않고자 하는 경우, 비적용 승인 신청이 가능하다. 단, 이 경우 비적용 승인일로부터 2년 이내에 다시 간이정액환급 신청을 할 수 없다.

T / I / P 간이정액 비적용 승인신청 후 2년 내 다시 간이정액환급 신청이 가능한 경우

• 생산공정의 변경 등으로 인하여 소요량계산서의 작성이 곤란하게 된 때
• 정액환급률표에 의한 환급액이 개별환급 소요량 산출 방법에 따라 산출된 환급액의 70퍼센트에 미달하게 된 때

---

(7) 양도세액 증명제도

① 종류 : 분할증명서(분증), 기초원재료 납세증명서(기납증), 평균세액증명서(평세증)

  ㉠ 분증 : 수입 후 제조하지 않고 국내에서 거래되는 경우 판매자가 발급하는 양도세액증빙서류

  ㉡ 기납증 : 수입 후 제조/가공한 후 국내에서 거래되는 경우 판매자가 발급하는 양도세액증빙서류

  ㉢ 평세증 : 판매자가 세액을 산출하기 곤란한 경우, 세관장에게 평균세액을 증명받아 발급하는 양도세액 증빙서류

② 양도세액 증빙서류의 용도

  ㉠ 환급신청인은 수출신고필증 및 수입신고필증(직접 수입한 경우)뿐만 아니라, 국내에서 구매한 경우에는 양도세액 증빙서류(분증, 기납증, 평세증)를 함께 제출하여 환급신청할 수 있음

  ㉡ 국내 판매업체는 이러한 분증, 기납증, 평세증을 수출자에게 발급해주고 양도되는 관세만큼 비싸게 팔거나, 환급금을 양수받을 수 있는 등 거래상 이득이 있으므로 협력의무에 해당함

(8) 기초원재료 납세증명서

① 기납증 발급절차

  ㉠ 개별환급업체

   • 수입한 경우 수입신고필증(관세 납부한 경우 해당), 국내 구매한 경우 분증, 기납증을 구비
   • 제조/가공하기 때문에 BOM(자재명세서)을 근거로 소요량을 산출하여 세액을 계산
   • 거래 증빙 서류를 구비(내국신용장, 구매확인서, 매매계약서 등 세관장 인정서류, 세금계산서)
   • 관세사를 대행하거나, 직접 세관에 발급신청(최근엔 관세청 유니패스를 통해 발급 가능)

ⓛ 간이정액환급업체

- 간이정액환급업체는 반드시 제조하여야 하므로 기납증도 해당됨
  ※ 간이정액환급업체는 수입신고필증, 분증, 기납증 등을 구비할 필요가 없음
- 간이정액환급률표에 고시된 바에 따라 양도(국내판매)금액 × 간이정액환급금(FOB만원당 얼마)을 산출
- 거래증빙 서류(내국신용장, 구매확인서, 매매계약서 등 세관장 인정서류, 세금계산서)를 구비하여 발급 신청

② 발급기한 : 수입 후 1년 내 수출자에게 양도하는 물품에 한하여 발급 가능

③ 환급방법 조정 대상 : 과다환급이 우려되는 경우 수입 후 기납증 발급 시 환급 방법은 조정될 수 있음

※ 환급방법 조정고시 : 과다환급이 우려되는 물품 등에 대하여 수출이행기간 단축, 물량 제한 등 관세환급을 적게 받도록 적용하는 관세청장 고시

(9) 수입세액분할증명서

① 분증 발급절차

ⓐ 개별환급업체

- 수입한 경우 수입신고필증(관세 납부한 경우 해당), 국내구매한 경우 분증, 기납증을 구비
  ※ 제조/가공을 하지 않으므로 소요량 산출이 필요 없음
- 거래 증빙 서류를 구비(내국신용장, 구매확인서, 매매계약서 등 세관장 인정서류, 세금계산서)
- 관세사를 대행하거나 직접 세관에 발급을 신청(최근엔 관세청 유니패스를 통해 발급 가능)

ⓑ 간이정액환급업체

- 간이정액환급업체일지라도 분증발급은 개별환급업체와 동일하게 발급됨
- 간이정액환급업체의 간이정액환급제도는 제조수출에만 적용되므로, 수입(또는 구매) 후 그대로 국내에서 발급하는 분증의 경우 간이정액환급이 적용되지 않음. 따라서 개별환급업체와 동일하게 수입신고필증, 분증, 기납증을 구비하여 내국신용장, 구매확인서, 매매계약서 등의 증빙을 통해 개별환급업체와 동일하게 분증을 발급할 수 있음

비교	분증(그대로 양도)	기납증(제조 후 양도)
소요량 산출	필요 없음	필요
간이정액환급업체	개별환급업체와 동일하게 발급하여야 함	간이정액 기납증 발급 가능
개별환급업체	수입신고필증, 분증, 기납증, 내국신용장, 구매확인서 등을 구비하여 발급 신청	수입신고필증, 분증, 기납증, 내국신용장, 구매확인서 등을 구비하여 발급 신청 (+ 소요량 산출 필요)
발급기한	수입(구매) 후 2년	수입(구매) 후 1년
수출이행기간 연장	연장 불가, 당초 수입(구매)일로부터 2년	기납증 발급 후부터 다시 2년 내 수출되면 환급 가능
공통점	• 수출자 또는 수출 전 단계 거래자에게 양도세액 전가 • 내국신용장, 구매확인서, 매매계약서 등 거래증빙 서류 필요	

1. 보세구역 기본

(1) 보세제도

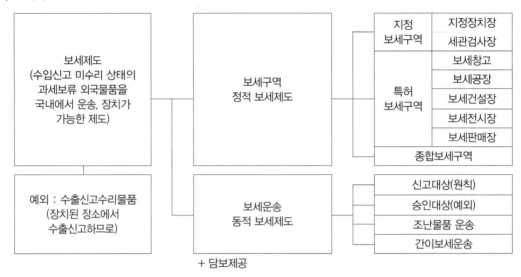

+ 담보제공

(2) 보세구역 장치 물품

구분		대상 물품
보세구역 장치 원칙		외국 물품, 내국운송신고 대상 내국 물품
보세구역 외 장치 가능 물품	수	수출신고 수리 물품
	크	크기 또는 무게의 과다 등 보세구역 장치 곤란, 부적당 물품
	재	재해, 기타 부득이한 사유로 임시장치 물품
	검	검역 물품
	압	압수 물품
	우	우편 물품
보세구역 외 장치허가	크	크기 또는 무게의 과다 등 보세구역 장치 곤란 · 부적당 물품
보세구역 장치 제한 물품		인화질, 폭발성, 부패 염려 물품, 살아 있는 동식물, 특수설비 보세구역

(3) 보세구역 작업 종류

작업 종류	작업 내용	요건
보수작업	현상 유지, 성질을 변경하지 않는 범위 내 포장, 구분, 분할, 합병	• 보수작업 재료는 내국물품만 가능하며(외국물품 사용 불가), 외국물품에 부가된 내국물품은 외국물품으로 봄(같이 수입신고의 대상이 됨) • 세관장 승인(신청 시 10일 내 통지)
보세구역 밖 보수작업	보세구역에서 작업이 곤란한 경우	• 보수작업 재료는 내국물품만 가능하며(외국물품 사용 불가), 외국물품에 부가된 내국물품은 외국물품으로 봄(같이 수입신고의 대상이 됨) • 세관장 승인(신청 시 10일 내 통지)
해체 · 절단 등의 작업	원형 변경, 해체 · 절단	• 세관장 허가 또는 세관장의 작업 명령 • 관세청장의 작업가능 물품 종류 지정
장치 물품 폐기	부패, 손상 등 → 세관장 승인 폐기	세관장 승인(또는 폐기명령) → 폐기 후 잔존물의 성질과 수량에 따라 과세 --- 미승인 멸실폐기 시 → 운영인 · 보관인 즉시 관세징수
견본품 반출	화주의 필요 또는 세관검사를 위해 SAMPLE 반출	세관장 허가(세관공무원 물품 검사 시 일부 견본품으로 채취 가능) → 사용 · 소비된 경우 관세납부수리로 봄

(4) 자율관리보세구역

① 보세구역 중 물품 관리 및 세관감시에 지장이 없는 경우+세관장 지정

② 혜택 : 보세 물품 반입 · 반출 시 세관공무원 참여 절차 및 일부 절차 생략

③ 지정 요건 : 보세사 채용 → 세관장 지정 신청

④ 지정 취소 : 세관장은 자율보세구역 지정을 받은 자가 관세법 의무를 위반하거나 세관감시에 지장 있는 사유 발생 시 지정 취소 가능

2. 지정보세구역

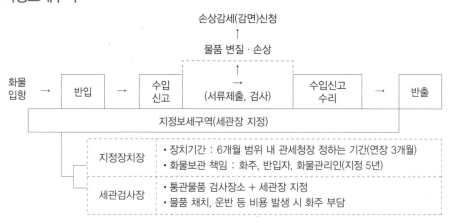

※ 지정보세구역에서 도난된 경우 납세의무자 : 화물관리인

※ 특허보세구역에서 도난된 경우 납세의무자 : 운영인

3. 특허보세구역

보세구역 구분	의의	장치기간 = 장치기간 경과 시 공고 후 매각	비고
지정 장치장 (세관장 지정)	통관/세관검사 목적 반입 장소	6개월 내 관세청장이 지정(연장 3개월)	화물관리인 지정 : 보관책임자
특허보세구역 (세관장 특허) 보세 창고	• 외국 물품, 통관하려는 물품 보관 가능 • 내국 물품도 보관 가능	• 외국 물품 : 1년 내 관세청장이 정하는 기간 (연장 1년) • 내국 물품 : 1년 내 관세청장이 정하는 기간 • 정부 비축용품 등 : 비축에 필요한 기간	• 세관장 신고 : 신고 후 장치 가능(수입신고 수리 후 장치된 물품은 신고 없이 계속 장치 가능) • 세관장 승인대상 : 외국 물품 1년, 내국 물품 6개월 이상 장치하는 경우 장치기간 경과 시 10일 내 반출
보세 공장	외국 물품과 내국 물품을 원료, 재료로 제조·가공하는 공장	특허기간(10년 내 신청인이 신청한 기간)	• 세관장 사용신고 : 사용 전 신고 • 세관장 허가 : 내국 물품만 원재료로 제조·가공 • 수입물품 제조·가공목적 보세공장 : 기획재정부령 보세공장 업종 제한 (양허받은 농림축산물, 환경침해, 풍속저해 업종) • 세관장 보세공장 외 작업허가(기간 경과 시 허가받은 운영인 관세 즉시 징수)
	제품과세 : 보세공장 제조 물품에 과세		
	원료과세 : 세관장 사용신고 전 원료과세신청을 통해 제조 전 원료에 과세		
보세 건설장	산업시설 건설용 외국물품인 기계류 설비품, 공사용 장비 장치·사용 가능한 건설장	특허기간(건설공사 고려 세관장이 정하는 기간)	• 사용 전 수입신고 : 외국 물품 건설장 반입 시 사용 전 수입신고(검사 진행) • 세관장 장치장소 제한 가능 • 수입신고 수리 전 건설된 시설 가동 불가능(수리 전 가동 시 관세 즉시 징수) • 보세건설장 외 작업허가(세관장)
보세 전시장	박람회, 전람회, 견본품 전시회 등의 운영을 위하여 외국 물품을 장치·전시, 사용 가능	특허기간(박람회 고려 세관장이 정하는 기간)	• 세관장 장치할 장소 제한 가능, 사용사항 조사가능, 운영인으로부터 보고 받을 수 있음 • 판매용 물품, 현장 직매용 물품은 수입신고 수리 전 사용, 인도 불가능
보세 판매장 (면세점)	• 외국으로 반출하거나, • 외교관 등의 사용을 조건으로 외국물품 판매장	특허기간(5년) 1회에 한하여 갱신가능 (중소기업 등은 2회)	• 세관장은 판매할 수 있는 물품의 종류, 수량, 장치 장소 제한 가능 • 외국 출국 내국인 구매한도 : 3천 달러
종합 보세구역 (관세청장 지정)	특합세구역의 2가지 이상의 기능 수행 가능한 보세구역 지정(관세청장)	제한 없음 (단, 보세창고 기능 시 1년)	• 관세환급 가능 : 외국인 관광객 등 종합보세구역에서 구입한 물품을 국외로 반출하는 경우 • 관세청장 지정 취소사유 : 운영인의 결격사유 해당, 물동량 감소

4. 종합보세구역

(1) 개요

종합보세구역에서는 보세창고 · 보세공장 · 보세전시장 · 보세건설장 또는 보세판매장의 기능 중 둘 이상의 기능(이하 '종합보세기능'이라 함)을 수행할 수 있다. 관세청장은 직권 또는 지정요청자의 요청에 따라 종합보세구역을 지정할 수 있다.

(2) 반입 · 반출 시 세관장에게 신고

종합보세구역에 물품을 반입하거나 반출하려는 자는 세관장에게 신고하여야 한다. 종합보세구역에 반입 · 반출되는 물품이 내국물품인 경우에는 신고를 생략하거나 간소한 방법으로 반입 · 반출하게 할 수 있다.

(3) 종합보세구역의 판매물품에 대한 관세 등의 환급

외국인 관광객 등 대통령령으로 정하는 자가 종합보세구역에서 구입한 물품을 국외로 반출하는 경우에는 해당 물품을 구입할 때 납부한 관세 및 내국세 등을 환급받을 수 있다.

5. 유치 및 처분

(1) 유치

다음의 어느 하나에 해당하는 물품으로서 필요한 허가 · 승인 · 표시 또는 그 밖의 조건이 갖추어지지 아니한 것은 세관장이 이를 유치할 수 있다.

① 여행자의 휴대품
② 우리나라와 외국 간을 왕래하는 운송수단에 종사하는 승무원의 휴대품

(2) 처분

세관장은 보세구역에 반입한 외국물품의 장치기간이 지나면 그 사실을 공고한 후 해당 물품을 매각할 수 있다. 급박한 경우에는 매각 후 공고할 수 있다.

T / I / P 공고 없이 즉시 매각 가능한 물품

- 살아 있는 동식물
- 부패하거나 부패할 우려가 있는 것
- 창고나 다른 외국물품에 해를 끼칠 우려가 있는 것
- 기간이 지나면 사용할 수 없게 되거나 상품가치가 현저히 떨어질 우려가 있는 것
- 관세청장이 정하는 물품 중 화주가 요청하는 것

※ 장치기간 경과물품 → 반출통고 → 매각 → 즉시 반출통고 → 국고귀속
※ 매각 방법 : 일반경쟁입찰 → 지명경쟁입찰 → 수위계약 → 경매 → 위탁판매(암기법 → 일지수경위)

---

1. 통관

통관요건	허가 · 승인 등의 증명 및 확인	수출입을 할 때 법령에서 정하는 바에 따라 허가 · 승인 · 표시 또는 그 밖의 조건을 갖출 필요가 있는 물품은 세관장에게 통관요건을 갖춘 것임을 증명하여야 한다.
	의무 이행의 요구	세관장은 다른 법령에 따라 수입 후 특정한 용도로 사용하여야 하는 등의 의무가 부가된 물품에 대하여는 문서로써 해당 의무를 이행할 것을 요구할 수 있다. 〈의무 면제 세관장 승인 사유〉 • 법령이 정하는 허가 · 승인 · 추천 기타 조건을 구비하여 의무이행 필요 없는 경우 • 법령의 개정 등 → 의무이행 해제 • 관계행정기관의 장의 요청 등으로 부과된 의무를 이행할 수 없는 사유가 있다고 인정된 경우
	통관표지	세관장은 관세 보전을 위하여 필요한 경우 수입 물품에 통관표지 첨부 명령이 가능 • 관세 감면, 용도세율 적용 물품 • 분할납부승인을 얻은 물품 • 부정수입물품과 구별 목적으로 관세청장이 지정한 물품
원산지제도	원산지 확인 기준	〈원산지결정기준〉 • 완전생산기준 : 물품 전부를 생산 · 가공 · 제조한 나라 • 2개국 이상 : 본질적 특성 부여가 충분한 정도의 실질적인 생산 · 가공 · 제조 과정이 최종적으로 수행된 나라 = 세번(HS 6단위)변경기준 • 주요공정기준, 부가가치기준
		불인정 공정 : 보존, 개수, 단순선별, 구분, 절단, 세척, 재포장, 단순조립, 물품특성이 변하지 않는 혼합, 가축의 도축작업
		〈특수 물품 원산지결정기준〉 • 촬영된 영화용 필름 → 제작자가 속하는 국가 • 기계 · 기구 · 장치 또는 차량과 함께 수입, 동시 판매되는 부속품 · 예비부분품 및 공구 → 당해 기계 · 기구 또는 차량의 원산지 • 포장용품 → 그 내용물품의 원산지(HS 코드 동일조건)
		직접운송원칙 : 해당 물품이 원산지가 아닌 국가를 경유하지 아니하고 직접 우리나라에 운송 · 반입된 물품인 경우에만 그 원산지로 인정 · 예외 • 지리적 · 운송상의 이유로 단순 경유 • 비원산국 관세당국의 통제하 보세구역 장치 비원산국에서 정상 상태를 유지하기 위해 요구되는 작업까지만 허용 • 박람회 · 전시회 등 관세 당국의 통제하에 전시목적으로 사용된 후 우리나라로 수출된 물품
	원산지 허위 물품 표시 등의 통관 제한	• 세관장은 원산지표시 위반 시 물품의 통관 허용 × • 부적합, 거짓표시, 미표시 등의 사항이 경미한 경우 보완 · 정정 후 통관 허용 가능 • 품질 등 사실과 다르게 표시한 물품, 오인표지 부착 물품 통관 허용 ×
	환적 물품 등에 대한 유치 등	세관장은 일시양륙, 환적, 복합환적되는 외국 물품 중 우리나라로 원산지 허위 표시한 물품에 대해 다음의 조치 가능 → 유치, 원산지 시정명령, 불이행 시 매각
		관세법, 조약, 협정 등 : 원산지확인이 필요한 물품을 수입하는 자 → 원산지증명서 제출 의무(미제출 시 : 관세율에서 일반특혜관세 · 국제협력관세, 편익관세 배제)

원산지 증명서	원산지증명서, 원산지 확인자료	• 세관장은 원산지증명서의 내용을 확인하기 위하여 원산지증명서확인자료 제출 요구 가능(정당한 사유가 있는 경우 원산지확인자료 비공개 요청 가능) • 미제출 시 세관장은 수입신고 당시 제출받은 원산지증명서의 내용을 인정하지 아니할 수 있음
	원산지증명서 의 발급	• 관세 양허대상 물품의 수출자가 원산지증명서의 발급을 요청하는 경우 세관, 상공회의소에서 원산지증명서 발급 • 원산지확인자료 제출기간은 20일 이상 기획재정부령으로 정하는 기간 이내
	원산지 확인위원회	〈관세청 원산지확인위원회 심의사항〉 • 원산지확인 기준 충족 여부 확인 • 원산지표시의 적정성 확인 • 원산지증명서의 내용 확인 • 기타 관세법, 「자유무역협정의 이행을 위한 관세법의 특례에 관한 법률」에 따른 원산지확인 등과 관련하여 관세청장이 원산지확인위원회의 심의가 필요하다고 인정하여 회의에 부치는 사항
	원산지증명서 등의 확인요청 및 조사	• 세관장은 외국세관 등에 제출된 원산지증명서 및 원산지증명서확인자료의 진위 여부, 정확성 등의 확인을 수입신고 수리 이후에 요청 가능 　－ 외국세관 등이 기획재정부령으로 정한 기간 이내 결과 회신이 없는 경우 　－ 세관장에게 신고한 원산지가 실제 원산지와 다른 것으로 확인된 경우 　－ 외국세관 등의 회신내용에 원산지증명서 및 원산지증명서확인자료를 확인하는 데 필요한 정보가 포함되지 않은 경우 　　→ 일반특혜관세·국제협력관세 또는 편익관세를 적용배제, 차액 부과·징수 • 세관장은 외국세관 등으로부터 원산지증명서 및 원산지증명서확인자료의 진위 여부, 정확성 등의 확인을 요청받은 경우 등 발급자 등을 대상으로 서면조사 또는 현지조사 가능
	원산지표시위 반단속기관 협의회	관세법, 농수산물의 원산지표시에 관한 법률, 대외무역법상 원산지표시 위반단속업무에 필요한 정보교류 등의 사항을 협의하기 위하여 관세청에 원산지표시위반단속기관협의회를 둠
통관제한	수출입 금지물품 (헌정화)	• 헌법질서를 문란하게 하거나 공공의 안녕질서 또는 풍속을 해치는 서적·간행물·도화, 영화·음반·비디오물·조각물 또는 그 밖의 이에 준하는 물품 • 정부의 기밀을 누설하거나 첩보활동에 사용되는 물품 • 화폐·채권이나 그 밖의 유가증권의 위조품·변조품 또는 모조품
	통관보류	세관장 통관보류 가능 물품 • 수출·수입·반송신고서 기재사항에 보완 필요 시 • 신고 시 제출서류 등에 보완이 필요 시 • 관세법 의무 위반 또는 국민보건 등을 해칠 우려 시 • 세관장에 의해 안전성 검사가 필요 시(신설) • 체납처분이 위탁된 체납자가 수입 시 • 관세 관계법령을 위반한 혐의로 고발되거나 조사를 받을 시
	보세구역 반입명령 (관세청장, 세관장)	• 관세법 의무사항 위반, 국민보건 등을 해칠 우려가 있는 국내에 있는 물품 → 관세청장, 세관장 보세구역 반입명령 가능 • 국내에 있는 물품 　－ 수출신고가 수리되어 외국으로 반출되기 전에 있는 물품 　－ 수입신고가 수리되어 반출된 물품 • 다음 중 하나에 해당하는 경우 　－ 세관장 의무이행 명령 불이행 　－ 원산지표시 위반 　－ 품질 등 표시 위반 　－ 지식재산권을 침해한 경우 • 반입명령을 받은 자 → 해당 물품 지정받은 보세구역으로 반입 • 반입명령 적용 배제대상 　－ 수출입신고가 수리된 후 3개월 경과 　－ 관련 법령에 따라 관계행정기관의 장의 시정조치가 있는 경우

지식재산권 보호		• 침해 시 수출입 금지 대상 지식재산권
		<table><tr><td>디</td><td>「디자인보호법」에 따라 설정등록된 디자인권</td></tr><tr><td>저</td><td>「저작권법」에 따른 저작권 등</td></tr><tr><td>특</td><td>「특허법」에 따라 설정등록된 특허권</td></tr><tr><td>지</td><td>「농산물품질관리법」 또는 「수산물품질관리법」에 따라 등록되거나 조약·협정 등에 따라 보호대상으로 지정된 지리적 표시권 등</td></tr><tr><td>상</td><td>「상표법」에 따라 설정등록된 상표권</td></tr><tr><td>품</td><td>「식물신품종 보호법」에 따라 설정등록된 품종보호권</td></tr></table>
		• 통관 보류 절차 관세청장 지재권 등록자 지재권사항 신고 + 담보제공 ↓ 지재권 침해 (의심) 물품 → 지재권 신고인에게 수출입신고 등 　침해 사실 통보 ↓ 세관장 통관보류/유치(지재권자 요청 ← 세관장에게 또는 명백한 경우 세관장 직권 가능) 　담보 제공 ↓ 유치 통보 　통관 보류 신고인 담보 제공 후 　유치 요청 통관/유치 해제 요청 가능
통관 예외적용	수입으로 보지 아니하는 소비 또는 사용 (선3국휴법)	• 선·기용품, 차량용품을 운송수단 내 그 용도에 따라 소비·사용 • 선·기용품, 차량용품을 지정보세구역에서 우리나라를 경유하여 제3국으로 출발하려는 자에게 제공하여 그 용도에 따라 소비·사용 • 여행자 휴대품을 운송수단, 관세통로에서 소비·사용 • 관세법에 따라 소비·사용
	수출입의 의제	• 수입의 의제(수입으로 봄) : 국통매우추몰 <table><tr><td>국</td><td>국고 귀속된 물품</td></tr><tr><td>통</td><td>통고처분으로 납부된 물품</td></tr><tr><td>매</td><td>매각된 물품</td></tr><tr><td>우</td><td>체신관서가 수취인에게 내준 우편물</td></tr><tr><td>추</td><td>몰수를 갈음하여 추징된 물품</td></tr><tr><td>몰</td><td>몰수된 물품</td></tr></table> • 수출의 의제 : 체신관서가 외국으로 발송한 우편물
통관 후 유통이력 관리	통관 후 유통이력 신고 (관세청장)	• 유통이력 관세청장 신고 　– 대상자 : 외국 물품을 수입하는 자 + 수입 물품을 국내에서 거래하는 자 (소비자에 대한 판매를 주된 영업으로 하는 사업자는 제외) → 유통이력 신고대상 물품은 관세청장에게 유통이력 신고를 하여야 함 　　※ 유통이력 신고대상 물품 : 사회 안전 또는 국민보건을 해칠 우려가 현저한 + 관세청장 지정 물품 　– 유통이력 신고의무자는 유통이력을 장부에 기록(전자적 기록방식을 포함)하고, 그 자료를 거래일부터 1년간 보관 　– 관세청장은 유통이력 신고 물품의 지정, 신고대상 범위 설정 등을 할 때 수입물품을 내국 물품에 비해 부당하게 차별해서는 아니 되며, 이를 이행하는 신고의무자의 부담이 최소화되도록 하여야 함 • 조사 : 관세청장은 세관공무원으로 하여금 유통이력 신고의무자의 장부, 서류를 세관공무원의 신분 확인 증표를 보여준 후 조사하게 할 수 있음

수 출 신 고 필 증

※ 처리기간 : 즉시

①제출번호 40650-05-0202389 신고자 한국관세사무소 김대한		⑤신고번호 040-15-12-0000100	⑥신고일자 2014/03/10	⑦신고구분 H 일반P/L신고	⑧C/S구분 A

②수출대행자 (주)한국상사 (통관고유부호) 수출자 구분 C 수출화주 (통관고유부호) (주소) 서울시 강남구 삼성동 000 (대표자) 김무역 (소재지) 135 (사업자등록번호) 000-00-00000	⑨거래구분 11 일반형태	⑩종류 A 일반수출	⑪결제방법 TT 단순송금방식
	⑫목적국 FR FRANCE	⑬적재항 ICN 인천공항	⑭선박회사 (항공사
	⑮선박(항공기)	⑯출항예정일	⑰적재예정 보세구역
	⑱운송형태 40 ETC		⑲검사희망일 2012/01/15
	⑳물품소재지 400 인천광역시 중구 운서동 스카이웨이(040)		

③제조자 주식회사 씨씨티비 (통관고유번호) 씨씨-1-70-1-01-0) 제조장소 157 산업단지부호 999 ③제조자 주식회사 씨씨티비 (통관고유번호) 씨씨-1-70-1-01-0) 제조장소 157 산업단지부호 999	L/C번호	물품상태 N
	사전임시개청통보여부 A	반송사유

④구매자 xxxxxx (구매자부호) FRSOCIET 00006C	환급신청인 1(1 : 수출대행자/수출화주. 2 : 제조자) 자동간이정액환급 NO

• 품명 · 규격(란번호/총란수 : 001/001)

품명 거래품명	CCTV CAMERA CCTV CAMERA	상표명 CCK		
모델 · 규격	성분	수량	단가(USD)	금액(USD)
8907-0012 CCK-15T		1,000EA	38	38,000

세번부호	8525.80-1020	순중량	570(KG)	수량	1,000EA	신고가격 (FOB)	$38,000 ₩38,000,000
송품장번호		수입신고번호		원산지 KR-A-G		포장갯수(종류)	10(CT)

수출요건확인 (발급서류명)						
총중량		총포장갯수		10(CT)	총신고가격 (FOB)	$38,000 ₩40,000,000
운임(₩)	1,950,000	보험료(₩)		50,000	결제금액	CIP - USD - 40,000

2. 수출 · 수입 및 반송

통관 (세관장 신고)	수입	휴대품 미신고 : 가산세 납부세액의 40%(반복 60%)	• 지정보세구역 반입 후 30일 내 신고 (지연신고 시 과세가격의 2/100 범위 내 가산세 부과) • 전기, 가스, 유류 등 수출 · 입 · 반송 다음달 10일까지 신고 가능
		이사물품 미신고 : 납부세액의 20%	
		• 원칙 : 입항 후만 신고가능 • 예외 : 입항 전 신고가능	
	반송	보세구역 반입 장소에서만 신고 가능	

	수출	• 물품소재지 관할 세관장에게 신고
		• 수출 검사 가능(적재지 또는 신고지 관할 세관)
		• 신고 수리 후 30일 내 적재 (연장 1년 범위 내 수차례 가능)
			• 보세구역 반입 후 수출신고 대상물품
			  – 도난우려 높은 물품
			  – 고세율 원재료 사용 · 부정환급 우려가 높은 물품
			  – 국민보건 · 사회안전 · 무역질서 준수를 위해 수출관리가 필요한 물품
			• 적재기간 내 미적재 시 세관장 수출신고 수리 취소 가능

간이통관신고 (휴탁별우면외국컨)		• 휴대품 · 탁송품 · 별송품 • 우편물 • 관세 면제 물품 • <u>외국무역선 · 기</u> • <u>국경출입차량</u> • 국제운송을 위한 컨테이너(무세에 한함)	간이통관 제외대상인 운송수단(국내외) – 국내 수입목적 <u>최초</u> 반입 운송수단 – 해외 수리한 국내 운송수단 – 수출 · 반송되는 운송수단
신고인	수출	화주 또는 관세사 등 명의 + 수출 물품 제조 공급자	
	반송, 수입	화주 또는 관세사 등 명의	
신고 취하 및 각하 (반출 후 불가)		• 정당한 이유가 있는 경우 + 세관장 승인 → 취하(신고수리 효력 상실) • 신고 요건 미충족, 부정한 방법 신고 시 → 각하(신고수리 효력 상실)	

3. 우편물

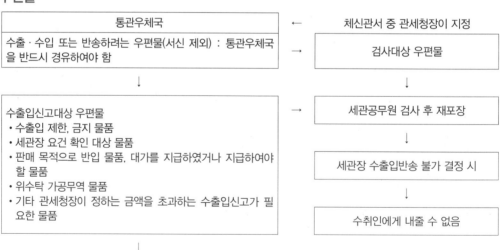

International Trade Specialist **PART 02**

SECTION 1 FTA 특례법 개요

1. 법률 적용 순서

상충 시 적용 우선 순서는 'FTA협정 > FTA특례법 > 관세법' 순이다.

※ FTA협정, 특례법에서 정하지 않는 경우 관세법 적용

2. FTA협정 종류와 포괄범위

(1) 자유무역협정(FTA)

협정을 체결한 국가 간에 상품/서비스 교역에 대한 관세 및 무역장벽을 철폐함으로써 배타적인 무역특혜를 서로 부여하는 협정이다.

자유무역협정 ▶ 관세동맹 ▶ 공동시장 ▶ 완전경제통합

(2) 자유무역협정의 종류와 포괄 범위

역내 관세철폐	역외 공동 관세부과	역내 생산요소 자유이동 보장	역내 공동 경제 정책 수행	초국가적 기구 설치·운영
1. 자유무역협정 (FTA) 역내 관세철폐				
2. 관세동맹(Custom Union) 공동관세 부과				
3. 공동시장(Common Market) 생산요소 이동 자유화				
4. 경제동맹(Economic Union) 재정·금융정책 상호조정				
5. 완전경제통합(Complete Economic Union) 경제주권 포기, 경제정책 통합				

① 자유무역협정(Free Trade Agreement : FTA) : 회원국 간 무역자유화를 위해 관세를 포함하여 각종 무역제한 조치 철폐 ⓓ NAFTA

② 관세동맹(Custom Union) : 회원국 간 역내무역 자유화 외에도 역외국에 대해 공동관세율을 적용하여 대외적인 관세까지도 역내국들이 공동보조를 취함 ⓓ 남미공동시장(MERCOSUR)

③ 공동시장(Common Market) : 관세동맹 수준의 무역정책 외에도 회원국 간 노동, 자본 등 생산요소의 자유로운 이동 가능 ⓓ 구주공동체(EC), 중앙아메리카 공동시장(CACM)

④ 경제동맹(Economic Union) : 회원국 간 금융, 재정정책, 사회복지 등 모든 경제정책을 상호 조정하여 공동의 정책 수행 **예** 유럽연합(EU)

⑤ 완전경제통합(Complete Economic Union) : 회원국들이 독립된 경제정책을 철회하고 단일경제체제하에서 모든 경제정책을 통합·운영, 회원국 간에 단일 의회 설치와 같은 초국가적 기구 설치

SECTION 2 협정관세의 적용

1. 세율 적용 순위

(1) 타 세율보다 낮은 경우

탄력관세 우선적용(덤핑 방지, 상계, 보복, 긴급관세 등) → FTA 협정세율 → 관세법상 세율

(2) 타 세율보다 높은 경우

탄력관세 우선적용(덤핑 방지, 상계, 보복, 긴급관세 등) → 관세법상 세율 → FTA 협정세율

(3) 타 세율과 동일한 경우

탄력관세 우선적용(덤핑방지, 상계, 보복, 긴급관세 등) → 수입자 선택(FTA협정세율 OR 관세법상 세율)

(4) 관세법상 세율 적용의 우선순위

구분	내용
제1순위	덤핑방지관세, 상계관세, 보복관세, 긴급관세, 특정국 물품 긴급관세, 농림축산물에 대한 특별긴급관세(세율의 높낮이에 관계없이 최우선하여 적용)
제2순위	편익관세, 협정세율 (2순위의 세율은 3·4·5·6순위의 세율보다 낮은 경우에 한하여 우선 적용)
제3순위	조정관세, 계절관세, 할당관세 (할당관세는 4순위의 세율보다 낮은 경우에 한하여 우선 적용)
제4순위	일반특혜관세
제5순위	잠정세율
제6순위	기본세율

2. 협정관세 적용 신청 및 절차

(1) 협정세율 적용 신청의 의의

① 수입자가 FTA 세율 적용을 받으려면 수입신고 시 「협정관세적용신청서」를 제출해야 함

② 협정관세 적용은 수입신고 수리 전과 수리 후에 신청하여 받을 수 있음

(2) 수입신고 수리 전 협정관세 적용 신청

① 수입자는 협정관세를 적용받기 위해 수입신고 수리 전까지 「협정관세적용신청서」를 작성하여 신고

② 수입신청 시 수입자는 원산지 증빙서류를 갖추고 있어야 하며, 세관장이 요구 시 제출해야 함

③ 관세율 할당(Tariff Rate Quota : TRQ) 품목 중 관계기관의 추천서가 필요한 경우에는 수입신고 수리 전까지 세관에 제출

④ 선착순 방식에 의한 수량별 차등협정관세 적용물품인 경우 TRQ 총수량 내에 수입신고 수리되면 FTA 세율 적용 가능

(3) 수입신고 수리 후 협정관세 적용 신청(사후 적용)

수입자가 수입신고 수리 전까지 원산지증빙서류를 갖추지 못하여 협정관세 적용을 신청하지 못하는 경우, 당해 물품의 수입신고 수리일부터 1년 이내에 협정관세 적용 신청 가능

(4) 품목분류(HS CODE) 오류로 세관 직권에 의해 관세를 징수하는 경우

납세고지서를 받은 날부터 3개월 이내(대통령령: 45일 이내) 협정관세 사후적용 신청 가능

3. 원산지결정기준의 종류

일반적 기준	완전생산기준				
	실질적 변형기준	단독기준	세번변경기준	2단위 세번변경(CC)	
				4단위 세번변경(CTH)	
				6단위 세번변경(CTSH)	
			부가가치기준	부가가치율 (RVC)	직접법(BU)
					공제법(BD)
					순원가법(NC)
				비원산재료가치비율(MC)	
			특정공정기준	재단, 봉제, 날염, 염색 등	
		선택기준	"or 조건" ※ 예시 • 세번변경기준 or 부가가치기준 • 부가가치기준 or 특정공정기준 • 세번변경기준 or (세번변경기준 and 부가가치기준) • 세번변경기준 or (부가가치기준 and 특정공정기준) (세번변경기준 and 특정공정기준) or 부가가치기준		
		조합기준	"and 조건" ※ 예시 • 세번변경기준 and 부가가치기준 • 세번변경기준 and 특정공정기준		

보충적 기준	미소기준(De minimis)	
	누적기준	재료누적
		상품누적
		공정누적
	중간재	
	간접재료	공구, 금형, 설비, 연료, 촉매제 등
	재료가격	원산지재료의 가격
		비원산지재료의 가격
	공구, 부속품	
	용기, 포장	
	대체가능 물품	개별법
		선입선출법
		후입선출법
		평균법
	불인정공정(충분가공원칙)	
	직접운송원칙	
	역외가공	

1. 원산지증명서 개요

(1) 원산지증명서 정의

① 물품을 생산한 나라 또는 물품의 국적을 의미하는 원산지를 증명하는 문서

② 수출 물품이 우리나라에서 재배 · 사육 · 제조 · 가공된 것임을 증명하는 문서

(2) 원산지증명서 필요성

협정별 원산지결정기준을 충족하고 협정에서 정한 원산지증명서를 구비해야 상대국에서 FTA세율 적용이 가능하다.

(3) 원산지증명서 유형

특혜 원산지증명서 (발급기관 : 세관, 상공회의소)	비특혜 원산지증명서 (발급기관 : 상공회의소)
• 자유무역협정(FTA)에 의한 관세양허수출품의 원산지증명 • 아시아–태평양무역협정(APTA)에 의한 관세양허대상 수출 물품의 원산지증명 • 일반특혜관세(GSP) 원산지증명 • 개발도상국 간 특혜무역제도(GSTP)에 의한 관세양허수출품의 원산지증명 • GATT 개발도상국 간 관세양허수출품의 원산지증명	• 관세양허대상이 아닌 유상 또는 무상으로 수출하는 물품에 대하여 발급 • 해외 바이어의 자국 내 원산지표시 문제 및 불공정 무역행위(덤핑) 조사 등을 이유로 필요

(4) FTA원산지증명서 종류

구분	적용협정
원산지증명서(Certification of Origin)	칠레, 싱가포르, 아세안, 인도, 미국, 페루
원산지신고서(Origin Declaration)	EU, EFTA, 페루, 터키
연결원산지증명서(Back to Back C/O)	아세안(역내 경유국에서 발급)

2. 원산지증명서의 발급

(1) 기관발급 vs 자율발급

구분	기관발급	자율발급
정의	협정이 정하는 방법과 절차에 따라 원산지국가의 관세당국 기타 발급권한이 있는 기관이 당해 물품에 대하여 원산지를 확인하여 발급하는 제도(한국 : 세관, 상공회의소)	협정이 정하는 방법과 절차에 따라 수출자, 생산자(한−미 FTA는 수입자도 포함)가 당해 물품에 대하여 원산지를 확인하여 작성한 후 서명하여 사용하는 제도
대상협정	한 − 싱가포르, 한 − 아세안, 한 − 인도, 한 − 베트남, 한 − 중국, 한 − 호주	한 − 칠레, 한 − EFTA, 한 − EU, 한 − 미, 한 − 터키, 한 − 페루, 한 − 호주, 한 − 캐나다, 한 − 뉴질랜드, 한 − 콜롬비아, 한 − 중미
특이사항	• 한 − EFTA : 스위스산 치즈는 기관발급 • 한 − 페루 : 발효이후 5년간(2016. 7. 31까지) 기관발급 허용 • 아세안 정부기관 　− 브루나이(외교통상부) 　− 캄보디아(상무부) 　− 인도네시아(통상부) 　− 라오스(상공회의소, '12. 7. 1 변경) 　− 말레이시아(국제통상산업부) 　− 미얀마(상무부) 　− 필리핀(세관) 　− 싱가포르(세관) 　− 베트남(통상부) 　− 태국(상무부)	한 − EU : 건당 수출금액이 6,000유로 초과 시 원산지인증수출자만 자율발급 가능

※ 참고 사항

EFTA(4개국)	스위스, 노르웨이, 아이슬란드, 리히텐슈타인
ASEAN(10개국)	말레이시아, 싱가포르, 베트남, 미얀마, 인도네시아, 필리핀, 브루나이, 라오스, 캄보디아, 태국
EU(28개국)	오스트리아, 벨기에, 영국, 체코, 키프로스, 덴마크, 에스토니아, 핀란드, 프랑스, 독일, 그리스, 헝가리, 아일랜드, 이탈리아, 라트비아, 리투아니아, 룩셈부르크, 몰타, 네덜란드, 폴란드, 포르투갈, 슬로바키아, 슬로베니아, 스페인, 스웨덴, 불가리아, 루마니아, 크로아티아
중미(5개국)	니카라과, 온두라스, 코스타리카, 엘살바도르, 파나마

(2) FTA별 원산지증명방식 비교

구분	칠레	싱가포르	EFTA	아세안	인도	EU	페루	터키	미국
발급방식	자율발급	기관발급	자율발급 (치즈 – 기관)	기관발급	기관발급	자율발급	자율발급	자율발급	자율발급
발급자	수출자	• 싱가포르(세관) • 한국(세관, 상의, 자유무역관리원)	• 수출자 • 생산자	• 아세안(정부기관) • 한국(세관, 상의)	• 인도(수출검사위원회) • 한국(세관, 상의)	• 수출자 • 6천유로 이상 인증 수출자	• 수출자 • 생산자	수출자	• 수출자 • 생산자 • 수입자
증명서식	통일증명서식	별도서식	송품장	통일서식 (AK)	통일서식	송품장	통일서식	송품장	자율 (권고서식)
유효기간	2년	1년	1년	1년	1년	1년	1년	1년	4년
제출면제	1,000$ 이하	1,000$ 이하	1,000$ 이하 (EFTA로 반입 시 상이)	1,000$ 이하 (EFTA로 반입 시 상이)	개인소포, 여행자수화물(금액제한없음)	1,000$ 이하 (EU로 반입 시 상이)	1,000$ 이하	1,000$ 이하	1,000$ 이하
사용언어	영어					한글, EU 당사국 언어	영어		영어, 한글
사용횟수	1회 사용 원칙								12개월 내에 포괄 발급 가능

구분	호주	캐나다	중국	베트남	뉴질랜드	콜롬비아	중미
발급방식	자율/기관발급	자율발급	기관발급	기관발급	자율발급	자율발급	자율발급
발급자	• 수출자 • 생산자 • 호주(상공회의소, 산업협회)	• 수출자 • 생산자	• 중국(국가질량감독검험검역총국, 국제무역촉진위원회) • 한국(세관, 상의)	• 한국(세관, 상의) • 베트남(산업무역부)	• 수출자 • 생산자	• 수출자 • 생산자	• 수출자 • 생산자
증명서식	자율 (권고서식)	통일서식	통일서식	통일서식	송품장/권고서식	통일서식	통일서식
유효기간	2년	2년	1년	1년	2년	1년	1년
제출면제	• 한국 : 1,000$ 이하 • 호주 : 1,000호주달러(AUD) 이하	1,000$ 이하	700$ 이하	600$ 이하	1,000$ 이하	1,000$ 이하	1,000$ 이하

3. 당사자별 구비 서류

생산자	수출자	수입자
원산지증명서의 작성일 또는 발급일로부터 5년. 다만, 체약상대국이 중국인 경우 3년		협정관세의 적용을 신청한 날의 다음 날부터 5년
수출자 또는 체약상대국의 수입자에게 해당 물품의 원산지증명을 위하여 작성 · 제공한 서류	체약상대국이 수입자에게 제공한 원산지증명서(전자문서 포함) 사본 및 원산지증명서 발급 신청서류(전자문서를 포함한다) 사본	원산지증명서(전자문서 포함) 사본. 다만, 협정에 따라 수입자의 증명 또는 인지에 기초하여 협정관세 적용신청을 하는 경우로서 수출자 또는 생산자로부터 원산지증명서를 발급받지 아니한 경우에는 그 수입물품이 협정관세의 적용대상임을 증명하는 서류
수출자와의 물품공급계약서	수출신고필증	수입신고필증
해당 물품의 생산에 사용된 원재료의 수입신고필증 (수출자의 명의로 수입신고한 경우만 해당)		수입거래 관련 계약서
수출거래 관련 계약서		지식재산권 거래 관련 계약서
해당 물품 및 원재료의 생산 또는 구입 관련 증빙서류		수입물품의 과세가격 결정에 관한 자료
원가계산서 · 원재료내역서 및 공정명세서		수입물품의 국제운송 관련 서류
해당 물품 및 원재료의 출납 · 재고관리대장		
해당 물품의 생산에 사용된 재료를 공급하거나 생산한 자가 해당 재료의 원산지증명을 위하여 작성한 후 생산자에게 제공한 서류	생산자 또는 해당 물품의 생산에 사용된 재료를 공급하거나 생산한 자가 해당 물품의 원산지증명을 위하여 작성한 후 수출자에게 제공한 서류	원산지 등에 대한 사전심사서 사본 및 사전심사에 필요한 증빙서류 (사전심사서를 받은 경우만 해당)

4. 원산지증명서 제출 면제 사유

구분	면제 대상
확	물품의 종류 · 성질 · 형상 · 상표 · 생산국명 또는 제조자 등에 따라 원산지를 확인할 수 있는 물품으로서 관세청장이 정하여 고시하는 물품
동	동종 · 동질 물품을 계속적 · 반복적으로 수입하는 경우로서 해당 물품의 생산공정 또는 수입거래의 특성상 원산지의 변동이 없는 물품 중 관세청장이 정하여 고시하는 물품
천	과세가격이 미화 1천달러(자유무역협정에서 금액을 달리 정하고 있는 경우에는 자유무역협정에 따름, 이하 이 호에서 같음) 이하로서 자유무역협정(이하 '협정'이라 함)에서 정하는 범위 내의 물품. 다만, 수입물품을 분할하여 수입하는 등 수입물품의 과세가격이 미화 1천달러를 초과하지 아니하도록 부정한 방법을 사용하여 수입하는 물품은 제외
사	관세청장으로부터 원산지 사전심사 받은 물품(사전심사를 받은 때와 동일한 조건인 경우만 해당)

MEMO

토마토패스
국제무역사 2급 초단기완성
———

초 판 발 행	2018년 10월 25일	
개정1판1쇄	2020년 08월 25일	

편 저 자	심하룡	
발 행 인	정용수	
발 행 처	예문사	
주 소	경기도 파주시 직지길 460(출판도시) 도서출판 예문사	
T E L	031) 955-0550	
F A X	031) 955-0660	

등 록 번 호   11-76호

정   가   24,000원

홈페이지 http://www.yeamoonsa.com

ISBN   978-89-274-3637-9   [13320]

이 도서의 국립중앙도서관 출판예정도서목록(CIP)은 서지정보유통지원시스템 홈페이지(http://seoji.nl.go.kr)와 국가자료공동목록시스템(http://www.nl.go.kr/kolisnet)에서 이용하실 수 있습니다.
(CIP제어번호: CIP2020026623)

토마토패스는
수험생이 취득하고자 하는 **자격증의 합격**

단지 그 목적 하나만을 위해 존재합니다.

[한국금융투자협회]

투자자산운용사	증권투자 권유대행인	펀드투자 권유대행인	증권투자 권유자문인력	펀드투자 권유자문인력	파생상품투자 권유자문인력

[한국금융연수원]

외환전문역 1종	외환전문역 2종	신용분석사 1부	신용분석사 2부	은행텔러

[한국무역협회]

국제무역사 1급	국제무역사 2급

[대한상공회의소]

무역영어 1급	무역영어 2·3급

토마토패스를 이용한 수험생들의 **압도적인 합격률**,
다른 사이트와 반드시 비교해보시고 선택하시기 바랍니다.

[한국보험연수원]

| 보험심사역 공통부문 | 보험심사역 개인전문부문 | 보험심사역 기업전문부문 | 보험심사역 최종모의고사 | 개인보험심사역 | 기업보험심사역 |

[한국 FPSB협회]

AFPK
MODULE. 1

AFPK
MODULE. 2

AFPK
MODULE. 1 · 2

CFP® [사례형]
핵심정리문제집

CFP® [지식형]
핵심정리문제집

CFP®
모의고사

[신용회복위원회]   [한국관세물류협회]   [매일경제신문사]   [한국경제신문]

국가공인 신용상담사
핵심이론+문제집

보세사
3주완성 핵심기본서

매경 TEST
700점 단기완성

TESAT(테셋)
2등급 단기완성

※ 도서 표지는 출판사 사정에 따라 변경될 수 있습니다.

◀ 증권경제전문 토마토TV가 만든 교육브랜드

토마토패스는 24시간 증권경제 방송 토마토TV, 인터넷 종합언론사 뉴스토마토 등을 계열사로 보유한 토마토그룹에서
새롭게 선보이는 금융전문 교육브랜드입니다. 경제, 금융, 증권 분야에서 쌓은 경험과 전략을 바탕으로 최고의
금융교육서비스를 약속합니다.

Newstomato	**tomato TV**	**ⓔtomato**
맛있는 인터넷 뉴스	24시간 증권경제 전문방송	맛있는 증권정보
www.newstomato.com	tv.etomato.com	www.etomato.com

◀ 차별화된 고품질 방송강의(매일밤 11시~12시 토마토TV 방송)

토마토TV의 방송제작능력을 활용해서 다른 업체와는 차별화된 고품질 방송강의를 선보입니다. 터치스크린을 이용한
전자칠판, 집중력을 높이는 카메라 움직임, 선명한 강의내용 등으로 수험생들의 학습능력을 향상시켜드립니다.

토마토패스 강의화면

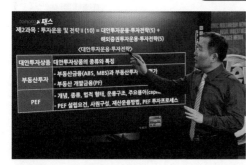
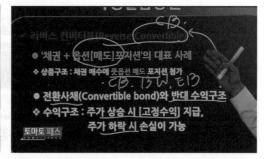

◀ 확실한 핵심정리 기능

토마토패스는 시험 출제비중이 높은 중요한 포인트를 확실하게 정리해드립니다. 컴퓨터그래픽을 이용해서 중요한 내용을
화면에 정리해서 보여줌으로써, 시험의 합격을 확실하게 도와드립니다.

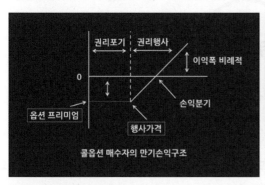

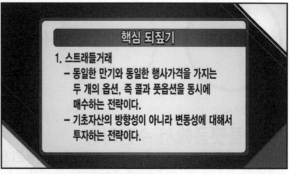

■ 강의 중요내용을 전체화면으로 노출

■ 컴퓨터그래픽을 활용한 핵심 되짚기

◀ 압도적인 합격률, 강의 만족도 1위, 최장 수강기간

토마토패스는 업계 최고수준의 압도적인 합격률과, 최저가격, 최장 수강기간, 무제한반복수강으로 타업체와는
비교할 수 없는 가치를 증명합니다. 토마토패스를 선택해야할 이유는 명확합니다.

> "쉬우면서도 기억에 잘 남는 강의가 매력포인트 ㅋㅋ 강의자료가 pdf로 다 올라오고...
> 문풀 교재에서도 꽤 시험에 나왔다!! 무슨 기출문제집인줄 ㅋㅋㅋㅋㅋ
> 한 번에 합격하게 해주셔서 감사!!"

(프리엔즈님의 후기)

> "다른 인강업체는 그냥 일반 분필칠판에서 필기하니깐 잘 보이지도 않고, 불편했는데,
> 전자칠판으로 하니깐 눈이 호강하네요 ㅋㅋㅋㅋ
> 공부하기 딱 좋은 토마토패스!!!! 너무 만족해서 감사드립니다."

(eunju-400님의 후기)

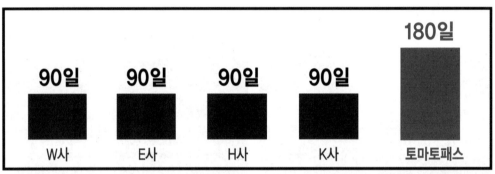

〈금융자격증 수강기간〉 최장 수강기간

◀ 최신 출제경향을 반영한 단계별 학습

토마토패스의 금융강의는 최신 출제경향을 반영한 이론과 문제풀이, 특강으로 이어지는 3단계 학습방법을 통해 완벽하게
시험에 대비하고 합격의 길로 안내합니다.

◀ 모든 플랫폼에서 수강가능

토마토패스의 웹사이트는 PC를 비롯해서 태블릿, 스마트폰(안드로이드, 아이폰) 등의 환경을 완벽히 지원하므로 별도의
추가요금없이 언제 어디서나 자유롭게 수강하실 수 있습니다.

tomato 패스 동영상 수강방법

❶ 토마토패스 웹사이트 접속

www.tomatopass.com

❷ 회원가입

토마토패스 웹사이트에서 회원가입(이메일주소와 비밀번호 등록)

❸ 결제 후 〈내 강의실〉 입장

〈내 강의실〉에서 원하는 강의 차시 선택

No.	강의보기	목차	강의시간	교수
1	▶	펀드법규1(1권 P.192~)	59분	박선호
2	▶	펀드법규2(1권 P.213~)	60분	박선호
3	▶	펀드법규3(1권 P.213~)	58분	박선호
4	▶	펀드법규4(1권 P.248~)	58분	박선호

❹ 동영상 수강

- 모바일기기에서는 〈합격통〉 앱을 통해서 수강가능 (스트리밍, 다운로드 선택가능)
- 지원가능한 모바일기기: 스마트폰(안드로이드), 테블릿(안드로이드), 아이폰, 아이패드
- 동영상 관련 문의: 토마토패스 고객센터 02-2128-3336

모바일전용앱

tomato 패스

합격통

합격통 설치방법

① 구글 플레이 혹은 앱스토어에서 합격통 혹은 토마토패스 입력

← 합격통 🎤

tomato 패스 합격통 - 금융자격증 교육.. ⋮
TomatoSolution
5.0★

🔍 합격통 ✕

합격통 - 금융자격증 교육 전문기관 토마토패스

② 합격통 선택 후 다운로드 및 설치

tomato 패스 합격통 - 금융자격증 교육
전문기관 토마토패스
TomatoSolution
③

설치

tomato 패스 합격통 - 금융자격증 교육 전문기관 토
마토패스
eTomato

⁺받기

③ 합격통 실행

〈주요기능〉
● 안드로이드/아이폰 모바일 기기 지원
● 동영상 스트리밍/다운로드 수강 가능
● 자격증 시험정보 및 일정알림
● 다양하고 편리한 부가콘텐츠 제공

tomato 패스

기본서 반영 최신 개정판

무역 / **모**든 것에 대한 / **한** 가지 솔루션

무모한
국제무역사
2급
초단기완성

STEP.01 핵심이론

값 24,000원

예문사 도서 관련 문의 및 기타 공지사항

—

홈페이지 | http://www.yeamoonsa.com
블로그 | https://blog.naver.com/yeamoonsa9302

13320

ISBN 978-89-274-3637-9

tomato 패스

기본서 반영 최신 개정판

무역 / 모든 것에 대한 / 한 가지 솔루션

무모한
국제무역사
2급
초단기완성

STEP.02 기출유사문제

심하룡 편저

tomato TV 방송용 교재

- **압도적 합격률**, 토마토패스의 국제무역사 2급 전문 교재
- **시험에 나오는 부분만 효율적으로**, 시간과 비용의 최소화!
- 모든 과목을 Chapter로 분류, **전문성 있는 내용과 족집게 구성**
- STEP 1(핵심이론) + STEP 2(기출유사문제) + STEP 3(협약집)의 단계별 학습

저자직강 동영상강의 www.tomatopass.com

예문사

기본서 반영 최신 개정판

무역 / 모든 것에 대한 / 한 가지 솔루션

무모한

국제무역사
2급
초단기완성

STEP.02 기출유사문제

심하룡 편저

CONTENTS
차례

PART 01
무역법규/통관

국제무역사 2급

International Trade Specialist

규범론

- **검정목표** 대외무역법, 외국환거래법, 관세법 및 FTA관세환급 특례법에 대한 이해와 관련 규정의 암기 및 숙지

- **주요 검정내용**

  - **대외무역법**
    - 대외무역법상 수출입의 정의 및 실적과 인정금액 등의 숙지
    - 수출입공고, 통합공고의 수출입 요건과 절차 관련 사항의 이해
    - 외화획득용 원료, 전략물자, 플랜트수출 등 특수 수출입의 이해

  - **외국환거래법**
    - 외국환 거래법의 적용범위, 적용대상
    - 신고대상 외국환거래의 이해와 숙지

  - **관세법**
    - 관세의 구성 및 세율 적용에 대한 이해와 법령의 숙지
    - 관세 감면 및 보세구역, 통관 등 기타 규정의 숙지
    - 관세환급 특례법상 개별환급과 간이정액환급, 양도세액 증빙서류의 이해

  - **FTA특례법**
    - FTA세율의 적용절차, 적용요건
    - 원산지결정기준 및 원산지판정
    - 원산지증명서 발급 주체, FTA체약국

대외무역법

SECTION 1 | 대외무역법의 개요

1. 대외무역법의 개요

대외무역법은 대외무역을 진흥하고 공정한 거래질서를 확립하여 국제수지의 균형과 통상의 확대를 도모함으로써 국민경제를 발전시키는 데 이바지함을 목적으로 하는 법이다. 대외무역법은 무역에 관한 기본법이며 일반법으로 무역과 관련된 우리나라 최상위의 법이다. 다만, 타 무역관련 법령은 특별법으로써 대외무역법보다 상세하게 규정하여 우선 적용된다.

2. 대외무역법 용어의 정의

(1) 대외무역법상 무역 : 물품, 용역, 전자적 형태의 무체물의 수출입을 말한다.

	대상	상세내용
무역 = 수출입	물품	외국환거래법상 지급수단, 증권, 채권을 화체화 한 서류는 제외
	용역	경영 상담업, 서비스업(법무, 회계/세무, 엔지니어링), 디자인, 컴퓨터시스템 설계/자문, 문화산업업종, 운수업, 관광사업, 그 밖의 산업통상자원부장관이 고시하는 용역
	전자적 형태의 무체물	소프트웨어 진흥법에 따른 소프트웨어, 부호·문자·음성·음향·이미지·영상 등을 디지털 방식으로 제작하거나 처리한 자료 또는 정보 등으로서 산업통상자원부장관이 정하여 고시하는 것, 위의 집합체 및 유사한 전자적 형태의 무체물로서 산업통상자원부 장관이 정하여 고시한 것

(2) 수출입의 정의

① 수출 : '수출'이란 다음 각 목의 어느 하나에 해당하는 것을 말한다.

대외무역법상 수출의 범위		
물품	매매, 교환, 임대차, 사용대차, 증여 등으로 국내로부터 외국으로 물품 이동	
	유상 외국 → 외국	보세판매장 판매, 외국인도수출
용역	• 용역의 국경을 넘은 이동에 의한 제공 • 비거주자의 국내에서의 소비에 의한 제공 • 거주자의 상업적 해외주재에 의한 제공 • 거주자의 외국으로의 이동에 의한 제공	
전자적 형태의 무체물	컴퓨터 등 정보처리능력을 가진 장치에 저장한 상태로 반출·반입 후 인도·인수하는 것	

② 수입 : '수입'이란 다음 각 목의 어느 하나에 해당하는 것을 말한다.

대외무역법상 수입의 범위		
물품	매매, 교환, 임대차, 사용대차, 증여 등으로 외국으로부터 국내로 물품 이동	
	유상 외국 → 외국	중계무역, 외국인수수입
용역		• 용역의 국경을 넘은 이동에 의한 제공 • 거주자의 외국에서의 소비에 의한 제공 • 비거주자의 상업적 국내주재에 의한 제공 • 비거주자의 국내로 이동에 의한 제공
전자적 형태의 무체물		컴퓨터 등 정보처리능력을 가진 장치에 저장한 상태로 반출·반입한 후 인도·인수하는 것

※ 대외무역법과 관세법의 수출입 비교

구분	대외무역법	관세법
대상	물품, 용역, 전자적 형태의 무체물	물품(only)
범위	국가 간 물품 등의 이동	통관절차를 거쳐 관세선을 통과하는 기준
선용품 공급 및 어로 등	불인정	인정
(외국 간 거래) • 중계무역 • 외국인도수출 • 외국인수수입	인정(유상)	불인정
보세구역	불인정	인정
무환수출입	인정	

01 다음 중 법의 목적이 알맞게 이루어진 것은?

① 관세법 : 관세의 부과 징수 및 수출입통관을 적정하게 하고 국제수지의 균형과 통상의 확대를 도모하기 위한 법

② 대외무역법 : 국제수지의 균형과 통화가치의 안정을 도모하기 위한 법

③ 외국환거래법 : 외국환거래와 그 밖의 대외거래를 제한하고 시장기능을 활성화하여 대외거래의 원활화 및 국제수지의 균형과 통화가치의 안정을 도모하기 위한 법

④ 대외무역법 : 대외무역을 진흥하고 공정한 거래질서를 확립하기 위한 법

정답 | ④

해설 | 대외무역법은 대외무역을 진흥하고 공정한 거래질서를 확립하여 국제수지의 균형과 통상의 확대를 도모함으로써 국민경제를 발전시키는데 이바지함을 목적으로 하는 법이다. 대외무역법은 무역에 관한 기본법이며 일반법으로 무역과 관련된 우리나라 최상위의 법이다.

관세법은 관세의 부과 징수 및 수출입통관을 적정하게 하고 관세수입을 확보함으로써 국민경제 발전에 이바지함을 목적으로 하는 법이다.

외국환거래법은 외국환거래와 그 밖의 대외거래의 자유를 보장하고 시장기능을 활성화하여 대외거래의 원활화 및 국제수지의 균형과 통화가치의 안정을 도모함으로써 국민경제의 건전한 발전에 이바지함을 목적으로 한다.

02 대외무역법상 수출입의 정의 중 옳은 것은?

① 대외무역법상 무역의 대상은 물품, 용역, 전자적 형태의 무체물이다.

② 물품은 채권 및 증권을 포함한다.

③ 수입통관을 거치지 않는 것은 수입의 대상으로 볼 수 없다.

④ 대외무역법보다 관세수입을 확보하는 관세법이 우선 적용된다.

정답 | ①

해설 | ② 물품에는 외국환거래법상 지급수단, 증권, 채권을 화체화 한 서류는 제외된다.

③ 대외무역법상 수출입은 물품, 용역, 전자적 형태물의 무체물의 국가 간 이동의 수출입을 말하나, 관세법상 수출입은 관세선을 기준으로 한 물품의 이동, 즉, 수출입통관을 원칙으로 한다.

④ 대외무역법은 무역에 관한 기본법이며 일반법으로 무역과 관련된 우리나라 최상위의 법이다. 다만, 타 무역 관련 법령은 특별법으로서 대외무역법보다 상세하게 규정하여 우선 적용된다.

03 다음 중 대외무역법상 수출입으로 볼 수 없는 것은?

① 해외에서 경영자문 및 서비스를 제공하는 것

② 해외에서 구매한 물건을 제3국으로 판매하는 것

③ 보세구역에서 수입통관 후 구매 물품을 반출하는 것

④ 컴퓨터에 설치한 소프트웨어를 외국으로 수출하는 것

정답 | ③

해설 | 대외무역법에서는 관세법상 보세구역을 인정하지 않으며, 보세구역은 외국물품 상태로 장치 가능한 구역이므로
국가 간 이동이 이루어지지 않는다. 반면 물품, 용역, 전자적 형태의 국가 간 이동은 수출입으로 인정하며, 특정거
래형태 11가지(중계무역, 외국인도수출 등)도 수출입으로 인정하고 있다.

3. 수출입거래

(1) 특정거래형태의 개요

대외무역법상 산업통상자원부장관은 수출입이 원활히 이루어질 수 있도록 특정거래형태를 인정할 수
있다. 특정거래형태란 거래의 전부 또는 일부가 수출입의 제한을 회피할 우려가 있거나 산업 보호에
지장을 초래할 우려가 있는 거래, 외국에서 외국으로 물품 이동이 있고 대금지급이나 영수가 국내에서
이루어져 대금결제상황 확인이 곤란한 거래, 무환수출입 등을 말한다.

(2) 특정거래형태의 11가지 종류(시험목적상 암기 필요)

위탁판매수출	물품 등을 무환으로 수출하여 해당 물품이 판매된 범위 안에서 대금을 결제하는 계약에 의한 수출을 말한다.
수탁판매수입	물품 등을 무환으로 수입하여 해당 물품이 판매된 범위 안에서 대금을 결제하는 계약에 의한 수입을 말한다.
위탁가공무역	가공임을 지급하는 조건으로 외국에서 가공(제조, 조립, 재생, 개조를 포함한다. 이하 같다)할 원료의 전부 또는 일부를 거래 상대방에게 수출하거나 외국에서 조달하여 이를 가공한 후 가공물품 등을 수입하거나 외국으로 인도하는 수출입을 말한다.
수탁가공무역	가득액을 영수(領收)하기 위하여 원자재의 전부 또는 일부를 거래 상대방의 위탁에 의하여 수입하여 이를 가공 한 후 위탁자 또는 그가 지정하는 자에게 가공물품등을 수출하는 수출입을 말한다. 다만, 위탁자가 지정하는 자가 국내에 있음으로써 보세공장 및 자유무역지역에서 가공한 물품 등을 외국으로 수출할 수 없는 경우 「관세법」에 따른 수탁자의 수출·반출과 위탁자가 지정한 자의 수입·반입·사용은 이를 「대외무역법」에 따른 수출·수입으로 본다.
임대수출	임대(사용대차를 포함한다. 이하 같다) 계약에 의하여 물품 등을 수출하여 일정기간 후 다시 수입하거나 그 기간의 만료 전 또는 만료 후 해당 물품 등의 소유권을 이전하는 수출을 말한다.
임차수입	임차(사용대차를 포함한다. 이하 같다) 계약에 의하여 물품 등을 수입하여 일정기간 후 다시 수출하거나 그 기간의 만료 전 또는 만료 후 해당 물품의 소유권을 이전받는 수입을 말한다.
연계무역	물물교환(Barter Trade), 구상무역(Compensation trade), 대응구매(Counter purchase), 제품환매(Buy Back) 등의 형태에 의하여 수출·수입이 연계되어 이루어지는 수출입을 말한다.

중계무역	수출할 것을 목적으로 물품 등을 수입하여 「관세법」제154조에 따른 보세구역 및 같은 법 제156조에 따라 보세구역 외 장치의 허가를 받은 장소 또는 「자유무역지역의 지정 등에 관한 법률」제4조에 따른 자유무역지역 이외의 국내에 반입하지 아니하고 수출하는 수출입을 말한다.
외국인수수입	수입대금은 국내에서 지급되지만 수입 물품 등은 외국에서 인수하거나 제공받는 수입을 말한다.
외국인도수출	수출대금은 국내에서 영수하지만 국내에서 통관되지 아니한 수출 물품등을 외국으로 인도하거나 제공하는 수출을 말한다.
무환수출입	외국환 거래가 수반되지 아니하는 물품 등의 수출·수입을 말한다.

기출유사문제

04 다음 중 대외무역법상 특정거래 연결이 틀린 것은?

① 위탁가공무역 : 가공임을 지급하는 조건으로 외국에서 가공(제조, 조립, 재생, 개조를 포함한다. 이하 같다)할 원료의 전부 또는 일부를 거래 상대방에게 수출하거나 외국에서 조달하여 이를 가공한 후 가공물품 등을 수입하거나 외국으로 인도하는 수출입을 말한다.

② 연계무역 : 물물교환(Barter Trade), 구상무역(Compensation trade), 대응구매(Counter purchase), 제품환매(Buy Back) 등의 형태에 의하여 수출·수입이 연계되어 이루어지는 수출입을 말한다.

③ 외국인수 수입 : 수입대금은 국내에서 지급되지만 수입 물품 등은 외국에서 인수하거나 제공받는 수입을 말한다.

④ 무환수출 : 물품 등을 무환으로 수출하여 해당 물품이 판매된 범위 안에서 대금을 결제하는 계약에 의한 수출을 말한다.

정답 | ④

해설 | 위탁판매무역은 무환수출 후 수출국에서 판매하고 재고는 다시 재수입하거나 다른 거래처를 찾아 판매하는 계약을 말한다.

05 다음 중 대외무역법상 특정거래형태가 아닌 것은?

① 위탁가공무역   ② 외국인수수입   ③ 중개무역   ④ 무환수출입

정답 | ③

해설 | 중계무역은 특정거래형태에 포함되며, 중계무역은 수입 후 수출함으로써 가득액을 취하는 거래를 말한다. 그러나 중개무역은 단순히 외국의 수입자와 수출자를 소개해준 후 수수료(Commission)만을 취하는 거래형태를 말하며, 이는 대외무역법상 수출입으로 볼 수 없다.

4. 수출입실적

(1) 수출실적

대외무역법상 수출실적은 다음 기준에 해당하는 수출통관액, 입금액, 가득액(稼得額) 수출에 제공되는 외화획득용 원료·기재의 국내공급액을 말한다.

① 유상수출(대북한 유상 반출 실적 포함)

② 수출승인 면제대상

③ 수출용 외화획득용 원료 또는 물품 등의 공급

④ 외국인으로부터 대금을 영수하고 외화획득용 시설기재를 외국인과 임대차계약을 맺은 국내업체에 인도하는 경우

⑤ 외국인으로부터 대금을 영수하고「자유무역지역의 지정 및 운영에 관한 법률」제2조의 자유무역지역으로 반입신고한 물품 등을 공급하는 경우

⑥ 외국인으로부터 대금을 영수하고 그가 지정하는 자가 국내에 있음으로써 물품 등을 외국으로 수출할 수 없는 상황에서「관세법」에 따른 보세구역으로 물품 등을 공급하는 경우

수출실적인정거래	거래구분	인정금액	인정시점	확인기관
유상수출 (+ 북한유상반출)	수출통관	수출통관액 (FOB금액)	수출신고수리일	한국무역협회, 산업통상자원부장관 지정기관
	중계무역	가득액 = 수출FOB금액 − 수입(CIF)금액	입금일	외국환은행
	외국인도수출	외국환은행 입금액	입금일	외국환은행
	위탁가공수출	가득액 = 판매액 − 원자재수출금액, 가공임	입금일	외국환은행
	원양어로 수출 중 현지경비 사용	외국환은행 확인금액	확인일	외국환은행
	용역	한국무역협회장 발급 수출입확인서에 의해 외국환은행이 확인한 입금액	입금일	외국환은행
	전자적 형태 무체물	한국무역협회장, 한국 소프트웨어산업협회장 발급. 수출입확인서에 외국환은행이 확인한 입금액	입금일	외국환은행의 장
수출승인면제대상 무상수출	외국 박람회 등 출품 후 현지 매각분	외국환은행 입금액	입금일	외국환은행
	해외투자 등 사업 종사자에게 무상반출물품 중 해 외건설공사에 직접 사용되는 원료 및 기계류 등	수출통관액(FOB)	수출신고수리일	한국무역협회장

외화획득용 시설기재	내국 신용장(Local L/C)에 의한 공급	외국환은행 결제액	결제일	외국환은행
	구매확인서에 의한 공급	외국환은행 결제액	결제일	외국환은행 전자무역기반사업자
외화 받고, 외화획득용 시설기재 외국인과 임대차계약 맺은 국내업체에게 인도		외국환은행 입금액	입금일	외국환은행
외화 받고, 자유무역지역 또는 관세자유지역으로 반입신고한 물품공급		외국환은행 입금액	입금일	외국환은행
수출물품 포장용 골판지상자 공급		외국환은행 확인행	결제일	외국환은행

(2) 수입실적

수입실적은 다음 기준에 해당하는 수입통관액 및 지급액으로 한다.

거래구분	인정금액	인정시점	확인기관	증명발급기관
수입통관	수입통관액(CIF)	수입신고수리일	한국무역협회	한국무역협회장 산업통상자원부장관 지정 기관장
외국인수수입	외국환은행 지급액	지급일	외국환은행	한국무역협회장 한국선주협회장 한국관광협회중앙회장, 문체부장관 지정 업종별 관광협회장
용역				
전자적 형태무체물				한국무역협회장 한국소프트웨어산업협회장

※ 〈표〉의 수입거래 중 유상 수입만 수입실적으로 인정

기출유사문제

06 다음 중 대외무역법상 수출실적에 관한 설명으로 틀린 것은?

① 유상으로 수출통관을 한 경우 FOB금액을 기준으로 수출실적을 인정한다.

② 북한으로 무상으로 기증한 물품은 수출실적 대상이 아니다.

③ 북한으로 유상수출한 경우 국가 간 물품 이동으로 볼 수 없으므로 수출실적으로 인정받을 수 없다.

④ 중계무역의 경우 수출FOB금액에서 수입CIF금액을 뺀 가득액을 수출실적으로 인정받을 수 있다.

정답 | ③

해설 | 대북한 유상수출실적도 수출실적으로 인정한다.

07 다음 중 대외무역법상 수출입실적과 관련한 설명으로 틀린 것은?

> A. 수입실적은 CIF금액을 기준으로 한다.
> B. 수입실적도 수출실적과 같이 FOB금액으로 수입실적을 인정받을 수 있다.
> C. 무상수입도 수입실적으로 인정받을 수 있다.
> D. 중계무역은 외국환은행의 입금액을 기준으로 수출실적으로 인정된다.
> E. 내국신용장에 의해 국내에서 판매한 물품금액도 수출실적으로 인정받을 수 있다.
> F. 구매확인서에 의해 국내에서 판매한 물품금액도 수출실적으로 인정받을 수 있다.

① A, B ② C, D ③ B, C ④ D, E, F

정답 | ③
해설 | 수입실적은 CIF금액으로 인정되며, 유상수입에 한하여 인정된다.

08 다음 중 수출입 실적에 관한 설명으로 옳은 것을 모두 고르시오.

> A. 외화획득용 시설, 기재로서 구매확인서를 발급받고 공급한 금액은 수출실적으로 인정받을 수 있다.
> B. 외국인도수출은 수출실적으로 인정받을 수 없다.
> C. 전자적 형태의 무체물은 세관장이 수출입 실적을 인정한다.
> D. 구매확인서, 내국신용장에 의한 거래는 수출입실적으로 인정받을 수 없다.
> E. 중계무역은 수출실적으로 인정받을 수 없다.

① A ② A, B, E ③ D, E ④ A, B, C, D, E

정답 | ①
해설 | 내국신용장, 구매확인서에 의한 공급도 수출실적으로 인정하며, 외국인도수출 및 중계무역은 외국환은행 입금액을 기준으로 수출실적을 인정받을 수 있다. 전자적 형태의 무체물은 한국무역협회장 또는 한국소프트웨어협회장이 수출입 실적을 인정한다.

09 다음 중 대외무역법상 수출실적 인정금액이 틀린 것은?

① 중계무역 : 수출FOB금액에서 수입CIF금액을 뺀 가득액

② 중장기연불수출 : 수출통관FOB금액

③ 전자적 형태의 무체물 : 한국무역협회장, 한국소프트웨어협회장이 발급한 수출입확인서에 의해 외국환은행이 확인한 금액

④ 구매확인서에 의한 공급 : 당사자 간 최초 공급을 계약한 금액

정답 | ④
해설 | 구매확인서와 내국신용장에 의한 수출입실적은 외국환은행 결제금액으로 인정된다.

5. 수출입공고, 통합공고

(1) 수출입공고

수출입공고는 산업통상자원부장관이 수출입물품에 대한 직접적인 관리를 위해 물품의 수출입에 관한 승인품목, 금지품목 등의 구분에 관한 사항과 물품의 종류 등의 제한에 관한 조항 및 동 제한에 따른 추천 또는 확인 등에 관한 사항을 종합적으로 책정하여 공고한 것을 말한다.

(2) 통합공고

대외무역법 이외의 다른 법령에서 해당 물품에 대한 수출입의 요건 및 절차 등을 정하고 있는 경우, 수출입 요건확인 및 통관업무의 간소화와 무역질서 유지를 위하여 다른 법령이 정한 물품의 수출 또는 수입요건 및 절차에 관한 사항을 조정, 통합하여 규정할 목적으로 산업통상자원부장관이 정하여 고시한다. 통합공고는 현재 58개로 약사법 및 마약류관리에 관한법률, 화장품법, 식품위생법 등이 있으며 개별법령이라 한다.

(3) 수출입공고와 통합공고의 관계

수출입공고와 통합공고의 개별법령에서 정한 수출입제한이 동시에 적용될 경우에는 모두 충족되어야만 수출입이 가능하다. 1개 품목에 2개 이상의 요건확인대상에 해당되는 경우에는 2개 이상의 요건을 해당 기관에서 확인받아야 한다.

기출유사문제

10 다음 중 대외무역법상 수출입공고에 대한 설명으로 틀린 것은?

① 수출입공고는 수출입되는 물품의 직접적인 관리를 위하여 산업통상자원부장관이 공고한다.

② 수출입공고는 포지티브(Positive) 방식을 적용하며 포지티브 방식이란 제한, 원칙적으로는 수출입이 금지된 상태에서 자유롭게 수출입할 수 있는 물품 등을 공고하는 것을 말한다.

③ 수출입공고는 승인품목, 금지품목 등의 구분에 관한 사항과 물품의 종류 등의 제한에 관한 조항 등을 공고한 것을 말한다.

④ 제한물품의 경우 제한을 승인받거나 추천받는 사항을 포함하여 공고한다.

정답 | ②

해설 | 수출입공고와 통합공고는 네거티브(Negative) 방식으로 공고하며, 네거티브 방식이란 원칙적으로 자유롭게 수출입할 수 있으며, 예외적으로 제한물품과 금지대상물품을 공고하는 것을 말한다.

11 다음 중 대외무역법상 통합공고에 관한 설명으로 틀린 것은?

① 통합공고는 대외무역법에서 정한 수출입의 요건 및 절차 등을 통합하여 산업통상자원부장관이 공고한 것을 말한다.

② 약사법, 마약류 관리법, 화장품법 등을 말한다.

③ 네거티브(Negative) 방식을 적용하여 공고하다.

④ 수출입관련 개별법령의 요건사항 등을 통합하여 산업통상자원부장관이 공고한다.

정답 | ①
해설 | 대외무역법 이외의 다른 법령(개별법령이라 한다.)에서 규정한 수출입의 요건확인 등을 산업통상자원부장관이 대외무역법상 통합하여 공고한다.

12 다음 중 대외무역법상 수출입공고와 통합공고에 관한 설명으로 틀린 것을 모두 고른 것은?

> A. 수출입공고는 산업통상자원부장관이 수출입물품에 대해 승인, 제한, 금지품목 등을 규정하여 공고한다.
> B. 식품위생법, 화장품법 등 개별법령에서 정한 수출입요건을 통합하여 산업통상자원부장관이 공고하는 것을 수출입공고라고 한다.
> C. 수출입공고와 통합공고는 네거티브(Negative) 방식을 적용하여 공고한다.
> D. 수출입공고와 통합공고는 하나의 물품에 2개 이상의 제한을 두고 있지는 않다.
> E. 수출입공고와 통합공고의 수출입제한이 동시에 적용될 경우에는 수출입공고상 요건만 충족하면 된다.

① A, B, C   ② B, D, E   ③ A, B, D   ④ A, D, E

정답 | ②
해설 | B. 통합공고를 말한다.
     D. 물품에 따라 여러 개의 제한이 적용될 수 있다.
     E. 수출입공고와 통합공고의 수출입제한이 동시에 적용될 경우 모든 요건을 충족하여야 한다.

6. 외화획득용 원료 · 기재의 수입

외화획득용 원료 · 기재의 수입승인제도는 수출 등 외화획득에 사용된 원료 등의 조달을 원활하게 함으로써 외화획득의 이행을 촉진하기 위해 시행되었으며, 다음과 같은 지원혜택이 있다.

• 수출입공고 수량제한 적용 배제 : 외화획득용 원료 · 기재의 수입은 외화획득 이행을 위해 수입하는 것이므로 수출 등 외화획득을 위해 수입제한품목을 수입하는 경우에는 수출입공고에 의한 수입제한품목이라도 산업통상자원부의 승인을 받아 수출입공고에 따른 품목, 수량, 규격 등의 제한을 받지 않고 수입할 수 있다.

• 관세환급 : 외화획득용으로 수입한 원자재 등을 사용하여 물품을 수출할 경우 당초 수입통관 시 납부한 관세 등을 환급해준다.

• 무역금융 지원 : 원자재 수입대금 등을 무역금융에서 융자지원한다.

• 원산지표시 면제 : 외화획득용 원료 · 기재의 수입 시 원산지표시를 면제한다.

13 다음 중 대외무역법상 외화획득용 원료기재의 수입승인제도에 대한 설명으로 옳은 것을 모두 고르시오.

> A. 외화획득에 사용된 원료 등의 조달을 원활하게 함으로써 외화획득의 이행을 촉진하기 위하여 대외무역법에 외화획득용 원료 · 기재의 수입승인제도를 두고 있다.
> B. 외화획득용 원료, 기재의 경우 수출입공고의 수입제한품목이라도 산업통상자원부장관의 승인을 받아 수출입할 수 있다.
> C. 외화획득용 원료 기재를 수출한 경우 관세환급을 받을 수 있다.
> D. 외화획득용 원료 기재를 수입한 경우 원산지표시를 면제받을 수 있다.
> E. 원자재의 수출대금 등 무역수혜를 받을 수 있다.

① A, B, C   ② A, B, D   ③ A, B, C, D   ④ A, B, C, D, E

정답 | ③
해설 | E. 수출대금이 아닌 원자재의 수입대금 무역수혜를 받을 수 있다.

7. 구매확인서

(1) 구매확인서의 발급

산업통상자원부장관은 외화획득용 원료 · 기재를 구매하려는 자가 「부가가치세법」 제24조에 따른 영(零)의 세율을 적용받기 위하여 확인을 신청하면 외화획득용 원료 · 기재를 구매하는 것임을 확인하는 서류(이하 '구매확인서'라 한다)를 발급할 수 있다. 산업통상자원부장관은 구매확인서를 발급받은 자에 대하여는 외화획득용 원료 · 기재의 구매 여부를 사후 관리하여야 한다.

(2) 구매확인서의 신청 및 제출서류

국내에서 외화획득용 원료 · 기재를 구매하려는 자 또는 구매한 자는 외국환은행의 장 또는 전자무역기반사업자에게 구매확인서의 발급을 신청할 수 있다. 구매확인서를 발급받으려는 자는 구매확인신청서에 다음의 서류를 첨부하여 산업통상자원부장관에게 제출하여야 한다.

※ 구매자 · 공급자에 관한 서류

- 외화획득용 원료 · 기재의 가격 · 수량 등에 관한 서류
- 외화획득용 원료 · 기재라는 사실을 증명하는 서류로서 산업통상자원부장관이 정하여 고시하는 서류

구매확인서를 발급받으려는 자가 전산설비를 갖추지 못하였거나 기타 부득이한 사유로 전자문서를 작성하지 못하는 때에는 전자무역기반사업자에게 위탁하여 신청할 수 있다.

(3) 발급절차

산업통상자원부장관은 제1항에 따른 신청을 받은 경우 신청인이 구매하려는 원료 · 기재가 외화획득의 범위에 해당하는지를 확인하여 발급 여부를 결정한 후 구매확인서를 발급하여야 한다. 구매확인서를 발급받으려는 자는 구매확인신청서를 「전자무역 촉진에 관한 법률」 제12조에서 정하는 바에 따른 전자무역문서로 작성하여 외국환은행의 장 또는 전자무역기반사업자에게 제출하여야 한다.

외국환은행의 장 또는 전자무역기반사업자는 외화획득용원료·기재구매확인서를 전자무역문서로 발급하고 신청한 자에게 발급사실을 알릴 때 승인번호, 개설 및 통지일자, 발신기관 전자서명 등 최소한의 사항만 알릴 수 있다.

(4) 2차 구매확인서 및 단계별 순차적 발급 가능

외국환은행의 장 또는 전자무역기반사업자는 제1항에 따라 신청하여 발급된 구매확인서에 의하여 2차 구매확인서를 발급할 수 있으며 외화획득용 원료·기재의 제조·가공·유통(완제품의 유통을 포함한다) 과정이 여러 단계인 경우에는 각 단계별로 순차로 발급할 수 있다.

(5) 사후발급, 재발급 가능

구매확인서를 발급한 후 신청 첨부 서류의 외화획득용 원료·기재의 내용 변경 등으로 이미 발급받은 구매확인서와 내용이 상이하여 재발급을 요청하는 경우에는 새로운 구매확인서를 발급할 수 있다.

기출유사문제

14 다음 중 구매확인서에 관한 설명으로 틀린 것은?

① 대외무역법에 따라 수출거래 또는 수출 전 단계 거래자는 자율적으로 스스로 구매확인서를 발급할 수 있다.

② 구매확인서를 발급받고 국내 수출자에게 공급하는 경우 부가가치세의 영세율 적용이 가능하다.

③ 구매확인서는 2차 발급, 재발급, 사후발급이 가능하다.

④ 구매확인서는 산업통상자원부장관이 지정한 전자무역사업자인 KT-NET이 발급한다.

정답 | ①

해설 | 구매확인서는 산업통상자원부장관이 지정한 전자무역사업자인 KT-NET이 발급하거나 외국환은행으로부터 발급받을 수 있다.

---

8. 내국신용장

(1) 내국신용장의 개요

내국신용장은 외국으로부터 수출신용장을 받은 국내 수출업자가 수출물품을 제조하는 데 필요한 원자재를 국내에서 조달하기 위하여 완제품 수출자를 수익자로 발행하는 신용장을 말한다.

(2) 내국신용장의 특징

① 국내에서만 사용이 가능한 신용장이다.

② 은행이 지급을 보증함에 따라 국내 원재료 구매에 대한 대금지급이 보장된다.

③ 일람불신용장(Sight Local L/C)과 기한부신용장(Usance Local L/C) 발행이 가능하다.

④ 이미 공급한 물품에 대하여는 내국신용장 사후 발급이 불가능하다.

⑤ 양도가 불가능하며 취소불능신용장이다.

(3) 구매확인서와 내국신용장의 비교

구분	구매확인서	내국신용장
발행기관	외국환은행, 전자무역기반 사업자(KT-NET)	외국환은행
거래 대상	외화획득용 원료·기재	수출용 원자재 및 완제품
지급확약	지급확약 ×	외국환은행의 지급확약 ○
수출실적 인정 시점	세금계산서 발급일 또는 외국환은행 결제일	매입, 추심의뢰시점
발급 근거	수출거래, 내국신용장, 구매확인서, 외화획득 제공 입증서류, 융자대상수출실적	수출거래, 외화계약서
발급 차수	제한 없으나 이미 발급된 구매확인서는 2차 발급까지 가능	제한 없음
사후 발급	사후 발급 가능	사후 발급 불가
공통점	원화, 외화 표시가 가능	
	수출실적 인정	
	관세환급 근거서류로 사용	
	부가가치세 영세율 적용	
	무역금융 수혜, 금융 융자 가능	

기출유사문제

15 다음 중 내국신용장에 관한 설명으로 틀린 것은?

① 국내에서만 사용이 가능한 신용장을 말한다.

② 은행이 지급을 보증함에 따라 국내 원재료 구매에 대한 대금지급이 보장된다.

③ 이미 공급한 물품에 대하여도 사후 발급이 가능하다.

④ 수출자 또는 내국신용장을 받은 제조자도 발급이 가능하며, 수출실적이 있는 자도 발급이 가능하다.

정답 | ③
해설 | 내국신용장은 구매확인서와 달리 사후 발급, 2차 발급이 불가능하다.

16 다음 중 구매확인서와 내국신용장에 대한 설명으로 틀린 것을 모두 고르시오.

> A. 구매확인서와 내국신용장은 KT-NET에서 발급한다.
> B. 구매확인서와 내국신용장은 대금결제를 외국환은행이 지급보증을 한다는 점에서 대금회수의 신용위험이 없다.
> C. 구매확인서와 내국신용장에 의한 거래는 부가가치세의 영세율을 적용받을 수 있다.
> D. 구매확인서는 2차 발급이 가능하나, 내국신용장은 구매확인서를 발급받은 경우에만 2자 발급이 가능하다.
> E. 구매확인서와 내국신용장에 의한 거래는 관세환급을 받을 수 있다.

① A, B, D   ② A, B, E   ③ B, D, E   ④ B, C, E

정답 | ①

해설 | A. 구매확인서는 KT-NET(전자무역기반사업자)에서 발급이 가능하며, 내국신용장은 외국환은행에서 발급받을 수 있다.
　　　 B. 구매확인서는 은행이 지급보증을 하지 않는다.
　　　 D. 내국신용장은 2차 발급이 불가능하다.

17 다음 중 구매확인서와 내국신용에 관한 설명으로 옳은 것은?

① 구매확인서는 무역금융한도 부족, 비금융대상 수출신용장 등으로 인하여 내국신용장개설이 어려운 상황에서 주로 발급한다.

② 구매확인서는 외국환은행의 장은 발급할 수 없으며, 전자무역기반사업자가 발급한다.

③ 내국신용장을 수취받는 국내 공급업체의 공급실적은 수출실적으로 인정받을 수 없다.

④ 구매확인서는 수출용 원자재의 구매 시에만 발급할 수 있으며 완제품 구입 시 발급대상이 아니나, 내국신용장은 수출용원자재 및 수출용완제품의 구입 시 발급이 가능한 장점이 있다.

정답 | ①

해설 | 내국신용장 및 구매확인서를 수취받아 공급하는 국내 공급업체는 수출실적으로 인정받으며 영세율 적용이 가능하다. 또한 수출용원자재 및 수출용완제품 구입 시 발급이 가능하다.
　　　 • 내국신용장 : 외국환은행의 장이 발급
　　　 • 구매확인서 : 전자무역기반사업자(KT-NET) 또는 외국환은행장 발급

1. 전략물자의 수출입

기출유사문제

18 다음 중 대외무역법상 전략물자에 대한 설명으로 틀린 것을 모두 고르시오.

> A. 전략물자란 대량파괴무기 및 미사일 등뿐 아니라 대량파괴무기를 운반하기 위한 차대 등 제조, 개발, 사용 등에 사용될 우려가 있는 물품을 포함한다.
> B. 전략물자에는 구제수출통제체제에서 정하는 물품의 제조, 개발 또는 사용 등에 관한 기술 등 무형재는 포함하지 않는다.
> C. 전략물자를 수출하려는 자는 산업통상자원부 장관이나 관계행정기관의 장의 허가를 받아야 하나, 「방위산업법」상 허가를 받은 방위산업물자 및 국방과학기술이 전략물자에 해당하는 경우에는 허가 없이 수출이 가능하다.
> D. 무역거래자는 전략물자 또는 상황허가 대상인 물품 등에 해당하는지 산업통상자원부 장관이나 관계행정기관의 장에게 전략물자사전판정을 신청할 수 있다.
> E. 전략물자 사전판정서의 유효기간은 1년이다.

① A, B, C 　　　② A, C, E 　　　③ B, D, E 　　　④ B, E

정답 | ④

해설 | B. 전략물자에는 기술을 포함한다.
　　　　E. 전략물자 사전판정서의 유효기간은 2년으로 한다.

19 다음 중 대외무역법상 전략물자의 수출입과 관련된 설명으로 옳은 것은?

① 전략물자 또는 전략물자관련 기술을 수출하려는 자는 산업통상자원부장관이나 관계행정기관의 장에게 승인을 받아야 한다.

② 전략물자에는 해당되지 아니하나 대량파괴무기와 그 운반수단인 미사일의 제조 · 개발 · 사용 또는 보관 등의 용도로 전용될 가능성이 높은 물품 등을 수출하려는 자는 그 물품 등의 수입자나 최종 사용자가 그 물품 등을 대량파괴무기 등의 제조 · 개발 · 사용 또는 보관 등의 용도로 전용할 의도가 있다고 의심되면 상황허가를 받아야 한다.

③ 전략물자 등을 수입하고자 하는 자는 별도의 절차 없이 수입이 가능하다.

④ 산업통상자원부장관과 관계 행정기관의 장은 전략물자나 상황허가 대상인 물품 등이 허가를 받지 아니하고 수출되거나, 거짓이나 그 밖의 부정한 방법으로 허가를 받은 경우에 불법수출을 막기 위함이라고 해도 전략물자 등의 이동중지명령은 할 수 없다.

정답 | ②

해설 | ① 전략물자 또는 전략물자관련 기술을 수출하려는 자는 산업통상자원부장관이나 관계행정기관의 장에게 허가를 받아야 한다.
　　　　③ 전략물자 등을 수입하고자 하는 자는 수입목적확인서를 발급받아야 한다.

④ 산업통상자원부장관과 관계 행정기관의 장은 전략물자나 상황허가 대상인 물품 등이 허가를 받지 아니하고 수출되거나, 거짓이나 그 밖의 부정한 방법으로 허가를 받은 경우 불법수출을 막기 위하여 필요하면 적법한 수출이라는 사실이 확인될 때까지 전략물자 등의 이동중지명령을 할 수 있다.

2. 플랜트수출

기출유사문제

20 다음 중 대외무역법상 플랜트수출에 관련된 설명으로 옳은 것은?

① 플랜트수출을 하려는 자는 산업통상자원부장관의 허가를 받아야 한다.

② 플랜트수출이란 공장(Plant)과 관련된 설비, 부품, 기자재 등의 모든 수출을 말한다.

③ 일괄수주방식에 의한 수출은 플랜트수출로 보지 않는다.

④ 산업통상자원부장관은 일괄수주방식에 의한 수출로서 건설용역 및 시공부문의 수출에 관하여는 「해외건설 촉진법」에 따른 해외건설업자에 대하여만 승인 또는 변경승인할 수 있다.

정답 | ④

해설 | 산업통상자원부장관은 일괄수주방식에 의한 수출로서 건설용역 및 시공부문의 수출에 관하여는 「해외건설 촉진법」에 따른 해외건설업자에 대하여만 승인 또는 변경승인할 수 있다.

① 산업통상자원부 장관은 다음의 플랜트수출을 승인할 수 있다 : 농업 · 임업 · 어업 · 광업 · 제조업, 전기 · 가스 · 수도사업, 운송 · 창고업 및 방송 · 통신업을 경영하기 위하여 설치하는 기재 · 장치 및 산업통상자원부장관이 정하는 일정 규모 이상의 산업설비의 수출

SECTION 3 　**원산지표시 및 수입수량제한조치**

1. 원산지표시 개요

(1) 수출입물품 등의 원산지의 표시

① 산업통상자원부장관이 공정한 거래 질서의 확립과 생산자 및 소비자 보호를 위하여 원산지를 표시하여야 하는 대상으로 공고한 물품 등(이하 '원산지표시대상물품'이라 한다)을 수출하거나 수입하려는 자는 그 물품 등에 대하여 원산지를 표시하여야 한다.

② 산업통상자원부장관은 원산지표시대상물품을 공고하려면 해당 물품을 관장하는 관계 행정기관의 장과 미리 협의하여야 한다.

(2) 단순가공활동 시 원산지표시 손상, 변형 시 당초 원산지표시

수입된 원산지표시 대상물품에 대하여 단순한 가공활동을 거침으로써 해당 물품 등의 원산지표시를 손상하거나 변형한 자(무역거래자 또는 물품 등의 판매업자에 대하여 제4항이 적용되는 경우는 제외한다)는 그 단순 가공한 물품 등에 당초의 원산지를 표시하여야 한다. 이 경우 다른 법령에서 단순한 가공활동을 거친 수입 물품 등에 대하여 다른 기준을 규정하고 있으면 그 기준에 따른다.

T / I / P 단순한 가공활동

판매목적의 물품포장 활동, 상품성 유지를 위한 단순한 작업 활동 등 물품의 본질적 특성을 부여하기에 부족한 가공활동을 말하며, 그 가공활동의 구체적인 범위는 관계 중앙행정기관의 장과 협의하여 산업통상자원부장관이 정하여 고시한다.

---

(3) 원산지표시 원칙

① 수출입물품의 원산지표시 방법

원산지표시 대상물품을 수입하려는 자는 다음의 방법에 따라 해당 물품에 원산지를 표시하여야 한다.

1) 수입 물품의 원산지는 다음의 어느 하나에 해당되는 방식으로 한글, 한자 또는 영문으로 표시할 수 있다.

1. 원산지 : "국명" 또는 "국명 산(産)"
2. "Made in 국명" 또는 "Product of 국명"
3. "Made by 물품 제조자의 회사명, 주소, 국명"
4. Country of Origin : "국명"
5. 국제상거래관행상 타당한 것으로 관세청장이 인정하는 방식

2) 수입 물품의 원산지는 최종구매자가 해당 물품의 원산지를 용이하게 판독할 수 있는 크기의 활자체로 표시하여야 한다.

3) 수입물품의 원산지는 최종구매자가 정상적인 물품구매과정에서 원산지표시를 발견할 수 있도록 식별하기 용이한 곳에 표시하여야 한다.

4) 표시된 원산지는 쉽게 지워지지 않으며 물품(또는 포장·용기)에서 쉽게 떨어지지 않아야 한다.

5) 수입 물품의 원산지는 제조단계에서 인쇄(printing), 등사(stenciling), 낙인(branding), 주조(molding), 식각(etching), 박음질(stitching) 또는 이와 유사한 방식으로 원산지를 표시하는 것을 원칙으로 한다. 다만, 물품의 특성상 위와 같은 방식으로 표시하는 것이 부적합 또는 곤란하거나 물품을 훼손할 우려가 있는 경우에는 날인(stamping), 라벨(label), 스티커(sticker), 꼬리표(tag)를 사용하여 표시할 수 있다.

6) 최종구매자가 수입 물품의 원산지를 오인할 우려가 없는 경우에는 다음 각호와 같이 통상적으로 널리 사용되고 있는 국가명이나 지역명 등을 사용하여 원산지를 표시할 수 있다.

1. United States of America를 USA로
2. Switzerland를 Swiss로
3. Netherlands를 Holland로
4. United Kingdom of Great Britain and Northern Ireland를 UK 또는 GB로
5. UK의 England, Scotland, Wales, Northern Ireland
6. 기타 관세청장이 산업통상자원부장관과 협의하여 타당하다고 인정하는 국가나 지역명

7) 「품질경영 및 공산품안전관리법」, 「식품위생법」 등 다른 법령에서 원산지표시방법 등을 정하고 있는 경우에는 이를 적용할 수 있다.

21 다음 중 대외무역법상 원산지표시에 관한 설명으로 틀린 것은?

① United States of America를 USA로 표시할 수 있다.

② 원산지는 한글, 영문으로만 표시할 수 있다.

③ Netherlands를 Holland로 표시할 수 있다.

④ United Kingdom of Great Britain and Northern Ireland를 UK 또는 GB로 표시할 수 있다.

정답 | ②

해설 | 원산지는 한글, 영문, 한자로 표시할 수 있다. 최종구매자가 수입 물품의 원산지를 오인할 우려가 없는 경우에는 다음 각호와 같이 통상적으로 널리 사용되고 있는 국가명이나 지역명 등을 사용하여 원산지를 표시할 수 있다.

- United States of America를 USA로
- Switzerland를 Swiss로
- Netherlands를 Holland로
- United Kingdom of Great Britain and Northern Ireland를 UK 또는 GB로

22 다음 중 대외무역법상 원산지표시 방법에 관한 설명으로 옳은 것을 모두 고르시오.

> A. 산업통상자원부장관 또는 시·도지사는 원산지표시 규정을 위반한 자에게 판매중지, 원상복구, 원산지표시 시정조치 명령을 할 수 있다.
> B. 수입물품의 원산지는 최종구매자가 정상적인 물품 구매 과정에서 원산지표시를 발견할 수 있도록 식별하기 용이한 곳에 표시하여야 하며 쉽게 지워지지 않으며 물품(또는 포장·용기)에서 쉽게 떨어지지 않아야 한다.
> C. 개인에게 무상 송부된 탁송품, 별송품 또는 여행자 휴대품은 원산지표시 면제대상이다.
> D. 수입 물품의 원산지는 최종구매자가 해당 물품의 원산지를 용이하게 판독할 수 있는 크기의 활자체로 표시하여야 한다.
> E. 원산지표시로 인하여 해당 물품이 크게 훼손되는 경우(당구공, 콘택트렌즈, 포장하지 않은 집적회로 등) 최소포장단위 또는 용기에 원산지를 표시하여도 원산지표시 위반이 아니다.

① A   ② A, B, D   ③ B, D, E   ④ A, B, C, D, E

정답 | ④

해설 | 모두 옳은 설명이다.

23 다음 중 대외무역법상 원산지표시 방법 및 표시 위반과 관련된 설명으로 틀린 것은?

① 원산지는 회사명을 기재할 수도 있으나 반드시 국가명은 기재하여야 한다.

② 수입물품의 크기가 작아 해당 물품의 원산지를 표시할 수 없을 경우에는 "MADE IN" 등의 문구 없이 국가명만을 표시할 수 있다.

③ 우리나라에서 수출 후 재수입되는 물품도 반드시 원산지표시를 하여야 한다.

④ 원산지표시 규정에 위반되는 원산지표시 대상물품을 국내에서 거래하는 행위 또한 원산지표시 위반에 해당한다.

정답 | ③

해설 | 원산지표시 면제대상

- 외화획득용 원료 및 시설기재로 수입되는 물품
- 개인에게 무상 송부된 탁송품, 별송품 또는 여행자 휴대품
- 수입 후 실질적 변형을 일으키는 제조공정에 투입되는 부품 및 원재료로서 실수요자가 직접 수입하는 경우(실수요자를 위하여 수입을 대행하는 경우를 포함한다)
- 판매 또는 임대 목적에 제공되지 않는 물품으로서 실수요자가 직접 수입하는 경우. 다만, 제조에 사용할 목적으로 수입되는 제조용 시설 및 기자재(부분품 및 예비용 부품을 포함한다)는 수입을 대행하는 경우 인정할 수 있다.
- 연구개발용품으로서 실수요자가 수입하는 경우(실수요자를 위하여 수입을 대행하는 경우를 포함한다)
- 견본품(진열 · 판매용이 아닌 것에 한함) 및 수입된 물품의 하자보수용 물품
- 보세운송, 환적 등에 의하여 우리나라를 단순히 경유하는 통과 화물
- 재수출조건부 면세 대상물품 등 일시 수입물품
- 우리나라에서 수출된 후 재수입되는 물품
- 외교관 면세 대상물품
- 개인이 자가소비용으로 수입하는 물품으로서 세관장이 타당하다고 인정하는 물품
- 그 밖에 관세청장이 산업통상자원부장관과 협의하여 타당하다고 인정하는 물품

2. 원산지 판정기준

24 다음 중 대외무역법상 원산지 결정기준에 대하여 틀린 것을 모두 고르시오.

> A. 중국산 달걀을 수입하여 한국에서 부화한 병아리가 닭이 되어 수출하는 경우 원산지는 완전생산원칙에 따라 한국산이다.
> B. 한일 공동어로 채취구역에서 한국 선박이 채집한 수산물은 완전생산원칙에 따라 한국산으로 인정된다.
> C. 세번(HS CODE) 기준 말레이시아에서 3302.90호의 향료를 수입하여 한국에서 3304.10호의 화장품을 만든 경우 세번변경기준에 따라 한국산으로 인정받을 수 없다.
> D. 베트남에서 제조하여 수입한 100개의 스마트폰 충전기를 한국에서 각각 20개씩 5개 상자에 재포장하여 수출한 경우에도 MADE IN KOREA 원산지를 부착할 수 있다.
> E. 물품에 대한 원산지 판정기준이 수입국의 원산지 판정기준과 다른 경우에는 수입국의 원산지 판정기준에 따라 원산지를 판정할 수 있다.

① A, E   ② B, C   ③ C, D   ④ D, E

정답 | ③

해설 | 수입 물품의 생산·제조·가공 과정에 둘 이상의 국가가 관련된 경우 단순한 가공활동을 하는 국가를 원산지로 하지 아니하여야 한다(단순가공국가 원산지 금지).

25 다음 중 대외무역법상 원산지 판정기준에 관한 설명으로 옳은 것은?

① 산업통상부장관은 필요하다고 인정하면 수출입물품 등의 원산지 판정을 할 수 있으며, 산업통상자원부장관에게 직접 원산지 판정을 신청하여야만 원산지 판정이 가능하다.

② 제조를 한 해당국에서 제조, 가공 중 발생한 잔여물은 완전생산기준에 따라 원산지를 해당 제조국가로 본다.

③ 수입물품의 제조, 가공을 둘 이상의 나라에서 한 경우 최종 가공국가가 단순가공을 하였다 하더라도 원산지로 본다.

④ HS 6단위가 변경되지 않는 경우 어떤 경우라도 원산지를 인정받을 수 없다.

정답 | ②

해설 | ① 원산지 판정은 산업통상자원부장관이 위탁하여 관세청 평가분류위원장에게 신청할 수 있다.
    ③ 단순가공국가는 원산지로 인정할 수 없다(단순 절단, 분류, 세척, 재포장 등).
    ④ HS 6단위가 변경되지 않는 경우 산업통상자원부장관은 관계기관의 의견을 들은 후 물품 생산에서 발생한 부가가치와 주요 공정 등 종합적인 특성을 감안하여 실질적 변형에 대한 기준을 제시할 수 있으며, 별도로 정하는 물품에 대하여는 부가가치, 주요 부품 또는 주요 공정 등이 해당 물품의 원산지 판정기준이 된다.

완전생산물품
* 해당국 영역에서 생산한 광산물, 농산물 및 식물성 생산물
* 해당국 영역에서 번식, 사육한 산동물과 이들로부터 채취한 물품
* 해당국 영역에서 수렵, 어로로 채포한 물품
* 해당 선박에 의하여 해당국 이외 국가의 영해나 배타적 경제수역이 아닌 곳에서 채포(採捕)한 어획물, 그 밖

의 물품
- 해당국에서 제조, 가공공정 중에 발생한 잔여물
- 해당국 또는 해당국의 선박에서 상기 물품을 원재료로 하여 제조 · 가공한 물품

3. 원산지증명서

기출유사문제

26 다음 중 대외무역법상 원산지증명제도에 관한 설명으로 옳은 것을 모두 고르시오.

> A. 원산지 허위표시, 오인 · 혼동표시 등을 확인하기 위하여 세관장이 필요하다고 인정하는 물품뿐 아니라 통합공고에 의해 특정 지역으로부터 수입이 제한되는 물품 또한 원산지증명서의 제출을 요구할 수 있다.
> B. 과세가격이 20만원 이하인 물품은 원산지증명서를 제출하지 아니하여도 된다.
> C. 수입신고대상 우편물은 원산지증명서의 제출을 요구할 수 있다.
> D. 원산지로 인정받기 위해서는 반드시 직접운송원칙에 따라 해당 원산국에서 수입국으로 운송하여야 하며 직접운송원칙이란 화주가 직접 운송하는 것을 말한다.
> E. 지리적 또는 운송상의 이유로 비원산국에서 환적 또는 일시장치가 이루어진 물품의 경우 직접운송원칙이 이루어진 것으로 볼 수 있다.

① A, C, E   ② A, B, E   ③ A, B, D   ④ C, D, E

정답 | ①

해설 | B. 원산지증명서 제출 면제는 과세가격이 15만원 이하인 물품이다.

　　　D. 직접운송원칙이란 원산국에서 수입국으로 비당사국을 거치지 않고 운송하는 것을 말하며, 화주가 직접 운송해야 할 필요는 없다.

4. 수입수량제한조치

기출유사문제

28 다음 중 수입수량제한조치에 대한 설명으로 틀린 것은?

① 수입수량제한조치는 비관세장벽으로 직접적인 수입수량 규제조치이다.

② 수입수량제한조치의 적용기간은 2년을 초과할 수 없다.

③ 수입수량제한조치는 특정 물품의 수입 증가로 직접경쟁관계에 있는 국내 산업의 심각한 피해 등을 구제하기 위한 조치로서 산업통상자원부장관이 수입수량을 제한할 수 있다.

④ 수입수량은 대표적 3년간의 연평균 수입량을 기준으로 하거나, 국가별로 할당하여 적용 할 수 있다.

정답 | ②

해설 | 수입수량제한조치는 4년을 넘어서는 안 된다(연장 시 연장 합산 기간은 8년을 넘어서는 안 된다).

SECTION 1 목적과 적용 대상

1. 외국환거래법의 목적

기출유사문제

29 다음 중 외국환거래법의 목적으로 틀린 것은?

① 외국환거래법은 외국환거래와 그 밖의 대외거래의 자유를 보장하는 법이다.

② 외국환거래법은 시장기능을 활성화하여 대외거래의 원활화를 목적으로 하는 법이다.

③ 외국환거래법은 국제수지의 균형과 통화가치의 안정을 도모하는 법이다.

④ 외국환거래법은 건전한 외국환거래를 위하여 수출입을 규제하는 법이다.

정답 | ④

해설 | 외국환거래법은 외국환거래와 그 밖의 대외거래의 자유를 보장하고 시장기능을 활성화하여 대외거래의 원활화 및 국제수지의 균형과 통화가치의 안정을 도모함으로써 국민경제의 건전한 발전에 이바지함을 목적으로 한다.

2. 외국환거래법 적용대상

(1) 행위대상

① 대한민국에서의 외국환과 대한민국에서 하는 외국환거래 및 그 밖에 이와 관련되는 행위

② 대한민국과 외국간의 거래 또는 지급 · 수령, 그 밖에 이와 관련되는 행위(외국에서 하는 행위로서 대한민국에서 그 효과가 발생하는 것을 포함한다.)

③ 외국에 주소 또는 거소를 둔 개인과 외국에 주된 사무소를 둔 법인이 하는 거래로서 대한민국 통화로 표시되거나 지급받을 수 있는 거래와 그 밖에 이와 관련되는 행위

④ 대한민국에 주소 또는 거소를 둔 개인 또는 그 대리인, 사용인, 그 밖의 종업원이 외국에서 그 개인의 재산 또는 업무에 관하여 한 행위

⑤ 대한민국에 주된 사무소를 둔 법인의 대표자, 대리인, 사용인, 그 밖의 종업원이 외국에서 그 법인의 재산 또는 업무에 관하여 한 행위

(2) 인적 대상

외국환거래법은 거주자와 비거주자로 구분하여 법을 적용하므로 거주자와 비거주자의 범위의 인적 구분은 중요하며, 거주자와 비거주자의 구분 시 국적은 관계없이 아래와 같이 구별한다.

① 거주자의 범위

※ '거주자'란 대한민국에 주소 또는 거소를 둔 개인과 대한민국에 주된 사무소를 둔 법인을 말한다.

㉠ 대한민국 재외공관

㉡ 국내에 주된 사무소가 있는 단체 · 기관, 그밖에 이에 준하는 조직체

㉢ 다음의 어느 하나에 해당하는 대한민국 국민

- 대한민국 재외공관에서 근무할 목적으로 외국에 파견되어 체재하고 있는 자
- 비거주자였던 자로서 입국하여 국내에 3개월 이상 체재하고 있는 자

㉣ 다음의 어느 하나에 해당하는 외국인

- 국내에서 영업활동에 종사하고 있는 자
- 6개월 이상 국내에서 체재하고 있는 자

② 비거주자의 범위

※ '비거주자'란 거주자 외의 개인 및 법인을 말한다. 다만, 비거주자의 대한민국에 있는 지점, 출장소, 기타사무소는 법률상 대리권의 유무에 상관없이 거주자로 본다.

㉠ 국내에 있는 외국정부의 공관과 국제기구

㉡ 대한민국과 아메리카합중국 간의 상호방위조약 제4조에 의한 시설과 구역 및 「대한민국에서의 합중국 군대의 지위에 관한 협정」에 따른 미합중국군대 및 이에 준하는 국제연합군(이하 '미합중국군대 등'), 미한중국군대 등의 구성원 · 군속 · 초청계약자와 미합중국군대 등의 비세출자금기관 · 시우편국 및 군용은행시설

㉢ 외국에 있는 국내법인 등의 영업소 및 그 밖의 사무소

㉣ 외국에 있는 주된 사무소가 있는 단체 · 기관, 그 밖에 이에 준하는 조직체

㉤ 다음의 어느 하나에 해당하는 대한민국 국민

- 외국에서 영업활동에 종사하고 있는 자
- 외국에 있는 국제기구에서 근무하고 있는 자
- 2년 이상 외국에 체재하고 있는 자. 이 경우 일시 귀국의 목적으로 귀국하여 3개월 이내의 기간 동안 체재한 경우 그 체재기간은 2년에 포함되는 것으로 봄

㉥ 다음의 어느 하나에 해당하는 외국인

- 국내에 있는 외국정부의 공관 또는 국제기구에서 근무하는 외교관 · 영사 또는 그 수행원이나 사용인
- 외국정부 또는 국제기구의 공무로 입국하는 자
- 거주자였던 외국인으로서 출국하여 외국에서 3개월 이상 체재 중인 자

(3) 물적 대상

① 외국환 : 대외지급수단, 외화증권, 외화파생상품, 외화채권

② 내국지급수단 : 대외지급수단 외의 지급수단

③ 귀금속 : 금, 금합금의 지금, 유통되지 아니하는 금화, 기타 금을 주재료로 하는 제품 및 가공품

30 다음 중 외국환거래법의 적용대상에 관한 설명으로 틀린 것을 모두 고르시오.

> A. 외국환거래법은 대한민국에서 이루어지는 외국환 거래에 적용되며, 거주자와 비거주자로 구분하여 적용하는데 거주자만 적용이 된다.
> B. 외국에 코카콜라 본사가 있고, 한국 코카콜라 지사의 외국인 종업원의 경우에도 대한민국 원화로 거래를 하는 경우 비거주자로서 외국환거래법이 적용된다.
> C. 대한민국에 본사가 있는 삼성전자의 직원이 해외에서 업무와 관련한 외국환거래를 하는 경우에는 적용되지 않는다.
> D. 대한민국에 있는 미국대사관의 대사의 경우 외국환거래법이 적용된다.
> E. 대한민국 현대자동차의 임원이 해외에서 개인적으로 소유하고 있는 재산에 관련한 행위는 적용되지 않는다.

① A, B, C   ② B, C, D   ③ B, C, E   ④ A, C, E.

정답 | ④

해설 | 외국환 거래의 적용 대상 행위 : 거주자 비거주자 모두 적용
- 대한민국에서의 외국환과 대한민국에서 하는 외국환거래 및 그 밖에 이와 관련되는 행위
- 대한민국과 외국 간의 거래 또는 지급·수령, 그 밖에 이와 관련되는 행위(외국에서 하는 행위로서 대한민국에서 그 효과가 발생하는 것을 포함한다.)
- 외국에 주소 또는 거소를 둔 개인과 외국에 주된 사무소를 둔 법인이 하는 거래로서 대한민국 통화로 표시되거나 지급받을 수 있는 거래와 그 밖에 이와 관련되는 행위
- 대한민국에 주소 또는 거소를 둔 개인 또는 그 대리인, 사용인, 그 밖의 종업원이 외국에서 그 개인의 재산 또는 업무에 관하여 한 행위
- 대한민국에 주된 사무소를 둔 법인의 대표자, 대리인, 사용인, 그 밖의 종업원이 외국에서 그 법인의 재산 또는 업무에 관하여 한 행위

31 다음 중 외국환거래법상 거주자의 범위에 해당되지 않는 것은?

① 대한민국에 본점을 둔 (주)LG전자
② 8개월째 국내에서 삼성전자 부품공장에서 재직 중인 베트남 근로자
③ 대한민국 대사관 서기보로서 미국 현지에 파견된 한국인
④ 국내에 2개월째 여행 중인 미국인

정답 | ④

해설 | 비거주자였던 자로서 입국하여 국내에 3개월 이상 체재하여야 거주자로 본다.
※ 외국환거래법상 거주자의 범위
- 대한민국 재외공관
- 국내에 주된 사무소가 있는 단체·기관, 그 밖에 이에 준하는 조직체
- 다음의 어느 하나에 해당하는 대한민국 국민
  - 대한민국 재외공관에서 근무할 목적으로 외국에 파견되어 체재하고 있는 자
  - 비거주자였던 자로서 입국하여 국내에 3개월 이상 체재하고 있는 자
- 다음의 어느 하나에 해당하는 외국인

– 국내에서 영업활동에 종사하고 있는 자

– 6개월 이상 국내에서 체재하고 있는 자

32 다음은 외국환거래법상 거주자와 비거주자의 구분으로 올바른 것은?

> 외국환거래법에서 거주자와 비거주자는 법령을 적용할 때 가장 기본이 되는 거래주체로서 그 구분은 매우 중요하다. 외국에 파견되어 있더라도 대한민국 재외공관에서 근무할 목적으로 체재중이라면 (A)이다. 반면, 국내에 있는 외국정부의 공관과 국제기구는 (B)이다.
> 또한, 한국에 있는 미군은 (C)이고, 거주자였던 외국인으로서 출국하여 외국에서 3개월 이상 체재 중인 자는 (D)이다.

	(A)	(B)	(C)	(D)
①	거주자	비거주자	거주자	비거주자
②	거주자	비거주자	비거주자	비거주자
③	비거주자	거주자	비거주자	거주자
④	비거주자	비거주자	거주자	비거주자

정답 | ②

33 다음 외국환거래법상 거주자가 아닌 자는?

> Ⓐ 외국에 있는 국내법인
> Ⓑ 국내에서 영업활동에 종사하는 외국인
> Ⓒ 국내에서 6개월 이상 체재 중인 외국인
> Ⓓ 외국에서 영업활동에 종사하는 대한민국 국민
> Ⓔ 1년 6개월째 외국에 체재하는 대한민국 국민
> Ⓕ 10년을 외국에서 살다가 입국하여 2개월째 체재 중인 대한민국 국민
> Ⓖ 한국계 독일인으로서 대한민국 경기도 용인에 위치한 미군기지에 복무중인 자

① Ⓒ, Ⓓ, Ⓔ, Ⓕ   ② Ⓐ, Ⓑ, Ⓔ, Ⓖ

③ Ⓐ, Ⓒ, Ⓓ, Ⓕ   ④ Ⓐ, Ⓓ, Ⓕ, Ⓖ

정답 | ④

해설 | "거주자"란 대한민국에 주소 또는 거수를 둔 개인과 대한민국에 주된 사무소를 둔 법인을 말한다.

거주자의 범위

① 대한민국 재외공관

② 국내에 주된 사무소가 있는 단체·기관, 그밖에 이에 준하는 조직체

③ 다음의 어느 하나에 해당하는 대한민국 국민

     – 대한민국 재외공관에서 근무할 목적으로 외국에 파견되어 체재하고 있는 자

     – 비거주자이었던 자로서 입국하여 국내에 3개월 이상 체재하고 있는 자

④ 다음의 어느 하나에 해당하는 외국인

     – 국내에서 영업활동에 종사하고 있는 자

– 6개월 이상 국내에서 체재하고 있는 자

"비거주자"란 거주자 외의 개인 및 법인을 말한다. 다만, 비거주자의 대한민국에 있는 지점, 출장소, 기타사무소는 법률상 대리권의 유무에 상관없이 거주자로 본다.

비거주자의 범위

① 국내에 있는 외국정부의 공관과 국제기구

② 대한민국과 아메리카합중국 간의 상호방위조약 제4조에 의한 시설과 구역 및 대한민국에서의 합중국군대의 지위에 관한 협정"에 따른 미합중국군대 및 이에 준하는 국제연합군(이하 "미합중국군대 등"). 미한중국군대 등의 구성원 · 군속 · 초청계약자와 미합중국군대 등의 비세출자금기관 · 시우편국 및 군용은행시설

③ 외국에 있는 국내법인 등의 영업소 및 그 밖의 사무소

④ 외국에 있는 주된 사무소가 있는 단체 · 기관, 그 밖에 이에 준하는 조직체

⑤ 다음의 어느 하나에 해당하는 대한민국 국민

   – 외국에서 영업활동에 종사하고 있는 자

   – 외국에 있는 국제기구에서 근무하고 있는 자

   – 2년 이상 외국에 체재하고 있는 자. 이 경우 일시 귀국의 목적으로 귀국하여 3개월 이내의 기간동안 체재한 경우 그 체재기간은 2년에 포함되는 것으로 본다.

⑥ 다음의 어느 하나에 해당하는 외국인

   – 국내에 있는 외국정부의 공관 또는 국제기구에서 근무하는 외교관 · 영사 또는 그 수행원이나 사용인

   – 외국정부 또는 국제기구의 공무로 입국하는 자

   – 거주자였던 외국인으로서 출국하여 외국에서 3개월 이상 체재 중인 자

34 다음 중 외국환거래법의 적용 물적 대상의 범위에 해당하지 않는 것은?

① 대외지급수단   ② 금괴

③ 17세기 영국 금화   ④ 코스닥에 상장된 증권

정답 | ④

해설 | ※ 외국환거래법에 적용되는 물적 대상의 범위

   • 외국환 : 대외지급수단, 외화증권, 외화파생상품, 외화채권

   • 내국지급수단 : 내국지급수단이란 대외지급수단 외의 지급수단을 말한다.

   • 귀금속 : 금, 금합금의 지금, 유통되지 아니하는 금화, 기타 금을 주재료로 하는 제품 및 가공품

SECTION 2   **외국환의 지급과 수령**

1. 신고대상 지급과 수령

(1) 개요

거주자 간, 거주자와 비거주자 간 또는 비거주자 상호 간의 거래나 행위에 따른 채권 · 채무를 결제할 때 거주자가 다음의 어느 하나에 해당하면 대통령령으로 정하는 바에 따라 그 지급 또는 수령의 방법을 기획재정부장관에게 미리 신고하여야 한다. 다만 외국환수급 안정과 대외거래 원활화를 위하여 대통령령으로 정하는 거래의 경우에는 사후에 보고하거나 신고하지 아니할 수 있다.

(2) 미신고대상 지급과 수령 거래

외국환거래법에 따라 신고하지 않아도 되는 경우는 다음과 같다.

- 거주자와 비거주자가 상계의 방법으로 결제할 때 기획재정부장관이 정하여 고시하는 방법으로 일정한 외국환은행을 통하여 주기적으로 결제하는 경우
- 기획재정부장관에게 자본거래 신고한 방법에 따라 채권을 매매, 양도 또는 인수하는 경우
- 계약 건당 미화 5만달러 이내의 수출대금을 기획재정부장관이 정하여 고시하는 기간을 초과하여 수령하는 경우
- 거주자가 건당 미화 1만달러 이하의 경상거래에 따른 대가를 외국환업무취급기관 등을 통하지 아니하고 직접 지급하는 경우
- 그 밖에 기획재정부장관이 정하여 고시하는 경우

35 다음 중 외국환거래법에 따라 신고하지 않아도 되는 경우는?

① 수출자 (주)토마토는 해외거래처 (주)정민과 6월 수입대금을 4월에 수출한 외상 수출대금과 상계하기로 하였다.

② 수출자 (주)토마토는 수입자의 요구에 따라 불량품에 대해 일정 할인을 적용하여 수출대금을 수취하였다.

③ (주)토마토는 수입 후 수입대금을 수입물품을 판매한 수출자인 중국의 (주)정민이 아닌 (주)정민의 거래처인 태국의 HR COMPANY로부터 송금하였다.

④ (주)토마토는 조세회피를 위하여 직접 해외에서 수출대금을 현금으로 10만달러 수취하였다.

정답 | ②

해설 | 외국환거래법에 따라 신고하지 않아도 되는 경우는 다음과 같다.
- 상계 등의 방법으로 채권·채무를 소멸시키거나 상쇄시키는 방법으로 결제하는 경우
- 기획재정부장관이 정하는 기간을 넘겨 결제하는 경우
- 거주자가 해당 거래의 당사자가 아닌 자와 지급 또는 수령을 하거나 해당 거래의 당사자가 아닌 거주자가 그 거래의 당사자인 비거주자와 지급 또는 수령을 하는 경우
- 외국환업무취급기관 등을 통하지 아니하고 지급 또는 수령을 하는 경우

2. 지급수단 등의 수출입 신고

(1) 자본거래의 신고 등

자본거래를 하려는 자는 기획재정부장관에게 신고하여야 한다. 다만, 외국환수급 안정과 대외거래 원활화를 위하여 대통령령으로 정하는 자본거래는 사후에 보고하거나 신고하지 아니할 수 있다. 자본거래의 신고수리(申告受理)는 송금, 재산반출절차 이전에 완료하여야 한다.

(2) 신고대상 자본거래

- 외국환업무취급기관이 외국환업무로서 수행하는 거래. 다만, 외환거래질서를 해할 우려가 있거나 급격한 외환유출입을 야기할 위험이 있는 거래로서 기획재정부장관이 고시하는 경우에는 신고하도록 할 수 있다.
- 기획재정부장관이 정하여 고시하는 금액 미만의 소액 자본거래
- 해외에서 체재 중인 자의 비거주자와의 예금거래
- 추가적인 자금유출입이 발생하지 아니하는 계약의 변경 등으로서 기획재정부장관이 경미한 사항으로 인정하는 거래
- 그 밖에 기획재정부장관이 정하여 고시하는 거래

36 다음 중 외국환거래법상 신고하여야 하는 경우를 모두 고르시오.

> A. 두 번째 거래인 프랑스의 거래처와 한국의 (주)토마토가 상계에 따라 수출입대금을 결제하는 경우
> B. 외국환거래법상 자본거래를 하려는 자의 경우
> C. 한국 (주)토마토의 직원이 8,000달러의 수출대금을 현금으로 수취하는 경우
> D. 자본거래의 신고를 한 자가 신고 내용에 따라 지급수단 등을 수출, 수입하는 경우
> E. 해외 유학중인 유학생의 스위스 은행과의 예금거래

① A, B, D ② A, B, E ③ B, C, D ④ C, D, E

정답 | ②

해설 | 외국환거래법상 신고대상 거래
- 상계 등의 방법으로 채권·채무를 소멸시키거나 상쇄시키는 방법으로 결제하는 경우
- 기획재정부장관이 정하는 기간을 넘겨 결제하는 경우
- 거주자가 해당 거래의 당사자가 아닌 자와 지급 또는 수령을 하거나 해당 거래의 당사자가 아닌 거주자가 그 거래의 당사자인 비거주자와 지급 또는 수령을 하는 경우
- 외국환업무취급기관 등을 통하지 아니하고 지급 또는 수령을 하는 경우
- 자본거래를 하려는 자
- 지급수단을 수출입하려는 자

※ 단, 지급과 수령에 따른 신고를 하거나, 자본거래 신고를 한 자가 지급수단을 수출입하는 경우 제외한다.

SECTION 1 관세법 총칙

1. 관세법의 개요

기출유사문제

37 다음 중 관세법의 목적과 다른 것은?

① 관세의 부과 징수에 관한 법이다.

② 관세를 부과하고 관세수입을 확보함으로써 국민경제발전에 이바지한다.

③ 관세수입을 최대한 확보하기 위하여 가장 높은 세율로 부과하는 법이다.

④ 수출입통관을 적정하게 하기 위한 법이다.

정답 | ③

해설 | 관세수입은 법령에 근거하여 적정하게 부과·징수하여 확보한다. 관세법은 관세의 부과 징수 및 수출입통관을 적정하게 하고 관세수입을 확보함으로써 국민경제 발전에 이바지함을 목적으로 하는 법이다.

38 다음 중 관세 부과 및 납세에 관한 설명으로 옳은 것은?

① 수입물품을 수입한 납세의무자의 경우 관세는 세관에 납부하며, 부가가치세 등 내국세는 세무서에 납부한다.

② 수입물품에 관세 및 부가가치세, 개별소비세 등이 부과되더라도 관세만 납부하면 수입통관은 이루어진다.

③ 수입물품에 따라 관세, 부가가치세, 개별소비세, 주세, 교육세, 농어촌특별세, 교통에너지환경세가 부과될 수 있으며, 세관장은 이러한 모든 관세 및 내국세를 징수할 수 있다.

④ 주류를 수입하는 경우에 부과되는 세금은 '관세, 부가가치세, 주세, 개별소비세'이다.

정답 | ③

해설 | ①, ② 수입물품을 수입한 납세의무자는 관세 및 내국세를 세관에 납부하여야 수입통관이 이루어진다.

③ 수입물품에 따라 관세, 부가가치세, 개별소비세, 주세, 교육세, 농어촌특별세, 교통에너지환경세가 부과될 수 있으며, 세관장은 이러한 모든 관세 및 내국세를 징수할 수 있다.

※ 암기 : 관부개주교농교

④ 주류를 수입하는 경우에 부과되는 세금은 '관세, 부가가치세, 주세, 교육세'이다.

2. 용어의 정의

(1) 통관 : 수입, 수출, 반송

(2) 수입 : 외국물품을 우리나라에 반입하거나 우리나라에서 소비 또는 사용하는 것

수입이란		외국물품을	우리나라에 반입 하거나	우리나라에서 소비 또는 사용
외국물품	수입 전	외국에서 우리나라로 도착한 물품 중 수입신고수리 전의 것	+ 보세구역을 경유하는 경우 보세구역으로부터 반입하는 것을 포함한다.	+ 우리나라 운송수단 안에서의 소비 또는 사용을 포함한다.
		외국선박 공해 채집, 포획한 수산물 등으로서 수입신고수리 전의 것		
	수출	수출신고 수리된 물품		
	보세	보수작업 시 외국물품에 부가된 내국물품		
		보세공장에서 외국물품과 내국물품을 원자재로 혼용하여 제조한 물품		
		환급특례법상 환급목적으로 보세구역 자유무역지역에 반입한 물품		

※ 수입의 의제(상기 외의 경우로서 수입한 것으로 보는 경우) 6가지

국	국고귀속 물품
통	통고처분으로 납부된 물품
매	매각된 물품
우	우편물(수입신고 대상 제외)
추	몰수에 갈음하여 추징된 물품
몰	몰수된 물품

(3) 수출

수출이란 내국물품을 외국으로 반출하는 것을 말한다.

※ 암기 : 내국물품 = 즉시 선박 외×로 입승

수출이란		내국물품을	외국으로	반출하는 것
내국물품	외×	우리나라 물품 중 외국물품이 아닌 것		
	선(박)	우리나라의 선박 등이 공해에서 채집, 포획한 수산물		
	입	입항 전 수입신고가 수리된 물품		
	(반출)승(인)	수입신고수리 전 반출승인을 받아 반출된 물품		
	즉시	수입신고 전 즉시반출신고를 하고 반출된 물품		

(4) 반송

국내 도착 물품이 수입통관절차를 거치지 않고 다시 외국으로 반출되는 것을 말한다. 수입물품은 보세구역에 장치함을 원칙으로 하는데, 보세구역은 국내지만 관세선을 통과하지 않으므로 외국물품 상태이다. 외국물품 상태에서 다시 외국으로 반출할 때 반송신고를 한다.

39 다음 중 관세법상 용어가 틀린 것은?

① 통관이란 수출, 수입, 반송을 말한다.

② 수출이란 내국물품을 외국으로 반출하는 것을 말한다.

③ 수입이란 외국물품을 우리나라로 반입하는 것을 말한다.

④ 반송이란 수입 후 수출되는 것을 말한다.

정답 | ④

해설 | 반송이란 국내 도착 물품이 수입통관절차를 거치지 않고 다시 외국으로 반출되는 것을 말한다.

40 다음 중 관세법에 대한 일반적 설명이다. 옳은 것을 모두 고르시오.

> A. 관세법은 조세법적 성격, 통관법적 성격, 형사법적 성격, 쟁송절차법적 성격, 국제법적 성격을 가지는 법을 말한다.
> B. 통관을 법으로 강제하는 이유는 국내 산업을 보호하고, 소비자 및 환경을 보호하며, 통상정책의 실효성을 확보하고, 재정(관세)수입을 확보하기 위한 목적이 있다.
> C. 특례법은 법보다 하위법령이므로 관세법은 FTA특례법이나 관세환급특례법에 우선하여 적용된다.
> D. 관세법은 법으로서 국회에서 제정되며, 관세법 시행령은 대통령이 정한다. 관세법 시행규칙은 기획재정부 장관이 정한다.
> E. 관세는 세관에 납부하여야 하나, 부가가치세 등 내국세는 세무서에 납부하여야 한다.
> F. 관세법은 수입물품에만 관세를 부과하므로, 수출 및 반송 시에는 적용되지 않는다.

① A, B, C   ② A, B, D   ③ B, C, E   ④ C, D, F

정답 | ②

해설 | C. 특례법은 특별법으로 일반법보다 우선 적용된다. 즉, FTA특례법 및 관세환급특례법이 관세법보다 우선하여 적용된다.

    E. 수입 시 관세뿐 아니라 부가가치세, 개별소비세, 주세, 교육세, 농어촌특별세, 교통에너지 환경세도 함께 세관에 납부하여야 한다.

    F. 관세법상 통관이란 수출, 수입, 반송을 말한다.

3. 관세의 납부기한

41 다음 중 관세의 납부기한에 대한 설명으로 틀린 것은?

① 납세신고를 한 경우 납세신고를 한 날로부터 15일 이내에 관세를 납부하여야 한다.

② 납세고지를 받은 경우 납세고지를 받은 날로부터 15일 이내에 관세를 납부하여야 한다.

③ 월별납부업체의 경우 납부기한이 속하는 달의 말일까지 일괄하여 납부가 가능하다.

④ 천재지변 등의 사유로 관세납부의 기한을 연장을 신청하는 경우 1년을 초과하지 않는 기한 내 납부 연장이 가능하다.

정답 | ①

해설 | 납세신고가 수리된 날(납세신고 수리일)로부터 15일 이내에 관세를 납부하여야 한다.

※ 관세의 납부기한

구분	납부기한	비고
납세신고를 한 경우	납세신고 수리일 ~ 15일	납세 의무자는 수입신고 수리 전에도 세액납부 가능 (세금을 빨리 내주면 좋다)
납세고지를 받은 경우	납세고지 받은 날 ~ 15일	
수입신고 전 즉시반출신고	수입신고일 ~ 15일 내 납부	
월별납부	요건 충족 성실납세자 → 납부기한 속하는 달 말일까지	
천재지변 등 기한 연장	1년 초과하지 않는 기간 내 납부기한 연장 가능	

42 다음 중 수입자 (주)토마토는 관세법상 언제까지 관세를 납부하여야 하는가?

(주)토마토는 미국의 HR COMPANY로부터 COOLING MODULE을 7월 6일 수입신고하여 7월 8일 수리되었다.

2018년 7월 달력						
일	월	화	수	목	금	토
1	2	3	4	5	6	7 수입신고
8 수입신고 수리	9	10	11	12	13	14
15	16	17	18	19	20	21
22	23	24	25	26	27	28
29	30	31	1	2	3	4

① 납부기한인 7월 22일까지 납부하여야 한다.

② 납부기한인 7월 23일까지 납부하여야 한다.

③ 월별납부업체로 승인받은 경우 8월 31일까지 납부할 수 있다.

④ 7월 7일 관세를 납부할 수 있다.

정답 | ②

해설 | 수입신고와 납세신고는 동시에 이루어지며, 납세신고수리일인 8일로부터 15일까지인 23일까지 납부하여야 한다. 그러나 납부기한이 토요일, 공휴일, 근로자의 날 및 은행 휴무일인 경우에는 다음 날까지 연장되므로 23일까지 납부가 가능하다. 관세의 사전납부(납세신고 수리 전 납부)는 가능하며, 월별납부업체는 납부기한이 속하는 달의 말일까지 납부가 가능하다.

SECTION 2　　**과세가격과 관세의 부과 · 징수 등**

1. 과세요건

관세는 내국세와 달리 수입물품에만 부과된다. 과세는 관세의 요건을 충족할 경우 납세의무가 성립하게 되며, 이러한 과세의 4대 요건은 과세물건, 과세표준, 관세율, 납세의무자이다. 수입 시 관세 및 부가가치세 등을 산출하여 신고납부하는 것을 원칙으로 하며, 관세의 산출은 다음과 같다.

- 관세 = 과세표준(과세가격, 또는 수량) × 관세율
- 부가가치세 = {(관세 + 과세표준) × 내국세 등} × 부가가치세(VAT)

43 다음 중 과세요건에 대한 설명으로 옳은 것을 모두 고르시오.

> A. 관세의 4대 요건은 과세물건, 과세환율, 과세표준, 관세율이다.
> B. 과세물거은 수입물품에만 해당하며, 수출물품이나 반송물품에는 적용되지 않는다.
> C. 납세의무자는 원칙적으로 물품을 수입한 화주를 말하며, 예외적인 상황에는 화주가 아닌 다른 납세의무자가 적용되기도 한다.
> D. 과세표준은 우리나라에 도착하여 보세구역에 장치한 때의 수입물품의 성질과 가격을 말한다.
> E. 세율은 관세율은 의미하며, 탄력관세, 잠정관세, 기본관세중 기본관세가 우선 적용된다.
> F. 과세요건이 성립되면 관세가 부과되며, 수입신고인(화주)이 납세(수입)신고 또는 과세관청의 부과고지를 함으로써 관세가 확정된다. 그리고 확정된 관세납부의무는 관세납부, 담보충당, 부과처분취소 등으로 종료된다.

① A, B, D   ② A, D, E   ③ B, C, E   ④ B, E, F

정답 | ②

해설 | A. 관세의 4대 요건은 과세물건, 납세의무자, 과세표준, 세율이다.
     D. 과세표준은 수입신고를 하는 때의 물품의 성질과 가격을 말한다.
     E. 관세율은 탄력관세>잠정관세>기본관세 순으로 적용된다.
     ※ 과세의 4대 요건

관세 4대 요건	원칙	비고
과세물건	수입물품	수출 · 반송 ×
과세표준	종가세(종량세 일부)	수입가격 또는 수량
관세율	기본세율	우선순위세율 순차적용
납세의무자	화주	예외 있음

44 다음 중 과세물건에 대한 설명으로 틀린 것은?

① 과세물건은 수입물품에만 한정한다.

② 질소나 산소와 같은 기체는 과세물건으로 볼 수 없다.

③ 외국 인터넷에서 다운로드하는 전자적 형태의 무체물 등은 과세물건으로 볼 수 없다.

④ 보세구역에 반입한 물품이 도난, 분실된 때는 수입신고하는 때가 아닌 도난, 분실된 때의 물품의 성질과 수량에 따라 과세물건으로 본다.

정답 | ②

     과세물건 : 관세는 수입물품에만 부과한다. 수출물품이나 반송물품에는 부과되지 않는다. 이때 '물품'에는 기체와 액체류도 포함된다.
     ※ 유체물과 결합되지 않고 독립적으로 제공되는 용역, 온라인으로 거래되는 전자적 형태의 무체물(無體物)은 과세대상이 아니다.

2. 과세표준

기출유사문제

45 다음 중 과세표준에 대한 설명으로 옳은 것은?

① 관세는 과세표준 × 관세율로 산출되며, 우리나라 관세법상 과세표준은 가격을 기준으로 하는 종가세가 대부분이다.

② 과세표준은 종가세(가격기준), 종량세(수량기준), 선택세(종가세와 종량세 중 선택)가 있다.

③ 우리나라의 과세표준은 종가세, 종량세, 선택세 중 종가세만을 적용한다.

④ 30만원짜리 시계가 수입되는 경우 관세의 과세표준(과세가격)은 30만원이다. 관세율이 10%인 경우 관세는 3만원이 된다.

정답 | ③
해설 | 우리나라는 종가세가 대부분이지만 종가세, 종량세, 선택세를 모두 적용한다.

3. 과세환율

기출유사문제

46 다음 중 과세환율에 관한 설명으로 옳은 것은?

① 과세가격(종가세)은 반드시 원화로 산정되어야 하나, 외국통화로 결제하는 경우 외국통화를 과세가격으로 할 수 있다.

② 과세환율은 수입신고를 한 날이 속하는 주의 전 주의 외국환매도율을 평균하여 세관장이 정한다.

③ 과세환율은 수입신고를 한 날이 속하는 주의 전 주의 외국환매입율을 평균하여 관세청장이 정한다.

④ 7월 16일 3,000$짜리 수입물품의 수입신고를 하였고, 과세환율이 1,100원이면 과세가격은 3,300,000원이 된다. 이 경우 적용되는 관세율이 10% 라면 납세의무자는 관세 330,000원을 납부하여야 한다.

정답 | ④
해설 | 과세가격은 반드시 원화로 신고되어야 하며, 외국통화로 결제하는 경우 과세환율을 곱하여 산출한다.
　　　 ※ 과세환율 : 수입신고한 날의 전주의 외국환매도율을 평균하여 관세청장이 정한 율을 과세환율로 고시한다.

4. 납세의무자

기출유사문제

47 다음 중 관세법상 수입물품의 결제조건이 DDP조건인 경우 납세의무자는 누구인가?

① 물건을 수출한 수출자

② 물건을 수입한 화주

③ 물건을 운송한 운송인

④ DDP(Delivered Duty Paid)조건에 따라 관세를 지불하기로 한 자

정답 | ②

해설 | '관세법상' 수입물품의 납세의무자는 물건을 수입한 화주이다. 인코텀즈 DDP조건은 수출자가 관세를 지불하는 인코텀즈 13가지 조건 중 하나이나, 우리나라 관세법은 강행법, 국내법으로 임의규칙인 인코텀즈보다 우선한다.

48 다음 중 관세법상 수입물품과 납세의무자와의 연결이 올바른 것은?

① 입항 전 수입신고를 한 물품 – 선사

② 보세구역에 수입물품을 장치 중 보수작업을 승인받아 보수작업을 하던 중 보수작업 기간을 초과하여 관세를 징수하는 물품 – 수입한 화주(화물의 주인)

③ 수입신고 전 즉시반출신고를 한 후, 즉시 반출한 물품 – 수입신고인

④ 수입신고를 대행 위탁하여 수입된 물품 – 수입신고 위탁자

정답 | ④

해설 | 관세의 납세의무자는 원칙적으로 수입신고한 화주이나, 예외적인 상황에서는 특별납세의무자로 규정하여 특별납세의무자가 납세의무를 부담하게 된다.

※ 납세의무자

구분	과세물건	납세의무자		
원칙	수입신고 시(+ 입항 전 수입신고) 성질과 수량	원칙	수입신고한 화주	
		화주 불분명	위탁, 대행수입 ○	위탁자
			위탁, 대행수입 ×	상업서류상 수하인
		수입신고 전 양도한 경우 : 양수자		

특별 납세 의무자	선	선(기)용품을 허가대로 적재하지 않은 물품	하역허가를 받은 자		허
	보	보세구역 외 보수작업물품	보수작업 승인받은 자		승
	멸	보세구역장치 중 멸실, 폐기물품	운영인 또는 보관인		운
	외	보세공장(건설장), 종합보세구역 외 작업허가기간경과물품	보세구역 외 작업허가를 받거나 신고한 자		외
	운	보세운송기간경과물품	보세운송 신고, 승인받은 자		운
	소	수입신고수리 전 소비사용물품	소비, 사용한 자		소
	즉	수입신고 전 즉시반출 신고 후 반출한 물품	수입신고 전 즉시 반출한 자		즉
	우	우편 수입물품	수취인		수
	도	도난, 분실물품	보세구역 장치물품	운영인 또는 화물관리인	도-화
			보세운송물품	보세운송신고승인 받은 자	도-운
			그 밖의 경우	보관인 또는 취급인	도-보
	기	기타 수입물품(통관 X)	소유자 및 점유자		소
	기	그 외	관세법, 다른 법에 따른 납세의무자		법
연대 납세 의무자		수입신고가 수리된 물품 또는 수입신고수리 전 반출승인을 받아 반출된 물품에 대하여 납부관세액이 부족한 경우	신고인(화주 또는 관세사 등)		보통 관세사, 관세법인, 통관취급법인 등
기타		분할법인, 분할합병	분할되는 법인, 분할 또는 분할합병으로 설립되는 법인, 존속하는 분할합병의 상대방 법인 및 신회사		
		공유물, 공동사업물품	공유자, 공동사업자		
		관세포탈로 다른 사람을 납세의무자로 신고한 경우	해당 물품을 수입신고하는 화주		
		납부보증자	관세법, 다른 법령에 따라 납부보증한자		보증보험회사 등
		제2차 납세의무자	납세의무자와 일정한 관계에 있는 자		법인, 출자자 등
		그래도 안내는 경우	납세의무자와 다른 재산 체납처분		
		그래도 안내는 경우	양도담보재산 체납처분		

- 특별 > 원칙(수입화주) > 연대 > 보증자 > 2차 > 체납처분 > 양도담보재산
- 납세의무자가 2인 이상인 경우에는 2인 이상이 납세의무자이다.

49 보세구역 화물관리인 A씨는 화주B씨의 물건을 보관하였다가 3일 후 관세사 C를 통해 수입신고 할 예정이었다. 보세구역에 보관 중 도둑 D에게 도난당했다. 이 경우 납세의무자는 누구인가?

① 보세구역 화물관리인 A

② 화주 B

③ 관세사 C

④ 도둑 D

정답 | ①

해설 | 보세구역 장치 중 도난, 분실된 경우 화물관리인이 납세의무자가 된다(46번 문제 해설 중 특별납세의무자 표 참조).

50 다음 중 관세법상 납부의무의 소멸사유에 해당하지 않는 것은?

① 관세 납부

② 담보 충당

③ 과세관청의 관세 부과 취소

④ 수입신고 후 분실

정답 | ④

해설 | 수입신고 후 분실하더라도 수입신고하는 때의 성질과 수량에 따라 납세신고 한 세액을 납부하여야 한다(납부기한 : 수입신고 수리일로부터 15일 이내).

　※ 납부의무의 소멸
- 관세납부
- 충당(담보 등으로 충당)
- 부과 취소
- 부과제척기간만료
- 징수권소멸시효완성

5. 관세부과의 제척기간

기출유사문제

51 다음은 관세법상 부과제척기간에 대한 설명이다 다음 중 괄호 안에 알맞은 것은?

> 관세는 해당 관세를 부과할 수 있는 날부터 (A)년이 지나면 부과할 수 없다. 다만, (B)한 방법으로 관세를 (C)하였거나 환급 또는 감면받은 경우에는 관세를 부과할 수 있는 날부터 (D)년이 지나면 부과할 수 없다.

	(A)	(B)	(C)	(D)
①	3	정당	탈세	5
②	5	부정	포탈	10
③	3	부정	납부	5
④	5	정당	포탈	10

정답 | ②

해설 | 관세는 해당 관세를 부과할 수 있는 날부터 5년이 지나면 부과할 수 없다. 다만, 부정한 방법으로 관세를 포탈하였거나 환급 또는 감면받은 경우에는 관세를 부과할 수 있는 날부터 10년이 지나면 부과할 수 없다.

6. 관세징수의 소멸시효

기출유사문제

52 부과제척기간이란 과세관청인 세관(관세청)이 납세의무자에게 관세를 부과할 수 있는 과세의 성립기간을 말한다. 다음 중 관세의 부과제척기간에 대한 설명으로 틀린 것은?

① 관세는 부과할 수 있는 날(수입신고한 날)의 다음 날부터 5년간 부과할 수 있다.

② 납세의무자가 이의신청을 한 경우 이의신청에 대한 세관장의 결정이 있는 날로부터 1년간 부과할 수 있다.

③ 압수물품의 반환결정이 있는 경우 1년간 부과할 수 있다.

④ 경정청구가 있는 경우 3개월간 부과할 수 있다.

정답 | ④

구분	부과 제척기간 기산일	부과제척기간
원칙	부과할 수 있는 날(수입신고한 날)의 다음 날	5년
	부정한 경우(포탈/감면/환급)	10년
예외	납세의무자의 불복청구(이의신청, 심사청구, 심판청구)에 대한 결정이 있는 경우	1년
	감사원법에 따른 심사청구에 대한 결정이 있는 경우	
	「행정소송법」에 따른 소송에 대한 판결이 있은 경우	
	압수물품의 반환결정이 있은 경우	
	FTA특례법에 따른 원산지증명서 등의 확인요청의 회신이 있는 경우	
	경정청구가 있는 경우	2개월
	국제조세조정법에 따른 과세가격 조정신청의 결정이 있는 경우	

53 다음 중 관세 징수기간 소멸시효에 대한 설명으로 틀린 것은?

① 신고납부의 경우 수입신고수리일로부터 15일이 경과한 날의 다음날부터 기산한다.

② 부과고지의 경우 납세고지를 받은 날부터 15일이 경과한 날의 다음날부터 기산한다.

③ 수입신고 전 즉시반출신고를 한 경우 수입신고한 날부터 15일이 경과한 날의 다음날부터 기산한다.

④ 관세징수권의 소멸시효는 관세(부가가치세, 주세, 개별소비세 등 내국세를 제외함)가 5억원 이상인 경우에는 10년, 5억원 미만의 경우에는 5년이다.

정답 | ④

해설 |

구분	관세징수기간 소멸시효 기산일	소멸시효기간
신고납부	수입신고수리일~15일 경과한 날의 다음 날	• 5억원 이상 관세(내국세 포함) = 10년 • 5억원 미만 관세(내국세 포함) = 5년
월별납부	납부기한 경과한 날의 다음 날	
보정신청	보정신청일의 다음날의 다음 날	
수정신고	수정신고일의 다음날의 다음 날	
부과고지	납세고지를 받은 날부터 15일 경과한 날의 다음 날	
즉시반출신고	즉시반출신고~10일 내 수입신고한 날부터 15일 경과한 날의 다음 날	
타 법령 납세고지	납부기한이 만료된 날의 다음 날	

54 다음 중 관세징수 소멸시효의 중단 및 정지사유에 대한 설명으로 틀린 것은?

① 관세징수의 소멸시효가 도래하면 과세관청은 더 이상 부과된 관세를 징수할 수 없다. 그러나 특정한 경우 관세징수의 소멸시효기간이 중단되거나 정지될 수 있다.

② 중단사유 : 경정처분, 압류, 납세고지, 교부청구, 통고처분

③ 중단사유 : 납세최고, 독촉, 고발, 공소제기, 압류

④ 정지사유 : 월별납부기간, 징수유예기간, 사해행위 취소소송, 체납처분 유예기간

정답 | ④

해설 | 관세징수 소멸시효의 중단 및 정지사유

중단사유		정지사유	
경	경정처분	사해행위 취소소송 기간 중	4(사)
납	납세고지	분할납부기간	분
공	공소제기	체납처분유예기간	체
고	고발	징수유예기간	중(징)
앞(압)	압류	중단8개 / 정지4개	
교	교부청구		
통	통고처분		
최고(독촉)	납세독촉(+ 납부최고 포함)		

7. 환급청구권 소멸시효

기출유사문제

55 다음 중 관세법상 관세환급청구권 소멸시효에 대한 설명으로 틀린 것은?

① 관세환급 청구권의 소멸시효가 도래하면 납세의무자는 더 이상 관세환급을 신청할 수 없으며, 소멸시효는 5억원 미만의 경우 10년, 5억원 이상의 경우 5년이다.

② 경정청구로 인한 경정 시 경정결정일로부터 관세환급을 청구할 수 있다.

③ 납세의무자의 착오로 이중납부한 경우에는 그 납부일로부터 관세환급을 청구할 수 있다.

④ 입항전 수입신고 후 관세를 납부한 경우 수입신고가 취하 또는 각하된 경우에는, 취하 또는 각하일부터 관세환급을 청구할 수 있다.

정답 | ①

해설 |

관세환급구분	환급청구권 소멸시효 기산일	소멸시효
경정청구로 인한 경정	경정 경정일	환급은 5년
착오납부 이중납부	그 납부일	
계약상이(위약)물품 환급	수출신고수리일 또는 보세공장반입신고일	
보세구역장치 중 폐기·멸실·변질·손상된 물품	폐기·멸실·변질·손상된 날	
종합보세구역 판매물품 환급	환급에 필요한 서류의 제출일	
수입신고(+ 입항 전) 후 관세납부 후 취하·각하된 경우	취하일 또는 각하일	
관세납부 후 법률개정으로 환급하는 경우	그 법률의 시행일	

8. 과세가격의 결정

기출유사문제

56 다음 중 과세가격에 대한 설명으로 옳은 것은?

① 관세의 과세가격은 CIF(수입국 도착기준)를 기준으로 하며, 수입 시의 국제운송비를 포함하고 보험료는 제외된다.

② 우리나라에 도착한 후 발생되는 비용은 일체 과세가격에 포함되지 않는다.

③ 연불조건으로 수입한 경우 연불이자는 과세가격에 가산되어야 한다.

④ 과세가격이란 수입물품의 가격을 원칙으로 함에 따라 수입자가 수출자(해외거래처)에게 지불한 금액만 과세가격으로 인정하여 세율을 곱하면 관세가 산출된다.

정답 | ②

해설 | 관세의 과세가격은 CIF기준이며, 운임 및 보험료를 포함한다. 과세가격은 수입물품의 가격을 원칙으로 하지만 다음의 비용을 가산, 공제 조정하여 산출한다.

　⑦ 가산

	수수료와 중개료	(−)구매수수료는 제외
+ 법정가산요소	용기비용 포장비(+ 노무비, 자재비)	수입물품과 동일체 취급 시만
	생산지원비	(−)국내생산 디자인권 등은 제외
	권리사용료(로열티)	특허권, 디자인권 등
	사후귀속이익	–
	운임, 보험료(CIF기준)	–

ⓒ 공제

(−) 공제요소 (수입 후 발생비용) ※ 확인 불가 시 공제 불가	기	기술	수입 후에 하는 해당 수입물품의 건설, 설치, 조립, 정비, 유지 또는 해당 수입물품에 관한 기술지원에 필요한 비용
	운	운송	수입항에 도착한 후 해당 수입물품을 운송하는 데에 필요한 운임 · 보험료와 그 밖에 운송과 관련되는 비용
	공	공과금	우리나라에서 해당 수입물품에 부과된 관세 등의 세금과 그 밖의 공과금
	연	연불이자	연불조건(延拂條件)의 수입인 경우에는 해당 수입물품에 대한 연불이자

기출유사문제

57 다음 중 과세가격에 포함되는 사항이 아닌 것은?

① 구매자가 해당 수입물품의 거래조건으로 판매자 또는 제3자가 수행하여야 하는 하자보증을 대신하고 그에 해당하는 금액을 할인받았거나 하자보증비 중 전부 또는 일부를 별도로 지급하는 경우 해당 금액

② 수입물품의 거래조건으로 구매자가 지급하는 외국훈련비 또는 외국교육비

③ 우리나라에서 해당 수입물품에 부과된 관세 등의 세금과 그 밖의 공과금

④ 구매자가 해당 수입물품의 대가와 판매자의 채무를 상계하는 금액

정답 | ③

58 다음 중 과세가격에 가산, 공제되는 금액이 맞게 연결된 것은?

구분	과세(가산)	비과세(공제)
A	운임, 보험료(CIF기준)	연불조건(延拂條件)의 수입인 경우에는 해당 수입물품에 대한 연불이자
B	사후귀속이익	수입 후에 하는 해당 수입물품의 건설, 설치, 조립, 정비, 유지 또는 해당 수입물품에 관한 기술지원에 필요한 비용
C	구매자가 판매자의 채무를 변제하는 금액	수수료와 중개료
D	권리사용료(로열티)	수입항에 도착한 후 해당 수입물품을 운송하는 데에 필요한 운임 · 보험료와 그 밖에 운송과 관련되는 비용
E	구매자가 해당 수입물품의 거래조건으로 판매자 또는 제3자가 수행하여야 하는 하자보증을 대신하고 그에 해당하는 금액을 할인받았거나 하자보증비 중 전부 또는 일부를 별도로 지급하는 경우 해당 금액	생산지원비
F	생산지원비	우리나라에서 해당 수입물품에 부과된 관세 등의 세금과 그 밖의 공과금
G	수입물품의 거래조건으로 구매자가 지급하는 외국훈련비 또는 외국교육비	송품장금액(CIF)

H	용기비용 포장비(+ 노무비, 자재비)	권리사용료
I	그 밖에 일반적으로 판매자가 부담하는 금융비용 등을 구매자가 지급하는 경우 그 지급금액	연불조건(延拂條件)의 수입인 경우에는 해당 수입물품에 대한 연불이자

① A, B, D, F, I

② A, B, F, G, H

③ B, C, E, F, I

④ A, C, E, G, H

정답 | ①

해설 | • 실제지급금액으로 과세가격에 포함

(+)직접 지급금액		물품 대가[(송품장 ; Invoice)상 가격]
(+)간접지급금액 ※ 구매자가 물품대가와 별도로 지급하는 경우에만 더합니다.	상계	구매자가 해당 수입물품의 대가와 판매자의 채무를 상계하는 금액
	변제	구매자가 판매자의 채무를 변제하는 금액
	제3자 대금지급	판매자의 요청으로 수입물품의 대가 중 전부 또는 일부를 제3자에게 지급하는 경우 그 지급금액
	하자보증비	구매자가 해당 수입물품의 거래조건으로 판매자 또는 제3자가 수행하여야 하는 하자보증을 대신하고 그에 해당하는 금액을 할인받았거나 하자보증비 중 전부 또는 일부를 별도로 지급하는 경우 해당 금액
	외국(교육) 훈련비	수입물품의 거래조건으로 구매자가 지급하는 외국훈련비 또는 외국교육비
	판매자 부담 금융비용	그 밖에 일반적으로 판매자가 부담하는 금융비용 등을 구매자가 지급하는 경우 그 지급금액

• 법정가산요소로 과세가격에 포함

+ 법정가산요소	수수료와 중개료	(-)구매수수료는 제외
	용기비용 포장비(+ 노무비, 자재비)	수입물품과 동일체 취급 시만
	생산지원비	(-)국내생산 디자인권 등은 제외
	권리사용료(로열티)	특허권, 디자인권 등
	사후귀속이익	–
	운임, 보험료(CIF기준)	–

• 우리나라 도착 후 발생비용으로 CIF(우리나라 도착기준) 과세가격과 무관하므로 공제

(-)공제요소 (수입 후 발생비용) ※ 확인 불가 시 공제 불가!	기	기술	수입 후 하는 해당 수입물품의 건설, 설치, 조립, 정비, 유지 또는 해당 수입물품에 관한 기술지원에 필요한 비용
	운	운송	수입항에 도착한 후 해당 수입물품을 운송하는 데에 필요한 운임 · 보험료와 그 밖에 운송과 관련되는 비용
	공	공과금	우리나라에서 해당 수입물품에 부과된 관세 등의 세금과 그 밖의 공과금
	연	연불이자	연불조건(延拂條件)의 수입인 경우에는 해당 수입물품에 대한 연불이자

59 다음 사례에 따른 과세가격을 산출하시오.

> - 송품장 대금(FOB) 5,000$
> - 운송 비용(운임) 300$
> - 수입 후 국내 판매금액의 일부를 수출자에게 지급(사후귀속 이익) 1,000$
> - ROYALTY(권리사용료) 500$
> - 수출물품의 생산에 사용될 수 있도록 수입자는 1,000$ 짜리 기계를 사전 송부함
> - 국내운송비 100$(송품장 대금에 포함되어 있음)

① 7,700$　　　　　② 5,300$　　　　　③ 7,800$　　　　　④ 5,800$

정답 | ①

60 다음 사례에 따른 과세가격을 산출하시오.

> - '주식회사 GEO'는 화장품 10,000$를 8월 6일 수입하였다.
> - 수입신고 전주의 외국환매도율을 평균하여 관세청장이 고시한 환율은 1,100원이다.
> - 운임은 주식회사 GEO가 화장품 대금과 별도로 500$를 지급하였으며 보험료는 지급하지 않았다.
> - 수입 후 화장품 판매 방법을 배우기 위하여 수출자와의 계약에 따라 8월 1일~8월 5일 직원을 외국에 출장 보내 1,000$짜리 교육을 받아야 했다.
> - 주식회사 GEO는 수출자 이외에도 화장품의 상표권을 외국의 상표권자 TOMATO COMPANY에 200$ 지급한다.
> - 수입 후 화물터미널에서 THC(터미널취급비용)가 20,000원 별도로 발생하였다.

① 보험료를 알 수 없으므로 과세가격을 산출할 수 없다.

② 11,770,000원

③ 12,870,000원

④ 12,890,000원

정답 | ③

해설 | ・물건가격(10,000$) + 운임및보험료(실제 납부한 경우만 가산) 500$ + 외국교육비(1,000$) + 권리사용료(200$)
　　　 = 11,700$(수입 후 발생비용은 가산하지 않는다.)
　　　・과세환율 적용 (11,700$×1,100) = 12,870,000원(문제에는 나오지 않았지만 여기에 관세율이 8%라면 관세는
　　　 12,870,000원×8% = 1,029,600원이 되며, 부가가치세의 경우 [12,870,000(과세가격) + 1,029,600(관세)]×
　　　 10%(부가세는 무조건 10%) = 1,389,960원이 된다(어렵게 나오는 경우).

61 다음 중 과세가격 결정방법에 대한 설명으로 옳게 연결된 것은?

	제1방법(원칙)	당사자 간 합의된 실제 지급 거래가격
①	제2방법	국내판매가격을 기초로 한 과세가격
②	제3방법	합리적인 거래가격을 기초로 한 과세가격
③	제4방법	동종·동질물품의 거래가격을 기초로 한 과세가격
④	제5방법(단, 제5방법은 납세의무자 선택 시 제4방법보다 우선 적용 가능)	산정가격을 기초로 한 과세가격

정답 | ④

해설 |

적용 순서	과세가격 결정방법
제1방법(원칙)	당사자 간 합의된 실제 지급 거래가격
제2방법	동종·동질물품의 거래가격을 기초로 한 과세가격
제3방법	유사물품의 거래가격을 기초로 한 과세가격
제4방법	국내판매가격을 기초로 한 과세가격
제5방법(단, 제5방법은 납세의무자 선택 시 제4방법보다 우선 적용 가능)	산정가격을 기초로 한 과세가격
제6방법	합리적 기준에 따른 과세가격의 결정

과세가격은 6가지 방법을 순차적으로 적용하여 결정하되, 원칙적으로 우리나라에 수입된 물품에 대하여 수입자가 지불하거나 지불하여야 할 금액에 법정 가산요소를 더하여 조정한 거래가격을 과세가격의 원칙으로 하고 있다. 이때, 법정가산요소를 객관적이고 수량화할 수 있는 자료로 더할 수 없는 경우 혹은 거래가격 배제사유에 해당하는 경우 제1방법 적용이 불가하며, 제2방법 → 제3방법 → 제4방법 → 제5방법 → 제6방법 순으로 적용된다. 다만, 납세의무자의 요청에 따라 제5방법은 제4방법에 우선하여 적용이 가능하다.

9. 가산금, 가산세

62 다음 중 가산세에 대한 설명으로 틀린 것은?

① 재수출감면세를 적용받아 수입 후 재수출 기간 내에 재수출을 이행하지 않은 경우 부과된다.

② 납부기한 내 수입신고 한 내역을 정정할 경우 부과된다.

③ 여행자 휴대품을 신고하지 않은 경우 40%의 가산세가 부과된다.

④ 보세구역 반입 후 30일 이내에 수입신고를 하지 않고, 기한을 넘겨 신고했을 때 부과되는 가산세는 과세가격의 2%이며, 이 경우 500만원을 넘지 않는다.

정답 | ②

해설 | 가산세는 납부기한을 경과한 경우 부족세액에 대해 부과되거나, 관세법상 이행의무를 불이행 한 경우 부과되는 벌금 성격의 금전적 제재이다.

63 관세법상 관세 징수와 관련된 설명으로 옳은 것을 모두 고르면?

> a. 세관장은 납세의무자가 납부하여야 하는 세액이 1만원 미만인 경우에는 징수하지 아니한다. 이 경우 수입 신고수리일을 관세납부일로 본다.
> b. 관세를 납부기한까지 완납하지 아니하면 그 납부기한이 지난 날부터 체납된 관세에 대하여 100분에 3에 상당하는 가산금을 징수한다.
> c. 체납된 관세 등의 금액이 90만원인 경우로서 체납된 관세를 납부하지 아니하면 그 납부기한이 지난 날부터 1개월이 지날 때마다 체납된 관세의 1천분의 12에 상당하는 가산금을 1차 가산금에 축차하여 징수한다. 이 경우 중가산금(2차가산금)을 더하여 징수하는 기간은 60개월을 초과하지 못한다.
> d. 여행자 휴대품에 대한 관세는 그 물품을 검사한 공무원이 검사장소에서 수납할 수 있다.

① a, b   ② a, d   ③ b, c, d   ④ a, b, c, d

정답 | ②

해설 | 가산금 관련 규정은 2019년 12월 개정으로 삭제됨. 납부기한이 경과하면 '납부세액 지연가산세'가 부과되며 (2019년까지 '가산금'에서 '납부지연가산세'로 명칭 변경) , 2차가산금(중가산금)제도는 삭제되었다.

64 심 씨는 미국에서 화장품을 미화 4만달러에 수입하면서 해당 화장품의 거래가격이 3만 달러인 양 무역서류를 임의로 고치고 이를 근거로 관세 등을 납부하고 통관하였다. 세관이 사후심사과정에서 이를 발견하고 심 씨를 관세포탈범으로 의법조치하게 되었다. 이때 세관이 심 씨에게 부과할 수 있는 것을 모두 열거한 것은?

① 벌금(통고처분)

② 부족한 관세 등 + 부족세액 가산세(부당한 경우로써 40% 부과)

③ 부족한 관세 등 + 부족세액 가산세 40% + 통고처분

④ 부족한 관세 등 + 부족세액 가산세 40% + 납부지연가산세 3% + 통고처분

정답 | ③
해설 | 납부기한 내 납부되었으므로 납부지연가산세는 부과되지 않는다.

65 다음 보기의 빈칸에 들어갈 내용으로 적절한 것은?

> 수입자 (주)토마토는 수입신고가 수리된 수출용원재료의 관세를 착오로 납부기한까지 완납하지 아니하였다. 약 200일이 경과되었다. 이 경우 세관장은 아래와 같이 징수하려 한다.
> 부족세액 : 10만원
> (A) : 부족세액의 10%, 1만원
> 가산이자 : (   )원
> (C) : 3%, 3천원

	(A)	(B)	(C)
①	부족세액 가산세	3,000	가산금
②	통고처분(벌금)	10,000	지연세금
③	과태료 5,000	납부지연	가산세
④	부족세액 가산세	5,000	납부지연 가산세

정답 | ④
해설 | 납부기한까지 납부를 하지 못한 경우 가산세가 부과되며, 가산세는 아래와 같이 구성된다.
가산세 = 부족세액 가산세(10%, 부당한 경우 40%)+가산이자(부족세액×경과기간×1일 10만분의 25) + 납부지연 가산세(부족세액의 3%)
ㄱ 부족세액 가산세 : 100,000×10% = 10,000원
ㄴ 가산이자 : 100,000×200×25/100,000 = 5,000원
ㄷ 납부지연 가산세 : 100,000×3% = 3,000원
총 납부하여야 할 금액 : 부족세액 100,000 + 10,000 + 5,000 + 3,000 = 118,000원

66 다음의 상황에서 납부하여야 할 가산세는 총 얼마인가?

> (주)토마토는 납부기한으로부터 10개월이 지난 뒤에서야 착오로 인하여 품목분류가 잘못되어 관세율이 낮게 적용되어 수입된 것을 알고 부족세액에 대하여 긴급히 수정신고를 하였다.
> 세관에서는 이러한 경우 가산세가 부과한다. 이때 납세의무자 (주)토마토가 선택할 수 있는 가장 합리적인 선택은?

① 부족세액 가산세 면제대상으로 면제신청을 한다.

② 부족세액 가산세의 50%를 감면신청 한다.

③ 납부지연 가산세의 20%를 감면신청한다.

④ 납부지연 가산세의 10%를 감면신청한다.

정답 | ③

해설 | 수정신고를 통해 부족세액을 다시 납부하는 경우 아래의 구분에 따라 납부지연가산세에 한정하여 감면 신청을 할 수 있다.
　　　㉠ 보정기간 경과 6개월 내 : 납부지연 가산세의 20%
　　　㉡ 보정기간 경과 1년 6개월 이내 : 납부지연 가산세의 10%

67 다음 가산세에 관련된 설명 중 틀린 것은?

① 여행자가 휴대품을 반복하여 신고하지 않은 경우 – 가산세 40%

② 수입신고 전 즉시반출 신고 후 반출 후 10일내 수입신고하지 않은 경우 – 관세의 20%

③ 이사물품의 수입신고를 하지 않은 경우 – 납부할 세액의 20%

④ 재수출조건부 감면을 적용 받아 수입 신고 후 2년 이내 재수출 미이행시 – 관세의 20%

정답 | ①

해설 | ※ 아래 가산세 관련 규정 표 참조

관세법상 가산세 규정		
가산세 종류	부과 시기	가산세율
부족세액 가산세	법정납부기한까지 세액을 미납 또는 부족세액을 징수 시	부족세액의 10% (부당한 경우 40%) 가산이자(부족세액×경과기간×1일10분의 25(0.025%) 납부지연가산세(3%)
미신고 가산세	수입신고를 하지 않고 수입물품에 관세를 부과, 징수 시	관세의 20% (밀수출입죄, 통고처분시 40%) 가산이자(부족세액×경과기간×0.025%) 납부지연가산세(3%)
여행자 · 승무원 휴대품 미신고 가산세	휴대품 미신고 시	납부세액의 40% (반복 자진신고 하지 않을시 60%)
이사물품 미신고 가산세	이사물품 미신고 시	납부할 세액의 20%
재수출 불이행 가산세	수입 후 재수출 기간 내 재수출 미이행 시	관세의 20% (500만원 한도)

즉시반출물품 미신고 가산세	즉시반출 후 10일 내 미신고 시	관세의 20% + 즉시반출업체 지정 취소
신고지연 가산세	보세구역 장치 후 30일 내 미신고 시	과세가격의 2% 내 (0.5~0.2%, 500만원 한도)

68 다음 중 가산세 감면 대상 중 그 감면율과 연결이 틀린 것은?

① 관세 심사위원회가 관세전 적부심사의 결정 통지를 기간내 하지 않은 경우 – 가산이자 50% 감면

② 특수관계자간 과세가격 결정방법 심사에 따라 수정신고한 경우 – 부족세액가산세 면제

③ 잠정가격 신고 후 2년 내 수입세액을 정정하여 신고한 경우 – 가산세 면제

④ 가격변동이 큰 물품 등 수리 후 세액을 심사하기 부적합 한 물품 – 납부지연 가산세 50%감면

정답 | ④

해설 | 사전세액 심사 대상 "감분체불부"은 부족세액 가산세만 면제된다.

가산세 완화 적용 규정				
부족세액 가산세	가산이자	납부지연 가산세	암기식	가산세 면제/감면 신청 사유
면제	면제	면제	수리	수입신고가 수리 전에 납세의무자가 해당 세액에 대하여 수정신고를 하거나 세관장이 경정하는 경우
			잠	잠정가격신고 후 세액을 납부한 경우 (납세의무자가 제출한 자료가 사실과 달라 추징 시 제외)
			국지	국가 또는 지자체가 직접 수입하거나, 기증되는 물품
			우	우편물(다만, 수입신고를 해야 하는 것은 제외)
			정	부족세액에 정당한 사유가 있는 경우 — 천재지변 등으로 인한 납기 연장
				관세법 해석에 관한 질의 · 회신 등에 따라 신고 · 납부 사안에 대해 다른 과세처분을 하는 경우
				기타 납세자가 의무불이행의 정당한 사유가 있는 경우
면제	–	–	특	특수관계자간 과세가격 결정방법 사전심사 결과를 통보일부터 2개월 이내에 통보된 방법에 따라 세액을 수정신고 한 경우
			감분체불부	사전 심사 대상 중 감면대상 및 감면율을 잘못 적용하여 부족세액이 발생한 경우 — 관세 또는 내국세를 감면받고자 하는 물품
				관세를 분할납부하고자 하는 물품
				관세 체납중인자의 신고 물품(체납액이 10만원 미만이거나 체납기간 7일 이내에 수입신고하는 경우 제외)
				납세자의 성실성 등을 참작하여 관세청장이 정하는 불성실신고인이 신고하는 물품
				가격변동이 큰 물품 등 수리 후 세액을 심사가 부적합하여 관세청장이 정하는 물품
–	–	20% 감면	1.6 수정	보정기간 경과 1년 6개월 내 수정신고를 한 경우 — 보정기간이 지난 날~ 6개월 이내
		10% 감면		보정기간이 지난 날~ 6개월 초과 1년 6개월 이내
–	50% 감면	–		관세심사위원회 기간 내 과세전적부심사의 결정 · 통지를 하지 아니한 경우

1. 관세율 종류 및 적용 우선순위

기출유사문제

69 다음 중 실제 적용되는 관세율은?

관세 종류	기본관세	잠정관세	조정관세	FTA협정관세
세율	8%	10%	15%	0%

(단, 조정관세의 부과 사유는 공중도덕 보호, 인간ㆍ동물ㆍ식물의 생명 및 건강 보호, 환경보전, 유한(有限) 천연자원 보존 및 국제평화와 안전보장 등을 위하여 필요한 경우임)

① 기본세율   ② 잠정세율   ③ 조정세율   ④ FTA협정세율

정답 | ③

해설 |

적용순위	세율종류	우선 적용하는 경우
1	덤핑방지관세, 상계관세, 보복관세, 긴급관세, 농림축산물에 대한 특별긴급관세, 특정국물품 특별긴급관세, ※조정관세	최우선 적용
2	편익관세, 국제협력관세(WTO협정세율, FTA협정세율)	3~7보다 낮은 경우에만 우선 적용
3	조정관세, 계절관세	4~6순위 보다 우선 적용
3	할당관세	① 4~6순위보다 낮은 경우에만 우선 적용 ② ※ 기본세율보다 높은 세율의 특정 농림축산물은 5~6순위보다 우선 적용
4	일반특혜관세	5, 6보다 우선 적용
5	잠정관세	6보다 우선 적용
6	기본관세	1~6이 적용되지 않는 경우 적용

※ 덤ㆍ상ㆍ보ㆍ긴ㆍ농ㆍ특ㆍ(조)>편ㆍ국>조ㆍ할ㆍ계>일>잠>기, 그러나 1순위 (탄력)세율 외 우선순위 세율이더라도 대부분 세율이 낮은 경우(유리한 경우)에만 적용

※ 1순위 조정관세 적용 사유 : 공중도덕 보호, 인간ㆍ동물ㆍ식물의 생명 및 건강 보호, 환경보전, 유한(有限) 천연자원 보존 및 국제평화와 안전보장 등을 위하여 필요한 경우에 한정(2019년 12월 개정)

※ 5~6순위보다 항상 우선적용되는 할당관세 : 국제기구와 관세에 관한 협상에서 국내외가격차에 상당한 율로 양허하거나 시장접근개방과 함께 기본세율보다 높은 세율로 양허한 특정 농림축산물

70 다음 중 관세법상 적용되는 세율은?

관세 종류	덤핑방지관세	기본세율	계절관세	WTO협정세율
세율	10%	8%	5%	3%

① 10%   ② 3%   ③ 8%   ④ 13%

정답 | ④

해설 | 덤핑방지관세, 상계관세는 실효세율(실제로 적용되는 세율)에 더하여 적용된다.

71 다음 중 관세법상 적용되는 세율은?

관세 종류	덤핑방지관세	기본세율	FTA협정관세	WTO협정세율
세율	10%	8%	0%	3%

① 10%   ② 3%   ③ 0%   ④ 13%

정답 | ①

해설 | 덤핑방지관세, 상계관세, 긴급관세, 특정국물품에 대한 특별긴급관세는 실효세율(실제로 적용되는 세율)에 더하여 적용된다.

72 다음 중 베트남에서 수입되는 물품이 원산지증명서를 구비한 경우 관세법상 적용되는 세율은?

관세 종류	한 – 아세안FTA	한 – 베트남FTA	WTO협정관세	기본관세
세율	0%	3%	5%	8%

① 0%   ② 3%   ③ 5%   ④ 8%

정답 | ①

해설 | 한–아세안 FTA의 경우 회원국은 10개국으로 브루나이, 캄보디아, 인도네시아, 라오스, 말레이시아, 미얀마, 필리핀, 싱가포르, 태국, 베트남이다. 이 중 베트남은 한–베트남 FTA가 별도로 체결되어 있다. 이 경우 수입자는 해당 협정양식의 원산지증명서를 발급받아 한–아세안 FTA와 한–베트남 FTA 중 유리한 세율을 적용할 수 있다.

2. 관세율의 종류별 부과요건 및 부과세율

적용 순위	세율	부과요건	부과권자 (근거법령)	세 율
1	덤핑 방지	정상가격 이하(덤핑)로 수입되어 국내산업에 실질적 피해 등을 주거나 줄 우려가 있어 무역위원회의 조사를 통하여 기획재정부장관에게 부과·건의	기획재정부령	덤핑차액에 상당하는 금액 이하를 실효(적용) 관세율에 더하여 부과
	상계	장려금(보조금) 등을 받아 수입되어 국내산업에 실질적 피해등을 주거나 줄 우려가 있어 무역위원회의 조사를 통하여 기획재정부장관에게 부과·건의	기획재정부령	보조금 등의 금액 이하를 실효(적용)관세율에 더하여 부과
	보복	교역상대국이 우리나라의 수출 물품등에 부당한 대우를 하여(권익을 부인·제한하거나 차별조치) 무역이익이 침해되는 경우	대통령령	피해상당액의 범위
	긴급	특정 물품의 수입 증가로 국내산업에 심각한 피해 등이 있음이 조사를 통하여 확인되고, 국내산업 보호를 위한 피해의 구제 등을 위하여 긴급관세를 추가하여 부과	기획재정부령	필요한 범위 내에서 추가하여 부과
	농특	국내외 가격차가 상당한 비율로 양허한 농림축산물의 수입물량 급증, 수입가격 하락 시	기획재정부령	•물량 증가 : 양허세율의 1/3 추가세율 •가격 하락 : 기준가격과 가격차에 따라 누진적 부과
	특정국	국/제조약 또는 일반적인 국제법규에 따라 허용되는 한도에서 특정국 물품의 수입 증가가 국내시장을 교란하거나 WTO회원국의 피해 방지 조치로 인하여 우리나라로 수입이 전환될 우려가 있는 경우 추가하여 부과	기획재정부령	필요한 범위 내에서 추가하여 부과
	조정	**공중도덕 보호, 인간·동물·식물의 생명 및 건강 보호, 환경보전, 유한(有限) 천연자원 보존 및 국제평화와 안전보장 등을 위하여 필요한 경우**	대통령령	(100/100 − 기본세율) + 기본세율
2	FTA	FTA협정국을 원산지로 하는 물품 중 적용 요건을 갖추어 수입하는 경우	FTA특례법	각 협정세율에 따라 상이
	편익	관세 관련 조약에 따라 편익을 받지 않는 나라의 수입물품(=최혜국 대우)	관세법	이미 우리나라와 체결된 다른 외국조약의편익한도 내 편익 부여
	국제 협력	정부는 우리나라의 대외무역증진을 위하여 특정국가, 국제기구와의 관세관련 협상 가능		•국제기구: 100% •특정국 : 기본세율의 50/100 이내
3	조정	세율불균형, 국내 개발 물품 일정기간 내 보호 목적, 국제경쟁력 취약 물품의 수입 증가로 국내시장 교란, 산업기반 붕괴 우려시	대통령령	(100/100 − 기본세율) + 기본세율
	할당	•원활한 물자수급, 산업경쟁력강화를 위한 특정 물품 수입촉진 •수입 (원재료)가격 급등시 국내가격 안정을 위하여 •유사 물품 간 현저한 세율 불균형을 시정하기 위하여	대통령령	•인상 : 기본세율 + (40/100범위율) •인하 : 기본세율 − (40/100범위율) ※ 세율 인하 수량 제한 가능 •농림축산물 : 기본세율 + 국내외 가격차 상당율
	계절	계절에 따라 가격 차이가 심한 물품 수입으로 국내시장 교란, 생산기반 붕괴 우려 시	기획재정부령	•인상 : 국내외 가격차 상당율 범위 •인하 : 기본세율 − (40/100)

4	일반 특혜	대통령령으로 정하는 개도국(특혜때상국)을 원산지로 하는 물품 중 대통령령으로 정하는 물품 수입 시	대통령령	기본세율보다 낮은 관세
5	잠정	국회에서 관세법 별표 관세율표에 제정함	관세법	HS CODE에 따라 세율이 정해짐
6	기본			

기출유사문제

73 다음은 관세법상 어떤 관세율에 대한 설명인가?

> 교역상대국이 우리나라의 수출물품 등에 부당한 대우를 하여(권익을 부인 · 제한하거나 차별조치) 무역이익이 침해되는 경우 부과되는 세율은?

① 긴급관세   ② 보복관세   ③ 덤핑방지관세   ④ 상계관세

정답 | ②

74 다음은 관세법상 어떤 관세율에 대한 설명인가?

> 정상가격 이하(덤핑)로 수입되어 국내 산업에 실질적 피해 등을 주거나 줄 우려가 있어 무역위원회의 조사를 통하여 기획재정부장관에게 부과 건의를 통해 부과되는 관세율

① 긴급관세   ② 보복관세   ③ 덤핑방지관세   ④ 상계관세

정답 | ③

75 다음은 관세법상 어떤 관세율에 대한 설명인가?

> 원활한 물자수급, 산업경쟁력 강화를 위한 특정 물품 수입을 촉진하기 위하여 부과되며, 수입(원재료) 가격 급등 시 국내 가격을 안정시키기 위하여 부과되거나 유사물품 간 세율이 현저히 불균형할 때 시정하기 위하여 부과되는 관세율

① 조정관세   ② 할당관세   ③ 계절관세   ④ 잠정관세

정답 | ②

76 다음은 관세법상 어떤 관세율에 대한 설명인가?

> 세율불균형, 국민보건, 환경보전, 소비자호보, 국내개발물품 보호, 국내시장 교란, 산업기반 붕괴 우려 시 부과되는 관세율

① 조정관세 ② 할당관세 ③ 계절관세 ④ 잠정관세

정답 | ①

77 다음은 관세법상 어떤 관세율에 대한 설명인가?

> 특정 물품의 수입 증가로 국내 산업이 심각한 피해 등이 있음이 조사를 통하여 확인되고, 국내산업 보호를 위해 피해의 구제 등을 위하여 추가하여 부과되는 관세율

① 긴급관세 ② 보복관세 ③ 덤핑방지관세 ④ 상계관세

정답 | ①

78 다음 중 관세율에 대한 설명으로 옳은 것은?

보기	세율	부과요건	부과세율
A	상계	장려금 등(보조금, 장려금)을 받아 수입되어 국내 산업에 실질적 피해 등을 주거나 줄 우려가 있어 무역위원회의 조사를 통하여 기획재정부장관에게 부과·건의	보조금 등의 금액 이하를 실효(적용)관세율에 더하여 부과
B	긴급	계절에 따라 가격차이가 심한 물품 수입으로 국내시장 교란, 생산기반 붕괴 우려 시	필요한 범위 내 추가 부과
C	농특	국내외 가격차 상당한 율로 양허한 농림축산물의 수입물량 급증, 수입가격 하락 시	• 물량 증가 : 양허세율의 1/3 추가세율 • 가격 하락 : 기준가격과 가격차에 따라 누진적 부과
D	편익	관세 관련 조약에 따라 편익을 받지 않는 나라의 수입물품(= 최혜국대우)	이미 우리나라와 체결된 다른 외국조약의 편익한도 내 편익 부여
E	조정	특정 물품의 수입 증가로 국내 산업이 심각한 피해 등이 있음이 조사를 통하여 확인되었을 때, 국내산업 보호를 위해 피해의 구제 등을 위하여 긴급관세를 추가하여 부과	(100/100 − 기본세율) + 기본세율
F	계절	세율불균형, 국민보건, 환경 보전, 소비자 호보, 국내개발물품 보호, 국내시장 교란, 산업기반 붕괴 우려 시	• 인상 : 국내외 가격차 상당률 범위 • 인하 : 기본세율 − (40/100)
G	일반특혜	대통령령으로 정하는 개도국(특혜대상국)을 원산지로 하는 물품 중 대통령령으로 정하는 물품 수입 시	기본세율보다 낮은 관세

① A, B, D, E ② A, C, F, G ③ A, C, D, G ④ B, D, F, G

해설 |

보기	세율	부과요건	부과세율
A	상계	장려금 등(보조금, 장려금)을 받아 수입되어 국내 산업에 실질적 피해 등을 주거나 줄 우려가 있어 무역위원회의 조사를 통하여 기획재정부장관에게 부과·건의	보조금 등의 금액 이하를 실효(적용) 관세율에 더하여 부과
B	긴급	특정 물품의 수입 증가로 국내 산업이 심각한 피해 등이 있음이 조사를 통하여 확인되었을 때, 국내 산업 보호를 위해 피해의 구제 등을 위하여 긴급관세를 추가하여 부과	필요한 범위 내 추가 부과
C	농특	국내외 가격차 상당한 율로 양허한 농림축산물의 수입 물량 급증, 수입가격 하락 시	• 물량 증가 : 양허세율의 1/3 추가 세율 • 가격 하락 : 기준가격과 가격차에 따라 누진적 부과
D	편익	관세 관련 조약에 따라 편익을 받지 않는 나라의 수입물품(= 최혜국대우)	이미 우리나라와 체결된 다른 외국 조약의 편익한도 내 편익 부여
E	조정	세율불균형, 국민보건, 환경보전, 소비자 호보, 국내개발물품 보호, 국내시장 교란, 산업기반 붕괴 우려 시	(100/100−기본세율) + 기본세율
F	계절	계절에 따라 가격차이가 심한 물품 수입으로 국내시장 교란, 생산기반 붕괴 우려 시	• 인상 : 국내외 가격차 상당률 범위 • 인하 : 기본세율−(40/100)
G	일반 특혜	대통령령으로 정하는 개도국(특혜대상국)을 원산지로 하는 물품 중 대통령령으로 정하는 물품 수입 시	기본세율보다 낮은 관세

3. 품목분류(HS CODE)

(1) 관세율표

무역상품의 품목분류에 적용되는 HS(Harmonized System) CODE는 관세법 별표 관세율표에 게기되어 있다. 관세율표란 품목별 세번부호(hs code)가 기재되어 있고, 기본 및 잠정세율이 함께 고시되어 있으며 다음과 같다(앞 6자리는 세계 공통이다).

번호		품 명	세율 (%)
호	소호		
2001		식초나 초산으로 조제하거나 보존처리한 채소 · 과실 · 견과류와 그 밖의 식용에 적합한 식물의 부분	
2001	10	오이류	30
2001	90	기타	30

※ 관세율표 20류, 기본세율, 잠정세율은 6단위 소호만 알아도 알 수 있다.

(2) 품목분류

관세율표상 게기된 HS CODE의 수보다 실제 무역에 이루어지는 관세품목(무역 거래물품)은 수없이 많다. 그렇기 때문에 관세율표에서는 통칙에 따라 품목을 분류하는 기준을 제시한다.

품목분류 해석에 관한 통칙			
통칙 1 분류 원칙	• 관세율표의 부 · 류 · 절의 표제는 단순 참조용 • 법적 효력 : 각 호의 용어, 부,류의 주(Legal Note) • 각 호나 주에서 따로 규정하지 않은 경우 통칙 2호 아래를 적용 검토.		1순위
통칙 2	미조립, 미완성된 물품	완성품의 본질적 특성이 있는 경우 → 완성품으로 봄	2순위
	혼합물, 복합물	부수된 물질, 첨가된 복합물은 → 원래 재료, 물질로 봄	
통칙 3	둘 이상의 호로 분류 가능한 물품	① 구체적(협의)호로 우선분류	3순위
		② 세트물품 중 본질적(중요) 특성에 따라 분류	
		③ 순서상 마지막호(최종호)로 분류	
통칙 4	통칙 1~3호로 분류 불가능한 경우 → 유사물품 호로 분류		4순위
통칙 5	케이스, 포장용기의 품목 분류	케이스는 해당물품과 함께 분류 (물품 전용 케이스, 함께 제시되는 경우에 한함)	보충적 기준
		포장재료, 용기도 해당물품과 함께 분류 (반복 사용하는 물품은 제외)	
통칙 6	소호의 품목 분류	소호의 용어, 소호의 주, 통칙 적용	

※ 통칙, 주(NOTE), 호(HEADING), 부나 류의 표제는법적 효력이 없으며 단지 참조를 위함

79 다음 중 HS 품목분류에 대한 설명으로 틀린 것은?

① 우리나라 HS코드는 관세통계통합품목코드로서 10자리로 구성되며, HSK라고 한다.

② HS CODE 앞 6자리는 세계 공통이며, 7~10자리는 각국의 나라에서 상황에 맞게 지정하여 사용 할 수 있다.

③ 우리나라 관세법 별표에서는 HS CODE에 따라 관세율 및 잠정세율이 규정되어 있다.

④ HS CODE 품목분류를 하기 위해서는 관세율표 해석에 관한 통칙 및 각 부나 류의 표제가 법적으로 효력이 적용된다.

정답 | ④

해설 | 표제는 법적 효력이 없다.

80 다음 은 품목분류(HSK) 예시이다. 식초로 조제한 토마토의 HS CODE에 대한 설명으로 틀린 것은?

식초로 조제한 토마토
HS CODE: 2001.90-9020

번호		품 명	세율(%)
호	소호		
2001		식초나 초산으로 조제하거나 보존처리한 채소 · 과실 · 견과류와 그 밖의 식용에 적합한 식물의 부분	
2001	10	오이류	30
2001	90	기타	30

① 식초로 조제한 토마토의 기본세율은 30%이다.

② 식초로 조제한 토마토의 HS CODE는 2001.90-9020이다.

③ 관세율표 20류에 해당하며, 2001호에 해당하고, 2001.90-9020호는 소호라고 한다.

④ 품목분류 사전심사는 수입신고하기 전 자가판정하는 것을 말한다.

정답 | ④

해설 | 품목분류 사전심사는 수출입, 관세환급, FTA와 관련되어 HS CODE를 정확히 알고자 하는 자가 관세청에 질의하여 유권회신을 받는 관세법상 사전심사 절차를 말한다.

- 부>류(2단위)>호(4단위)>소호(6~10단위)

$$HS : \underline{20}\ \underline{01} . \underline{90 - 9020}$$
$$\uparrow\ \ \uparrow\qquad \uparrow$$
$$(류\ 호.\quad 소호)$$

제4부 (Section) 조제식료품 (제16류~제24류)	제20류 (chapter) 채소, 과실의 조제식료품	heading (호 : 4단위)	sub-heading(소호 :6~10단위)		
		2001 식초, 초산조제품	10 오이류	00	00
			90 기타	10 과실과 견과류	00
				90 기타	10쪽파
		2002 토마토조제품			20토마토

식초로 조제한 토마토 : 2201.90-9020호(제4부>제20류>제2001호>소호 : 제2001.10-9020호)

※ 6자리까지는 세계 공통이며 7~10자리는 각국의 사정에 따라 규정한다. 미국은 8자리, 일본은 9자리, 한국은 10자리를 사용

※ HS CODE가 정해지더라도, 관세율은 자동 적용이 아님에 유의 → 요건을 갖추어 유리한 세율 선택 적용 가능 **예** 기본세율 8% 대신 원산지증명서를 구비하여 FTA 5% 선택 적용 가능

---

81 다음 중 HS CODE 품목분류 사전심사 제도에 대한 설명으로 틀린 것은?

① 물품을 수출하거나 수입하는 자는 관세청장(관세평가분류원장)에게 해당 수출입물품에 적용될 관세율표상의 품목분류 심사를 미리 요청할 수 있다.

② 품목분류는 관세청 유니패스를 통해 신청이 가능하다.

③ 신청 시 견본을 제출하여야 하며 경우에 따라 생략이 가능하다. 분석이 필요한 경우 분석 수수료는 3만원이다.

④ 관세청장(평가분류원장)은 20일 이내에 품목분류를 심사하여 신청인에게 통지하며, 품목분류 사전심사의 통지결과를 받은 자는 내용에 의문이 있는 경우 통지를 받은 날부터 20일 이내에 재심사를 신청할 수 있다.

정답 | ④

해설 | 물품을 수출하거나 수입하는 자는 관세청장(관세평가분류원장)에게 해당 수출입물품에 적용될 관세율표상의 품목분류 심사를 미리 요청할 수 있다.
- 품목분류 사전심사 신청 절차 : 신청서, 물품설명서, 견본(견본은 제출 생략 가능)
- 분석수수료 3만원 : 품목분류를 심사하기 위해 화학적 분석 등이 필요한 경우에는 품목당 분석수수료 3만원을 신청인에게 납부하게 할 수 있다.
- 30일내 통지 : 관세청장(관세평가분류원장)은 해당물품에 적용될 품목분류를 심사하여 30일 이내에 신청인에게 통지하여야 한다.
- 30일 내 재심사 신청 가능 : 통지를 받은 자는 통지 내용에 의문이 있는 경우 통지받은 날부터 30일 이내에 일정한 서류를 갖추어 재심사를 신청할 수 있다.

1. 관세감면제도

기출유사문제

82 다음 중 관세감면에 대한 취지의 연결이 옳은 것끼리 연결된 것은?

	감면세	구분	적용취지
A	정부용품 등의 면세	무조건면세	정부기관 등의 통관 시 편의제공
B	세율불균형물품의 면세	조건부감면세	세율불균형 시정목적
C	손상감세	무조건감면세	외교관례, 국제관례 존중
D	학술연구용품의 감면세	무조건면세	학술연구진흥, 교육발전 지원
E	특정 물품의 면세 등	조건부감면세	사회정책 수행
F	외교관용 물품 등의 면세	무조건면세	수입신고 수리 전 멸실, 변질, 손상된 부분에 대해 비과세함으로써 과세형평 목적

① A, B, C   ② A, B, D   ③ B, E, F   ④ C, D, F

정답 | ②

해설 |

무조건 감면세		조건부 감면세	
감면세율	목적	감면세율	목적
외교관용 물품 등의 면세	외교관례, 국제관례 존중	세율불균형물품의 면세	세율불균형 시정
정부용품 등의 면세	정부기관 등의 통관 시 편의제공	학술연구용품의 감면세	학술연구진흥, 교육발전 지원
소액물품 등의 면세	소액물품 등 통관상 편의제공	종교용품, 자선용품, 장애인용품 등의 면세	복지 및 공익, 사회복지향상
여행자휴대품 및 이사물품 등의 면세	여행자 통관절차 편의제공	특정물품의 면세 등	사회정책 수행
재수입면세	국산품 비과세 이중과세의 방지	환경오염방지물품 등에 대한 감면세	환경오염방지, 중소제조업체의 공장자동화 지원
손상감세	수입신고 수리 전 멸실, 변질, 손상된 부분에 대한 비과세, 과세형평	재수출면세	일시수입물품에 대한 감면, 교역증진
해외임가공물품 등의 감세	가공무역 촉진	재수출감면세	
사후관리 ×		사후관리 = 3년 내 용도 외 사용금지, 양도금지	

83 다음은 관세법상 관세의 감면신청과 관련된 설명이다. 옳은 것은?

① 관세 감면은 수입신고 전까지 세관장에게 감면신청서를 제출하여야 한다.

② 세관장의 착오 등으로 부족세액을 징수하는 경우에는 납부고지를 받은 날로부터 5일 이내에 감면신청서를 제출할 수 있다.

③ 그 외에 감면신청을 하지 못한 경우에는 보세구역에서 반출되었더라도 수입신고수리일로부터 15일 내에 감면신청서를 제출하여 감면을 적용받을 수 있다.

④ 관세감면신청을 하지 않은 경우에도 사유서를 제출하고 관세의 감면을 받을 수 있다.

정답 ┃ ②

해설 ┃ 원칙적으로 감면신청은 수입신고 수리 전까지 감면신청서를 세관장에게 제출해야 한다(단, 관세청장이 정하는 경우, 감면신청을 간이한 방법으로 가능). 단, 세관장의 착오 등으로 추징(부족한 금액을 징수)하는 경우 납부고지를 받은 날부터 5일 이내에, 기타 수입신고 수리 전까지 제출하지 못한 경우 수입신고수리일부터 15일 내에(단, 해당 물품이 보세구역에서 반출되지 않아야 함) 예외적으로 신청이 가능하다.

2. 무조건감면세

구분	무조건감면세	대상물품	감면율	특징			
외	외교관물품 등 면세	• 우리나라에 있는 외국의 대사관·공사관·영사관 ·이에 준하는 기관의 업무용품, 및 사절과 그 가족, 직원이 사용하는 물품 • 정부사업 수행용 수입 업무용품 • 국제기구, 외국 정부로부터 우리나라 정부에 파견된 고문관·기술단원 등 사용하는 물품	면세	• 양수제한 물품(자선피전엽) – 자동차, 선박, 피아노, 전자오르간, 엽총 • 수입신고수리일로부터 3년 내 다른 용도로 사용하기 위해 양수 금지			
정	정부용품 등 면세	정부, 국가기관, 지방자치단체에 기증하거나 수입하는 물품 등	면세	+ 환경오염, 상수도 수질 측정 물품 포함			
소	소액물품 등 면세	• 우리나라의 거주자에게 수여된 훈장·기장(紀章), 표창장, 상패 • 서류, 견품, 광고용품, 상품목록, 가격표 등 • 우리나라 거주자가 받는 소액물품	면세	• 견품(샘플)으로 보이는 미화 250$ 이하 물품 • 150$ 이하 개인용품, • 박람회 등 무상수입 제공되는 5$ 상당액 이하 물품			

구분	무조건감면세	대상물품	감면율	구분	면세한도		비고
휴	여행자 등 휴대품 및 이사 물품 등 면세	1인당 600$ 이하의 여행자, 승무원의 휴대품 및 이사물품(술, 담배, 향수 제외)	면세	술	1병		1L 이하이고, 400$ 이하 한정
		면세대상 외 여행자 휴대품, 별송품을 자진신고 시	30% 경감	담배	궐련	200개비	2 이상 담배 종류를 반입 시 한 종류로 한정
					엽궐련	50개비	
					전자담배 : 궐련형	200개비	
					전자담배 : 니코틴용액	20ml	
					전자담배 : 기타 유형	110g	
					기타 담배	250g	
				향수	60ML		

재	재수입면세	• 우리나라에서 수출 후 제조 · 가공 · 수리 · 사용되지 않고 수출신고 수리일부터 2년 내 재수입
		• 기간 무관 재수입
		   – 수출물품 용기로서 재수입
		   – 해외시험, 연구목적 수출 후 재수입
			면세	• 장기사용 가능 임대차물품 및 박람회 등 사용된 물품은 제외
				• 감면, 환급, 관세 부과하지 않는 경우 제외

손	손상감세	• 수입신고 후 • 수입신고 수리 전 멸실, 변질, 손상	경감 : 가치 감소분	신고 – (가치 감소) → 수리
해	해외임가공물품 등 감세	• 원재료, 부분품 수출하여, 85류, 9006호로 제조 가공한 물품 • 가공, 수리 목적 수출하여 HS CODE10단위 일치하는 물품으로 수입되는 물품(세관장 일치성 확인 가능 시 10단위 불일치 가능)	경감 : 수출 당시 신고금액 × 수입세율	감면, 환급, 관세 부과하지 않는 경우 제외

기출유사문제

84 다음은 관세법상 재수입 면세에 대한 설명이다. 틀린 것은?

① 우리나라에서 수출된 후 제조, 가공, 수리, 사용되지 않고 수출신고 수리일로부터 1년 이내에 수입되는 경우 적용되는 면세다.

② 수출물품의 용기로서 수입되거나, 해외시험목적으로 수출 후 재수입되는 경우에는 기간과 관계없이 재수입면세 적용이 가능하다.

③ 장기사용이 가능한 물품 또는 임대차물품 및 박람회 등에 사용된 물품은 재수입면세 적용을 받을 수 없다.

④ 관세법상 감면 또는 관세환급을 받은 물품, 재수입 시 관세부과가 되지 않는 물품은 재수입면세 적용을 받을 수 없다.

정답 | ①
해설 | 수출신고 수리일로부터 2년 내 재수입되는 경우 재수입면세 적용이 가능하다.

재수입면세	• 우리나라에서 수출 후 제조 · 가공 · 수리 · 사용되지 않고 수출신고 수리일로부터 2년 내 재수입
	• 기간 무관 재수입
	   – 수출물품 용기로서 재수입
	   – 해외시험, 연구목적 수출 후 재수입
		면세	• 장기사용 가능 임대차물품 및 박람회 등 사용된 물품은 제외
			• 감면, 환급, 관세가 부과되지 않는 경우 제외

85 다음 중 해외임가공물품 등에 대한 감세에 대한 설명으로 틀린 것은?

① 해외임가공물품 등에 대한 감세는 원재료, 부분품등을 수출하여 HS CODE 제85류 또는 제9006호의 물품으로 수입되는 경우에 감세를 받을 수 있다.

② 국내에서 수리 등이 곤란한 경우 해외에서 수리를 하기 위한 조건으로 감세를 해주는 것이기 때문에 반드시 HS CODE 10자리가 수출 시와 재수입되는 경우 동일하게 수입신고되어야만 감세가 가능하다.

③ 관세의 감면, 또는 환급을 받은 물품은 해외임가공물품 등에 대한 감세를 적용받을 수 없다.

④ 경감세액은 수출당시 신고금액×재수입 시 수입세율로 산출된다.

정답 | ②

해설 | HS CODE 10자리가 동일하지 않더라도 객관적인 자료를 입증하여 세관장이 동일 물품임을 인정하는 경우에는 감세를 적용받을 수 있다.

해외임가공물품 등 감세	• 원재료, 부분품 수출하여, 85류, 9006호로 제조 가공한 물품 • 가공, 수리 목적 수출하여 HS CODE10단위 일치하는 물품으로 수입되는 물품(세관장 일치성 확인 가능 시 10단위 불일치 가능)	경감 : 수출 당시 신고금액×수입세율	감면, 환급, 관세가 부과되지 않는 경우 제외

86 다음은 관세법상 외교관물품 등에 대한 면세 규정이다. 틀린 것은?

① 우리나라에 있는 외국의 대사간, 공사관, 영사관 및 이에 준하는 기관의 업무 용품 및 사절과 그 가족, 직원이 사용하는 물품은 수입 시 면세를 적용받을 수 있다.

② 정부사업 수행용으로 수입되는 업무용품도 외교관물품 등에 대한 면세를 적용받을 수 있으며, 국제기구나 외국 정부로부터 우리나라 정부에 파견된 고문관, 기술단원 등의 사용물품도 면세 적용된다.

③ 외교관물품 등의 면세를 받은 물품은 타인에게 수입신고 수리일로부터 3년간 이전될 수 없으며, 다른 용도로 사용할 수 없다.

④ 외교관물품 등의 면세를 받은 양수제한물품은 자동차, 선박, 피아노, 전자오르간, 항공기이다.

정답 | ④

해설 | 항공기가 아닌 엽총이다. 양수제한물품은 사후관리대상에 해당하여 3년간 다른 용도로 사용되거나 타인에게 양도, 양수가 불가하다. 양도, 양수되거나 다른 용도로 사용하게 된 경우 면세 적용된 관세를 즉시 징수한다.

외교관물품 등 면세	• 우리나라에 있는 외국의 대사관·공사관·영사관·이에 준하는 기관의 업무용품, 및 사절과 그 가족, 직원이 사용하는 물품 • 정부사업 수행용 수입 업무용품 • 국제기구, 외국 정부로부터 우리나라 정부에 파견된 고문관·기술단원 등 사용하는 물품	면세	• 양수제한 물품(자선피전엽) – 자동차, 선박, 피아노, 전자오르간, 엽총 – 수입신고수리일로부터 3년 내 다른 용도로 사용하기 위해 양수 금지

87 다음은 관세법상 소액물품 등에 대한 면세에 관련된 규정이다. 틀린 것은?

① 우리나라의 거주자에게 수여된 훈장, 기장, 표창장, 상패는 소액물품 면세대상이다.

② 서류, 견품, 광고용품, 상품목록, 가격표 등 및 소액물품은 소액물품 면세대상이다.

③ 소액물품이란 견품(SAMPLE) 250$ 이하의 물품 또는 600$ 이하의 개인용품을 말한다.

④ 박람회, 전시회 등에 사용될 목적으로 무상으로 수입되어 박람회 참가자들에게 무상으로 제공되는 5$ 상당액 이하 또한 소액물품 면세를 적용 받을 수 있다.

정답 | ③

해설 | 개인용품은 150$ 이하의 물품이 소액물품 면세대상이다.

소액물품 등 면세	• 우리나라의 거주자에게 수여된 훈장 · 기장(紀章), 표창장, 상패 • 서류, 견품, 광고용품, 상품목록, 가격표 등 • 우리나라 거주자가 받는 소액물품	면세	• 견품(샘플)으로 보이는 미화 250$ 이하 물품 • 150$ 이하 개인용품, • 박람회 등 무상수입 제공되는 5$ 상당액 이하

88 다음은 여행자 등 휴대품 및 이사물품 등에 대한 면세규정이다. 틀린 것은?

① 여행자의 통관절차상 편의를 위하여 여행자, 승무원의 휴대품에 면세 적용이 가능하다.

② 여행자등 휴대품, 이사물품 등에 대한 면세는 1인당 600$ 이하로 제한한다.

③ 술의 경우는 1병만 면세되며, 담배는 200개비(한 보루), 향수는 60mℓ까지만 면세된다.

④ 여행자, 이사물품 등은 조건부 면세로서 3년간 사후관리 대상이다.

정답 | ④

해설 | 여행자 등 휴대품 및 이사물품 등 면세는 무조건 면세로 사후관리 대상이 아니다.

※ 무조건면세 : 외교관 등, 정부용품, 소액물품, 휴대품, 재수입, 손상감세, 해외임가공(외정소휴재손해)

여행자 등 휴대품 및 이사 물품 등 면세	1인당 600$ 이하의 여행자, 승무원의 휴대품 및 이사물품(술, 담배, 향수 제외)	면세	구분	면세한도		비고
			술	1병		1L 이하이고, 400$ 이하 한정
	면세대상 외 여행자 휴대품, 별송품을 자진신고 시	30% 경감	담배	궐련	200개비	2 이상 담배 종류를 반입 시 한 종류로 한정
				엽궐련	50개비	
				전자담배 궐련형	200개비	
				전자담배 니코틴 용액	20ml	
				전자담배 기타 유형	110g	
				기타 담배	250g	
			향수	60ML		

89 다음 사례에서 적용 가능한 감면세는?

> (주)지오는 한국에서 열릴 전시회에 사용할 물품을 미국에서 수입하여 1년 2개월간 전시한 후 일본으로 수출하려 한다.

① 재수출면세

② 재수입면세

③ 특정물품 등에 대한 면세

④ 재수출감면세

정답 | ④

해설 | 재수출감면세는 수입 후 2년내 재수출할 경우 이러한 재수출조건부로 당초 수입시 감면을 받을 수 있다.

90 다음 사례에서 적용 가능한 감면세는?

> (주)토마토는 18년 4월 수출했던 토마토머신이 불량품이라는 해외거래처 GEO.COMPANY의 통보에 따라 18년 9월 반품 수입하게 되었다.

① 재수출면세

② 손상감세

③ 재수입면세

④ 해외임가공물품 등에 대한 감세

정답 | ③

91 다음 사례에서 적용 가능한 감면세는?

> 해외거래처 JUNGMIN COMPANY는 한국의 (주)토마토에 선물용 과자 400$를 보냈다.

① 소액물품등의 면세

② 특정물품에 대한 면세

③ 여행자 휴대품등 및 이사물품에 대한 면세

④ 감면세 또는 면세를 적용받을 수 없다.

정답 | ④

해설 | 개인용 소액물품은 150$까지만 면세를 받을 수 있으므로 감면세 또는 면세를 적용받을 수 없다. 직접 여행자가 가지고 오면(HAND CARRY) 여행자 휴대품으로 면세 적용이 가능하다.

92 다음 사례에서 적용 가능한 감면세는?

> (주)토마토는 토마토를 호주에서 수입하여 수입신고를 하였다. 그런데 보세구역에 장치 중 비가 와 상자가 젖는 바람에 토마토의 20%가 못쓰게 되었다.

① 재수출면세

② 손상감세

③ 재수입면세

④ 원상태수출 후 원상태관세환급 신청

정답 | ②

해설 | 수입신고 후 변질, 손상된 물품에 대하여는 가치감소분만큼의 손상감세가 적용된다.

3. 조건부감면세

구분	조건부감면세	대상물품		감면율	특징
세	세율불균형물품의 면세	중소기업자가 세관장이 지정하는 공장에서 1) 항공기 2) 반도체 제조용장비를 제조 · 수리하기 위하여 수입하는 부분품과 원재료		면세	중소기업만 해당
		중소기업이 아닌자	1) 항공기 제조 · 수리용 부분품 · 원재료	19~21년도 : 100%, 22년도 : 80%, 23년도 : 60%, 24년도 : 40%, 25년도 20%	
			2) 반도체 제조용 장비 제조 · 수리용 부분품 · 원재료	19년도 : 90%, 20년도 : 80%, 21년도 : 70%, 22년도 : 60%, 23년도 : 50%, 24년도 : 40%, 25년도 : 20%	
학	학술연구용품의 감면세	• 국가기관 및 기관 등 수입하는 학술연구용품 · 교육용품 및 실험실습용품 • 산업기술의 연구개발용 수입 물품 • 학교, 공공의료기관, 공공직업훈련원, 박물관등 기관 학술연구용 · 교육용 · 훈련용 · 실험실습용 및 과학기술연구용 수입물품, 기증물품		• 감면율 : 80/100 • 공공의료기관 및 학교부설의료기관 수입물품 : 50/100	–
종	종교, 자선, 장애인용품 등의 면세	• 종교, 자선용, 봉사활동 목적 기증 물품 • 장애인용품 및 의료용구		면세	–

특	특정물품 면세 등	• 동식물 번식, 종자개량 용품 • 박람회, 국제경기대회 참가용 물품 • 핵, 방사능 구호용품 • 해수부장관 추천 수산물 및 포장자재 • 중소기업 기계 성능시험 기계 • 국내방문 외국 원수, 가족, 수행원 물품 • 교량, 통신시설, 해저통로 건설, 수리 용품 • 품질, 규격, 안전표 • 외국부담 선박, 항공기의 해체, 수리 물품 • 올림픽 등 운동용구(부분품 포함) • 국립묘지의 자재, 관·유골함, 장례 용품 • 국내 상속 피상속인의 신변용품 • 보석의 원석 및 나석	면세	–
환	환경오염방지 물품 등에 대한 감면세	• 오염물질(소음, 진동 포함), 폐기물 배출 방지, 처리용품 • 공장 자동화 기계 등, 핵심부분품	• 중소 제조업자 : 30%(21년 12월 31일까지는 50%) • 중견 제조업체 : 21년 12월 31일까지 30%	
재	재수출면세	기획재정부령으로 정하는 물품 중 1년 내 재수출 물품 (1년 초과 부득이 사유 시 연장 가능) ※ 재수출 이행기간 : 재수출 신고일까지(수리일 ×)	면세	재수출 미이행 시 재수출 불이행 가산세 : 관세의 20/100(500만원 한도 내)
재	재수출감면세	• 장기사용물품이 임대차, 도급으로 국내에서 일시 사용되는 경우 • 수입신고 수리일로부터 2년(부득이한 경우 4년) 내 재수출되는 경우 기간별 단계적 감면. 단, 국제조약에 따른 상호조건 시 면제	• 기간에 따라 /100~30/100 • 국제조약, 협정에 따른 상호조건 시 : 면제	재수출기간에 따라 감면 • 6개월 내 : 85/100 • 6개월 초과~1년 : 70/100 • 1년 초과~2년 : 55/100 • 2년 초과~3년 : 40/100 • 3년 초과~4년 : 30/100

※ 조건부 감면을 받은 물품의 사후관리
- 감면받은 물품은 수입신고 수리일로부터 3년간 용도 외 사용 및 양도 불가능
- 감면된 관세 즉시 징수 : 용도 외 사용 · 양도 → 용도 외 사용자, 양도인, 임대인() 양수인, 임차인)
- 관세를 즉시 징수하지 않는 경우 : 재해 등 부득이한 사유로 멸실, 미리 세관장 폐기 승인

기출유사문제

93 다음 사례에서 적용 가능한 감면세는?

> (주)토마토는 토미토주스 산업기술의 연구개발을 위하여 해외에서 토마토주스 신개발 원료를 수입하고자 한다.

① 학술연구용품 등의 감면세   ② 소액물품 등에 대한 면세

③ 재수입면세   ④ 특정 물품에 대한 면세

정답 | ①

94 다음은 관세법상 재수출면세 및 재수출감면세에 대한 설명이다. 틀린 것은?

① 기획재정부령으로 정하는 물품 중 1년 내 재수출되는 물품에 대하여 재수출조건부 수입 시 면세를 받을 수 있다.

② 재수출기간 내 재수출 이행이 부득이한 사유로 불가능한 경우 재수출 이행기간 연장신청이 가능하다.

③ 재수출이행을 하지 않은 경우 가산세는 과세가격의 20%가 부과된다.

④ 재수출감면세는 장기사용물품이 임대차, 도급으로 국내에서 일사용된 후 재수출될 예정인 경우 수입신고 수리일로부터 2년(부득이한 사유로 연장 시 4년)내 재수출되는 경우 기간에 따라 세액을 85%~30% 관세를 감면받을 수 있다.

정답 | ③

해설 | 재수출 미이행 가산세는 과세가격이 아닌 관세의 20%이다.

재수출면세	기획재정부령으로 정하는 물품 중 1년 내 재수출 물품(1년 초과 부득이 사유 시 연장 가능) ※ 재수출 이행기간 : 재수출 신고일까지(수리일 ×)	면세	재수출 미이행 시 재수출 불이행 가산세 : 관세의 20/100(500만원 한도 내)
재수출감면세	• 장기사용물품이 임대차, 도급으로 국내에서 일시 사용되는 경우 • 수입신고 수리일로부터 2년(부득이한 경우 4년) 내 재수출되는 경우 기간별 단계적 감면. 단, 국제조약에 따른 상호조건 시 면제	• 기간에 따라 85/100 ~ 30/100 • 국제조약, 협정에 따른 상호조건 시 : 면제	재수출기간에 따라 감면 • 6개월 내 : 85/100 • 6개월 초과~1년 : 70/100 • 1년 초과~2년 : 55/100 • 2년 초과~3년 : 40/100 • 3년 초과~4년 : 30/100

1. 보세제도

(1) 보세제도 도해

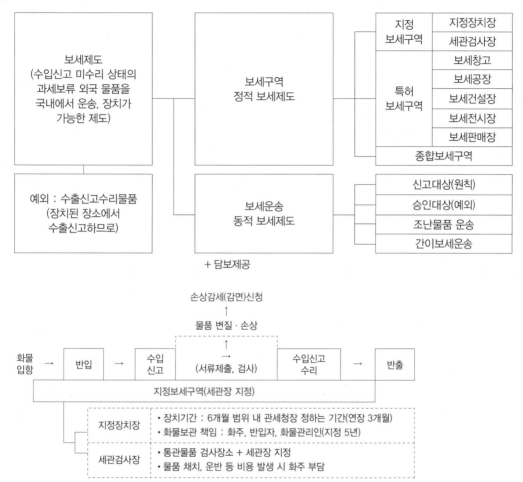

※ 지정보세구역에서 도난된 경우 납세의무자 : 화물관리인
※ 특허보세구역에서 도난된 경우 납세의무자 : 운영인

(2) 보세구역 장치물품

보세구역 장치 원칙		대상 물품
		외국물품, 내국운송신고 대상 내국물품
보세구역 외 장치 가능물품	수	수출신고 수리물품
	크	크기 또는 무게의 과다 등 보세구역 장치 곤란, 부적당 물품
	재	재해, 기디 부득이 사유로 임시장치물품
	검	검역물품
	압	압수물품
	우	우편물품
보세구역 외 장치 허가물품	〈크〉	크기 또는 무게의 과다 등 보세구역 장치 곤란 부적당 물품
보세구역 장치 제한물품		인화질, 폭발성, 부패 염려물품, 살아 있는 동식물, 특수설비 보세구역

2. 지정보세구역

기출유사문제

95 다음 지정보세구역에 대한 설명 중 틀린 것은?

① 보세구역은 지정보세구역, 특허보세구역, 종합보세구역으로 구분된다.

② 지정보세구역은 세관검사장과 지정장치장이 있다.

③ 지정장치장은 1년의 범위 내에서 관세청장이 정하는 기간 동안 장치할 수 있다.

④ 세관검사장은 수입통관 대상 물품을 검사하기 위하여 세관장이 지정한 구역을 말한다.

정답 | ③

해설 | 지정장치장은 6개월의 범위 내에서 관세청장이 정하는 기간 동안 장치할 수 있으며 3개월의 범위 내에서 장치기간 연장이 가능하다.

96 다음 지정보세구역에 대한 설명 중 틀린 것은?

① 지정보세구역에서 도난당한 경우 납세의무자는 화물관리인이다.

② 지정보세구역에 장치된 후 수입신고 후 물품의 변질, 손상이 발생한 경우 손상감세 신청이 가능하다.

③ 지정장치장의 관리 및 효율을 위하여 세관장은 화물관리인을 지정할 수 있으며 화물관리인은 지정장치장에 장치된 화물의 보관책임을 진다.

④ 수입신고가 수리되기 전이라도 물품 반출이 가능하다.

정답 | ④

해설 | 수입신고가 수리되기 전에는 외국(보세)물품 상태이므로 국내 반출이 불가하다.

97 다음 특허보세구역에 관한 설명 중 틀린 것은?

① 보세공장은 수출용 보세공장과 내수용 보세공장으로 나뉘며, 보세공장에서 제조한 물품을 수출하는 경우 관세를 부과하지 않고 수출이 가능하다.

② 보세판매장은 면세점으로도 불리며, 외국으로 출국하고자 하는 자 또는 우리나라를 경유하여 외국으로 출국하는 자 또는 외교관 등의 물품을 판매할 수 있는 특허보세구역이다.

③ 보세전시장은 관세를 납부하지 않고 전시회, 박람회 등에 사용할 수 있는 특허보세구역이다.

④ 보세창고는 외국물품만 장치가 가능하며, 통관하려는 물품을 1년간 보관할 수 있다.

정답 | ④

해설 | 내국물품도 보관이 가능하다.

보세창고	• 외국물품, 통관하려는 물품 보관 가능 • 내국물품도 보관가능	① 외국물품 : 1년 내 관세청장 정하는 기간(연장 1년) ② 내국물품 : 1년 내 관세청장 정하는 기간 ③ 정부비축용품 등 : 비축에 필요한 기간	• 세관장 신고 : 신고 후 장치 가능(수입신고 수리 후 장치된 물품은 신고 없이 계속 장치 가능) • 세관장 승인 대상 : 외국물품 1년, 내국물품 6개월 이상 장치하는 경우 장치기간 경과 시 10일 내 반출
보세공장	외국물품을 원료, 재료로 외국물품과 내국물품을 원료, 재료로 제조·가공하는 공장 제품과세 : 보세공장 제조물품에 과세 원료과세 : 세관장 사용신고 전 원료과세신청을 통해 제조 전 원료에 과세	특허기간 (10년 내 신청인이 신청한 기간)	• 세관장 사용신고 : 사용 전 신고 • 세관장 허가 : 내국물품만 원재료로 제조가공 • 수입물품 제조·가공목적 보세공장 : 기획재정부령 보세공장 업종제한(양허받은 농림축산물, 환경침해, 풍속저해 업종) • 세관장 보세공장 외 작업허가(기간 경과 시 허가받은 운영인 관세 즉시 징수)
보세건설장	산업시설 건설용 외국물품인 기계류 설비품, 공사용 장비 장치·사용가능한 건설장	특허기간 (건설공사 고려 세관장이 정하는 기간)	• 사용 전 수입신고 : 외국물품 건설장 반입 시 사용 전 수입신고(검사 진행) • 세관장 장치장소 제한 가능 • 수입신고수리 전 건설된 시설 가동 불가능(수리 전 가동 시 관세 즉시 징수) • 보세건설장 외 작업 허가(세관장)
보세전시장	박람회, 전람회, 견본품 전시회 등의 운영을 위하여 외국물품을 장치·전시, 사용가능	특허기간 (박람회 고려 세관장이 정하는 기간)	• 세관장 장치할 장소를 제한 가능, 사용사항 조사가능, 운영인으로부터 보고 받을 수 있음 • 판매용 물품, 현장 직매용 물품은 수입신고 수리 전 사용, 인도 불가능
보세판매장 (면세점)	• 외국 반출하려거나, • 외교관 등 사용조건으로 외국물품 판매장	특허기간(5년) 1회에 한하여 갱신가능 (중소기업 등은 2회)	• 세관장 판매할 수 있는 물품의 종류, 수량, 장치 장소 제한가능 • 외국출국 내국인 구매한도 : 3천 달러

3. 특허보세구역

보세구역 구분		의의	장치기간 = 장치기간 경과 시 공고 후 매각	비고
지정 장치장 (세관장 지정)		통관/세관검사 목적 반입 장소	6개월 내 관세청장 지정(연장 3개월)	화물관리인 지정 : 보관책임자
특 허 보 세 구 역 (세 관 장 특 허)	보세 창고	• 외국물품, 통관하려는 물품 보관 가능 • 내국물품도 보관 가능	① 외국물품 : 1년 내 관세청장 정하는 기간(연장 1년) ② 내국물품 : 1년 내 관세청장 정하는 기간 ③ 정부비축용품 등 : 비축에 필요한 기간	• 세관장 신고 : 신고 후 장치 가능(수입신고 수리 후 장치된 물품은 신고 없이 계속 장치 가능) • 세관장 승인대상 : 외국불품 1년, 내국물품 6개월 이상 장치하는 경우 장치기간 경과 시 10일 내 반출
	보세 공장	외국물품을 원료 ,재료로 외국물품과 내국물품을 원료, 재료로 제조·가공하는 공장 제품과세 : 보세공장 제조물품에 과세 원료과세 : 세관장 사용신고 전 원료과세신청을 통해 제조 전 원료에 과세	특허기간 (10년 내 신청인이 신청한 기간)	• 세관장 사용신고 : 사용 전 신고 • 세관장 허가 : 내국물품만 원재료로 제조가공 • 수입물품 제조·가공목적 보세공장 : 기획재정부령 보세공장 업종제한(양허받은 농림축산물, 환경침해, 풍속저해 업종) • 세관장 보세공장 외 작업허가(기간 경과 시 허가받은 운영인 관세 즉시 징수)
	보세 건설장	산업시설 건설용 외국물품인 기계류 설비품, 공사용 장비 장치·사용가능한 건설장	특허기간 (건설공사 고려 세관장이 정하는 기간)	• 사용 전 수입신고 : 외국물품 건설장 반입 시 사용 전 수입신고(검사 진행) • 세관장 장치장소 제한 가능 • 수입신고수리 전 건설된 시설 가동 불가능(수리 전 가동 시 관세 즉시 징수) • 보세건설장 외 작업허가(세관장)
	보세 전시장	박람회, 전람회, 견본품 전시회 등의 운영을 위하여 외국물품을 장치·전시, 사용가능	특허기간 (박람회 고려 세관장이 정하는 기간)	• 세관장 장치할 장소를 제한 가능, 사용사항 조사가능, 운영인으로부터 보고받을 수 있음 • 판매용 물품, 현장 직매용 물품은 수입신고 수리 전 사용, 인도 불가능
	보세 판매장 (면세점)	• 외국 반출하려거나, • 외교관 등 사용조건으로 외국물품 판매장	특허기간(5년) 1회에 한하여 갱신가능 (중소기업 등은 2회)	• 세관장 판매할 수 있는 물품의 종류, 수량, 장치 장소 제한가능 • 외국출국 내국인 구매한도 : 3천 달러
종합 보세구역 (관세청장지정)		특협세구역의 2 이상의 기능 수행 가능 보세구역 지정(관세청장)	제한 없음(단, 보세창고 기능 시 1년)	• 관세환급 가능 : 외국인 관광객 등 종합보세구역에서 구입한 물품을 국외로 반출하는 경우 • 관세청장 지정 취소 사유 : 운영인의 결격사유 해당, 물동량 감소

98 다음 중 보세구역에 대한 설명 중 틀린 것은?

① 종합보세구역은 보관, 제조, 전시, 판매, 건설 중 2가지 이상의 기능을 가진 보세구역으로서 관세청장이 지정한 장소를 말한다.

② 종합보세구역에서 관세를 납부하고 구매한 물품 중 수출한 물품은 관세환급을 받을 수 있다.

③ 보세건설장은 외국 건설기자재를 관세를 납부하지 않고 사용할 수 있으며, 건설물은 관세를 부과하지 않고 사용가능한 건설장을 말한다.

④ 보세공장에서 수입되는 물품도 수입신고 수리 후 관세를 납부하여야 한다.

정답 | ③

해설 | 보세건설장에서 사용된 물품은 건설장에 반입 전 수입신고 후 사용 전 수입신고가 수리된 후 가동이 가능하다.

99 다음 중 보세구역에서의 작업에 관한 설명 중 틀린 것은?

① 보세구역에서 현상을 유지한 상태로 성질이 변경되지 않는 범위 내에서 포장, 구분, 분할, 합병 등의 보수작업을 할 수 있으며, 세관장에게 신고하여야 한다.

② 보세구역에서 보수작업이 곤란할 경우 세관장의 승인을 받아 보세구역 외의 장소에서 보수작업 승인기간 동안 보수작업을 할 수 있다.

③ 보세구역 밖에서 보수작업 기간이 경과한 물품은 관세를 징수한다.

④ 보세구역에서 부패, 손상 등에 의해 폐기 대상이 된 물품은 세관장의 승인을 받아 폐기 할 수 있다.

정답 | ①

해설 | 보수작업은 세관장 승인 대상이다.

※ 보세구역 작업 종류

작업 종류	작업 내용	요건
보수작업	현상 유지, 성질을 변경하지 않는 범위 내 포장, 구분, 분할, 합병	• 보수작업 재료는 내국물품만 가능하며(외국물품 사용 불가), 외국물품에 부가된 내국물품은 외국물품으로 봄(같이 수입신고의 대상이 됨) • 세관장 승인(신청 시 10일 내 통지)
보세구역 밖 보수작업	보세구역에서 작업이 곤란한 경우	• 보수작업 재료는 내국물품만 가능하며(외국물품 사용 불가), 외국물품에 부가된 내국물품은 외국물품으로 봄(같이 수입신고의 대상이 됨) • 세관장 승인(신청 시 10일 내 통지)
해체·절단 등의 작업	원형 변경, 해체·절단	• 세관장 허가 또는 세관장의 작업 명령 • 관세청장의 작업가능 물품 종류 지정
장치 물품 폐기	부패, 손상 등 → 세관장 승인 폐기	세관장 승인(또는 폐기명령) → 폐기 후 잔존물의 성질과 수량에 따라 과세
		미승인 멸실폐기 시 → 운영인·보관인 즉시 관세징수
견본품 반출	화주의 필요 또는 세관검사를 위해 SAMPLE 반출	세관장 허가(세관공무원 물품 검사 시 일부 견본품으로 채취 가능) → 사용·소비된 경우 관세납부수리로 봄

100 다음 사례의 보세구역에 관련한 설명 중 틀린 것은?

> (주)토마토는 외국으로부터 토마토케첩을 100개 수입하였으나 원산지표시가 제대로 되어 있지 않아 통관이 보류되었다.

① 세관장의 승인을 받아 원산지표기 보수작업을 하여 수입할 수 있다.

② 반송신고를 하여 외국으로 다시 반송통관을 할 수 있다.

③ 관세 및 가산세를 납부하고 수입통관을 진행할 수 있다.

④ 보세창고에 반입 하여 보관하여 수입통관을 미룰 수 있다.

정답 | ③

해설 | 이 경우 일반적으로 보세창고에 반입하며, 불량물품에 대해서는 반송통관을 진행한다. 원산지표시 등 수입통관 요건을 충족하지 못한 경우에는 보수작업 등을 통해 보완하여 수입통관을 진행한다.

4. 유치 및 처분

기출유사문제

101 다음 중 관세법상 유치 및 처분에 관한 설명으로 틀린 것은?

① 여행자 및 승무원의 휴대품이 수입요건을 갖추지 못한 경우에는 세관장은 유치할 수 있다.

② 유치된 물품은 수입요건을 갖추어 수입신고 후 국내로 반입할 수 있다.

③ 세관장은 보세구역에 반입한 외국물품의 장치기간이 경과하면 그 사실을 공고 후 매각할 수 있다. 그러나 급박한 경우에는 매각 후 공고할 수 있다.

④ 매각대금에서 매각비용을 우선 공제하며, 내국세를 공제하고, 마지막으로 관세를 공제한다. 매각대금이 남는 경우 화주에게 돌려주어야 한다.

정답 | ④

해설 | 매각대금에서 관세를 최우선 공제한다. 매각비용이 관세 및 내국세 등보다 큰 경우에는 폐기할 수 있다.

102 다음 보세구역의 경과물품에 대한 관세법상 절차에 대한 설명 중 틀린 것은?

① 보세구역 장치기간이 경과한 물품은 공고 후 매각할 수 있다.

② 고가품 및 도난 우려가 높은 물품은 공고 없이 즉시 매각할 수 있다.

③ 살아 있는 동식물 및 부패 우려가 있는 물품 등은 공고 없이 즉시 매각할 수 있다.

④ 매각방법은 일반경쟁입찰 → 지명경쟁입찰 → 수의계약 → 경매 → 위탁판매 순으로 매각한다.

정답 | ②

해설 | • 공고 없이 즉시 매각 대상 물품
- 살아 있는 동식물
- 부패하거나 부패할 우려가 있는 것
- 창고나 다른 외국물품에 해를 끼칠 우려가 있는 것
- 기간이 지나면 사용할 수 없게 되거나 상품가치가 현저히 떨어질 우려가 있는 것
- 관세청장이 정하는 물품 중 화주가 요청하는 것
• 장치기간 경과물품 → 반출통고 → 매각 → 즉시반출통고 → 국고귀속
• 매각 방법(암기법 : 일지수경위) : 일반경쟁입찰 → 지명경쟁입찰 → 수의계약 → 경매 → 위탁판매

5. 통관

1. 통관요건	**(1) 허가·승인 등의 증명 및 확인**	수출입을 할 때 법령에서 정하는 바에 따라 허가·승인·표시 또는 그 밖의 조건을 갖출 필요가 있는 물품은 세관장에게 통관요건을 갖춘 것임을 증명하여야 한다.
	(2) 의무 이행의 요구	세관장은 다른 법령에 따라 수입 후 특정한 용도로 사용하여야 하는 등의 의무가 부가된 물품에 대하여는 문서로 해당 의무를 이행할 것을 요구할 수 있다. 〈의무 면제 세관장 승인 사유〉 • 법령이 정하는 허가·승인·추천 기타 조건을 구비하여 의무이행 필요 없는 경우 • 법령의 개정 등 → 의무이행 해제 • 관계행정기관의 장의 요청 등으로 부과된 의무를 이행할 수 없는 사유가 있다고 인정된 경우
	(3) 통관표지	세관장은 관세 보전을 위하여 필요한 경우 수입 물품에 통관표지 첨부 명령이 가능 • 관세 감면, 용도세율이 적용된 물품 • 분할납부승인을 얻은 물품 • 부정수입 물품과 구별 목적으로 관세청장이 지정한 물품

2. 원산지 제도	(1) 원산지 확인 기준	〈원산지결정기준〉 • 완전생산기준 : 물품 전부를 생산 · 가공 · 제조한 나라 • 2개국 이상 : 본질적 특성 부여가 충분한 정도의 실질적인 생산 · 가공 · 제조 과정이 최종적으로 수행된 나라 = 세번(HS 6단위) 변경기준 • 주요공정기준, 부가가치기준
		불인정 공정 : 보존, 개수, 단순선별, 구분, 절단, 세척, 재포장, 단순조립, 물품 특성이 변하지 않는 혼합, 가축의 도축작업
		〈특수 물품 원산지 결정기준〉 • 촬영된 영화용 필름 → 제작자가 속하는 국가 • 기계 · 기구 · 장치 또는 차량과 함께 수입, 동시 판매되는 부속품 · 예비 부분품 및 공구 → 당해 기계 · 기구 또는 차량의 원산지 • 포장용품 → 그 내용물품의 원산지(HS 코드 동일조건)
		〈직접운송원칙〉 해당 물품이 원산지가 아닌 국가를 경유하지 아니하고 직접 우리나라에 운송 · 반입된 물품인 경우에만 그 원산지로 인정	〈예외〉 • 지리적 · 운송상의 이유로 단순 경유 • 비원산국 관세당국의 통제하에 보세구역 장치 비원산국에서 정상 상태를 유지하기 위해 요구되는 작업까지만 허용 • 박람회 · 전시회 등 관세당국의 통제 하에 전시목적에 사용된 후 우리나라로 수출된 물품
	(2) 원산지 허위물품 표시 등의 통관 제한	• 세관장은 원산지표시 위반 시 물품의 통관 허용 ×(부적합, 거짓표시, 미표시) 경미한 경우 보완 · 정정 후 통관 허용 ○ • 품질 등 사실과 다르게 표시한 물품, 오인표지 부착 물품 통관 허용 ×
	환적 물품 등에 대한 유치 등	세관장은 일시양륙, 환적, 복합환적되는 외국 물품 중 우리나라로 원산지 허위표시한 물품 → ⓐ 유치 ⓑ 원산지 시정명령 ⓒ 불이행 시 매각

3. 원산지 증명서	(1) 원산지 증명서, 원산지 확인자료	관세법, 조약, 협정 등 → 원산지 확인이 필요한 물품을 수입하는 자 → 원산지증명서 제출 의무(미제출 시 : 관세율시 일반특혜관세 · 국제협력관세, 편익관세 배제)
		세관장은 원산지증명서의 내용을 확인하기 위하여 원산지증명서확인자료 제출을 요구할 수 있다(정당한 사유가 있는 경우 원산지확인자료 비공개 요청 가능). 제출 하지 않는 경우 세관장은 수입신고 시 제출받은 원산지증명서의 내용을 인정하지 아니할 수 있다.
	(2) 원산지 증명서의 발급	• 관세 양허대상 물품의 수출자가 원산지증명서의 발급을 요청하는 경우 세관, 상 공회의소에서 원산지증명서를 발급한다. • 원산지확인자료 제출기간 : 20일 이상 기획재정부령으로 정하는 기간 이내
	(3) 원산지 확인위원회	〈관세청 원산지확인위원회 심의사항〉 ① 원산지 확인 기준 충족 여부 확인 ② 원산지표시의 적정성 확인 ③ 원산지증명서의 내용 확인 ④ 기타 관세법, 「자유무역협정의 이행을 위한 관세법의 특례에 관한 법률」에 따른 원산지 확인 등과 관련하여 관세청장이 원산지확인위원회의 심의가 필요하다고 인정하여 회의에 부치는 사항
	(4) 원산지 증명서 등의 확인요청 및 조사	• 세관장은 외국세관 등에 제출된 원산지증명서 및 원산지증명서확인자료의 진위 여부, 정확성 등의 확인을 수입신고 수리 이후에 요청 가능 1. 외국세관 등이 기획재정부령으로 정한 기간 이내 결과를 회신하지 않은 경우 2. 세관장에게 신고한 원산지가 실제 원산지와 다른 것으로 확인된 경우 3. 외국세관 등의 회신내용에 원산지증명서 및 원산지증명서확인자료를 확인하는 데 필 요한 정보가 포함되지 않은 경우 → 일반특혜관세 · 국제협력관세 또는 편익관세를 적용배제, 차액 부과 · 징수 • 세관장은 외국세관 등으로부터 원산지증명서 및 원산지증명서확인자료의 진위 여부, 정확성 등의 확인을 요청받은 경우 등 발급자 등을 대상으로 서면조사 또 는 현지조사
	(5) 원산지 표시 위반 단속 기관협의회	관세법, 농수산물의 원산지표시에 관한 법률, 대외무역법상 원산지표시 위반 단속 업무에 필요한 정보교류 등의 사항을 협의하기 위하여 관세청에 원산지표시 위반 단속기관협의회를 둔다.

4. 통관제한	**(1) 수출입 금지물품 (헌정화)**	• 헌법질서를 문란하게 하거나 공공의 안녕질서 또는 풍속을 해치는 서적 · 간행물 · 도화, 영화 · 음반 · 비디오물 · 조각물 또는 그 밖에 이에 준하는 물품 • 정부의 기밀을 누설하거나 첩보활동에 사용되는 물품 • 화폐 · 채권이나 그 밖의 유가증권의 위조품 · 변조품 또는 모조품
	(2) 통관보류	**세관장 통관보류 가능 물품** • 수출 · 수입 · 반송신고서 기재사항에 보완 필요 시 • 신고 시 제출서류 등에 보완이 필요 시 • 관세법 의무 위반 또는 국민보건 등을 해칠 우려 시 • 세관장에 의해 안전성 검사가 필요 시(신설) • 체납처분이 위탁된 체납자가 수입 시 • 관세 관계법령을 위반한 혐의로 고발되거나 조사를 받을 시
	(3) 보세구역 반입명령 (관세청장, 세관장)	• 관세법 의무사항 위반, 국민보건 등 을 해칠 우려가 있는 국내에 있는 물품 → 관세청장, 세관장 보세구역 반입명령 가능 〈국내에 있는 물품〉 • 수출신고가 수리되어 외국으로 반출되기 전에 있는 물품 • 수입신고가 수리되어 반출된 물품 1. 세관장 의무이행 명령 불이행 2. 원산지 표시위반 3. 품질 등 표시위반 4. 지식재산권을 침해한 경우 • 반입명령을 받은 자 → 해당 물품 지정받은 보세구역으로 반입 • 반입명령 적용 배제대상 　– 수출입신고가 수리된 후 3개월 경과 　– 관련 법령에 따라 관계행정기관의 장의 시정조치가 있는 경우
5. 지식재산권 보호		• 침해 시 수출입 금지대상 지식재산권

디	① 「디자인보호법」에 따라 설정등록된 디자인권
저	② 「저작권법」에 따른 저작권 등
특	③ 「특허법」에 따라 설정등록된 특허권
지	④ 「농산물품질관리법」 또는 「수산물품질관리법」에 따라 등록되거나 조약 · 협정 등에 따라 보호대상으로 지정된 지리적표시권 등
상	⑤ 「상표법」에 따라 설정등록된 상표권
품	⑥ 「식물신품종 보호법」에 따라 설정등록된 품종보호권

관세청장
지재권 등록자 지재권사항 신고 + 담보 제공

↓

지재권 침해 (의심) 물품 수출입신고 등　→　지재권 신고인에게 침해 사실 통보

↓　　　　　　　　　　　　　　　　　　↓

세관장 통관 보류/유치
(지재권자 요청 또는 명백한 경우 세관장 직권 가능)　←　세관장에게 담보 제공 통관 보류 유치 요청

↓ 유치통보

신고인 담보 제공 후 통관
/유치 해제 요청 가능

6. 통관 예외적용	(1) 수입으로 보지 아니하는 소비 또는 사용 (선3국휴법)	• 선 · 기용품, 차량용품을 운송수단 내 그 용도에 따라 소비 · 사용 • 선 · 기용품, 차량용품을 지정보세구역에서 우리나라를 경유하여 제3국으로 출발하려는 자에게 제공하여 그 용도에 따라 소비 · 사용 • 여행자 휴대품을 운송수단, 관세통로에서 소비 · 사용 • 관세법에 따라 소비 · 사용
	(2) 수출입의 의제	① 수입의 의제(수입으로 본다) : 국통매우추몰

국	국고귀속된 물품
통	통고처분으로 납부된 물품
매	매각된 물품
우	체신관서가 수취인에게 내준 우편물
추	몰수를 갈음하여 추징된 물품
몰	몰수된 물품

② 수출의 의제 : 체신관서가 외국으로 발송한 우편물

7. 통관 후 유통이력 관리	(3) 통관 후 유통이력 신고 (관세청장)	① 유통이력 관세청장 신고 　• 대상자 : 외국물품을 수입하는 자 + 수입물품을 국내에서 거래하는 자(소비자에 대한 판매를 주된 영업으로 하는 사업자는 제외) 　　→ 유통이력 신고 대상 물품은 관세청장에게 유통이력 신고를 하여야 함 　※ 유통이력 신고 대상 물품 : 사회 안전 또는 국민보건을 해칠 우려가 현저한 + 관세청장 지정 물품 　• 유통이력 신고의무자는 유통이력을 장부에 기록(전자적 기록방식을 포함)하고, 그 자료를 거래일부터 1년간 보관 　• 관세청장은 유통이력 신고 물품의 지정, 신고 대상 범위 설정 등을 할 때 수입물품을 내국물품에 비해 부당하게 차별해서는 안 되며, 이를 이행하는 신고의무자의 부담이 최소화되도록 하여야 함 ② 조사 : 관세청장은 세관공무원으로 하여금 유통이력 신고의무자의 장부 · 서류를 세관공무원의 신분확인 증표를 보여준 후 조사하게 할 수 있음

103 다음은 관세법상 통관에 대한 설명이다. 옳지 않은 것은?

① 수출통관 및 반송통관은 관세가 부과되지 않는다.

② 반송통관은 수입신고가 수리된 후 보세구역에 반입하여 반송신고를 하여야 한다.

③ 우리나라에 입항한 외국 물품은 보세구역 반입 후 30일 이내에 수입신고를 하여야 한다.

④ 수출신고가 수리된 후 30일 이내에 선적하지 않으면 과태료가 부과된다.

정답 | ②

해설 | 반송통관은 국내 도착 물품이 수입통관절차를 거치지 않고 다시 외국으로 반출되는 것을 말한다. 수입물품은 보세구역에 장치함을 원칙으로 하는데, 보세구역은 국내지만 관세선을 통과하지 않으므로 외국물품 상태이다. 아직 외국물품 상태에서 다시 외국으로 반출할 때 반송신고를 한다.

104 다음은 관세법상 수출통관에 대한 설명이다. 옳지 않은 것은?

① 수출신고는 보세구역에 반입하지 않고서 장치된 장소에서 신고할 수 있는 것이 원칙이다.

② 예외적으로 원상태수출 또는 위약수출(클레임수출) 등은 반드시 보세구역에 반입하여 수출신고를 하여야 한다.

③ 수출신고가 수리된 날로부터 30일 이내에 선적하지 않는 경우 수출물품은 매각처분된다.

④ 수출물품의 검사는 신고지 검사와 적재 전 검사로 구분된다.

정답 | ③

해설 | 수출신고 수리 후 30일 이내에 선적되지 않으면 과태료가 부과되며, 1년의 범위 안에서 선적기한 연장 신청이 가능하다.

105 다음은 관세법상 수입통관에 대한 설명이다. 옳지 않은 것은?

① 수입신고는 외국물품이 우리나라에 도착하여 보세구역에 반입된 상태로 진행되나, 입항 전 수입신고를 하는 경우에는 우리나라에 입항하기 전에도 할 수 있다.

② 입항 전 수입신고는 선박은 입항하기 5일 전, 항공기는 도착 1일 전부터 신고할 수 있다.

③ 입항 전 수입신고가 수리된 물품은 국내에 반입된 이후 내국물품으로 본다.

④ 보세구역 반입 후 30일 이내에 수입신고를 하지 않는 경우에는 수입신고 지연 가산세가 부과된다.

정답 | ③

해설 | 입항 전 수입신고가 수리된 물품은 선박 또는 항공기에 있더라도 내국물품으로 본다.

106 다음 관세법상 수출입 금지물품이다. 수출입금지물품이 아닌 것은?

① 헌법질서를 문란하게 하거나 공공의 안녕질서 또는 풍속을 해치는 서적·간행물·도화, 영화·음반·비디오물·조각물 또는 그 밖에 이에 준하는 물품

② 불법복제물, 모방제품 및 이미테이션

③ 정부의 기밀을 누설하거나 첩보활동에 사용되는 물품

④ 화폐·채권이나 그 밖의 유가증권의 위조품·변조품 또는 모조품

정답 | ②

해설 | 불법복제물, 모방제품 및 이미테이션은 수출입 금지물품 대상이 아니다.

수출입 금지물품 (헌정화)	① 헌법질서를 문란하게 하거나 공공의 안녕질서 또는 풍속을 해치는 서적·간행물·도화, 영화·음반·비디오물·조각물 또는 그 밖에 이에 준하는 물품 ② 정부의 기밀을 누설하거나 첩보활동에 사용되는 물품 ③ 화폐·채권이나 그 밖의 유가증권의 위조품·변조품 또는 모조품

107 다음 관세법상 통관에 대한 설명이다. 옳지 않은 것은?

① 수출입 통관 시 상표권 등 지식재산권을 침해하는 물품은 통관이 보류된다.

② 원산지표시 등이 허위로 작성된 경우 세관장은 통관을 보류하며, 시정 명령을 할 수 있다.

③ 세관장은 국민건강 또는 산업에 피해를 끼칠 우려가 있는 물품을 보세구역으로 반입명령을 할 수 있다.

④ 외국무역선, 외국무역기에서 외국물품을 사용, 소비한 경우에도 수입신고를 하여야 하며, 몰수당해 국고 귀속된 물품도 수입신고를 하여야 한다.

정답 | ④

해설 |

(1) 수입으로 보지 아니하는 소비 또는 사용 (선3국휴법)	• 선·기용품, 차량용품을 운송수단 내 그 용도에 따라 소비·사용 • 선·기용품, 차량용품을 지정보세구역에서 우리나라를 경유하여 제3국으로 출발하려는 자에게 제공하여 그 용도에 따라 소비·사용 • 여행자 휴대품을 운송수단, 관세통로에서 소비·사용 • 관세법에 따라 소비·사용		
(2) 수출입의 의제	① 수입의 의제(수입으로 본다) : 국통매우추몰		
		국	국고귀속된 물품
		통	통고처분으로 납부된 물품
		매	매각된 물품
		우	체신관서가 수취인에게 내준 우편물
		추	몰수를 갈음하여 추징된 물품
		몰	몰수된 물품
	② 수출의 의제 : 체신관서가 외국으로 발송한 우편물		

SECTION 1 환급요건 및 간이정액환급

1. 5대 환급요건

기출유사문제

108 다음 중 수출용원재료에 대한 관세환급특례법(이하 환급특례법)상 환급 대상 원재료에 포함되지 않는 것은?

① 관세를 납부하고 수입한 공룡모형 완제품

② 화장품을 제조하기 위한 향료와 색소, 알코올 등 원료

③ 자동차를 만들기 위한 자동차 생산 설비 및 전기

④ 인형을 만들기 위한 천과 단추 등

정답 | ③

해설 | 설비와 전기는 자동차 생산에 간접 사용되므로 관세환급 대상이 아니다.

① 수출물품 생산(제조) 시 → '화물소포'

화물	해당 수출물품에 물리적 또는 화학적으로 결합되는 물품
소	해당 수출물품을 생산하는 공정에 투입되어 소모되는 물품. 다만, 수출물품 생산용 기계·기구 등의 작동 및 유지를 위한 물품 등 수출물품의 생산에 간접적으로 투입되어 소모되는 물품은 제외한다.
포	해당 수출물품의 포장용품

② 수입한 상태 그대로 수출한 경우 : 해당 수출물품

③ 국산원재료도 관세환급이 가능 : 동일한 질(質)과 특성, 상호 대체 사용이 가능, 생산과정에서 구분 없이 사용하는 경우

※ 국내에서 생산된 원재료와 수입된 원재료가 ① 동일한 질(質)과 특성을 갖고 있어 ② 상호 대체 사용이 가능하여 ③ 수출물품의 생산과정에서 이를 구분하지 아니하고 사용되는 경우에는 수출용원재료가 사용된 것으로 본다.

109 다음 중 환급특례법상 관세환급에 대한 설명으로 틀린 것은?

① 수입 시 납부한 관세를 수출시 돌려받는 것을 관세환급이라 한다.

② 관세환급 신청 시 관세 뿐 아니라, 부가가치세, 개별소비세 등 내국세를 함께 돌려받을 수 있다.

③ 원상태수출환급이란 관세를 납부하고 수입된 물품이 제조, 가공 없이 원상태 수출된 경우 신청하는 관세환급을 말한다.

④ 관세법상 관세환급 청구권은 5년이나, 환급특례법상 관세환급 청구권은 2년이다.

정답 | ②

해설 | 관세환급 신청 시 환급되는 세목은 '관세, 임시수입부가세, 개별소비세, 주세, 교육세, 농어촌특별세, 교통에너지환경세' 등이다(관세법상 관세환급 : 관세, 부가가치세, 개별소비세, 주세, 교육세, 농어촌특별세, 교통에너지환경세).

2. 간이정액환급

기출유사문제

110 다음 중 관세환급특례법상 간이정액환급에 대한 설명으로 틀린 것은?

① 간이정액환급이란 복잡한 서류를 제출하고 납부한 세액을 돌려받는 개별환급과 달리 간소한 서류로 간이정액환급률표에 계기된 일정 관세환급금을 돌려받는 환급을 말한다. 이 경우 수입된 원재료를 사용하지 않더라도 관세환급신청을 할 수 있다.

② 간이정액환급을 신청하기 위해서는 연간 환급실적이 6억원을 초과하지 않는 중소제조업체가 수출하는 경우에 한한다.

③ 간이정액환급률표에는 관세환급금이 0원인 경우도 있다.

④ 연간 환급실적이 6억원 이하인 대기업도 간이정액환급을 신청할 수 있다.

정답 | ④

해설 | 간이정액환급은 연간 환급실적이 6억원을 초과하지 않는 중소 제조업체가 제조하여 수출하는 경우, 관세율표(간이정액환급률표)상 HS CODE에 따라 게기된 간이정액환급금을 수출FOB금액에 곱하여 환급신청을 하는 것을 말한다.

111 다음 간이정액환급률표를 보고 간이정액환급금을 산출하시오.

> 지오 주식회사는 뼈가 있는 돼지갈비를 100,000(CIF)원에 해외정육점에 수출하였다. 운임 및 보험료는
> 50,000원이다. 돼지갈비의 HS CODE 및 간이정액환급금액은 아래와 같다.
>
> | 세번 | 품명 | 수출금액(FOB)
1만원당 환급액 |
> |---|---|---|
> | 0202.20-1000 | 갈비 | 30 |
> | 0202.30-0000 | 뼈 없는 것 | 150 |
> | 0303.23-0000 | 틸라피아[오레오크로미스(Oreochromis)종] | 40 |
> | 0303.24-0000 | 메기[판가시우스(Pangasius)종 · 실루러스(Silurus)종 · 클
라리아스(Clarias)종 · 익타루러스(Ictalurus)종] | 40 |

① 30원 ② 300원 ③ 150원 ④ 450원

정답 | ②

해설 | 결제금액이 CIF기준이므로 운임 및 보험료는 공제하여야 한다.
  ※ 간이정액환급금의 계산 : 수출FOB금액×간이정액환급금(원/10,000원당)

SECTION 2 세액증명제도와 서류 보관 기간

1. 양도세액 증명제도

기출유사문제

112 다음 사례에서 수출자에게 관세를 전가 할 수 있는 관세환급 특례법상 양도세액 증빙서류는?

> (주)토마토는 토마토주스를 만들기 위하여 국내 경기도 성남에 소재한 수입업자 지오 무역상사로부터 제조하
> 지 않은 수입 토마토를 구매하였다.

① 기초원재료 납세증명서 ② 수입세액 분할증명서
③ 수입신고필증 ④ 구매확인서

정답 | ②

해설 | 수출자가 국내 수입업자로부터 제조/가공하지 아니하고 구매하는 경우에는 분증(분할증명서)을 발급받아 관세환
  급에 사용할 수 있다. 반면, 국내 제조업체로부터 제조/가공된 중간재 또는 완제품을 구매하는 경우 기납증(기초원
  재료납세증명서)을 발급받아 관세환급에 사용할 수 있다.

113 다음 중 환급특례법상 양도세액 증빙서류에 대한 설명으로 틀린 것은?

① 관세를 납부한 수입토마토를 사용하여 토마소스를 만들어 국내에 판매하는 경우 기초원재료 납세증명서 발급이 가능하다.

② 관세를 납부한 원재료를 국내에서 그대로 판매하는 경우 분할증명서 발급이 가능하다.

③ 기초원재료납세증명서 및 분할증명서는 양도일로부터 2년 이내에 수출되어야 관세환급이 가능하다.

④ 평균세액증명서(평세증)란 매월 수입한 수출용원재료의 품목별 물량과 단위당 평균세액을 증명하는 서류로써 국내 판매 시 수출자에게 세액을 양도하기 위한 증명서류이다.

정답 | ③

해설 | 기초원재료납세증명서(기납증)는 양도일로부터 2년 이내에 수출 시 관세환급이 가능하나, 분할증명서(분증)는 최초수입일자로부터 2년 이내에 수출되어야 관세환급이 가능하다. **예** 18. 03. 수입 18. 05. 양도 시 분증을 발급한 경우 관세환급 신청은 20. 03.까지 하여야 한다.

　※ 평세증은 세액 산출이 복잡하여 어려움이 있는 경우 평균하여 증명하는 서류로서 관세환급 절차 간소화를 위하여 규정되고 있으나 실무상 적용되는 경우는 매우 적다.

114 다음 중 환급특례법상 양도세액증빙서류에 대한 설명으로 틀린 것은?

① 양도세액증빙서류는 기납증(기초원재료납세증명서), 분증(분할증명서), 평세증(평균세액증명서)뿐이다.

② 간이정액환급업체도 기초원재료 납세증명서 발급이 가능하다.

③ 간이정액환급업체도 분할증명서 발급이 가능하다.

④ 간이정액환급업체의 기초원재료납세증명서 발급 시 실제 납부한 관세액만 증명된다.

정답 | ④

해설 | 간이정액환급업체는 중소제조업체로서 연간 환급실적이 6억원 이하인 업체 중 개별환급제도를 적용하지 않는 업체를 말한다. 이러한 간이정액환급업체가 발급하는 기납증은 실제 납부한 관세가 아닌, 간이정액환급과 마찬가지로 간이정액환급률표상 계기된 hs-code에 따라 일정 금액(FOB10,000원당 금액)만큼 국내 판매가액에 따라 산출된다. **예** HS CODE 3926.90-9000(10,000원당 30원) 50,000원 판매분에 대한 간이기납증 발급 시 양도세액은 150원이 된다.

2. 서류 보관 기간

115 다음 중 환급특례법상 서류보관기간에 대한 설명이 잘못된 것은?

① BOM(자재명세서, Bill of Materials), 자재수불부 등 소요량 관련 서류 : 5년

② 중소기업의 원료 수불대장 : 5년

③ 수출입신고필증, 분할증명서, 기초원재료 납세증명서 : 3년

④ 내국신용장, 구매확인서 등 국내거래 관련 서류를 USB에 보관 시 : 3년

정답 | ②

해설 | 중소기업은 3년간 보관의무가 있다. 서류는 마이크로필름, 광디스크, CD, USB등에도 보관 가능하다.

환급특례법상 보관서류	보관기간(환급신청일부터)
소요량관련 서류(계산근거서류 등)	5년
중소기업 원료수불대장	3년
내국신용장 등 국내거래관련서류	3년
수출, 수입신고필증(분증,기납증)	3년
기타 환급신청 관련 서류	3년

CHAPTER **05** FTA특례법

International Trade Specialist **PART 01**

SECTION 1　FTA특례법의 적용

1. 법률 적용의 우선순위

상충 시 적용 우선 순서 : FTA협정＞FTA특례법＞관세법

※ FTA협정, 특례법에서 정하지 않는 경우 관세법 적용

기출유사문제

116 다음의 사례에서 적용되는 세율에 대한 설명으로 옳은 것을 모두 고르시오.

> 중국에서 수입되는 식품공업용 오렌지향을 수입하고자 한다.
> • HS CODE: 3302.10-1000
> • 기본세율: 5%
> • WTO협정관세: 6.5%
> • 한-중FTA 3%
> • 한-아세안FTA 0%

A. 원산지가 싱가포르(한-아세안FTA국가)인 경우 제3국인 중국을 경유하므로 한-아세안FTA를 적용받을 수 없다.
B. 원산지가 중국인 경우 한-중FTA 원산지증명서 발급 없이 3%의 FTA세율을 적용받을 수 있다.
C. 원산지증명서를 구비하지 못한 경우에는 WTO협정세율이 적용되어 6.5%의 관세가 부과된다.
D. 원산지증명서를 구비하지 못하였더라도 기본세율이 더 낮으므로 5%의 세율 적용이 가능하다.
E. 한-중FTA 원산지증명서를 구비하여 3%의 세율을 적용받아 수입 후 수출되는 경우 납부한 3%의 관세도 관세환급이 가능하다.

① A, B, C　　　　② A, C, E　　　　③ A, D, E　　　　④ B, C, E

정답 | ③

해설 | 세율적용의 우선순위
　　　　1) 탄력관세(덤핑방지, 상계, 보복, 긴급, 농림축산물특별긴급관세, 특정국긴급관세)
　　　　2) FTA협정관세(원산지요건 충족 및 원산지증명서 구비 시)
　　　　3) WTO협정세율, 편익관세, 국제협력관세
　　　　4) 할당관세, 조정관세, 계절관세
　　　　5) 일반특혜관세
　　　　6) 잠정관세

7) 기본관세

※ 단 1순위 세율을 제외하고는 우선순위 세율이 후순위 세율보다 높은 경우에는 후순위 세율 적용이 가능하다(= 탄력관세 이외에는 낮은 세율 우선 적용).

2. 협정관세 적용 절차

기출유사문제

117 다음 중 FTA특례법상 세번변경기준에 대한 설명으로 틀린 것은?

① HS 코드의 변경기준은 2단위 4단위 6단위 변경기준이 있다.

② 세번이란 관세율표 번호로 HS CODE를 말한다.

③ HS코드를 일정 단위 이상 변경한 국가를 원산지로 인정한다.

④ 4단위 변경기준인 경우 0401호의 밀크를 수입하여 0405호의 버터를 수출하는 경우 같은 04류에 해당하므로 원산지를 인정받을 수 없다.

정답 | ④

해설 | 4단위 변경기준이므로 0401호 → 0405호로 4단위가 변경된 경우 원산지는 자국산으로 인정된다.

1. 원산지결정기준

일반적 기준	실질적 변형기준	단독 기준	세번변경기준	2단위 세번변경(CC)	
				4단위 세번변경(CTH)	
				6단위 세번변경(CTSH)	
			부가가치기준	부가가치율(RVC)	직접법(BU)
					공제법(BD)
					순원가법(NC)
				비원산지재료가치비율(MC)	
			특정공정기준	재단, 봉제, 날염, 염색 등	
		선택 기준	or조건 • 세번변경기준 or 부가가치기준 • 부가가치기준 or 특정공정기준 • 세번변경기준 or (세번변경기준 and 부가가치기준) • 세번변경기준 or (부가가치기준 and 특정공정기준) • (세번변경기준 and 특정공정기준) or 부가가치기준		
		조합 기준	and조건 • 세번변경기준 and 부가가치기준 • 세번변경기준 and 특정공정기준		

완전생산기준 (spanning top of 실질적변형기준 section)

보충적 기준	미소기준(De minimis)		
	누적기준	재료누적	
		상품누적	
		공정누적	
	중간재		
	간접재료	공구, 금형, 설비, 연료, 촉매제 등	
	재료가격	원산지재료의 가격	
		비원산지재료의 가격	
	공구, 부속품		
	용기, 포장		
	대체가능물품	개별법	
		선입선출법	
		후입선출법	
		평균법	
	불인정공정(충분가공원칙)		
	직접운송원칙		
	역외가공		

118 다음 중 FTA특례법상 원산지결정 기준에 대한 설명으로 틀린 것은?

① 원산지결정기준에는 크게 완전생산원칙과, 실질적 변형기준이 있다.

② 완전생산원칙은 해당 국가에서 수입물품이 생산, 제조, 번식 등을 한 것을 말한다.

③ 실질적 변형기준에는 부가가치기준 및 세번변경기준, 특정가공공정기준, 직접운송기준이 있다.

④ 조합기준이란 둘 이상의 원산지결정기준이 함께 충족되어야 원산지로 인정받을 수 있는 기준이며, 선택기준이란 둘 이상의 원산지결정기준 중 하나만 충족하여도 원산지로 인정되는 기준을 말한다.

정답 | ③

해설 | 직접운송원칙은 보충적 기준으로서 해당 원산국에서 수입국으로 제3국을 경유하지 않고 직접 운송하여야 원산지로 인정받을 수 있는 원칙을 말한다.

119 다음 중 원산지결정기준에 대한 설명으로 옳은 것은?

① 물품의 최종 생산자가 자국산이 아닌 FTA상대국 원재료를 사용하여 물품을 생산한 경우 상대국산 원재료도 역내 원산지 재료로 인정하는 것을 누적기준(누적원칙)이라고 한다.

② 부가가치 기준으로 원산지를 결정하는 경우 직접법은 역외산 원재료가 일정 비율 이하인 경우 원산지로 인정하는 기준을 말한다.

③ 세번변경기준은 협정별로 2자리, 4자리, 6자리 변경기준으로 상이하나 모든 물품의 원산지는 세번변경기준 적용이 가능하다.

④ 특정공정기준은 부가가치나 세번(HS CODE)변경기준이 충족된 상태에서 특정 공정을 수행한 국가를 원산지로 인정한다는 결정기준을 말한다.

정답 | ①

해설 | ② 부가가치 기준으로 원산지를 결정하는 경우 역외산 원재료가 일정 비율 이하인 경우 원산지로 인정하는 기준은 공제법이다.

③ 세번변경기준은 협정별로 2자리, 4자리, 6자리 변경기준으로 상이하며, 물품(HS CODE)에 따라 적용이 가능한 경우는 한정적이다.

④ 특정공정기준은 부가가치나 세번(HS CODE)변경기준이 아닌 특정 공정을 수행한 국가를 원산지로 인정한다는 결정기준을 말한다.

120 다음 중 FTA특례법상 원산지결정기준 중 부가가치기준에 대한 설명으로 옳은 것은?

① 제조, 가공 과정에서 RVC_직접법(BU)40% 기준은 부가가치를 60% 이상 창출한 국가를 원산지로 인정한다는 의미이다.

② 해당 수입물품(HS CODE)이 특정가공공정기준만을 적용한다 할지라도 특정 공정을 수행하며 일정 부가가치를 충족하여야만 원산지로 인정된다.

③ 부가가치기준에는 HS CODE변경기준(세번변경기준)이 포함된다.

④ MC법이란 비원산재료의 비율이 일정 비율 이하인 경우 원산지로 인정한다는 것을 말한다.

정답 | ④

해설 | 부가가치를 계산하는 방식은 크게 LC(local contents)법과 MC(importcontents)법으로 구분할 수 있다. LC는 RVC 법이라고도 하며 역내산 부가가치를 기준으로 원산지를 결정하는 것이고, MC는 반대로 역외산 부가가치 비율을 제한하여 원산지로 인정하는 기준이다.

　① 제조, 가공 과정에서 RVC_직접법(BU)40% 기준은 부가가치를 40% 이상 창출한 국가를 원산지로 인정한다는 의미이다.

　② 해당 수입물품(HS CODE)이 특정가공공정기준만을 적용한다면 특정 공정만 수행하면 원산지로 인정된다.

　③ 부가가치 기준과 세번변경기준은 달리 적용되며, 조합기준의 경우 동시에 적용될 수는 있다.

2. 원산지증명서의 발급 −기관발급 vs 자율발급

기출유사문제
---

121 다음 중 FTA특례법상 원산지증명서와 관련된 설명으로 틀린 것은?

① FTA 수입물품의 원산지결정기준으로는 관세법보다 우선하여 FTA특례법이 적용된다.

② 원산지증명서는 협정별로 기관발급과 자율발급으로 나뉘며, 기관발급은 정부기관, 상공회의소 등에서 발급하는 것을 말하며, 자율발급은 수출자, 생산자, 수입자가 발급하는 것을 말한다.

③ 한−미FTA는 자율발급이 가능하며, 수출자 생산자뿐 아니라 수입자도 발급이 가능하다.

④ 싱가포르 또는 베트남에서 수입되는 경우 한−아세안FTA를 우선하여 적용하되, 한−싱가포르 또는 한−베트남FTA를 적용받기 위해서는 한−아세안FTA가 적용되지 않는 물품에 대해서만 한−싱가포르, 한−베트남FTA를 적용받을 수 있다.

정답 | ④

해설 | 싱가포르 또는 베트남에서 수입되는 경우 한−아세안FTA와 한−싱가포르, 한−베트남FTA 적용은 수입자의 선택이다.

122 다음 중 FTA협정과 발급기관이 틀린 것을 고르시오.

① 한-싱가포르, 한-아세안, 한-베트남 : 기관발급

② 한-칠레, 한-EFTA, 한-EU, 한-미 : 자율발급

③ 한-캐나다, 한-뉴질랜드, 한-콜롬비아 : 기관발급

④ 한-중, 한-베트남, 한-호주, 한-인도 : 기관발급

정답 | ③

해설 |

구분	기관발급	자율발급
정의	협정이 정하는 방법과 절차에 따라 원산지국가의 관세당국 기타 발급권한이 있는 기관이 당해 물품에 대하여 원산지를 확인하여 발급하는 제도(한국 : 세관, 상공회의소)	협정이 정하는 방법과 절차에 따라 수출자, 생산자(한-미 FTA는 수입자도 포함) 당해 물품에 대하여 원산지를 확인하여 작성한 후 서명하여 사용하는 제도
대상협정	한 – 싱가포르, 한 – 아세안, 한 – 인도, 한 – 베트남, 한 – 중국, 한 – 호주	한 – 칠레, 한 – EFTA, 한 – EU, 한 – 미, 한 – 터키, 한 – 페루, 한 – 호주, 한 – 캐나다, 한 – 뉴질랜드, 한 – 콜롬비아, 한 – 중미
특이사항	• 한-ETFA : 스위스산 치즈는 기관발급 • 한-페루 : 발효이후 5년간(2016.7.31.까지) 기관발급 허용 • 아세안 정부기관 – 브루나이(외교통상부) – 캄보디아(상무부) – 인도네시아(통상부) – 라오스(상공회의소, '12.7.1변경) – 말레이시아(국제통상산업부) – 미얀마(상무부) – 필리핀(세관) – 싱가포르(세관) – 베트남(통상부) – 태국(상무부)	한 – EU : 건당 수출금액이 6,000유로 초과 시에는 원산지인증수출자만 자율발급 가능

123 다음 중 FTA원산지증명서의 기관증명 방식을 채택한 협정은?

① 한국-미국 FTA

② 한국-칠레 FTA

③ 한국-EU FTA

④ 한국-인도 CEPA

정답 | ④

해설 | 한국-인도 CEPA는 기관발급 방식을 채택하고 있다.

124 다음 중 FTA특례법상 해당 국가에 대한 설명으로 옳은 것은?

① 한-아세안 FTA : 태국, 필리핀, 미얀마, 캄보디아, 사우디아라비아

② 한-아세안 FTA : 라오스, 브루나이, 베트남, 싱가포르, 인도네시아

③ 한-EU FTA : 슬로바키아, 불가리아, 포르투갈, 오스트리아, 러시아

④ 한-EFTA : 스위스, 노르웨이, 아일랜드, 리히텐슈타인

정답 | ②

해설 |

FTA 협정명	협정국
EFTA(4개국)	스위스, 노르웨이, 아이슬란드, 리히텐슈타인
ASEAN(10개국)	말레이시아, 싱가포르, 베트남, 미얀마, 인도네시아, 필리핀, 브루나이, 라오스, 캄보디아, 태국
EU(28개국)	오스트리아, 벨기에, 불가리아, 키프로스, 체코, 덴마크, 에스토니아, 핀란드, 프랑스, 독일, 그리스, 헝가리, 아일랜드, 이탈리아, 라트비아, 리투아니아, 룩셈부르크, 몰타, 네덜란드, 폴란드, 포르투칼, 루마니아, 슬로바키아, 슬로베니아, 스페인, 스웨덴, 영국, 크로아티아
중미(5개국)	니카라과, 온두라스, 코스타리카, 엘살바도르, 파나마

3. 원산지증명서 제출 면제사유

기출유사문제

125 다음 중 원산지증명서를 제출하지 않아도 되는 경우가 아닌 것은?

① 동종 · 동질 물품을 계속적 · 반복적으로 수입하는 경우로서 해당 물품의 생산공정 또는 수입거래의 특성상 원산지의 변동이 있는 물품 중 세관장이 정하여 고시하는 물품

② 물품의 종류 · 성질 · 형상 · 상표 · 생산국명 또는 제조자 등에 따라 원산지를 확인할 수 있는 물품으로서 관세청장이 정하여 고시하는 물품

③ 관세청장으로부터 원산지 사전심사 받은 물품(사전심사를 받은 때와 동일한 조건인 경우만 해당)

④ 과세가격이 미화 1천달러(자유무역협정에서 금액을 달리 정하고 있는 경우에는 자유무역협정에 따른다) 이하로서 자유무역협정에서 정하는 범위 내의 물품. 다만, 수입물품을 분할하여 수입하는 등 수입물품의 과세가격이 미화 1천달러를 초과하지 아니하도록 부정한 방법을 사용하여 수입하는 물품은 제외한다.

정답 | ①

해설 | 원산지증빙서류 제출 면제 대상

확	물품의 종류 · 성질 · 형상 · 상표 · 생산국명 또는 제조자 등에 따라 원산지를 확인할 수 있는 물품으로서 관세청장이 정하여 고시하는 물품
동	동종 · 동질 물품을 계속적 · 반복적으로 수입하는 경우로서 해당 물품의 생산공정 또는 수입거래의 특성상 원산지의 변동이 없는 물품 중 관세청장이 정하여 고시하는 물품
천	과세가격이 미화 1천달러(자유무역협정에서 금액을 달리 정하고 있는 경우에는 자유무역협정에 따른다) 이하로서 자유무역협정에서 정하는 범위 내의 물품. 다만, 수입물품을 분할하여 수입하는 등 수입물품의 과세가격이 미화 1천달러를 초과하지 아니하도록 부정한 방법을 사용하여 수입하는 물품은 제외한다.
사	관세청장으로부터 원산지 사전심사 받은 물품(사전심사를 받은 때와 동일한 조건인 경우만 해당)

PART 02
무역실무

국제무역사 2급

International Trade Specialist

무역실무

■ **검정목표** 무역절차 전반에 대한 이론적 이해와 실무에 입각한 무역실무 지식 함양을 검정목표로 하며, 계약, 결제, 운송, 보험 및 실무에 사용되는 서류의 서식과 무역용어, 무역영어의 숙지능력을 측정

■ **주요 검정내용**

- **계약론**
  - 계약의 성립과정과 계약서의 각 조항의 이해 및 사례를 통한 해석과 적용
  - 국제규칙인 Incoterms2020 및 CISG(비엔나협약)의 숙지
  - 클레임에 따른 계약 종료시 분쟁 해결절차 및 중재의 장점 및 특징

- **결제론**
  - 송금, 추심, 신용장 및 환어음, 기타 결제방식의 각 특징과 절차의 이해
  - 신용장통일규칙(UCP600) 및 국제은행표준관습(ISBP745)의 숙지를 통한 실무 사례 적용

- **운송론**
  - 해상운송 및 복합운송의 특징과 운송절차
  - B/L의 특징 및 타 운송증권과의 비교
  - 운송관련 협약의 숙지 및 운송인의 책임한도

- **보험론**
  - 적하보험의 개념과 보험용어, 사례에 따른 담보약관 및 면책약관 암기
  - 협회적하약관(ICC) 및 영국해상보험법(MIA)의 숙지

- **무역영어**
  - 무역서신의 작성요령, 순서배열, 및 문법
  - 무역실무에 적용되는 협약의 원문 표현 숙지

CHAPTER 01 무역계약

International Trade Specialist **PART 02**

SECTION 1 개요

1. 계약일반

기출유사문제

01 다음은 한국 초보 수출자 토마토 씨가 중국 수입자 지오 주식회사와 최초수출 거래를 하기에 앞서 대금지급 위험을 회피하기 위한 방법이다. 틀린 것은?

① 상대방의 신용조회를 철저히 하여 대금지급의 위험성을 줄인다.

② 계약서를 먼저 작성, 송부하여 계약을 확정한다.

③ 지오 주식회사가 후불 송금을 요구할 경우 송금 또는 동시 결제 방법을 제시한다.

④ 선적지 인도조건보다 도착지 인도조건을 선택한다.

정답 | ②

해설 | 계약의 성립은 계약서를 송부한다고 성립되는 것이 아니라, 청약자의 청약(Offer)과 피청약자의 승낙(Acceptance)에 의해 계약이 성립되며, 신용거래가 확실하지 않은 최초거래의 경우 계약서의 작성은 신중하여야 한다.

2. 청약

기출유사문제

02 확정청약에 대한 설명 중 틀린 것은?

① 확정청약은 상대방의 승낙만으로 계약이 성립된다.

② 확정청약은 청약자가 승낙에 구속되어 계약이 체결되므로 신중하여야 한다.

③ 확정청약은 일반적으로 유효기간(Validity)이 기재되거나, 물품, 수량, 가격 등의 사항이 확정된 청약을 말한다.

④ 확정청약을 받은 피청약자인 수입자가 대금을 지급한 경우 자동 승낙으로 볼 수는 없다.

정답 | ④

해설 | 상대방의 행위에 의한 승낙도 승낙으로 간주된다.

※ Firm Offer(확정청약)

- 청약자(Offerer)가 청약기간에 대하여 승낙회답의 유효기간을 정하고 있는 청약을 말하며, 유효기간을 정하지 않더라도 그 청약이 확정적(Firm) 또는 취소불능(Irrevocable)이라는 표시가 있으면 확정청약으로 간주한다.
- 확정오퍼는 유효기간이 경과하거나 상대방의 거절의사표시로 인하여 효력을 상실하며, 유효기간 내에 상대방이 승낙통지를 하면 계약이 체결된 것으로 간주한다.

03 다음 중 청약에 대한 설명으로 틀린 것은?

① 확정청약은 유효기간이 경과한 경우에는 어떠한 경우에도 계약이 성립될 수 없다.

② 확정청약은 발송하여 피청약자에게 도달한 경우 변경이 불가능하다.

③ 확정청약은 상대방의 거절로 효력을 상실할 수 있다.

④ 자유청약은 청약의 종류에 따라 언제든지 취소될 수 있다.

정답 | ①

해설 | 유효기간이 경과하더라도 피청약자의 승낙에 청약자가 유효하다는 통지를 발송하면 확정청약의 효력이 발생되어 계약이 성립될 수 있다.

04 청약서의 기재 항목에 대한 설명으로 틀린 것은?

① Messers : 피청약자(청약을 받는 당사사가 기재된다.)

② Destination : 최종목적지, 도착항이 기재된다.

③ Payment : 대금결제방법이 기재되며, 인코텀즈가 기재된다.

④ Remarks : 비고란으로 기타 계약과 관련된 구체적인 사항이 기재된다. 별도 조항이 기재되지 않는 한 준거법, 분쟁조항 등은 명시조항이 아닌 묵시사항으로 적용된다.

정답 | ③

해설 | 송금, 추심, 신용장 등 대금결제 방법이 기재된다. 인코텀즈는 정형거래조건으로 Price(가격조항)에 기재된다.

05 다음 Offer에 대한 설명 중 틀린 것은?

판매 청약서(Seller's Offer Sheet)

Messers : Offeree

1. 물품 : Special Pen
2. 수량 : 30PC
3. 가격 : 1,000Won/PC
4. 승낙 회신기간(유효기간) : 2018.08.01.~2018.09.12.
5. 비고 : 이 청약은 취소불능적(Irrevocable)이며, 확정적(firm)입니다.

---

① 청약을 받은 피청약자가 개당 800원에 청약을 승낙하기로 답장을 보내면 계약이 성립되지 않는다.

② 승낙을 9월 13일에 발송, 도착하였고 2018년 9월 12일이 일요일(공휴일)인 경우 자동으로 13일로 연기되어 계약은 체결된다.

③ 2018년 9월 시장가격이 1,100Won/PC로 가격이 오르더라도, 피청약자가 승낙한 경우에는 판매자는 계약 성립에 따라 구속되어 1,000원에 판매하여야 한다.

④ 상기 청약서는 확정청약으로 보아 피청약자의 승낙으로 계약이 성립된다.

정답 | ②

해설 | 별도의 문구가 없는 한 유효기간은 연장되지 않는다. 관세법상 관세의 납부기한이 공휴일인 경우 다음 날로 연장되는 경우와는 헷갈리지 않도록 주의해야 한다.

06 다음 청약에 대한 설명 중 틀린 것은?

① 조건부청약은 확정청약과 달리 피청약자가 청약에 승낙하더라도 계약이 성립되지 않으며, 각 조건에 따라 원청약자의 확인 또는 최종 승낙이 다시 필요한 청약을 말한다.

② Offer subject to Final confirmation조건의 경우 피청약자의 최종 확인으로 계약이 성립된다.

③ 확정청약이 아닌 청약의 경우 청약자는 청약의 내용을 언제든지 바꿀 수 있다.

④ 자유청약과 조건부청약, 반대청약 등은 피청약자의 승낙으로 계약을 성립시키지 못한다는 점에서 같다.

정답 | ②

해설 | Offer subject to Final confirmation조건의 경우 피청약자의 승낙 이후 원청약자의 최종 확인으로 계약이 성립된다.

※ Free Offer(불확정청약 ; 자유청약), Conditional Offer(조건부청약)

청약자가 청약 시에 승낙·회답의 유효기간이나 확정적(Firm)이라는 표시를 하지 아니한 청약이다. 이는 상대방이 승낙을 하기 전까지는 청약자가 청약내용을 일방적으로 철회하거나 변경할 수 있으며 피청약자(Offeree)의 승낙이 있어도 청약자가 이를 수락한다는 청약자의 최종확인(Acknowledgement, Final confirmation)이 필요하다.

07 다음 청약에 대한 설명 중 틀린 것은?

① 매도인과 매수인이 동시에 청약하는 교차청약은 비엔나협약에 따라 인정되어 계약의 성립으로 인정된다.

② 청약을 받은 피청약자가 조건을 바꾸어 승낙을 하는 경우 반대청약으로 보아 계약은 성립되지 않는다.

③ 반대청약(Counter offer)은 피청약자의 부분승낙으로 해석될 수 있으며, 이러한 일부 승낙, 조건변경 승낙 등은 계약을 성립시킬 수 없다.

④ 반대청약을 원청약자가 다시 승낙하면 반대청약의 조건에 따라 계약이 성립된다.

정답 | ①

해설 | 청약자와 피청약자 상호 간에 동일한 내용의 청약이 우연히 상호교차되는 청약을 말한다. 우리나라, 독일, 일본 등의 대륙법계 국가는 계약의 성립을 인정하지만 영미법에서는 인정하지 않는다. 따라서 실무상의 거래에서 교차청약이 발생하면 어느 한 당사자가 재확인절차를 거치는 것이 거래상 안전하며 반드시 확인이 필요하다. 이에 대하여 통일된 국제법규는 없다.

08 다음 청약에 관련된 설명 중 틀린 것은?

① 비엔나협약에 따라 청약은 상대방에게 도달되었을 때 효력이 인정된다.

② 청약이 상대방에게 도달하기 전 또는 동시라면 청약을 철회하거나 취소할 수 있다.

③ 피청약자가 물품을 선적하거나, 대금을 지급하였다면, 상대방의 청약을 신뢰하여 행동한 것으로 보아 이는 이행에 의한 승낙으로 간주되어 계약이 성립된다.

④ 비엔나 협약에 따른 취소불능적인 확정청약의 경우라도 청약은 취소될 수 있다.

정답 | ④

해설 | 취소불능청약은 취소될 수 없다.

　　　※ 청약의 효력 발생 시기
　　　일반적으로 청약은 피청약자에게 도달하였을 때에 비로소 그 효력이 발생한다.

3. 승낙

09 다음 중 계약의 성립과 관련하여 틀린 것을 모두 고르시오.

> A. 피청약자가 일부 청약내용을 변경하여 승낙한 조건부 승낙도 계약의 성립이 된다.
> B. 청약내용에 대한 무조건적인 승낙으로도 계약 성립이 된다.
> C. 수출자의 청약에 대해 대금지급을 한 경우에도 승낙으로 간주된다.
> D. 청약에 유효기한이 정해져 있는 경우 다른 조건에 모두 동의하더라도 유효기간 내에 승낙하지 않는다면 원칙적으로 계약은 성립되지 않는다.
> E. CISG에서는 승낙을 도달주의로 본다.

① A   ② A, B   ③ A, C, E   ④ 모두 옳음

정답 | ①
해설 | 피청약자가 청약내용(조건)을 바꾸어 승낙을 하는 경우 반대청약으로 보며 이 경우 계약은 성립되지 않는다.

10 다음은 무역계약의 성립인 계약 승낙(Acceptance)의 효력발생시기에 대한 설명이다. 틀린 것은?

① 한국 민법에서는 우편 및 전보에 의한 격지자 간 회신방법은 발신주의로 승낙의 효력이 발생된 것으로 인정한다.

② 비엔나협약에서는 승낙의 회신 방법과 관계없이 모두 도달주의를 따른다.

③ 요지주의란 청약자(상대방)가 승낙 내용에 대해 인지하는 시점을 승낙의 효력 발생시기로 보는 것을 말한다.

④ 대화자 간이란 직접 대화하는 한 공간에서 말하거나 계약하는 것을 말하며, 격지자 간이란 거리가 떨어져 있는 경우를 말한다.

정답 | ④
해설 | • 대화자 간: 전화, 텔렉스, 팩스
　　　　• 격지자 간: 우편, 전보 등
둘의 차이는 회신기한이 즉시이냐 일정 기간이 소요되느냐의 차이이다. 중요한 것은 비엔나협약은 이러한 회신 방법이 아닌 도달주의를 따른다는 점이다.
※ 승낙의 효력발생 시기
승낙은 청약자의 청약에 대하여 피청약자의 회신으로 계약이 성립되지만, 격지자간인 무역거래에 있어서는 발신주의, 도달주의, 요지주의의 3가지 효력인정 시기 견해가 존재한다.

승낙 회신 방법	한, 미, 일, 영	비엔나(CISG)
대화자 간(직접)	도달주의	도달주의
전화		
텔렉스		
우편	발신주의	
전보		

11 다음 사례에서 계약의 성립과 관련한 내용으로 옳지 않은 지문은?

> (주)토마토는 지오주식회사로부터 토마토 1,000개를 10만원에 수출판매하겠다는 청약을 받았다. 회신기한은 1주일이다. (주)토마토는 계약을 하고자 한다.

① 9만원에 수입하겠다는 의사표현은 계약의 성립으로 볼 수 없다.

② 1주일 동안 아무런 회신이 없는 경우 계약은 체결된 것으로 간주된다.

③ 대금 10만원을 지급한 경우 계약은 성립된 것으로 간주된다.

④ (주)토마토는 승낙의사표현을 우편으로 발송하였으나, 직원이 우체국에 간 동안 9만 5천원에 수입할 곳을 찾아 전화 또는 이메일로 승낙 취소를 통보한 경우에는 계약이 성립되지 않는다.

정답 | ②

해설 | 비엔나협약(CISG)에서는 청약에 대한 동의를 나타내는 의미를 표시한 피청약자의 진술 기타의 행위는 승낙으로 간주되지만, 침묵(Silence) 또는 무작위(Inactivity) 그 자체는 승낙이 될 수 없다고 규정하고 있다.

4. 수출자와 수입자

기출유사문제

12 다음 중 수출자와 수입자가 발행하는 서류로 틀린 것은?

① Offer Sheet, Profoma invoice : 수출자

② Purchase order, Invoice : 수입자

③ Letter of Credit(신용장) : 수출자

④ Letter of Guarantee(수입화물 선취보증서) : 수입자

정답 | ③

해설 | L/C(신용장)는 수입자가 개설한다. B/L, Insurance Policy는 수입자도 발급이 가능하나, 실무적으로 수입자가 발급하는 경우에는 상대방에게 전달할 이유가 없다. B/L(선하증권)이나 Insurance Policy(보험증권) 등은 수입자(개설은행)가 제시한 L/C신용장 조건에 따라 제시하는 상업서류이기 때문이다. 또한 Letter of indemnity(파손화물보상장)는 사실 수출자가 발행하나, 수입자의 동의를 얻어야 가능하다.

구분	매도인(Seller)	매수인(Buyer)
작성/발행서류	• OFFER SHEET, Profoma invoice, INVOICE(SELLING) • B/L(일반적 FOB기준) • Insurance Policy(보험증권) • Insurance Certificate(보험증명서) • 환어음 Draft(추심, 신용장 방식) • Letter of Indemnity, (L/I)	• PURCHASE ORDER(P/O) • INVOICE(BUYING) • Letter of Credit(L/C) • Letter of Guarantee(L/G)

13 다음 중 수출입자의 각 수출입 매커니즘상 명칭으로 옳은 것은?

구분	매도인(Seller)	매수인(Buyer)
관세법 등	수출자(Exporter)	수입자(Importer)
운송	①	
추심결제	②	
환어음	발행인(Drawer), 수취인(Payee)	지급인(Drawee)
신용장	③	
보험증권	④	

① 수출자 : 수하인(Consignee)

② 수출자 : 추심의뢰인(Principal)

③ 수출자 : Applicant(개설의뢰인)

④ 인코텀즈 EXW조건에서의 보험계약자는 매도인(수출자)이다.

정답 | ②

해설 | 수출자(Exporter)와 수입자(Importer)는 매도인, 매수인 외에도 각 거래 시에 각기 다른 명칭으로 거래에 임하게 된다. 시험목적상 아래의 표를 숙지하는 것을 권장한다.

구분	매도인(Seller)	매수인(Buyer)
관세법 등	수출자(Exporter)	수입자(Importer)
운송	송하인(Consignor)	수하인(Consignee)
추심결제	추심의뢰인(Principal)	지급인(Drawee)
환어음	발행인(Drawer), 수취인(Payee)	지급인(Drawee)
신용장	수익자, 수혜자(Beneficiary)	개설의뢰인(Applicant)
보험증권	• 보험계약자(C, D조건) • 피보험자(CFR, CPT, D조건)	• 보험계약자(E, F조건), • 피보험자(E, F, CIF, CIP조건)

5. 계약의 종류

무역 계약의 종류	계약 종류별 특징
(1) 개별계약 (Case by Case Contract)	매 거래 시마다 매도인과 매수인간에 어떤 품목에 대한 거래가 성립되면, 품목별 거래에 대하여 계약서를 작성하고 그 계약에 대한 거래가 종결되면 그것으로 해당 계약이 종료되는 계약을 말한다. 매도인측이 작성하는 것으로는 매매계약서(Sales Note, Sales Contract, Confirmation of Order)가 있고 매수인 측이 작성하는 것으로는 구매계약서(Purchase Order, Purchase Contract), 주문서(Order), Memorandum방식 등이 있다.
(2) 포괄계약, 장기계약 (master contract)	매매당사자 간에 상호 장기간 거래를 하였거나 동일한 상품을 계속적으로 거래할 때, 매 거래 시마다 개별적으로 계약하는 것이 서로 불편하므로 일정한 기간을 기준으로 하여 계약을 체결하고 필요시마다 거래상품을 선적해주는 경우의 계약을 말한다. 이러한 계약에 대하여 상호합의하는 문서를 교환하게 되는데, 이를 일반거래조건협정서(agreement on general terms and conditions of business)라 한다.
(3) 독점계약 (exclusive contract)	특정물품의 수출입에 있어서 쌍방 지정된 자 이외에 약정품목을 취급하지 않겠다는 조건으로 맺어지는 계약이다. 독점판매(공급)계약서 [exclusive sales (distributorship) contract] 등이 있다.
(4) 위탁판매무역과 지급보증대리인 (Del Credere Agent)	Del Credere는 이탈리아어로서 보증 또는 담보를 의미한다. 대리인이 본인의 위탁(consignment)에 의거하여 상품을 현지에서 판매하는 경우에 현지의 고객의 지급에 대하여 보증한다는 지급보증계약(del credere agreement)을 본인과 체결하고 있는 대리인을 말한다. 위탁판매무역(sales on consignment)은 무역품의 대외판매를 수출지인 외국시장의 중개상에 판매를 위탁하여 행하는 간접적, 타동적 무역을 총칭한다. 물품인도 시 대금의 지급이 없는 무환거래로 이루어지며 매수인은 현지 판매량에 대해서만 지급책임을 진다. 지급보증대리인은 지급보증수수료(del credere commission)를 받고 대리점의 거래선인 고객이 채무불이행으로 대금을 지급하지 않는 경우에도 본인(매도인)이 입은 손해를 배상할 책임이 있는 대리인을 말한다. 판매대리인은 자신이 판매한 물품에 대한 대금을 자신의 책임 하에 매도인에게 지급보증을 한다는 점에 있어서 위탁판매보다 책임이 더 무겁다. 따라서 본인인 매도인은 대리인에게 통상의 수수료(commission) 이외에 별도의 지급보증에 대한 수수료를 지급하게 되는데 이를 지급보증 수수료라고 한다.
(5) 병행수입 계약	해외의 유명브랜드 물품은 한국의 총판매대리점을 통해 수입되므로 독점공급에 따라 가격이 비싼 것이 일반적이다. 이에 수입물품의 신용이나 상표권을 침해하지 않는 조건으로 총판매대리점 이외의 수입자가 제조국 이외의 제3국 등을 경유하여 수입하는 것을 허가하는 제도를 병행수입제도라 한다.
(6) 개별거래조항과 이면조항	• 개별거래조항은 거래 시마다 결정하여야 할 사항 즉, 품명, 품질, 규격, 수량, 가격, 선적시기 등에 관한 사항으로서 보통 계약서의 표면에 타이핑되므로 표면조항 또는 타이핑조항이라고도 불린다. • 이면조항은 불가항력, 무역조건, 권리침해(infringement)조항, 클레임제기기한, 중재, 준거법 등과 같이 모든 거래에 공통되는 사항들을 계약서의 이면(뒷면)에 인쇄하므로 이면조항 또는 인쇄조항이라고 부른다.

14 다음 중 무역계약 조항에 대한 설명으로 틀린 것은?

① PRICE : 가격조건으로서 통상 인코텀즈와 결제 금액을 함께 기재한다.

② Quality Terms : 품질조건으로 상표(Brand), 규격(Spectation) 등을 기재한다.

③ 품명, 품질, 규격, 수량, 가격, 선적시기 등은 명시조항(표면조항), 또는 타이핑조항이라 한다.

④ Force Majure, Infringement, Claim, Arbitration, Applicable Law조항 등은 명시조항으로서 계약내용에 필수사항이므로 면밀히 검토하여 삽입하여야 한다.

정답 | ④

해설 | 불가항력, 권리침해, 클레임제기기한, 준거법 등은 묵시조항에 따라 관습에 의하기도 하며, 이면조항으로 계약서의 이면에 인쇄하기도 한다. 무역계약 시 필수사항은 아니지만 계약의 해석에 따라 분쟁을 사전 방지하거나, 분쟁 해결 방법을 사전에 결정하여 계약목적성을 충실하게 하므로 삽입하는 것이 바람직하다.

15 다음 설명에 따른 무역계약은 무엇인가?

> 매 거래 시마다 매도인과 매수인 간에 어떤 품목에 대한 거래가 성립되면, 품목별 거래에 대하여 계약서를 작성하고 그 계약에 대한 거래가 종결되면 그것으로 해당 계약이 종료되는 계약을 말한다. 매도인 측이 작성하는 것으로는 매매계약서(Sales Note, Sales Contract, Confirmation of Order)가 있고 매수인 측이 작성하는 것으로는 구매계약서(Purchase Order, Purchase Contract), 주문서(Order), Memorandum방식 등이 있다.

① Case by Case Contract ② Master contract

③ Exclusive contract ④ Del Credere Contract

정답 | ①

해설 | Case by Case Contract(개별계약)에 대한 설명이다. 반대되는 개념으로 Master Contract도 알아 두자.

16 다음 설명에 따른 무역계약은 무엇인가?

> 특정 물품의 수출입에 있어서 쌍방 지정된 자 이외에 약정품목을 취급하지 않겠다는 조건으로 맞어지는 계약이다.

① Case by Case Contract ② Master contract

③ Exclusive contract ④ Del Credere Contract

정답 | ③

해설 | 독점계약에 대한 설명이다. 독점계약은 특정물품에 대하여 독점 판매권을 부여받는 방식으로, 총판매상이 독점권을 지닌다.

17 다음 설명에 따른 무역계약은 무엇인가?

> 해외의 유명브랜드 물품은 한국의 총판매대리점을 통해 수입되므로 독점공급에 따라 가격이 비싼 것이 일반적이다. 이에 수입물품의 신용이나 상표권을 침해하지 않는 조건으로 총판매대리점 이외의 수입자가 제조국 이외의 제3국 등을 경유하여 수입하는 방식이다.

① Case by Case Contract   ② Parallel importation

③ Exclusive contract   ④ Del Credere Contract

정답 | ②

해설 | Parallel importation(병행수입제도)에 대한 설명이다.

18 다음 설명에 따른 무역계약은 무엇인가?

> 대리인이 본인의 위탁(consignment)에 의거하여 상품을 현지에서 판매하는 경우에 현지의 고객의 지급에 대하여 보증한다는 지급보증계약(del credere agreement)을 본인과 체결하고 있는 대리인과의 계약이다. 수출물품의 대외판매를 수출지인 외국시장의 중개상에 판매를 위탁하여 행하는 간접적, 타동적 무역이며, 물품인도 시 대금의 지급이 없는 무환거래로 이루어지며 매수인은 현지 판매량에 대해서만 지급책임을 진다.

① Parallel importation   ② Master contract

③ Exclusive contract   ④ Del Credere Contract

정답 | ④

해설 | Del Credere Contract(위탁판매계약)에 대한 설명이다.

6. 계약서의 작성

기출유사문제

19 청약과 승낙으로 인해 계약이 체결된 이후 계약서를 작성할 때에 통상적으로 기재하지 않는 조항은?

① Quantity Terms   ② Claim Terms

③ Exchange Rate Terms   ④ Insurance Terms

정답 | ③

해설 | 환율조건은 일반적으로 계약서에 명시되지는 않는다. 일반적으로 거래 당사자는 다음과 같은 사항이 포함된 매매계약서를 작성하게 된다.
- 품질조건(Quality Terms)
- 수량조건(Quantity Terms)
- 인도조건(Delivery Terms) or 선적조건(Shipment Terms)
- 보험조건(Insurance Terms)

- 가격조건(Price terms) → 통상 인코텀즈 적용
- 결제조건(Payment terms)
- 클레임조건(Claim Terms)
- 중재조항(Arbitration Terms)
- 기타조건(일반거래조건 등)

20 다음 품질조건에 대한 설명 중 옳은 것을 모두 고르시오.

A. 무역계약 체결 시 Quality to be same as sample와 같은 표현은 피해야 한다.
B. 품질조건에는 Quality to be up to samples와 같은 표현은 권장된다.
C. 규격(명세서)매매조건은 세계적으로 널리 알려진 브랜드를 이용한 품질 조건으로 견본제시 필요가 없다.
D. USQ는 주로 원면거래에 이용되며 공인검사기관 또는 공인표준기관에 의하여 표준품이 되는 품질조건이 미리 정해져 있다.
E. 곡물의 품질조건을 결정할 때 R.T는 도착지에서 양륙 시 품질이 적합하면 된다.

① A, B, C   ② A, D, E   ③ B, D, E   ④ B, C, D

정답 | ②

해설 | B.

"견본과 완전히 일치하는 것" → 클레임 대비 피해야 함, 함정문구	가. Quality to be same as sample 나. Quality to be up to samples 다. Quality to be fully equal to sample
"대체로 견본과 비슷한 것" → 권장 표현	가. Quality to be similar to samples 나. Quality to be as per samples 다. Quality about equal to samples

C. 규격에 의한 매매(Sales by type or grade) : 물품의 규격이 국제적으로 통일되어 있거나 수출국의 공적규격으로 특정되어 있는 경우에 품질의 기준 📖 국제표준화기구(ISO), 영국의 BBS, 한국의 KS, 일본의 JIS

21 다음 표준 품질조건에 대한 설명 중 틀린 것은?

① 평균중등품질 FAQ는 일반적으로 곡물, 농산물에 사용하며, 평균 품질을 계약 품질조건으로 정하며, 통상 선적지에서 품질이 결정된다.

② GMQ는 Good Merchantable Quality Terms의 약자로 선적품질조건이다.

③ 곡물의 품질조건인 S.D는 Sea Damage의 약자로서, 선적 시 품질이 적격하면 매도인의 책임은 종료되나, 운송구간 동안 품질 저하 시 손실을 매도인이 부담하는 조건이다.

④ GMQ는 주로 어류나 목재 등 운송 과정에서 상하기 쉬운 물품들을 판매적격 조건부로 품질을 결정하는 방법이다.

정답 | ②

해설 | GMQ는 양륙품질조건이다. 선적품질조건에 속하는 것은 평균중등품질(F.A.Q ; Fair Average Quality)이다.

22 다음 품질조건과 계약상 품질의 일치시점이 틀린 것은?

① 인코텀즈 C조건 - 선적지   ② T.Q - 양륙지

③ GMQ - 양륙지   ④ S.D - 선적지

정답 | ②

해설 | 품질의 결정시기

무역거래는 국가 간 운송구간이 길고 운송 중 변질될 우려가 있는 물품의 경우에는 계약과 품질의 불일치를 이유로 Claim을 제기할 수 있으므로 사전에 품질결정 시점을 명확히 하는 것이 바람직하다.

- 선적품질조건 : 선적 당시 품질이 결정되어 선적 이후 매수인의 책임으로 운송하게 됨
- 양륙품질조건 : 목적항에 도착하여 양륙시점의 품질로 계약상 품질을 결정하는 조건

품질 결정 시기	선적품질조건 (Shipped Quality Terms)	양륙품질조건 (Landed Quality Terms)
인코텀즈	E, F, C조건	D조건
표준품 매매 (USQ는 합의)	FAQ 평균중등품질 (Fair Average Quality terms)	GMQ 판매적격품질 (Good Merchantable Quality Terms)
곡물/농산물	T.Q(Tale Quale) S.D(Sea Damage)	R.T(Rye Terms)

23 다음은 무역계약의 수량조건에 대한 설명이다. 옳은 것을 모두 고르시오.

> A. 1gross는 144개이다.
> B. 우리나라는 미국식 ton을 사용하고 있으며, 1,000kg이 1ton이다.
> C. 1small gross는 120dozen이다.
> D. 총중량은 외포장(Outer Packing)의 무게를 제외한 모든 중량을 말한다.
> E. NET WEIGHT란 내용물의 중량에 속포장(Inner Packing)의 무게를 더한 것이다.

① A, B, C   ② A, C, D   ③ A, C, E   ④ B, D, E

정답 | ③

해설 | 수량조건(Quantity Terms)

(1) 중량 단위
- Long Ton(L/T) : 영국식 1,016Kg
- Short Ton(S/T) : 미국식 907Kg
- Metric Ton(M/T) : 프랑스식 1,000Kg

(2) 포장에 따른 중량의 결정
- Gross Weight(총중량) : 외포장 + 내포장 + 충전물 + 물품
- Net Weight(순중량) : 내포장 + 충전물 + 물품
- Contents Weight(정미중량) : 물품

(3) 개수의 단위
- 12ea = 1Dozen
- 144ea = 12Dozen = 1Gross
- 1,728ea = 144Dozen = 12 Gross = 1 Great Gross
- 1,440ea = 120 Dozen = 10 Gross = 1 Small Gross

24 다음은 컨테이너의 단위에 대한 설명이다. 틀린 것은?

① CBM이란 Cubic Meter의 약자로써 용적을 나타내는 평방미터를 말한다.

② 폭, 길이, 높이가 각각 30cm × 20cm × 20cm인 경우 12,000CBM이다.

③ 1TEU는 20Feet 컨테이너 한 개 단위를 말한다.

④ FEU는 Forty Equivalent Unit load의 약자이다.

정답 | ②

해설 | CBM은 미터(m)를 기준으로 산출하며 0.3m × 0.2m × 0.2m = 0.012CBM이다.

　　　 ※ 컨테이너의 용적
　　　 • CBM : Cubic Meter 컨테이너의 부피(용적) 단위. 1m를 기준으로 하며, 폭1m × 길이1m × 높이1m = 1CBM
　　　 • TEU : 20feet 컨테이너(Twenty Equivalent Unit load)
　　　 • FEU : 40feet 컨테이너(Forty Equivalent Unit load)

25 다음은 수량조건에 대한 설명이다. 틀린 것은?

① 신용장거래를 이용하는 경우 별도의 약정이 없는 한 살화물(Bulk)의 5% 과부족은 용인된다.

② 과부족용인조건이란 무역거래실무상 미미하게 과다하거나 과소한 부분을 계약의 위반으로 보지 않기 위한 일종의 계약유지 조항의 성격으로 볼 수 있다.

③ 신용장 통일규칙 UCP600에서는 About, Approximately 등의 표현을 사용하는 경우 10%의 과부족을 용인하고 있다.

④ 과부족용인조건을 사용하는 경우 계약 초과분에 대해서는 매수인은 지불하지 않아도 된다.

정답 | ④

해설 | 초과분에 대해서는 반환 또는 거절할 수 있으며, 매수인이 매입하는 경우에는 해당 초과분에 상응하는 가격을 지불하여야 한다.

　　　 ※ 개산수량조건(Approximately Quantity Terms) : 과부족용인조건
　　　 • Bulk(살)화물(◍ 유류, 곡물류) : 특성상 정확한 계약수량을 맞추기 어려움에 따라 과부족 용인
　　　 • 5% 과부족 용인 : 신용장 결제조건을 사용하는 경우 UCP600 30조에 따라 Bulk화물에 한해 ±5% 용인
　　　 • 10% 과부족 용인 : "About", "Approximately" 등의 수식어를 사용하는 경우

26 다음은 선적조건에 대한 설명이다. 틀린 것은?

① 선적일자는 본선적재부기일(On board Notation)을 우선하여 적용하며, 본선적재부기일이 없는 경우에는 선적서류의 발행일자(B/L Date)를 선적일로 본다.

② On or About의 표현은 전, 후 5일을 포함한 11일을 말한다.

③ 선적기일의 계산 시 UCP600에 따르면 to, until, till, from 등이 표현이 있는 경우 해당 선적일자를 포함한다.

④ Prompt, Immediately, as soon as possible 등의 표현이 있는 경우 가능한 신속하게 선적하여야 한다.

정답 | ④

해설 | 애매한 표현은 무시한다.

　　※ 선적(운송)조건(Shipment Terms)

　　(1) 선적일(Shipment date)

　　　선적의무가 있는 당사자는 계약에 따른 일자까지 선적의 의무가 있다. 이러한 선적일자는 실제로 본선에 적재한 날짜, 즉 본선적재부기일(Onboard Notation)을 우선하여 적용되며 본선적재부기가 별도로 표기되지 않는 경우에는 선적서류(B/L)의 발행일자를 적용한다.

　　(2) 선적기간의 계산

"on or about"	전 후 5일 포함 총 11일
to, until, till, from, between	해당 일자 포함
before, after	해당 일자 제외
first half / second half	1일~15일, 16일~말일(초, 말일포함)
beginning / middle / end	1일~10일 / 11일~20일 / 21일~말일(초, 말일 포함)
prompt, immediately, As soon as possible 등	애매한 표현은 무시

27 다음은 선적조건 중 분할선적과 할부선적, 환적에 대한 설명이다. 틀린 것은?

① 분할선적과 할부선적은 금지하지 않는 한 원칙적으로 허용된다.

② 환적이란 적재한 운송수단으로부터 다른 운송수단으로 재적재하는 것을 말하며, 환적은 원칙적으로 허용된다.

③ 동일할 목적지를 향해 둘 이상의 운송수단에 나누어 적재하는 것은 할부선적에 해당한다.

④ 10개를 수출하는 계약에서 2개씩 5번 선적하는 경우, 6개 선적 이후 선적기일을 지키지 못하였다면, 나머지 4개에 대해서는 계약의 위반에 해당한다.

정답 | ③

해설 | 이는 분할선적에 대한 설명이다. 할부선적이란 일정 기간을 두고 일부 정해진 수량만큼만 적재하는 것을 말한다. UCP600상 일정기간 내 선적되지 않는 일부분은 무효, 그 이후분도 무효이다.

28 다음 중 분할선적과 할부선적에 대한 설명으로 틀린 것은?

① 분할선적은 계약에 따른 선적기한 내에 수차례 선적이 가능하지만, 할부선적은 수량과 횟수를 계약에 따라 반드시 지켜야 한다.

② 신용장통일규칙 UCP600에 따라 분할선적과 할부선적은 명시적으로 금지하지 않는 한 허용된다.

③ Partial Shipment는 선적기한 내에 둘 이상의 운송수단에 적재하는 것을 말하며, Instalment shipment는 일정기간을 두고 정해진 수량만큼 적재하는 것을 말한다.

④ 분할선적은 수입자가 결정할 수 있으나, 할부선적은 수출자가 결정할 수 있다.

정답 | ④

해설 | 분할선적(Partial Shipment)은 선적기한까지 수출자가 둘 이상의 운송수단에 적재하면 되므로 Seller's Option이라 한다. 반면, 할부선적(Instalment Shipment)은 수입자가 재고관리, 수입자금여유 등의 이유로 일정기한에 나누어 선적을 요청하게 되므로 Buyer's Option이라 한다.

29 다음 중 포장조건(Packing Terms)과 화인(Shipping Mark)에 대한 설명으로 틀린 것은?

① 개품포장(Contents Packing)이란 상품 자체에 포장하는 개념으로 내포장(Inner Packing)보다 상품에 가까이 포장하는 셈이 된다.

② Bulk Packing이란 별도의 용기 대신 자루 등을 이용하는 것을 말하며, 곡물이나 석탄 등을 담는 데 주로 사용된다.

③ 주화인(Main Mark)은 목적지를 표기하며, 도형 등으로 표기해선 안 된다.

④ 주의표시(Care Mark)는 취급상 주의사항을 표기하며, 깨짐 주의(Fragile), 습기 주의(Keep Dry) 등을 표기한다. 이때 필요 시 특정 기호로 표기가 가능하다.

정답 | ③

해설 | 주화인(Main Mark)은 다른 화물과의 식별을 용이하게 하기 위한 표시이다. 도형으로 표시가 가능하다.

※ 포장조건(Packing Terms)

(1) 포장의 종류
- 외포장(Outer Packing) : 외부용기에 대한 포장
- 내포장(Inner Packing) : 내부포장, 충전물 등
- 개품포장(Contents Packing) : 상품 자체에 포함되는 개별상품의 포장
- 벌크포장(Bulk Packing) : 별도의 용기를 사용하지 않고 자루 등에 포장

(2) 화인(Shipping Marks)
- 주화인(Main Mark) : 주화인은 다른 화물과의 식별을 용이하게 하기 위하여 일정한 기호로서 보통 외면에 삼각형, 다이아몬드형, 마름모, 타원형 등의 표시를 하고 그 안에 상호의 약자 등을 기재한다.
- 부화인(Counter Mark) : 주화인만으로 다른 화물과의 구별이 어려울 경우 주화인 아래에 생산자 또는 공급자의 약자를 표시한다.
- 중량표시(Quantity Mark) : 주로 화물의 순중량과 총중량을 표시한다.
- 목적항표시(Destination Mark) : 선적, 양륙작업을 용이하게 하고 화물이 잘못 배송(오송)되는 일이 없도록 목적지의 항구를 표시한다.
- 화물번호(Case Number) : 포장물이 다수인 경우 포장마다 고유번호를 표시한다.

- 원산지표시(Country of Origin) : 당해 화물의 원산국을 표시한다.
- 품질마크(Quality Mark) : 공인기관의 품질마크가 있는 경우 표시한다.
- 주의표시(Care Mark) : 화물의 운송 또는 보관 시 취급상 주의사항을 표시하며, 보통 측면에 표시하기 때문에 Side mark라고 부른다(KEEP DRY, NO HOOK, WITH CARE, FRAGILE 등이 있음).

30 다음 중 중재조항(Arbitration clause)에 대한 설명으로 옳은 것을 모두 고르시오.

> A. 중재조항은 계약서에 삽입하지 않는 경우 중재절차를 통해 분쟁을 해결할 수 없으므로, 계약서에 삽입하여야 중재 절차를 거쳐 분쟁을 해결 할 수 있다.
> B. 중재조항이 있더라도, 계약상 피해를 받은 일방은 상대방에게 소를 제기(소송)할 수 있다.
> C. 소송에 비해 중재절차는 신속하며 경제적인 장점이 있다.
> D. 중재를 통해 분쟁을 해결하게 되는 경우에는 중재판정은 소송판결에 비해 비밀 유지가 가능하다.
> E. 중재는 판정의 예측이 가능한 장점이 있으나 국제적 효력은 없다.

① A, B, C   ② A, B, E   ③ A, D, E   ④ A, C, D

정답 | ④

해설 | B. 중재는 직소금지원칙에 따라 중재판정 이전에 소송을 제기할 수 없으며, 중재는 전문가의 판단에 따라 판정이 되므로 예측이 불가능하다.
       E. 소송은 해당 국가의 법률에 국한되지만, 중재판정은 New york Convention(뉴욕협약)에 따라 체약국 또는 해당 국가의 승인을 받아 국제적 효력을 발한다.

7. 일반거래조건(General terms and conditions)

기출유사문제

31 다음은 일반거래조건(General terms and conditions)에 대한 설명이다. 옳은 것을 모두 고르시오.

> A. Entirement Clause(계약분리조항) : 계약의 일부가 불이행되더라도, 다른 부분은 그대로 계약이 존속된다는 조항
> B. Infringement Clause(권리침해조항) : 상표권, 저작권 등 지식재산권 침해 관련 책임 및 면책 조항
> C. Hardship Clause(계약유지조항) : 계약체결 후 계약 이행이 불가능하게 되는 경우 계약 이행을 존속할 수 있도록 일방은 계약내용 변경을 요구할 수 있고, 상대방은 이에 응해야 하는 조항
> D. Forcemajure Clause(불가항력조항) : 천재지변 등으로 인한 계약 불이행 면책조항
> E. Applicable Law(재판관할조항) : 소송을 제기할 경우 국가를 지정하는 조항

① A, B, C   ② A, B, E   ③ B, C, D   ④ C, D, E

해설 | 다음의 표는 가급적 숙지하는 것이 좋다.

완전합의조항 (Entire Agreement : Integration Clause)	이전 계약, 관습 등 무시, 본 계약만 따름
권리침해조항(Infringement Clause)	상표권, 저작권 등 지식재산권 침해관련 책임 및 면책 조항
불가항력조항(Force Maejure Clause)	천재지변 등으로 인한 계약 불이행 면책조항
권리불포기조항(Non-Waiver Clause)	이행청구를 하지 않더라도 이행청구권 박탈 불가
손해배상액 예정조항 (Liquidated Damage Clause)	손해배상금액의 사전 약정 조항
계약분리조항(Severability Clause)	계약 일부 유지(존속) 조항(중요부분 해제 시 예외)
사정변경조항, 이행가혹조항, 계약유지조항 (Hardship Clause)	계약 체결 후 계약 이행이 불가능하게 되는 경우 계약 이행을 존속할 수 있도록 일방은 계약내용 변경을 요구할 수 있고, 상대방은 이에 응해야 하는 조항
재판관할조항(Jurisdiction)	소송 제기 국가 지정
계약양도조항(Assignment Clause)	계약의 양도(계약 전매) 금지 조항
설명조항(Whereas Clause, Recitals Clause)	계약 조항의 상세 설명을 참조 또는 이면 기재
증가비용조항 (Escalation Clause : Contingent Cost Clause)	예상치 못한 (추가) 증가 비용의 부담 주체
준거법조항(Applicable Law : Proper Law : Governing Law Clause)	계약 적용 준거법 지정 조항
생산물배상책임 (Product Liability ; P/L Clause)	생산물로 인한 사고발생 시 배상책임
비밀유지조항(Non-Disclosure Clause, (Secrecy Clause, Confidential)	기밀 누설 금지 조항

32 다음 국제 규범에 대한 설명 중 틀린 것은?

① 비엔나협약(CISG1980) : 국제물품매매계약에 관한 국제무역 계약법

② 뉴욕협약(New york Convention1958) : 중재판결의 국제적 효력을 부여한 법

③ 국제표준은행관행(ISBP 745) : 은행의 신용장 해석과 관련한 서류취급관행을 통일한 법

④ 바르샤바협약 : 복합운송인의 책임을 규정한 법

해설 | 바르샤바 협약은 항공운송인의 책임과 면책에 관한 국제협약이다.

1. 인코텀즈(Incoterms 2020)

기출유사문제

33 다음 중 인코텀즈2020에 대한 설명 중 틀린 것은?

① 인코텀즈 규칙은 정형거래조건으로써 통상 가격조건에 사용된다.

② 인코텀즈 규칙은 13가지로 구성되어 있으며, 소유권의 이전을 다룬다.

③ 인코텀즈 규칙은 임의규정이므로 당사자의 합의가 우선하므로 수정, 변경 사용이 가능하다.

④ 인코텀즈 규칙은 위험의 이전과 비용의 분기점을 규정한 국제규칙이다.

정답 | ②

해설 | 인코텀즈는 11가지로 구성되어 있으며, 소유권의 이전에 대해서는 언급하지 않는다.

규정 사항	비규정 사항
① 당사자 의무의 규정 : 매도인과 매수인 사이의운송, 보험, 통관, 서류 등의 의무	① 매매계약의 존부
	② 매매물품의 성상
	③ 대금지급의 시기, 장소, 방법, 통화
	④ 매매계약 위반에 대한 구제수단
② 위험의 이전 : 매도인이 어디서 언제 물품을 인도하는지	⑤ 계약상 의무이행 지체 및 위반 효과
	⑥ 제재의 효력
	⑦ 관세부과
③ 비용의 부담 : 운송, 포장, 적재, 양하, 보안관련비용 등의 부담 주체	⑧ 수출 또는 수입의 금지
	⑨ 불가항력 또는 이행가혹
	⑩ 지식재산권
	⑪ 의무위반시 분쟁해결의 방법, 장소, 준거법
	⑫ 매매물품의 소유권 및 물권의 이전

34 다음 중 인코텀즈2020 규칙에 대한 설명 중 틀린 것은?

① 인코텀즈2020 규칙을 사용할 경우에는 장소 또는 항구(공항)을 가급적 구체적으로 함께 기재하여야한다.

② 인코텀즈 규칙 11가지는 모두 3글자의 알파벳으로 구성되어 있다.

③ 인코텀즈 규칙의 특징은 11가지 모든 규정이 위험과 비용이 모두 지정된 장소에서 동시에 이전된다는것이다.

④ 인코텀즈 규칙을 임의로 변경하여 사용할 수 있다.

정답 | ③

해설 | 인코텀즈 C조건(CFR, CIF, CPT, CIP)은 위험의 이전은 수출국에서 이전되나, 비용은 수입국까지 수출자가 부담하므로 분기점이 서로 상이하다.

35 다음 중 인코텀즈2020 규칙에 대한 설명 중 틀린 것은?

① 인코텀즈 규칙을 적용한다는 별도의 문구 없이 국제거래에 적용된다.

② 인코텀즈 규칙은 국내 거래에도 적용이 가능하다.

③ 인코텀즈 규칙은 매매대금, 지급방법, 소유권 이전 및 계약위반에 관련하여서는 일체 규정하지 않으므로 별도의 조항을 계약서에 삽입하는 것이 바람직하다.

④ 계약서 작성 시 인코텀즈 규칙을 적용하지 않을 수 있다.

정답 ┃ ①

해설 ┃ 인코텀즈 규칙이 매매계약에 편입되도록 적용문구를 삽입하여야 적용된다. 인코텀즈 EXW, DDP 조건은 국내거래에 더 적합하며, 물론 국내거래에 사용이 가능하다. 각국의 국내법(강행법규)이 가장 우선하기 때문에 국내법인 관세법상 수입자 또는 수출자가 통관의무 등을 지니기 때문이다.

36 다음 중 인코텀즈2020 규칙에 대한 설명 중 틀린 것은?

① EXW조건은 매도인이 수출통관의무가 없으며 수출자의 창고 또는 영업소에서 매수인에게 인도된다. 수출자에게는 가장 유리한 조건이다.

② FCA조건은 매도인이 위치한 수출국의 지정장소에서 매도인의 운송인에게 인도될 때 위험이 이전되므로 매도인은 직접 선적을 할 여지가 없어 선적선하증권을 발급받을 수 없다.

③ FOB조건은 수출항의 본선에 선적이 완료된 때에 위험이 매수인에게 이전된다.

④ CIF 조건은 매도인이 수출항에서 본선에 선적이 완료된 때에 위험이 매수인에게 이전되나, 수입국 도착시까지의 운임 및 보험료 부담 의무가 있다.

정답 ┃ ②

해설 ┃ FCA조건은 매수인의 운송인에게 인도될 때 위험이 이전된다. 신용장을 결제조건으로 하는 경우 매도인은 선적 선하증권(B/L)을 은행에 제시하여야 하는데, INCOTERMS 2020 FCA조건에서는 거래 당사자 합의하에 매수인의 운송인에게 매도인이 선적 선하증권을 발급받도록 협의할 수 있다는 규정이 신설되었다.

37 다음 인코텀즈2020 규칙 중 옳은 것은?

① 인코텀즈 C조건(CFR, CIF, CPT CIP)은 위험과 비용의 분기점이 동일하다.

② 인코텀즈 D조건은 매도인이 수출국까지 보험 부보의무가 있다.

③ 인코텀즈 F조건은 수출국에서 위험과 비용이 매수인에게 이전된다.

④ 인코텀즈 E조건은 수출자에게 통관 의무가 있다.

정답 ┃ ③

해설 ┃ • C조건 : 위험은 수출국에서 운송인에게 인도될 때 또는 수출항의 본선에 선적될 때 이전되지만 비용(운임 또는 운임과 보험료)은 도착지까지 수출자의 부담의무가 있다.
　　　 • 인코텀즈 규칙중 수출자에게 보험 부보의무가 있는 것은 CIF, CIP 2조건 뿐임을 명심해야 한다.
　　　 • 인코텀즈 E조건은 유일하게 수출자가 수출 또는 수입통관 의무가 없다는 점이 특징이다.

38 다음 인코텀즈2020에 관한 설명 중 옳은 것을 모두 고르시오.

> A. FOB 조건은 본선(Ship's Rail)의 난간을 지나는 순간 위험이 매도인에서 매수인에게 이전된다.
> B. 해상운송에만 사용될 수 있는 조건인 FAS, FOB, CFR, CIF 조건은 모두 수출항의 본선 선적시 위험이 매도인에게서 매수인에게 이전되는 공통점이 있다.
> C. CIP, CIF 조건은 매도인이 목적항 또는 목적지까지 보험을 부보하여야 하는 의무가 있으며, 일반적으로 물건가격의 110%를 부보한다.
> D. CIP, CIF조건을 적용할 경우, 별도의 합의가 없다면 매도인은 최소 보험조건인 ICC C조건으로 가입하면 된다.
> E. DPU조건은 매도인이 도착지에서 운송수단에서 양하(Unloaded)한 상태로 매수인에게 인도하여야 한다.

① A, D

② B, E

③ C, D

④ A, B, C, D, E

정답 | ③

해설 | FOB조건은 인코텀즈 2020에서 2010개정되어 Ship's rail(본선난간)에서 On Board(본선적재)시점에 위험이 이전된다. FAS조건은 선측 지정장소에서 본선적재 이전에 위험이 매수인에게 이전된다. CIF, CIP조건은 부보 시 물품 가격(가액)의 110%를 부보하여야 하며, 인코텀즈 2010에서 인코텀즈 2020으로 개정되며 CIP조건은 ICC(A) 또는 ICC(A/R) 최대담보조건을 부보하는 것으로 바뀌었다. 이는 항공운송이 고가품 운송이 많고, 긴급성이 많아 위험률이 높으므로 통상 최대담보조건으로 부보하는 실무를 반영한 것이다.

※ 규칙별 위험과 비용의 분기점

INCOTERMS 2020®	통관	인도지점	매도인 비용부담
EXW(공장인도조건) Ex Works	수출국 내 지정장소 기입	수출통관:매수인 수입통관:매수인	매도인의 구내 또는 수출국내 합의한 지정 장소	
FAS(선측인도조건) Free Alongside Ship	수출항 내 선측장소 기입	수출통관:매도인 수입통관:매수인	지정선적항의 매수인이 지정한 선박의 선측 또는 바지선에 적재	
FCA(운송인인도조건) Free Carrier	수출국 내 지정장소 기입	수출통관:매도인 수입통관:매수인	(1) 매도인의 구내인 경우: 매수인의 운송수단에 적재 (2) 그 외 수출국내 합의한 지정 장소: 매도인의 운송수단에 적재된 상태 *매도인이 선적선하증권을 발행하도록 지시 합의 가능	
FOB(본선인도조건) Free On Board	수출국 내 선적항 기입	수출통관:매도인 수입통관:매수인	지정선적항에서 매수인이 지정한 선박에 적재하거나 조달한 때	
CFR(운임지급인도조건) Cost Freight	목적(수입)국 목적항 기입	수출통관:매도인 수입통관:매수인	선적항에서 본선에 적재가 되거나 또는 조달된 상태	목적항까지의 운임
CIF(운임보험료지급인도조건) Cost Insurance Freight	목적(수입)국 목적항 기입	수출통관:매도인 수입통관:매수인	선적항에서 본선에 적재가 되거나 또는 조달된 상태	목적항까지의 운임 및 보험부보 (ICC C또는 FPA)
CPT(복합운임지급인도조건) Carriage Paid To	목적(수입)국 지정장소 기입	수출통관:매도인 수입통관:매수인	매도인과 계약을 체결한 운송인에게 물품을 교부하거나 조달한 때	목적항까지의 운임

CIP(복합운임보험료지급 인도조건) Carriage Insurance Paid to	목적(수입)국 지정장소 기입	수출통관:매도인 수입통관:매수인	매도인과 계약을 체 결한 운송인에게 물 품을 교부하거나 조 달한 때	목적항까지의 운임 및 보험부 보(ICC A 또는 A/R)
DAP(도착지인도조건) Delivered At Place	목적(수입)국 지정장소 기입	수출통관:매도인 수입통관:매수인	지정목적지의 합의된 지점에서 도착운송수단에 실어 둔 채 양하준비된 상태로 매수인의 처분에 놓인 때	
DPU(도착지양하인도조 건) Delivered At Place Unloaded	목적(수입)국 지정장소 기입	수출통관:매도인 수입통관:매수인	지정목적지의 합의된 지점에서 도착운송수단에서 **양하된 상태로** 매수인의 처분에 놓인 때	
DDP(관세지급인도조건) Delivered Duty Paid to	목적(수입)국 지정장소 기입	수출통관:매도인 **수입통관:매도인**	지정목적지의 합의된 지점에서 도착운송수단에 실어 둔 채 양하준비된 상태로 매수인의 처분에 놓인 때	

39 다음 중 인코텀즈2020에 대한 설명 중 틀린 것은?

① 인코텀즈규칙은 크게 운송수단에 관계없이 적용가능한 규칙 7개와 해상 및 내수로운송에 적용 가능한 규칙 4가지로 나뉜다.

② 계약체결시 인코텀즈 2020이 아닌 인코텀즈 2010이나 2000등 인코텀즈 구 버전 규칙을 적용 할 수 있다.

③ DDP조건은 수출자가 수입통관 의무가 있으므로 수입국의 관세 및 부가가치세도 납부하여야 한다.

④ FCA조건은 매도인의 구내(Premise)에서 매수인의 운송인에게 인도되는 경우 매도인이 적재의무는 없다.

정답 | ④

해설 | FCA조건은 매도인의 구내(Premise)에서 매수인의 운송인에게 인도되는 경우 매도인에게 적재의무(Load)가 있다. 반면, 구내 밖에서 인도되는 경우에는 매도인의 운송수단에서 양하준비가 완료된 상태로(Ready to unload) 인도한다. 반대로, DPU 조건은 매도인이 수입국의 지정장소에서 양하(Unloading) 의무가 있음을 기억하자.

40 다음 중 위험의 이전이 선적지에서 이루어지는 조건끼리 모인 것은?

① FOB, FAS, CIP ② DAP, CIF, FOB

③ EXW, DDP, CFR ④ EXW, CIF, DPU

정답 | ①

해설 | • 위험이전 선적지 : E, F, C
  • 위험이전 도착지 : D 조건

41 다음 중 운송수단의 관계없이 적용이 가능한 조건끼리 모인 것은?

① EXW, CFR, DPU
② FAS, CPT, DDP
③ FOB, DPU, DAP
④ EXW, FCA, CIP

정답 | ④

해설 | • 해상 및 내수로 운송에만 적용되는 조건 : FAS, FOB, CFR, CIF
　　　• 운송수단의 관계없이 적용 가능한 조건 : EXW, FCA, CPT, CIP, DAP, DPU, DDP

42 다음에서 설명하는 인코텀즈 2020 규칙은 무엇인가?

> • This rule is to be used only for sea or inland waterway transport.
> • The risk of loss of or damage to the goods transfers when the goods are on board the vessel
> • The seller must also contract for insurance cover against the buyer's risk of loss of or damage to the goods from the port of shipment to at least the port of destination.

① CIF
② DPU
③ FOB
④ CIP

정답 | ①

해설 | 해상운송에 전용되는 조건이며, 선적된 상태로 인도하되, 보험 부보 및 운임(Carriage) 계약 조건은 CIF이다.

43 다음에서 설명하는 인코텀즈2020 규칙은 무엇인가?

> • This rule may be used irrespective of the mode of transport selected and may also be used where more than one mode of transport is employed.
> • 'or procuring the goods so delivered' – The reference to "procure"here caters for multiple sales down a chain (string sales), particularly common in the commodity trades.
> • The seller bears all risks involved in bringing the goods to and unloading them at the named place of destination.

① FCA
② CPT
③ DPU
④ DAP

정답 | ③

해설 | 운송수단과 관계없이 이용할 수 있고, 조달이 가능하며, 매도인이 도착지에서 양하하는 데 수반되는 모든 위험을 부담하는 조건은 DPU조건이다(인코텀즈2020은 모든 조항이 조달로 인도하는 것을 용인하도록 개정되었다).

44 다음에서 설명하는 인코텀즈2020 규칙에 해당되지 않는 규칙은?

> • This rule is to be used only for sea or inland waterway transport.
> • The reference to "procure" here caters for multiple sales down a chain (string sales), particularly common in the commodity trades.

① FOB

② FAS

③ CIF

④ CPT

정답 | ④

해설 | 해상운송에만 적용되는 규칙이므로 운송수단에 관계없이 적용이 가능한 CPT는 해당되지 않는다. 하지만 두 번째 조달규정은 인코텀즈2020 개정으로 CPT조건에도 적용된다.

45 다음에서 설명하는 인코텀즈 규칙에 해당되지 않는 규칙은?

> • This rule may be used irrespective of the mode of transport selected and may also be used where more than one mode of transport is employed.
> • The seller has no obligation to clear the goods for import or for transit through third countries, to pay any import duty or to carry out any import customs formalities.

① CPT

② EXW

③ DDP

④ FCA

정답 | ③

해설 | 운송수단에 관계 없이 사용가능하며, 매도인이 수입통관 또는 제3국을 통과하는 수입통관절차를 수행하고, 수입관세 등에 대해 의무가 없는 조건은 DDP조건은 적합하지 않다. DDP조건은 매도인이 제3국 통과에 필요한 통관 및 수입통관절차, 수입세금 지불의 의무가 있다.

46 다음에서 설명하는 인코텀즈 규칙은 무엇인가?

> • This rule may be used irrespective of the mode of transport selected and may also be used where more than one mode of transport is employed.
> • Seller delivers the goods to the carrier or another person nominated by the buyer at the seller's premises or another named place.
> • Seller to clear the goods for export, where applicable. However, the seller has no obligation to clear the goods for import, pay any import duty or carry out any import customs formalities.

① EXW

② FOB

③ FCA

④ DDP

정답 | ③

해설 | • 운송수단에 관계없이 적용가능하므로 FOB조건은 오정답이다.
　　　• 매도인의 구내(premises) 또는 그 밖의 장소에서 수입자의 운송인에게 인도하는 조건은 EXW, FCA조건이다.
　　　• 수출통관의 의무가 있는 조건이므로 EXW조건은 오정답이며, 수입통관의 의무가 없으므로 DDP조건은 오정답이다.

3. 비엔나협약(CISG 1980)

기출유사문제

47 다음은 국제물품매매에 관한 UN협약 1980(비엔나협약, CISG)에 대한 설명이다. 틀린 것은?

① 비엔나협약은 국제상업회의소(ICC ; International Chamber of Comerce)에서 제정한 국제 계약법이다.

② 우리나라도 비엔나협약의 체약국이다.

③ 비엔나협약은 국제 물품 매매계약상 국가 간 상이한 상관습으로 인한 분쟁을 방지하기 위하여 제정되었다.

④ 소유권 이전에 대해서 규정하고 있지는 않다.

정답 | ①

해설 | 국제물품매매계약에 관한 UN협약(United Nations Convention on Contracts for the International Sale of Goods : CISG)이란 유엔국제무역법위원회(UNCITRAL)에 의하여 1980년 3월 비엔나에서 제정되어 "비엔나협약" 또는 "CISG"라고 부른다. 우리나라는 2005년부터 체약국으로 효력이 발생되고 있다.

48 다음은 CISG(비엔나협약)에 대한 설명이다. 틀린 것은?

① 비엔나협약은 임의규칙이므로 당사자의 합의가 우선하여 규칙의 수정/변경 적용이 가능하다.

② 비엔나협약은 스스로 사용하기 위하여 수입하는(자가용) 물품이나 주식 등에도 적용된다.

③ 매도인과 매수인의 계약 위반에 따른 피해자의 구제권에 대해서 규정한다.

④ 계약의 성립에 대한 청약과 승낙의 효력 등 구체적인 사항을 규정하고 있다.

정답 | ②

해설 | 비엔나협약은 국제 물품 계약에 적용되므로, 개인이 사용하는 물품이나, 경매에 의한 매매, 강제집행 또는 기타 법률상의 권한에 의한 매매, 주식, 지분, 투자증권, 유통증권 또는 통화의 매매, 선박, 부선, 수상익선(水上翼船), 또는 항공기의 매매, 전기의 매매 등에는 적용되지 않는다. 또한 노무 및 서비스 등에도 적용되지 않으며, 관행 및 소유권의 이전에 대해서도 규정하지 않는다.

49 다음은 국제물품매매에 관한 UN협약 1980(비엔나협약)에 대한 설명이다. 틀린 것은?

① 계약 당사자 중 어느 한쪽이 체약국에 속해 있더라도 비엔나협약이 적용된다.

② 계약 당사자 중 어느 한쪽도 체약국에 속해 있지 않더라도 비엔나협약을 적용하기로 한 거래에는 적용된다.

③ 비엔나협약이 적용되는 경우 당사자의 국적이나 계약의 성격은 고려하지 않는다.

④ 비엔나협약은 영미법계를 따라 제정되었다.

정답 | ④

해설 | 비엔나협약(CISG)은 국제 물품 매매계약의 상이한 상관습을 통일하기 위하여 제정되었으며, 영미법계와 대륙법계의 성격을 모두 담고 있다. 비엔나협약은 협약의 체약국에 속한 국가의 당사자 간의 거래이거나, 어느 일방이 속하거나, 비엔나 협약을 준용하기로 한 거래에 적용된다. 이 경우 당사자의 국적이나 계약의 성격은 고려하지 않는다.

50 다음은 비엔나협약에 따른 청약과 승낙에 대한 설명이다. 틀린 것은?

① 불특정 다수에게 제공한 팸플릿 등 홍보지는 확정청약으로 볼 수 없다.

② 확정청약은 특정한 상대방에게 발송했을 때 효력이 발생한 것으로 보아 취소될 수 없다.

③ 승낙기간이 지정되어 있지 않고, 취소불능이라고 기재되지 않은 청약은 상대방의 승낙 발송 전까지 취소통지가 도달하면 취소 가능하다.

④ 피청약자가 발송받은 청약을 신뢰하여 대금을 지급하거나 선적을 한 경우에도 승낙으로 간주된다.

정답 | ②

해설 | 효력발생시기는 청약이 상대방에게 도달했을 때이다.

51 다음은 국제물품매매에 관한 UN협약 중 승낙에 대한 설명이다. 틀린 것은?

① 승낙도 청약과 마찬가지로 도달한 경우 효력이 발생한다.

② 구두로 청약을 한 경우에는 별도의 규정이 없는 한 2주 내에 승낙하여야 한다.

③ 계약 조건 중 실질적인 부분의 변경이 없는 사소한 변경 승낙은 청약자의 반대가 없는 한 계약의 성립이 될 수 있다.

④ 승낙의 의사표시가 청약자에게 도달하기 전 철회통지를 한 경우 승낙의 철회가 가능하다.

정답 | ②

해설 | 승낙의 의사표현이 청약자에게 도달했을 때 승낙의 효력이 발생된다. 단, 기간을 지정한 경우 기간 내에 승낙이 도달하여야 하며, 기간이 지정되지 않은 경우에는 합리적인(상당한) 기간 내에 승낙이 도달하여야 한다. 구두로 청약을 한 경우에는 즉시 승낙하여야 효력이 발생한다.

52 다음 중 CISG1980에 따른 매도인의 의무에 관한 설명으로 옳은 것을 모두 고르시오.

> A. 매도인은 부산항에서 매수인에게 인도하기로 한 경우에는 반드시 부산항에서 인도하여야 한다. 인천항에서 인도하는 경우 계약 위반이 된다.
> B. 한국의 매도인이 미국 샌프란시스코에서 매수인에게 인도하기로 계약된 경우라도 운송계약의 의무는 없다.
> C. 물품을 발송하였으나 물품을 찾기 위한 B/L(선하증권) 서류를 송부하지 않았다면 계약 위반이 된다.
> D. 매도인은 계약내용과 상이한 물품을 인도하여 계약물품과 불일치하더라도, 인도기일 이전까지 보완이 가능하다.
> E. 매도인은 상표권, 판매권 등 제3자의 지식재산권과 관련된 물품을 인도하더라도 인도 후에는 매수인에게 발생되는 불이익과는 책임이 없다.

① A, B, C   ② A, B, E   ③ A, C, D   ④ B, D, E

정답 | ③
해설 | 매도인은 물품 인도, 서류교부, 계약과 물품이 일치할 의무를 가진다.

53 다음 중 비엔나협약에 따른 매수인의 의무에 관한 설명으로 틀린 것을 고르시오.

① 매수인은 계약 체결 시 신용장 거래를 하기로 계약된 경우에는 신용장 개설 등의 대금지급 관련 의무가 포함된다.
② 매수인이 지급할 금액이 확정되지 않은 경우, 중량에 따라 지급하기로 한 경우에는 총중량(Gross weight)에 따라 대금을 지급하여야 한다.
③ 매수인은 물품 또는 서류를 받기 전까지 대금을 지급하지 않을 수 있다.
④ 매도인이 계약한 부산항에서 물품을 인도하였으나 매수인이 고의적으로 수령하지 않았다면 계약 위반이 된다.

정답 | ②
해설 | 총중량이 아닌 순중량에 따라 대금을 지급하여야 한다.

54 다음 비엔나협약(CISG1980)에 따른 매수인의 구제권이 아닌 것은?

① 대체품인도청구권　　　　　　　　② 대금감액권

③ 하자보완청구권　　　　　　　　　④ 물품명세확정권

정답 | ④

해설 |

권리구제권	매도인	매수인
특정이행청구권	○	○
추가이행기간설정권	○	○
계약해제권	○	○
손해배상청구권	○	○
물품명세확정권	○	×
대금감액권	×	○
대체품인도청구권	×	○
하자보완청구권	×	○

55 비엔나협약(CISG1980)에 따른 매도인과 매수인의 권리구제에 대한 설명 중 틀린 것은?

① 매수인은 매도인이 계약과 불일치한 물품을 인도하였을 때, 하자를 보완하여 다시 인도하도록 청구할 수 있다. 이를 대체품인도청구권, 하자보완청구권이라 한다.

② 매도인이 지정된 날짜까지 대금지급이 모두 완료되지 않은 경우 추가 이행기간을 설정하여 대금지급을 요청할 수 있다.

③ 매수인은 매도인이 물품명세를 확정하지 않은 경우에 확정할 수 있으며, 이러한 권리를 물품명세확정권이라 한다.

④ 매수인은 하자 있는 물품을 수령하고자 할 때 구매대금을 감액청구할 수 있다.

정답 | ③

해설 | 물품명세확정권은 매도인의 권리이며, 매수인이 물품의 품질과 수량을 계약내용대로 수령하였다는 통지를 하지 않은 경우, 일정기일이 지난 후 매도인이 물품명세를 확정할 수 있는 권리를 말한다.

56 다음은 비엔나 협약에 따른 권리구제에 대한 설명이다. 틀린 것은?

① 매도인과 매수인은 손해발생부분에 대한 손해배상 청구를 할 수 있으며 이 경우 이자를 함께 청구할 수 있다.

② 계약해제권은 상대방이 본질적 계약위반을 하였을 경우에만 사용 가능하다.

③ 계약당시 누구도 예측할 수 없었던 계약위반은 본질적 계약위반으로 보지 않는다.

④ 피해자가 위반자에게 추가 이행기간을 지정하였고, 이에 위반자가 이행하지 않을 것으로 통보한 경우라도 추가 이행기간 동안 피해자는 다른 구제수단을 활용할 수 없다.

정답 | ④

해설 | 추가 이행기간 설정권을 지정하였으나, 상대방이 이행을 하지 않을 것을 통지한 경우에는 추가 이행기간은 종료된 것으로 간주하고, 계약 해제 또는 손해배상 청구를 할 수 있다.

4. 인코텀즈와 비엔나협약

기출유사문제

57 다음 계약에 관한 국제 협약인 인코텀즈와 비엔나 협약에 대한 설명 중 틀린 것은?

① 비엔나 협약은 자동으로 적용되나 인코텀즈는 적용 문언을 계약서에 삽입하여야 적용된다.

② 비엔나 협약과 인코텀즈 모두 소유권에 대해서는 규정하지 않는다.

③ 비엔나 협약은 대금지급 수단 및 방법에 대해 규정하나, 인코텀즈는 규정하지 않는다.

④ 규정이 상충할 경우에는 비엔나 협약보다 인코텀즈가 우선 적용된다.

정답 | ③

해설 | 비엔나협약도 대금지급 수단에 대해서는 규정하지 않는다.

구분	인코텀즈	비엔나협약
적용요건	인코텀즈 적용 준거문언 필요	상이한 국가에 위치한 국제물품계약에 배제하지 않는 한 자동적용
적용규정	매도인과 매수인의 위험의 이전 및 비용분기점을 규정	청약과 승낙, 매도인, 매수인의 의무, 구제권 등 규정
규정 상충 시	인코텀즈규정이 비엔나협약보다 우선 적용됨 (인코텀즈는 당사자 간 합의에 의해 적용되므로)	
공통점	• 국제 물품 매매계약에 적용되는 준거규정 • 임의규정으로 당사자 간의 합의가 우선 적용됨 • 소유권 및 대금지급수단, 분쟁해결절차 등에는 규정되지 않음	

5. 클레임의 해결

58 다음 중 클레임의 해결에 관한 설명으로 틀린 것은?

① 당사자 간 해결하는 클레임 해결방식으로는 청구권을 포기하거나 화해하는 방법이 있다.

② 제3자 개입에 의한 해결은 소송에 의한 방법과 ADR(대체적 분쟁해결제도)가 있으며, 최근에는 신속, 경제성 등의 이유로 ADR을 선호한다.

③ ADR에는 협상, 알선, 조정, 중재, 소송이 있다.

④ 소송은 법원판결에 의하여 강제적으로 분쟁이 해결된다.

정답 │ ③

해설 │ ADR은 소송을 대체하여 분쟁을 해결하는 방안이다.

클레임(Claim) 해결 절차			
당사자 간의 해결	청구권 포기(Waiver of Claim)		단순경고, 주의촉구 등
	화해 (Amicable Settlement, Composition)		자주적인 교섭에 의해 화해
제3자 개입에 의한 해결	대체적 분쟁해결제도 (ADR)	협상(Negotiation)	타결의사를 가진 당사자들 간 의사소통을 통해 합의를 이루는 과정
		알선(Intercession, Recommendation)	공정한 제3자가 요청에 의해 사건에 개입하여 원만한 해결을 위하여 조언(강제력이 없음)
		조정 (Conciliation, Mediation)	중립적 제3자인 조정인이 당사자 간 합의를 이끌어 낼 수 있도록 조정절차를 거쳐 조정합의안 도출(합의 시 강제력 발생가능)
		중재(Arbitration)	중재합의계약 → 중재인(기관)의 판정에 따름 (강제력 발생)
	소송(Litigation)		법원판결에 의하여 분쟁 강제적 해결

59 다음은 중재제도에 대한 설명이다. 옳은 것을 모두 고르시오.

> A. 중재로 분쟁을 해결하고자 하는 경우에는 서면에 따라 중재 합의를 사전에 하여야만 한다.
> B. 중재합의가 있는 계약의 경우라도 소송을 제기할 수 있다.
> C. 중재는 소송에 비해 경제적이며, 신속한 장점이 있으나 중재판결의 예측이 불가능하다는 단점이 있다.
> D. 소송은 국제적 효력이 발생되는 데 반해, 중재는 해당 국가에만 적용이 가능하다는 단점이 있다.
> E. 중재는 비공개 원칙에 따라 기밀을 노출시키지 않을 수 있는 장점이 있다.

① A, B, C   ② A, C, E   ③ B, C, D   ④ B, D, E

정답 | ②

해설 |

구분	중재	소송(재판)
요건	당사자의 서면에 의한 중재합의 필요	관할권을 가진 법원에 유효한 소를 제기할 것, 자격 등을 갖출 것
효력	법원 확정판결과 동일 효력, 뉴욕협약체약국은 해외 강제집행도 가능	구속력, 형식적 확정력, 기관력, 집행력이 있으나 해당 관할국가에 한정됨
신속성	단 한 번의 중재판정으로 신속함	복잡한 소송제도 및 3심제도로 오래 소요
비용	단심제, 변호사 비용이 필요 없으므로 소송에 비해 저렴함	변호사비용, 인지대 등 비용발생, 항소심 등으로 심급이 올라가면 비용 추가발생
심판자	무역 전문 중재인의 중재(전문성, 합리적) *그러나 중재인의 판정은 예측 곤란	판사(법관)의 법적 기준으로만 판결 법적 기준으로 예측은 가능
공개성	비공개주의 원칙에 따라 기밀 누설 방지	공개주의 원칙(영업 비밀 노출 가능)

※ 중재합의는 사전에 서면으로 합의하는 것이 원칙이며, 중재합의가 사전에 있는 계약의 경우, 직소금지원칙에 따라 중재 이전에 소송(재판)신청이 불가하다(직소금지 : 직접 소를 제기하지 못함). 다만, 중재판정에 대하여 소를 제기하는 것은 가능하다.

무역결제

SECTION 1 송금과 추심, 환어음

1. 송금(Remittance)

기출유사문제

60 다음 중 송금(Remittance)에 대한 설명으로 틀린 것은?

① 송금수단에는 송금수표(D/D), 우편환(M/T), 전신환(T/T)이 있으며, 통상 T/T조건이 가장 많이 사용된다.

② 수출자는 사전송금방식이 가장 유리하며, 수입자는 사후송금방식이 가장 유리하다.

③ 송금은 추심이나 신용장에 비해 신뢰도가 낮은 기업을 상대로 한 무역거래에 많이 사용된다.

④ 송금은 추심이나 신용장에 비해 수수료가 저렴하며, 결제절차가 간편하다는 장점이 있다.

정답 | ③

해설 | 송금의 특성상 물품의 인도와 동시에 정확히 대금을 지급하는 것이 어렵다. 사전송금, 사후송금방식은 신뢰도가 높은 거래관계일 때 가능한 결제방법이다.

61 다음 중 수출자에게 가장 유리한 송금방식 순서대로 정렬된 것은?

① O/A(Open Account) – CWO(Cash With Order) – CAD(Cash Against Delivery) – COD(Cash On Delivery)

② CWO(Cash With Order) – CAD(Cash Against Delivery) – COD(Cash On Delivery) – O/A(Open Account)

③ COD(Cash On Delivery) – O/A(Open Account) – CWO(Cash With Order) – CAD(Cash Against Delivery)

④ CAD(Cash Against Delivery) – COD(Cash On Delivery) – O/A(Open Account) – CWO(Cash With Order)

해설 |

구분	송금방식	설명
수출자 유리	주문동시결제방식(CWO : Cash With Order)	수입자는 주문과 동시에 대금을 지급하는 사전송금방식. 주문불이라고도 함
	사전송금 (Advanced remittance)	주문 후 송금이 이루어지며, 송금 후 수출자는 물품을 인도
↑ ↓	서류상환결제방식(CAD : Cash Against Document)	수출자는 선적 후 선적서류(B/L)를 송부하고, 선적서류와 상환하여 대금을 송금(COD는 거래 불발 시 수입국에서 물품 회수가 어려울 수 있는 위험이 있으나, CAD는 B/L만 회수하면 되므로 상대적으로 수출자 입장에서는 COD에 비해 리스크가 적음)
	상품인도결제방식(COD : Cash On Delivery)	수입국 도착 후 수입자는 물품을 보고 주문한 품질, 수량 등을 확인 후 대금지급(주로 고가품, 귀금속 및 목적국 도착 시 상하기 쉬운 어류, 목재 등)
수입자 유리	사후송금 (Deferred remittance)	수출자가 물품 인도 후 수출자는 대금을 송금
	청산결제방식(O/A : Open Account)	서로 수출입이 빈번히 이루어지는 자회사 간 거래 등의 경우 일정기간 후 대차를 상계하여 차액을 송금하는 방식

62 다음 중 송금결제방식에 관한 위험 및 위험관리 방안으로 빈 칸에 알맞은 방식을 알맞게 연결한 것을 고르시오.

(A) 방식에서 수입업자는 선적서류를 조건으로 대금을 지급한다.
(B) 방식에서 수출업자는 수입업자가 물품을 수령하지 않는 경우 대금수령과 물품회수가 불확실하다.
(C) 방식에서 수입업자는 가장 적은 대금을 지급할 수 있다.

① CAD — COD — O/A ② T/T — D/P — L/C
③ L/C — O/A — T/T ④ O/A — L/C — T/T

정답 | ①

해설 | CAD는 선적 후 B/L이 발급되어야 하므로, 물품 검사가 가능하다.
COD는 목적지까지 인도하여야 하므로 수출자는 대금 수령과 물품 회수의 위험이 따른다.
O/A는 차액만을 결제하므로 가장 적은 대금만을 지급할 수 있다.

63 다음은 결제방식에 대한 설명이다. 공통적으로 설명된 것을 고르시오.

> 이 방식은 동시결제방식이지만 선적 이후에 상품대금이 지급되기 때문에 사후송금방식의 일종으로 볼 수 있다. 이 방식에서 상품의 수하인은 수입업자를 기재할 수도 있지만 수출상 자신의 지사나 대리인을 상품의 수하인으로 기재하여 수입업자가 대금을 지급하지 않고는 물품의 인수를 하지 못하게 할 수도 있다.

① T/T   ② L/C   ③ COD   ④ D/P

정답 | ③

해설 | 고가품 거래 시 직접 물품의 검사를 하기 전에는 품질 등을 정확히 파악하기 어려운 경우의 거래에 활용되는 방식은 COD(Cash On Delivery) 방식으로 동시지급 송금방식이다.

64 송금방식인 CAD 조건과 추심방식인 D/P 방식은 선적서류와 상환하여 대금을 지급한다는 점에서 동일하다. 두 결제방식에 대한 설명 중 틀린 것은?

① CAD 조건은 은행을 사용하지 않는다는 점이 은행을 사용하는 추심 D/P 방식과 다르다.

② CAD 조건과 D/P 방식은 모두 환어음을 발행할 수 있다는 점에서 동일하다.

③ CAD 조건과 D/P 방식은 일반적으로 동시지급방법이라 불리나 실제로는 수출자는 대금지급 여부와 관계없이 물품을 확보해 선적을 한다는 점에서 수입자보다 불리하다고 할 수 있다는 공통점이 있다.

④ CAD와 D/P의 대금결제 핵심 서류는 B/L(선하증권)로 물건이 아닌 서류와의 상환으로 대금지급이 이루어진다.

정답 | ②

해설 | CAD방식은 환어음을 사용하지 않는다.

※ CAD(Cash Against Document)와 D/P(Document Against Payment)의 비교

결제구분		CAD(Cash Against Document)	D/P(Document Against Payment)
공통점		서류상환 대금결제방식, 형식상 동시지급방식(실제로는 사후결제)	
차이점	결제방식	송금(Remittance)	추심(Collection)
	환어음	×	○
	은행개입	×	○

2. 추심(COLLECTION)

적용법령	어음법(국내법, 강행규정), URC522(추심통일규칙)	
지급시기	• D/P : 이론상으로는 동시지급방식 • D/A : 사후지급방식	
vs 송금(Remittance)	• 송금과 달리 환어음을 발급(환어음발급비용이 발생하는 단점) • 추심에 참여하는 은행이 반드시 필요함	
vs 신용장(L/C)	• 신용장 결제방법보다 저렴함(신용장 발행비용 발생하지 않음) • 은행의 대금지급 확약이 없음(신용위험, 상업위험 존재) • 추심에서의 은행은 단순히 서류만 인도할 뿐임	
환어음(B/E, Draft)	〈Collection Base〉 • Drawer(발행인) : 수출자 • Drawee(지급인) : 수입자 • Payee(수취인) : 수출자	〈L/C Base〉 • Drawer : 수출자 • Drawee : 개설은행 • Payee : 매입은행(통상의 경우)

기출유사문제

65 다음 중 추심(Collection)결제 방식에 대한 설명으로 틀린 것은?

① 추심결제방식이란 추심의뢰은행을 통하여, 서류와 환어음(화환어음)을 인도하여 수입자에게 제시하여 상환으로 대금을 지급받는 방식을 말한다.

② 추심결제에는 환어음발행이 필수적이며, 환어음의 종류에 따라 D/P방식과 D/A방식으로 나뉜다.

③ 추심결제는 은행이 개입하며 강행법규인 어음법에 적용된다는 점에서 송금보다 위험하다.

④ 추심거래에 개입하는 은행들은 대금지급의 책임이 없다는 점에서 신용장거래방식과 다르다.

정답 | ③
해설 | 추심결제는 송금보다 안전한 결제방식이다.

66 다음 중 추심(Collection)결제 방식에 대한 설명으로 틀린 것은?

① 추심거래는 추심통일규칙 URC522의 적용을 받는다.

② 추심거래에서 수출자는 추심의뢰인으로 Principal이라 한다.

③ 추심은행은 추심의뢰은행을 포함한 추심거래의 모든 은행을 말한다.

④ 지급인은 추심의뢰서에 따라 제시은행으로부터 서류의 제시를 받아 대금을 지급하는 수입자를 말한다.

정답 | ③
해설 | 추심 거래의 당사자는 다음과 같다.
- 추심의뢰인(principal) : 은행에 추심업무를 위탁하는 당사자
- 추심요청은행(remitting bank) : 추심의뢰인으로부터 추심업무를 위탁받은 은행
- 추심은행(collecting bank) : 추심요청은행 이외에 추심업무의 과정에 참여하는 모든 은행
- 제시은행(presenting bank) : 지급인에게 제시를 행하는 추심은행
- 지급인(drawee) : 추심의뢰서에 따라 제시를 받는 자

67 추심거래의 절차로 옳은 것은?

> A. 수출자와 수입자가 계약을 체결함
> B. 제시은행이 수입자인 지급인에게 서류를 제시
> C. 수출자가 환어음을 발행하여 상업서류와 함께 추심의뢰은행에게 인도
> D. 추심의뢰은행이 제시은행에게 서류를 송부
> E. 지급인은 서류와 상환으로 대금을 지급하거나, 서류인도 후 환어음 지급의 만기일에 대금을 지급함

① A - B - C - D - E   ② A - C - D - B - E

③ A - D - C - B - E   ④ A - C - E - D - B

정답 | ②

해설 |

D/P(Sight)	D/A(Usance)	D/P Usance
수출업자와 수입업자 간 매매계약 체결		
수출업자의 선적 및 추심의뢰		
추심은행이 수입업자에게 서류도착 통보 및 서류상환 대금결제 요구	추심은행이 수입업자에게 서류도착 통보 및 서류인수 요구	
수입업자 수입대금결제 및 서류인도	수입업자 인수 후 서류 인도	수입업자 인수
추심은행이 추심의뢰은행으로 대금송금	추심은행이 추심의뢰은행으로 인수통보	
	만기 수입업자 추심은행으로 대금지급	만기 수입업자 추심은행으로 대금지급 및 서류 인도
	추심은행이 추심의뢰은행으로 대금송금	

68 다음 추심의 종류에 대한 설명 중 틀린 것은?

① D/P 조건은 일람지급 환어음이 발행되며, 서류와 상환으로 대금지급이 이루어진다.

② D/A 조건은 기한부 환어음이 발행되며, 서류를 인수 후 만기에 대금지급이 이루어진다.

③ D/P USANCE(기한부 D/P)란 일람지급 환어음이 발행되지만 서류를 먼저 인도받고 만기에 대금을 지급하는 방식을 말한다.

④ D/A 조건은 대금지급 능력이 없는 경우에 우선 서류를 찾아 물건을 회수한 후 판매대금으로 대금지급을 할 수 있으므로 수입자에게 유리하다.

정답 | ③

해설 | D/P USANCE란 기한부환어음이 발행되며, 만기에 서류를 인도받으며 대금을 상환하는 방식이다. D/P란 결국 서류와 즉시 상환으로 대금지급을 하는 방식이다.

3. 환어음(Bill of Exchange)

69 환어음에 대한 설명으로 연결이 옳은 것은?

> The bill of exchange is a negotiable and formal credit instrument. It is a document by means of which the
> (A) instructs the (B) to pay unconditionally on the due date a certain sum to the (C).

① (A) Drawee, (B) Payee, (C) Drawer   ② (A) Drawer, (B) Drawee, (C) Payee

③ (A) Seller, (B) Buyer, (C) Bank   ④ (A) Seller, (B) Bank, (C) Buyer

정답 | ②

해설 | The bill of exchange is a negotiable and formal credit instrument. It is a document by means of which the drawer instructs the drawee to pay unconditionally on the due date a certain sum to the payee.

환어음은 발행인(drawer)이 지급인(drawee)으로 하여금 지정된 만기일에 거래금액을 수취인(payee)에게 무조건적으로 지급할 것을 지시하는 무역거래를 위한 지급수단의 일종이다.

70 환어음에 대한 설명 중 틀린 것은?

① 환어음 이용 시에는 당사자의 합의보다 우선하는 강행규정이 적용된다.

② 환어음은 2통으로 구성되며, 한 통이라도 제시되는 경우 효력이 발생한다.

③ 무역계약의 성격을 반영하여 환어음은 불요식증권으로 특별한 요식이 정해져 있지 않다.

④ 환어음은 유통증권으로 배서에 의한 양도가 가능하다.

정답 | ③

해설 | • 환어음은 국내법(어음법)의 적용을 받아 강행규정이 적용된다(어음법에 따라 소구 가능).
- 약속어음(Promissory Note)과 달리 돈을 받을 자가 발행한다.
- 환어음은 2통으로 구성되며, 어느 한 통이라도 제시되는 경우 효력이 발생한다.
- 요식증권(필수기재사항 기재 필수)이며 유통증권(배서에 의한 양도 가능)이다.

71 다음 중 환어음의 필수 기재사항이 아닌 것은?

① 발행일, 발행지, 지급일, 지급지   ② 환어음 문구, 무조건 지급문구

③ 만기표시   ④ 지급인의 서명

정답 | ④

해설 | 지급인이 아닌 발행인의 서명이 들어가야 한다.

※ 필수기재사항

발행일, 발행지, 만기표시, 환어음문구, 무조건지급문구, 지급일, 지급지, 발행인 기명날인, 서명

72 환어음에 대한 설명 중 틀린 것은?

① 환어음은 BILL OF EXCHANGE 또는 DRAFT라고 하며 무조건적인 지급을 약속하는 금융서류를 말한다.

② 환어음은 대금지급 대신 수입자가 발행하는 대금지급 약속 증표이다.

③ 환어음은 일람지급(Sight)과 기한부(Usance)로 두 종류가 있다.

④ 신용장 거래 시 매입은행은 화환어음을 매입(선지급)하며 더 저렴한 대금으로 할인을 하는데, 이러한 할인비용을 환가료라고 한다.

정답 | ②

해설 | 일반적인 어음인 약속어음(Promissory note)의 경우 수입자(지급인)가 대금지급 대신 대금지급을 약속하기 위하여 발행하지만, 환어음은 약속어음과 달리 대금지급을 받는 수출자가 발행한다.

73 다음 중 추심거래와 신용장거래상 환어음의 당사자로 틀린 것은?

환어음 당사자	추심(Collection)	신용장(L/C)
drawer(발행인)	① 본인(수출자)	수익자(수출자)
drawee(지급인)	지급인(수입자)	② 개설은행(Issuing Bank)
payee(수취인)	③ 본인(수출자)	④ 확인은행(Confirming Bank)

정답 | ④

해설 | 신용장거래는 일반적으로 매입은행을 사용하며, 수출자 대신 최종 수취인은 매입은행(Negotiating Bank)이 된다.

※ 추심거래와 신용장거래상의 환어음 당사자

환어음 당사자	추심(Collection)	신용장(L/C)
drawer(발행인)	본인(수출자)	수익자(수출자)
drawee(지급인)	지급인(수입자)	개설은행(Issuing Bank)
payee(수취인)	본인(수출자)	매입은행(Negotiating Bank)

1. 신용장 개요

기출유사문제

74 다음 중 신용장의 개념에 대한 설명으로 틀린 것은?

① 신용장은 환어음과 함께 수출자가 발행하는 서류로 조건에 일치하는 서류를 제시하면 은행이 수입자를 대신하여 대금지급을 한다.

② 신용장은 송금방식에 비해 은행 수수료가 비싸다.

③ 은행이 대금지급을 확약함에 따라 수출자는 조건에 일치하는 서류만 구비하면 신용위험 회피가 가능하다.

④ 수입자 입장에서는 신용장 거래를 하더라도 은행은 서류만을 심사하므로 계약과 일치하는 물품을 받지 못할 수 있는 한계점이 있다.

정답 | ①

해설 | 신용장이란 조건에 일치하는 서류를 제시하는 경우 개설은행이 대금지급을 확약하는 일종의 조건부 지급확약서이다. 수출자는 조건에 일치하는 서류만 구비하면 수입자가 대금지급을 하지 않아도 은행이 대금지급을 확약하므로 신용위험을 회피할 수 있다. 신용장 거래는 신용장 발행비용이 발생하지만 신규 거래 등 신용이 확실치 않은 경우 개설되어 사용된다. 신용장의 개설은 수입자가 하며, 수출자는 신용장조건에 일치하는 서류를 구비하여야 한다.

75 다음 중 신용장 거래 시 수출대금을 매입은행에 매입(NEGO)할 때 적용되는 환율로 옳은 것은?

① 전신환 매입율   ② 현찰 매도율

③ 현찰 매입율   ④ 전신환 매도율

정답 | ①

해설 | 은행 매입 시 전신환 매입율이 적용된다.

76 다음 중 신용장과 관련된 정의가 틀린 것은?

① 통지은행 : 개설은행의 요청에 따라 신용장을 통지하는 은행

② 매입(NEGO) : 상환이 지정은행에 행해져야 할 은행영업일에 또는 그 이전에 수익자에게 대금을 선지급하거나 또는 선지급하기로 약정함으로써, 일치하는 제시에 따른 환어음(지정은행이 아닌 은행을 지급인으로 하여 발행된) 및/또는 서류의 지정은행에 의한 구매를 하는 것

③ 확인(Confirming) : 기한부 환어음이 포함된 서류의 은행 인수

④ Beneficiary : 자신을 수익자로 하여 신용장을 발행받는 당사자

정답 | ③

해설 | 확인이란 개설은행의 확약에 추가하여 일치하는 제시를 지급이행 또는 매입할 확인은행의 확약을 말한다.

77 신용장 거래의 장단점에 대하여 틀린 것은?

① 장점 : 신용장 거래는 송금에 비해 수출입자 상호 불리한 부분이 없으며 물품 인도의 불확정성(상업위험)을 회피할 수 있다.

② 장점 : 신용장 거래는 추심에 비해 개설은행의 대금지급확약으로 거래 안정성을 보장받을 수 있다.

③ 단점 : 송금이나 추심에 비해 은행수수료의 부담이 크다.

④ 단점 : 수입자 입장에서는 은행에 대금을 선지급해야 한다는 점에서 계약 시 불리하다.

정답 | ④

해설 | 수입자는 대금지급이 보장됨에 따라 수출자와 계약함에 있어서 유리한 장점이 있으며, 선적서류 수취 후 지급함에 따라 사후지급의 장점이 있다.

※ 신용장 거래의 장 · 단점

효용 **(장점)**	수출자 (수익자)	① 대금회수의 확실성 보장(은행확약) ② 수출대금의 조기회수 가능(수입자 결제 전 매입은행 지급) ③ 무역금융 수혜가능(통지받은 신용장 담보로 내국신용장 등 발급을 통한 금융 혜택)
	수입자 (개설의뢰인)	① 계약 시 유리(수출자의 대금지급 회수 위험 감소) ② 은행심사를 통한 조건에 일치하는 B/L수취 보장 ③ 물품인도시기의 예상 가능 ④ 대금 사후지급 : 선적서류 도착 후 지급 또는 인수
	VS 송금	① 선 · 후지급에 따른 수출입자 상호 불리한 부분이 없음 ② 물품 인도의 불확정성 감소 ③ 제3자인 은행의 개입으로 거래 안정성 보장
	VS 추심	① 개설은행의 대금지급 확약을 통해 결제의 안정성 ② 은행의 심사의무에 따른 은행 책임 부과
한계 **(단점)**	수출자	① 신용위험의 완벽한 감소 불능(신용장조건에 엄밀 일치한 서류를 제시하지 못할 경우 대금지급 거절 ; 악의적 클레임으로 거절 가능) ② 송금, 추심에 비해 은행수수료로 인한 비용 부담 증가
	수입자	① 완벽히 계약에 일치하는 물건 인수 기대 불가 ② 은행은 서류만 심사하므로, 선적서류 등이 조작될 경우 또는 서류상으로만 일치하는 경우 실제 물건 보장은 없음

78 다음은 화환신용장 거래의 특성에 대한 설명이다. 해당 설명에 대한 특성으로 올바르게 짝지어진 것은?

A. 신용장은 당사자 간 매매계약에 근거하여 개설되지만, 은행은 수출입자 당사자 간의 매매계약과는 무관하게 신용장 거래에 참여한다.
B. 은행은 단지 서류만을 심사하며, 계약의 이행이나 물품과는 무관하다.
C. 은행은 서류 심사 시 엄격히 일치하여야 하는 것이 원칙이지만, 상업송장 이외의 서류의 경미한 오·탈자 등은 신용장과 상반되지 않는 한 일반용어로 심사 가능하다.

① A. 독립성, B. 추상성, C. 엄격일치 원칙
② A. 추상성, B. 독립성, C. 상당일치 원칙
③ A. 독립성, B. 추상성, C. 사기거래의 원칙
④ A. 독립성, B. 추상성, C. 상당일치 원칙

정답 | ④

해설 | 화환신용장 거래의 특성

- 독립성(Independence) : 신용장이 매매계약 또는 다른 계약에 근거하여 개설되지만, 개설 후에는 매매계약 등 근거계약과는 전혀 무관하며 은행은 구속되지 않음 → 원인계약, 견적송장 등 신용장의 일부분으로 포함 불가
- 추상성(Abstraction) : 은행은 계약상 물품 또는 계약이행과는 무관하며, 추상화된 서류만을 심사하여 일치성, 지급결정을 판단하는 원칙 = 서류거래의 원칙 → 은행은 단지 서류만을 거래 / 관계된 물품, 용역, 의무이행은 관계 없음
- 엄격일치/상당일치 원칙
  - 엄격일치 원칙(Doctrine of Strict Compliance) : 은행은 서류 심사 시 신용장 조건에 완전 일치한 경우에만 지급/인수/매입을 결정하며, 경미한 불일치라도 대금지급 거절 가능
  - 상당일치 원칙(Doctrine of Substantioal Compliance) : 엄격일치원칙에 대한 예외로서 상업송장(Invoice) 이외의 서류에서 물품, 서비스, 의무이행의 명세는 신용장상 명세와 저촉되지 않는 한 일반적인용어로 기재되는 경우 수리 가능
  - 사기거래의 원칙(fraud rule) : 비록 서류가 신용장조건에 일치하더라도 위조 또는 사기에 의한 허위 작성된 서류라는 것이 밝혀지면 은행은 이를 수리할 의무가 없으며 지급 거절 가능

2. 신용장거래의 정의

		신용장거래의 당사자	
기본 당사자	수익자(Beneficiary)		수출자, 신용장을 통지받아 조건에 일치하는 서류를 제시할 의무를 가진 자
	개설은행(Issuing Bank)		개설의뢰인의 신청으로 신용장을 개설(발행)하고 조건에 일치하는 서류를 제시하는 수익자 또는 선의의 소지인에게 지급, 인수, 매입을 확약하는 신용장거래의 대금지급 책임자
	확인은행(Confirming Bank)		개설은행의 수권 또는 요청에 따라 신용장에 확인을 추가한 경우 개설은행의 대금지급확약에 추가하여 신용장 조건에 일치하는 서류를 제시하는 경우 지급, 인수, 매입을 확약하는 은행(개설은행을 보증하는 은행 × → '보증, 대신' 나오면 오답)
기타 당사자	개설의뢰인(Applicant)		신용장 개설을 신청한 수입자. 신용장거래에서는 대금지급의 주채무자가 수입자가 아닌 개설의뢰인이기 때문에 수입자는 기타당사자로 분류됨
	통지은행(Advising Bank)		개설은행의 요청에 따라 신용장을 통지하는 은행. 일반적으로는 개설은행의 지점이나, 매입은행을 겸하여 수출자의 편의를 돕는 수출국 은행
	지정은행 (Nominating Bank)	지정은행	개설은행 또는 수익자가 지정하는 은행. 보통 환거래예치가 되어 있지 않은 은행 간 거래 등 수익자의 편의를 위하여 타 은행을 지정하여 신용장거래에 개입시킴
		지급은행 (Payment)	일람지급신용장(Sight Credit), 연지급신용장(Deferred Payment Credit)에 수익자가 제시하는 서류에 직접 대금지급(Honour)을 하는 은행
		인수은행 (Acceptance)	인수신용장(Acceptance Credit)에서 수익자가 제시한 기한부(Usance) 환어음에 대하여 인수하고 만기에 대금을 지급하는 은행
		매입은행 (Negotiating)	수익자가 제시한 화환어음을 매입(Negotiation)하고 개설은행으로부터 지급받는 은행
	상환은행 (Reimbursing Bank)		개설은행으로부터 상환 수권을 받아 지급, 인수, 매입한 은행의 상환청구에 대하여 개설은행을 대신하여 대금상환을 하는 은행(주결제은행, Settling Bank)
	양도은행 (Transferable Bank)		중계무역에 주로 사용되며, 개설은행 또는 개설은행을 대신하여 신용장을 제2수익자에게 양도하는 은행

기출유사문제

79 다음 중 신용장거래 당사자가 올바르게 연결된 것은?

① 수출자 = 수익자 = BENEFICIARY수출자의 거래은행 = 개설은행 = ISSUING BANK

② 수입자 = 개설의뢰인 = APPLICANT수입자의 거래은행 = 매입은행 = NEGOTIATING BANK

③ 수출자의 거래은행 = 통지은행 = ADVISING BANK수입자의 거래은행 = 개설은행 = ISSUING BANK

④ 수출자의 거래은행 = 매입은행 = NEGOTIATING BANK수입자의 거래은행 = 통지은행 = ADVISING BANK

정답 | ③

80 다음은 지정은행(Nominating Bank)에 대한 설명이다. 틀린 것은?

① 지정은행이란 수익자 또는 개설은행이 신용장 거래를 위해 지정하는 은행을 말한다.

② 매입제한 신용장이란 매입(NEGO)을 할 수 없는 신용장을 말한다.

③ 인수은행은 수익자가 제시한 기한부 환어음에 대하여 인수하고 만기에 대금을 지급하는 은행을 말한다.

④ 매입은행은 수익자가 제시한 화환어음을 매입하고 개설은행으로부터 대금을 결제받는 은행을 말한다.

정답 | ②

해설 | 매입제한신용장(Restrict L/C)이란 수익자가 매입은행을 지정할 수 없는 은행을 말하며, 개설은행이 매입은행을 지정하는 신용장을 말한다.

81 다음에서 설명하는 것은 무엇인가?

> a. to pay at sight if the credit is available by sight payment.
> b. to incur a deferred payment undertaking and pay at maturity if the credit is available by deferred payment.
> c. to accept a bill of exchange("draft") drawn by the beneficiary and pay at maturity if the credit is available by acceptance.

① Presentation(제시) ② Honour(결제, 지급이행)

③ Negotiating(매입) ④ Advising(통지)

정답 | ②

해설 | Honour means :

a. to pay at sight if the credit is available by sight payment.

b. to incur a deferred payment undertaking and pay at maturity if the credit is available by deferred payment.

c. to accept a bill of exchange ("draft") drawn by the beneficiary and pay at maturity if the credit is available by acceptance.

지급이행이라 함은 다음을 말한다.

a. 신용장이 일람지급에 의하여 사용될 수 있는 경우 일람 후 지급하는 것

b. 신용장이 연지급에 의하여 사용될 수 있는 경우 연지급확약의무를 부담하고 만기일에 지급하는 것

c. 신용장이 인수에 의하여 사용될 수 있는 경우 수익자에 의하여 발행된 환어음("어음")을 인수하고 만기일에 지급하는 것

82 다음 중 신용장 매입(NEGO) 시 설명이 잘못된 것은?

① 서류를 지정된 은행이 아닌 타 은행에서 매입한 경우에는 지정 매입은행으로부터 re-NEGO를 통해 재매입을 하여야 한다.

② 서류제시기한의 만기일이 은행 휴업일인 경우 다음 영업일로 연장된다.

③ 지급, 연지급, 인수, 매입을 위해 은행이 지정된 경우 반드시 지정은행에 유효기일까지 서류를 제시하여야 한다. 만일 타 거래은행에 제시한 경우에는 하자가 되어 은행은 매입하지 않는다.

④ 서류 네고 시 신용장의 유효기일과 선적일자~21일이 경과하기 전에 수입자에게 제시하여야 한다.

정답 | ④

해설 | 수입자가 아닌 개설은행, 또는 지정 매입은행에 제시하여야 한다.

83 다음 중 신용장 결제방식의 특징에 대한 설명으로 잘못된 것은?

① 최종 대금지급자는 수입자가 아닌 개설은행(또는 확약은행)이다.

② 매입은행은 화환어음자체를 하나의 상품으로 보고 구매(Purchasing)하는 것을 매입(NEGO)이라 하며 환가료에 해당하는 금액을 할인하여 매입한다.

③ 신용장 통일규칙 UCP600이 적용되며, 국제은행표준규칙인 ISBP745가 적용되어 심사한다.

④ 개설의뢰인이 대금을 지급하지 않더라도 화물의 소유자는 수입자이므로 은행은 처분할 권리가 없다.

정답 | ④

해설 | 화물의 권리를 상징하는 B/L은 배서(Endorsement) 방식에 의해 소유권이 이전되며, 신용장 거래 시 B/L의 수하인(Consignee)은 일반적으로 개설은행 또는 백지 배서식으로 기재된다. 수입자가 대금지급을 하지 않는 경우 은행이 화물을 처분할 권리를 가진다. 환가료란 개설은행에 서류를 송부하여 수출대금을 청구할 때까지의 기간 동안의 이자를 말한다.

3. 신용장 거래의 절차

(1) 확인 추가 및 조건변경

통지은행 (Advising Bank)	③ L/C 통지 조건 변경 통지	확인은행 (Confirming Bank)	확인 추가 조건 변경	개설은행 (Issuing Bank)
↓ ④ 조건 변경 통지				↑
(제2통지은행)				② 조건 변경
↓ ④ 조건 변경 통지				
수익자 (Beneficiary)	① 조건 변경 합의 ←――――――→			개설의뢰인 (Applicatnt)

(2) 확인은행 및 조건변경 시 통지 은행 의무

확인은행	① 지정은행, 확인은행에 제시된 서류가 일치하는 제시를 구성하는 경우 지급이행의무를 개설은행에 추가하여 확약 ② 신용장 확인 추가시점부터 확인은행은 취소불능으로 지급확약, 매입의무 부담 ③ 지정은행이 일람지급/연지급/인수/매입하지 않는 경우 최종지급 이행 ④ 지정은행이 매입하지 않는 경우 상환의무없이 매입 ⑤ 매입은행, 지정은행이 선지급했더라도 만기 전 지급할 의무는 없음 ⑥ 확인추가 거절 가능, 거절 시 개설은행에 즉시 통보
통지은행 조건변경 시	① 지급, 매입의 확약 없이 조건변경 통지의무만 지님 ② 외관상 신성성, 신용장 소건변경을 반엉하는지 검토할 의무만 존재 ③ 외관상 진정성, 신용장 조건변경 불충족 시 → 통지요청은행에 즉시통보 ④ 조건변경통지 거절 가능 → 통지 거절 시 통지 요청 은행에게 즉시 통보 ⑤ 통지 시 이용했던 동일한 제2통지은행을 통해서만 조건변경 통지 가능

기출유사문제

84 다음 신용장의 거래절차를 올바르게 나열한 것은?

> A. 수익자(수출자)는 내도받은 신용장에 따라 조건에 일치하는 서류를 구비한다.
> B. 개설의뢰인(수입자)는 개설(발행)은행에 신용장을 개설(발행) 신청한다.
> C. 화환어음(환어음과 선적서류)을 구비한 수익자(수출자)는 매입은행에 매입을 의뢰하여 수출대금을 선지급 받는다.
> D. 개설은행은 신용장을 개설하여 통지은행을 통해 수익자에게 통지한다.
> E. 개설은행은 개설의뢰인에게 수출대금을 상환받으며 서류를 인도한다.
> F. 매입은행은 개설은행 또는 확인은행에 서류를 제시하고 대금을 지급받는다.

① A – B – C – D – E – F   ② B – D – A – F – C – E
③ B – D – A – C – F – E   ④ C – D – A – B – F – E

정답 | ③

해설 | 1) 개설의뢰인(수입자)는 개설(발행)은행에 신용장을 개설(발행) 신청한다.
2) 개설은행은 신용장을 개설하여 통지은행을 통해 수익자에게 통지한다.
3) 수익자(수출자)는 내도받은 신용장에 따라 조건에 일치하는 서류를 구비한다.
4) 화환어음(환어음과 선적서류)을 구비한 수익자(수출자)는 매입은행에 매입을 의뢰하여 수출대금을 선지급 받는다.
5) 매입은행은 개설은행 또는 확인은행에 서류를 제시하고 대금을 지급받는다.
6) 개설은행은 개설의뢰인에게 수출대금을 상환받으며 서류를 인도한다.

85 신용장 거래에서의 결제(Honour)에 대한 설명 중 옳은 것을 모두 고르시오.

> A. 결제(Honour)란 개설은행 또는 확인은행만이 할 수 있으며, 지급, 연지급, 인수방법에 의해 할 수 있다.
> B. 매입(NEGO)은 결제(Honour)에 포함되지 않는다.
> C. 수익자는 신용장 조건에 일치하는 서류를 제시하지 못할 경우 지급 거절(Unpaid)을 받을 수 있다.
> D. 매입은행도 결제(Honour)를 할 수 있다.
> E. 인수신용장의 경우 만기에 지급이행(결제, Honour)이 이루어진다.

① A, C   ② A, B, C, D   ③ A, B, D, E   ④ A, B, C, E

정답 | ④
해설 | 매입은행은 대금결제를 할 수 없으며, 단지 매입(선지급)만 행할 수 있다.

86 신용장거래를 이용할 경우 제시일에 대한 설명으로 틀린 것은?

> Letter of Credit
> Expiry Date : 19, August 2018
> B/L Shipping Date : 28, July 2018 (Onboard Notation)
> Latest date of Shipment : On or about 15 August 2018
> ※ 은행 휴업일: 8월 18일(토요일), 8월 19일(일요일)

① 신용장의 유효기간은 2018년 8월 19일까지이나, 선적일자가 7월 28일이므로 선적일로부터 21일 이내인 8월 18일까지 제시되어야 한다.

② 최종 선적기한이 2018년 8월 15일에서 앞뒤로 5일을 포함하므로 8월 9일~8월 16일 사이에 선적하여도 된다.

③ 신용장 제시기한은 유효기일과 선적일~21일 이내의 규칙을 모두 지켜야 한다.

④ 이 신용장의 최종 서류 제시기한은 8월 20일로 연장된다.

정답 | ①
해설 | 8월 18일이 은행 휴업일이므로 다음 영업일까지 연장된다.

87 다음 중 신용장 거래에 대한 설명으로 잘못된 것은?

① 수익자는 환어음 발행 시 최종 지급인으로 수입자, 즉 개설의뢰인을 지급인으로 발행하여야 한다.

② 개설의뢰인은 수익자와의 계약에 따라 신용장 개설 의무가 있다.

③ 지정은행이 수익자에게 선지급하였더라도 개설은행이 서류 심사 시 불일치하는 부분이 있다고 판단되면 지정은행에 대금상환을 거절할 수 있다.

④ 통지은행은 단지 서류의 외관상 진정성만 검토할 뿐이나, 신용장의 제조건을 반영하고 있지 않은 경우에는 즉시 통지요청은행에 통보하여야 한다.

정답 | ①

해설 |

수익자	개설의뢰인을 지급인으로 하는 환어음을 발행해서는 안 됨(L/C거래 지급인 : 개설은행)
개설의뢰인	수익자와의 계약에 따라 개설은행에 신용장 개설(발행)을 신청
개설은행	① 일람지급/연지급/인수에 의해 사용 가능한 신용장 발행 ② 지정은행, 개설은행에 제시된 서류가 일치하는 제시를 구성하는 경우 지급 이행 의무를 확약 ③ 신용장 발행시점부터 개설은행은 취소불능으로 지급확약의무 부담 ④ 지정은행이 일람지급/연지급/인수/매입하지 않는 경우 최종지급 이행 ⑤ 지정은행에 상환의무가 있음 ⑥ 매입은행, 지정은행이 선지급했더라도 만기 전 지급할 의무는 없음 ⑦ 수익자에 대한 확약과 지정은행에 대한 확약은 독립(별개)
통지은행	① 지급, 매입의 확약 없이 신용장 및 조건변경 통지의무만 지님 ② 외관상 진정성, 신용장의 제조건을 반영하는지 검토할 의무만 존재 ③ 외관상 진정성, 신용장 제조건 불충족 시 → 통지요청은행에 즉시 통보 ④ 통지 거절 가능 → 통지 거절 시 통지요청은행에 즉시 통보 ⑤ 제2통지은행 이용 가능

88 다음은 신용장의 조건변경(Amendment)에 대한 설명이다. 틀린 것을 고르시오.

① 신용장 조건변경을 위해서는 개설은행, 확인은행, 수익자 전원의 합의에 의해서만 가능하다.

② 신용장 조건변경 시에는 매매계약 당사자인 수출자와 수입자의 합의로도 가능하다.

③ 신용장 조건변경을 통지할 경우에도 신용장을 통지했던 통지은행을 이용하여야 한다.

④ 양도신용장의 경우 제2수익자가 둘 이상인 경우 한명의 수익자만 동의할 경우, 다른 동의하지 않은 수익자는 조건변경되지 않은 신용장이 유효하다.

정답 | ②

해설 | 신용장 거래는 수출자와 수입자 간의 거래가 아닌, 수출자(수익자)와 개설은행, 그리고 (있는 경우에) 확인은행이 주요 당사자이다.
　　※ 조건변경 요건
　　　• 신용장 조건변경 요건 : 개설은행, 확인은행, 수익자 전원의 합의에 의해서만 가능
　　　• 신용장을 양도하는 경우 : 개설은행, 확인은행, 수익자, 제2수익자(일부만 변경 가능) 전원 또는 일부 합의

89 다음 신용장 거래의 은행의 서류심사에 대한 설명 중 옳은 것을 모두 고르시오.

> A. 은행은 수출입 당사자의 매매계약과 무관히 서류만을 심사하며 이를 신용장의 독립성과 추상성이라 한다.
> B. 수익자는 선적일로부터 21일 내에 서류를 제시하여야 한다.
> C. 수익자는 신용장의 유효기간 내에 서류를 제시하여야 하며, 신용장 유효기간 내라면 선적일로부터 21일이 경과하더라도 은행은 서류 수리가 가능하다.
> D. 신용장의 발행일보다 이전에 발행된 서류는 수리되나 제시일자보다 늦게 발행된 서류는 수리가 거절된다.
> E. 상업송장은 오탈자를 포함하여 신용장의 조건대로 완벽일치하게 작성되어야 한다.

① A, B, C, D   ② A, B, D, E   ③ A, C, D, E   ④ A, B, D, E

정답 | ④

해설 | P/D(Presented Date) 제시기일은 S/D(선적일~21일)와 E/D(유효기간)를 모두 충족하여 제시되어야 한다.

   ※ 서류심사의 원칙
   • 지정, 확인, 개설은행은 서류만을 심사(신용장의 독립성, 추상성)
   • 제시기한 : 1) 선적일~21일 내 + 2) 신용장 유효기간 내
   • 심사기간 : 제시일의 다음 날~최대 5영업일
   • 서류와 신용장은 동일할 필요는 없지만 상충되어서는 안 됨
   • 상업송장은 엄격일치(완전일치) / 기타 서류는 일반용어 기재 가능(상당일치)
   • 무서류조건은 무시(제시되는 서류 없는 신용장조건)
   • L/C발행일자보다 이전에 발행된 서류는 수리, 제시일자보다 늦게 발행된 서류는 수리 거절
   • 최소 원본 1통은 제시되어야 함. 사본 제시의 경우 원본 1통과 나머지 사본으로 수리 가능

90 다음은 신용장 거래 시 은행의 서류 심사에 대한 설명이다. 틀린 것은?

① 상업송장은 신용장 조건대로 완벽일치하게 작성되어야 하나, 서명될 필요는 없다.
② 운송서류는 원본 1통과 나머지는 사본으로 제시가 가능하다.
③ 신용장에서 보험증명서(Insurance Certificate)를 요구한 경우 보험증권(Insurance Policy)으로 수리가 가능하다.
④ 운송서류는 본선적재표기가 되어야 하며, 용선계약서는 심사되지 않는다. 신용장에서 금지하더라도 환적은 가능하다.

정답 | ②

해설 | 운송서류는 원본 전통이 제시되어야 한다.

제시서류	서류요건
상업송장	• 상업송장은 신용장의 조건대로 작성되어야함(엄격일치) • 수익자가 발행할 것(양도신용장의 경우 제외) • 개설의뢰인 앞으로 발행될 것(양도신용장의 경우 제외) • 신용장과 동일 통화로 작성될 것 • 서명될 필요는 없음 • 신용장금액 초과하는 송장은 수리 가능/ 초과분 거절도 가능

운송서류	• 송하인과 수익자는 동일할 필요는 없음 • 운송서류는 모든 당사자에 의해 발급이 가능 • 발행된 원본 전통 제시될 것 • 용선계약서는 수리되지 않음 • 신용장에서 금지하더라도 환적은 수리 가능 • 본선적재 표기될 것 • 선적항~양륙항 표기된 것, 양륙항은 구역 또는 지리적 지역으로 표시 가능(선적항 ×) • 분할선적 수리 가능 • 신용장 기간 내 할부선적되지 않은 부분 → 효력 상실	
보험서류	• 보험서류 발행/서명권자 : 보험회사, 보험업자, 대리업자 • 발행 원본 전통 지시될 것 • 보험각서(Cover note)는 수리 불가 • 보험증권(Insurance Policy) 제시 요구 시 보험증명서(Insurance Certificate) 수리 가능 • 보험서류일자는 선적일보다 늦어선 안 됨 • 보험담보금액 : 물품, 송장가액 등 비율에 따라 최소 CIF 110% 부보, 송장금액 초과 불가 • 보험담보구간 : 수탁, 선적지 ~ 양륙항, 최종목적지 • 신용장 "전위험" 요구 시 → 전위험 담보조항 보험서류 제시로 수리 • 면책조항 및 소손해면책비율 조항, 부가담보위험 등 표기 가능	

4. 신용장의 종류

선적서류의 유무	화환신용장 (Documentary Credit)	신용장의 개설은행이 (수익자가 발행한 환어음 + 신용장조건 일치 B/L 등 운송서류 등) 첨부를 조건으로 지급, 인수, 매입을 확약하는 신용장
	무화환신용장 (Clean Credit)	개설은행이 B/L 등 선적서류 없이 지급을 확약하는 신용장
신용장의 개설 후 변경/취소 가능여부	취소가능신용장 (Revocable Credit)	• 신용장상에 Revocable이라는 표시가 있는 신용장 • 수익자에게 통지가 되더라도 언제든지 개설은행이 사전통지 없이 신용장의 조건을 변경하거나 취소가 가능한 신용장(UCP600에서는 취소가능신용장을 인정하지 않음)
	취소불능신용장 (Irrevocable Credit)	신용장상에 취소불능(Irrevocable) 또는 아무 표기가 없는 모든 신용장으로 신용장이 개설되면 당사자 전원이 합의하지 않는 한 조건변경이나 취소가 불가능한 신용장
확인은행 추가여부	확인신용장 (Confirmed Credit)	확인 = 개설은행의 확약에 추가하고 일치하는 제시를 지급, 인수, 매입할 확인은행의 확약을 말하며, 이러한 확인은행의 확약을 추가한 신용장(반대 : 미확인신용장, Unconfirmed Credit)
상환은행 추가여부	상환신용장 (Reimbursement Credit)	지급, 인수, 매입하도록 수권받은 은행과 개설은행이 예치환계정을 보유하지 않은 무예치환거래은행 관계일 경우 별도 지정한 결제은행(Settling Bank), 상환은행(Reimbursing Bank) 앞으로 환어음을 송부하여 대금을 지급받는 신용장
제2수익자 양도가능	양도가능신용장 (Transferable Credit)	신용장상에 "Transferable(양도 가능)" 문언이 있는 신용장으로 수익자가 제3자(제2수익자)에게 신용장의 권리를 양도할 수 있는 신용장. 통상 중계무역에 많이 사용됨

환어음 발행 및 지급, 인수방법에 따른 신용장	지급신용장 (Payment Credit)	신용장 개설 시 수출국 소재하는 개설은행과 예치환거래은행관계의 지급은행을 지정하여 환어음이 발행되지 않더라도 일치하는 서류의 제시에 대하여 지급을 확약하는 신용장
	연지급신용장 (Deferred Payment Credit)	신용장 개설 시 수출국 소재하는 개설은행과 예치환 거래은행을 연지급은행으로 지급하여, 신용장 조건에 일치하는 서류가 제시되는 경우 만기일에 연지급확약은행에서 지급되는 신용장(환어음 발급이 되지 않음)
	인수신용장 (Acceptance Credit)	개설은행이 인수은행을 지정하고, 조건에 일치하는 서류가 제시되는 경우, 인수은행이 기한부 환어음을 인수하고 만기에 대금을 지급하는 신용장
매입은행을 수익자가 자율적으로 지정 여부	매입신용장 (Negotiation Credit)	화환어음을 개설은행이 아닌 수익자가 지정하는 타은행에서 매입할 수 있는 조건부로 발급되는 신용장으로 환어음을 매입한 매입은행은 선의의 소지인(Bona-fide holder)으로서 개설은행이 지급을 확약함
	매입제한신용장 (Restricted Credit)	개설은행이 지정한 은행에서만 매입이 가능하도록 매입이 제한되어 있는 신용장
환어음 일람불 기한부 발행여부	일람지급(불, 출금)신용장 (Sight Credit)	• 환어음의 지급인(Drawee)에게 제시되면 즉시 지급되는 Sight Draft(일람지급환어음)를 사용하는 거래의 신용장 • 또는 선적서류를 제시한 즉시 지급하는 신용장
	기한부신용장 (Usance Credit)	환어음이 기한부(Usance)로 발급되어 지급인에게 제시되고, 인수(Acceptance)후 만기에 대금지급하는 신용장
할부지급	할부신용장 (Installment Credit)	• 수입자(개설의뢰인)가 선적서류를 인도받더라도 대금은 일정기간별로 나누어 상환하도록 약정된 신용장 • 환어음을 지급만기일을 달리 발급하기도 함
수출자의 B/L 제시 전 자금조달 가능 신용장	선대신용장(전대신용장, Red Clause Credit, Packing Credit, Advance Payment Credit)	수출자가 선적 전 일정 조건으로 수출대금을 미리 받을 수 있게 매입은행에 선대(전대, 선지급)할 수 있도록 수권하는 상환 확약 신용장. 수출상의 물품 확보와 사전 자금조달에 용이, 이자는 수익자 부담
	연장신용장 (Extended Credit)	수출상이 선적 전 운송서류(B/L)의 첨부 없이 개설은행을 지급인(Drawee)로 하는 무담보어음(Clean Draft)을 발행하여 매입하고 어음 발행 후 일정기간 내 B/L 등을 매입은행에 제공하는 신용장
상환청구 (소구가능) 여부	상환청구가능신용장 (With Recourse Credit)	소구가능신용장(With Recourse L/C)이라고도 하며, 일반적으로 소구 가능 표시가 되어 있거나, 별도의 표시가 없는 경우 환어음의 매입은행 또는 선의의 소지인이 환어음의 지급인(Drawee)인 개설은행으로부터 지급, 인수를 거절당한 경우 수익자(Drawee발행인)에게 소구(상환청구)가 가능한 신용장
	상환청구불능신용장 (Without Recourse Credit)	• 소구불능 표시가 있는 신용장으로서, 발행인(Drawee)인 수익자가 상환의무를 부담하지 않는 신용장 • 매입은행 등 선의의소지인이 매입한 경우, 개설은행으로부터 지급, 인수를 거절당한다 하더라도 상환을 청구할 수 없음

기타 특수 신용장	회전신용장 (Revolving Credit)	• 동일한 거래선과 동일 품목을 지속적으로 거래하는 경우 1회 신용장을 개설하여 누적(Cumulative)하여 사용 가능한 신용장 • 절차가 간편해지고, 수수료부담 및 신용장 개설 보증금 부담이 감소함
	동시발행 신용장 (Back to Back Credit)	수출입을 연계하여, 수입신용장을 발행 후 수출국에서도 Counter L/C를 발행하여 오는 경우에 유효한 조건부 신용장
	토마스 신용장 (TOMAS Credit)	매도인과 매수인이 신용장을 서로 발급히는 조건히에, 일방이 먼저 발행 후 다른 상대방이 신용장을 개설하는 조건으로 보증서를 발행할 때 효력이 발생하는 신용장
	기탁신용장 (Escrow Credit)	신용장에 따른 환어음의 대금을 수익자에게 지급하지 않고 매입은행이 보유한 수익자의 기탁계정(Escrow Account)에 기탁 후 신용장의 개설의뢰인이 수입하는 물품대금 결제 시에만 사용하도록 조건이 붙는 신용장
	보증신용장 (Stand by Credit)	• 보증신용장 개설은행이 특정인이 만기에 채무의 상환을 하지 않을 경우 지급을 대신 이행하는 채무보증신용장 • UCP600과 ISP980이 적용되며, 화환서류의 제시가 필요하지 않은 Clean L/C
	내국신용장 (Local Credit)	수출자(수익자)는 해외 수입자로부터 신용장을 통지받아, 해당 원신용장(Master L/C)를 바탕으로 국내 물품 조달 업체 등에 발급하는 신용장(Local L/C)

91 다음 중 환어음이 발행되지 않는 신용장은?

① 일람지급신용장(Sight Credit) ② 연지급신용장(Deferred payment Credit)
③ 인수신용장(Acceptance Credit) ④ 매입신용장(Negotiating Credit)

정답 | ②
해설 | 사용 여부에 따른 신용장 구분

신용장 종류	환어음 발행여부	지급시기
일람지급(Sight Payment)신용장	△(Sight일람불)	서류제시와 동시 상환
연지급(Defered payment)신용장	×	서류제시 = 연지급 확약 후 만기 지급
인수(Acceptance)신용장	○(Usance기한부)	인수 후 만기 지급
매입(Negotiation)신용장	○(Sight/Usance)	서류 대금 선지급

※ Payment L/C 지급신용장은 환어음 사용 조건이 의무가 아님에 유의
※ 특히 연지급 신용장의 경우 환어음 발행비용 절감목적으로 개설하므로 환어음 사용이 없음

92 다음 지문에서 설명하는 신용장의 종류는?

- 동일한 거래선과 동일품목을 지속적으로 거래하는 경우 1회 신용장을 개설 하여 누적(Cumulative)하여 사용 가능한 신용장
- 절차가 간편해지고, 수수료부담 및 신용장 개설 보증금 부담이 감소하는 장점

---

① Clean L/C   ② Revolving L/C

③ Restrict L/C   ④ Transferable L/C

정답 | ②

해설 | Revolving L/C 회전신용장에 대한 설명이다. "누적(Cumulative)"이 나오면 회전(Revolving)신용장임을 기억하자.

SECTION 1 | 국제운송 개요

1. 국제운송의 개념

국제매매계약은 서로 다른 나라에 거주하는 거래당사자인 수출자와 수입자의 물품을 인도하는 계약이므로 이러한 계약을 이행하기위하여 다양한 종속계약을 체결해야 한다. 그중 국가 간 국제운송이 필수인 국제물품매매계약은 운송계약체결의무가 불가피하며, 이러한 국제운송은 계약의 목적물을 수입국 또는 제3국으로 이동시키는 행위를 말한다.

국제운송은 18세기부터 해상운송이 주가 되어 발전되어 왔고 현대에는 항공운송 및 철도, 차량운송 등도 그 비중이 점차 늘어나고 있다. 그러나 아직까지도 물품 적재량이 가장 많고, 국가 간 이동에 해운을 이용하는 것이 용이함에 따라 해상운송이 국제운송의 대부분을 차지하고 있다. 최근에는 Door to Door Service가 중요시되므로 두 가지 이상의 운송수단을 사용하여 운송하는 복합운송(Multimodal Transport) 계약 체결이 증가되고 있다.

2. 정기선(Liner) 운송 절차

구분		정기선(개품운송계약) 운임
기본운임	지급 시기별	선불운임(Freight Prepaid) : 인코텀즈 C, D조건
		후불운임(Freight Collect) : 인코텀즈 E, F조건
	부과기준	종가운임(Ad Valorem Freight) : 귀금속 등 고가품
		중량기준(Weight Basis) : 실제 중량 기준
		용적기준(Measurement Basis) : 용적(CBM = 부피) 기준으로 부과
		무차별운임(FAK Rate, Freight All Kinds Rate) : 일정 요율로 일괄 부과
		운임톤, 수입톤 R/T(Revenue Ton) : 중량 또는 용적 중 높은 운임
		박스운임(Box Rate) : 화물종류와 관계없이 컨테이너 개수당 부과

할증료	유류할증료(BAF, Bunker Adjustment Factor) : 운송 중 유류가격 상승 시	
	통화할증료(CAF, Currency Adjustment Factor : 운송 중 운임통화 하락 시	
	중량할증운임(heavy life surcharge) : 기준 중량초과 시	
	용적 및 장척할증료(Bulky/lengthy surcharge) : 부피나 길이 초과 시	
	체선할증료(Port congestion surcharge) : 도착항 선박이 혼잡할 경우	
	Optional Charge : 선적 후 목적항이 2개→1개로 감소하는 경우 부과	
	항구 변경료(Diversion Charge) : 화주가 선적 시 지정했던 목적항을 화물을 선적한 후에 다른 목적항으로 변경시키는 경우에 추가로 부과	
부대비용	부두사용료/항만사용료(WFG, Wharfage)	
	터미널화물취급비용(THC, Terminal Handling Charge)	
	CFS작업료(CFS Charge)	
	컨테이너세(CTX, Container Tax)	
	서류발급비용(DOC fee, Documentation Charge)	
	체선료(Demurrage) : 선적 또는 양하일수가 정박기간(Laydays)을 초과하는 경우, 통상 조출료의 2배	
	조출료(Dispatch money) : 정박기간(Ladays) 내에 선적, 양하를 완료한 경우 선사 → 화주에게 지급하는 금액으로 통상 체선료의 1/2	
	지체료(Detention Charge) : 화주가 허용된 시간(Free time)내 반출한 컨테이너를 CY로 반환하지 않을 경우 지불하는 비용, 또는 컨테이너 또는 트레일러를 대여받았을 경우 규정된 시간(Free Time) 내에 반환을 못 하는 경우 벌과금으로 운송업체에 지불하는 비용	

기출유사문제

93 다음 정기선과 부정기선에 대한 설명 중 옳은 것을 모두 고르시오.

> A. 정기선은 정해진 구간을 운송하는 일반 선사를 말하며 Liner라고 한다.
> B. 부정기선은 특정 화주와 특정 목적지까지 운송하는 컨테이너선을 말한다.
> C. 정기선은 화주와 선사와의 계약에 따라 운송계약이 체결된다.
> D. 부정기선은 일반적으로 정기선보다 운임이 저렴하다.
> E. 정기선의 운임은 정해진 운임률표(Tariff)에 따라 책정된다.

① A, B, D   ② A, B, E   ③ A, D, E   ④ B, C, D

정답 | ③

해설 | 부정기선은 특정 화주와 특정 항구까지 운송계약을 체결하고, 선박의 일부 또는 선박을 전체 대여함으로써 일반적으로 대량화물, 살화물(Bulk)을 운송한다. Tramper라고 한다.

94 다음 중 정기선(Liner)의 운송절차가 올바로 이루어진 것은?

> A. 수출통관 진행 후 LCL화물을 CFS에서 타 소량 화물과 혼재하여 FCL화함
> B. B/L을 수취한 수입화주는 B/L을 제시한 뒤 운임 등을 정산하고 D/O(화물인도지시서)를 받아 화물을 반출함
> C. 부두에 반입 후 D/R(부두수취증, Dock Receipt)을 교부받음
> D. 선사의 선적 스케줄(Shipping Schedule)을 확인
> E. 선사는 화주에게 Booking Note를 교부함
> F. 선적 후 화물 상태에 이상 없이 선적되면 선사로부터 Clean B/L을 교부받음
> G. 선복요청(Shipping Request)을 통해 선사에 선적을 요청함
> H. 수입자는 수출화주에게 B/L을 전달받거나 상환으로 대금지급을 함

① A – G – D – E – C – H – B – F

② D – G – E – A – C – F – H – B

③ C – D – G – E – A – F – H – B

④ D – H – E – A – C – F – B – H

정답 | ②

해설 | (1) 선사의 Shipping Schedule 확인

　　　(2) 선복요청 Shipping Request(S/R)

　　　(3) Booking Note 교부 및 EIR 서명

　　　(4) 수출통관(Export License : E/L)

　　　(5) 재래선의 경우

　　　　　① 선사의 선적지시서 발급(Shipping Order : S/O)

　　　　　② 화물의 검수, 검량, 검정

　　　　　③ 1등항해사의 선적 후 본선수취증(Mate Receipt : M/R) 발급

　　　　　④ M/R과 상환으로 선하증권 교부(B/L : Bill of Lading)

　　　(6) 컨테이너선의 경우

　　　　　① FCL : CY로 이동하여 부두수취증(D/R : Dock Receipt) 교부, 선적후 B/L 발급(FCL : Full container Load, CY : Container Yard)

　　　　　② LCL : CFS로 이동하여 Freight Forwarder에 혼적(Consolidation)후 FCL화하여 CY이동, 부두 반입후 부두수취증 D/R(Dock Receipt)를 교부받음, 선적 후 B/L교부(LCL : Less Container Load, CFS : Container Freight Station)

　　　(7) 수입통관(Import License : I/L)

　　　(8) 수입국선사에 B/L제시 : 운송 후 수입국 도착 시 수하인(Consignor)는 선하증권 원본(Original B/L)을 선사에 제시 후 운임 등을 정산함

　　　(9) 화물인도지시서(D/O : Delivery Order)교부 : 수하인(Consignee) : 수입자는 화물인도지시서를 선사에 제출하고 수입물품을 인도받음으로써 국제운송절차가 종료

95 다음 중 운송절차에 대한 설명으로 틀린 것은?

① FCL 화물은 화주가 봉인하여 부지약관이 날인되므로 반드시 Clean B/L이 발행된다.

② FCL 화물은 Door to Door 운송이 가능하다.

③ Dirty B/L이 발행될 경우 L/I(Letter of Indemnity)를 제출하고 Clean B/L을 발급받을 수 있다.

④ 선적 후 발급되는 B/L을 Received B/L이라 한다.

정답 | ④

해설 | 선적 전 B/L을 Received B/L(수취B/L)이라 한다. 이러한 수취 선하증권은 신용장(L/C)거래시 은행에서 수리되지 않는다. 선적 후 발급 B/L은 Onboard B/L, Shipped B/L이라 한다.

96 다음 서류에 대한 설명 중 틀린 것은?

① 파손화물보상장 : L/I라고 하며, Letter of Indemnity의 약자이다. 송하인(수출자)이 선적 과정 중 파손 등이 발생한 경우 Clean B/L을 받기 위하여 선사에 제출한다.

② 수입화물선취보증서 : L/G라고 하며 Letter of Guarantee의 약자이다. 수입화물이 B/L보다 먼저 도착한 경우 은행이 B/L 제출을 약속하여 선사에 제출하는 보증서이다.

③ 수입화물선추보증서 : L/G를 제출한 은행은 화물을 되찾을 수 있으나, B/L을 추후에 수취하여 보완 하여야 한다. L/G는 B/L과 동등한 효력을 발휘한다.

④ 수입화물대도 : T/R(Trust Receipt)이라고 하며 은행이 선사에 제출하는 B/L과 동등한 서류를 말한다.

정답 | ④

해설 | T/R은 수입자가 신용장 거래방식에서 B/L을 은행으로부터 양도받은 후 사후에 대금지급을 하기 위해 은행에 제출하는 서류이다.

서류명	L/I 파손화물보상장	L/G 수입화물선취보증서	T/R 수입화물대도
full name	Letter of Indemnity	Letter of Guarantee	Trust Receipt
용도	선적 중 또는 선적 이전 물건의 하자발생으로 선사(운송인)가 물품의 운송 과정중 책임을 면하기 위하여 B/L발급 당시 Foul B/L 등을 발급하면, 이에 송하인(화주)이 화물에 대한 책임을 지는 문서로써 선사에 L/I를 제출하고 Clean B/L을 교부받을 수 있는 일종의 각서	목적항(수입항)에 화물은 도착하였으나, 권리증권인 B/L(선하증권) 등 선적서류가 도착하지 않은 경우 수입상과 개설은행이 연대보증하여 B/L원본대신 선사에 L/G를 발급하여 제출 후 물품을 인수받을 수 있음. 이후 선적서류 도착 시 B/L원본 제출 및 L/G회수	개설의뢰인(수입상)이 일람지급 신용장거래방식(Sight L/C)에서 선적서류가 개설은행에 도착 시 대금결제 할 자금이 부족한 경우, T/R발급을 통해 소유권 이전을 유보하고 선적서류를 먼저 인도받아 추후 판매대금으로 은행에 수입대금을 결제
발행자 → 받는 자	수출상 → 선사	수입상(개설의뢰인)신청, 개설은행 발급 → 선사	수입상(개설의뢰인) → 개설은행
Part	운송	결제	결제

97 다음 정기선의 운임과 관련하여 옳은 것을 모두 고르시오.

A. 운임은 기본운임과 할증료, 기타 부대비용으로 구성되며, 정기선의 운임은 일정 운임률표(Tariff)에 의해 규정되어 있다.
B. R TON이란 수입톤이라 하며, 수입시의 중량에 따라 비례적으로 부과되는 운임을 말한다.
C. BAF와 CAF란 각각 유류할증료와 통화할증료로 선사가 부담하는 할증료이다.
D. BOX RATE란 BOX의 수량에 따라 부과되는 무차별적 운임으로 무차별 운임이 부과되는 FAK RATE와 유사하다.
E. 해상운임은 중량과 용적을 기준으로 하여 더 높은 쪽의 요율이 적용되어 운임이 책정된다.

① A, D, E   ② A, B, D   ③ A, B, C   ④ B, D, E

정답 | ①

해설 | B. R TON(Revenue)이란 수입톤이라 하며, 중량(Weight)과 용적(measurement) 중 높은 요율이 적용되는 운임톤을 말한다.
       C. BAF와 CAF는 모두 화주에게 추가하여 할증료의 성격으로 부담된다.

98 다음 정기선의 운임에 대한 설명 중 틀린 것은?

① Wharfage = 항만사용료 = 항만이용비용으로 운임에 포함되는 비용

② Demurrage = 체선료 = 항구내의 선박이 많아 출항이 늦어지는 경우 발생되는 비용

③ Doc fee = 서류발급비용(Document fee) = 운송 관련 서류발급 비용

④ Detention charge = 지체료 = CY에 반입할 컨테이너가 free time내에 반입되지 않는 경우 부과되는 비용

정답 | ②

해설 | 체선료(Demurrage)는 CY 내의 Free time 내에 선적(적재, 양하)을 마치지 못하는 경우 발생되는 비용을 말한다.
       ※ 부대비용(Other Charge)
       항만사용료(Wharfage), 서류발급비용(Doc fee), 컨테이너세(CTX) 등 기본운임과 할증료 외에 발생하는 비용등을 말하며, 시험목적상 무역영어 part에서는 체선료와 조출료가 주로 등장한다. 체선료(Demurrage)는 CY(컨테이너 야드)마다 주어지는 Free time 내에 적재, 양하를 마치지 못하는 경우 화주가 선사에 지급하는 벌금성격의 비용이며, 조출료(Dispatch money)는 반대로 주어진 기간보다 일찍 적재나 양하를 마친 경우 선사가 화주에 지급하는 보상적성격의 지급금이다. 일반적으로 체선료는 조출료의 2배이다.

3. 부정기선(Tramper)

99 다음 중 부정기선(Tramper)의 운임과 관련된 설명으로 틀린 것은?

① 부정기선은 특정 단일 화주의 대량화물을 운송하므로 정기선보다 운임이 비싸다.

② 체선료는 정박기간 내 하역작업을 수행하지 못한 경우 용선자가 선주에 지급한다.

③ 조출료는 용선자가 허용된 정박기간 내에 조기에 하역을 완료한 경우 선주가 용선주에 지급한다.

④ FIO조건은 화주가 선적 및 양륙 비용을 모두 지불하는 조건이다.

정답 | ①

해설 | 부정기선은 특정 단일 화주의 대량화물 운송 시 낮은 운임으로 선복(Ship's Space) 또는 선박자체를 빌려(용선) 운송하는 방법으로 정기선운송방법과 대별된다.

100 다음 중 부정기선의 정박기간(Laydays)에 대한 설명으로 틀린 것은?

① 정박기간(Laydays, Laytime)이란 부정기선의 용선계약에서 선적, 양륙을 위하여 선주가 용선자에게 허용하는 기간을 말한다.

② C.Q.D조건은 해당 항구의 관습에 따라 정박기간이 산정된다.

③ W.W.D조건은 호천하역일 조건이라고도 하며, 하역작업에 용이한 날짜만 정박기간에 산입하여 계산한다.

④ SHEX조건은 공휴일은 정박기간에서 제외되며, 하역작업을 하지 않은 날도 정박기간 산정에서 제외되는 조건을 말한다.

정답 | ④

해설 |

정박기간 산정방식	내용
C.Q.D (Customary Quick Delivery)	관습적 조속하역 : 항구의 관습에 따라 가능한 빨리 선적, 하역기간을 결정(불가항력 제외, 일요일 공휴일 = 관습에 따라 계산함)
Running Laydays	계속일 : 불가항력, 일 · 공휴일 포함하여 모두 정박기간 산입
WWD (Weather Working Days)	호천하역일 : 하역이 가능한 좋은 날씨만 정박기간에 산입
SHEX (Sunday Holyday Except)	일요일, 공휴일 제외
SHEXUU (Sunday Holyday Except Unless Used)	하역작업을 하지 않는 일요일, 공휴일 제외

4. 복합운송

101 다음은 복합운송경로를 설명한 것이다. 맞는 것끼리 연결된 것은?

① A. 시베리아 랜드브리지(SLB) – B. 캐나다 랜드브리지(CLB)

② A. 아메리카 랜드브리지(ALB) – B. 극동–유럽 시베리아 랜드브리지(SLB)

③ A. 시베리아 랜드브리지(SLB) – B. 미니랜드 브리지(MLB)

④ A. 미니 랜드브리지(MLB) – B. 캐나다 랜드브리지(CLB)

정답 | ③

해설 | ① 시베리아 랜드 브리지(SLB : Siberia Land Bridge)

	해상		철도	
부산, 일본	→	시베리아	→	중동, 유럽

② 아메리카 랜드 브리지(ALB : America Land Bridge) 극동–유럽

	해상		철도		해상	
한국, 일본	→	미국 서부	→	미국 동부	→	유럽

③ 캐나다 랜드 브리지(CLB : Canada Land Bridge)

	해상		철도		해상	
한국, 일본	→	캐나다 서부	→	캐나다 동부	→	유럽

④ 미니 랜드 브리지(MLB : Mini Land Bridge)

	해상		철도	
한국, 일본	→	미국 서부	→	미국 동부
				걸프만

102 다음은 FCL의 운송에 대한 설명이다. 틀린 것은?

① FCL이란 Full Container Load unit의 약자로 단일의 화주가 컨테이너 전체에 적재한 물품을 운송함에 따라 직접 봉인(Sealing)하여 해외 수입자에게 Door to Door 운송이 가능하다.

② FCL 운송 시에는 화주가 직접 창고에서 컨테이너에 적재를 하고 봉인을 하기 때문에 선사는 컨테이너 내부의 상태를 알 수 없으므로 부지약관(Unknown Clause)을 B/L에 삽입하며, 반드시 Clean B/L(무사고 선하증권)이 발행된다.

③ FCL도 CFS로 이동하여 검수, 검량, 검정을 통해 선적된다.

④ 부지약관(Unknown Clause)의 문구는 Shipper's Load and Count, Sealing으로 기재된다.

정답 | ③

해설 | FCL은 화주가 직접 봉인(Sealing)함에 따라 화물혼재가 필요 없음에 CFS(Container Freight Station)에 반입되지 않고 CY(Container Yard)에 바로 반입되어 선적된다.

103 다음 중 LCL(Less than Container unit Load, 소량화물) 선적에 대한 설명으로 틀린 것은?

① LCL화물은 컨테이너에 가득 채워지지 않기 때문에 CFS(Container Freight Station)에서 혼재(Consolidation) 작업을 거쳐 FCL화되어야만 선적이 가능하다.

② Freight Forwarder(화물운송주선업자)는 다수의 화주로부터 LCL화물을 혼재하고, 선적 스케줄을 관리하여 화주를 대신하여 물류책임을 맡아 선적을 진행하는 자를 말한다.

③ 혼재과정 중 부적합하게 선적이 될 경우 Foul B/L이 발행되며, 이러한 사고부선하증권이 발행된 경우 선사는 어떠한 경우에도 운송하지 않는다.

④ 다량의 LCL화물이 한명의 화주에게 운송되는 경우라면 선적지의 경우 CFS에서 취합되나 목적지에서는 CY에서 반출된다.

정답 | ③

해설 | Foul B/L, Dirty B/L, Claused B/L을 사고부선하증권이라 하며, 이러한 B/L이 발행된 경우에는 선사는 운송 후 화물의 이상상태에 책임을 회피하기 위하여 화주에게 통지하여 화물의 이상상태를 보완토록 요구한다. 이 경우, 화주가 L/I(Letter of Indemnity) 파손화물보상장을 선사에 제출하게 되면 화물 이상 상태에 대한 책임을 화주가 부담하는 조건으로 Clean B/L 발행이 가능하다.

104 다음 중 FCL화물(Full Container Unit Load)과 연관이 없는 것은?

① 컨테이너 운송

② 부지약관(Unknown Clause)

③ CY

④ Consolidation

정답 | ④

해설 | 콘솔(Consolidation)이란 LCL화물들의 혼재를 말하며, 아래와 같이 정리해 두면 문제풀이에 용이하다.
- FCL 관련 = 부지약관(Unknwon Clause) = Shiper's Loadn and Count, SealingCY, (M/R)Mate Reciept, Clean B/L, Door to Door
- LCL 관련 = CFS, Freight Forder, Consolidation(혼적, 혼재), (D/R)Dock ReceiptFoul B/L→L/I→Clean B/L

105 다음 컨테이너의 종류별 운송형태가 옳은 것은?

① FCL – FCL = CY – CY = Door to Pier

② FCL – LCL = CY – CY = Door to Door

③ LCL – LCL = CFS – CFS = Pier to Door

④ LCL – FCL = CFS – CY = Pear to Door

정답 | ④

해설 | CY = FCL = Door(화주의 공장) / CFS = LCL = Pier(부두)

CY/CY(FCL/FCL, Door to Door)	DOOR → FCL(CY)	→	FCL(CY) → DOOR
CY/CFS(FCL/LCL, Door to Pier)	DOOR → FCL(CY)	→	LCL(CFS)
CFS/CY(LCL/FCL, Pier to Pier)	LCL(CFS)	→	FCL(CY) → DOOR
CFS/CFS(LCL/LCL, Pier to Pier)	LCL(CFS)	→	LCL(CFS)

106 다음 중 화물운송 주선업자(국제물류주선업체)Freight Forwarder의 수행 업무가 아닌 것은?

① 소량화물의 혼재(Consolidation), 포장 및 창고 보관

② 운송수단의 수배, 선적 스케줄의 관리

③ 운송 관련 서류의 작성 및 교부, 통관대행

④ 운임 및 보험료의 납부 및 보험 부보

정답 | ④

해설 | 포워더는 물류와 관련된 업무를 담당하며 운임 및 보험료 등 금융 관련 서비스를 제공하지는 않는다.

1. 선하증권(Bill of Lading)

107 다음 선하증권(B/L BILL OF LADING)에 대한 설명 중 틀린 것은?

① B/L은 화물의 권리를 나타내는 물권적 증권의 효력이 있다.

② B/L은 양도가 가능한 유통증권으로 신용장 거래 시 수하인(Consignee)은 개설은행이 된다.

③ B/L은 처분증권이므로 운송인은 임의로 처분할 수 없다.

④ 배서(Endorsement)란 수하인(Consignee)을 기명하여 기재하는 것을 말한다.

정답 | ④

해설 | 배서(Endorsement)란 선하증권의 수하인(Consignee)을 기명(지정)하지 않고, 지시식(to Order)으로 수하인을 변경하는 것을 말한다.

108 다음 중 B/L의 성격 및 특성에 대하여 틀린 설명은?

① 선하증권은 운송인과의 운송계약을 체결하는 계약의 증거가 된다.

② B/L이 양도되어 수하인(Consignee)이 수취하였다고 하더라도 물품이 아직 운송 중인 경우에는 물품의 소유권은 송하인(Consignor)인 수출자에게 있다.

③ B/L을 기명식으로 발행한 경우 수하인(Consignee)란에 기재된 자가 수하인이 되며, 양도가 불가능하다.

④ B/L을 지시식으로 발행할 경우 양도가 가능하며, To order, To order of ABC BANK, Bearer(소지인식), 백지배서식으로 발급된다.

정답 | ②

해설 | B/L은 물권적 권리증권이므로 화물의 권리는 B/L의 소유자에게 넘어간다.

구분	항목	비고
B/L 기능	운송계약 증거	운송인과의 계약체결
	화물수취증	화물 수취 영수증의 기능
	권리증권	물품인도와 동일한 효과
B/L 법적 성질	유가증권성	유통가능증권
	지시증권성	B/L의 권리자는 타인을 새로운 권리자로 지시가 가능
	인도/채권증권성	B/L의 정당한 소지인은 B/L을 발급한 운송인에게 화물인도 청구가 가능
	상환증권성	화물인도는 B/L의 상환으로써만 교환 가능하며, 수하인의 채무관계 역시 B/L과의 교환으로써만 변제가 가능
	제시/처분 증권성	수하인은 B/L을 제시하여야만 선사는 물품 인도, 처분 가능

발행 방식			
	기명식		수하인 : 특정인, 특정 은행, 이름을 기재하는 방식(Consignee = ABC Co.)
	지시식	단순지시식	Consignee(수하인)란에 미기재(To order)
		기명지시식	수하인 : 수출자 또는 은행이 지시하는 자(Order of the Seller or Bank)
		선택지시식	수하인 : 기명식 또는 지시식 선택 가능(ABC Co. or Order)
	소지인식		배서 없이 서류의 교부로 인해 양도 가능(Bearer)
	무기명식		백지배서식이라고도 하며, 수하인을 공란으로 배서 없이 교부

2. B/L의 종류 및 비교

구분	B/L종류	내용
발행시기	Received B/L	수취선하증권 : 운송인 화물수취 시 발급
	On Board B/L	선적선하증권 : 수취화물을 본선 적재 후 수취선하증권상 본선적재표기(On Board notation)된 선하증권
	Shipped B/L	선적선하증권 : 운송화물 본선 적재 후 발급
	Back date B/L	선선하증권 : 실제 선적 전 대금결제 등을 목적으로 소급발행(편법)
하자유무	Clean B/L	무사고선하증권 : 선적 시 화물의 상태가 양호하며 정상적으로 적재가 완료된 경우 발급
	Foul, Dirty, Claused B/L	사고부선하증권 : 적재과정 중 물품의 하자가 발견되어 사고부문언을 기재한 선하증권(L/I 제출 시 Clean B/L 발급 가능)
유통가능 권리증권 수하인별	Straight B/L	기명식선하증권 : 수하인(Consignee)이 지정되어 있는 B/L (원칙적으로 기명식은 유통이 불가하나, 우리나라 상법에서는 특별히 금지하지 않는 한 B/L은 배서를 통해 유통 가능)
	Order B/L	지시식선하증권 : 수하인이 특정되지 않아 유통/매매가 가능한 선하증권
	Negotiable B/L	유통선하증권 : 유통가능선하증권
	Non-Negotiable B/L	비유통선하증권 : 유통 불가능한 선하증권으로 Surrendered된 B/L 및 SWB 등은 Non-Negotiable문언이 B/L상 기재됨
	Surrendered B/L	권리포기선하증권 : 유통가능성을 포기한 비유통선하증권으로, 유통이 가능한 선하증권은 원본B/L을 제시해야 하므로, 신속한 화물인도를 위해 선사에 원본 B/L을 제출하고 Surrender를 요청하면 사본으로도 화물인수도가 가능함. 단 신용장거래 시 은행은 B/L 원본 제시를 원칙으로 하므로 Surrender B/L은 사용이 부적절함
발행주체	Master B/L	본선하증권 : 선사 발행 B/L
	House B/L	혼재선하증권 : 포워더, 화물운송주선업자가 발행하며, 본선하증권인 Master B/L을 근거로 분할되어 발행됨
	Groupage B/L	집단선하증권 : 여러 가지 소량의 화물을 모아 하나의 그룹으로 만들어 선적할 때 발행하는 선하증권으로서 해상운송에서, 여러 개의 소량화물을 모아 한 그룹으로 만들어 선적할 때 발행되는 선하증권. 집단선하증권이라고도 함

운송방법	Ocean B/L	해상선하증권 : 국제항구 간 운송되는 B/L	
	Local B/L	내국선하증권 : 국내해상 간 운송되는 B/L	
	Air way bill	항공화물운송장 : 항공화물에 대한 운송장으로 B/L과는 다름	
	Sea way bill	해상화물운송장 : 해상, 내수로 운송장으로 B/L과는 다름(AWB, SWB은 권리증권, 처분증권, 양도가능성이 없음. 단순한 화물의 수취증, 단순한 영수증의 성격)	
	Multimodal Transfer B/L	복합운송증권 : 복합운송인이 자기의 보관 아래 화물을 인수하였다는 것 및 그 계약의 내용에 따라서 운송인이 화물을 인도할 의무를 부담하는 것을 증명하는 증권	
	Through B/L	통선하증권 : 화물을 목적지까지 운송하는 데 환적 등이 예정된 경우 최초 운송인이 계약운송 전 구간에 대해 발급	
	Transhipment B/L	환적선하증권 : 운송도중 다른 선박으로 환적이 예정된 B/L. UCP(신용장 통일규칙)에서는 인정(전 운송이 하나의 동일한 선하증권에 의하여 포괄될 경우 환적 가능 표시)	
용선여부	Liner B/L	정기선 선하증권 : 정기선 선사가 발급하는 B/L	
	Charter Party B/L	용선계약부 선하증권 : 선주와 화주가 용선계약을 맺고, 이러한 용선계약을 근거로 하여 임차인인 용선자가 발급하는 선하증권으로서 운송계약 증거서류로 보기는 어려움	
요식성	Long Form B/L	정식선하증권 : 선하증권의 앞·뒷면에 선적내용과 약관 등을 모두 갖춘 선하 증권	
	Short Form B/L	약식선하증권 : 정식 선하증권의 번거로움을 없애기 위해 선하증권의 뒷면에 기재되어 있는 약관을 없애고 필수기재내용만 기입한 증권 ※ 일반적으로 약식 선하증권은 정식 선하증권을 따른다고 표기되어 있으므로 LC거래 시 인정되어 수리 가능	
중계무역	Third Party B/L	제3자 선하증권 : 송하인이 신용장상 수익자가 아닌 B/L로 중계무역, 운송 중 전매, 양도가능신용장 등에서 사용 ※ 제3국에서 수입하여 수출하는 경우에 사용	
	Switch B/L	스위치선하증권 : 중계무역 등에 활용되며, 목적항, 도착항 외의 제3의 장소에서 송하인, 수하인 등 사항이 변경되어 재발행된 선하증권(원수출자를 숨기기 위한 목적으로 발급신청)	
기타	Stale B/L	기간경과 선하증권, 지체선하증권 : 신용장거래 시 "서류제시기일(선적일 다음날~21일)"을 경과하여 제시된 선하증권, 은행 서류 거부(→Stale B/L Acceptable 문구 삽입 시 은행 수리 가능)	
	Red B/L	적색선하증권 : 선하증권 + 보험증권의 결합, 해당 증권에 기재된 화물이 항해 중 사고 발생 시 선사가 보상하는 선하증권으로 일정 보험료가 부과됨	

B/L은 그 운송구간의 구분, 운송수단 등으로 인하여 다양하게 발행될 수 있다. B/L의 종류가 실제로 여러 가지 양식이 존재하는 것은 아니나, 그 기능 등에 의해 분류가 가능하다. 시험목적상 B/L의 종류는 빈출되므로 간략하게 이해하고 문제풀이에서 빈출되는 B/L을 암기하는 것이 바람직하다.

109 다음에서 설명하는 B/L(선하증권)은 무엇인가?

> 유통가능성을 포기한 비유통선하증권으로, 유통이 가능한 선하증권은 원본 B/L을 제시해야 하므로, 신속한 화물인도를 위해 선사에 원본 B/L을 제출하고 이 B/L을 요청하면 사본으로도 화물인수도가 가능하다. 단 신용장거래 시 은행은 B/L 원본 제시를 원칙으로 하므로 이 B/L을 제출할 수 없다.

① Surrender B/L   ② Stale B/L   ③ Switch B/L   ④ Foul B/L

정답 | ①

해설 | 권리포기 선하증권(Surrender B/L)에 대한 설명이다. 실제 시험에서는 Surrendered B/L로 이름이 바뀔 수도 있으므로 유의한다.

110 다음에서 설명하는 B/L(선하증권)이 틀린 것은?

> A. 제3자 선하증권 : 송하인이 신용장상 수익자가 아닌 B/L로서 중계무역, 운송 중 전매, 양도가능신용장 등에서 사용(제3국에서 수입하여 수출하는 경우에 사용)
> B. 비유통선하증권 : 유통 불가능한 선하증권으로 Surrendered된 B/L 및 SWB 등은 Non-Negotiable 문언이 B/L상에 기재됨
> C. 복합운송인이 자기의 보관 아래 화물을 인수하였다는 것 및 그 계약의 내용에 따라서 운송인이 화물을 인도할 의무를 부담하는 것을 증명하는 증권
> D. 기명식선하증권 : 수하인(Consignee)이 지정되어 있는 B/L (원칙적으로 기명식은 유통이 불가하나, 우리나라 상법에서는 특별히 금지하지 않는 한 B/L은 배서를 통해 유통 가능)

① A. Third party B/L   ② B. Non-negotiable B/L

③ C. Multimodal Transport B/L   ④ D. Received B/L

정답 | ④

해설 | 수하인이 기명되어 있는 B/L을 Straight B/L이라 하며, Received B/L은 운송인이 화물을 수취하였을 때 발급되는 B/L을 말한다.

111 다음 선하증권(B/L)과 항공화물운송장(AWB)에 대한 설명 중 틀린 것은?

① B/L은 권리증권, 유통증권이나 AWB의 경우 권리증권이나 유통증권 성격이 없다.

② B/L과 AWB 모두 운송계약의 증거서류이다.

③ B/L과 AWB 모두 지시식, 기명식 발행이 가능하다.

④ B/L은 원본 3통이 발행되나, AWB는 원본 3통과 부본 3통으로 총 6통이 발행된다.

정답 | ③

해설 | AWB은 기명식 발행밖에 되지 않는다.

구분	선하증권 (B/L, Bill of Lading)	AWB (Air Way Bill)	SWB (Sea Way Bill)	복합운송증권(MT B/L, Multimodal Transport B/L)
권리증권성	• 유가증권 • 권리증권 • 처분증권	화물수취증 (유통불능)	화물수취증 (유통불능)	• 유가증권 • 권리증권 • 처분증권
발행방식	기명식, 지시식, 소지인식, 무기명식	기명식	기명식	기명식, 지시식, 소지인식, 무기명식
수하인 변경	가능	원칙적으로 불가	원칙적으로 불가	가능
양도가능성	배서, 교부에 의해 양도 가능	매매, 양도불가	매매, 양도불가	배서, 교부에 의해 양도 가능
운송계약의 증거	○	○	○	○
운송인의 화물수취증	○	○	○	○
※ 기타	• 선사 교부 • 원본 3통	• 송하인 작성원칙 • 원본 3통, 부본 3통	• 선사 교부 • 원본 3통	• 복합운송인 교부 • 원본 3통

SECTION 1   무역보험 개요

1. 무역 보험 용어의 정의

기출유사문제

112 다음 중 보험용어에 대한 설명으로 옳은 것은?

① Insurable Value : 피보험자가 보험사고 발생 시 보상받는 보험금액을 말한다.

② Insurance Policy : 일정 기간(1년)의 보험계약에 따라 보험계약자가 보험자로부터 교부받는 보험증명서를 말한다.

③ Insurable Interest : 보험사고 발생 시 피보험자가 보상받는 경제적 이익을 말한다.

④ Cover note : 보험업 대리업자가 발행하는 보험각서로 신용장거래에서 제출이 가능한 서류를 말한다.

정답 | ③

해설 | • Insurable Value : 보험가액(부보 가능한 최대금액)
　　　• Insurance Policy : 보험증권. 개별 보험건에 대한 보험서류, 신용장거래에서 사용이 가능하며, 보험증명서(Insurance Certificate)를 요구하더라도 Insurance Policy로 은행에서 수리가 가능하며, 대금 지급이 가능
　　　• Insurance Certificate : 일정기간 보험계약에 따른 포괄보험증명서로 건마다 보험증권을 발행할 필요가 없는 포괄보험계약서류로서 신용장 거래에 제출이 가능
　　　Cover Note : 보험각서는 신용장거래에서 수리되지 않음

2. 보험계약의 당사자

113 다음 중 적하보험의 당사자 및 용어에 대한 설명으로 틀린 것을 모두 고른 것은?

> A. Policy Holder : 부보(보험계약)를 하고, 보험료를 납부하는 보험계약자
> B. Insurer : 보험계약자로부터 보험료를 받고, 보험사고 발생 시 피보험자에게 보상을 하게 되는 보험자(보험회사)
> C. Assured : 피보험목적물(보험대상이 되는 화물)
> D. Insurance Premium : 보험사고 발생 시 피보험자가 보상받는 보험금
> E. Insured Amount : 최대 부보 가능한 보험가액
> F. Subject Matter Insured : 보험사고 발생 시 보상을 받는 피보험자

① A, B, D, E   ② B, C, D, E   ③ C, D, E, F   ④ A, D, E, F

정답 | ③

해설 | 최대부보가능한 보험가액은 Insurable Value라 한다.

※ 보험 당사자

보험계약자는 보험자에게 보험료를 지불하고, 해상손해가 발생하는 경우 보험자는 피보험자에게 보험금을 지급하여 손해를 보상해 준다.

① 보험계약자(Policy holder) : 보험계약을 체결하고 보험료를 지불하는 자

② 보험자(Insurer) : 보험회사, 담보한 손해발생시 보험금을 지급하는 자

③ 피보험자(Insured) : 손해발생 시 보험금을 지급받는 자

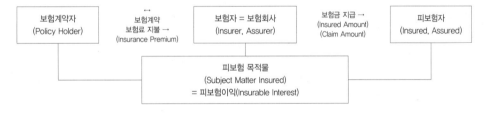

114 다음 인코텀즈에 따른 보험 당사자에 대한 설명 중 틀린 것은?

① CIF 조건에서의 보험계약자는 수출자이나, 피보험자는 수입자이다.

② CIP 조건에서 수출자는 수입자를 위하여 최소조건인 ICC(C) 조건으로 부보할 의무를 지닌다.

③ DAP 조건에서 수출자가 목적지까지 보험을 가입하고자 할 경우 피보험자는 수입자이다.

④ FOB 조건에서 주요 해상 운송 구간에 대한 위험은 수입자가 부담하며, 수입자가 자기 자신을 위하여 보험계약을 하므로 피보험자 역시 수입자가 된다.

정답 | ③

해설 | D조건의 경우 수출자가 목적국의 지정장소에서 인도하므로 보험계약자와 피보험자는 수출자 자신이 된다.(물론 인코텀즈조건에 따르면 엄격히 보험을 부보할 의무는 없다.)

　　　※ 인코텀즈에 따른 보험당사자

　　　인코텀즈에서는 CIF, CIP 두 조건에서만 매도인(수출자)이 보험계약체결의무를 부과하고 있다. 그러나 위험의 분기점은 본선적재시(Onboard)이므로 운송구간 동안의 손해는 매수인(수입자)의 책임이 된다. 따라서 아래와 같이 구분된다.

- CIF, CIP조건 : 수출자 = 보험계약자 / 피보험자 = 수입자
- 그 외의 조건 : 운송 중 물품의 위험을 책임을 부담하는 자 = 보험계약자, 피보험자

3. 해상보험의 원칙

기출유사문제

115 다음 중 보험계약의 법적 성질에 대한 설명으로 틀린 것은?

① 요식계약 : 일정 보험양식에 따른 요식을 지켜야 효력을 발휘

② 부합계약 : 일방(보험자)의 계약조건에 타방(보험계약자)이 승인함으로써 계약 성립

③ 사행계약 : 우연한 사고에 기인하는 계약

④ 쌍무계약 : 보험계약자는 보험료 납부의 의무를 지니고, 보험자는 담보사고 발생 시 보험료지급의 의무를 지님

정답 | ①

해설 | 보험계약은 무역계약과 비슷한 법적 성질을 가지고 있다. 다만, 보험자에 계약조건에 일방이 전적으로 승인하는 부합계약이라는 점에서 차이가 있으며, 손해 발생 여부를 근거로 계약을 함에 따라 사행계약의 성격을 가지고 있다.

- 낙성계약 : 당사자의 합의만으로 계약 성립
- 쌍무계약 : 보험계약자 – 보험료 지급, 보험자 – 사고발생 시 보험금 지급 의무
- 유상계약 : 손해보상 확약조건 보험료 지급
- 불요식계약 : 별도 요식 필요 없음
- 부합계약 : 일방(보험자)의 계약조건에 대한 보험계약자의 승인 ↔ 자유계약
- 사행계약 : 우연한 사고에 기인하는 계약

116 다음 해상보험의 원칙에 대한 설명 중 옳은 것을 모두 고르시오.

A. 보험사고 발생 이전까지 보험계약자 또는 피보험자는 자신이 알고 있는 모든 사항에 대하여 보험자에게 고지하여야 한다. 이를 고지의무라 한다.

B. 해상보험에서는 초과보험을 인정하지 않으며, 보험가액이 1,000원이라면 1,000원까지만 부보와 보상이 가능하다. 이를 실손보상의 원칙이라 한다.

C. 보험가액이 1,000원일 때 납부한 보험료가 300원인 경우 50%의 손실이 발생하면 지급받는 보험금은 300원이 된다.

D. 담보는 반드시 준수해야 하는 사항을 말하며, 명시담보와 묵시담보로 나뉜다. 감항성(항해를 감당할 수 있는 능력), 적법성(마약 등 위법물품이 아닐 것) 등은 묵시담보에 해당한다. 경제성이 없는 경우에도 묵시담보를 위반한 것으로 본다.

E. 보험계약 체결 이전의 손실은 원칙적으로 소급보상되지 않는다.

F. 근인주의원칙이란 보험사고가 발생한 가장 가까운 이유를 담보사유로 보는 것을 말한다.

---

① A, B, C   ② B, D, F   ③ C, D, F   ④ D, E, F

정답 | ②

해설 | A. 고지의무란 보험계약 체결 시 보험자와 계약자가 계약의 내용을 거짓 없이 사실 그대로 고지하여 계약을 체결하는 것을 말한다. 계약 성립 시까지 고지의무를 준수하지 않는 경우 보험 계약은 취소되거나 또는 계약 해지가 가능하다.

C. 일부보험은 보험료를 납부한 비율만큼 일부 보상하는 것을 말한다.

E. 적하보험에서는 보험계약 체결 전 발생한 손해라도 계약당사자 간 알지 못했던 손해는 보상 가능하다. 다만 악의 또는 고의적으로 알고 있었던 손해를 보험자에게 고지하지 아니한 경우에는 소급보상에서 제외된다.

1. 보험약관

구약관ICC				신약관ICC2009				
담보손해(Loss)	FPA	W/A	A/R	담보위험(Risk)		C	B	A
1. 전손(현실전손, 추정전손) 2. 해손 ① 선박, 부선의 좌초, 침몰, 화재에 의한 단독해손 ② 공동해손 3. 부가담보 ① 선적, 환적, 또는 하역작업 중 포장당 전손 ② 단독해손(화재, 폭발, 충돌, 운송용구와의 접촉, 피난항에서의 화물의 하역) ③ 특별비용(구조비, 손해방지비용, 피난항 특별비용 및 부대비용)	○	○	○	기본	공동해손 쌍방과실충돌	○	○	○
				화좌육충조난공투	• 화재 · 폭발 • 선박, 부선의 좌초, 교사, 침몰, 전복 • 육상운송용구의 전복, 탈선 • 선박, 부선, 운송용구의 타물과의 충돌, 접촉 • 조난항에서의 화물의 양륙하역 • 공동해손 희생 • 투하			
악천후 위험에 희한 해수손 ① WA 3% : 손해 3% 초과 시 보상 ② WA 5% : 손해 5% 초과 시 보상 ③ WAIOP : 면책비율 관계없이 전부보상(Franchise : 손해 초과 시 전액보상, Deductive : 손해 초과분만 보상)	×	○	○	지갑수하	• 지진, 분화, 낙뢰 • 갑판유실 • 해수, 호수, 하천수의 운송용구 등에의 유입 • 적재, 양륙 하역 중 낙하, 추락에 의한 포장단위당 전손	×	○	○
기타 모든 외부적, 우발적 원인에 의한 손해(어떠한 자의 의도적인 손상파괴 담보 ×)	×	×	○	상기 이외 일체의 위험 + 어떠한 자의 의도적인 손상, 파괴		×	×	○

117 다음 보험 약관에 대한 설명 중 옳은 것을 모두 고르시오.

> A. 협회적하약관은 구약관(ICC 1982)에서 현재 신약관(ICC 2009)으로 개정되었으나, 구약관 사용이 가능하다.
> B. ICC(WA), ICC(FPA)조건에서는 소손해면책비율 적용이 가능하다. 소손해면책비율이란 일정 비율만큼 손해가 발생하지 않는 경우 보험자는 보험계약에 따른 보상이 면책되는 것이다.
> C. ICC(A)조건과 ICC(B)조건, ICC(A/R)조건은 포괄주의를 따른다.
> D. ICC(C)조건과 ICC(FPA)조건은 열거주의로 보험 보상범위를 열거하고 있다.
> E. 약관에 명시된 조항을 명시약관이라 하며, 피보험자는 보상을 받기 위해서는 감항성주의 및 내항성 등 묵시조건도 동시에 지켜져야 한다.

① A, B, C   ② A, D, E   ③ B, C, D   ④ B, D, E

정답 | ②

해설 | B. 소손해면책비율은 ICC(WA)조건에만 적용되며 W/A 3%, W/A 5% 등으로 구분된다.
       C. 보험약관은 크게 포괄주의(ICC(A), A/R)와 열거주의약관(ICC(B, C) FPA, WA)으로 대별된다.

118 다음은 구협회적하약관 (ICC 1982)에 대한 설명이다. 틀린 것은?

① 신협회적하약관(ICC 2009)의 경우 위험을 위주로 작성된 반면, 구협회적하약관(ICC 1982)은 손해를 중심으로 약관이 기재되어있다.

② FPA는 Free Partial Average의 약자로, 단독해손(Partial Average)에 대해서는 보상하지 않는다.

③ W/A 조건은 With Average 조건으로 분손을 보상하며, 모든 우발적인 외부 요인에 의한 손해를 함께 보상한다.

④ A/R 조건에서는 포괄책임주의가 적용된다.

정답 | ③

해설 | 기타 모든 우발적인 외부요인에 의한 손해는 면책되며, A/R 조건에서 담보된다. 그러나, 어떠한 자의 고의에 의한 손해는 신약관 ICC(A) 조건에서만 담보됨을 유의하여야 한다.

119 다음은 구협회적하약관(ICC 1982)에 대한 설명이다. 틀린 것은?

① 추정전손이란 전손에 해당한다고 판단되면 보험자가 피보험자를 위하여 추정전손으로 자동으로 인정해주는 손해를 말한다.

② 공동해손이란 ICC(C, B, A) 모든 조건에서 담보되며, 공동해손은 타 화물의 손해를 최소화하기 위하여 이례적, 합리적, 의도적으로 발생되는 손해를 말한다.

③ 손해(경감)방지비용은 유일하게 보험가액(Insurable Value)을 초과하더라도 보상이 된다.

④ 구조비는 ICC(C, B, A) 모든 조건에서 보상이 되며, 국제해사법상 생명구조를 원칙으로 하는 성격을 반영한 것이다.

정답 | ①

해설 | 추정전손은 피보험자의 위부(Abandonment) 통지를 보험자에게 하는 것을 필수 요건으로 하며, 분손에 해당하나 해당 보상 비용이나 수리비용이 보험가액을 초과하는 경우 전손으로 인정하여 보상하는 것을 말한다.

※ 해상손해의 구분

손해 Loss	물적손해 (Physical Loss)	전손 (Actual loss)	현실전손(Actual Loss)	피보험목적물의 전부 손실
			추정전손 (Constructive total loss)	일부 손실이나, 그 수리비용, 구조비용이 보험가액을 초과하는 경우(+ 피보험자의 위부 통지 필요) → 전손 인정
		분손(Average)	단독해손 (PA, Particular Average)	피보험목적물의 일부 손실
			공동해손 (GA, General Average)	공동의 안전을 위한 희생 요건 : 의도적(Intentional), 이례적(Irritational), 합리적(Reasonable)
	비용손해 (Expensive Loss)	구조비(Salvage Charge)		해상에서 조난자 구조로 발생된 비용
		손해방지비용 (Sue & Labour Charge)		손해를 경감시키거나 방지하기 위하여 들어간 비용(유일하게 보험가액을 초과하더라도 보상)
		특별비용 (Particular Charge)		피보험목적물의 안전, 보존을 위해 지출된 기타비용
		공동해손비용(General Expense)		공동해손분담금
	배상책임손해	쌍방과실충돌, 선박충돌손해배상책임(collision Liability)		
	공동해손	공동해손		─

※ 주요출제사항

① 추정전손(Constructive Loss) : 수리비 및 보상금액이 가액을 초과함에 따라 피보험자의 위부통지에 따라 보험자는 전손에 해당하는 보상금 지급

② 공동해손(General Loss, or Expense) : G.A.라고도 하며 YAR(York antwarp Rule, 요크앤트워프룰)에 따라 적용되고 공동해손은 공동희생에 해당될 때 인정된다.

③ 쌍방과실충돌 등의 경우에는 구상권, 잔존물 등에 대한 대위(Subrogation)로 피보험자의 권리는 보험자에게 이전된다.

④ 손해방지비용(Sue & Labour Charge)은 보험가액을 초과하더라도 보상이 가능하며, 손실발생 전 손해를 방지하기 위한 비용을 포함하여, 손실발생 후 손해경감에 따른 비용도 보상된다.

120 다음 중 협회적하약관 ICC(C)조건에서 담보되지 않는 것은?

① 화재, 폭발, 선박, 부선의 좌초, 교사, 침몰, 전복

② 조난(피난)항에서 화물의 양륙 및 하역 작업 중 발생한 손해

③ 공동해손

④ 지진, 분화, 낙뢰

정답 | ④

해설 | 지진, 분화, 낙뢰는 ICC(B) 조건에서 담보되며, '지,갑,물(해수),하'로 외우면 암기가 용이하다.

121 다음 협회적하약관의 담보범위 중 적용 범위가 다른 것은?

① 갑판 유실

② 해수, 호수, 빗물 등의 유입으로 인한 운송용구 등의 손해

③ 적재, 하역 중 낙하, 추락에 의한 포장 단위당 전손

④ 어떠한 자의 고의에 기인한 손해

정답 | ④

해설 | 어떠한 자의 고의에 기인한 손해는 유일하게 ICC(A)에서만 담보된다.

122 다음 중 보험자가 면책되는 경우는?

① Strike

② Jettison

③ Warshing Overboard

④ Fire, Explosion

정답 | ①

해설 | 동맹파업은 보험자의 면책사항이다.

123 다음 중 적하보험에서 보험자의 면책사항이 아닌 것은?

① 피보험자의 고의적 불법행위

② 통상의 누손, 중량 등 감소, 자연소모

③ 전쟁, 동맹파업

④ 보험가액을 초과하는 손해방지비용

정답 | ④

해설 | 손해방지비용은 면책사항이 아니며, 유일하게 보험가액을 초과하더라도 보상이 된다. 손해방지비용은 손해경감비용이라고도 하며, 합리적으로 예상되는 손해를 방지하기 위하여 지출되는 모든 비용 또는 손해발생시 경감시키기 위한 모든 비용을 말한다.

※ 면책약관

면책약관은 보험자의 면책사항을 나열해 두고 있다. 면책사항에 해당되는 경우 보험자는 보상의 의무가 없으며, 이러한 보상까지 담보를 원하는 경우에는 부가담보특약을 가입하면 보상이 된다.

암기식	보험자의 면책약관(아래 면책사항은 보상책임 없음)
피	① 피보험자의 고의적 불법행위
통	② 통상 누손, 중량등 감소, 자연소모
포	③ 포장 불완전, 부적합
고	④ 물품 고유의 하자
핵	⑤ 원자핵무기에 의한 손해
지연	⑥ 지연
채무	⑦ 선박소유자, 관리자, 용선자, 운항자의 지급불능/채무불이행
어떠	⑧ 어떠한 자의 불법행위에 의한 의도적인 손상 파괴(ICC A 조건에서는 담보)
전쟁	⑨ 전쟁위험
동맹	⑩ 동맹파업

2. 수출보험

수출보험이란 수출거래에 관련하여 신용위험이나 비상위험 등으로 수출이 불가능하게 되거나 대금회수를 하지 못하게 되는 손실을 담보하는 보험을 말하며, 시험문제로 출제되는 경우 다양한 형태로 1문제 정도 출제가 되므로 종류만 숙지하고 넘어가는 것이 바람직하다.

수출보험종류		내용
단기	단기수출보험	대금결제 2년 이내 수출계약 체결 후 수출이 불가능하게 되거나, 수출대금을 미회수하게 될 경우의 손실을 보상하는 보험
	중소중견plus + 보험	중소, 중견기업이 보험료를 납부하고 수입자, 신용장, 수입국 등 보험계약자가 선택한 담보위험으로 손실 발생 시 무역보험공사가 손실을 보상하는 보험
중장기	중장기 수출보험	결제기간 2년 초과 수출계약 후 수출이 불가능하게 되거나, 수출대금을 미회수 하게 될 경우의 손실을 보상하는 보험
	수출보증보험	금융기관이 해외공사계약 또는 수출계약과 관련하여 수입자에게 보증서를 발급한 후 보증채무 이행 시에 발생하는 손실을 보상하는 보험
	해외투자보험	주식취득 등 해외투자 후 원리금, 배당금 미회수 시 보상하는 보험
	이자율변동보험	금융기관의 금리 차이로 인해 발생하는 손실 보상보험
환변동보험		수출업체에 일정 환율을 보장해준 후 수출대금, 결제시점 시 환차손을 보상하고 환차익은 환수하는 보험
수출신용보증보험		수출입자가 수출입계약과 관련하여 대출을 받거나 환어음 매각에 따른 금융기관에 대한 수출금융채무를 공사가 연대보증하는 보험
신용생명보험(Credit life insurance)		채무자가 사망하는 경우 대출금 미상환을 보증하는 보험
채무상환보험 (Credit disability insurance)		채무 미상환 시 보증하는 보험

※ 수출신용보험은 화물손상에 대한 risk는 cover하지 않음

124 다음 중 수출보험의 기능에 대한 설명으로 틀린 것은?

① 수출대금의 회수에 대한 신용위험을 보완할 수 있다.

② 수출금융수혜 등의 지원이 가능하여, 수출대금이 부족한 경우에도 이용할 수 있다.

③ 수출 진흥 정책 수단으로 각국에서 자국에 맞게 도입하여 사용되며, 해외수입자에 대한 신용조사도 진행된다.

④ 수출 후 환율이 변동된 경우에 환율에 대한 보상은 하지 않는다.

정답 | ④

해설 | 환변동보험은 수출보험의 일종으로 일정 환율에 대한 대금 회수를 확정해준 후 환율로 인하여 손해가 발생된 경우 보상한다. 반면, 유리하게 환율이 변동된 경우 보험공사는 수출자로부터 환차액을 회수한다.

CHAPTER **05** 무역영어

Internationai Trade Speciaiist **PART 02**

SECTION 1 무역계약

1. 무역 계약관련 서신

기출유사문제

125 다음 보기에 대한 설명으로 잘못된 것은?

TOMATO CO., LTD

Profoma Invoice

We are pleased to make the profoma invoce of the under mentioned articles as per conditions and details described as follows:

Commodity : TOMATO JUICE
Quantity : 10 Ton
Unit Price : USD10,000 per ton CIP Los Angeles
Payment : 30% Pre-payment against profoma Invoice,70% balance 7 days before shipment
Origin : Republic of Korea

① TOMATO Co., LTD는 TOMATO JUICE의 매도인이다.

② 대금결제는 사후송금방식을 제시하고 있다.

③ 상품의 원산지는 대한민국이다.

④ 거래조건은 운송비 보험료 지급인도 조건이다.

정답 | ②

해설 | 대금결제는 사전송금방식으로 제시하고 있다.

126 다음 서신의 작성 목적에 대하여 옳은 것을 고르시오.

Dear Sir/Madam,

I have received a request for credit privileges from the Computer Store, Wichita (Ms. Grechen Rivers, owner). Your company was listed as a credit reference.

I would be very grateful if you would supply the following information about this customer :

1. Credit terms extended to the customer, including limits.
2. Your reservations, if any, about the customer's financial condition and general reliability.
3. A brief statement concerning the customer's promptness in meeting obligations.

I assure you that the information supplied will be treated as confidential.

Sincerely,

① Submit any document
② Apply to reference letter
③ Reserve a creditable company
④ Request for credit reference

정답 | ④

127 다음은 어떤 협약에 대한 설명인가?

The Convention applies to contracts of sale of goods between parties whose places of business are in different States :

(a) when the States are Contracting States : or

(b) when the rules of private international law lead to the application of the law of a Contracting States.

① CISG
② UCP600.
③ URC522.
④ Incoterms

정답 | ①

해설 | 서로 다른 국가에 소재한 당사자 간 물품 매매계약에 적용되는 협약은 비엔나협약(CISG1980)이다.

128 아래 내용을 읽고 순서대로 나열한 것을 고르시오.

> (A) We prefer to open an L/C when we start business with a new business partner. Once both of us can trust each other after doing business for months, we want to change our L/C transactions to T/T remittance.
>
> (B) Please send a copy of your L/C application to us before you submit it to your issuing bank so that you and we can cross–check whether or not there is any mistake in the application.
>
> (C) We need your offer sheet so that we can open an L/C in your favor.
>
> (D) Enclosed herewith, please find our best offer whose validity is until the end of this month.

① (A) − (B) − (C) − (D)　　　　② (A) − (C) − (D) − (B)

③ (C) − (B) − (A) − (D)　　　　④ (D) − (C) − (A) − (B)

정답 ㅣ ②

해설 ㅣ (A) 신규 공급선과는 L/C 거래로 시작하며, 수개월 거래 후, 상호 신뢰가 구축되면 T/T거래로 변경한다.
　　　　(B) 개설은행에 L/C 거래 신청서를 지출하기 전에 송부바람. 잘못된 사항이 있는지 상호check하는 것이 필요하다.
　　　　(C) L/C개설을 위해 귀사 offer sheet가 필요하다.
　　　　(D) Offer sheet를 송부 드립니다. 본 Offer는 이번 달 말까지 유효합니다.

2. 무역 결제

기출유사문제

129 다음 중 국제규칙과 어울리는 결제방식을 고르시오.

① Stand–by L/C − UCP600, ISP98.　　　② D/P − UCP600

③ COD − Hague rules　　　④ L/C − URC522

정답 ㅣ ①

해설 ㅣ • D/P − 추심통일규칙
　　　　• URC522 COD − 송금
　　　　• L/C − UCP600, ISBP745

130 송금결제방식에 관한 설명으로 틀린 설명을 고르시오.

① 환어음을 사용하지 않으며 어음법이 적용되지 않는다.

② 환어음 발행 수수료나 신용장 발행 수수료가 들지 않는다.

③ 수입업자의 입장에서 신용장거래가 O/A보다 유리한 거래이다.

④ 우리나라의 수출과 수입거래 모두 송금결제방식이 가장 큰 비중을 차지한다.

정답 | ③

해설 | 수입업자는 후지급방식인 O/A(청산결제방식)가 가장 유리하다. 또한 청산결제방식은 차액만을 결제하므로 많은 자금을 보유할 필요가 없다.

131 다음 결제 방법 중 빈칸에 공통적으로 들어갈 방식으로 알맞은 것은?

- ( )은 수입상이 선적 후 서류를 송부하는 조건으로 대금을 지급하는 방식이다.
- ( )은 환어음을 사용하지 않으며 따라서 어음법이 적용되지 않는다.

① CAD   ② COD   ③ T/T   ④ D/P

정답 | ①

해설 | CAD는 선적서류 상환 대금 송금방식이다.

132 다음 중 송금결제방식에 관한 위험 및 위험관리 방안으로 빈 칸에 알맞은 방식을 알맞게 연결한 것을 고르시오.

- (A)방식에서 수입업자는 선적서류를 조건으로 대금을 지급한다.
- (B)방식에서 수출업자는 수입업자가 물품을 수령하지 않는 경우 대금 수령과 물품 회수가 불확실하다.
- (C)방식에서 수입업자는 가장 적은 대금을 지급할 수 있다.

① CAD – COD – O/A   ② T/T – D/P – L/C

③ L/C – O/A – T/T   ④ O/A – L/C – T/T

정답 | ①

해설 | • CAD는 선적 후 B/L이 발급되어야 하므로, 물품 검사가 가능하다.

    • COD는 목적지까지 인도하여야 하므로 수출자는 대금 수령과 물품 회수의 위험이 따른다.

    • O/A는 차액만을 결제하므로 가장 적은 대금만을 지급할 수 있다.

133 다음의 결제방식 중 빈칸에 들어갈 말로 알맞은 것은?

> (　　) means the handling by banks of documents as defined in financial and/or commercial documents in accordance with instructions received, in order to: obtain payment and/or acceptance, or deliver documents on other terms and conditions, or deliver documents against payment and/or against acceptance.

① Acceptance　　　　　　　　　② Letter of Credit

③ Factoring　　　　　　　　　　④ Collection

정답 | ④

해설 | 추심(Collection)에 관련된 설명이다.

134 다음 추심결제방식의 특징에 대한 설명 중 빈칸에 알맞은 말로 연결된 것은?

> • (　A　)는 지급인도방식으로서 신용장이 없는 (　B　) 방식의 개념으로 수출업자는 일람불화환어음을 발행한다.
> • 추심결제방식에서 수출국 은행을 (　C　)라고 하며 수입국의 은행을 (　D　)라고 한다.

	(A)	(B)	(C)	(D)
①	D/A	usance	remitting bank	collecting bank
②	D/P	at sight	remitting bank	collecting bank
③	D/P	at sight	presenting bank	collecting bank
④	D/A	at sight	collecting bank	remitting bank

정답 | ②

135 다음 내용 중 빈칸에 알맞은 것을 고르시오.

> 송장 총액에 대하여 관련선적서류를 첨부하여 일람 후 30일 출급으로 취소불능 확인신용장에 의거하여 환어음이 발행되어야 한다.
> (A) shall be drawn under (B) Letters of Credit at thirty days after sight for the full invoice value with shipping documents.

	(A)	(B)
①	Bill of exchange	revocable corrected
②	Draft	irrevocable corrected
③	Bill of exchange	revocable confirmed
④	Draft	irrevocable confirmed

정답 | ④

해설 | 일람 후 30일 출급으로의 표현은 at thirty days after sight(at 30d/s)이고 선적서류는 shipping documents, 운송서류는 transport document이다.

136 다음 환어음의 (A) (B) (C) (D)안에 들어갈 내용을 순서대로 나열한 것 중 그 조합이 가장 적절한 것을 고르시오.

> **BILL OF EXCHANGE**
>
> No.870806   DATE : Jun 01, 2018,
> FOR USD 100,000.–
> AT 30DAYS AFTER SIGHT OF THIS FIRST BILL OF EXCHANGE (SECOND OF THE SAME TENOR DATE BEING UNPAID)
> PAY TO (A) OR ORDER THE SUM OF SAY US DOLLARS FORTY THOUSAND ONLY
> VALUE RECEIVED AND CHARGE THE SAME TO ACCOUNT OF (B) DRAWN UNDER L/C NO. ABC_1 DATED Apr. 03, 2015
> TO (C)
>
>   signature (D)

	(A)	(B)	(C)	(D)
①	수출자	수입자	제시은행	수출자
②	추심의뢰은행	수입자	수입자	수출자
③	매입은행	수익자	상환은행	개설의뢰인
④	매입은행	개설의뢰인	개설은행	수익자

정답 | ④

해설 | Pay to 수취인(매입은행), Account of(최종결제인), To(지급인), 서명(발행인)

137 UCP 600의 신용장 서류심사 기준 중 빈칸에 알맞은 것을 고르시오.

---

a. A document presented but not required by the credit will be (A) and may be returned to the presenter.

b. If a credit contains a condition without stipulating the document to indicate (B) with the condition, banks will deem such condition as not stated and will disregard it.

c. A document may be dated prior to the issuance date of the credit, but must not be dated later than its date of presentation.

	(A)	(B)
①	disregarded	compliance
②	regarded	compliant
③	examined	shipment
④	Proud	infringement

정답 ┃ ①

해설 ┃ 다음은 UCP 600, 14조의 서류심사의 기준을 설명하는 내용이다.

　　a. 제시되었지만 신용장에서 요구하지 않은 서류는 무시되고 제시인에게 반송될 수 있다. 모든 서류상에 표시된 물품의 송화인 또는 탁송인은 신용장의 수익자이여야 한다.

　　"The shipper or consignor of the goods indicated on any document need not be the beneficiary of the credit(모든 서류상에 표시된 물품의 송화인 또는 탁송인은 신용장의 수익자일 필요는 없다)."

　　b. 신용장이 어떤 조건과의 일치성을 표시하기 위한 서류를 명시하지 않고 그 조건만 포함하고 있는 경우에는, 은행은 그러한 조건을 명기되지 아니한 것으로 보고 이를 무시하여야 한다.

　　c. 서류는 신용장의 발행일자보다 이전의 일자가 기재될 수 있으나 그 서류의 제시일보다 늦은 일자가 기재되어서는 아니 된다.

※ 다음 제시된 글을 보고 물음에 답하시오. [134~135]

DOCUMENT REQUIRED :

+ FULL SET ORIGINAL CLEAN 'ON BOARD' MARINE BILLS OF LADING MADE OUT TO ORDER, ENDORSED IN BLANK MARKED 'FREIGHT PREPAID', NOTIFY APPLICANT WITH FULL ADDRESS AND MENTIONING THIS DC NO.

---

138 위의 신용장 조항에서 찾아볼 수 없는 용어는 무엇인가?

① 기명식 선하증권
② 원본 선하증권 3통
③ 백지배서
④ 도착통지처

정답 | ①

해설 | 백지배서식 선하증권의 제시를 요구한다는 것은, BLANK란에 수하인을 기재하여 양도하여 사용한다는 의미의 선하증권을 제시하라는 것이다. 기명식 선하증권은 배서(ENDORSEMENT)에 의한 양도가 불가능하다.

139 위의 문구의 해석과 관련하여 잘못된 것은?

① 포장상태에 불량이 있다는 문구가 선하증권에 없어야 한다.
② 선하증권에 운임이 선지급됐다는 표기가 있어야 한다.
③ 신용장 번호가 기재되지 않아도 무방하다.
④ 수취선하증권을 제시하면 하자가 된다.

정답 | ③

해설 | 마지막 'MENTIONING THIS DC NO.'에서 DC는 Document Credit Number의 약자로 해당 신용장 번호와 개설의뢰인의 모든 주소가 기재되도록 명시하고 있는 것이다.

140 신용장 거래상에서 선적서류로 알맞게 연결된 것을 고르시오.

① Bill of Exchange – courier receipts
② Certificate of Origin – draft
③ Commercial Invoice – postal receipt
④ Marine Bill of Lading – packing list

정답 | ④

141 다음 결제방식 중 지급시기가 만기인 것으로만 연결된 것을 고르시오.

A. O/A	B. D/A	C. Usance L/C
D. D/P	E. COD	F. Payment L/C

① A, B, C   ② B, C, E, F   ③ C, D, E, F   ④ A, B, C, E

정답 | ①

해설 | • O/A : 만기에 정산결제
      • D/A, Usance L/C : 기한부환어음(Usance) → 인수 후 만기지급

142 다음은 신용장 거래 당사자에 대해 나타낸 것이다. 틀린 것을 고르시오.

A. L/C at sight in favor of : (① Exporter)

B. L/C의 irrevocably bound to honour : (② Negotiating bank)

C. B/L의 consignee : to the order of : (③ Issuing bank)

D. B/L의 notify party : (④ Importer)

정답 | ②

해설 | 신용장상 지급이행에 취소불능적으로 구속되는 것은 개설은행(issuing bank)과 확인은행(Confirming)이다.

143 다음은 결제 방식에 대한 설명이다. 빈칸에 알맞은 결제 방식을 고르시오.

(A) – Exporters and importers settle differences at the maturity agreed upon after the transaction.
(B) – Under this payment, the paying bank is instructed to pay, or arrange for payment, to the seller the money due on presentation of the documents.
(C) – By accepting the bill, the bank signifies its commitment to pay the face value on maturity to the party presenting it.

	(A)	(B)	(C)
①	O/A	Payment L/C	Acceptance L/C
②	D/A	Payment L/C	Acceptance L/C
③	D/P	Acceptance L/C	Payment L/C
④	T/T	Acceptance L/C	Payment L/C

정답 | ①

해설 | • O/A(청산결제방식) : 매도인과 매수인은 거래 후 만기에 차액을 정산한다.
    • Payment L/C(지급신용장) : 지급은행은 서류가 제시되면 매도인에게 대금을 지급하는 신용장이다.
    • Acceptance L/C(인수신용장) : 인수은행이 환어음을 인수하면서 만기일에 대금을 지급할 것을 확약하는 신용장이다.

1. 국제운송

기출유사문제

144 다음 내용은 어떠한 해상운임에 대한 설명인가?

> Carriers usually impose certain charges on the basic freight. The most common things are the Bunker Adjustment Factor (BAF), which is freight according to fuel price fluctuations, and Currency Adjustment Factor (CAF) for fluctuations in the exchange rate of the currency in which the freight is quoted. Exporters should consider including price adaptation clauses in their sales contracts with CAF and BAF adjustments.

① Lump-sum freight　　　　　　　　② Surcharges

③ Dead freight　　　　　　　　　　④ Deducted freight fees

정답 | ②
해설 | BAF, CAF가 대표적인 할증료다.

145 다음은 선하증권(Bill of Lading ; B/L)의 특성을 설명한 것이다. 올바른 것을 고르시오.

> A. It represents the right to physical delivery of the goods.
> B. For the seller, the clean on board B/L provides a valuable bundle of rights.
> C. It allows the buyer to speculate on the market, selling the goods in transit by transferring the B/L via endorsement.
> D. It serves as an evidence of contract of carriage and as a receipt for the goods, but is not a document of title.

① A, B　　　　　② C, D　　　　　③ A, C　　　　　④ B, D

정답 | ③
해설 | B. For the buyer, the clean on board B/L provides a valuable bundle of rights.
　　　　D. 선하증권은 권리증권이다. '선하증권이 권리증권이 아니다'라고 되어 있기 때문에 잘못된 설명이다.

146 다음은 선하증권의 법적 측면에 대한 설명이다. 빈칸에 알맞은 말을 고르시오.

> A. A formal receipt by the carrier acknowledging that goods alleged to be of the started species, quantity and condition are shipped to a stated destination in a certain ship, or at least received in the custody of the carrier for the purpose of transport.
>
> B. (A) of the contract of transport, repeating in detail the terms of the contract which was in fact concluded prior to the signing of the bill of lading.
>
> C. A document entitling the consignee to dispose of the goods by (B) and delivery of the bill of lading.

	(A)	(B)
①	Evidence	endorsement
②	Document	seller
③	Evidence	seller
④	Document	Endorsement

정답 | ①

147 다음 중 선적서류에 대한 설명으로 옳은 것을 고르시오.

> A. Received B/L – This B/L is issued when the goods are received, but before they are actually loaded.
>
> B. Straight B/L – In this B/L, a specific person's name is written in the 'consignee', so this B/L cannot be transferable.
>
> C. Sea waybill – This document is used in the same way as a B/L. It plays a role as a receipt for the goods, evidence of contract for carriage of goods and as a document of title.
>
> D. Bill or lading – This document is used when the goods are carried by air, and it is not negotiable.

① A, B   ② B, C   ③ C, D   ④ B, D

정답 | ①

해설 | A. 수취 선하증권 – 화물이 선적을 위하여 수취되었음을 증명하는 선하증권이다.
    B. 기명식 선하증권 – 화물을 받는 수하인 란에 수입업자의 이름이 구체적으로 명시된 선하증권으로 유통이 불가능하다.
    C. 해상화물운송장 – 해상화물운송장은 선하증권과 마찬가지로 운송계약의 증거이자 화물 수취증거로서 발행되지만 유가증권은 아니다.
    D. 항공화물운송장 – 항공회사가 화물을 항공으로 운송하는 경우에 발행하는 화물수취증으로 유통이 불가능하다.

148 해상화물운송장(Sea Waybill)에 대한 설명으로 옳은 것을 고르시오.

① 이른바 고속선의 문제(Fast Ship's Problem)를 해결하기 위해 도입된 운송 서류이다.

② 해상화물운송장은 유통이 가능하기 때문에 수하인이 물품을 수령할 때 원본을 제출할 필요가 없다.

③ 상법상 해상화물운송장은 선하증권과 같이 요식증권의 성질을 갖지만, 전자식으로는 발행될 수 없다.

④ UCP(600)에서는 선하증권과 같은 규정을 두고 의무화하고 있다.

정답 | ①

해설 | 비유통성 운송증권이므로 사본 제시로 가능하여 가까운 거리에도 원본 SWB 없이 화물인도가 가능하다.

149 Air Waybill(AWB)과 관련된 다음의 설명 중 올바른 것은?

> A. 항공수출입운송 포워더는 항공사의 대리점의 역할을 하면서 항공사의 Master AWB을(를) 발행할 수도 있고, 항공화물의 콘솔업무를 하면서 House AWB을(를) 발행하기도 한다.
> B. 작성된 AWB의 내용을 수정하거나 추가할 경우에는 원본과 사본 전체에 대해서 수정 또는 추가가 되어야 한다.
> C. Master AWB상에 있는 'Fight/Date'에 표기되는 사항은 항공사 임의로 사용되며 본 난에 기입된 날짜에 이륙하였다는 것을 의미한다.
> D. AWB은(는) 원본 3장과 부본 6장으로 구성되는 것이 원칙이지만 운송인의 필요에 따라 매수 조절이 가능하다. 제1원본은 송하인용이고 제2원본은 수하인용이며 제3원본은 운송인용이다.

① A, B ② B, C ③ C, D ④ A, D

정답 | ①

해설 | A. 항공화물 수출입운송은 모두 포워더가 운송수배로부터 항공화물운송장 발행까지 모두 하주와 항공사를 대신하여 취급하고 있다. 따라서 항공사의 대리점 자격으로 Master Air Waybill 발행을 하고 있고 자체 항공화물운송장인 House Air Waybill도 발행할 수 있는 것이다.
  B. 작성된 AWB의 내용을 수정하거나 추가할 경우에는 원본과 사본 전체에 대해서 수정 또는 추가가 되어야 한다.
  C. Flight/Date는 항공사 임의로 사용하되 기입된 Fight가 확정된 것임을 의미하지는 않는다.
  D. 원본의 구성은 제1원본은 운송인용이며 제2원본은 수하인용이며 제3원본은 송하인용으로 구성되어 있다.

150 다음 중 아래 문장과 관련된 서류를 고르시오.

> 수입업자가 수입국에서 화물을 찾기 위하여 보세창고에 제시하여야 한다.

① Original Bill of Lading ② Letter of Shipping Guarantee
③ Surrendered Bill of Lading ④ Delivery Order

정답 | ④

해설 | D/O를 받기 위해 운임을 정산하고 선사에 제출하는 것은 B/L 원본이고 물건을 찾기 위해 창고에 제출하는 것은 D/O이다.

2. 해상보험

151 아래에서 설명하고 있는 보험의 명칭과 관련하여 빈칸에 각각 들어갈 알맞은 용어를 고르시오.

> Under-insurance means that an insured is insured for an (A) that is less than the (B) of the subject-matter insured.

	(A)	(B)
①	insurable interest	insured amount
②	insured amount	insurable value
③	insurable value	claim amount
④	claim amount	insured amount

정답 | ②

152 다음 중 적하보험으로 보상받을 수 있는 것을 고르시오.

① Fire, Jettison, Barratry, Prates. etc.

② Insufficiency or unsuitability of packing of the subject-matter insured

③ Ordinary leakage or ordinary loss in weight or volume of the subject-matter insured.

④ Ordinary wear and tear of the subject-matter insured.

정답 | ④

해설 | ① 화재, 투하, 선원의 악행, 해적 등은 담보위험이다.
　　　② 보험 목적물의 불충분한 또는 부적당한 포장
　　　③ 보험 목적물의 중량이나 부피의 일반적인 누손이나 손실
　　　④ 보험 목적물의 일반적인 마모

153 다음 중 ICC(A) 조건에서 보험자가 담보하는 위험을 고르시오.

A. vessel or craft being stranded, grounded, sunk, or capsized
B. fire or explosion
C. loss damage or expense attributable to wilful misconduct of the Assured
D. overturning or derailment of land conveyance
E. Delivery delay

① A, B, C ② A, B, D ③ C, D, E ④ B, C, E

정답 | ②

해설 | C. 피보험자의 고의적 불법행위로 인한 손상은 어떠한 경우에도 보상되지 않는다.
E. 지연은 면책위험이다.

3. 비즈니스

기출유사문제

※ 다음 서신을 읽고 물음에 답하시오. [150~151]

July 15, 2018

TOMATO Trading Co., Ltd.

Gentlemen:

Many thanks for your offer of July 10 for Korean Notebook Computers, which impressed us favorably.

However, your prices do not seem to be competitive compared with other similar notebook computers selling in UK
So would you please lower the prices of Model NC 100 to $1,500, Model NC 200 to $1,200, and Model NC300 to $1,000 so that we can compete with other importers?

If you accept our (   ) at the above prices, we will issue an irrevocable L/C within two weeks after receipt of your acceptance.

Your prompt reply will be highly appreciated.

Sincerely yours,

GEO Trading CO., LTD.

154 위 서신에 대한 설명으로 잘못된 것을 고르시오.

① 위 서신의 발신인은 영국주재 무역회사이다.

② 위 서신의 발신인은 2주후에 화환신용장을 발급할 예정이다.

③ 위 서신의 목적은 발신이 수입제품의 가격인하를 요청하기 위함이다.

④ 위 서신의 수신인은 노트북 컴퓨터에 대해 피 청약인에게 청약을 한 상태이다.

정답 | ②

해설 | 가격인하에 승낙하는 경우 수신인의 승낙일로부터 2주 이내에 L/C를 발행할 예정이다.

155 위 서신의 전체 흐름으로 보아 괄호 안에 가장 알맞은 것을 고르시오.

① Firm offer
② Selling offer
③ Counter offer
④ Conditional offer

정답 | ③

해설 | 가격을 인하하여 다시 청약하는 것은 반대청약이다.

156 다음 무역서신 작성에 사용되는 AIDA원칙의 의미를 잘못 표현한 것은?

① A(Attention) : Getting the readers'eye

② I(Interest) : Arousing the readers' curiosity or interest

③ D(Desire) : Making the readers want what they have to sell

④ A(Action) : Telling or showing the readers what to do

정답 | ③

해설 | D(Desire) : Making the reader want what you have to sell.

※ 다음 서신을 읽고 물음에 답하시오. [157~159]

TOMATO TRADING CO., LTD.

July 15, 2018

GEO TRADING CO., LTD.

Gentlemen:

We are pleased to inform you that your order No.725 of 1,500 units of laptop computers has been shipped today by M/S "Samho" due to arrive at New York. The ETA will be around August 16, 2018.

As agreed upon, we have drawn a draft on your bank at 30 d/s for US$2,500,000.00 under L/C No.02/80001 with documents attached, and have negotiated through the Korea Exchange Bank. We wish you would honor it upon presentation.

You will find enclosed a non-negotiable copy of B/L, copies of Marine Insurance Policy and one copy of Packing List.

We trust that the goods will reach you in good condition and give you complete satisfaction.

Sincerely yours,

TOMATO TRADING CO., LTD.

---

157 위 서신을 작성한 의도를 고르시오.

① 선적 통지　　　　② 구매 주문　　　　③ 보험료 문의　　　　④ 신용장 개설 촉구

정답 | ①
해설 | 수출자는 신용장 조건에 따라 선적하였으며, 수출국의 은행에서 이미 매입하였다는 내용이다.

158 위 서신에서 나오는 용어 중 잘못 연결된 것을 고르시오.

① M/S : Motorship
② ETA : Estimated Time of Arrival
③ d/s : Debit standing
④ L/C : Letter of Credit

정답 | ③
해설 | 실무상 많이 쓰는 표현으로 d/s는 days의 약자이다.

159 밑줄 친 부분을 해석한 것으로 가장 적합한 것을 고르시오.

① 귀사에게 어음이 제시되면 결제해주시길 희망합니다.

② 귀사에게 신용장이 제시되면 선적해주시길 희망합니다.

③ 귀사에게 신용장이 제시되면 결제해주시길 희망합니다.

④ 귀사에게 어음이 제시되면 지급 보증을 해주시길 희망합니다.

정답 | ①

해설 | 수출자는 환어음을 발행하여 매입은행에 매입한 상태이다.

160 다음 서신을 읽고 클레임의 요인을 고르시오.

> The shipments on our Order No. 26 have arrived here, but we are sorry to say that the goods are different from the sample on which we passed you the order.
>
> We are enclosing a cutting sample from the goods we received. You will admit that your shipments do not come up to the quality of the sample.

① Inferior goods   ② Delay in delivery

③ Damage to the goods   ④ Wrong packing

정답 | ①

해설 | do not come up to the quality of the sample = 샘플 품질과 일치하지 않는다 → 저품질 상품에 대한 클레임 제기 건이다.

PART 03
무역서식/실무사례

tomato 패스

국제무역사 2급

International Trade Specialist

무역서식/실무사례

■ **검정목표** 무역절차 전반에 대한 이론적 이해와 실무에 입각한 무역실무 지식 함양을 검정목표로 하며, 계약, 결제, 운송, 보험 및 실무에 사용되는 서류의 서식 및 관련 지문에 대한 이해를 주 목표로 함

■ **주요 검정내용**

• **무역서식**
  – 무역 계약의 성립 및 클레임과 관련된 실제 서신내용의 해석 능력
  – 계약, 결제, 운송, 보험, 분쟁과 관련된 실제 무역 서식의 구성요소 파악 능력
  – 서식을 보고 관련 기재사항을 이해 및 오류 수정하는 이론과 실무 이해도 평가

• **실무사례**
  – 수출입 통관 서류 및 수출입 신고서 작성요령에 대한 사례 분석
  – 구매확인서와 내국신용장 등 실무서류의 이론적 이해와 비교

CHAPTER 01 무역서식

International Trade Specialist **PART 03**

SECTION 1 무역계약 및 결제

1. 무역계약

기출유사문제

01 다음 중 거래제의(Business Proposal) 서신에 삽입되는 주요 내용이 아닌 것은?

① 상대방을 알게 된 경위

② 거래조건, 결제조건

③ 자사소개 및 거래 희망 품목

④ 보험약관

정답 | ④

해설 | 보험조항(Insurance Clause)은 계약체결 후 삽입하는 조항이며, 보험약관은 보험자가 보험계약자 또는 피보험자에게 교부하는 사항이다.

※ 거래제의 시 주요 삽입 내용
• 상대방을 알게 된 경위
• 자사소개(영업종목, 자산상태, 영업경력, 거래선)
• 거래를 희망하는 상품이나 업무내용(수입, 수출, 대리점, 위탁판매)
• 거래조건, 특히 결제조건
• 신용조회선
• 가능하면 가격표, 카탈로그, 견본을 같이 보냄

02 다음 중 계약체결 이전 단계에서 문의(Inquiry) 서신에 포함되지 않는 항목은?

① Commodity's name(Goods)

② Quality

③ Document Credit No.

④ Terms of Payment

정답 | ③

해설 | 계약체결 전이므로 신용장 번호(Document Credit No.)가 기재될 수는 없다.

※ Inquiry의 필수요건
• 상품명(commodity's name)
• 품질(quality)
• 수량(quantity)
• 가격(price)
• 선적기(time of shipment)
• 지불조건(terms of payment)
• 포장방법(mode of packing)
• 부보조건(terms of insurance convenance coverage)

03 다음 서신의 내용에 대한 설명으로 틀린 것은?

TOMATO INDUSTRIAL CO.,LTD.
Kangnamgu, SEOUL, KOREA
Tel : 82-2-1000-1234, Fax : 82-2-1000-4321
E-Mail : hrsim2646@naver.com, Homepage : www.tomatopass.co.kr

Seoul, July 20, 2018

GEO co., Inc.
50 Libeity st.
New York, N.Y. 12345
U.S.A.

Gentlemen ;
We have the pleasure of acknowledging your letter of July 30, requesting us to quote the most favorable price on tomato.
We regret that our prices were not low enough to meet your requirements.
But the above revised is the best price we can make at present since the high quality of our goods cannot be maintained at lower prices.
In fact, our revised price is closely calculated and we shall not be able to make any further price reduction in spite of our eagerness to do business with you.

We trust you will accept it without delay.

Yours truly,

TOMATO Industrial. co. ltd
H.R. Sim
Director Trading Department

---

① GEO co., Inc는 TOMATO Industrial에 가격 인하를 요구하였다.

② TOMATO Industrial. co. ltd는 가격 인하를 승낙하였다.

③ TOMATO Industrial의 판매 품목은 TOMATO이다.

④ TOMATO의 품질은 매우 좋다고 회신하고 있다.

정답 | ②

해설 | GEO co., Inc의 가격 인하 요구에 대하여 TOMATO는 가격 인하에 응해줄 정도로 품질이 낮지 않으므로, 양해해 달라는 회신이다.

04 다음 클레임 서신에 대한 내용으로 틀린 것은?

TOMATO INDUSTRIAL CO.,LTD.
C.P.O. BOX 1234, SEOUL, KOREA
Tel : 82-2-1234-5432, Fax : 82-2-5432-5433
E-Mai : hrsim2646@naver.com, Homepage : www.Tomatopass.co.kr

Seoul, July 5, 2018

GEO co., Inc.
50 Libeity st.,
New York, N.Y. 10005
U.S.A.

Gentlemen ;

Five Bales of TOMATO Goods for our Order No.100 per M/S "Island Container" Vessel 823 have reached us, but we regret to have to inform you that their quality is inferior to the samples for which we placed the order.

Enclosed find sample from the goods we received. You will admit that your shipments do not come up to the quality of the sample.

We hope that you will correct the matter at once and let us know by return mail.

Yours truly,

TOMATO IND. CO.
H.R. Sim
Director Trading Department

---

① TOMATO IND. CO.는 품질 저하에 대한 클레임을 제시하고 있다.
② TOMATO IND. CO.는 샘플을 사전에 받은 적이 있다.
③ 샘플과 불일치한 품질에 대한 조치를 이메일로 요구하고 있다.
④ M/S란 Mail Spend의 약자이다.

정답 | ④
해설 | M/S란 Mother Ship의 약자로 본선을 의미한다.

TOMATO CO., LTD.

Manufacturers, Exporters & Importers

· 707, 7th Fl., TOMATO Bldg., 123 TOMATO-dong, Kangnam-ku, Seoul 100-010, Korea

Tel: +82-2-954-8710 Fax: +82-2-6228-8710 M.P: +82-11-334-8710

November 17, 2018

GEO CO., LTD.
50 Liberty St., New York,
N.Y. 10005, U.S.A.
Attn.: Mr. Tony Stark / Importing Manager

Gentlemen :

OFFER SHEET No. 100001

We are pleased to offer you the following goods on the terms and conditions as stated below.

Item	Description	Quantity	Unit Price(CIF Seattle)	Amount
Tomato Drink no.1	235mm x 6can	100 Box	US$1,000	US$100,000
	350mm x 5can	100 Box	US$1,200	US$120,000
	500mm x 4can	100 Box	US$1,300	US$130,000
	1,000mm x 2pet	100 Box	US$1,500	US$150,000
Total		400 Box		US$500,000

Origin	:	Republic of Korea
Shipment	:	From Busan port, Korea for transportation to Seattle port, U.S.A. within 30days after receipt of L/C, partial shipment allowed and transshipment not allowed
Insurance	:	Seller to cover the 110% of full invoice value against ICC (A) with claims payable in Seattle, U.S.A. in the same currency as the draft
Payment	:	By irrevocable documentary credit at sight to be issued in favor of TOMATO Co., Ltd.
Documents required	:	+ Signed commercial invoice in triplicate

+ Full set of clean on board ocean bills of lading made out to order of issuing bank, marked "freight prepaid" and notify applicant

+ Insurance policy or certificate in duplicate blank endorsed for the 110% of full invoice

value against ICC(A) with claims payable in Seattle in the same currency as the draft

+ Packing list in triplicate

+ Inspection certificate in duplicate issued by SGS

Inspection	:	SGS' inspection to be final before shipment
Packing	:	Export standard packing
Shipping marks	:	XYZ in diamond, destination port, origin, box No.1/up
Validity	:	Until December 31, 2018

Your valued acceptance would be highly appreciated.

Yours very truly,

Date of acceptance:

Accepted by: GEO Co., LTD

TOMATO CO., LTD.

Haryong Shim

President

05 이 서식에 대한 설명으로 잘못된 것은?

① Selling Offer이며, Seller는 Tomato Co., Ltd.이다.

② Firm Offer이다.

③ Offeree는 GEO Co., Ltd.이며, 아직 서명하지 않았다.

④ 계약이 성립한다면, 미국 Seatle항에서 선적될 예정이다.

정답 | ④

해설 | BUSAN항에서 선적되어 Seatle항으로 운송된다.

06 이 서식에 대한 설명 중 틀린 것은?

① Offersheet의 하단 Accepted 란에 서명하면 계약은 성립된다.

② 원산지는 한국이다.

③ 청약일은 2018년 12월 31일이다.

④ 결제조건은 취소불능신용장 개설 조건이며, 송금방식으로 변경하여 승낙하게 되면 계약 성립이 되지 않는다.

정답 | ③

해설 | 청약일은 2018년 11월 17일 이다. 유효기간(Validity) 2018년 12월 31일 이내에 승낙하면 계약이 성립되는 확정 청약이다. 청약 시 청약자의 청약사항을 그대로 완전히 승낙하여야 계약이 성립되며, 대금결제, 가격, 수량, 품질 등의 주요 사항이 변경되는 경우 반대청약으로 보아 계약이 성립되지 않으며, 이 경우 다시 원청약자의 승낙이 있어야 계약이 성립된다.

07 이 서식에 대한 설명 중 옳은 것은?

① 보험조건으로 반드시 보험증권을 제출하여야만 한다.

② SGS는 검사기관으로 검사증명서 한 통을 제출하여야 한다.

③ 분할선적은 허용되나 할부선적은 금지한다.

④ 화인은 다이아몬드형태로 기재하며, 선적항을 기재한다.

정답 | ③

해설 | ① 보험조건은 보험증권 및 보험증명서도 제출이 가능하도록 기재되어 있다.
② SGS는 대표적인 국제 검사기관으로 검사증명서 Duplicate(2통)를 제시하도록 되어 있다.
④ 화인(Shipping Mark)에는 도착항을 기재하도록 명시되어 있다.

COMMERICAL INVOICE

Seller Tomato Corporation Seoul Korea 02-000-0001	Inviice No and Date ABC456789 JUM 29 2018 BANK DETAILS :
Consignee Geo world complay Beijing, China 000-000-00001	Buyer(if other than cosignee) SAME AS CONSIGNEE Other references
Departure Date : ON ABOUT 4WEEKS	
Vessel/Flight From By INCHEON, KOREA	Terms of delivery and payment : FCA PAYMENT CONDITION : T/T
To ; Haryong Shim CARRIER : HAND CARRY	

Shipping marks 1 CARTON	"DESCRIPTION"	Q'TY	NET(g) WEIGHT	AMOUNT (KRW)
	Tomato Juice	30	100,000	26,357,600

* Gross weight : 115KG

TOTAL		KRW	26,357,600.00
FREIGHT & INSURANCE		KRW	
GRAND TOTAL(FCA)		KRW	26,357,600.00

Very Truly Yours

Geo World Co., Ltd

08 이 서식에 대한 설명으로 틀린 것은?

① UCP600에 따르면 이 서식에는 서명될 필요가 없다.

② 계약이 성립된 후에 작성되는 서류이다.

③ CIF 조건으로 운임 및 보험료를 포함한 가격으로 작성되었다.

④ 토마토주스의 순중량은 100kg이다.

정답 | ③

해설 | 이 서류는 FCA(Free Carrier) 조건으로 작성된 Invoice이다.

09 이 서식에 대한 설명으로 옳은 것을 모두 고르시오.

> A. 수출자는 TOMATO CORPORATION이다.
> B. 수입자는 중국의 SHENZHEN에 소재한다.
> C. 운송방식은 핸드캐리(HAND CARRY) 방식으로 수입자 또는 수입자의 운송인이 직접 가져간다.
> D. 결제방식은 전신환 방식으로 이루어진다.
> E. 결제통화는 US$로 이루어진다.

① A, B, C   ② A, C, D   ③ B, C, D   ④ B, D, E

정답 | ②

해설 | 수입자는 BEIJING에 소재하며, 결제통화는 원화이다.

10 신용장 조건에서 위 서식의 서류의 해석으로 옳은 것은?

① Invoice 1 copy : 송장 사본 1부를 제시하면 되며, 원본으로 제시하여도 수리된다.

② invoice in 4 copy : 최소 원본 1통과 나머지는 사본으로 제시하면 수리된다.

③ Original Invoice Duplicate : 원본 1통과 사본 1통으로 제시가능하다.

④ Photocopy of a signed Invoice : 서명되지 않은 송장 원본 사진 1부로 제시하면 수리된다.

정답 | ②

해설 | Invoice는 Copy(사본) 제시를 요구하였을 경우, 원본 1부와 나머지 사본으로 충족된다.

11 다음 계약서에 대한 설명 중 틀린 것은?

TOMATO CORPORATION

W.T.P.O. BOX 1010

Trade Tower 30F.

Gangnam − gu, Seoul, Korea

TEL : 02−6000−5353 FAX : 02−6000−5161

SALES CONTRACT NO.123

DATE : June 10, 2018

MESSRS, PFISTER & VOGEL INC.

Los Angeles, U.S.A.

We as Seller confirm having sold you as Buyer the following goods on the terms and conditions as stated below and on the back hereof.

QUANTITY	DESCRIPTION	PRICE	SHIPMENT
10,000yards	Printed Synthetic Febric 44 x about 500yards 100% Acrylic Fast Color	CIF New York in U.S. Currency $0.72	Aug. 2018

Total Amount : US$7,200.00

PAYMENT : By a Documentary Letter of Credit at 90 days after sight in favour of you.

INSURANCE : Seller to cover the CIF price plus 10% against All Risks including War and SRCC Risks.

PACKING : About 500 yards in a carton box

DESTINATION : LOS ANGELES, U.S.A.   〈SHIPPING MARK〉

P&V

LOS ANGELES

BOX NO. 1/UP

MADE IN KOREA

PLEASE SIGN AND RETURN THE DUPLICATE

BUYER	SELLER
PFISTER & VOGEL INC.	TOMATO CORPORATION.
(Signed)	(Signed)
David Jones	GIL DONG HONG
President	Export Manager

---

① 수출자는 한국의 TOMATO CORPORATION이다.

② 수입자는 미국의 GEO INC.이다.

③ CIF조건으로 보험은 ICC(C)조건을 따르고 있다.

④ 전쟁위험 및 SRCC 부가담보 특약을 부보조건으로 하고 있다.

정답 | ③

해설 | 보험조건은 A/R(All Risk)이다.

2. 무역 결제

※ 다음 서식을 보고 물음에 답하시오. [12~15]

Application for Irrevocable Documentary Credit

TO : HR Bank   ① Date : AUG, 13, 2018

※ ② Advising bank : ABC Bank, LA, USA   BIC : (HRBSU00)

※ ②-1 Credit no. :

③ Applicant : TOMATO COMPANY, KOREA

④ Beneficiary : GEO CORPORATION USA

⑤ Amount : 통화 USD   금액   (Tolerance : 0/0)

⑥ Expiry Date : Sep. 06, 2018 in the Beneficiary country (O) At the counters of ourselves (   )

⑦ Latest date of shipment : AUG. 31, 2018

⑧ Tenor of Draft   At sight (O), Usance   days(Usanse L/C only : Banker's (   )   Shipper's (   )   days

    ☐ After sight

⑨ For 100% of the invoice value   ☐ From B/L date

   Document Required(46A)   ☐ Other

⑩ (O) Full set of clean on board ocean bills of lading made out to the order of H R BANK marked "Freight

   (Prepaid   ) and notifyAccountee (O), Other (   ) :

⑪ Insurance Policy or Certificate in duplicate endorsed in blank for 110% of the invoice value, stipulating that

   claims are payable in the currency of the draft and also indicating a claim setting agent in Korea. Insurance must

   include : the Institute Cargo Clause : A/R with ICC War and SRCC clause.

⑫ (O) Signed Commercial Invoice in (3) folds

⑬ (O) Signed Packing List in (3) folds

⑭ (O) Certificate of Origin in (1) Original and (1) copy

⑮ (O) Inspention Certificate in (1) fold issued by Los Angeles, USA

⑯ ( ) Other Documents (if any)

⑰ Description of goods and/or services(45A)

⑱ Price term : CIF BUSAN, Korea

Commodity Description	Quantity	Unit Price	Amount
TOMATO HUICE, GOOD GRADE	10,000 KG	100	1,000,000

⑲ Shipment from : Los Angeles, USA   Shipment to : Busan, Korea

⑳ Partial Shipment : (O) Allow   ( ) Prohibited

㉑ Transshipment : ( ) Allow   (O) Prohibited

㉒ Confirmation : ( ) / Confirmation charges : ( ) Beneficiary ( ) Applicant

㉓ Transfer : ( ) Allowed(Transferring Bank :   )

㉔ Documents must be presented within (12)days after the date of shipment of B/L or transportation documents.

---

12 이 서식에 대한 설명으로 잘못된 것을 고르시오.

① 이 서식은 수입자인 개설의뢰인이 작성한다.　② 이 서식은 신용장 개설신청서이다.

③ 개설은행은 HR Bank이다.　④ 기한부 신용장이다.

정답 | ④
해설 | 이 신용장은 일람지급(Sight) 신용장이다.

13 이 서식에 대한 설명으로 옳은 것을 모두 고르시오.

> A. 통지은행은 미국 Los Angeles에 위치한 ABC BANK이다.
> B. 수출자는 TOMATO COMPANY이다.
> C. CIF 조건에 따라 운임은 수출자가 미리 지급하여야 한다.
> D. 분할선적은 금지된다.
> E. 양도가능신용장이다.

① A, B, C　　　② A, C, D　　　③ A, D, E　　　④ B, C, E

정답 | ②
해설 | B. 수출자는 수익자(BENEFICIARY)인 GEO CORPORATION이다.
　　　　E. 양도가능신용장(TRANSFERABLE CREDIT)은 아니다.

14 이 서식에 대한 설명으로 잘못된 것을 고르시오.

① 서명된 INVOICE 3통을 제시하여야 하며, 원본 1통과 나머지는 사본으로 제출이 가능하다.

② 미국 LA에서 발행된 검사증명서를 제출하여야 한다.

③ 신용장의 유효기간은 2018년 9월 6일까지 매입신청하면 된다.

④ 보험서류 제출 시 A/R 조건으로 부보되어야 하며, 전쟁위험은 담보되지 않는다.

정답 | ④
해설 | 부가담보특약으로 WAR and SRCC 조건으로 가입된 보험증권을 제출하도록 되어 있다.

15 이 서식에 대한 설명으로 틀린 것은?

① 원산지증명서는 2통을 제시하여야 한다.

② 검사증명서는 1통만 제시하여도 된다.

③ 환적은 금지된다.

④ 백지(Blank)배서(Endorsement)식 B/L 서류를 제시하면 된다.

정답 | ④

해설 | order of HR Bank 문구를 보면 HR Bank의 지시식으로 발행된 B/L을 제출해야 함을 알 수 있다.

16 ISBP745에 따라 신용장에서 요구하는 Shipping Document에 포함되지 않는 서류는 무엇인가?

① Insurance Certificate

② Bill of Exchange

③ Inspection Certificate

④ Application for Irrevocable Letter of Credit

정답 | ④

해설 | 신용장개설신청서(Application)는 선적서류에 포함되지 않는다.

17 신용장거래에서 상업송장의 기재에 대한 설명으로 잘못된 것을 고르시오.

① 상업송장은 신용장의 조건대로 작성되어야 하며, 신용장과 동일한 통화로 기재되어야 한다.

② 개설의뢰인이 수익자 앞으로 발행한다.

③ 서명될 필요는 없다.

④ 신용장금액을 초과하는 송장은 수리 가능하다.

정답 | ②

해설 | 상업송장의 수리요건
- 상업송장은 신용장의 조건대로 작성되어야 함(엄격일치)
- 수익자가 발행할 것(양도신용장의 경우 제외)
- 개설의뢰인 앞으로 발행될 것(양도신용장의 경우 제외)
- 신용장과 동일통화로 작성될 것
- 서명될 필요는 없음
- 신용장금액을 초과하는 송장은 수리 가능/초과분 거절도 가능

18 다음의 신용장 문구에 대하여 틀린 것은?

> + FULL SET ORIGINAL CLEAN 'ON BOARD' MARINE BILLS OF LADING MADE OUT TO ORDER, ENDORSED IN BLANK MARKED 'FREIGHT COLLECT', NOTIFY APPLICANT WITH FULL ADDRESS AND MENTIONING THIS DC NO.

① 해상 선하증권 원본 한 통과 나머지 사본 제시로 수리가 가능하다.

② 백지배서식 선하증권으로 Consignee란은 공란으로 기재하여야 한다.

③ 도착통지처는 개설의뢰인(수입자)이다.

④ DC NO.란 신용장 번호(Documentary Credit Number)의 약자이다.

정답 | ①
해설 | 해상 무사고 백지배서식 선하증권 원본 전통의 제시를 요구하고 있다.

19 다음 환어음에 기재되는 당사자가 잘못 연결된 것을 고르시오.

> BILL OF EXCHANGE
> No.002018 DATE : JUNE 01, 2018
> FOR USD 1,000,000.   Place : Seoul Korea
> AT (만기) (SIGHT/USANCE) OF THIS FIRST BILL OF EXCHANGE (SECOND OF THE SAME TENOR DATE BEING UNPAID)
> PAY TO(①) OR ORDER THE SUM OF SAY US DOLLARS ONE HUNDRED THOUSAND ONLY
>
> VALUE RECEIVED AND CHARGE THE SAME TO ACCOUNT OF (②) DRAWN UNDER L/C NO. JM0806 DATED May. 23, 2018
>
> TO (③)
> signature (④)

① PAY TO : 지급인(추심의 경우 수입자, 신용장의 경우 개설은행)

② ACCOUNT OF : 최종대금결제인인 수입자(신용장의 경우 개설은행)

③ TO : 지급인(추심의 경우 수입자, 신용장의 경우 개설은행)

④ SIGNATURE : 발행인인 수출자의 서명

정답 | ①
해설 | 'PAY TO'에는 수취인(추심의 경우 수출자, 신용장의 경우 매입은행)이 기재된다.

1. 국제운송

20　다음 서식에 기재된 내용 및 신용장 거래 시 기재요령에 관한 기술 중 잘못된 것을 고르시오.

Consignor/Shipper	FBL KR M71 DSCLHIKP80409191 KIFFA NEGOTIABLE FIATA MULTIMODAL TRANSPORT ICC **BILL OF LADING**
Consignee TO ORDER	TOMATO SHIPPING CO., LTD TEL : FAX : SEOUL, KOREA
Notify Party	
Place of Receipt BUSAN CFS	
Ocean vessel TOMATO V34N　　Port of loading BUSAN, KOREA	Received by the Carrier from the Shipper in apparent good order and condition unless otherwise indicated herein, the Goods, or package(s) said to contain —
Port of discharge Jakarta, Malaysia　　Place of delivery Jakarta, Malaysia	

Marks and number Number and kind of **packages Description of goods Gross weight** Measurement

| | | | 250,000 | KGS |

1234CBM

24 CTNS

SAID TO CONTAIN:
334 YDS OF
0.25MT of Tomato Faste

COL :
QTY :
C/NO. : 1–24.

D/C NO. : SWFGWGW
FREIGHT PREPAID
SAY : TWENTY–FOUR(24) CARTONS ONLY
LADEN ON BOARD : MAY 08, 2018

ORIGINAL

According to the declaration of the consignor

Declaration of interest of the Consignor in timely delivery	Declared value for ad valorem rate According to the declaration of the consignor

Freight amount OCEAN FREIGHT PREPAID AS ARRANGED	Freight payable at SEOUL, KOREA	Place and date of issue SEOUL, KOREA MAY 07 2018
Cargo Insurance through the	No. of original FBL THREE(3)	Stamp and signature TOMATO SHIPPING CO., LTD.
For delivery of goods please apply to : T SHIPPING COMPANY LTD. TEL : 02–012–3456		ASA CARRIER

A. 운송인의 서명이 반드시 기재되어야 한다.

B. 수하인은 기명 지시식으로 기재되어 있다.

C. 선적일자는 2018년 5월 7일이다.

D. 용선계약에 의하는 표시가 있어서는 안 된다.

① A, B   ② B, C   ③ C, D   ④ A, D

정답 | ②

해설 | B. 수하인(Consignee)란에 단순 지시식으로 To order라고만 기재되어 있다.

C. 본선적재부기(Laden on board)는 2018년 5월 8일이다.

21 BILL OF LADING의 기재항목에 대한 설명으로 잘못된 것을 고르시오.

① Consignor : 수출자의 명칭

② Place of Receipt : 운송인이 물건을 수취한 장소

③ Notify Party : 도착 통지 운송사

④ Ocean Vessel : 선박명(Vessel Name), 선박항차(Voyage Number)

정답 | ③

해설 | Notify Party는 착화통지처를 말하며 보통 수하인(Consignee, 수입자) 또는 수하인의 포워딩이 기재된다.

22 다음 B/L에 대한 설명 중 틀린 것은?

Bill of Lading

① Shipper/Exporter ABC TRADING CO. LTD. 1. PIL–DONG, JUNG–GU, SEOUL, KOREA	⑪ B/L No. ; But 1004		
② Consignee TO ORDER OF XYZ BANK			
③ Notify Party ABC IMPORT CORP. P.O.BOX 1, BOSTON, USA			

Pre–Carriage by	⑥ Place of Receipt BUSAN, KOREA	
④ Ocean Vessel WONIS JIN	⑦ Voyage No. 1234E	⑫ Flag

⑤ Port of Loading　⑧ Port of Discharge　⑨ Place of Delivery　⑩ Final Destination(For the Merchant Ref.)
BUSAN, KOREA　BOSTON, USA　　BOSTON, USA　　BOSTON, USA

⑬ Container No. ⑭ Seal No. Marks & No	⑮ No. & Kinds of Containers or Packages	⑯ Description of Goods	⑰ G r o s s Weight	Measurement
ISCU1104 Total No. of Containers or Packages(in words)	1 CNTR	LIGHT BULBS (64,000 PCS)	4,631 KGS	58,000 CBM

⑱ Freight and Charges	⑲ R e v e n u e tons	⑳ Rate	Per	Prepaid	Collect
Freight prepaid at	Freight payable at	Place and Date of Issue 　May 21, 2007, Seoul 　Signature			
Total prepaid in	No. of original B/L				
Laden on board vessel Date　　　　　Signature May 21, 2000		ABC Shipping Co. Ltd. 　as agent for a carrier, zzz Liner Ltd.			

① 해당 B/L의 수하인이 지시식으로 기재되어 있으며, 은행의 지시인으로 되어 있으므로 신용장거래에 사용될 것으로 추측된다.

② 2018년 5월 21일 발행되고, 선적되었다.

③ 최종 수입자는 GEO IMPORT CORP.이다.

④ 도착항은 부산항이다.

정답 | ④

해설 | 출항지가 부산항이며, 보스턴에 도착한다.

※ 다음 서식을 보고 물음에 답하시오. [23~24]

Doc No.	TYPE 123	DESTINATION ICN AIRPORT INCHEON, KOREA	FLIGHT/DAY	EXCUTION DATE 24JAN2018	SHR FORWADING NUMBER ORIGIN CODE SHR112233

C O N S I G N E E	CONSIGNEE'S ACCOUNT NO. 0806L	CONSIGNEE'S MB 160-1326489 XX0806 24 JAN ORDER NO,ABC	
	NAME TOMATO CO., LTD. & SEOUL, KOREA ADDRESS TEL: 02-900-0001 FAX: 02-900-0002 ALSO NOTIFY SAME AS CONSIGNEE	AIRWAYBILL Not negotiable SHR FORWADING (CHINA) LTD Building 3/F Airport freight forwading Centre, 2 Guangdong, 34Road, china, Tel: 2211 1616 NAME AND ADDRESS OF CARRIFR/AGFNT SHR FORWARDING	

S H I P P E R	SHPPER'S ACCOUNT NO. DEF	SHPPER'S REFERENCE DEF	
	NAME GEO CORPORATION & BEIJING CHINA ADDRESS TEL: 00-000-0000 FAX: 00-00-0001	SIGNATURE OF ISSUING OFFICE CHM VDO EXCUTED ON: 24JAN2018 AT: SHR FORWARDING	

NO. OF PCS & PACKING	DIMENSIONS			GROSS WEIGHT		QUANTITY, DESCRIPTION & MARKS
	L	W	H	LBS	KGS	
2 PLT 2 PLT	120 120	100 100	77 142	1,984	900.0	SHR FORWARDING INCOTERMS: FCA BEIJING FRESH TOMATO GOOD GRADE CARE: FRAGILE

TOTAL PIECES 4	CUBIC CONTENTS 5256000 C	TOTAL DIM. WT. 876.0 (KGS)

SHIPPER'S DECLAARED VLAUES		TOTAL GROSS WT. 900.0
FOR CUSTOMS $ NVD	FOR CARRIAGE $ M/F	
□ PREPAD	COLLECT	
	0	TOTAL FOR VAT

TOTAL FREIGHT CHARGE			CHARGEABLE WT.	COMMODITY NUMBER	RATE	AIR CARRIAGE
	1	AS AGREED				
INBOUND FREIGHT ADVANCE			SHOW CODE	900.00 KG	9876 9876	AGREED	ICN 1ST M TO: CARRIER SHR FORWADING
	2					
VALUE CHARGE + ADVANCES (OTHER THAN CODE 2)+ ORIGINAL HANDLING FEES = CODE 3 BELOW			VALUE CHARGES	FROM TO: FROM TO:	RATE	TOTAL VALUE CHARGE $ 2,450
	3		DETAIL ALL ORIGIN HANDLING FEES & ADVANCES OTHER THAN CODE 2 ABOVE C FSC AS AGREED C AMS AS AGREED C ROC AS AGREED SHR FORWADING
	4		SHIPPER'S R INSURANCE FEE	AMOUNT $	RATE $	SHR FORWADING REMIT TO:
	5		SHR FORWADING PICKUP CHARGE			
		AS AGREED	(INDICATE CURRENCY CNY)			AIRWAYBILL NO. SHR112233

23 이 서식에 대한 설명으로 잘못된 것을 고르시오.

① 이 서식은 양도가 불가능한 운송서류이다.

② 항공화물 운송장(AWB)으로 SHR 포워더가 발행한 House AWB이다.

③ 송하인은 TOMATO Co., LTD이다.

④ 포장단위는 파렛트이다.

정답 | ③

해설 | 송하인은 Shipper란을 참고하여야 하며, GEO CORPORATION이 송하인이다.

24 이 서식에 대한 설명으로 옳은 것을 모두 고르시오.

A. AWB은 B/L과 달리 기명식으로만 발행이 가능하다.
B. 가격조건은 FCA조건이다.
C. 운임은 수출자가 지불한다.
D. 운임의 산정은 총중량이 적용되어 900kg을 기준으로 산정된다.
E. 이 AWB의 발행번호는 24JAN2018이다.

① A, B, C   ② A, B, D   ③ B, D, E   ④ C, D, E

정답 | ②

해설 | AWB은 유통(배서)이 불가능하며, B/L과 같이 지시식으로 발행이 불가능하다. 가격조건은 FCA로 운임은 수하인인 수입자가 부담한다. Chargeable Weight(운임중량)은 Gross Weight(총중량)과 같이 900Kg로 산정되었음을 알 수 있다. AWB의 발행번호는 우측 하단의 SHR1122330이다.

DELIVERY ORDER

Shipper. GEO TRADING., LTD ABC BUILDING BACNINH, VIETNAM	MRN M.B/L No AAABBCC1122	MSN
	H.B/L No ABCDEFG1234 Delivery Date.	HSN
Consignee. TOMATO CO., LTD. SEOUL. KOREA	TO. TOMATO COMPANY ATTM. 02-123-4567 TEL. FAX. 02-123-4568	
Notify. SAME AS CONSIGNEE	FROM. GEO TRADING ATTN. 63-578-5012 TEL. FAX. 63-578-5013	

Port of Loading HAIPHONG	Port of Receipt HAIPHONG	Vessle Name SUPER SHIP	Votage No.
Port of Discharge BUSAN KOREA	Port of Delivery BUSAN KOREA	Final Destination BUSAN KOREA	E.T.D 2018-06-23 E.T.A 2018-06-29

mark & Number	No of Package	Description of Goods	Weight Measurment
	8 OTHER(GT)		

* CONTAINER NO.
BBGU1232211 / 8GT / 350MT

"SHIPPER'S LOAD & COUNT"
SAID TO CONTAIN :
WAREHOUSE 03005440 부산 토마토 보세창고
ASSIGNMENT:C (부두직통관)

---

25 이 서식에 대한 설명으로 잘못된 것을 고르시오.

① D/O라 하며, 수입국에 도착한 화물을 찾기 위하여 수하인이 선사에 제시하는 서류를 말한다.

② 이 서식을 통해 LCL거래임을 알 수 있다.

③ 화물은 부산 토마토 보세창고에서 수입통관 진행 후 반출이 가능하다.

④ 선사에 운임을 정산하여야 D/O를 발급받을 수 있다.

정답 | ②

해설 | "SHIPPER'S LOAD & COUNT"는 부지약관(Unknown clause)으로, FCL화물을 송하인이 직접 적재할 경우에 운송인이 화물의 상태에 대하여 책임을 지지 않기 위하여 삽입하는 문구이므로 해당 화물은 FCL임을 알 수 있다.

26 이 서식에 대한 설명으로 틀린 것을 고르시오.

① 이 수입화물이 도착하였을 때 화물 도착통지는 TOMATO CO., LTD.에게 한다.

② 베트남 하이퐁에서 선적되어 부산항에 입항하였다.

③ 수입통관은 부산 토마토 보세창고에 반입 후 진행된다.

④ 용적은 35CBM이다.

정답 | ③

해설 | 부두직통관이란, 부두에 도착하여 반입장소에 반입되기 전에 수입통관을 진행하는 것을 말한다.

2. 해상보험

기출유사문제

27 다음 보험서식에 대한 설명 중 틀린 것은?

TOMATO INSURANCE Co., Ltd.
CERTIFICATE OF MARINE CARGO INSURANCE

Assured(s), etc ② THE HR CORPORATION

Certificate No. ① 002599A65334	Ref. No.③ Invoice No. DS-070228 L/C No. IOMP20748
Claim, if any, payable at : ⑥ GELLATLY HANKEY MARINE SERVICE 842 Seventh Avenue New York 10018 Tel(201)881-9412 Claims are payable in	Amount insured ④ USD 65,120.- (USD59,200 XC 110%)

Survey should be approved by ⑦ THE SAME AS ABOVE	Conditions ⑤ * INSTITUTE CARGO CLAUSE(A) 1982 * CLAIMS ARE PAYABLE IN AMERICA IN THE CURRENCY OF THE DRAFT.

⑧ Local Vessel or Conveyance	⑨From(interior port or place of loading)	
Ship or Vessel called the ⑩ KAJA-HO V-27	Sailing on or about ⑪ MARCH 3, 2007	
at and from ⑫ PUSAN, KOREA	⑬ transshipped at	
arrived at ⑭NEW YORK	⑮ thence to	

Goods and Merchandiese ⑯ 16,000YDS OF PATCHWORK COWHIDE LEATHER	Subject to the following Clauses as per back hereof institute Cargo Clauses Institute War Clauses(Cargo) Institute War Cancellation Clauses(Cargo) Institute Strikes Riots and Civil Commotions Clauses Institute Air Cargo Clauses(All Risks) Institute Classification Clauses Special Replacement Clause(applying to machinery) Institute Radioactive Contamination Exclusion Clauses Co-Inssurance Clause Marks and Numbers as

Place and Date signed in ⑰ SEOUL, KOREA MARCH 2, 1999   No. of Certificates issued. ⑱ TWO

⑳ This Certificate represents and takes the place of the Policy and conveys all rights of the original policyholder

(for the purpose of collecting any loss or claim) as fully as if the property was covered by a Open Policy direct to the holder of this Certificate.

This Company agrees lossed, if any, shall be payable to the order of Assured on surrender of this Certificate.

Settlement under one copy shall render all otehrs null and viod.

Contrary to the wording of this form, this insurance is governed by the standard from of English Marine Insurance Policy.

In the event of loss or damage arising under this insurance, no claims will be admitted unless a survey has been held with the approval of this Compay's office or Agents specified in this Certificate.

SEE IMPORTANT INSTRUCTIONS ON REVERSE
⑲ TOMATO INSURANCE Co., Ltd.

AUTHORIZED SIGNATORY

This Certificate is not valid unless the Declaration be signed by an authorized representative of the Assued.

① ICC (A)조건으로 부보된 보험증명서이다.

② 신용장 거래에서 이 서식을 요구하는 경우 이 서식 대신 INSURANCE POLICY를 제출하여도 수리된다.

③ 보험증권 또는 보험증명서는 2통(DUPLICATE)이 발급된다.

④ 전쟁위험(WAR)은 보험자의 면책사항이다.

정답 | ④

해설 | 중간 우측에 부가담보특약으로 전쟁위험도 담보하도록 기재되어 있다.

28 다음 서식에 관한 조항별 해설 중 잘못된 것은?

① TOMATO INSURANCE CO., LTD.

· 6000, TOMATO, KOREA

TEL : (O2) 02-500-5000 . FAX : (O2) 6000 6115

MARINE CARGO INSURANCE POLICY

Assured(s), etc. ② KITA CO., LTD.

Police No. WXS8150051600	③ Ref. No. INVOICE NO. IE2015 1129 0324L/C NO. 662/212/4333

④ Claim, if any, payable at : MCLARENS TOPLIS, NORTH
AMERICA, 195 BROADWAY, 20TH FLOOR
NEW YORK, NEW YORK 10007
TEL : (212) 2672700, 1-800-472-4128
FAX : (212) 4063932, 9625360 TLX : 233158
Claim are payable in the USD CURRENCY

⑤ Amount insured USD 98,308.37
INVOICE USD 89,371.25×110%

Survey should be approved by : SMITH, BELL & CO., INC
SMITH BELL BUILDING 2294 PASONG TAMO
EXTENSION 1231 MAKATI, METRO MANILA
TEL : (2) 8167851/8 TLX : 63335 BELLAD PN
FAX : (2) 8150199, 8136949

⑪ Conditions Subject to the following
Clauses
as per back hereof or as attached
Institute Cargo Clauses   A/R
Institute War Clauses
Institute SRCC Clauses(Institute Strike
Clauses for use only with New Marine
Policy Form)
Special Replacement Clause
(applying to machinery)
On Deck Clause
Institute Radioactive Contamination
Exclusion Clause
INSTITUTE WAR CLAUSES(CARGO)
INSTITUTE STRIKES, RIOTS &
CIVIL COMMOTIONS CLAUSES
CLAIMS TO BE PAYABLE IN USA
IN THE CURRENCY OF THE
DRAFT(S)

Local Vessel or Conveyance	⑥ From(interior port or place of loading)
Ship or Vessel called the TOMATO SEOUL 0208W	Sailing on or about Feb. 25, 2015
⑦ at and from KOREA (BUSAN)	⑧ Transshipped at
⑨ arrived at MANILA, PHILIPPINES	⑩ thence to

⑫ Goods and Merchandises
LIST AS ATTACHED.
P.O. N.O. 1234 (65 PERCENT COTTON, 35 PERCENT NYLON RIPSTOP 57 INCHES)
(A)   FABRIC NAME : 65 PERCENT COTTON 3.5 PERCENT NYLON RIPSTOP
(B)   QUALITY NO. KN 20RS
(C)   FIBER CONTENT : PA 35% CTN 65%
(D)   FABRIC WIDTH : 56/7
(F)   LC NO. MD01438867
COLOR BREAKDOWN:
          ARMY -   17,854YARDS
          BLACK-   3,621YARDS
          CHINO -   12,250YARDS

(E)   TOTAL 33,725YARDS

Feb. 24, 2015   NO. OF POLICIES ISSUED TWO

① 이 서식 ④의 "claim, if any, payable at"는 보험금의 지급을 희망하는 장소이며 USD 환율로 적용하여 지급하기를 희망한다.

② Assured(s)에는 보험계약자 혹은 피보험자를 기재하며 반드시 동일인일 필요는 없다.

③ 보험에 가입한 조건은 ICC(A/R)이므로 열거주의에 의한 부보범위를 해석할 수 있다.

④ 화물의 도착지는 필리핀 마닐라이며, 위 물건을 갑판에 적재하여도 무방하다.

정답 | ③

해설 | 보험에 가입한 조건은 A/R이므로 포괄주의이다.

SECTION 1 수출입통관

1. 수출통관

기출유사문제

※ 다음 서식을 보고 물음에 답하시오. [29~30]

UNI·PASS　　　　　　　**수출신고필증(적재전)**

기간: 즉시

신고자 관세법인 심심 　　　　심 하 룡	신고번호 40000-18-000001X		세관/과 030-15	신고일자 2018/ 07/05	신고그분 H 일반P/L신고	C/S구분

수출대행자　토마토무역회사 (통관고유부호)　토마**1010101 　수출화주　토마토 무역회사 (통관고유부호)　토마**1010101 　　(주소)　서울시 강남구 토마토 빌딩 12F 　(대표자)　토 마 토 (사업자등록번호)　100-00-00001	수출자구분 C

⑩ 거래구분 11	종류 A	결제방법 LS
목적국 TW TIWAN	적재항 KRPUS 부산항	선박회사 (항공사)
선박명(항공편명)	출항예정일자 /　/	적재예정보세구역 030-01234
운송형태 10 FC		검사희망일2018/07/05
물품소재지 　부산 토마토전용 보세창고		

제조자　토마토 쥬스회사 (통관고유부호)　토쥬**1010101 　제조장소　경기도 성남시 토마토공장　산업단지부호 999

L/C번호	물품상태 N
사전임시개청통보여부 N	반송사유

해외거래처 GEO CORPORTATION (해외거래처부호) TWGEOCNBKUK12

환급신청인 2 (1:수출대행자/화주, 2:제조자)
간이환급 NO

품명, 규격 (란번호/총란수:001/001)

품　　명　TOMATO EXTRACT 거래품명　TOMATO JUICE	상표명

모델,규격	성분	수량	단가(USD)	금액(USD)
TOMATO JUICE	TOMATO 20%	1,000(KG)	11.95	11,958

세번부호	2009.50-0000	순중량	1,000 (KG)	수량		신고가격(FOB)	9,765
송품장부호	TOMATO-01	수입신고번호			원산지 KR——N	포장갯수(종류)	2(GT)

수출입요건확인 (발급서류명)				

총중량	1,159 (KG)	총포장갯수	2(GT)	총신고가격 (FOB)	$ 9,765 ₩ 11,925,023
운임(₩)	270,769	보험료(₩)	16,950	결제금액	CIF-USD-11,958
수입화물 관리번호				컨테이너번호	N

※신고인기재란

운송(신고)인 　　기간 / /부터 / / 까지	적재의무기한 2018/08/04	담당자		수리일자	2018/07/05

29 이 서식에 대한 설명으로 잘못된 것을 고르시오.

① 결제방법은 일람지급신용장 방식이다.

② Invoice No.는 TOMATO-01이다.

③ 가격조건은 FOB를 적용하였다.

④ TAIWAN으로 해상운송을 통해 수출할 예정이다.

정답 | ③

해설 | CIF 11,958$로 결제되었으며, 우리나라 관세법상 수입신고가격은 CIF, 수출신고가격은 FOB기준이므로 운임 및 보험료를 기재하여 CIF가격에서 운임 및 보험료를 제외한 가격이 신고가격이 된다.

30 이 서식의 ⑩에는 수출 거래구분이 기재된다. 다음 중 거래구분에 대한 설명으로 옳은 것은?

① 거래구분 15는 일반 수출이다.

② 거래구분 79는 수리, 검사, 기타 사유로 반입되어 작업 후 다시 반출되는 물품에 적용된다.

③ 원상태 수출일 경우 72가 기재되어야 한다.

④ 원상태 수출물품과 다른 수출물품이 혼재되어 신고되어서는 안 된다.

정답 | ③

해설 | • 거래구분 11 : 일반수출
  • 거래구분 15 : 전자상거래에 의한 수출
  • 거래구분 79 : 중계무역수출
  • 거래구분 83 : 수리, 검사, 기타사유로 반입되어 작업 후 재반출
  • 거래구분 72 : 외국물품을 수입통관 후 원상태로 수출(원상태수출)
  원상태 수출물품과 다른 수출물품이 혼재되어 신고될 경우에는 INVOICE 번호 앞에 72를 기재하여도 무방하다.

31 이 서식에 대한 설명으로 잘못된 것을 고르시오.

① 수출신고가 수리된 2018년 7월 5일로부터 30일 이내에 선적되지 않는 경우 과태료가 부과된다.

② 수출신고 수리일로부터 30일 이내에 선적되지 못할 부득이한 사유가 있는 경우 선적기간 연장 신청이 가능하며 최대 6개월까지 연장이 가능하다.

③ 인코텀즈 C조건 또는 D조건일 경우에는 반드시 운임 및 보험료 등을 기재하여야 한다.

④ 수출신고는 보세창고에 반입하지 않고서도 원칙적으로 우리나라 어디서든 신고가 가능하다.

정답 | ②

해설 | 선적기한은 1년까지 연장이 가능하며, 원칙적으로 수출신고는 장치된 장소에서 할 수 있다. 다만 원상태수출 또는 재수출 등 특정 경우에 한하여 보세구역에 장치하여 검사 또는 서류 제출 후 수출신고 수리가 가능하다. 가격조건(인코텀즈)가 C, D조건일 경우 우리나라 수출실적은 FOB기준이므로 운임 및 보험료를 기재하여야 공제가 되어 수출신고가격 산출이 가능하므로 반드시 기재하여야 한다. 반면, E, F조건의 경우에는 기재하지 않는다.

32 이 서식에 대한 설명으로 잘못된 것을 고르시오.

① 결제방법 LS는 Letter of credit Sight(일람지급신용장)를 말한다.

② 결제방법 TT는 Telegraphic Transfer(전신환)를 말한다.

③ 결제방법 LU는 Letter of Useless(신용장 사용 불가조건)를 말한다.

④ 결제방법 DA는 Document against Acceptance(인수조건부 서류상환추심)를 말한다.

정답 | ③

해설 | LU는 Letter of credit Usance, 즉 기한부신용장방식을 말한다.

2. 수입통관

기출유사문제

※ 다음 서식을 보고 물음에 답하시오. [33~36]

수입신고필증 (갑지)

※처리기간:3일

UNI-PASS

신고번호 40000-18-0000001M	신고일 2018/06/27	세관.과 030-81	입항일 2018/06/25	전자인보이스 제출번호

B/L(AWB)번호 SHR0123456		화물관리번호 18HRS0123456I-0001	반입일 2018/06/27	징수형태 43

신 고 인 토마토관세법인 심하룡 수 입 자 토마토 주식회사 납세의무자 토마토 주식회사 　　(주소) 서울시 XXX구 XX동 　　(상호) 토마토 주식회사 　　(성명) 토마토 운송주선인 SHR FORWARDING 해외거래처 GEO CORPORATION BEIJING,CHINA	⑤ 통관계획 D 보세구역장치후	원산지증명서 유무　Y	총중량 5,200 KG	
	신고구분 A 일반 P/L신고	가격신고서 유무　Y	총포장갯수 800 GT	
	거래구분 11 일반형태수입	국내도착항 KRPUS 부산항	운송형태 10-FC	
	종류 21 일반수입(내수용)	적출국 CN　PR.CHINA		
		선기명　KR		
	MASTER B/L번호	운수기관부호		

검사(반입)장소

● 품명, 규격 (란번호/총란수:　001/001)

품　명 TOMATO 거래품명 TOMATO		상표

모델.규격	성분	수량	단가(CNY)	금액(CNY)
(NO.01) FRESH TOMATO		40,000 PC	2.00	80,000

세번부호	0702.00-0000	순중량	4,000 KG	C/S검사	S 생략		사후확인기관	
과세가격(CIF)	$ 10,311	수 량	0	검사변경				
	₩ 11,489,344	환급물량	40,000 PC	원산지	CN-6-Y-S	특수세액	0.00	

수입요건확인 (발급서류명)	13-1234567800 (수입식품안전관리특별법)	11-1234567801 (식물방역법 검역번호)	

세종	세율(구분)	감면율	세액	감면분납부호	감면액	내국세종부호
관	0.00 (FCN1 중가)	0.00	0		0	
부	10.00 (A)	0.00	1,148,934		0	

결제금액(인도조건 - 통화종류 - 금액 - 결제방법)		FOB-CNY-80,000-TT		환 율	172.5600
총과세가격	$ 10,311	운 임	167,148	가산금액 0	납부번호
	₩ 11,489,344	보험료	2,260	공제금액 0	부가가치 세과표　11,489,344

관세	0		
개별소비세	0	※신고인기재란	세관기재란
교통에너지환경세	0		
주세	0		
교육세	0		
농어촌특별세	0		
부가가치세	1,148,930		
신고지연가산세	0		
미신고가산세	0		
총세액합계	1,148,930	담당자	

접수일시 2018/06/22 11:15　수리일자 2018/06/27

33 이 서식에 대한 설명으로 잘못된 것을 고르시오.

① 수입통관이 진행된 후 수입신고가 수리되면 세관에서 발급하는 수입신고필증이다.

② 2018년 6월 25일에 입항하여 2018년 6월 27일에 신고, 수리되었다.

③ 관세는 0원으로 한-중FTA를 적용받았다.

④ 수입신고인은 화주이다.

정답 | ④

해설 | 수입신고인과 수입화주가 다르며, 토마토관세법인에서 수입신고를 대행하였다.

34 서식 ⑮에는 통관계획이 기재된다. 이곳에 기재되는 통관계획에 대한 설명 중 틀린 것은?

① A는 출항 전 신고로 수출국에서 출항하기 전 수입신고를 할 수 있다.

② B는 입항 전 수입신고로 우리나라 도착 전 5일부터 신고가 가능하며, 항공운송은 3일 전부터 가능하다.

③ C는 부두직통관으로 보세구역 반입 전 신고이다.

④ D는 보세구역 반입 후 수입신고이다.

정답 | ②

해설 | 입항 전 수입신고는 5일 전, 항공은 1일 전부터 가능하다.

35 이 서식에 대한 설명으로 잘못된 것을 고르시오.

① FCN1 증가란 한-중 FTA를 말한다.

② 결제조건은 FOB조건으로 운임과 보험료를 기재하여 신고하여야 한다.

③ 항공운송으로 진행되었다.

④ P/L신고란 PAPER LESS의 약자로 서류를 제출하지 않고 국가관세종합정보망을 통해 전산으로 신고하는 것을 말한다.

정답 | ③

해설 | 해상운송으로 진행하였다(국내도착항 : 부산항).

　　　※ 운송형태
　　　• 10 : 선박　　• 40 : 항공

36 이 서식에 대한 설명으로 잘못된 것을 고르시오.

① 수입된 Fresh Tomato가 수출되면 관세환급특례법에 따라 관세를 환급받을 수 있다.

② 수입된 Fresh Tomato가 품질이 계약과 상이하여 수출되는 경우 부가가치세를 환급 받을 수 있다.

③ 수입신고 시 가격신고서를 제출하였다.

④ 수입신고 시 원산지증명서를 제출하여 FTA협정을 적용받았다.

정답 | ①

해설 | 한중FTA를 적용받아 관세가 0원이므로 납부한 관세가 없다. 따라서 관세환급을 받을 수 없다. 그러나 계약과 상이하여 계약상이물품으로 수출되는 경우 1년 이내에 보세구역에 반입하여 수출되어야 하며, 이 경우에는 납부한 관세 및 부가가치세 등 내국세를 모두 돌려받을 수 있다.

SECTION 2 　 기타 서식

1. 내국신용장

┌─────────────┐
│ 기출유사문제 │
└─────────────┘

37 내국신용장(Local L/C)에 의한 거래 및 대금결제순서가 올바르게 연결된 것은?

┌──┐
│ A. 개설은행이 공급자 앞으로 내국신용장을 개설   │
│ B. 내국신용장 매입(Nego)   │
│ C. 공급자가 수출자에게 계약물품 공급   │
│ D. 수출자와 개설은행에 내국신용장 개설 신청   │
│ E. 공급자와 수출자와의 매매계약 체결   │
└──┘

① A － B － C － D － E   ② E － D － A － C － B

③ E － D － A － B － C   ④ E － A － D － C － B

정답 | ②

38 내국신용장에 대한 설명 중 옳은 것을 모두 고르시오.

> A. 내국신용장은 외국환은행에서만 발급이 가능하다.
> B. 수출용 원자재의 국내 공급은 발급대상이나, 완제품은 대상이 아니다.
> C. 물품 공급 후에도 내국신용장 발행이 가능하다.
> D. 관세환급 근거서류로 활용이 가능하다.
> E. 내국신용장 발급을 근거로 무역금융 수혜를 받을 수 있다.

① A, B, C   ② A, C, D   ③ A, D, E   ④ B, D, E

정답 | ③

해설 | B. 수출용 완제품 및 원자재의 국내 공급분에 대해서 내국신용장 발급이 가능하다.
        C. 물품 공급 이후 내국신용장 발급(사후발급)은 불가능하다.

2. 구매확인서

기출유사문제

39 구매확인서에 대한 설명 중 틀린 것은?

① 구매확인서는 물품 공급 후 사후에도 발급이 가능하다.

② 구매확인서는 원화뿐 아니라 외화로도 표시할 수 있다.

③ 구매확인서는 은행의 지급확약으로 대금 회수의 안정성이 보장된다.

④ 구매확인서에 의한 거래는 수출실적으로 인정된다.

정답 | ③

해설 | 은행의 지급확약으로 대금 회수의 안정성이 보장되는 것은 내국신용장(Local L/C)이다.

40 구매확인서와 내국신용장에 대한 설명 중 틀린 것은?

① 국내 거래임에도 구매확인서와 내국신용장에 의한 공급은 수출실적으로 인정받을 수 있다.

② 구매확인서와 내국신용장 모두 부가가치세의 영세율 적용 대상이 된다.

③ 구매확인서는 발급받은 내국신용장을 근거로도 발급이 가능하다.

④ 구매확인서는 전자무역기반 사업자인 KT-NET에서만 발급이 가능하다.

정답 | ④

해설 |

구분	구매확인서	내국신용장
발행기관	외국환은행, 전자무역기반 사업자(KT-NET)	외국환은행
거래대상	외화획득용 원료 · 기재	수출용 원자재 및 완제품
지급확약	지급확약 ×	외국환은행의 지급확약 ○
수출실적 인정시점	세금계산서 발급일 또는 외국환은행 결제일	매입, 추심의뢰시점
발급 근거	수출거래, 내국신용장, 구매확인서, 외화획득 제공 입증 서류, 융자대상수출실적	수출거래, 외화계약서
발급 차수	제한 없으나 이미 발급된 구매확인서는 2차 발급까지 가능	제한 없음
사후발급	사후발급 가능	사후발급 불가
공통점	원화, 외화 표시가 가능	
	수출실적 인정	
	관세환급 근거서류로 사용	
	부가가치세 영세율 적용	
	무역금융 수혜, 금융 융자 가능	

MEMO

MEMO

MEMO

MEMO

MEMO

토마토패스
국제무역사 2급 초단기완성

초 판 발 행	2018년 10월 25일
개정1판1쇄	2020년 08월 25일

편 저 자	심하룡
발 행 인	정용수
발 행 처	❤️예문사
주 소	경기도 파주시 직지길 460(출판도시) 도서출판 예문사
T E L	031) 955-0550
F A X	031) 955-0660

등 록 번 호	11-76호

정 가	24,000원

홈페이지 http://www.yeamoonsa.com

I S B N   978-89-274-3637-9   [13320]

이 '도서의 국립중앙도서관 출판예정도서목록(CIP)은 서지정보유통지원시스템 홈페이지(http://seoji.nl.go.kr)와 국가자료공동목록시스템(http://www.nl.go.kr/kolisnet)에서 이용하실 수 있습니다.
(CIP제어번호: CIP2020026623)

기본서 반영 최신 개정판

무역 / **모**든 것에 대한 / **한** 가지 솔루션

무모한
국제무역사
2급
초단기완성

STEP. 02 기출유사문제

값 24,000원

예문사 도서 관련 문의 및 기타 공지사항
—
홈페이지 | http://www.yeamoonsa.com
블로그 | https://blog.naver.com/yeamoonsa9302

13320

9 788927 436379

ISBN 978-89-274-3637-9

tomato 패스

기본서 반영 최신 개정판

무역 / **모**든 것에 대한 / **한** 가지 솔루션

무모한

국제무역사
2급
초단기완성

STEP.03 협약집

심하룡 편저

tomato TV 방송용 교재

압도적 합격률, 토마토패스의 국제무역사 2급 전문 교재
시험에 나오는 부분만 **효율적으로**, 시간과 비용의 최소화!
모든 과목을 Chapter로 분류, **전문성 있는 내용과 족집게 구성**
STEP 1(핵심이론) + STEP 2(기출유사문제) + STEP 3(협약집)의 단계별 학습

저자직강 동영상강의 **www.tomatopass.com**

예문사

기본서 반영 최신 개정판

무역 / 모든 것에 대한 / 한 가지 솔루션

무모한

국제무역사
2급
초단기완성

STEP. 03 협약집

심하룡 편저

CONTENTS
차례

PART 01
계약 관련 국제협약

국제무역사 2급

International Trade Specialist

Step3. 사용설명서

1. 협약집

Step3는 출제가능성이 높은 국제협약 및 무역서식의 발췌본 또는 해석을 위한 것입니다.

협약집과 무역서식의 경우 범위도 넓고, 이해하기에도 어려운데 비해 출제되는 부분은 한정적입니다. 그럼에도 불구하고, 시험문제와 거의 동일하게 출제되거나, 수험공부의 이해를 돕는 기반이 되기 때문에 간추린 협약을 필히 회독하실수 있기를 바랍니다.

2. 계약관련 국제 협약

무역 계약은 무역의 시작과 끝에 위치한다고 할 정도로, 판매자(매도인)와 구매자(매수인)간의 상거래 조항을 명확히 하여야 후의 분쟁도 발생할 확률이 줄어들게 됩니다. 하지만, 실제로 계약이 온전하게 종료되지 못하고, 위반이 발생하게 되는 경우에 계약서에 없는 사항에 대해서는 국제 계약관련 협약에 따라 귀책사유를 주장하게 됩니다.

따라서 본 협약집에서의 인코텀즈 2020, 일반거래조건, 비엔나협약의 원문과 해석, 간추린 해석은 기출문제에 자주 등장하며, 수차례 회독을 통해 시험장에서의 정답을 추려내시는데 도움이 되시길 바랍니다.

가장 좋은 공부방법은, 기출문제와 본서에 수록된 문제풀이를 먼저 한 후, 해당 범위를 찾아 협약집을 집중하여 회독하는 것이 수험공부의 범위를 줄이고 집중하여 익힐 수 있습니다.

Incoterms® 2020

Incoterms® 2020 구성 안내	
목차	출제 POINT
1. Introduction(소개)	인코텀즈 2020 규칙의 정의 및 소개
2. WHAT THE INCOTERMS® RULES DO	규정하는 사항
3. WHAT THE INCOTERMS® RULES DO NOT DO	규정하지 않는 사항
4. 인코텀즈2020 규칙 – 사용자를 위한 설명문 – EXW, FCA, FAS, FOB, CFR, CIF, CPT, CIP, DPU, DAP, DDP	개별 규칙의 정의, 구분, 특징, 해설 등 운송방법별 구분, 인도시점, 비용분기점, 보험부보, 통관절차의 의무 등

1. Introduction(소개)

The purpose of the text of this Introduction is fourfold :

본 소개문의 목적은 다음 네 가지이다.

(1) to explain what the incoterms®2020 rules do and do NOT do and how they are best incorporated ;

(1) 인코텀즈 2020 규칙이 무슨 역할을 하고 또 하지 않는지 그리고 어떻게 인코텀즈규칙을 가장 잘 편입시킬 수 있는 지를 설명하는 것

(2) to set out the important fundamentals of the Incoterms®rules: the basic roles and responsibilities of seller and buyer, delivery, risk and the relationship between the Incoterms®rules and the contracts surrounding a typical contract of sale for export/import and also, where appropriate, for domestic sales ;

(2) 다음과 같은 인코텀즈규칙의 중요한 기초들을 기술하는 것. 매도인과 매수인의 기본적 역할과 책임, 인도, 위험 및 인코텀즈규칙과 계약들(전형적인 수출/수입매매계약 및 해당되는 경우 국내매매계약을 둘러싼 계약들) 사이의 관계

(3) to explain how best to choose the right Incoterms® rule for the particular sale contract ; and

(3) 어떻게 당해 매매계약에 올바른 인코텀즈규칙을 가장 잘 선택할지를 설명하는 것

(4) to set of the central changes between Incoterms®2010 and Incoterms®2020

(4) 인코텀즈 2010과 인코텀즈 2020의 주요한 변경사항들을 기술하는 것

2. WHAT THE INCOTERMS® RULES DO

2. 인코텀즈규칙은 무슨 역할을 하는가

(1) The Incoterms® rules explain a set of eleven of the most commonly – used three – letter trade terms, e.g. CIF, DAP, ets., reflecting business – to – business practice in contract for the sale and purchase of goods.

(1) 인코텀즈규칙은 예컨대 CIF, DAP등과 같이 가장 일반적으로 사용되는 세 글자로 이루어지고 물품매매계약상 기업간 거래관행(business – to – business practice)을 반영하는 11개의 거래조건(trade term)을 설명한다.

(2) The Incoterms® rule describe:

(2) 인코텀즈규칙은 다음 사항을 규정한다.

① Obligations: Who does what as between seller and buyer, e.g. who organises carriage or insurance of the goods or who obtains shipping documents and export or import licences ;

① 의무: 매도인과 매수인 사이에 누가 무엇을 하는지, 즉 누가 물품의 운송이나 보험을 마련하는지 또는 누가 선적 서류의 수출 또는 수입허가를 취득하는지

② Risk: Where and when the seller "delivers" the goods, in other words where risk transfers from seller to buyer ; and

② 위험: 매도인은 어디서 그리고 언제 물품을 "인도"하는지, 다시 말해 위험은 어디서 매도인으로부터 매수인에게 이전하는지

③ Costs: Which party is responsible for which costs, for example transport, packaging, loading or unloading costs, and checking or security – related costs.

③ 비용: 예컨대 운송비용, 포장비용, 적재 또는 양하비용 및 점검 또는 보안관련 비용에 관하여 어느 당사자가 어떤 비용을 부담하는지.

The Incoterms® rules cover these areas in set of then articles, numbered A1/B1 etc., the A articles representing the seller's obligations and the B articles representing the buyer's obligations.

인코텀즈규칙은 A1/B1 등의 번호가 붙은 일련의 10개 조항에서 위와 같은 사항들을 다루는데, 여기서 A조항은 매도인의 의무를, 그리고 B조항은 매수인의 의무를 지칭한다.

3. WHAT THE INCOTERMS® RULES DO NOT DO

3. 인코텀즈규칙이 하지 않는 역할은 무엇인가

(1) The Incoterms® rules are NOT in themselves – and are therefore no substitute for – a contract of sale. They are devised to reflect trade practice for no particular type of goods – and for any. They can be used as much for the trading of a bulk cargo of iron ore as for five containers of electronic equipment or ten pallets of airfreighted fresh flowers.

(1) 인코텀즈규칙 그 자체는 매매계약이 아니며, 따라서 매매계약을 대체하지도 않는다. 인코텀즈규칙은 어떤 특정한 종류의 물품이 아니라 모든 종류의 물품에 관한 거래관행을 반영하도록 고안되어 있다. 인코텀즈규칙은 산적화물(bulk cargo)형태의 철광석 거래에도 적용될 수 있고 5개의 전자장비 컨테이너 또는 항공운송되는 5개의 생화 팔레트의 거래에도 적용될 수 있다.

(2) The Incoterms® rules do NOT deal with the following matters :

(2) 인코텀즈규칙은 다음의 사항을 다루지 않는다.

① whether there is a contract of sale at all :

① 매매계약의 존부

② the specifications of the goods sold :

② 매매계약의 성상

③ the time, place, method or currency of payment of the price :

③ 대금지급의 시기, 장소, 방법 또는 통화

④ the remedies which can be sought for breach of the contract of sale :

④ 매매계약 위반에 대하여 구할 수 있는 구제수단

⑤ most consequences of delay and other breaches in the performance of contractual obligations :

⑤ 계약상 의무이행의 지체 및 그 밖의 위반의 효과

⑥ the effect of sanctions :

⑥ 제재의 효력

⑦ the imposition of tariffs :

⑦ 관세부과

⑧ export or import prohibitations :

⑧ 수출 또는 수입의 금지

⑨ forcemaejure or hardship :

⑨ 불가항력 또는 이행가혹

⑩ intellectual property rights : or

⑩ 지식재산권 또는

⑪ the method, venue, or law of dispute resolution in case of such breach.

⑪ 의무위반의 경우 분쟁해결의 방법, 장소, 또는 준거법

⑫ Perhaps most importantly, it must be stressed that the incoterms® rules do NOT deal with the transfer of property/title/ownership of the goods sold.

⑫ 아마도 가장 주요한 것으로, 인코텀즈규칙은 매매물품의 소유권/물권의 이전을 다루지 않는다는 점도 강조되어야 한다.

(3) These are matter for which the parties need to make specific provision in their contract of sale. Failure to do so is likely to cause problems later if dispute arise about performance and breach. In essence, the Incoterms® 2020 rules are not themselves a contract of sale: they only become part of that contract when they are incorporated into a contract which already exists. Neither do the incoterms®rules provide the law applicable to the contract. There may be legal regimes which apply to the contract, wether international, like the Convention on the International Sale of Goods (CISG) : or domestic mandatory law relating, for example, to health and safety or the environment.

(3) 위와 같은 사항들은 당사자들이 매매계약에서 구체적으로 규정할 필요가 있다. 그렇게 하지 않는다면 의무의 이행이나 위반에 관하여 분쟁이 발생하는 경우에 문제가 생길 수 있다. 요컨대 인코텀즈 2020 규칙 자체는 매매계약이 아니다. 즉 인코텀즈규칙은 이미 존재하는 매매계약에 편입되는 때 그 매매계약의 일부가 될 뿐이다. 인코텀즈규칙은 매매계약의 준거법을 정하지도 않는다. 매매계약에 적용되는 법률체계(legal regimes)가 있으며, 이는 국제물품매매협약(CISG)과 같은 국제적인 것이거나 예컨대 건강과 안전 또는 환경에 관한 국내의 강행법률일 수 있다.

4. 인코텀즈2020 규칙 – 11개 개별 규칙

EXW 공장인도(Ex Works)
EXPLANATORY NOTE FOR USERS(사용자를 위한 설명문)

1. Delivery and risk – "Ex Works" means that the seller delivers the goods to the buyer

    1. 인도와 위험 – "공장인도"는 매도인이 다음과 같이 한 때 매수인에게 물품을 인도하는 것을 의미한다.

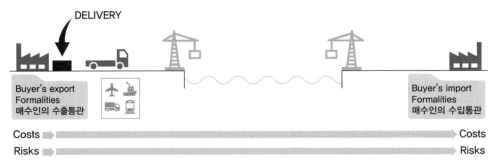

① when it places the goods at the disposal of the buyer at a named place(like a factory or warehouse), and

① 매도인이 물품을(공장이나 창고와 같은) 지정장소에서 매수인의 처분하에 두는 때, 그리고

② that named place may or may not be the seller's premises.

② 그 지정장소는 매도인의 영업구내일 수도 있고 아닐 수도 있다.

for delivery to occur, the seller does not need to load the goods on any collecting vehicle, nor does it need to clear the goods for export, where such clearance is applicable.

인도가 일어나기 위하여 매도인은 물품을 수취용 차량에 적재하지 않아도 되고, 물품의 수출통관이 요구되더라도 이를 수행할 필요가 없다.

2. Mode of transport – This rule may be used irrespective of the mode or modes of transport, if any, selected.

2. 운송방식 – 본 규칙은 선택되는 어떤 운송방식이 있는 경우에 그것이 어떠한 단일 또는 복수의 운송방식인지를 불문하고 사용할 수 있다.

3. Place or precise point of delivery – The parties need only name the place of delivery. However, the parties are well advised also to specify as clearly as possible the precise point within the named place of delivery. A named delivered and when risk transfers to the buyer ; such precision also marks the point at which costs are for the buyer's account. if the parties do

not name the point of delivery, then they are taken to have left it to the seller to select the point "that best suits its purpose". This means that the buyer may incure the risk that the seller may choose a point just before the point at which goods are lost or damaged. Best for the buyer therefore to select the precise point within a place where delivery will occur.

3. 당사자들은 단지 인도장소만 지정하면 된다. 그러나 당사자들은 또한 지정인도장소 내에 정확한 지점을 가급적 명확하게 명시하는 것이 좋다. 그러한 정확한 지정인도지점은 양당사자에게 언제 물품이 인도되는지와 언제 위험이 매수인에게 이전하는지 명확하게 하며, 또한 그러한 정확한 지점은 매수인의 비용부담의 기준점을 확정한다. 당사자들 인도지점을 지정하지 않는 경우에는 매도인이 "그의 목적에 가장 적합한"지점을 선택하기로 한 것으로 된다. 이는 매수인으로서는 매도인이 물품의 멸실 또는 훼손이 발생한 지점이 아닌 그 직전의 지점을 선택할 수도 있는 위험이 있음을 의미한다. 따라서 매수인으로서는 인도가 이루어질 장소 내에 정확한 지점을 선택하는 것이 가장 좋다.

4. A note of caution to buyers − EXW is the incoterms® rule which imposes the least set of obligations on the seller. From the buyer's perspective, therefore, the rule should be used with care for different reasons as set out below.

4. 매수인을 위한 유의사항 − EXW는 매도인에게 최소의 일련의 의무를 지우는 인코텀즈규칙이다. 따라서 매수인의 관점에서 이 규칙은 아래와 같은 여러 가지 이유로 조심스럽게 사용하여야 한다.

5. Loading risks − Delivery happens − and risk transfers − when the goods are placed, not loaded, at the buyer's disposal.

5. 적재위험 − 인도는 물품이 적재된 때가 아니라 매수인의 처분하에 놓인 때에 일어난다. − 그리고 그때 위험이 이전한다.

However, risk of loss of or damage to the goods occuring while the loading operation is carried out by the seller, as it may well be, might arguably lie with the buyer, who has not physically participated in the loading.

그러나 매도인이 적재작업을 수행하는 동안에 발생하는 물품의 멸실 또는 훼손의 위험을 적재에 물리적으로 참여하지 않은 매수인이 부담하는 것은 으레 그렇듯이 논란이 될 수 있다.

Given this possibility, it would be advisable, where the seller is to load the goods, for the parties to agree in advance who is to bear the risk of any loss of or damage to the goods during loading.

이러한 가능성 때문에 매도인이 물품을 적재하여야 하는 경우에 당사자들은 적재 중 물품의 멸실 또는 훼손의 위험을 누가 부담하는지를 미리 합의하여두는 것이 바람직하다.

This is a common situation simply because the seller is more likely to have necessary loading equipment at its own premises or because applicable safety or security rules prevent access to the seller's premises by unauthorised personnel.

단순히 매도인이 그의 영업구내에서 필요한 적재장비를 가지고 있을 가능성이 더 많기 때문에 혹은 적용가능한 안전규칙이나 보안규칙에 의하여 권한 없는 인원이 매도인의 영업구내에 접근하는 것이 금지되기 때문에 매도인이 물품을 적재하는 것은 흔한 일이다.

Where the buyer is keen to avoid any risk during loading at the seller's premises, then the buyer ought to consider choosing the FCA rule(under which, if the goods are delivered at the seller's premises, the seller owes the buyer an obligation to load, with the risk of loss of or damage to the goods during that operation remaining with the seller).

매도인의 영업구내에서 일어나는 적재작업 중의 위험을 피하고자 하는 경우에 매수인은 FCA규칙을 선택하는 것을 고려하여야 한다(FCA규칙에서는 물품이 매도인의 영업구내에서 인도되는 경우에 매도인이 매수인에 대하여 적재의무를 부담하고 적재작업중에 발생하는 물품의 멸실 또는 훼손의 위험은 매도인이 부담한다).

6. Export clearance – With delivery happening when the goods are at the buyer's disposal either at the seller's premises or at another named point typically within the seller's jurisdiction or within the same Customs Union, there is no obligation on the seller to organise export clearance or clearance within third countires through which the goods pass in transit.

6. 수출통관 – 물품이 매도인의 영업구내에서 또는 전형적으로 매도인의 국가나 관세동맹지역 내에 있는 다른 지정지점에서 매수인의 처분하에 놓인때에 인도가 일어나므로, 매도인은 수출통관이나 운송 중에 물품이 통과할 제3국의 통관을 수행할 의무가 없다.

Indeed, EXW may be suitable for domestic trades, where there is no clearance is limited to providing assistance in obtaining such documents and information as the buyer may require for the purpose of exporting the goods.

사실 EXW는 물품을 수출할 의사가 전혀 없는 국내거래에 적절하다. 수출통관에 관한 매도인의 참여는 물품수출을 위하여 매수인이 요청할 수 있는 서류와 정보를 취득하는데 협력을 제공하는 것에 한정된다.

Where the buyer intends to export the goods and where it anticipates difficulty in obtaining export clearance, the buyer would be better advised to choose the FCA rule, under which the obligation and cost of obtaining export clearance lies with the seller.

매수인이 물품을 수출하기를 원하나 수출통관을 하는 데 어려움이 예상되는 경우에, 매수인은 수출통관을 할 의무와 그에 관한 비용을 매도인이 부담하는 FCA규칙을 선택하는 것이 더 좋다.

FCA 운송인인도(Free Carrier)
EXPLANATORY NOTE FOR USERS

1. Delivery and risk – "Free Carrier (named place)" means that the seller delivers the goods to the buyer in one or other of two ways.

1. 인도와 위험 – "운송인인도(지정장소)"는 매도인이 물품을 매수인에게 다음과 같은 두 가지 방법 중 어느 하나로 인도하는 것을 의미한다.

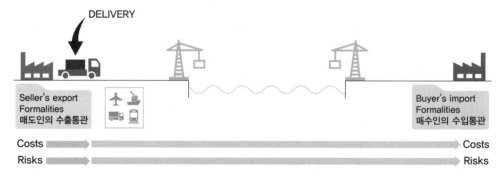

(1) First, when the named place is the seller's premises, the goods are delivered
  첫째, 지정장소가 매도인의 영업구내인 경우, 물품은 다음과 같이 된 때 인도된다.
  - when they are loaded on the means of transport arranged by the buyer.
  - 물품이 매수인이 마련한 운송수단에 적재된 때

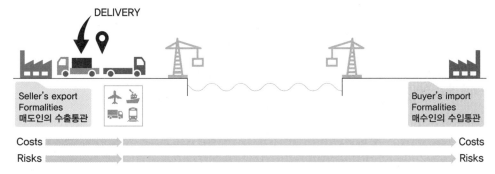

(2) Second, when the named place is another place, the goods are delivered
  둘째, 지정장소가 그 밖의 장소인 경우, 물품은 다음과 같이 된 때 인도된다.
  ① when, having been loaded on the seller's means of transport,
  ① 매도인의 운송수단에 적재되어서
  ② they reach the named other place and
  ② 지정장소에 도착하고
  ③ are ready for unloading from that seller's means of transport and
  ③ 매도인의 운송수단에 실린 채 양하준비된 상태로
  ④ at the disposal of the carrier or of another person nominated by the buyer.
  ④ 매수인이 지정한 운송인이나 제3자의 처분하에 놓인 때

Whichever of the two is chosen as the place of delivery, that place identifies where risk transfers to the buyer and the time from which costs are for the buyer's account.

그러한 두 장소 중에서 인도장소로 선택되는 장소는 위험이 매수인에게 이전하는 곳이자 또한 매수인이 비용을 부담하기 시작하는 시점이 된다.

2. Mode of transport – This rule may be used irrespective of the mode of transport selected and may also be used where more than one mode of transport is employed.

2. 운송방식 – 본 규칙은 어떠한 운송방식이 선택되는지를 불문하고 사용할 수 있고 둘 이상의 운송방식이 이용되는 경우에도 사용할 수 있다.

3. Place or point of delivery – A sale under FCA can be concluded naming only the place of delivery, either at the sell ; er's premises or elsewhere, without specifying the precise point of delivery within that named place.

3. 인도장소 또는 인도지점 – FCA 매매는 지정장소 내에 정확한 인도지점을 명시하지 않고서 매도인의 영업구내나 그 밖의 장소 중 어느 하나를 단지 인도장소로 지정하여 체결될 수 있다.

However, the parties are well advised also to specify as clearly as possible the precise point within the named place of delivery.

그러나 당사자들은 지정인도장소 내에 정확한 지점도 가급적 명확하게 명시하는 것이 좋다.

A named precise point of delivery makes it clear to both parties when the goods are delivered and when risk transfers to the buyer ; such precision also marks the point at which costs are for the buyer's account.

그러한 정확한 지정인도지점은 양당사자에게 언제 물품이 인도되는지와 언제 위험이 매수인에게 이전하는지 명확하게 하며, 또한 그러한 정확한 지점은 매수인의 비용부담의 기준점을 확정한다.

Where the precise point is not identified, however, this may cause problems for the buyer.

그러나 정확한 지점이 지정되지 않는 경우에는 매수인에게 문제가 생길 수 있다.

The seller in this case has the right to select the point "that best suits its purpose": that point becomes the point of delivery, from which risk and costs transfer to the buyer.

이러한 경우에 매도인은 "그의 목적에 가장 적합한" 지점을 선택할 권리를 갖는다. 즉 이러한 지점이 곧 인도지점이 되고 그곳에서부터 위험과 비용이 매수인에게 이전한다.

If the precise point of delivery is not identified by naming it in the contract, then the parties are taken to have left it to the seller to select the point "that best suits its purpose".

계약에서 이를 지정하지 않아서 정확한 인도지점이 정해지지 않은 경우에, 당사자들은 매도인이 "자신의 목적에 가장 적합한"지점을 선택하도록 한 것으로 된다.

This means that the buyer may incur the risk that the seller may choose a point just before the point at which goods are lost or damaged.

이는 매수인으로서는 매도인이 물품의 멸실 또는 훼손이 발생한 지점이 아닌 그 직전의 지점을 선택할 수도 있는 위험이 있음을 의미한다.

Best for the buyer therefore to select the precise point within a place where delivery will occur.

따라서 매수인으로서는 인도가 이루어질 장소 내에 정확한 지점을 선택하는 것이 가장 좋다.

4. 'or procure goods so delivered' - The reference to "procure" here caters for multiple sales down a chain (string sales), particularly, although not exclusively, common in the commodity trades.

4. '또는 그렇게 인도된 물품을 조달한다' - 여기에 "조달한다"(procure)고 규정한 것은 꼭 이 분야에서 그런 것만은 아니지만 특히 일차산품거래(commodity trades)에서 일반적인 수차에 걸쳐 연속적으로 이루어지는 매매('연속매매',string sales)에 대응하기 위함이다.

5. Export/import clearance - FCA requires the seller to clear the goods for export, where applicable, However, the seller has no obligation to clear the goods for import or for transit through third countries, to pay any import duty or to carry out any import customs formalities.

5. 수출/수입통관 − FCA에서는 해당되는 경우에 매도인이 물품의 수출통관을 하여야 한다. 그러나 매도인은 물품의 수입을 위한 또는 제3국 통과를 위한 통관을 하거나 수입관세를 납부하거나 수입통관절차를 수행할 의무가 없다.

6. Bills of lading with an on − board notation in FCA sales − We have already seen that FCA is intended for use irrespective of the mode or modes of transport used. Now if goods are being picked up by the buyer's road haulier in LAS Vegas, it would be rather uncommon to expect a bill of lading with an on − board notation to be issued by the carrier from Las Vegas, which is not a port and which a vessel cannot reach for goods to be placed on board.

6. FCA 매매에서 본선적재표기가 있는 선하증권 − 이미 언급하였듯이 FCA는 사용되는 운송방식이 어떠한지를 불문하고 사용할 수 있다. 이제는 매수인의 도로운송인이 라스베이거스에서 물품을 수거(pick up)한다고 할 때, 라스베이거스에서 운송인으로부터 본선적재표기가 있는 선하증권을 발급받기를 기대하는 것이 오히려 일반적이지 않다.

Nonetheless, sellers selling FCA Las Vegas do to be placed on board.

라스베이거스는 항구가 아니어서 선박이 물품적재를 위하여 그곳으로 갈 수 없기 때문이다.

Nonetheless, seller selling FCA Las Vegas do sometimes find themselves in aa situation where they need a bill of lading with an on − board notation(typically because of a bank collection or a letter of credit requirement), albeit necessarily stating that the goods have been placed on board in Los Angeles as well as stating that they were received for carriage in Las Vegas.

그럼에도 FCA Las Vegas 조건으로 매매하는 매도인은 때로는 (전형적으로 은행의 추심조건이나 신용장 조건 때문에) 무엇보다도 물품이 라스베이거스에서 운송을 위하여 수령된 것으로 기재될 뿐만 아니라 그것이 로스엔젤레스에서 선적되었다고 기재된 본선적재표기가 있는 선하증권이 필요한 상황에 처하게 된다.

To cater for this possibility of Incoterms 2020 has, for the first time, provided the following optional mechanism.

본선적재표기가 있는 선하증권을 필요로 하는 FCA 매도인의 이러한 가능성에 대응하기 위하여 인코텀즈 2020 FCA에서는 처음으로 다음과 같은 선택적 기제를 규정한다.

If the parties have so agreed in the contract, the buyer must instruct its carrier to issue a bill of lading with an on − board notation to the seller.

당사자들이 계약에서 합의한 경우에 매수인은 그의 운송인에게 본선적재표기가 있는 선하증권을 매도인에게 발행하도록 지시하여야 한다.

The carrier may or may not, of course, accede to the buyer's request, given that the carrier is only bound and entitled to issue such a bill of lading once the goods are on board in Los Angeles.

물론 운송인으로서는 물품이 로스앤젤레스에서 본선적재된 때에만 그러한 선하증권을 발행할 의무가 있고 또 그렇게 할 권리가 있기 때문에 매수인의 요청에 응할 수도 응하지 않을 수도 있다.

However, if and when the bill of lading is issued to the seller by the carrier at the buyer, who will need the bill of lading in order to obtatin discharge of the goods from the carrier.

그러나 운송인이 매수인의 비용과 위험으로 매도인에게 선하증권을 발행하는 경우에는 매도인은 바로 그 선하증권을 매수인에게 제공하여야 하고 매수인은 운송인으로부터 물품을 수령하기 위하여 그 선하증권이 필요하다.

This optional mechanism becomes unnecessary, of course, if the parties have agreed that the seller will present to the buyer a bill of lading stating simply that the goods have been received for shipment rather than that they have been shipped on board.

물론 당사자들의 합의에 의하여 매도인이 매수인에게 물품의 본선적재 사실이 아니라 단지 물품이 선적을 위하여 수령되었다는 사실을 기재한 선하증권을 제시하는 경우에는 이러한 선택적 기제는 불필요하다.

Moreover, it should be emphasised that even where this optional mechanism is adopted, the seller is under no obligation to the buyer as to the terms of the contract of carriage.

또한 강조되어야 할 것으로 이러한 선택적 기제가 적용되는 경우에도 매도인은 매수인에 대하여 운송계약조건에 관한 어떠한 의무도 없다.

Finally, when this optional mechanism is adopted, the dates of delivery inland and loading on board will necessarily be different, which may well create difficulties for the seller under a letter of credit.

끝으로, 이러한 선택적 기제가 적용되는 경우에 내륙의 인도일자와 본선적재일자는 부득이 다를 수 있을 것이고, 이로 인하여 매도인에게 신용장상 어려움이 발생할 수 있다.

FAS(선측인도) Free Alongside Ship
FAS(insert named port of shipment지정선적항 기입) Incoterms® 2020
EXPLANATORY NOTE FOR USERS

1. Delivery and risk – "Free Alongside Ship" means that the seller delivers the goods to the buyer

1. 인도와 위험 – "선측인도"는 다음과 같이 된 때 매도인이 물품을 매수인에게 인도하는 것을 의미한다.

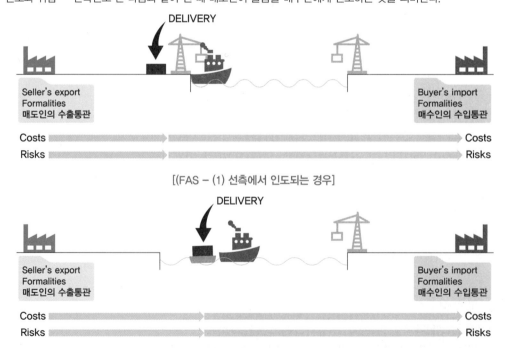

[(FAS – (1) 선측에서 인도되는 경우]

[FAS – (2) 외항이 있는 경우, 부선(Barge)에 실려 인도되는 경우]

① when the goods are placed alongside the ship (e.g. on a quay or a barge)

① 지정선적항에서

② nominated by the buyer

② 매수인이 지정한 선박의

③ at the named port of shipment

③ 선측에 (예컨대 부두 또는 바지(barge)에) 물품이 놓인 때

④ or when the seller procures goods already so delivered.

④ 또는 이미 그렇게 인도된 물품을 조달한 때.

The risk of loss of or damage to the goods transfers when the goods are alongside the ship, and the buyer bears all costs from that moment onwards.

물품의 멸실 또는 훼손의 위험은 물품이 선측에 놓인 때 이전하고, 매수인은 그 순간부터 향후의 모든 비용을 부담한다.

2. Mode of transport – This rule is to be used only for sea or inladn waterway transport where the parties intend to deliver the goods by placing the goods alongside a vessel.

2. 운송방식 – 본 규칙은 당사자들이 물품을 선측에 둠으로써 인도하기로 하는 해상운송이나 내수로운송에만 사용되어야 한다.

Thus the FAS rule is not appropriate where goods are handed over to the carrier before they are alongside the vessel, for example where goods are handed over to a carrier at a container terminal.

따라서 FAS 규칙은 물품이 선측에 놓이기 전에 운송인에게 교부되는 경우, 예컨대 물품이 컨테이너터미널에서 운송인에게 교부되는 경우에는 적절하지 않다.

Where this is the case, parties should consider using the FCA rule rather than the FAS rule.

이러한 경우에 당사자들은 FAS 규칙 대신에 FCA규칙을 사용하는 것을 고려하여야 한다.

3. Identifying the loading point precisely – The parties are well advised to specify as clearly as possible the loading point at the named port of shipment where the goods are to be transferred from the quay or barge to the ship, as the costs and risk to that point are for the account of the seller and these costs and associated handling charges may vary according to the practice of the port.

3. 정확한 적재지점 지정 – 당사자들은 지정선적항에서 물품이 부두나 바지(barge)로부터 선박으로 이동하는 적재지점을 가급적 명확하게 명시하는 것이 좋다. 그 지점까지의 비용과 위험은 매도인이 부담하고, 이러한 비용과 그와 관련된 처리비용(handling charges)은 항구의 관행에 따라 다르기 때문이다.

4. 'or procuring the goods so delivered' – The seller is required either to deliver the goods alongside the ship or to procure goods already so delivered for shipment.

4. '또는 그렇게 인도된 물품을 조달함' – 매도인은 물품을 선측에서 인도하거나 선적을 위하여 이미 그렇게 인도된 물품을 조달하여야 한다.

The reference to "procure" here caters for multiple sale down a chain(string sales), particularly common in the commodity trades.

여기에 "조달한다"(procure)고 규정한 것은 특히 일차산품거래(commodity trades)에서 일반적인 수차에 걸쳐 연속적으로 이루어지는 매매('연속매매', 'string sales')에 대응하기 위함이다.

5. Export/import clearance – FAS requires the seller to clear the goods for export, where applicable.

5. 수출/수입통관 – FAS에서는 해당되는 경우에 매도인이 물품의 수출통관을 하여야 한다.

However, the seller has no obligation to clear the goods for import or for transit through third countries, to pay any import duty or to carry out any import customs formalities.

그러나 매도인은 물품의 수입을 위한 또는 제3국 통과를 위한 통관을 하거나 수입관세를 납부하거나 수입통관절차를 수행할 의무가 없다.

FOB (본선인도) Free On Board
FOB(지정선적항 기입) Incoterms® 2020
EXPLANATORY NOTE FOR USERS

1. Delivery and risk – "Free on Board" means that the seller delivers the goods to the buyer

1. 인도와 위험 – "본선인도"는 매도인이 다음과 같이 물품을 매수인에게 인도하는 것을 의미한다.

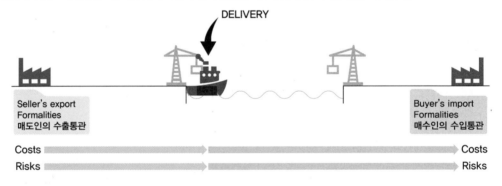

① on board the vessel

① 지정선적항에서

② nominated by the buyer

② 매수인이 지정한

③ at the named port of shipment

③ 선박에 적재함

④ or procures the goods already so delivered.

④ 또는 이미 그렇게 인도된 물품을 조달함

The risk of loss of or damage to the goods transfers when the goods are on board the vessel, and the buyer bears all costs from that moment onwards.

물품의 멸실 또는 훼손의 위험은 물품이 선박에 적재된 때 이전하고, 매수인은 그 순간부터 향후의 모든 비용을 부담한다.

2. Mode of transport – This rule is to be used only for sea or inlad waterway transport where the parties intend to delivery the goods by placing the goods on board a vessel.

2. 본 규칙은 당사자들이 물품을 선박에 적재함으로써 인도하기로 하는 해상운송이나 내수로운송에만 사용되어야 한다.

Thus, the FOB rule is not appropriate whre goods are handed over to the carrier before they are on board the vessel, for example whre goods are handed over to a carrier at a container terminal.

따라서 FOB규칙은 물품이 선박에 적재되기 전에 운송인에게 교부되는 경우, 예컨대 물품이 컨테이너터미널에서 운송인에게 교부되는 경우에는 적절하지 않다.

Where this is the case, parties should consider using the FCA rule rather than the FOB rule.

이러한 경우에 당사자들은 FOB 규칙 대신에 FCA규칙을 사용하는 것을 고려하여야 한다.

3. 'or procuring the goods so delivered' – The seller is required either to deliver the goods on board the vessel or to procure goods already so delivered for shipment.

3. '또는 그렇게 인도된 물품을 조달함' – 매도인은 물품을 선박에 적재하여 인도하거나 선적을 위하여 이미 그렇게 인도된 물품을 조달하여야 한다.

The reference to "procure" here caters for multiple sales down a chain (string sales), particularly common in the commodity trades.

여기에 "조달한다"(procure)고 규정한 것은 특히 일차산품거래(commodity trades)에서 일반적인 수차에 걸쳐 연속적으로 이루어지는 매매('연속매매', 'string sales')에 대응하기 위함이다.

4. Export/import clearance – FOB requires the seller to clear the goods for export, where applicable.

4. 수출/수입통관 – FOB에서는 해당되는 경우에 매도인이 물품의 수출통관을 하여야 한다.

However, the seller has no obligation to clear the goods for import or for transit through third countries, to pay any import duty or to carry out any import customs formalities.

그러나 매도인은 물품의 수입을 위한 또는 제3국 통과를 위한 통관을 하거나 수입관세를 납부하거나 수입통관절차를 수행할 의무가 없다.

CFR (운임포함인도) Cost and Freight

CFR (insert named port of destination 지정목적항 기입) Incoterms® 2020

EXPLANATORY NOTE FOR USERS

1. Delivery and risk – "Cost and Freight" means that the seller delivers the goods to the buyer

1. 인도와 위험 – "운임포함인도"는 매도인이 물품을 매수인에게 다음과 같이 인도하는 것을 의미한다.

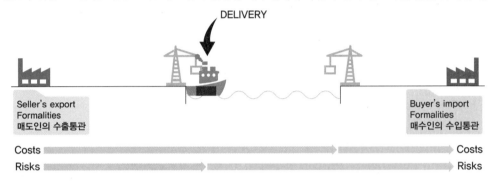

① on board the vessel

① 선박에 적재함

② or procures the goods already so delivered

② 또는 이미 그렇게 인도된 물품을 조달함.

The risk of loss of or damage to the goods transfers when the goods are on board the vessel, such that the seller is taken to have performed its obligation to deliver the goods whether or not the goods actually arrive at their destination in sound condition, in the stated quantity or indeed, at all.

물품의 멸실 또는 훼손의 위험은 물품이 선박에 적재된 때 이전하고, 그에 따라 매도인은 명시된 수량의 물품이 실제로 목적지에 양호한 상태로 도착하는지를 불문하고 또는 사실 물품이 전혀 도착하지 않더라도 그의 물품인도의무를 이행한 것으로 된다.

In CFR, the seller owes no obligation to the buyer to purchase insurance cover: the buyer would be well – advised therefore to purchase some cover for itself.

CFR에서 매도인은 매수인에 대하여 부보의무가 없다. 따라서 매수인은 스스로 부보하는 것이 좋다.

2. Mode of transport – This rule is to be used only for sea or inland waterway transport.

2. 운송방식 – 본 규칙은 해상운송이나 내수로운송에만 사용되어야 한다.

Where more than one mode of transport is to be used, which will commonly be the case where goods are handed over to a carrier at a container terminal, the appropriate rule to use is CPT rather than CFR.

물품이 컨테이너터미널에서 운송인에게 교부되는 경우에 일반적으로 그러하듯이 둘 이상의 운송방식이 사용되는 경우에 사용하기 적절한 규칙은 CFR이 아니라 CPT이다.

3. 'or procuring the goods so delivered' – The reference to "procure" here caters for multiple sales down a chain (string sales), particularly common in the commodity trades.

3. '또는 그렇게 인도된 물품을 조달함' – 여기에 "조달한다"(procure)고 규정한 것은 특히 일차산품거래(commodity trades)에서 일반적인 수차에 걸쳐 연속적으로 이루어지는 매매('연속매매', 'string sales')에 대응하기 위함이다.

4. Ports of delivery and destination – In CFR, two ports are important: the port where the goods are delivered on board the vessel and the port agreed as the destination of the goods.

4. 인도항(port of delviery)과 목적항(port of destination) – CFR에서는 두 항구가 중요하다. 물품이 선박에 적재되어 인도되는 항구와 물품의 목적항으로 합의된 항구가 그것이다.

Risk transfers from seller to buyer when the goods are delivered to the buyer by placing them on board the vessel at the shipment port or by procuring the goods already so delivered.

위험은 물품이 선적항에서 선박에 적재됨으로써 또는 이미 그렇게 인도된 물품을 조달함으로써 매수인에게 인도된 때 매도인으로부터 매수인에게 이전한다.

However, the seller must contract for the carriage of the goods from delivery to the agreed destination.

그러나 매도인은 물품을 인도지부터 합의된 목적지까지 운송하는 계약을 체결해야 한다.

Thus, for example, goods are placed on board a vessel in Shanghai(which is port) for carriage to southampton (also a port).

따라서 예컨대 물품은 (항구인) 사우샘프턴까지 운송을 위하여 (항구인) 상하이에서 선박에 적재된다.

Delivery here happens when the goods are on board in Shanghai, with risk transferring to the buyer at that time ; and the seller must make a contract of carriage from Shanghai to Southampton.

그러면 물품이 상하이에서 적재된 때 여기서 인도가 일어나고, 그 시점에 위험이 매수인에게 이전한다. 그리고 매도인은 상하이에서 사우샘프턴으로 향하는 운송계약을 체결해야 한다.

5. Must the shipment port be named? – While the contract will always specify a destination port, it might not specify the port of shipment, which is where risk transfers to the buyer.

5. 선적항은 반드시 지정되어야 하는가? – 계약에서 항상 목적항을 명시할 것이지만, 위험이 매수인에게 이전하는 장소인 선적항은 명시하지 않을 수도 있다.

IF the shipment port is of particular interest to the buyer, as it may be, for example, where the buyer wishes to ascertain that the freight element of the price is reasonable, the parties are well advised to identify it as precisely as possible in the contract.

예컨대 매수인이 매매대금에서 운임요소가 합리적인지 확인하고자 하는 경우에 그러하듯이 선적항이 특히 매수인의 관심사항인 경우에 당사자들은 계약에서 선적항을 가급적 정확하게 특정하는 것이 좋다.

6. Identifying the destination point at the discharge port - The parties are well advised to identify as precisely as possible the point at the named port of destination, as the costs to that point are for the account of the seller.

6. 양륙항 내 목적지점 지정 – 당사자들은 지정목적항 내의 지점을 가급적 정확하게 지정하는 것이 좋다. 그 지점까지 비용을 매도인이 부담하기 때문이다.

The seller must make a contract or contracts of carriage that cover(s) the transit of the goods from delivery to the named port or to the agreed point within that port where such a point has been agreed in the contract of sale.

매도인은 물품을 인도지로부터 지정목적항까지 또는 그 지정목적항 내의 지점으로부터 매매계약에서 합의된 지점까지 물품을 운송하는 단일 또는 복수의 계약을 체결하여야 한다.

7. Multiple carriers - It is possible that carriage is effected through several carriers for different legs of the sea transport, for example, first by a carrier operating a feeder vessel from Hong Kong to Shanghai, and then onto an ocean vessel from Shanghai to Southampton.

7. 복수의 운송인 – 예컨대 먼저 홍콩에서 상하이까지 피더선(feeder vessel)을 운항하는 운송인이 담당하고 이어서 상하이에서 사우샘프턴까지 항해선박(ocean vessel)이 담당하는 경우와 같이, 상이한 해상운송구간을 각기 담당하는 복수의 운송인이 운송을 수행하는 것도 가능하다.

The question which arises here is wheter risk transfers from seller to buyer at Hong Kong or at Shanghai: where does delivery take place?

이때 과연 위험은 매도인으로부터 매수인에게 홍콩에서 이전하는지 아니면 상하이에서 이전하는지 의문이 발생한다. 즉, 인도는 어디서 일어나는가?

The parties may well have agreed this in the sale contract itself.

당사자들이 매매계약 자체에서 이를 잘 합의하였을 수도 있다.

Where, however, there is no such agreement, the default postion is that risk transfers when the goods have been delivered to the first carrier, I.e. Hong Kong, thus increasing the period during which the buyer incurs the risk of loss or damage.

그러나 그러한 합의가 없는 경우에 (본 규칙이 규정하는) 보충적 입장은, 위험은 물품이 제1운송인에게 인도된 때 즉 홍콩에서 이전하고, 따라서 매수인이 멸실 또는 훼손의 위험을 부담하는 기간이 증가한다는 것이다.

Should the parties wish the risk to transfer at a later stage(here, Shanghai) they need to specify this in their contract of sale.

당사자들은 그 뒤의 어느 단계에서 (여기서는 상하이) 위험이 이전하기를 원한다면 이를 매매계약에 명시하여야 한다.

8. Unloading costs - If the seller incurs costs under its contract of carriage related to unloading at the specified point at the port of destination, the seller is not entitled to recover such costs separately from the buyer unless otherwise agreed between the parties.

8. 양하비용 – 매도인은 자신의 운송계약상 목적항 내의 명시된 지점에서 양하에 관하여 비용이 발생한 경우 당사자간에 달리 합의되지 않은 한 그러한 비용을 매수인으로부터 별도로 상환 받을 권리가 없다.

9. Export/import clearance — CFR requires the seller to clear the goods for export, where applicable.

9. 수출/수입통관 – CFR에서는 해당되는 경우에 매도인이 물품의 수출통관을 하여야 한다.

However, the seller has no obligation to clear the goods for import or for transit through third countires, to pay any import duty or to carry out any import customs formalities.

그러나 매도인은 물품의 수입을 위한 또는 제3국 통과를 위한 통관을 하거나 수입관세를 납부하거나 수입통관절차를 수행할 의무가 없다.

CIF (운임 · 보험료포함인도) Cost Insurance and Freight
CIF (insert named port of destination 지정목적항 기입) Incoterms® 2020
EXPLANATORY NOTES FOR USERS

1. Delivery and risk — "Cost Insurance and Freight" means that the seller delivers the goods to the buyer

1. 인도와 위험 – "운임 · 보험료포함인도"는 매도인이 물품을 매수인에게 다음과 같이 인도하는 것을 의미한다.

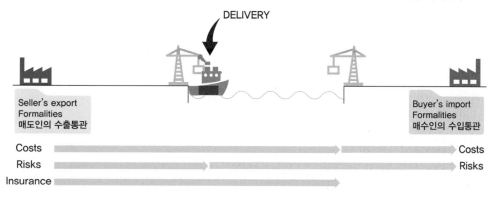

① on board the vessel

① 선박에 적재함

② or procures the goods already so delivered.

② 또는 이미 그렇게 인도된 물품을 조달함

The risk of loss of or damage to the goods transfers when the goods are on board the vessel, such that the seller is taken to have performed its obligation to deliver the goods whether or not the goods actually arrive at their destination in sound condition, in the stated quantity or, indeed, at all.

물품의 멸실 또는 훼손의 위험은 물품이 선박에 적재된 때 이전하고, 그에 따라 매도인은 명시된 수량의 물품이 실제로 목적지에 양호한 상태로 도착하는지를 불문하고 또는 사실 물품이 전혀 도착하지 않더라도 그의 물품인도 의무를 이행한 것으로 된다.

2. Mode of transport — This rule is to be used only for sea or inland waterway transport.

2. 운송방식 – 본 규칙은 해상운송이나 내수로운송에만 사용되어야 한다.

Where more than one mode of transport is to be used, which will commonly be the case where goods are handed over to a carrier at a container terminal, the appropriate rule to use is CIP rather than CIF.

물품이 컨테이너터미널에서 운송인에게 교부되는 경우에 일반적으로 그러하듯이 둘 이상의 운송방식이 사용되는 경우에 사용하기 적절한 규칙은 CIF가 아니라 CIP이다.

3. 'or procuring the goods so delivered' – The reference to "procure" here caters for multiple sales down a chain (string sales), particularly common in the commodity trades.

3. '또는 그렇게 인도된 물품을 조달함' – 여기에 "조달한다"(procure)고 규정한 것은 특히 일차산품거래(commodity trades)에서 일반적인 수차에 걸쳐 연속적으로 이루어지는 매매('연속매매', 'string sales')에 대응하기 위함이다.

4. Ports of delivery and destination – In CIF, two ports are important : the port where the goods are delivered on board the vessel and the port agreed as the destination of the goods.

4. 인도항(port of delivery)과 목적항(port of destination) – CIF에서는 두 항구가 중요하다. 물품이 선박에 적재되어 인도되는 항구와 물품의 목적항으로 합의된 항구가 그것이다.

Risk transfers from seller to buyer when the goods are delivered to the buyer by placing them on board the vessel at the shipment port or by procuring the goods already so delivered.

위험은 물품이 선적항에서 선박에 적재됨으로써 또는 이미 그렇게 인도된 물품을 조달함으로써 매수인에게 인도된 때 매도인으로부터 매수인에게 이전한다.

However, the seller must contract for the carriage of the goods from delivery to the agreed destination.

그러나 매도인은 물품을 인도지부터 합의된 목적지까지 운송하는 계약을 체결해야 한다.

Thus, for example, goods are placed on board a vessel in Shanghai(which is port) for carriage to southampton (also a port).

따라서 예컨대 물품은 (항구인) 사우샘프턴까지 운송을 위하여 (항구인) 상하이에서 선박에 적재된다.

Delivery here happens when the goods are on board in Shanghai, with risk transferring to the buyer at that time ; and the seller must make a contract of carriage from Shanghai to Southampton.

그러면 물품이 상하이에서 적재된 때 여기서 인도가 일어나고, 그 시점에 위험이 매수인에게 이전한다. 그리고 매도인은 상하이에서 사우샘프턴으로 향하는 운송계약을 체결해야 한다.

5. Must the shipment port be named? – While the contract will always specify a destination port, it might not specify the port of shipment, which is where risk transfers to the buyer.

5. 선적항은 반드시 지정되어야 하는가? – 계약에서 항상 목적항을 명시할 것이지만, 위험이 매수인에게 이전하는 장소인 선적항은 명시하지 않을 수도 있다.

IF the shipment port is of particular interest to the buyer, as it may be, for example, where the buyer wishes to ascertain that the freight element of the price is reasonable, the parties are well advised to identify it as precisely as possible in the contract.

예컨대 매수인이 매매대금에서 운임요소가 합리적인지 확인하고자 하는 경우에 그러하듯이 선적항이 특히 매수인의 관심사항인 경우에 당사자들은 계약에서 선적항을 가급적 정확하게 지정하는 것이 좋다.

6. Identifying the destination point at the discharge port – The parties are well advised to identify as precisely as possible the point at the named port of destination, as the costs to that point are for the account of the seller.

6. 양륙항 내 목적지점 지정 – 당사자들은 지정목적항 내의 지점을 가급적 정확하게 지정하는 것이 좋다. 그 지점까지 비용을 매도인이 부담하기 때문이다.

The seller must make a contract or contracts of carriage that cover(s) the transit of the goods from delivery to the named port or to the agreed point within that port where such a point has been agreed in the contract of sale.

매도인은 물품을 인도지로부터 지정목적항까지 또는 그 지정목적항 내의 지점으로부터 매매계약에서 합의된 지점까지 물품을 운송하는 단일 또는 복수의 계약을 체결하여야 한다.

7. Multiple carriers – It is possible that carriage is effected through several carriers for different legs of the sea transport, for example, first by a carrier operating a feeder vessel from Hong Kong to Shanghai, and then onto an ocean vessel from Shanghai to Southampton.

7. 복수의 운송인 – 예컨대 먼저 홍콩에서 상하이까지 피더선(feeder vessel)을 운항하는 운송인이 담당하고 이어서 상하이에서 사우샘턴까지 항해선박(ocean vessel)이 담당하는 경우와 같이, 상이한 해상운송구간을 각기 담당하는 복수의 운송인이 운송을 수행하는 것도 가능하다.

The question which arises here is wheter risk transfers from seller to buyer at Hong Kong or at Shanghai: where does delivery take place?

이때 과연 위험은 매도인으로부터 매수인에게 홍콩에서 이전하는지 아니면 상하이에서 이전하는지 의문이 발생한다. 즉, 인도는 어디서 일어나는가?

The parties may well have agreed this in the sale contract itself.

당사자들이 매매계약 자체에서 이를 잘 합의하였을 수도 있다.

Where, however, there is no such agreement, the default position is that risk transfers when the goods have been delivered to the first carrier, I.e. Hong Kong, thus increasing the period during which the buyer incurs the risk of loss or damage.

그러나 그러한 합의가 없는 경우에 (본 규칙이 규정하는) 보충적 입장은, 위험은 물품이 제1운송인에게 인도된 때 즉 홍콩에서 이전하고, 따라서 매수인이 멸실 또는 훼손의 위험을 부담하는 기간이 증가한다는 것이다.

Should the parties wish the risk to transfer at a later stage(here, Hanghai) they need to specify this in their contract of sale.

당사자들은 그 뒤의 어느 단계에서 (여기서는 상하이) 위험이 이전하기를 원한다면 이를 매매계약에 명시하여야 한다.

8. Insurance – The seller must also contract for insurance cover against the buyer's risk of loss of or damage to the goods from the port of shipment to at least the port of destination.

8. 보험 – 매도인은 또한 선적항부터 적어도 목적항까지 매수인의 물품의 멸실 또는 훼손 위험에 대하여 보험계약을 체결하여야 한다.

This may caused difficulty where the destination country requires insurance cover to be purchased locally: in this case the parties should consider selling and buying under CFR.

이는 목적지 국가가 자국의 보험자에게 부보하도록 요구하는 경우에는 어려움을 야기할 수 있다. 이러한 경우에 당사자들은 CFR로 매매하는 것을 고려하여야 한다.

The buyer should also note that under the CIF Incoterms® 2020 rule the seller is required to obtain limited insurance cover complying with Institute Cargo Clauses (C) or similar clause, rather than with the more extensive cover under Institute Cargo Clauses (A).

또한 매수인은 인코텀즈 2020 CIF 하에서 매도인은 협회적하약관의 A – 약관에 의한 보다 광범위한 담보조건이 아니라 협회적하약관의 C – 약관이나 그와 유사한 약관에 따른 제한적인 담보조건으로 부보하여야 한다는 것을 유의하여야 한다.

It is, however, still open to the parties to agree on a higher level of cover.

그러나 당사자들은 여전히 더 높은 수준의 담보조건으로 부보하기로 합의할 수 있다.

9. Unloading costs – If the seller incurs costs under its contract of carriage related to unloading at the specified point at the port of destination, the seller is not entitled to recover such costs separately from the buyer unless otherwise agreed between the parties.

9. 양하비용 – 매도인은 자신의 운송계약상 목적항 내의 명시된 지점에서 양하에 관하여 비용이 발생한 경우 당사자 간에 달리 합의되지 않은 한 그러한 비용을 매수인으로부터 별도로 상환 받을 권리가 없다.

10. Export/import clearance – CFR requires the seller to clear the goods for export, where applicable.

10. 수출/수입통관 – CFR에서는 해당되는 경우에 매도인이 물품의 수출통관을 하여야 한다.

However, the seller has no obligation to clear the goods for import or for transit through third countries, to pay any import duty or to carry out any import customs formalities.

그러나 매도인은 물품의 수입을 위한 또는 제3국 통과를 위한 통관을 하거나 수입관세를 납부하거나 수입통관절차를 수행할 의무가 없다.

CPT 운송비지급인도(Carriage paid to)
EXPLANATORY NOTE FOR USERS

1. Delivery and risk – "Carriage Paid To" means that the seller delivers the goods – and transfers the risk – to the buyer

1. 인도와 위험 – "운송비지급인도"는 매도인이 다음과 같이 매수인에게 물품을 인도하는 것을 – 그리고 위험을 이전하는 것을 – 의미한다.

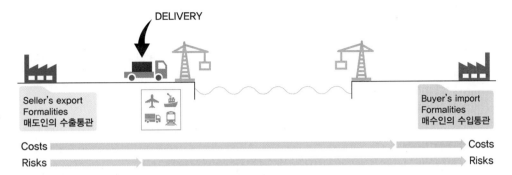

① by handing them over to the carrier

① 매도인과 계약을 체결한 운송인에게

② contracted by the seller

② 물품을 교부함으로써

③ or by procuring the goods so delivered.

③ 또는 그렇게 인도된 물품을 조달함으로써

④ the seller may do so by giving the carrier physical possession of the goods in the manner and at the place appropriate to the means of transport used.

④ 매도인은 사용되는 운송수단에 적합한 방법으로 그에 적합한 장소에서 운송인에게 물품의 물리적 점유를 이전함으로써 물품을 인도할 수 있다.

Once the goods have been delivered to the buyer in this way, the seller does not guarantee that the goods will reach the place of destination in sound condition, in the stated quantity or indeed at all.

물품이 이러한 방법으로 매수인에게 인도되면 매도인은 그 물품이 목적지에 양호한 상태로 그리고 명시된 수량 또는 그 전량이 도착할 것을 보장하지 않는다.

This is because risk transfers from seller to buyer when the goods are delivered to the contract for the carriage of the goods from delivery to the agreed destination.

왜냐하면 물품이 운송인에게 교부됨으로써 매수인에게 인도된 때 위험은 매도인으로부터 매수인에게 이전하기 때문이다. 그러나 매도인은 물품을 인도지로부터 합의된 목적지까지 운송하는 계약을 체결하여야 한다.

Thus, for example, goods are handed over to a carrier in Las Vegas(which is not a port) for carriage to Southampton(a port) or to Winchester(which is not a port).

따라서 예컨대 (항구인) 사우샘프턴이나 (항구가 아닌) 윈체스터까지 운송하기 위하여 (항구가 아닌) 라스베이거스에서 운송인에게 물품이 교부된다.

In either case, delivery transferring risk to the buyer happens in Las Vegas, and the seller must make a contract of carriage to either Southampton or Winchester.

이러한 각각의 경우에 위험을 매수인에게 이전시키는 인도는 라스베이거스에서 일어나고 매도인은 사우샘프턴이나 윈체스터로 향하는 운송계약을 체결하여야 한다.

2. Mode of transport – This rule may be used irrespective of the mode of transport selected and may also be used where more than one mode of transport is employed.

2. 운송방식 – 본 규칙은 어떠한 운송방식이 선택되는지를 불문하고 사용할 수 있고 둘 이상의 운송방식이 이용되는 경우에도 사용할 수 있다.

3. Place (or point) of delivery and destination – In CPT, two locations are important: the place or point (if any)at which the goods are delivered(for the transfer of risk) and the place or point agreed as the destination of the goods(as the point to which the seller promises to contract for carriage).

3. 인도장소(또는 인도지점)와 목적지 – CPT에서는 두 곳이 중요하다. 물품이 (위험이전을 위하여) 인도되는 장소 또는 지점(있는 경우)이 그 하나이고, 물품의 목적지로서 합의된 장소 또는 지점이 다른 하나이다(매도인은 이 지점까지 운송계약을 체결하기로 약속하기 때문이다).

4. Identifying the place or point of delivery with precision – The parties are well advised to identify both places, or indeed points within those places, as precisely as possible in the contract of sale.

4. 정확한 인도장소 또는 인도지점 지정 – 당사자들은 매매계약에서 가급적 정확하게 두 장소(인도장소 및 목적지) 또는 그러한 두 장소 내의 실제 지점들을 지정하는 것이 좋다.

Identifying the place or point(if any) of delivery as precisely as possible is important to cater for the common situation where several carriers are engaged, each for different legs of the transit from delivery to destination.

인도장소나 인도지점(있는 경우)을 가급적 정확하게 지정하는 것은 복수의 운송인이 참여하여 인도지부터 목적지까지 사이에 각자 상이한 운송구간을 담당하는 일반적인 상황에 대응하기 위하여 중요하다.

Where this happens and the parties do not agree on a specific place or point of delivery, the default position is that risk trnsfers when the goods have been delivered to the first carrier at a point entirely of the seller's choosing and over which the buyer has no control.

이러한 상황에서 당사자들이 특정한 인도장소나 인도지점을 합의하지 않는 경우에 [본 규칙이 규정하는] 보충적 입장은, 위험은 물품이 매도인이 전적으로 선택하고 그에 대하여 매수인이 전혀 통제할 수 없는 지점에서 제1운송인에게 인도된 때 이전한다는 것이다.

Should the parties wish the risk to transfer at a later stage(e.g. at a sea or river port or at an airport), or indeed an earlier one (e.g an inland point some way away from a sea or river port), they need to specify this in their contract of sale and to carefully think through the consequences of so doing in case the goods are lost or damaged.

그 후의 어느 단계에서 (예컨대 바다나 강의 항구에서 또는 공항에서) 또는 그 전의 어느 단계에서 (예컨대 바다나 강의 항구로부터 멀리 있는 내륙의 어느 지점에서) 위험이 이전되길 원한다면, 당사자들은 이를 매매계약에 명시하고 물품이 실제로 멸실 또는 훼손되는 경우에 그렇게 하는 것의 결과가 어떻게 되는지를 신중하게 생각할 필요가 있다.

5. Identifying the destination as precisely as possible — The parties are also well advised to identify as precisely as possible in the contract of sale the point within the agreed place of destination, as this is the point to which the seller must contract for carriage and this is the point to which the costs of carriage fall on the seller.

5. 가급적 정확한 목적지 지정 – 당사자들은 또한 매매계약에서 합의된 목적지 내의 지점을 가급적 정확하게 지정하는 것이 좋다. 그 지점까지 매도인은 운송계약을 체결하여야 하고 그 지점까지 발생하는 운송비용을 매도인이 부담하기 때문이다.

6. 'or procure goods so delivered' — The reference to "procure" here caters for multiple sales down a chain (string sales), particularly common in the commodity trades.

6. '또는 그렇게 인도된 물품을 조달한다' – 여기에 "조달한다"(procure)고 규정한 것은 특히 일차산품거래(commodity trades)에서 일반적인 수차에 걸쳐 연속적으로 이루어지는 매매('연속매매',string sales')에 대응하기 위함이다.

7. costs of unloading at destination — If the seller incurs costs under its contract of carriage related to unloading at the named place of destination, the seller is not entitled to recover such cost separately from the buyer unless otherwise agreed between the parties.

7. 목적지의 양하비용 – 매도인이 자신의 운송계약상 지정목적지에서 양하에 관하여 비용이 발생한 경우에 매도인은 당사자간에 달리 합의되지 않은 한 그러한 비용을 매수인으로부터 별도로 상환 받을 권리가 없다.

8. Export/import clearance — CPT requires the seller to clear the goods for export, where applicable.

8. 수출/수입통관 – CPT에서는 해당되는 경우에 매도인이 물품의 수출통관을 하여야 한다.

However, the seller has no obligation to clear the goods for import or for transit through third countries, or to pay any import duty or carry out any import customs formalities.

그러나 매도인은 물품의 수입을 위한 또는 제3국 통과를 위한 통관을 하거나 수입관세를 납부하거나 수입통관절차를 수행할 의무가 없다.

CIP(운송비·보험료지급인도) Carriage and Insurance Paid To

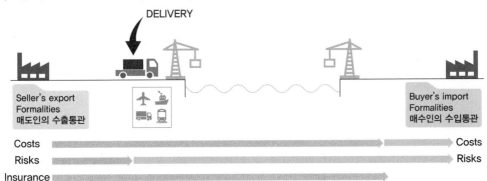

EXPLANATORY NOTE FOR USERS
사용자를 위한 설명문

1. Delivery and risk – "Carriage and Insurance Paid To" means that the seller delivers the goods – and transfers the risk – to the buyer

1. 인도와 위험 – "운송비 · 보험료지급인도"는 매도인이 다음과 같이 매수인에게 물품을 인도하는 것을 – 그리고 위험을 이전하는 것을 – 의미한다.

   ① by handing them over to the carrier

   ① 매도인과 계약을 체결한 운송인에게

   ② contracted by the seller

   ② 물품을 교부함으로써

   ③ or by procuring the goods so delivered.

   ③ 또는 그렇게 인도된 물품을 조달함으로써

   ④ the seller may do so by giving the carrier physical possession of the goods in the manner and at the place appropriate to the means of transport used.

   ④ 매도인은 사용되는 운송수단에 적합한 방법으로 그에 적합한 장소에서 운송인에게 물품의 물리적 점유를 이전함으로써 물품을 인도할 수 있다.

Once the goods have been delivered to the buyer in this way, the seller does not guarantee that the goods will reach the place of destination in sound condition, in the stated quantity or indeed at all.

물품이 이러한 방법으로 매수인에게 인도되면 매도인은 그 물품이 목적지에 양호한 상태로 그리고 명시된 수량 또는 그 전량이 도착할 것을 보장하지 않는다.

This is because risk transfers from seller to buyer when the goods are delivered to the contract for the carriage of the goods from delivery to the agreed destination.

왜냐하면 물품이 운송인에게 교부됨으로써 매수인에게 인도된 때 위험은 매도인으로부터 매수인에게 이전하기 때문이다. 그러나 매도인은 물품을 인도지로부터 합의된 목적지까지 운송하는 계약을 체결하여야 한다.

Thus, for example, goods are handed over to a carrier in Las Vegas(which is not a port) for carriage to Southampton(a port) or to Winchester(which is not a port).

따라서 예컨대 (항구인) 사우샘프턴이나 (항구가 아닌) 윈체스터까지 운송하기 위하여 (항구가 아닌) 라스베이거스에서 운송인에게 물품이 교부된다.

In either case, delivery transferring risk to the buyer happens in Las Vegas, and the seller must make a contract of carriage to either Southampton or Winchester.

이러한 각각의 경우에 위험을 매수인에게 이전시키는 인도는 라스베이거스에서 일어나고 매도인은 사우샘프턴이나 윈체스터로 향하는 운송계약을 체결하여야 한다.

2. Mode of transport – This rule may be used irrespective of the mode of transport selected and may also be used where more than one mode of transport is employed.

2. 운송방식 – 본 규칙은 어떠한 운송방식이 선택되는지를 불문하고 사용할 수 있고 둘 이상의 운송방식이 이용되는 경우에도 사용할 수 있다.

3. Place (or point) of delivery and destination – In CIP, two locations are important: the place or point at which the goods are delivered(for the transfer of risk) and the place or point agreed as the destination of the goods(as the point to which the seller promises to contract for carriage).

3. 인도장소(또는 인도지점)와 목적지 – CIP에서는 두 곳이 중요하다. 물품이 (위험이전을 위하여) 인도되는 장소 또는 지점이 그 하나이고, 물품의 목적지로서 합의된 장소 또는 지점이 다른 하나이다(매도인은 이 지점까지 운송계약을 체결하기로 약속하기 때문이다).

4. Insurance – The seller must also contract for insurance cover against the buyer's risk of loss of or damage to the goods from the point of delivery to at least the point of destination.

4. 보험 – 매도인은 또한 인도지점부터 적어도 목적지지점까지 매수인의 물품의 멸실 또는 훼손 위험에 대하여 보험계약을 체결하여야 한다.

This may cause difficulty where the destination country requires insurance cover to be purchased locally: in this case the parties should consider selling and buying under CPT.

이는 목적지 국가가 자국의 보험자에게 부보하도록 요구하는 경우에는 어려움을 야기할 수 있다. 이러한 경우에 당사자들은 CPT로 매매하는 것을 고려하여야 한다.

The buyer should also note that under the CIP Incoterms 2020 rule the seller is required to obtain extensive insurance cover complying with Institute Cargo Clauses (A) or similar clause, rather than with the more limited cover under Institute Cargo Clauses (C).

또한 매수인은 인코텀즈 2020 CIP하에서 매도인은 협회적하약관의 C – 약관에 의한 제한적인 담보조건이 아니라 협회적하약관의 A – 약관이나 그와 유사한 약관에 따른 광범위한 담보조건으로 부보하여야 한다는 것을 유의하여야 한다.

It is, however, still open to the parties to agree on a lower level of cover.

그러나 당사자들은 여전히 더 낮은 수준의 담보조건으로 부보하기로 합의할 수 있다.

5. Identifying the place or point of delivery with precision – The parties are well advised to identify both places, or indeed points within those places, as precisely as possible in the contract of sale.

5. 정확한 인도장소 또는 인도지점 지정 – 당사자들은 매매계약에서 가급적 정확하게 두 장소(인도장소 및 목적지) 또는 그러한 두 장소 내의 실제 지점들을 지정하는 것이 좋다.

Identifying the place or point(if any) of delivery as precisely as possible is important to cater for the common situation where several carriers are engaged, each for different legs of the transit from delivery to destination.

인도장소나 인도지점(있는 경우)을 가급적 정확하게 지정하는 것은 복수의 운송인이 참여하여 인도지부터 목적지까지 사이에 각자 상이한 운송구간을 담당하는 일반적인 상황에 대응하기 위하여 중요하다.

Where this happens and the parties do not agree on a specific place or point of delivery, the default position is that risk transfers when the goods have been delivered to the first carrier at a point entirely of the seller's choosing and over which the buyer has no control.

이러한 상황에서 당사자들이 특정한 인도장소나 인도지점을 합의하지 않는 경우에 [본 규칙이 규정하는] 보충적 입장은, 위험은 물품이 매도인이 전적으로 선택하고 그에 대하여 매수인이 전혀 통제할 수 없는 지점에서 제1운송인에게 인도된 때 이전한다는 것이다.

Should the parties wish the risk to transfer at a later stage(e.g. at a sea or river port or at an airport), or indeed an earlier one (e.g an inland point some way away from a sea or river port), they need to specify this in their contract of sale and to carefully think through the consequences of so doing in case the goods are lost or damaged.

그 후의 어느 단계에서 (예컨대 바다나 강의 항구에서 또는 공항에서) 또는 그 전의 어느 단계에서 (예컨대 바다나 강의 항구로부터 멀리 있는 내륙의 어느 지점에서) 위험이 이전되길 원한다면, 당사자들은 이를 매매계약에 명시하고 물품이 실제로 멸실 또는 훼손되는 경우에 그렇게 하는 것의 결과가 어떻게 되는지를 신중하게 생각할 필요가 있다.

6. Identifying the destination as precisely as possible – The parties are also well advised to identify as precisely as possible in the contract of sale the point within the agreed place of destination, as this is the point to which the seller must contract for carriage and insurance and this is the point to which the costs of carriage and insurance fall on the seller.

6. 가급적 정확한 목적지 지정 – 당사자들은 매매계약에서 합의된 목적지 내의 지점을 가급적 정확하게 지정하는 것이 좋다. 그 지점까지 매도인은 운송계약과 보험계약을 체결하여야 하고 그 지점까지 발생하는 운송비용과 보험비용을 매도인이 부담하기 때문이다.

7. 'or procure goods so delivered' – The reference to "procure" here caters for multiple sales down a chain (string sales), particularly common in the commodity trades.

7. '또는 그렇게 인도된 물품을 조달함' – 여기에 "조달한다"(procure)고 규정한 것은 특히 일차산품거래(commodity trades)에서 일반적인 수차에 걸쳐 연속적으로 이루어지는 매매('연속매매', string sales')에 대응하기 위함이다.

8. costs of unloading at destination – If the seller incurs costs under its contract of carriage related to unloading at the named place of destination, the seller is not entitled to recover such cost separately from the buyer unless otherwise agreed between the parties.

8. 목적지의 양하비용 – 매도인이 자신의 운송계약상 지정목적지에서 양하에 관하여 비용이 발생한 경우에 매도인은 당사자간에 달리 합의되지 않은 한 그러한 비용을 매수인으로부터 별도로 상환 받을 권리가 없다.

9. Export/import clearance – CIP requires the seller to clear the goods for export, where applicable.

9. 수출/수입통관 – CIP에서는 해당되는 경우에 매도인이 물품의 수출통관을 하여야 한다.

However, the seller has no obligation to clear the goods for import or for transit through third countries, or to pay any import duty or carry out any import customs formalities.

그러나 매도인은 물품의 수입을 위한 또는 제3국 통과를 위한 통관을 하거나 수입관세를 납부하거나 수입통관절차를 수행할 의무가 없다.

DAP(도착지인도) Delivered at Place

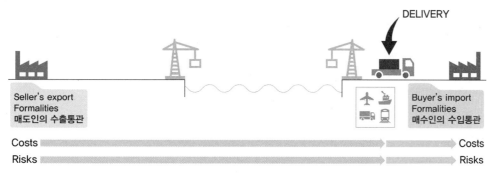

EXPLANATORY NOTE FOR USERS

1. Delivery and risk – "Delivered at Place"means that the seller delivers the goods – and transfers risk – to the buyer

1. 인도와 위험 – "도착지인도"는 다음과 같이 된 때 매도인이 매수인에게 물품을 인도하는 것을 – 그리고 위험을 이전하는 것을 – 의미한다.

   ① when the goods are placed at the disposal of the buyer

   ① 물품이 지정목적지에서 또는

   ② on the arriving means of transport ready for unloading

   ② 지정목적지 내에 어떠한 지점이 합의된 경우에는 그 지점에서

   ③ at the named place of destination or

   ③ 도착운송수단에 실어둔 채 양하준비된 상태로

   ④ at the agreed point within that place, if any such point is agreed.

   ④ 매수인의 처분하에 놓인 때

the seller bears all risk involved in bringing the goods to the named place of destination or to the agreed point within that place.

매도인은 물품을 지정목적지까지 또는 지정목적지 내의 합의된 지점까지 가져가는 데 수반되는 모든 위험을 부담한다.

In this incoterms® rule, therefore, delivery and arrival at destination are the same. 따라서 본 인코텀즈규칙에서 인도와 목적지의 도착은 같은 것이다.

2. Mode of transport – This rule may be used irrespective of the mode of transport selected and may also be used where more than one mode of transport is employed.

2. 운송방식 – 본 규칙은 어떠한 운송방식이 선택되는지를 불문하고 사용할 수 있고 둘 이상의 운송방식이 이용되는 경우에도 사용할 수 있다.

3. Identifying the place or point of delivery/destination precisely – The parties are well advised to specify the destination place or point as clearly as possible and this for several reasons.

3. 정확한 인동장소/목적지 또는 인도/목적지점 지정 – 당사자들은 몇가지 이유로 가급적 명확하게 목적지나 목적지점을 명시하는 것이 좋다.

First, risk of loss of or damage to the goods transfers to the buyer at that point of delivery/destination – and it is best for the seller and the buyer to be clear about the point at which that critical transfer happens.

첫째, 물품의 멸실 또는 훼손의 위험은 그러한 인도/목적지점에서 매수인에게 이전한다 – 따라서 매도인과 매수인은 그러한 결정적인 이전이 일어나는 지점에 대하여 명확하게 해두는 것이 가장 좋다.

Secondly, the costs before that place or point of delivery/destination are for the account of the buyer.

둘째, 그러한 인도장소/목적지 또는 인도/목적지점 전의 비용은 매도인이 부담하고 그 후의 비용은 매수인이 부담한다.

Thirdly, the seller must contract or arrange for the carriage of the goods to the agreed place or point of delivery/destination.

셋째, 매도인은 물품을 합의된 인도장소/목적지 또는 인도/목적지점까지 운송하는 계약을 체결하거나 그러한 운송을 마련하여야 한다.

If it fails to do so, the seller is in breach of its obligations under the incoterms® DAP rule and will be liable to the buyer for any ensuing loss.

그렇게 하지 않는 경우에 매도인은 인코텀즈 DAP규칙상 그의 의무를 위반한 것이 되고 매수인에 대하여 그에 따른 손해배상책임을 지게 된다.

Thus, for example, the seller would be responsible for any additional costs levied by the carrier to the buyer for any additional on – carriage.

따라서 예컨대 매도인은 추가적인 후속운송(on – carriage)을 위하여 운송인이 매수인에게 부과하는 추가비용에 대하여 책임을 지게 된다.

4. 'or procuring the goods so delivered' – The reference to "procure"here caters for multiple sales down a chain (string sales), particularly common in the commodity trades.

4. '또는 그렇게 인도된 물품을 조달함' – 여기에 "조달한다(procure)고 규정한 것은 특히 일차산품거래(commodity trades)에서 일반적인 수차에 걸쳐 연속적으로 이루어지는 매매('연속매매,'string sales')에 대응하기 위함이다.

5. Unloading costs – The seller is not required to unload the goods from the arriving means of transportation.

5. 양하비용 – 매도인은 도착운송수단으로부터 물품을 양하(unload)할 필요가 없다.

However, if the seller incurs costs under its contract of carriage related to unloading at the place of delivery/destination, the seller is not entitled to recover such costs separately from the buyer unless otherwise agreed between the parties.

그러나 매도인이 자신의 운송계약상 인도장소/목적지에서 양하에 관하여 비용이 발생한 경우에 매도인은 당사자간에 달리 합의되지 않은 한 그러한 비용을 매수인으로부터 별도로 상환받을 권리가 없다.

6. Export/import clearance – DAP requires the seller to clear the goods for export, where applicable.

6. 수출/수입통관 – DAP에서는 해당되는 경우에 매도인이 물품의 수출통관을 하여야 한다.

However, the seller has no obligation to clear to goods for import or for post – delivery transit through third countries, to pay any import duty or to carry out any import customs formalities.

그러나 매도인은 물품의 수입을 위한 또는 인도 후 제3국 통과를 위한 통관을 하거나 수입관세를 납부하거나 수입통관 절차를 수행할 의무가 없다.

As a result, if the buyer fails to organise import clearance, the goods will be held up at a port or inland terminal in the destination country.

따라서 매수인이 수입통관을 못하는 경우에 물품은 목적지 국가의 항구나 내륙터미널에 묶이게 될 것이다.

Who bears the risk of any loss that might occur while the goods are thus held up at the port of entry in the destination country?

그렇다면 물품이 목적지 국가의 입국항구(port of entry)에 묶여있는 동안에 발생하는 어떤 멸실의 위험은 누가 부담하는가?

The answer is the buyer: delivery will not have occurred yet, B3(a) ensuring that the risk of loss or damage to the goods is with the buyer until transit to a named inland point can be resumed.

그 답은 매수인이다. 즉 아직 인도가 일어나지 않았고, B3(a)는 내륙의 지정지점으로의 통과가 재개될 때까지 물품의 멸실 또는 훼손의 위험을 매수인이 부담하도록 하기 때문이다.

If, in order to avoid this scenario, the parties intend the seller to clear the goods for import, pay any import duty or tax and carry out any import customs formalities, the parties might consider using DDP.

만일 이러한 시나리오를 피하기 위하여 물품의 수입통관을 하고 수입관세나 세금을 납부하고 수입통관절차를 수행하는 것을 매도인이 하도록 하고자 하는 경우에 당사자들을 ddp를 사용하는 것을 고려할 수 있다.

DPU도착지양하인도 Delivered at place Unloaded

EXPLANATORY NOTE FOR USERS
사용자를 위한 설명문

1. 'Delivery and risk – "Delivered at Place Unloaded"means that the seller delivers the goods –
   and transfers risk – to the buyer

1. '인도와 위험 – "도착지양하인도"는 다음과 같이 된 때 매도인이 매수인에게 물품을 인도하는 것을 – 그리고 위험을
   이전하는 것을 – 의미한다.

   ① when the goods,
   ① 물품이

   ② at a named place of destination or
   ② 지정목적지에서 또는

   ③ at the agreed point within that place, if any such point is agreed.
   ③ 지정목적지 내에 어떠한 지점이 합의된 경우에는 그 지점에서

   ④ once unloaded from the arriving means of transport,
   ④ 도착운송수단으로부터 양하된 상태로

   ⑤ are placed at the disposal of the buyer
   ⑤ 매수인의 처분하에 놓인 때.

The seller bears all risks involved in bringing the goods to and unloading them at the named
place of destination.
매도인은 물품을 지정목적지까지 가져가서 그곳에서 물품을 양하하는 데 수반되는 모든 위험을 부담한다.

In this incoterms® rule, therefore, the delivery and arrival at destination are the same.
따라서 본 인코텀즈규칙에서 인도와 목적지의 도착은 같은 것이다.

DPU is the only incoterms® rule that requires the seller to unload goods at destination.
DPU는 매도인이 목적지에서 물품을 양하 하도록 하는 유일한 인코텀즈규칙이다.

The seller should therefore ensure that it is in a position to organise unloading at the named place.

따라서 매도인은 자신이 그러한 지정장소에서 양하를 할 수 있는 입장에 있는지를 확실히 하여야 한다.

Should the parties intend the seller not to bear the risk and cost of unloading, the DPU rule should be avoided and DAP should be used instead.

당사자들은 매도인이 양하의 위험과 비용을 부담하기를 원하지 않는 경우에는 DPU를 피하고 그 대신 DAP를 사용하여야 한다.

2. Mode of transport – This rule may be used irrespective of the mode of transport selected and may also be used where more than one mode of transport is employed.

2. 운송방식 – 본 규칙은 어떠한 운송방식이 선택되는지를 불문하고 사용할 수 있고 둘 이상의 운송방식이 이용되는 경우에도 사용할 수 있다.

3. Identifying the Place or point of delivery/destination precisely – The parties are well advised to specify the destination place or point as clearly as possible and this for several reasons.

3. 정확한 인도장소/목적지 또는 인도 목적지점 지정 – 당사자들은 몇 가지 이유로 가급적 명확하게 목적지나 목적지점을 명시하는 것이 좋다.

First, risk of loss of or damage to the goods transfers to the buyer at that point of delivery/destination – and it is best for the seller and the buyer to be clear about the point at which that critical transfer happens.

첫째, 물품의 멸실 또는 훼손의 위험은 그러한 인도/목적지점에서 매수인에게 이전한다. – 따라서 매도인과 매수인은 그러한 결정적인 이전이 일어나는 지점에 대하여 명확하게 해두는 것이 가장 좋다.

Secondly, the costs before that place or point of delivery/destination are for the account of the seller and the costs after that place or point are for the account of the buyer.

둘째, 그러한 인도장소/목적지 또는 인도/목적지점 전의 비용은 매도인이 부담하고 그 후의 비용은 매수인이 부담한다.

Thirdly, the seller must contract or arrange for the carriage of the goods to the agreed place or point of delivery/destination.

셋째, 매도인은 물품을 합의된 인도장소/목적지 또는 인도/목적지점까지 운송하는 계약을 체결하거나 그러한 운송을 마련하여야 한다.

If it fails to do so, the seller is in breach of its obligations under this rule and will be liable to the buyer for any ensuing loss.

그렇게 하지 않는 경우에 매도인은 본 규칙상 그의 의무를 위반한 것이 되고 매수인에 대하여 그에 따른 손해배상책임을 지게 된다.

The seller would, for example, be responsible for any additional costs levied by the carrier to the buyer for any additional on - carriage.

따라서 예컨대 매도인은 추가적인 후속운송(on - carriage)을 위하여 운송인이 매수인에게 부과하는 추가비용에 대하여 책임을 지게 된다.

4. 'or procuring the goods so delivered' - The reference to "procure"here caters for multiple sales down a chain (string sales), particularly common in the commodity trades.

4. 또는 그렇게 인도된 물품을 조달함' - 여기에 "조달한다"(procure)고 규정한 것은 특히 일차산품거래(commodity trades)에서 일반적인 수차에 걸쳐 연속적으로 이루어지는 매매('연속매매','string sales')에 대응하기 위함이다.

5. Export/import clearance - DPU requires the seller to clear the goods for export, where applicable.

5. 수출/수입통관 - DPU에서는 해당되는 경우에 매도인이 물품의 수출통관을 하여야 한다.

However, the seller has no obligation to clear the goods for import or for post - delivery transit through third countries, to pay any import duty or to carry out any import customs formalities.

그러나 매도인은 물품의 수입을 위한 또는 인도 후 제3국 통과를 위한 통관을 하거나 수입관세를 납부하거나 수입통관 절차를 수행할 의무가 없다.

As a result, if the buyer fails to organise import clearance, the goods will be held up at a port or inland terminal in the destination country.

따라서 매수인이 수입통관을 못하는 경우에 물품은 목적지 국가의 항구나 내륙터미널에 묶이게 될 것이다.

Who bears the risk of any loss that might occur while the goods are thus held up at the port of entry in the destination country?

그렇다면 물품이 목적지 국가의 입국항구(port of entry)나 내륙터미널에 묶여있는 동안에 발생하는 어떤 멸실의 위험은 누가 부담하는가?

The answer is the buyer: delivery will not have occurred yet, B3(a) ensuring that the risk of loss of or damage to the goods is with the buyer until transit to a named inland point can be resumed.

그 답은 매수인이다. 즉 아직 인도가 일어나지 않았고, B3(a)는 내륙의 지정지점으로의 통과가 재개될 때까지 물품의 멸실 또는 훼손의 위험을 매수인이 부담하도록 하기 때문이다.

If, in order to avoid this scenario, the parties intend the seller to clear the goods for import, pay any import duty or tax and carry out any import customs formalities, the parties might consider using DDP.

이러한 시나리오를 피하기 위하여 물품의 수입신고를 하고 수입관세나 세금을 납부하고 수입통관절차를 수행하는 것을 매도인이 하도록 하는 경우에 당사자들은 DDP를 사용하는 것을 고려할 수 있다.

DDP(관세지급인도) Delivered Duty Paid

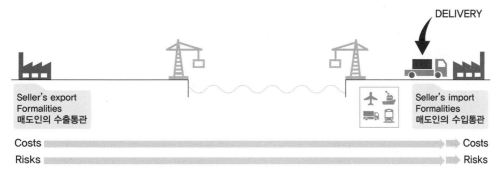

EXPLANATORY NOTE FOR USERS
사용자를 위한 설명문

1. Delivery and risk – "Delivered Duty Paid" means that the seller delivers the goods to the buyer

1. 인도와 위험 – "관세지급인도"는 다음과 같이 된 때 매도인이 매수인에게 물품을 인도하는 것을 의미한다.

　① when the goods are placed at the disposal of the buyer,

　① 물품이 지정목적지에서 또는 지정목적지 내의 어떠한 지점이 합의된 경우에는 그러한 지점에서

　② cleared for import,

　② 수입통관 후

　③ on the arriving means of transport,

　③ 도착운송수단에 실어둔 채

　④ ready for unloading,

　④ 양하준비된 상태로

　⑤ at the named place of destination or at the agreed point within that place, if any such
　　 point is agreed.

　⑤ 매수인의 처분하에 놓인 때.

The seller bears all risks involved in bringing the goods to the named place of destination or to
the agreed point within that place.

매도인은 물품을 지정목적지까지 또는 지정목적지 내의 합의된 지점까지 가져가는 데 수반되는 모든 위험을 부담한다.

In this Incoterms® rule, therefore, delivery and arrival at destination are the same.

따라서 본 인코텀즈규칙에서 인도와 목적지의 도착은 같은 것이다.

2. Mode of transport – This rule may be used irrespective of the mode of transport selected and
　 may also be used where more than one mode of transport is employed.

2. 운송방식 – 본 규칙은 어떠한 운송방식이 선택되는지를 불문하고 사용할 수 있고 둘 이상의 운송방식이 이용되는 경
　 우에도 사용할 수 있다.

3. A note of caution to seller: maximum responsibility – DDP, with delivery happening at destination and with the seller being responsible for the payment of import duty and applicable taxes is the incoterms® rule imposing on the seller the maximum level of obligation of all eleven incoterms® rules.

3. 매도인을 위한 유의사항: 최대책임 – DDP에서는 인도가 도착지에서 일어나고 매도인이 수입관세와 해당되는 세금의 납부책임을 지므로 DDP는 11개의 모든 인코텀즈규칙중에서 매도인에게 최고수준의 의무를 부과하는 규칙이다.

From the seller's perspective, therefore, the rule should be used with care for different reasons as set out in paragraph 7.

따라서 매도인의 관점에서, 본 규칙은 아래 7번 단락에서 보는 바와 같이 여러 가지 이유로 조심스럽게 사용하여야 한다.

4. Identifying the place or point of delivery/destination precisely – The parties are well advised to specify the destination place or point as clearly as possible and this for several reasons.

4. 정확한 인도장소/목적지 또는 인도/목적지점 지정 – 당사자들은 몇 가지 이유로 가급적 명확하게 목적지나 목적지점을 명시하는 것이 좋다.

First, risk of loss of or damage to the goods transfers to the buyer at that point of delivery/destination – and it is best for the seller and the buyer to be clear about the point at which that critical transfer happens.

첫째, 물품의 멸실 또는 훼손의 위험은 그러한 인도/목적지점에서 매수인에게 이전한다 – 따라서 매도인과 매수인은 그러한 결정적인 이전이 일어나는 지점에 대하여 명확하게 해두는 것이 가장 좋다.

Secondly, the costs before that place or point of delivery/destination are for the account of the seller, including the costs of import clearance, and the costs after that place or point, other than the costs of import, are for the account of the buyer.

둘째, 수입통관비용을 포함하여 그러한 인도장소/목적지 또는 인도/목적지점 전의 비용은 매도인이 부담하고 수입비용을 제외한 그 후의 비용은 매수인이 부담한다.

Thirdly, the seller must contract or arrange for the carriage of the goods to the agreed place or point of delivery/destination.

셋째, 매도인은 물품을 합의된 인도장소/목적지 또는 인도/목적지점까지 운송하는 계약을 체결하거나 그러한 운송을 마련하여야 한다.

If it fails to do so, the seller is in breach of its obligations under the incoterms® rule DDP and will be liable to the buyer for any ensuing loss.

그렇게 하지 않는 경우에 매도인은 인코텀즈 DDP 규칙상 그의 의무를 위반한 것이 되고 매수인에 대하여 그에 따른 손해배상책임을 지게 된다.

Thus for example, the seller would be responsible for any additional costs levied by the carrier tho the buyer for any additional on – carriage.

따라서 예컨대 매도인은 추가적인 후속운송(on – carriage)을 위하여 운송인이 매수인에게 부과하는 추가비용에 대하여 책임을 지게 된다.

5. 'or procuring the goods so delivered' — The reference to "procure" here caters for multiple sales down a chain (string sales), particularly common in the commodity trades.

5. '또는 그렇게 인도된 물품을 조달함' — 여기에 "조달한다"(procure)고 규정한 것은 특히 일차산품거래(commodity trades)에서 일반적인 수차에 걸쳐 연속적으로 이루어지는 매매('연속매매','string sales')에 대응하기 위함이다.

6. Unloading costs — If the seller incurs costs under its contract of carriage related to unloading at the place of delivery/destination, the sellr is not entitled to recover such costs separately from the buyer unless otherwise agreed between the parties.

6. 양하비용 — 매도인은 자신의 운송계약상 인도장소/목적지에서 양하에 관하여 비용이 발생한 경우에 당사자간에 달리 합의되지 않은 한 그러한 비용을 매수인으로부터 별도로 상환받을 권리가 없다.

7. Export/import clearance — As set out in paragraph 3, DDP requires the seller to clear the goods for export, where applicable, as well as for import and to pay any import duty or to carry out any customs formalities.

7. 수출/수입통관 — 위의 3번 단락에서 보듯이, DDP에서는 해당되는 경우에 매도인이 물품의 수출통관 및 수입통관을 하여야 하고 또한 수입관세를 납부하거나 모든 통관절차를 수행하여야 한다.

Thus if the seller is unable to obtain import clearance and would rather leave that side of things in the buyer's hands in the country of import, then the seller should consider choosing DAP or DPU, under which rules delivery still happens at destination, but with import clearance being left to the buyer.

따라서 매도인은 수입통관을 완료할 수 없어서 차라리 이러한 부분을 수입국에 있는 매수인의 손에 맡기고자 하는 경우에 인도는 여전히 목적지에서 일어나지만 수입통관은 매수인이 하도록 되어 있는 DAP나 DPU를 선택하는 것을 고려하여야 한다.

There may be tax implications and this tax may not be recoverable from the buyer: see A9(d).

세금문제가 기재될 수 있는데 이러한 세금은 매수인으로부터 상환받을 수 없다. A9(d)를 보라.

일반거래협정서는 '요식화, 형식화'까지는 아니더라도, 〈관습적으로〉계약서에 자주 사용된 조항들로써 정형화 되었다고 이해하면 된다. 하에서의 조항들은, 시험문제에 보기로 나오는 경우(1. Entirement clause, 2. Ecalation clause, 3. Recitals clause, 4. Hardship Clause 등)가 많고 국제무역사 계약 및 무역영어 파트, 국가공인 무역영어 시험에서 자주 출제되는 부분이므로 영어 원문 및 해당 내용을 숙지하여 시험장에 가는 것이 바람직하다.

완전합의조항(Entire Agreement : Integration Clause)		중요도 : ★★★
조항설명	본 계약이 성립한 이상 <u>기존의 서면 또는 구두에 의한 합의, 교섭, 등은 모두 본 계약에 흡수되고 소멸</u>된다고 약정하여 두는 것이 완전합의조항이다. 이것은 새 계약과 기존계약의 관계를 명확히 하는 것으로 후일의 분쟁예방과 해결에 도움을 준다.	요약 이전 계약, 관습 등 무시, 본 계약만 따름
예상지문	"This Agreement sets forth the entire agreement and understanding between the parties as to the subject matter of this Agreement and merges and supersedes all prior discussions agreements and understandings of any and every nature between them."	key word • Entire • prior • between

권리침해조항(Infringement Clause)		중요도 : ★★★
조항설명	매도인이 매수신의 지시 또는 주문으로 상품을 수출한 경우 매수인의 국가나 제3국의 공업소유권'(Industrial Property Right)이나 특허권 및 상표권, 저작권을 침해할 경우 매도인은 면책된다는 내용이다.	요약 상표권, 저작권 등 지식재산권 침해 관련 책임 및 면책 조항
예상지문	"The seller shall not be held responsible for infringement of the right of design, trade mark, patent and copyright which are caused out of the observance of the buyer's instructions to the seller and any disputes or clams raised thereon shall be settled by the buyer for his account." "The Buyer shall be liable for and hold the Seller harmless from and against all losses and damages incurred and suits and claims brought by third party due to possible infringement of trademark, patent, copyright or other proprietary rights of the third party in connection with the Seller's manufacture and sale of the Goods according to the Specification attached hereto as Exhibit."	key word • infringement • right • design • trade mark • patent • copyright • property

약인조항(Consideration Clause)		중요도 : ★
조항설명	약인은 약속과 교환하여 약속자가 받는 권리, 이익, 편의 또는 수약자(약속을 받는 자)가 부담하는 부작위, 불이익, 손실, 의무 또는 이러한 것들의 약속 즉 대가의 교환성을 의미한다.	요약
		대가의 교환성이 있어야 한다는 조건
예상지문	For your consideration, our company's catalog is enclosed. As you can see, our company is the trading arm of KFS group which is composed of ten companies covering a variety of electronic products.	key word • consideration • obligation • delivery • payment

불가항력조항(Force Maejure Clause)		중요도 : ★★
조항설명	불가항력이란 당사자의 통제를 넘어서서 발생하는 사건으로서 천재지변(Act of God)과 인재, 혹은 계약 당시에는 예견할 수 없었던 사건의 발발(contingencies)까지도 포함한다. 불가항력조항은 불가항력적 사건으로 말미암아 계약의 의무가 지연되거나 이행불능일 경우를 대비하여 약정하게 되는데 이 조항을 삽입하면 당사자는 계약의무의 지연이나 불이행에 대해 면책이 가능하다. 다만 실제 적용범위는 주로 매도인의 선적의무와 관련하여 선적지연 혹은 불능의 경우에 매도인의 손해배상의무를 면제해주는 역할을 하며 매수인의 대금지급의무에 대해서는 일반적으로 인정되지 않는다.	요약
		천재지변 등으로 인한 계약 불이행 면책조항
예상지문	"Seller shall not be responsible for the non-delivery or the delay in shipment caused by prohibition of export, refusal to issue export license or permit, arrests and restraints of rulers, government and people, war or warlike operations, blockade, revolution, insurrection, mobilization, strikes, lockouts, civil commotions, riots, act of god, plague or other epidemics, destruction of goods by fire or flood or any other cause beyond seller's control. In the event of the aforesaid causes arising, documents proving its occurrence or existence shall be submitted by Seller to Buyer without delay. The order will be considered cancelled as far as the causes continue to exist."	key word • Force maejure • war • strikes • riot • act of god •beyond one's control

권리불포기조항(Non-Waiver Clause)		중요도 : ★★
조항설명	권리포기는 일시적으로 어느 계약조건의 이행청구를 하지 않더라도 이로 인하여 그 후의 동 조항 또는 조건의 이행청구권을 포기하는 것으로 간주하여 이를 박탈 할 수 없다는 조항이다.	요약
		이행청구를 하지 않더라도 이행청구권 박탈 불가
예상지문	"The failure or delay of either party to require performance by the other party of any Provision of this Agreement shall not constitute a waiver of, or shall not affect, its right to require performance of such provision." 2) The waiver, expressed or implied, by either of the parties hereto of any right hereunder or against any failure to perform or breach hereof by the other party hereto shall not constitute or be deemed a waiver of any other right hereunder or against any other failure to perform or breach hereof by such other party, whether of a similar or dissimilar nature thereto.	key word • require performance • shall not constitute a waiver

※ Indemnity clause(배상조항)과 liquidated damage clause(손해배상액예정조항)

배상조항(Indemnification Clause)		중요도 : ★★
조항설명	한 당사자의 계약불이행이나 제3자에 대한 의무불이행으로 발생된 손해에 대하여 배상할 것을 규정하는 조항으로 책임의 범위(직접적 피해 혹은 간접적 피해까지 혹은 면책의 내용), 소송비용 부담, 불이행시에 취해야 할 절차 등에 대해 언급한다.	요약 배상책임(비용)의 범위를 계약당시 약정하는 조항
예상지문	"In the event either party breaches an obligation under this Agreement or toward at third party delays or interferes with the other party in the performance of this Agreement, it shall be liable to the other party for any reasonable direct damages thereby sustained by the other party." The Company shall hold harmless the Agent against any expense, liability, loss, claim or proceedings whatsoever arising under any statute or at common law in respect of any loss, damage whatsoever to any property or personal injury to or the death of any person arising out of or in the course of or caused by carrying out of the Agreement, unless due to any intentional act or gross negligence of the Agent or of any employee of the Agent.	key word • liable • damage • loss • claim • indemnification

손해배상액예정조항(liquidated damage clause)		중요도 : ★★
조항설명	계약위반에 대하여 claim을 통해 손해배상을 청구하게 되는데 계약위반사실과 손해액을 입증해야 한다. 그러나 손해액을 입증하기 어렵거나 절차가 까다로울 수 있다. 거래의 성질상 그러한 점이 예견되는 경우에는 계약체결 시에 청구할 수 있는 손해배상액을 미리 약정하는 것이 좋다. 이를 위하여 설정하는 것이 손해배상예정조항이다.	요약 손해배상금액의 사전 약정 조항
예상지문	A contractual provision requiring a party in breach to pay a pre-determined amount to the other party as compensation for the breaching party's failure to perform a specific task or comply with a particular duty or obligation.	key word • liquidate • compensation • pre-determined amount

계약분리조항(Severability Clause)		중요도 : ★★★
조항설명	계약의 일부조항이 무효라고 해도 기타 조항은 유효하다는 것이다. 다만 계약조항의 중요한 부분이 무효가 되는 때에는 계약전부가 무효되는 경우가 있음을 유의 하여야 한다.	요약 계약 일부 유지(존속) 조항(중요부분 해제 시 예외)
예상지문	"If any provision of this Agreement is determined to be invalid or unenforceable, the provision vs hall be deemed to be severable from the remainder of this Agreement and shall not cause the invalidity or unenforceable of the remainder or this Agreement." If any provision of this Agreement is subsequently held invalid or unenforceable by any court or authority agent, such invalidity or unenforceability shall in no way affect the validity or enforceability of any other provisions thereof.	key word • severable • invalidity • unenforceable

비밀유지조항(Non-Disclosure Clause ; secrecy clause) Confidential		중요도 : ★
조항설명	계약서상의 물품이나 상행위에 있어서 제3자에게 기밀을 누설하지 않을 것을 약속하는 조항이다. 보험용어에서 Non-Disclause는 고지의무의 해태약관으로 불리며 고지하지 않은 사항에 대하여 보험자가 보험을 취소할 선택권을 갖는다.	요약 • 무역 : 기밀누설금지 조항 • 보험 : 불고지에 따른 보험자 면책
예상지문	legal contract between at least two parties that outlines confidential material, knowledge, or information that the parties wish to share with one another for certain purposes, but wish to restrict access to or by third parties	key word • confidential • non-disclosure • restrict access

사정변경조항, 이행가혹조항, 계약유지조항(Hardship Clause)		중요도 : ★★★
조항설명	Hardship Clause 조항은 Force majeure(불가항력)조항과 유사하다. 불가항력 조항은 이행불능 상태가 생길 시 당사자의 면책에 관한 사항이지만 Hardship clause는 계약체결 후 발생하는 변화로 인하여 채무이행이 불가능하진 않지만 현저하게 곤란할 때 계약내용의 변경을 규정한 조항이다. 계약체결당시에는 전혀 예기하지 못했던 경제적 또는 정치적 사태가 계약체결 후에 발생함으로써 당초의 계약대로 이행이 불가능해지거나 또는 심히 곤란해져 계약의 본질적 변경이 불가피해진 경우 당사자는 계약내용의 변경을 요구할 수 있다. plant(산업설비)나 대형선박 등 그 제작에 장기간이 소요되는 경우 공사기일의 조정 또는 인도일자의 연장, 계약금액의 변경, 규격(사양)의 변경 등을 위하여 설정된다.	요약 계약 체결 후 계약이행이 불가능하게 되는 경우 계약이행을 존속할 수 있도록 일방은 계약내용 변경을 요구할 수 있고, 상대방은 이에 응해야 하는 조항
예상지문	Should the occurrence of events not contemplated by the parties fundamentally after the equilibrium of the present contract thereby placing an excessive burden on one of the parties in the performance of its contractual obligation that party may proceed as follows: The party shall make a request for revision within a reasonable time from the moment it become aware of the event and of its effect on the economy of the present contract. The request shall indicate the grounds on which it is based.	key word • occurrence • equilibrium • revision

재판관할조항(Jurisdiction ; Choice of Venue)		중요도 : ★★★
조항설명	계약서에 중재조항이 없을 경우 최종적인 분쟁해결은 국가의 재판에 의해서 이루어지게 되는데 이 경우 소송을 제기할 법원을 당사자 간에 미리 약정할 때 삽입되는 조항이다.	요약 소송제기 국가지정
예상지문	"The courts of Korea shall have exercise over all disputes which may arise between the parties with respect to the execution, interpretation and performance of this contact." 「본 계약의 실행, 해석, 그리고 이행에 있어서 양 당사자 사이에 일어날 수 있는 모든 분쟁에 대한 집행은 대한민국의 법정에 속한다. Jurisdiction is the power of a particular court, tribunal or arbitral forum to hear and decide a legal dispute and applicable law implies.	key word • Jurisdiction • court • tribunal

면책승인조항(Releases clause)		중요도 : ★
조항설명	면책승인조항이란 계약만료 때 향후 어떤 법적 소송도 제기하지 않겠다는 약속으로 서구기업 사이에 일반화되어 있는 조항으로서 계약서와는 별도로 계약해지 시 상대방으로부터 면책승인서를 받아 둬야 안전하다.	요약
		계약위반에도 법적 소송은 제기불가조항
예상지문	This Clause means a promise not to file any legal proceedings in the future at the time of termination of a Agreement.	key word • release • not legal proceeding • termination

계약양도조항(Assignment Clause)		중요도 : ★★★
조항설명	당사자가 계약양도에 대해 별다른 규정을 하지 않은 경우에는 계약양도가 가능하게 되므로 계약양도를 금지하려고 하는 때에는 계약양도금지조항을 두어야 한다.	요약
		계약의 양도(계약 전매) 금지 조항
예상지문	"This Agreement and any rights or obligations arising hereunder may not be assigned by either party without obtaining the prior written consent of the other party."	key word • Not Assignment • any right, obligation

책임제한조항(Limit of Liability Clause)		중요도 : ★
조항설명	당해 계약으로부터 발생된 직접손해까지로 손해배상의 범위를 제한하기 위해 활용하며, 영업이익의 상실이 이미지 훼손으로 인한 간접손해에 대한 책임을 면하기 위해 적용되는 조항	요약
		책임범위 제한
예상지문	This Clause is limit the amount one party has to pay the other party if they suffer loss because of a contract between them.	key word • Limit • Liability • amount

설명조항(whereas clause ; recitals clause)		중요도 : ★★★
조항설명	당사자가 계약 체결에 이른 경우나 당사자의 목적, 즉 계약의 주된 내용의 개요를 기재한다.	요약
		계약 조항의 상세 설명을 참조 또는 이면 기재
예상지문	"WHEREAS, ABC and XYZ wish to form a joint venture in the China to carry on the business stipulated in Article 4 a; 「ABC와 XYZ는 제4조에 규정된 사업을 수행하기 위하여 중국에 합작투자회사를 설립하고자 한다.」 "NOW, THEREFORE, in consideration of the foregoing and the obligations hereunder, the parties hereto agree as follows:"	key word • WHEREAS • stipulated • Article • recitals • follows

주권면책특권포기조항(Waiver of Sovereign Immunity Clause)		중요도 : ★
조항설명	오늘날에 와서 국가 또는 정부기관과 외국 민간기업간에 이루어지는, 이른바 국가계약(state contract)이 급격히 늘어나고 있는 실정이다. 국제법상 주권국가는 상호평등이므로 원칙적으로 어떤 국가든 타국에 대하여 민사 형상상의 재판 관할권을 행사 할 수 없다. 이 원칙을 국가의 주권면제특권(sovereign immunity)이라고 한다. 주권면제특권포기조항은 국가인 당사자로 하여금 미리 이러한 재판권면제를 포기하도록 하자는데 그 목적을 두고 있다. 주권면제특권포기가 가능한 계약은 그 거래 내용이 당사자의 주권 내지 공적인 것(act a jure imperii)이어서는 아니 되고 상업적 · 사법적인 것(act a jure gestionis)에 한정된다.	요약 주권국가의 재판관할 면책권을 포기하는 조항 (분쟁발생 시 한 국가의 재판을 적용 가능하게 하는 조항)
예상지문	"This Agreement constitutes a commercial act made by the Purchaser and the Purchaser is therefore generally subject to setoff, suit, judgment and execution and neither it or its property has the right of immunity from setoff, judgment, attachment or execution on the grounds of sovereignty in regard to its obligations and liabilities under this Agreement, To the extent that the Purchaser or any of its property has or hereafter may acquire any such right to sovereign immunity, the purchaser hereby irrevocably waives all such right to immunity from legal proceedinges, attachment prior to judgnt, other attachment, or execution or judgment on the grounds of sovereignty in any action arising hereunder on behalf of itselt and all its present and future property."	key word • execution • immunity • judgement

계약의 수정 · 변경조항(Modification : Amendment Clause)		중요도 : ★★
조항설명	계약서의 수정 · 변경은 구두 또는 서면에 의한 합의로서 이를 행할 수 있다. 그러나 계약서의 내용은 당사자 사이의 권리와 의무에 관하여 매우 중요한 사항이므로 그 내용의 일부 수정변경에 관하여 그 방법과 절차를 미리 약정하여 두는 것이 필요하다.	요약 계약 이후 수정 변경 시 합의 절차등 조항
예상지문	"This Agreement is not change, modified or amended by the parties of this Agreement except as such change, modification or amendment is in writing and signed by both parties,"	key word • modified • amended • change

증가비용조항(Escalation Clause : Contingent Cost Clause)		중요도 : ★★★
조항설명	계약체결 시에는 예상치 못했던 비용의 증가를 누구의 부담으로 할 것인가를 약정하는 조항이다.	요약 예상치 못한 (추가)증가 비용의 부담 주체
예상지문	"Increase in freight, insurance premiums and /or surcharge, due to emergencies or contingencies unforseen or not existent a t the time of concluding the Agreement, shall be for the buyer's account"	key word • Increase • surcharge • unforseen

보증조항(Warranty Clause)		중요도 : ★
조항설명	매도인이 인도한 상품이 주문서나 명세서 등과 일치하며 하자가 없다는 것을 보증하며 하자가 발생한 경우 매도인의 책임범위나 보상방법, 하자통보 제기기한이나 방법 등에 대해 기술한 조항이다.	요약
		계약당시 보증범위 규정(하자발생 시 보상범위 절차 등)
예상지문	"Each goods supplied by the Seller is hereby expressly warranted to be free from defect in material and workmanship under normal use and service. The Warranty shall be limited to a period of 12 months after delivery of the goods at destination."	key word • Warranted • limited to a period • defect

클레임조항(Claim Clause)		중요도 : ★★
조항설명	클레임의 발생을 대비하여 클레임 제기기한, 통지방법, 정당성을 입증할 수 있는 공인된 감정인의 감정보고서(Surveyor's Reports)의 첨부 여부 등을 합의해 두는 것이 좋다.	요약
		클레임 제기방법 등 사전합의 조항
예상지문	"No claim shall be entertained before the payment is made or draft is duly honored. Each claim shall be advised by cable to seller within fourteen(14) days after the arrival of the goods at destination specified in the relative Bill of Lading and shall be confirmed by airmail with surveyor's report within fifteen(15) days thereafter. No claim shall be entertained after the expiration of such fourteen days."	key word • claim • surveyor's report • be entertained

중재조항(Arbitration Clause)		중요도 : ★★★
조항설명	중재조항은 당사자 사이에 관계하는 계약상의 분쟁을 재판에 의하여 해결하지 아니하고, 사인에 의하여 행하여지는 중재판정에 의하여 해결하기로 하는 당사자 간의 합의를 기재한 조항이다. 중재조항에는 중재에 붙일 사항, 중재장소, 중재기관, 중재규칙을 명시하여야 한다. 또 중재조항 혹은 중재합의서는 반드시 서면에 의해야 한다는 것을 주의해야 한다.	요약
		분쟁 발생 시 직소금지(소송제기 ×), 중재로 인하여 해결하도록 사전 합의
예상지문	"All disputes, controversies or differences which may arise between the parties out of or in relation to or in connection with this Contract or for the breach thereof shall be finally settled by arbitration in Seoul, Korea in accordance with the Commercial Arbitration Rules of The Korean Commercial Arbitration Board and under the Law of Korea. The award rendered by the arbitrator(s) shall be final and binding upon both parties concerened."	key word • dispute • finally settled • Arbitration

준거법조항(Applicable Law : Proper Law : Governing Law Clause)		중요도 : ★★★
조항설명	계약서를 아무리 상세히 작성한다 하더라도 상관습이 다른 국제간에는 계약의 성립, 이행과 관련하여 해석상 의문이 전혀 없도록 한다는 것은 사실상 어렵다. 따라서 당해계약의 적용법률에 대하여 준거법을 지정하여두면 최우선적으로 적용된다.	요약
		계약 적용 준거법 지정 조항
예상지문	"The formation, validity, construction and the performance of this Agreement are governed by the laws of Republic of Korea."	key word • Applicable • governed • law

재판관할조항(Jurisdiction Clause)		중요도 : ★★★
조항설명	계약 중에 중재조항을 규정하지 않는 경우에는 그 계약을 둘러싼 분쟁은 최종적으로 국가가 행하는 소송(litigation)에 의하여 해결하게 된다. 또한, 중재조항이 존재하더라도 중재에 붙일 범위 외의 사항에 대하여는 마찬가지로 재판에 의하게 된다. 그 경우에 소송을 제기할 재판소를 당사자 간에 미리 약정하여 놓는 것이 재판관할조항이다.	요약 분쟁발생 시 소송을 제기할 국가를 사전에 약정
예상지문	"Any and all disputes arising from this Agreement shall amicably be settled as promptly as possible upon consultation between the parties hereto. The parties hereto agree that, should either party has been in a position to resort to a lawsuit, injunction, attachment, or any other acts of litigation, the Seoul District Court shall have the Jurisdiction." jursdiction is the power of a particular court, tribunal or arbitral forum to hear and decide a legal dispute and applicable implies an answer to the question: which substantial rules govern the contract?	key word • Litigation • Court • Jurisdiction • Arbitral • tribunal • govern

생산물배상책임(Product Liability ; P/L clause)		중요도 : ★★
조항설명	제조자가 제조, 판매, 공급 또는 시공한 생산물이 타인에게 양도된 후 그 생산물의 결함으로 인한 우연한 사고로 타인의 신체나 재물에 손해를 입힘으로써 제조자가 법률상 손해배상책임(제조물책임)을 부담하는 경우, 이에 따른 손해를 보상하는 것을 말한다.	요약 생산물로 인한 사고발생 시 배상 책임
예상지문	The Buyer shall defend, Indemnity and hold the Seller harmless from and against buy or all loss, damage, liability or expense, including but not limited to the attomey's fees, arising out of or in relation to the product liability brought by the third parties for death or injury to person(s) or damage to or destruction of property caused or resulting from the sale, resale, use, consumption or other disposal of the products after the delivery by the Seller thereof.	key word • Indemnity • product liability • damage

과태약관(Default clause, Negligence Clause)		중요도 : ★
조항설명	Negligence Clause라고도 불리며 일반거래조건협정서 또는 매매계약서에 당사자 간의 의무불이행에 관한 사항에 대하여 명시하는 약관을 말한다.	요약 태만, 부주의로 인한 귀책 조항
예상지문	a civil wrong whereby the defendant is in breach of a legal duty of care, resulting in injury to the plaintiff	key word • Negligence • Default • duty

Sphere of application and general provisions

제1부 적용범위 및 통칙

1. SPHERE OF APPLICATION(제1장 적용범위)

비엔나 협약의 적용대상		
영문	국문	
Article 1 (1) This Convention applies to contracts of sale of goods between parties whose places of business are in different States: (a) when the States are Contracting States; or (b) when the rules of private international law lead to the application of the law of a Contracting State.	제1조(적용의 기본원칙) (1) 이 협약은 다음과 같은 경우에 영업소가 상이한 국가에 있는 당사자간의 물품매매계약에 적용된다. (a) 당해 국가가 모두 체약국인 경우, 또는 (b) 국제사법의 규칙에 따라 어느 체약국의 법률을 적용하게 되는 경우.	• 직접 적용 • 간접 적용
(2) The fact that the parties have their places of business in different States is to be disregarded whenever this fact does not appear either from the contract or from any dealings between, or from information disclosed by, the parties at any time before or at the conclusion of the contract.	(2) 당사자가 상이한 국가에 그 영업소를 갖고 있다는 사실이 계약의 체결 전 또는 그 당시에 당사자 간에 행한 계약이나 모든 거래에서, 또는 당사자가 밝힌 정보로부터 나타나지 아니한 경우에는 이를 무시할 수 있다.	국제성 인식
(3) Neither the nationality of the parties nor the civil or commercial character of the parties or of the contract is to be taken into consideration in determining the application of this Convention.	(3) 당사자의 국적이나 당사자 또는 계약의 민사상 또는 상사상의 성격은 이 협약의 적용을 결정함에 있어서 고려되지 아니한다.	국적, 계약성격 불문

비엔나 협약의 적용 배제대상		
Article 2	제2조(협약의 적용제외)	
This Convention does not apply to sales: (a) of goods bought for personal, family or household use, unless the seller, at any time before or at the conclusion of the contract, neither knew nor ought to have known that the goods were bought for any such use; (b) by auction; (c) on execution or otherwise by authority of law; (d) of stocks, shares, investment securities, negotiable instruments or money; (e) of ships, vessels, hovercraft or aircraft; (f) of electricity.	이 협약은 다음과 같은 매매에는 적용되지 아니한다. (a) 개인용, 가족용 또는 가사용으로 구입되는 물품의 매매. 다만 매도인이 계약의 체결 전 또는 그 당시에 물품이 그러한 용도로 구입된 사실을 알지 못하였거나 알았어야 할 것도 아닌 경우에는 제외한다. (b) 경매에 의한 매매 (c) 강제집행 또는 기타 법률상의 권한에 의한 매매 (d) 주식, 지분, 투자증권, 유통증권 또는 통화의 매매 (e) 선박, 부선, 수상익선(水上翼船) 또는 항공기의 매매 (f) 전기의 매매 등	• 알고 있는 자가용 물품 매매계약에 적용됨 • 암기법 : 개경강제주식선박항공전기
Article 3	제3조(서비스계약 등의 제외)	
(1) Contracts for the supply of goods to be manufactured or produced are to be considered sales unless the party who orders the goods undertakes to supply a substantial part of the materials necessary for such manufacture or production. (2) This Convention does not apply to contracts in which the preponderant part of the obligations of the party who furnishes the goods consists in the supply of labour or other services.	(1) 물품을 제조하거나 또는 생산하여 공급하는 계약은 이를 매매로 본다. 다만 물품을 주문한 당사자가 그 제조 또는 생산에 필요한 재료의 중요한 부분을 공급하기로 약정한 경우에는 그러하지 아니하다. (2) 이 협약은 물품을 공급하는 당사자의 의무 중에서 대부분이 노동 또는 기타 서비스의 공급으로 구성되어 있는 계약의 경우에는 적용되지 아니한다.	(1) 제 조 · 생산 · 공급 ○, 위(수)탁가공 × (2) 노무, 서비스 ×
Article 4	제4조(적용대상과 대상외의 문제)	
This Convention governs only the formation of the contract of sale and the rights and obligations of the seller and the buyer arising from such a contract. In particular, except as otherwise expressly provided in this Convention, it is not concerned with: ① the validity of the contract or of any of its provisions or of any usage; ② the effect which the contract may have on the property in the goods sold.	이 협약은 단지 매매계약의 성립과 그러한 계약으로부터 발생하는 매도인과 매수인의 규율한다. 특히 이 협약에서 별도의 명시적인 규정이 있는 경우를 제외하고, 이협약은 다음과 같은 사항에는 관계되지 아니한다. ① 계약 또는 그 어떠한 조항이나 어떠한 관행의 유효성, ② 매각된 물품의 소유권에 관하여 계약이 미칠 수 있는 효과.	매매계약권리 의무 ○ ① 유효성(×) (계약, 관행) ② 소유권 × 관행의 유효성 (×)
Article 5	제5조(사망 등의 적용제외)	
This Convention does not apply to the liability of the seller for death or personal injury caused by the goods to any person.	이 협약은 물품에 의하여 야기된 어떠한 자의 사망 또는 신체적인 상해에 대한 매도인의 책임에 대해서는 적용되지 아니한다.	• 제조물책임 (P/L) × • 인적손해 × • 물적손해 ○

Article 6	제6조(계약에 의한 적용배제)	
The parties may exclude the application of this Convention or, subject to article 12, derogate from or vary the effect of any of its provisions.	당사자는 이 협약의 적용을 배제하거나 제12조에 따라 이 협약의 어느 규정에 관해서는 그 효력을 감퇴키거나 변경 시킬 수 있다.	합의 적용배제 유보 적용배제 전부 적용배제 일부 적용배제 가능

2. GENERAL PROVISIONS(제2장 총칙)

Article 7	제7조(협약의 해석원칙)	해석원칙
(1) In the interpretation of this Convention, regard is to be had to its international character and to the need to promote uniformity in its application and the observance of good faith in international trade.	이 협약의 해석에 있어서는 협약의 국제적인 성격과 그 적용상의 통일성의 증진을 위한 필요성 및 국제무역상의 신의성실의 준수에 대한 고려가 있어야 한다.	• 국제적 성격 • 적용의 통일 • 신의성실
(2) Questions concerning matters governed by this Convention which are not expressly settled in it are to be settled in conformity with the general principles on which it is based or, in the absence of such principles, in conformity with the law applicable by virtue of the rules of private international law.	이 협약에 의하여 규율되는 사항으로서 이 협약에서 명시적으로 해결되지 아니한 문제는 이 협약이 기초하고 있는 일반원칙에 따라 해결되어야 하며, 그러한 원칙이 없는 경우에는 국제사법의 원칙에 의하여 적용되는 법률에 따라 해결되어야 한다.	규정적용 순서 • 명시적 규정 • 일반원칙 • 국제사법에 따라 적용되는 준거법에 기초
Article 8	제8조(당사자 진술이나 행위의 해석)	당사자 의도에 따른 해석 원칙
(1) For the purposes of this Convention statements made by and other conduct of a party are to be interpreted according to his intent where the other party knew or could not have been unaware what that intent was.	이 협약의 적용에 있어서 당사자의 진술 또는 기타의 행위는 상대방이 그 의도를 알았거나 또는 알 수 있었던 경우에는 당사자의 의도에 따라 해석되어야 한다.	
(2) If the preceding paragraph is not applicable, statements made by and other conduct of a party are to be interpreted according to the understanding that a reasonable person of the same kind as the other party would have had in the same circumstances.	전항의 규정이 적용될 수 없는 경우에는 당사자의 진술 또는 기타의 행위는 상대방과 같은 종류의 합리적인 자가 동일한 사정에서 가질 수 있는 이해력에 따라 해석되어야 한다.	동종+합리적인 자+동일상황의 이해

(3) In determining the intent of a party or the understanding a reasonable person would have had, due consideration is to be given to all relevant circumstances of the case including the negotiations, any practices which the parties have established between themselves, usages and any subsequent conduct of the parties.	당사자의 의도 또는 합리적인 자가 가질 수 있는 이해력을 결정함에 있어서는, 당사자 간의 교섭, 당사자 간에 확립되어 있는 관습, 관행 및 당사자의 후속되는 어떠한 행위를 포함하여 일체의 관련된 사정에 대한 상당한 고려가 있어야 한다.	고려사항 • 교섭 • 관례 • 관행 • 후속행위 • 상당한 고려
Article 9 (1) The parties are bound by any usage to which they have agreed and by any practices which they have established between themselves.	제9조(관습과 관행의 구속력) 당사자는 그들이 합의한 모든 관행과 당사자 간에서 확립되어 있는 모든 관습에 구속된다.	• 합의관행, • 확립된 관습에 구속
(2) The parties are considered, unless otherwise agreed, to have impliedly made applicable to their contract or its formation a usage of which the parties knew or ought to have known and which in international trade is widely known to, and regularly observed by, parties to contracts of the type involved in the particular trade concerned.	별도의 합의가 없는 한, 당사자가 알았거나 당연히 알았어야 하는 관행으로서 국제무역에서 해당되는 특정무역에 관련된 종류의 계약당사자에게 널리 알려져 있고 통상적으로 준수되고 있는 관행은 당사자가 이를 그들의 계약 또는 계약성립에 묵시적으로 적용하는 것으로 본다.	합의 ×시 통상관행 묵시 적용
Article 10 For the purposes of this Convention: (a) if a party has more than one place of business, the place of business is that which has the closest relationship to the contract and its performance, having regard to the circumstances known to or contemplated by the parties at any time before or at the conclusion of the contract;	제10조(영업소의 정의) 이 협약의 적용에 있어서, (a) 어느 당사자가 둘 이상의 영업소를 갖고 있는 경우에는 영업소라 함은 계약의 체결 전 또는 그 당시에 당사자들에게 알려졌거나 예기되었던 사정을 고려하여 계약 및 그 이행과 가장 밀접한 관계가 있는 영업소를 말한다.	둘 이상 영업소 → 계약, 이행 밀접한 관련 있는 곳
(b) if a party does not have a place of business, reference is to be made to his habitual residence.	(b) 당사자가 영업소를 갖고 있지 아니한 경우에는 당사자의 일상적인 거주지를 영업소로 참조하여야 한다.	영업소 × → 일상거주지
Article 11 A contract of sale need not be concluded in or evidenced by writing and is not subject to any other requirement as to form. It may be proved by any means, including witnesses.	제11조(계약의 형식) 매매계약은 서면에 의하여 체결되거나 입증되어야 할 필요가 없으며, 또 형식에 관해서도 어떠한 다른 요건에 따라야 하지 아니한다. 매매계약은 증인을 포함하여 여하한 수단에 의해서도 입증될 수 있다.	= 불요식계약
Article 13 For the purposes of this Convention "writing" includes telegram and telex.	제13조(서면의 정의) 이 협약의 적용에 있어서 "서면"이란 전보와 텔렉스를 포함한다.	서면⊃전보, 텔렉스

제2부 계약의 성립

청약(Offer)		
Article 14 (1) A proposal for concluding a contract addressed to one or more specific persons constitutes an offer if it is sufficiently definite and indicates the intention of the offeror to be bound in case of acceptance. A proposal is sufficiently definite if it indicates the goods and expressly or implicitly fixes or makes provision for determining the quantity and the price.	제14조(청약의 기준) 1인 이상의 특정한 자에게 통지된 계약체결의 제의는 그것이 충분히 확정적이고 또한 승낙이 있을 경우에 구속된다고 하는 청약자의 의사를 표시하고 있는 경우에는 청약으로 된다. 어떠한 제의가 물품을 표시하고, 또한 그 수량과 대금을 명시적 또는 묵시적으로 지정하거나 또는 이를 결정하는 규정을 두고 있는 경우에는 이 제의는 충분히 확정적인 것으로 한다.	청약의 요건 • 특정한 자에게 계약체결 제의 통지 • 충분히 확정적 = 물품, 수량, 대금(명시, 묵시지정) • 승낙에 구속
(2) A proposal other than one addressed to one or more specific persons is to be considered merely as an invitation to make offers, unless the contrary is clearly indicated by the person making the proposal.	1인 이상의 특정한 자에게 통지된 것 이외의 어떠한 제의는 그 제의를 행한 자가 반대의 의사를 명확히 표시하지 아니하는 한, 이는 단순히 청약을 행하기 위한 유인으로만 본다.	• 청약의 유인 = 청약 × • 불특정다수 제의
Article 15 (1) An offer becomes effective when it reaches the offeree.	제15조(청약의 효력발생) 청약은 피청약자에게 도달한 때 효력이 발생한다.	효력발생시기 → 도달주의
(2) An offer, even if it is irrevocable, may be withdrawn if the withdrawal reaches the offeree before or at the same time as the offer.	청약은 그것이 취소불능한 것이라도 그 철회가 청약의 도달 전 또는 그와 동시에 피청약자에게 도달하는 경우에는 이를 철회할 수 있다.	철회 가능 → 청약 도달 전 또는 동시 도달 시
Article 16 (1) Until a contract is concluded an offer may be revoked if the revocation reaches the offeree before he has dispatched an acceptance.	제16조(청약의 취소) 계약이 체결되기까지는 청약은 취소될 수 있다. 다만 이 경우에 취소의 통지는 피청약자가 승낙을 발송하기 전에 피청약자에게 도달하여야 한다.	청약취소 → 승낙발송 전까지 취소통지 도착
(2) However, an offer cannot be revoked: (a) if it indicates, whether by stating a fixed time for acceptance or otherwise, that it is irrevocable; or (b) if it was reasonable for the offeree to rely on the offer as being irrevocable and the offeree has acted in reliance on the offer.	그러나 다음과 같은 경우에는 청약은 취소될 수 없다. (a) 청약이 승낙을 위한 지정된 기간을 명시하거나 또는 기타의 방법으로 그 것이 철회불능임을 표시하고 있는 경우, 또는 (b) 피청약자가 청약을 취소불능이라고 신뢰하는 것이 합리적이고, 또 피청약자가 그 청약을 신뢰하여 행동한 경우	청약취소 × • 승낙기간지정 • 청약 취소불능 표시 • 피청약자가 청약의 취소불능을 신뢰 → 행동
Article 17 An offer, even if it is irrevocable, is terminated when a rejection reaches the offeror.	제17조(청약의 거절) 청약은 그것이 취소불능한 것이라도 어떠한 거절의 통지가 청약자에게 도달한 때에는 그 효력이 상실된다.	청약은 청약자가 취소불능하더라도 피청약자 거절로 효력 상실

승낙(Acceptance)		
Article 18 (1) A statement made by or other conduct of the offeree indicating assent to an offer is an acceptance. Silence or inactivity does not in itself amount to acceptance.	제18조(승낙의 시기 및 방법) 청약에 대한 동의를 표시하는 피청약자의 진술 또는 기타의 행위는 이를 승낙으로 한다. 침묵 또는 부작위 그 자체는 승낙으로 되지 아니한다.	승낙요건 • 진술, 행위 O • 침묵, 부작위 ×
(2) An acceptance of an offer becomes effective at the moment the indication of assent reaches the offeror. An acceptance is not effective if the indication of assent does not reach the offeror within the time he has fixed or, if no time is fixed, within a reasonable time, due account being taken of the circumstances of the transaction, including the rapidity of the means of communication employed by the offeror. An oral offer must be accepted immediately unless the circumstances indicate otherwise.	청약에 대한 승낙은 동의의 의사표시가 청약자에게 도달한 때에 그 효력이 발생한다. 승낙은 동의의 의사표시가 청약자가 지정한 기간 내에 도달하지 아니하거나 어떠한 기간도 지정되지 아니한 때에는 청약자가 사용만 통신수단의 신속성을 포함하여 거래의 사정을 충분히 고려한 상당한 기간 내에 도달하지 아니한 경우에는 그 효력이 발생하지 아니한다. 구두의 청약은 별도의 사정이 없는 한 즉시 승낙되어야 한다.	효력발생 → 도달주의 • 기간지정시 → 기간 내 도달 • 기간 미지정시 → 상당기간 내 도달 • 구두청약 → 별도 사정없는 한 즉시 승낙
(3) However, if, by virtue of the offer or as a result of practices which the parties have established between themselves or of usage, the offeree may indicate assent by performing an act, such as one relating to the dispatch of the goods or payment of the price, without notice to the offeror, the acceptance is effective at the moment the act is performed, provided that the act is performed within the period of time laid down in the preceding paragraph.	그러나 청약의 규정에 의하거나 당사자 간에 확립된 관습 또는 관행의 결과에 따라, 피청약자가 청약자에게 아무런 통지 없이 물품의 발송이나 대금의 지급에 관한 행위를 이행함으로써 동의의 의사표시를 할 수 있는 경우에는 승낙은 그 행위가 이행되어진 때에 그 효력이 발생한다. 다만 그 행위는 전항에 규정된 기간 내에 이행되어진 경우에 한한다.	행위에 의한 승낙 ○(승낙기간 이내 물품발송, 대금지급 조건)
Article 19 (1) A reply to an offer which purports to be an acceptance but contains additions, limitations or other modifications is a rejection of the offer and constitutes a counteroffer.	제19조(변경된 승낙의 효력) 승낙을 의도하고는 있으나 이에 추가, 제한 또는 기타의 변경을 포함하고 있는 청약에 대한 회답은 청약의 거절이면서 또한 반대청약을 구성한다.	조건부 승낙 = 인정 × → 원청약의 거절 → 반대청약 (Counter offer)
(2) However, a reply to an offer which purports to be an acceptance but contains additional or different terms which do not materially alter the terms of the offer constitutes an acceptance, unless the offeror, without undue delay, objects orally to the discrepancy or dispatches a notice to that effect. If he does not so object, the terms of the contract are the terms of the offer with the modifications contained in the acceptance.	그러나 승낙을 의도하고 있으나 청약의 조건을 실질적으로 변경하지 아니하는 추가적 또는 상이한 조건을 포함하고 있는 청약에 대한 회답은 승낙을 구성한다. 다만 청약자가 부당한 지체 없이 그 상위를 구두로 반대하거나 그러한 취지의 통지를 발송하지 아니하여야 한다. 청약자가 그러한 반대를 하지 아니하는 경우에는 승낙에 포함된 변경사항을 추가한 청약의 조건이 계약의 조건으로 된다.	• 실질적 변경 × 조건부 승낙 = 승낙 ○ • 청약자 반대 시 = 승낙 ×

(3) Additional or different terms relating, among other things, to the price, payment, quality and quantity of the goods, place and time of delivery, extent of one party's liability to the other or the settlement of disputes are considered to alter the terms of the offer materially.	특히, 대금, 지급, 물품의 품질 및 수량, 인도의 장소 및 시기, 상대방에 대한 당사자 일방의 책임의 범위 또는 분쟁의 해결에 관한 추가적 또는 상이한 조건은 청약의 조건을 실질적으로 변경하는 것으로 본다.	(3) 실질적 변경 = 품질, 수량(Q), 대금(P), 인도(D), 책임범위, 분쟁해결
Article 20 (1) A period of time of acceptance fixed by the offeror in a telegram or a letter begins to run from the moment the telegram is handed in for dispatch or from the date shown on the letter or, if no such date is shown, from the date shown on the envelope. A period of time for acceptance fixed by the offeror by telephone, telex or other means of instantaneous communication, begins to run from the moment that the offer reaches the offeree.	제20조(승낙기간의 해석) 전보 또는 서신에서 청약자가 지정한 승낙의 기간은 전보가 발신을 위하여 교부된 때로부터, 또는 서신에 표시된 일자로부터, 또는 그러한 일자가 표시되지 아니한 경우에는 봉투에 표시된 일자로부터 기산된다. 전화, 텔렉스 또는 기타의 동시적 통신수단에 의하여 청약자가 지정한 승낙의 기간은 청약이 피청약자에게 도달한 때로부터 기산된다.	기산일 • 격지자간 : 발신 전보교부 서신표시일자 봉투표시일자 • 동시수단 : 도달
(2) Official holidays or non-business days occurring during the period for acceptance are included in calculating the period. However, if a notice of acceptance cannot be delivered at the address of the offeror on the last day of the period because that day falls on an official holiday or a non-business day at the place of business of the offeror, the period is extended until the first business day which follows.	승낙의 기간 중에 들어 있는 공휴일 또는 비영업일은 그 기간의 계산에 산입된다. 그러나 기간의 말일이 청약자의 영업소에서의 공휴일 또는 비영업일에 해당하는 이유로 승낙의 통지가 기간의 말일에 청약자의 주소에 전달될 수 없는 경우에는 승낙의 기간은 이에 이어지는 최초의 영업일까지 연장된다.	승낙기간계산 • 공휴일, 비영업일 삽입 • 기간 말일이 공휴일, 비영업일 → 최초영업일까지 연장
Article 21 (1) A late acceptance is nevertheless effective as an acceptance if without delay the offeror orally so informs the offeree or dispatches a notice to that effect.	제21조(지연된 승낙) 지연된 승낙은 그럼에도 불구하고 청약자가 지체 없이 구두로 피청약자에게 유효하다는 취지를 통지하거나 그러한 취지의 통지를 발송한 경우에는 이는 승낙으로서의 효력을 갖는다.	지연 승낙 : 유효 통지 → 승낙 ○
(2) If a letter or other writing containing a late acceptance shows that it has been sent in such circumstances that if its transmission had been normal it would have reached the offeror in due time, the late acceptance is effective as an acceptance unless, without delay, the offeror orally informs the offeree that he considers his offer as having lapsed or dispatches a notice to that effect.	지연된 승낙이 포함되어 있는 서신 또는 기타의 서면상으로, 이것이 통상적으로 전달된 경우라면 적시에 청약자에게 도달할 수 있었던 사정에서 발송되었다는 사실을 나타내고 있는 경우에는 그 지연된 승낙은 승낙으로서의 효력을 갖는다. 다만 청약자가 지체 없이 피청약자에게 청약이 효력을 상실한 것으로 본다는 취지를 구두로 통지하거나 그러한 취지의 통지를 발송하지 아니하여야 한다.	• 사고부 지연 → 승낙 ○ • 실효(효력 상실) 통지 → 승낙 ×

Article 22	제22조(승낙의 철회)	승낙 효력 발생
An acceptance may be withdrawn if the withdrawal reaches the offeror before or at the same time as the acceptance would have become effective.	승낙은 그 승낙의 효력이 발생하기 이전 또는 그와 동시에 철회가 청약자에게 도달하는 경우에는 이를 철회할 수 있다.	이전, 동시 철회 통지 도달 → 철회 가능
Article 23	제23조(계약의 성립시기)	계약성립시기
A contract is concluded at the moment when an acceptance of an offer becomes effective in accordance with the provisions of this Convention.	계약은 청약에 대한 승낙이 이 협약의 규정에 따라 효력을 발생한 때에 성립된다.	= 승낙효력발생시
Article 24	제24조(도달의 정의)	도달의 정의
For the purposes of this Part of the Convention, an offer, declaration of acceptance or any other indication of intention "reaches" the addressee when it is made orally to him or delivered by any other means to him personally, to his place of business or mailing address or, if he does not have a place of business or mailing address, to his habitual residence.	이 협약의 제2부의 적용에 있어서, 청약, 승낙의 선언 또는 기타의 모든 의사표시는 그것이 상대방에게 구두로 통지되거나 기타 모든 수단에 의하여 상대방 자신에게, 상대방의 영업소 또는 우편송부처에, 또는 상대방이 영업소나 우편송부처가 없는 경우에는 그 일상적인 거주지에 전달되었을 때에 상대방에게 "도달"한 것으로 한다.	• 구두통지, • 모든 수단으로, • 영업소, 우편송부처에 • 일상 거주지에 전달된 때 = 도달

SECTION 3   Sale of goods

제3부 물품의 매매

1. GENERAL PROVISIONS(제1장 총칙)

Article 25	제25조(본질적 위반의 정의)	본질적위반 ○
A breach of contract committed by one of the parties is fundamental if it results in such detriment to the other party as substantially to deprive him of what he is entitled to expect under the contract, unless the party in breach did not foresee and a reasonable person of the same kind in the same circumstances would not have foreseen such a result.	당사자의 일방이 범한 계약위반이 그 계약 하에서 상대방이 기대할 권리가 있는 것을 실질적으로 박탈할 정도의 손해를 상대방에게 주는 경우에는 이는 본질적 위반으로 한다. 다만 위반한 당사자가 그러한 결과를 예견하지 못하였으며, 또한 동일한 종류의 합리적인 자도 동일한 사정에서 그러한 결과를 예견할 수가 없었던 경우에는 그러하지 아니하다.	= 실질적 손해 본질적위반 × = 예견 × 위반당사자 and 동일부류 + 합리적인 자 + 동일 사정
Article 26	제26조(계약해제의 통지)	통지 → 해제
A declaration of avoidance of the contract is effective only if made by notice to the other party.	계약해제의 선언은 상대방에 대한 통지로써 이를 행한 경우에 한하여 효력을 갖는다.	통지 × → 해제 ×

Article 27	제27조(통신상의 지연과 오류)	당사자 + 적절 수단 +
Unless otherwise expressly provided in this Part of the Convention, if any notice, request or other communication is given or made by a party in accordance with this Part and by means appropriate in the circumstances, a delay or error in the transmission of the communication or its failure to arrive does not deprive that party of the right to rely on the communication.	이 협약 제3부에서 별도의 명시적인 규정이 없는 한, 어떠한 통지, 요청 또는 기타의 통신이 이 협약 제3부에 따라 그 사정에 적절한 수단으로 당사자에 의하여 행하여진 경우에는 통신의 전달에 있어서의 지연 또는 오류, 또는 불착이 발생하더라도 당사자가 그 통신에 의존할 권리를 박탈당하지 아니한다.	통지, 요청, 기타 통신 → 지연, 오류, 불착 발생 → 그 통신 권리○ 예외 : 별도 명시적 규정
Article 28	제28조(특정이행과 국내법)	일방이 이행청구권이
If, in accordance with the provisions of this Convention, one party is entitled to require performance of any obligation by the other party, a court is not bound to enter a judgement for specific performance unless the court would do so under its own law in respect of similar contracts of sale not governed by this Convention.	이 협약의 규정에 따라 당사자의 일방이 상대방에 의한 의무의 이행을 요구할 권리가 있는 경우라 하더라도, 법원은 이 협약에 의하여 규율되지 아니하는 유사한 매매계약에 관하여 국내법에 따라 특정이행을 명하는 판결을 하게 될 경우를 제외하고는 특정이행을 명하는 판결을 하여야 할 의무가 없다.	있더라도, 비엔나 규율 × 유사매매계약 (ex. 국내매매계약) 국내법→특정이행 명령 판결 외 법원 특정이행명령 판결 의무 ×
Article 29	제29조(계약변경 또는 합의종료)	단순 합의
(1) A contract may be modified or terminated by the mere agreement of the parties.	계약은 당사자 쌍방의 단순한 합의만으로 변경되거나 종료될 수 있다.	→ 변경, 종료 ○
(2) A contract in writing which contains a provision requiring any modification or termination by agreement to be in writing may not be otherwise modified or terminated by agreement. However, a party may be precluded by his conduct from asserting such a provision to the extent that the other party has relied on that conduct.	어떠한 변경 또는 합의에 의한 종료를 서면으로 할 것을 요구하는 규정이 있는 서면에 의한 계약은 그 이외의 방법으로 변경되거나 합의에 의하여 종료될 수 없다. 그러나 당사자 일방은 자신의 행위에 의하여 상대방이 그러한 행위를 신뢰한 범위에까지 위의 규정을 원용하는 것으로부터 배제될 수 있다.	예외 • 서면요구계약 → 서면 변경, 종료 • 상대방 단순신뢰 → 서면 변경종료×

2. OBLIGATIONS OF THE SELLER(제2장 매도인의 의무)

매도인의 의무		
Article 30 The seller must deliver the goods, hand over any documents relating to them and transfer the property in the goods, as required by the contract and this Convention.	제30조(매도인의 의무요약) 매도인은 계약과 이 협약에 의하여 요구된 바에 따라 물품을 인도하고, 이에 관련된 모든 서류를 교부하며, 또 물품에 대한 소유권을 이전하여야 한다.	매도인의무 • 물품인도 • 관련서류 교부 • 소유권이전
Section I. Delivery of the goods and handing over of documents 제1절 물품의 인도와 서류의 교부		
Article 31 If the seller is not bound to deliver the goods at any other particular place, his obligation to deliver consists: (a) if the contract of sale involves carriage of the goods – in handing the goods over to the first carrier for transmission to the buyer;	제31조(인도의 장소) 매도인이 물품을 다른 특정한 장소에서 인도할 의무가 없는 경우에는 매도인의 인도의 의무는 다음과 같이 구성된다. (a) 매매계약이 물품의 운송을 포함하는 경우 – 매수인에게 전달하기 위하여 물품을 최초의 운송인에게 인도하는 것	인도장소 • 특정장소 인도 의무 원칙 • 운송 포함 시 : 최초운송인 인도
(b) if, in cases not within the preceding subparagraph, the contract relates to specific goods, or unidentified goods to be drawn from a specific stock or to be manufactured or produced, and at the time of the conclusion of the contract the parties knew that the goods were at, or were to be manufactured or produced at, a particular place – in placing the goods at the buyer's disposal at that place;	(b) 전항의 규정에 해당되지 아니하는 경우로서 계약이 특정물, 또는 특정한 재고품으로부터 인출되어야 하거나 또는 제조되거나 생산되어야 하는 불특정물에 관련되어 있으며, 또한 당사자 쌍방이 계약체결 시에 물품이 특정한 장소에 존재하거나 그 장소에서 제조되거나 생산된다는 것을 알고 있었던 경우 – 그 장소에서 물품을 매수인의 임의처분하에 두는 것	재고장소 또는 생산장소
(c) in other cases – in placing the goods at the buyer's disposal at the place where the seller had his place of business at the time of the conclusion of the contract.	(c) 기타의 경우 – 매도인이 계약체결 시에 영업소를 가지고 있던 장소에서 물품을 매수인의 임의처분하에 두는 것	매도인의 영업소
Article 32 (1) If the seller, in accordance with the contract or this Convention, hands the goods over to a carrier and if the goods are not dearly identified to the contract by markings on the goods, by shipping documents or otherwise, the seller must give the buyer notice of the consignment specifying the goods.	제32조(선적수배의 의무) 매도인이 계약 또는 이 협약에 따라 물품을 운송인에게 인도하는 경우에 있어서, 물품이 화인에 의하거나 선적서류 또는 기타의 방법에 의하여 그 계약의 목적물로서 명확히 특정되어 있지 아니한 경우에는 매도인은 물품을 특정하는 탁송통지서를 매수인에게 송부하여야 한다.	운송인 인도 시 물품 특정 • 화인, B/L 등 명확히 특정된 물품 • 탁송통지서 송부

(2) If the seller is bound to arrange for carriage of the goods, he must make such contracts as are necessary for carriage to the place fixed by means of transportation appropriate in the circumstances and according to the usual terms for such transportation.	매도인이 물품의 운송을 수배하여야 할 의무가 있는 경우에는 매도인은 사정에 따라 적절한 운송수단에 의하여 그러한 운송의 통상적인 조건으로 지정된 장소까지의 운송에 필요한 계약을 체결하여야 한다.	매도인 운송의무 ○ 적절 운송수단 통상 운송조건 지정 장소까지 필요계약 체결
(3) If the seller is not bound to effect insurance in respect of the carriage of the goods, he must, at the buyer's request, provide him with all available information necessary to enable him to effect such insurance.	매도인이 물품의 운송에 관련한 보험에 부보하여야 할 의무가 없는 경우에는 매도인은 매수인의 요구에 따라 매수인이 그러한 보험에 부보하는데 필요한 모든 입수 가능한 정보를 매수인에게 제공하여야 한다.	매도인 보험의무 × 경우 : 매수인에게 보험 부보 정보 제공
Article 33 The seller must deliver the goods: (a) if a date is fixed by or determinable from the contract, on that date;	제33조(인도의 시기) 매도인은 다음과 같은 시기에 물품을 인도하여야 한다. (a) 어느 기일이 계약에 의하여 지정되어 있거나 또는 결정될 수 있는 경우에 그 기일,	특정기일
(b) if a period of time is fixed by or determinable from the contract, at any time within that period unless circumstances indicate that the buyer is to choose a date; or	(b) 어느 기간이 계약에 의하여 지정되어 있거나 또는 결정될 수 있는 경우에는 매수인이 기일을 선택하여야 하는 사정이 명시되어 있지 않는 한 그 기간내의 어떠한 시기, 또는	기간 지정 시 →기간 내 시기
(c) in any other case, within a reasonable time after the conclusion of the contract.	(c) 기타의 모든 경우에는 계약체결후의 상당한 기간 내	계약체결 후~상당기간
Article 34 If the seller is bound to hand over documents relating to the goods, he must hand them over at the time and place and in the form required by the contract. If the seller has handed over documents before that time, he may, up to that time, cure any lack of conformity in the documents, if the exercise of this right does not cause the buyer unreasonable inconvenience or unreasonable expense. However, the buyer retains any right to claim damages as provided for in this Convention.	제34조(물품에 관한 서류) 매도인이 물품에 관련된 서류를 교부하여야 하는 의무가 있는 경우에는 매도인은 계약에서 요구되는 시기와 장소와 방법에 따라 서류를 교부하여야 한다. 매도인이 당해 시기 이전에 서류를 교부한 경우에는 매도인은 당해 시기까지는 서류상의 모든 결함을 보완할 수 있다. 다만 이 권리의 행사가 매수인에게 불합리한 불편이나 불합리한 비용을 발생하게 하여서는 아니 된다. 그러나 매수인은 이 협약에서 규정된 바의 손해배상을 청구하는 모든 권리를 보유한다.	• 서류교부 : 시기, 장소, 방법 계약 준수 • 서류교부 이전 결함 보완 가능 • 매수인 불편, 불합리한 비용 발생 시 손해배상 가능

Section II. Conformity of the goods and third party claims		
제2절 물품과 제3자 청구권의 일치성		
Article 35 (1) The seller must deliver goods which are of the quantity, quality and description required by the contract and which are contained or packaged in the manner required by the contract.	제35조(물품의 일치성) 매도인은 계약에서 요구되는 수량, 품질 및 상품명세에 일치하고, 또한 계약에서 요구되는 방법으로 용기에 담거나 또는 포장된 물품을 인도하여야 한다.	• 계약 물품 일치 • 수량 • 품질 • 상품명세 • 용기 포장방법
(2) Except where the parties have agreed otherwise, the goods do not conform with the contract unless they: (a) are fit for the purposes for which goods of the same description would ordinarily be used; (b) are fit for any particular purpose expressly or impliedly made known to the seller at the time of the conclusion of the contract, except where the circumstances show that the buyer did not rely, or that it was unreasonable for him to rely, on the seller's skill and judgement; (c) possess the qualities of goods which the seller has held out to the buyer as a sample or model; (d) are contained or packaged in the manner usual for such goods or, where there is no such manner, in a manner adequate to preserve and protect the goods.	당사자가 별도로 합의한 경우를 제외하고, 물품은 다음과 같지 아니하는 한 계약과 일치하지 아니한 것으로 한다. (a) 물품은 그 동일한 명세의 물품이 통상적으로 사용되는 목적에 적합할 것. (b) 물품은 계약 체결 시에 명시적 또는 묵시적으로 매도인에게 알려져 있는 어떠한 특정의 목적에 적합할 것. 다만 사정으로 보아 매수인이 매도인의 기량과 판단에 신뢰하지 않았거나 또는 신뢰하는 것이 불합리한 경우에는 제외한다. (c) 물품은 매도인이 매수인에게 견본 또는 모형으로서 제시한 물품의 품질을 보유할 것. (d) 물품은 그러한 물품에 통상적인 방법으로, 또는 그러한 방법이 없는 경우에는 그 물품을 보존하고 보호하는데 적절한 방법으로 용기에 담거나 또는 포장되어 있을 것	계약 일치 • 물품명세 • 특정 목적 • 견본 품질 • 적절 포장
(3) The seller is not liable under subparagraphs (a) to (d) of the preceding paragraph for any lack of conformity of the goods if at the time of the conclusion of the contract the buyer knew or could not have been unaware of such lack of conformity.	매수인이 계약체결 시에 물품의 어떠한 불일치를 알고 있었거나 알지 못하였을 수가 없는 경우에는 매도인은 물품의 어떠한 불일치에 대하여 전항의 제a호 내지 제d호에 따른 책임을 지지 아니한다.	매수인 계약체결 당시 고의적 불일치 계약 → 매도인 면책
Article 36 (1) The seller is liable in accordance with the contract and this Convention for any lack of conformity which exists at the time when the risk passes to the buyer, even though the lack of conformity becomes apparent only after that time.	제36조(일치성의 결정시점) 매도인은 위험이 매수인에게 이전하는 때에 존재한 어떠한 불일치에 대하여 계약 및 이 협약에 따른 책임을 진다. 이는 물품의 불일치가 그 이후에 드러난 경우에도 동일하다.	위험 이전 시, 물품불일치 이후 → 매도인 책임

(2) The seller is also liable for any lack of conformity which occurs after the time indicated in the preceding paragraph and which is due to a breach of any of his obligations, including a breach of any guarantee that for a period of time the goods will remain fit for their ordinary purpose or for some particular purpose or will retain specified qualities or characteristics.	매도인은 전항에서 규정된 때보다 이후에 발생하는 어떠한 불일치에 대해서도 그것이 매도인의 어떠한 의무위반에 기인하고 있는 경우에는 이에 책임을 진다. 그러한 의무위반에는 일정한 기간 동안 물품이 통상적인 목적 또는 어떠한 특정의 목적에 적합성을 유지할 것이라는 보증, 또는 특정된 품질이나 특질을 보유할 것이라는 보증의 위반도 포함된다.	매도인 의무위반에 따른 불일치 책임+보증 위반 포함
Article 37 If the seller has delivered goods before the date for delivery, he may, up to that date, deliver any missing part or make up any deficiency in the quantity of the goods delivered, or deliver goods in replacement of any non-conforming goods delivered or remedy any lack of conformity in the goods delivered, provided that the exercise of this right does not cause the buyer unreasonable inconvenience or unreasonable expense. However, the buyer retains any right to claim damages as provided for in this Convention.	제37조(인도만기전의 보완권) 매도인이 인도기일 이전에 물품을 인도한 경우에는 매수인에게 불합리한 불편이나 불합리한 비용을 발생시키지 아니하는 한 매도인은 그 기일까지는 인도된 물품의 모든 부족분을 인도하거나 수량의 모든 결함을 보충하거나 인도된 모든 불일치한 물품에 갈음하는 물품을 인도하거나 인도된 물품의 모든 불일치를 보완할 수 있다. 그러나 매수인은 이 협약에서 규정된 바의 손해배상을 청구하는 모든 권리를 보유한다.	• 매도인 인도기일 이전까지 결함 보완 가능 • 매수인 손해배상 청구권 보유
Article 38 (1) The buyer must examine the goods, or cause them to be examined, within as short a period as is practicable in the circumstances.	제38조(물품의 검사기간) 매수인은 그 사정에 따라 실행 가능한 짧은 기간 내에 물품을 검사하거나 물품이 검사되어지도록 하여야 한다.	실행 가능한 짧은 기간 내 검사 의무
(2) If the contract involves carriage of the goods, examination may be deferred until after the goods have arrived at their destination.	계약이 물품의 운송을 포함하고 있는 경우에는 검사는 물품이 목적지에 도착한 이후까지 연기될 수 있다.	계약 + 운송 포함시 → 목적지 도착 후까지 연기 가능
(3) If the goods are redirected in transit or redispatched by the buyer without a reasonable opportunity for examination by him and at the time of the conclusion of the contract the seller knew or ought to have known of the possibility of such redirection or redispatch, examination may be deferred until after the goods have arrived at the new destination.	물품이 매수인에 의한 검사의 상당한 기회도 없이 매수인에 의하여 운송 중에 목적지가 변경되거나 전송(轉送)되고, 또한 계약 체결 시에 매도인이 그러한 변경이나 전송의 가능성을 알았거나 알았어야 하는 경우에는 검사는 물품이 새로운 목적지에 도착한 이후까지 연기될 수 있다.	운송 중 전매 → 새로운 목적지 도착 후까지 연기
Article 39 (1) The buyer loses the right to rely on a lack of conformity of the goods if he does not give notice to the seller specifying the nature of the lack of conformity within a reasonable time after he has discovered it or ought to have discovered it.	제39조(불일치의 통지시기) 매수인이 물품의 불일치를 발견하였거나 발견하였어야 한 때부터 상당한 기간 내에 매도인에게 불일치의 성질을 기재한 통지를 하지 아니한 경우에는 매수인은 물품의 불일치에 의존하는 권리를 상실한다.	불일치 발견~당기간 내 통지 × → 매수인 불일치 권리상실

(2) In any event, the buyer loses the right to rely on a lack of conformity of the goods if he does not give the seller notice thereof at the latest within a period of two years from the date on which the goods were actually handed over to the buyer, unless this time-limit is inconsistent with a contractual period of guarantee.	어떠한 경우에도, 물품이 매수인에게 현실적으로 인도된 날로부터 늦어도 2주 이내에 매수인이 매도인에게 불일치의 통지를 하지 아니한 경우에는 매수인은 물품의 불일치에 의존하는 권리를 상실한다. 다만 이러한 기간의 제한이 계약상의 보증기간과 모순된 경우에는 그러하지 아니하다.	현실 인도된 날 ~2주 이내 불일치통지 ×시 매수인 불일치 권리 상실 예외) 계약상 보증기간 있는 경우
Article 40 The seller is not entitled to rely on the provisions of articles 38 and 39 if the lack of conformity relates to facts of which he knew or could not have been unaware and which he did not disclose to the buyer.	제40조(매도인의 악의) 물품의 불일치가 매도인이 알았거나 알지 못하였을 수가 없는 사실에 관련되고, 또 매도인이 이를 매수인에게 고지하지 아니한 사실에도 관련되어 있는 경우에는 매도인은 제38조 및 제39조의 규정을 원용할 권리가 없다.	매도인이 불일치를 안 경우→매수인의 불일치통지 ×에 따른 면책×
Article 41 The seller must deliver goods which are free from any right or claim of a third party, unless the buyer agreed to take the goods subject to that right or claim. However, if such right or claim is based on industrial property or other intellectual property, the seller's obligation is governed by article 42.	제41조(제3자의 청구권) 매도인은 매수인이 제3자의 권리 또는 청구권을 전제로 물품을 수령하는 것에 동의한 경우가 아닌 한, 제3자의 권리 또는 청구권으로부터 자유로운 물품을 인도하여야 한다. 그러나 그러한 제3자의 권리 또는 청구권이 공업소유권 또는 기타 지적소유권에 기초를 두고 있는 경우에는 매도인의 의무는 제42조에 의하여 규율된다.	제3자의 권리(지재권등)에 자유로운 물품 인도
Article 42 (1) The seller must deliver goods which are free from any right or claim of a third party based on industrial property or other intellectual property, of which at the time of the conclusion of the contract the seller knew or could not have been unaware, provided	제42조(제3자의 지적소유권) 매도인은 계약 체결 시에 매도인이 알았거나 알지 못하였을 수가 없는 공업소유권 또는 지적소유권에 기초를 두고 있는 제 3자의 권리 또는 청구권으로부터 자유로운 물품을 인도하여야 한다.	(모르지 않는 한) 매도인은 제3자 권리로부터 자유로운 물품인도 의무
that the right or claim is based on industrial property or other intellectual property: (a) under the law of the State where the goods will be resold or otherwise used, if it was contemplated by the parties at the time of the conclusion of the contract that the goods would be resold or otherwise used in that State; or (b) in any other case, under the law of the State where the buyer has his place of business.	다만 그 권리 또는 청구권은 다음과 같은 국가의 법률에 의한 공업소유권 또는 기타 지적소유권에 기초를 두고 있는 경우에 한한다. (a) 물품이 어느 국가에서 전매되거나 기타의 방법으로 사용될 것이라는 것을 당사자 쌍방이 계약 체결 시에 예상한 경우에는 그 물품이 전매되거나 기타의 방법으로 사용되는 국가의 법률, 또는 (b) 기타의 모든 경우에는 매수인이 영업소를 갖고 있는 국가의 법률	제3자 권리 국가 • 전매되는 국가 • 매수인 영업소 국가

(2) The obligation of the seller under the preceding paragraph does not extend to cases where: (a) at the time of the conclusion of the contract the buyer knew or could not have been unaware of the right or claim; or (b) the right or claim results from the seller's compliance with technical drawings, designs, formulae or other such specifications furnished by the buyer.	전항에 따른 매도인의 의무는 다음과 같은 경우에는 이를 적용하지 아니한다. (a) 계약 체결 시에 매수인이 그 권리 또는 청구권을 알았거나 알지 못하였을 수가 없는 경우 또는 (b) 그 권리 또는 청구권이 매수인에 의하여 제공된 기술적 실계, 디자인, 공식 또는 기타의 명세서에 매도인이 따른 결과로 발생한 경우	매도인의 면책 • 몰랐던 경우 • 매수인이 제공한 경우
Article 43 (1) The buyer loses the right to rely on the provisions of article 41 or article 42 if he does not give notice to the seller specifying the nature of the right or claim of the third party within a reasonable time after he has become aware or ought to have become aware of the right or claim.	**제43조(제3자의 권리에 대한 통지)** 매수인이 제3자의 권리 또는 청구권을 알았거나 알았어야 하는 때로부터 상당한 기간 내에 매도인에게 그 제 3자의 권리 또는 청구권의 성질을 기재한 통지를 하지 아니한 경우에는 매수인은 제41조 또는 제42조의 규정을 원용할 권리를 상실한다.	매수인이 제3자 권리, 청구권을 알았거나 상당기간 내 통지 × → 매수인 불일치통지 권리 ×
(2) The seller is not entitled to rely on the provisions of the preceding paragraph if he knew of the right or claim of the third party and the nature of it.	매도인이 제3자의 권리 또는 청구권 및 그 성질을 알고 있었던 경우에 매도인은 전항의 규정을 원용할 권리가 없다.	매도인이 알았을 경우 면책 ×
Article 44 Notwithstanding the provisions of paragraph (1) of article 39 and paragraph (1) of article 43, the buyer may reduce the price in accordance with article 50 or claim damages, except for loss of profit, if he has a reasonable excuse for his failure to give the required notice.	**제44조(통지불이행의 정당한 이유)** 제39조 제1항 및 제43조 제1항의 규정에도 불구하고, 매수인은 요구된 통지의 불이행에 대한 정당한 이유가 있는 경우에는 제50조에 따라 대금을 감액하거나 이익의 손실을 제외한 손해배상을 청구할 수 있다.	매수인 통지불이행 정당사유 → 대금감액권 → 손해배상청구권

Section III. Remedies for breach of contract by the seller
제3절 매도인의 계약위반에 대한 구제

Article 45 (1) If the seller fails to perform any of his obligations under the contract or this Convention, the buyer may: (a) exercise the rights provided in articles 46 to 52; (b) claim damages as provided in articles 74 to 77.	**제45조(매수인의 구제방법)** 매도인이 계약 또는 이 협약에 따른 어떠한 의무를 이행하지 아니하는 경우에는 매수인은 다음과 같은 것을 행할 수 있다. (a) 제46조 내지 제52조에서 규정된 권리를 행사하는 것. (b) 제74조 내지 제77조에서 규정된 바의 손해배상을 청구하는 것 등	매수인의 구제
(2) The buyer is not deprived of any right he may have to claim damages by exercising his right to other remedies.	매수인은 손해배상 이외의 구제를 구하는 권리의 행사로 인하여 손해배상을 청구할 수 있는 권리를 박탈당하지 아니한다.	구제권 행사 + 손해배상청구권 유보

(3) No period of grace may be granted to the seller by a court or arbitral tribunal when the buyer resorts to a remedy for breach of contract.	매수인이 계약위반에 대한 구제를 구할 때는 법원 또는 중재판정부는 매도인에게 어떠한 유예기간도 적용하여서는 아니 된다.	구제권 행사 시 유예기간 적용 불가
Article 46 (1) The buyer may require performance by the seller of his obligations unless the buyer has resorted to a remedy which is inconsistent with this requirement.	제46조(매수인의 이행청구권) 매수인은 매도인에게 그 의무의 이행을 청구할 수 있다. 다만 매수인이 이러한 청구와 모순되는 구제를 구한 경우에는 그러하지 아니하다.	매도인 이행청구 가능 → 모순된 구제 권 동시 행사 불가
(2) If the goods do not conform with the contract, the buyer may require delivery of substitute goods only if the lack of conformity constitutes a fundamental breach of contract and a request for substitute goods is made either in conjunction with notice given under article 39 or within a reasonable time thereafter.	물품이 계약과 일치하지 아니한 경우에는 매수인은 대체품의 인도를 청구할 수 있다. 다만 이러한 청구는 불일치가 계약의 본질적인 위반을 구성하고, 또 대체품의 청구가 제39조에 따라 지정된 통지와 함께 또는 그 후 상당한 기간 내에 행하여지는 경우에 한한다.	• 불일치 물품 인도 → 대체품 인도 청구 • 요건 - 본질적 위반 - 기간 내 통지 (상당기간 내 통지)
(3) If the goods do not conform with the contract, the buyer may require the seller to remedy the lack of conformity by repair, unless this is unreasonable having regard to all the circumstances. A request for repair must be made either in conjunction with notice given under article 39 or within a reasonable time thereafter.	물품이 계약과 일치하지 아니한 경우에는 매수인은 모든 사정으로 보아 불합리하지 아니하는 한 매도인에 대하여 수리에 의한 불일치의 보완을 청구할 수 있다. 수리의 청구는 제39조에 따라 지정된 통지와 함께 또는 그 후 상당한 기간 내에 행하여져야 한다.	불일치 물품 → 보완청구 상당기간 내 불일치 통지 요건
Article 47 (1) The buyer may fix an additional period of time of reasonable length for performance by the seller of his obligations.	제47조(이행추가기간의 통지) 매수인은 매도인에 의한 의무의 이행을 위한 상당한 기간만큼의 추가기간을 지정할 수 있다.	추가기간설정권
(2) Unless the buyer has received notice from the seller that he will not perform within the period so fixed, the buyer may not, during that period, resort to any remedy for breach of contract. However, the buyer is not deprived thereby of any right he may have to claim damages for delay in performance.	매수인이 매도인으로부터 그 지정된 추가기간 내에 이행하지 아니하겠다는 뜻의 통지를 수령하지 않은 한, 매수인은 그 기간 중에는 계약위반에 대한 어떠한 구제도 구할 수 없다. 그러나 매수인은 이로 인하여 이행의 지연에 대한 손해배상을 청구할 수 있는 어떠한 권리를 박탈당하지 아니한다.	• 매도인 불이행 통지 → 추가이행기간 동안 구제권행사 불가 • 손해배상청구는 가능

Article 48 (1) Subject to article 49, the seller may, even after the date for delivery, remedy at his own expense any failure to perform his obligations, if he can do so without unreasonable delay and without causing the buyer unreasonable inconvenience or uncertainty of reimbursement by the seller of expenses advanced by the buyer. However, the buyer retains any right to claim damages as provided for in this Convention.	제48조(인도기일후의 보완) 제49조의 규정에 따라, 매도인은 인도기일 후에도 불합리한 지체 없이 그리고 매수인에게 불합리한 불편을 주거나 매수인이 선지급한 비용을 매도인으로부터 보상받는데 대한 불확실성이 없는 경우에는 자신의 비용 부담으로 그 의무의 어떠한 불이행을 보완할 수 있다. 그러나 매수인은 이 협약에 규정된 바의 손해배상을 청구하는 모든 권리를 보유한다.	• 매도인은 매수인의 불편, 불합리 없이 자신의 비용으로 불이행 보완 가능 • 매수인 손해배상청구권 보유
(2) If the seller requests the buyer to make known whether he will accept performance and the buyer does not comply with the request within a reasonable time, the seller may perform within the time indicated in his request. The buyer may not, during that period of time, resort to any remedy which is inconsistent with performance by the seller.	매도인이 매수인에 대하여 그 이행을 승낙할 것인지의 여부를 알려 주도록 요구하였으나 매수인시 상당한 기간 내에 그 요구에 응하지 아니한 경우에는 매도인은 그 요구에서 제시한 기간 내에 이행할 수 있다. 매수인은 그 기간 중에는 매도인의 이행과 모순되는 구제를 구하여서는 아니 된다.	• 추가기간설정권~상당기간 내 통지하지 않더라도 추가기간 내 이행 가능 • 매수인 모순구제 불가
(3) A notice by the seller that he will perform within a specified period of time is assumed to include a request, under the preceding paragraph, that the buyer make known his decision.	특정한 기간 내에 이행하겠다는 매도인의 통지는 매수인이 승낙여부의 결정을 알려주어야 한다는 내용의 전항에 규정하고 있는 요구를 포함하는 것으로 추정한다.	매도인 통지 매수인 무응답 = 응답요구포함
(4) A request or notice by the seller under paragraph (2) or (3) of this article is not effective unless received by the buyer.	본조 제2항 또는 제3항에 따른 매도인의 요구 또는 통지는 매수인에 의하여 수령되지 아니한 경우에는 그 효력이 발생하지 아니한다.	도달주의 (효력발생)
Article 49 (1) The buyer may declare the contract avoided: (a) if the failure by the seller to perform any of his obligations under the contract or this Convention amounts to a fundamental breach of contract; or (b) in case of non-delivery, if the seller does not deliver the goods within the additional period of time fixed by the buyer in accordance with paragraph (1) of article 47 or declares that he will not deliver within the period so fixed.	제49조(매수인의 계약해제권) 매수인은 다음과 같은 경우에 계약의 해제를 선언할 수 있다. (a) 계약 또는 이 협약에 따른 매도인의 어떠한 의무의 불이행키 계약의 본질적인 위반에 상당하는 경우 또는 (b) 인도불이행의 경우에는 매도인이 제47조 제1항에 따라 매수인에 의하여 지정된 추가기간 내에 물품을 인도하지 아니하거나 매도인이 그 지정된 기간 내에 인도하지 아니하겠다는 뜻을 선언한 경우	계약해제 사유 • 본질적 위반 • 물품인도 ×

(2) However, in cases where the seller has delivered the goods, the buyer loses the right to declare the contract avoided unless he does so: (a) in respect of late delivery, within a reasonable time after he has become aware that delivery has been made; (b) in respect of any breach other than late delivery, within a reasonable time: (i) after he knew or ought to have known of the breach; (ii) after the expiration of any additional period of time fixed by the buyer in accordance with paragraph (1) of article 47, or after the seller has declared that he will not perform his obligations within such an additional period; or (iii) after the expiration of any additional period of time indicated by the seller in accordance with paragraph (2) of article 48, or after the buyer has declared that he will not accept performances.	그러나 매도인이 물품을 이미 인도한 경우에는 매수인은 다음과 같은 시기에 계약의 해제를 선언하지 않는 한 그 해제의 권리를 상실한다. (a) 인도의 지연에 관해서는 매수인이 인도가 이루어진 사실을 알게 된 때로부터 상당한 기간 내 (b) 인도의 지연 이외의 모든 위반에 관해서는 다음과 같은 때로부터 상당한 기간 내 (i) 매수인이 그 위반을 알았거나 알았어야 하는 때 (ii) 제47조 제1항에 따라 매수인에 의하여 지정된 어떠한 추가기간이 경과한 때, 또는 매도인이 그러한 추가기간 내에 의무를 이행하지 아니하겠다는 뜻을 선언한 때, 또는 (iii) 제48조 제2항에 따라 매도인에 의하여 제시된 어떠한 추가기간이 경과한 때, 또는 매수인이 이행을 승낙하지 아니하겠다는 뜻을 선언한 때	계약해제권 기한 • 지연 : 인도~ 상당기간 내 • 기타 - 위반 안 때 - 추가기간 경과 또는 불이행 통보 ~ 상당기간 내
Article 50 If the goods do not conform with the contract and whether or not the price has already been paid, the buyer may reduce the price in the same proportion as the value that the goods actually delivered had at the time of the delivery bears to the value that conforming goods would have had at that time. However, if the seller remedies any failure to perform his obligations in accordance with article 37 or article 48 or if the buyer refuses to accept performance by the seller in accordance with those articles, the buyer may not reduce the price.	제50조(대금의 감액) 물품이 계약과 일치하지 아니하는 경우에는 이미 지급된 여부에 관계없이, 매수인은 실제로 인도된 물품이 인도시에 가지고 있던 가액이 계약에 일치하는 물품이 그 당시에 가지고 있었을 가액에 대한 동일한 비율로 대금을 감액할 수 있다. 그러나 매도인이 제37조 또는 제48조에 따른 그 의무의 어떠한 불이행을 보완하거나, 또는 매수인이 그러한 조항에 따른 매도인의 이행의 승낙을 거절하는 경우에는 매수인은 대금을 감액할 수 없다.	• 불일치물품 감액 청구 가능 • 감액불능 - 하자보완 - 매도인 하자보완의무 → 매수인 거절
Article 51 (1) If the seller delivers only a part of the goods or if only a part of the goods delivered is in conformity with the contract, articles 46 to 50 apply in respect of the part which is missing or which does not conform.	제51조(물품일부의 불일치) 매도인이 물품의 일부만을 인도하거나 인도된 물품의 일부만이 계약과 일치하는 경우에는 제46조 내지 제50조의 규정은 부족 또는 불일치한 부분에 관하여 적용한다.	일부 불일치 → 일부 적용

(2) The buyer may declare the contract avoided in its entirety only if the failure to make delivery completely or in conformity with the contract amounts to a fundamental breach of the contract.	인도가 완전하게 또는 계약에 일치하게 이행되지 아니한 것이 계약의 본질적인 위반에 해당하는 경우에 한하여 매수인은 계약 그 전체의 해제를 선언할 수 있다.	일부 불이행 = 전체 본질적 위반 → 계약 전체 해제
Article 52 (1) If the seller delivers the goods before the date fixed, the buyer may take delivery or refuse to take delivery.	제52조(기일전의 인도 및 초과수량) 매도인이 지정된 기일 전에 물품을 인도하는 경우에는 매수인은 인도를 수령하거나 또는 이를 거절할 수 있다.	조기인도 → 수령, 거절
(2) If the seller delivers a quantity of goods greater than that provided for in the contract, the buyer may take delivery or refuse to take delivery of the excess quantity. If the buyer takes delivery of all or part of the excess quantity, he must pay for it at the contract rate.	매도인이 계약에서 약정된 것보다도 많은 수량의 물품을 인도하는 경우에는 매수인은 초과수량의 인도를 수령하거나 이를 거절할 수 있다. 매수인이 초과수량의 전부 또는 일부의 인도를 수령하는 경우에는 매수인은 계약비율에 따라 그 대금을 지급하여야 한다.	초과인도 → 수령, 거절 (수령 시 지급)

3. OBLIGATIONS OF THE BUYER(제3장 매수인의 의무)

매수인의 의무		
Article 53 The buyer must pay the price for the goods and take delivery of them as required by the contract and this Convention.	제53조(매수인의 의무요약) 매수인은 계약 및 이 협약에 의하여 요구된 바에 따라 물품의 대금을 지급하고 물품의 인도를 수령하여야 한다.	매수인 의무 • 대금지급 • 인도수령
Section I. Payment of the price 제1절 대금의 지급		
Article 54 The buyer's obligation to pay the price includes taking such steps and complying with such formalities as may be required under the contract or any laws and regulations to enable payment to be made.	제54조(대금지급을 위한 조치) 매수인의 대금지급의 의무는 지급을 가능하게 하기 위한 계약 또는 어떠한 법률 및 규정에 따라 요구되는 그러한 조치를 취하고 또 그러한 절차를 준수하는 것을 포함한다.	대금지급의무 ⊃ • 지급가능 계약 • 요구조치 • 절차준수 포함
Article 55 Where a contract has been validly concluded but does not expressly or implicitly fix or make provision for determining the price, the parties are considered, in the absence of any indication to the contrary, to have impliedly made reference to the price generally charged at the time of the conclusion of the contract for such goods sold under comparable circumstances in the trade concerned.	제55조(대금이 불확정된 계약) 계약이 유효하게 성립되었으나, 그 대금을 명시적 또는 묵시적으로 지정하지 아니하거나 또는 이를 결정하기 위한 조항을 두지 아니한 경우에는 당사자는 반대의 어떠한 의사표시가 없는 한 계약 체결 시에 관련거래와 유사한 사정하에서 매각되는 동종의 물품에 대하여 일반적으로 청구되는 대금을 묵시적으로 참조한 것으로 본다.	• 대금 불확정 계약(반대의사 표시 ×) • 유사계약, 사정 동종 매각 물품 일반 청구 대금 → 묵시 참조 간주

Article 56 If the price is fixed according to the weight of the goods, in case of doubt it is to be determined by the <u>net weight.</u>	제56조(순중량에 의한 결정) 대금이 물품의 중량에 따라 지정되는 경우에 이에 의혹이 있을 때에는, 그 대금은 <u>순중량</u>에 의하여 결정되어야 한다.	중량 → 대금 지정시 = 순중량
Article 57 (1) If the buyer is not bound to pay the price at any other particular place, he must pay it to the seller: (a) at the seller's place of business; or (b) if the payment is to be made against the handing over of the goods or of documents, at the place where the handing over takes place.	제57조(대금지급의 장소) 매수인이 기타 어느 특정한 장소에서 대금을 지급하여야 할 의무가 없는 경우에는 매수인은 다음과 같은 장소에서 매도인에게 이를 지급하여야 한다. (a) 매도인의 영업소, 또는 (b) 지급이 물품 또는 서류의 교부와 상환으로 이루어져야 하는 경우에는 그 교부가 행하여지는 장소	• 특정 장소 • 매도인 영업소 • 교부장소
(2) The seller must bear any increase in the expenses incidental to payment which is caused by a change in his place of business subsequent to the conclusion of the contract.	매도인은 계약 체결 후에 그 영업소를 변경함으로 인하여 야기된 지급의 부수적인 비용의 모든 증가액을 부담하여야 한다.	매도인 영업소 변경→증가비용 매도인 부담
Article 58 (1) If the buyer is not bound to pay the price at any other specific time he must pay it when the seller places either the goods or documents controlling their disposition at the buyer's disposal in accordance with the contract and this Convention. The seller may make such payment a condition for handing over the goods or documents.	제58조(대금지급의 시기) 매수인이 기타 어느 특정한 대금을 지급하여야 할 의무가 없는 경우에는 매수인은 매도인이 계약 및 이 협정에 따라 물품 또는 그 처분을 지배하는 서류 중에 어느 것을 매수인의 임의처분하에 인도한 때에 대금을 지급하여야 한다. 매도인은 그러한 지급을 물품 또는 서류의 교부를 위한 조건으로 정할 수 있다.	대금지급시기 물품, 서류 인도 시점
(2) If the contract involves carriage of the goods, the seller may dispatch the goods on terms whereby the goods, or documents controlling their disposition, will not be handed over to the buyer except against payment of the price.	계약이 물품의 운송을 포함하는 경우에는 매도인은 대금의 지급과 상환하지 아니하면 물품 또는 그 처분을 지배하는 서류를 매수인에게 교부하지 아니한다는 조건으로 물품을 발송할 수 있다.	운송포함 계약 시 매도인 : 지급상 환조건 서류 가능
(3) The buyer is not bound to pay the price until he has had an opportunity to examine the goods, unless the procedures for delivery or payment agreed upon by the parties are inconsistent with his having such an opportunity.	매수인은 물품을 검사할 기회를 가질 때까지는 대금을 지급하여야 할 의무가 없다. 다만 당사자 간에 합의된 인도 또는 지급의 절차가 매수인이 그러한 기회를 가지는 것과 모순되는 경우에는 그러하지 아니하다.	물품검사시까지 지급 의무× (합의계약과 모순되는 경우 예외)
Article 59 The buyer must pay the price on the date fixed by or determinable from the contract and this Convention without the need for any request or compliance with any formality on the part of the seller.	제59조(지급청구에 앞선 지급) 매수인은 매도인 측의 어떠한 요구나 그에 따른 어떠한 절차를 준수할 필요 없이 계약 및 이 협약에 의하여 지정되었거나 또는 이로부터 결정될 수 있는 기일에 대금을 지급하여야 한다.	매도인 요구 × 계약, 협약 지급 시기에 지급 ○

Section II. Taking delivery		
제2절 인도의 수령		
Article 60 The buyer's obligation to take delivery consists: (a) in doing all the acts which could reasonably be expected of him in order to enable the seller to make delivery; and (b) in taking over the goods.	제60조(인도수령의 의무) 매수인의 인도수령의 의무는 다음과 같은 것으로 구성된다. (a) 매도인에 의한 인도를 가능케 하기 위하여 매수인에게 합리적으로 기대될 수 있었던 모든 행위를 하는 것, 그리고 (b) 물품을 수령하는 것	인도수령 의무 • 인도가능행위 • 물품수령

Section III. Remedies for breach of contract by the buyer		
제3절 매수인의 계약위반에 대한 구제		
Article 61 (1) If the buyer fails to perform any of his obligations under the contract or this Convention, the seller may: (a) exercise the rights provided in articles 62 to 65; (b) claim damages as provided in articles 74 to 77.	제61조(매도인의 구제방법) 매수인이 계약 또는 이 협약에 따른 어떠한 의무를 이행하지 아니하는 경우에는 매도인은 다음과 같은 것을 행할 수 있다. (a) 제62조 내지 제65조에 규정된 권리를 행사하는 것 (b) 제74조 내지 제77조에 규정된 바의 손해배상을 청구하는 것 등	매수인 불이행시 → 매도인 구제권
(2) The seller is not deprived of any right he may have to claim damages by exercising his right to other remedies.	매도인은 손해배상 이외의 구제를 구하는 권리의 행사로 인하여 손해배상을 청구할 수 있는 권리를 박탈당하지 아니한다.	손해배상청구권 유보
(3) No period of grace may be granted to the buyer by a court or arbitral tribunal when the seller resorts to a remedy for breach of contract.	매도인이 계약위반에 대한 구제를 구할 때에는, 법원 또는 중재판정부는 매수인에게 어떠한 유예기간도 허용하여서는 아니 된다.	구제권 행사 중 유예판정 불가
Article 62 The seller may require the buyer to pay the price, take delivery or perform his other obligations, unless the seller has resorted to a remedy which is inconsistent with this requirement.	제62조(매도인의 이행청구권) 매도인은 매수인에 대하여 대금의 지급, 인도의 수령 또는 기타 매수인의 의무를 이행하도록 청구할 수 있다. 다만 매도인이 이러한 청구와 모순되는 구제를 구한 경우에는 그러하지 아니하다.	• 대금지급 • 인도수령 • 이행청구 (예외 : 모순구제권)
Article 63 (1) The seller may fix an additional period of time of reasonable length for performance by the buyer of his obligations.	제63조(이행추가기간의 통지) 매도인은 매수인에 의한 의무의 이행을 위한 상당한 기간만큼의 추가기간을 지정할 수 있다.	추가기간설정권
(2) Unless the seller has received notice from the buyer that he will not perform within the period so fixed, the seller may not, during that period, resort to any remedy for breach of contract. However, the seller is not deprived thereby of any right he may have to claim damages for delay in performance.	매도인이 매수인으로부터 그 지정된 추가기간 내에 이행하지 아니하겠다는 뜻의 통지를 수령하지 않은 한, 매도인은 그 기간 중에는 계약위반에 대한 어떠한 구제도 구할 수 없다. 그러나 매도인은 이로 인하여 이행의 지연에 대한 손해배상을 청구할 수 있은 어떠한 권리를 박탈당하지 아니한다.	설정한 추가기간 중 매도인 구제권행사 × : 손해배상 청구 가능 (예외 : 불이행 통지)

Article 64 (1) The seller may declare the contract avoided: (a) if the failure by the buyer to perform any of his obligations under the contract or this Convention amounts to a fundamental breach of contract; or (b) if the buyer does not, within the additional period of time fixed by the seller in accordance with paragraph (1) of article 63, perform his obligation to pay the price or take delivery of the goods, or if he declares that he will not do so within the period so fixed;	제64조(매도인의 계약해제권) 매도인은 다음과 같은 경우에 계약의 해제를 선언할 수 있다. (a) 계약 또는 이 협약에 따른 매수인의 어떠한 의무의 불이행이 계약의 본질적인 위반에 상당하는 경우 또는 (b) 매수인이 제63조 제1항에 따라 매도인에 의하여 지정된 추가기간 내에 대금의 지급 또는 물품의 인도수령의 의무를 이행하지 아니하거나 매수인이 그 지정된 기간 내에 이를 이행하지 아니하겠다는 뜻을 선언한 경우	계약해제사유 • 본질적 위반 • 추가기간 내 지급, 수령의무 불이행 • 불이행 선언
(2) However, in cases where the buyer has paid the price, the seller loses the right to declare the contract avoided unless he does so: (a) in respect of late performance by the buyer, before the seller has become aware that performance has been rendered; or (b) in respect of any breach other than late performance by the buyer, within a reasonable time: (i) after the seller knew or ought to have known of the breach; or (ii) after the expiration of any additional period of time fixed by the seller in accordance with paragraph (1) of article 63, or after the buyer has declared that he will not perform his obligations within such an additional period.	그러나 매수인이 대금을 이미 지급한 경우에는 매도인은 다음과 같은 시기에 계약의 해제를 선언하지 않는 한 그 해제의 권리를 상실한다. (a) 매수인에 의한 이행의 지연에 관해서는 매도인이 그 이행이 이루어진 사실을 알기 전, 또는 (b) 매수인에 의한 이행의 지연 이외의 모든 위반에 관해서는 다음과 같은 때로부터 상당한 기간 내 (i) 매도인이 그 위반을 알았거나 알았어야 하는 때 또는 (ii) 제63조 제1항에 따라 매도인에 의하여 지정된 어떠한 추가기간이 경과한 때 또는 매수인이 그러한 추가기간 내에 의무를 이행하지 아니하겠다는 뜻을 선언한 때	매수인 대금 지급 시 계약해제 • 지연이행 → 이행 알기 전 • 위반 안 때 • 추가기간 경과, 불이행 선언 시 ~ 상당기간 내
Article 65 (1) If under the contract the buyer is to specify the form, measurement or other features of the goods and he fails to make such specification either on the date agreed upon or within a reasonable time after receipt of a request from the seller, the seller may, without prejudice to any other rights he may have, make the specification himself in accordance with the requirements of the buyer that may be known to him.	제65조(물품명세의 확정권) 계약상 매수인이 물품의 형태, 용적 또는 기타의 특징을 지정하기로 되어 있을 경우에 만약 매수인이 합의된 기일 또는 매도인으로부터의 요구를 수령한 후 상당한 기간 내에 그 물품명세를 작성하지 아니한 때에는 매도인은 그가 보유하고 있는 다른 모든 권리의 침해 없이 매도인에게 알려진 매수인의 요구조건에 따라 스스로 물품명세를 작성할 수 있다.	• 합의기일 • 요구수령 상당기간 내 → 명세 작성 × 시 매도인 명세 확정가능

(2) If the seller makes the specification himself, he must inform the buyer of the details thereof and must fix a reasonable time within which the buyer may make a different specification. If, after receipt of such a communication, the buyer fails to do so within the time so fixed, the specification made by the seller is binding.	매도인이 스스로 물품명세를 작성하는 경우에는 매도인은 매수인에게 이에 관한 세부사항을 통지하여야 하고, 또 매수인이 이와 상이한 물품명세를 작성할 수 있도록 상당한 기간을 지정하여야 한다. 매수인이 그러한 통지를 수령한 후 지정된 기간 내에 이와 상이한 물품명세를 작성하지 아니하는 경우에는 매도인이 작성한 물품명세가 구속력을 갖는다.	매도인명세 작성 시 • 매수인에게 통지 • 매수인 상이명세 작성 가능 상당기간 지정 → 기간 내 매수인 지정 ×시 매도인 명세 = 구속력

4. PASSING OF RISK(제4장 위험의 이전)

위험의 이전		
Article 66 Loss of or damage to the goods after the risk has passed to the buyer does not discharge him from his obligation to pay the price, unless the loss or damage is due to an act or omission of the seller.	제66조(위험부담의 일반원칙) 위험이 매수인에게 이전된 이후에 물품의 멸실 또는 손상은 매수인을 대금지급의 의무로부터 면제시키지 아니한다. 다만 그 멸실 또는 손상이 매도인의 작위 또는 부작위에 기인한 경우에는 그러하지 아니하다.	위험 이전 후 물품 멸실, 손상 → 대금지급의무 ○ (예외 : 매도인 책임)
Article 67 (1) If the contract of sale involves carriage of the goods and the seller is not bound to hand them over at a particular place, the risk passes to the buyer when the goods are handed over to the first carrier for transmission to the buyer in accordance with the contract of sale. If the seller is bound to hand the goods over to a carrier at a particular place, the risk does not pass to the buyer until the goods are handed over to the carrier at that place. The fact that the seller is authorized to retain documents controlling the disposition of the goods does not affect the passage of the risk.	제67조(운송조건부 계약품의 위험) 매매계약이 물품의 운송을 포함하고 있는 경우에 매도인이 특정한 장소에서 이를 인도하여야 할 의무가 없는 때에는, 위험은 물품이 매매계약에 따라 매수인에게 송부하도록 최초의 운송인에게 인도된 때에 매수인에게 이전한다. 매도인이 특정한 장소에서 물품을 운송인에게 인도하여야 할 의무가 있는 경우에는 위험은 물품이 그러한 장소에서 운송인에게 인도되기까지는 매수인에게 이전하지 아니한다. 매도인이 물품의 처분을 지배하는 서류를 보유하는 권한이 있다는 사실은 위험의 이전에 영향을 미치지 아니 한다.	위험이전 시점 • 특정장소 인도 시 • 최초운송인 인도 시(B/L등 매도인 서류 보유 무관)
(2) Nevertheless, the risk does not pass to the buyer until the goods are clearly identified to the contract, whether by markings on the goods, by shipping documents, by notice given to the buyer or otherwise.	그럼에도 불구하고, 위험은 물품이 하인, 선적서류, 매수인에 대한 통지 또는 기타의 방법에 의하여 계약에 명확히 특정되기까지는 매수인에게 이전하지 아니 한다.	(2) 물품 불특정 시 위험이전 ×

Article 68	제68조(운송 중매매물품의 위험)	운송 중 전매 시 위험이전
The risk in respect of goods sold in transit passes to the buyer from the time of the conclusion of the contract. However, if the circumstances so indicate, the risk is assumed by the buyer from the time the goods were handed over to the carrier who issued the documents embodying the contract of carriage. Nevertheless, if at the time of the conclusion of the contract of sale the seller knew or ought to have known that the goods had been lost or damaged and did not disclose this to the buyer, the loss or damage is at the risk of the seller.	운송 중에 매각된 물품에 관한 위험은 계약 체결 시로부터 매수인에게 이전한다. 그러나 사정에 따라서는 위험은 운송계약을 구현하고 있는 서류를 발행한 운송인에게 물품이 인도된 때로부터 매수인이 부담한다. 그럼에도 불구하고, 매도인이 매매계약의 체결 시에 물품이 이미 멸실 또는 손상되었다는 사실을 알았거나 알았어야 하는 경우에 이를 매수인에게 밝히지 아니한 때에는 그 멸실 또는 손상은 매도인의 위험부담에 속한다.	• 계약 체결 시 • B/L발행 운송 인에게 인도된 때 • 계약체결 전 물품 멸실, 손상 시 매도인 위험
Article 69 (1) In cases not within articles 67 and 68, the risk passes to the buyer when he takes over the goods or, if he does not do so in due time, from the time when the goods are placed at his disposal and he commits a breach of contract by failing to take delivery.	제69조(기타 경우의 위험) 제67조 및 제68조에 해당되지 아니하는 경우에는 위험은 매수인이 물품을 인수한 때, 또는 매수인이 적시에 이를 인수하지 아니한 경우에는 물품이 매수인의 임의처분하에 적치되고 매수인이 이를 수령하지 아니하여 계약위반을 범하게 된 때로부터 매수인에게 이전한다.	운송계약조건부 운송 중 전매 이외 • 물품 인수 시 • 수령의무 위반 시
(2) However, if the buyer is bound to take over the goods at a place other than a place of business of the seller, the risk passes when delivery is due and the buyer is aware of the fact that the goods are placed at his disposal at that place.	그러나 매수인이 매도인의 영업소 이외의 장소에서 물품을 인수하여야 하는 경우에는 위험은 인도의 기일이 도래하고 또 물품이 그러한 장소에서 매수인의 임의처분하에 적치된 사실을 매수인이 안 때에 이전한다.	영업소 외 인수 시 인도기일도래 + 그 장소 임의 처분적치 매수인 이 안 때
(3) If the contract relates to goods not then identified, the goods are considered not to be placed at the disposal of the buyer until they are clearly identified to the contract.	계약이 아직 특정되지 아니한 물품에 관한 것인 경우에는 물품은 계약의 목적물로서 명확히 특정되기까지는 매수인의 임의처분하에 적치되지 아니한 것으로 본다.	불특정물품 = 매수인 임의처분적치 ×
Article 70 If the seller has committed a fundamental breach of contract, articles 67, 68 and 69 do not impair the remedies available to the buyer on account of the breach.	제70조(매도인의 계약위반시의 위험) 매도인이 계약의 본질적인 위반을 범한 경우에는 제67조, 제68조 및 제69조의 규정은 그 본질적인 위반을 이유로 매수인이 원용할 수 있는 구제를 침해하지 아니한다.	본질적 위반 매수인 구제권 보유

5. PROVISIONS COMMON TO THE OBLIGATIONS OF THE SELLER AND OF THE BUYER(제5장 매도인과 매수인의 의무에 공통되는 규정)

Section I. Anticipatory breach and instalment contracts 제1절 이행기일전의 계약위반과 분할이행계약		
Article 71 (1) A party may suspend the performance of his obligations if, after the conclusion of the contract, it becomes apparent that the other party will not perform a substantial part of his obligations as a result of: (a) a serious deficiency in his ability of perform or in his creditworthiness; or (b) his conduct in preparing to perform or in performing the contract.	제71조(이행의 정지) 당사자 일방은 계약체결 후에 상대방이 다음과 같은 사유의 결과로 그 의무의 어떤 실질적인 부분을 이행하지 아니할 것이 명백하게 된 경우에는 자기의 의무의 이행을 정지할 수 있다. (a) 상대방의 이행능력 또는 그 신뢰성의 중대한 결함, 또는 (b) 상대방의 계약이행의 준비 또는 계약이행의 행위	의무이행정지사유 • 이행능력 중대 결함 • 이행순비, 행위 +실질 의무 불이행
(2) If the seller has already dispatched the goods before the grounds described in the preceding paragraph become evident, he may prevent the handing over of the goods to the buyer even though the buyer holds a document which entitles him to obtain them. The present paragraph relates only to the rights in the goods as between the buyer and the seller.	매도인이 전항에 기술된 사유가 명백하게 되기 전에 이미 물품을 발송한 경우에는 비록 매수인이 물품을 취득할 권한을 주는 서류를 소지하고 있더라도, 매도인은 물품이 매수인에게 인도되는 것을 중지시킬 수 있다. 본항의 규정은 매도인과 매수인 간에서의 물품에 대한 권리에만 적용한다.	매도인 발송 후 의무이행정지사유 발생시 →물품 인도 중지 가능
(3) A party suspending performance, whether before or after dispatch of the goods, must immediately give notice of the suspension to the other party and must continue with performance if the other party provides adequate assurance of his performance.	이행을 정지한 당사자는 물품의 발송 전후에 관계없이 상대방에게 그 정지의 통지를 즉시 발송하여야 하고, 또 상대방이 그 이행에 관하여 적절한 확약을 제공하는 경우에는 이행을 계속하여야 한다.	• 이행정지 통지 즉시 발송 • 상대방 적절확약→이행 계속
Article 72 (1) If prior to the date for performance of the contract it is clear that one of the parties will commit a fundamental breach of contract, the other party may declare the contract avoided.	제72조(이행기일전의 계약해제) 계약의 이행기일 이전에 당사자의 일방이 계약의 본질적인 위반을 범할 것이 명백한 경우에는 상대방은 계약의 해제를 선언할 수 있다.	본질적 위반 명백 →계약해제 선언 가능
(2) If time allows, the party intending to declare the contract avoided must give reasonable notice to the other party in order to permit him to provide adequate assurance of his performance.	시간이 허용하는 경우에는 계약의 해제를 선언하고자 하는 당사자는 상대방이 그 이행에 관하여 적절한 확약을 제공할 수 있도록 하기 위하여 상대방에게 상당한 통지를 발송하여야 한다.	계약해제 선언 전 상대방 계약이행 확약 제공 위한 상당한 통지 발송
(3) The requirements of the preceding paragraph do not apply if the other party has declared that he will not perform his obligations.	전항의 요건은 상대방이 그 의무를 이행하지 아니할 것을 선언한 경우에는 이를 적용하지 아니한다.	불이행 선언시 미통지

Article 73	제73조(분할이행계약의 해제)	분할인도계약 분할 위반 → 본질적위반 구성 = 분할부분 계약 해제 선언가능
(1) In the case of a contract for delivery of goods by instalments, if the failure of one party to perform any of his obligations in respect of any instalment constitutes a fundamental breach of contract with respect to that instalment, the other party may declare the contract avoided with respect to that instalment.	물품의 분할인도를 위한 계약의 경우에 있어서 어느 분할부분에 관한 당사자 일방의 어떠한 의무의 불이행이 그 분할부분에 관하여 계약의 본질적인 위반을 구성하는 경우에는 상대방은 그 분할부분에 관하여 계약의 해제를 선언할 수 있다.	
(2) If one party's failure to perform any of his obligations in respect of any instalment gives the other party good grounds to conclude that a fundamental breach of contract will occur with respect to future installments, he may declare the contract avoided for the future, provided that he does so within a reasonable time.	어느 분할부분에 관한 당사자 일방의 어떠한 의무의 불이행이 상대방으로 하여금 장래의 분할부분에 관하여 계약의 본질적인 위반이 발생할 것이라는 결론을 내리게 하는 충분한 근거가 되는 경우에는 상대방은 장래의 분할부분에 관하여 계약의 해제를 선언할 수 있다. 다만 상대방은 상당한 기간 내에 이를 행하여야 한다.	분할의무 불이행 → 장래 본질적 위반 충분근거 = 장래분할부분 계약해제 상당 기간 내 선언 가능
(3) A buyer who declares the contract avoided in respect of any delivery may, at the same time, declare it avoided in respect of deliveries already made or of future deliveries if, by reason of their interdependence, those deliveries could not be used for the purpose contemplated by the parties at the time of the conclusion of the contract.	어느 인도부분에 관하여 계약의 해제를 선언하는 매수인은 이미 행하여진 인도 또는 장래의 인도에 관해서도 동시에 계약의 해제를 선언할 수 있다. 다만 그러한 인도부분들이 상호 의존관계로 인하여 계약 체결 시에 당사자 쌍방이 의도한 목적으로 사용될 수 없을 경우에 한한다.	현재, 장래분 상호의존관계가 있어 목적달성 어려운 경우 → 현재 + 장래분 동시 계약 해제 선언 가능

Section Ⅱ. Damages
제2절 손해배상액

Article 74	제74조(손해배상액산정의 원칙)	손해배상액
Damages for breach of contract by one party consist of a sum equal to the loss, including loss of profit, suffered by the other party as a consequence of the breach. Such damages may not exceed the loss which the party in breach foresaw or ought to have foreseen at the time of the conclusion of the contract, in the light of the facts and matters of which he then knew or ought to have known, as a possible consequence of the breach of contract.	당사자 일방의 계약위반에 대한 손해배상액은 이익의 손실을 포함하여 그 위반의 결과로 상대방이 입은 손실과 동등한 금액으로 한다. 그러한 손해배상액은 계약 체결 시에 위반의 당사자가 알았거나 알았어야 할 사실 및 사정에 비추어서 그 위반의 당사자가 계약 체결 시에 계약위반의 가능한 결과로서 예상하였거나 예상하였어야 하는 손실을 초과할 수 없다.	= 위반결과로 입은 손실 동등 금액 + 이익손실 포함(계약 체결 시 예상 불가 손실 이하)

Article 75 If the contract is avoided and if, in a reasonable manner and within a reasonable time after avoidance, the buyer has bought goods in replacement or the seller has resold the goods, the party claiming damages may recover the difference between the contract price and the price in the substitute transaction as well as any further damages recoverable under article 74.	제75조(대체거래시의 손해배상액) 계약이 해제되고, 또한 해제 후에 상당한 방법과 상당한 기간 내에 매수인이 대체품을 구매하거나 매도인이 물품을 재매각한 경우에는 손해배상을 청구하는 당사자는 계약대금과 대체거래의 대금과의 차액뿐만 아니라 제74조에 따라 회수 가능한 기타의 모든 손해배상액을 회수할 수 있다.	계약해제 후 상당방법 + 상당기간 내 • 대체품 구매 • 재매각 시 → 대체거래차액 + 손해배상액 청구가능
Article 76 (1) If the contract is avoided and there is a current price for the goods, the party claiming damages may, if he has not made a purchase or resale under article 75, recover the difference between the price fixed by the contract and the current price at the time of avoidance as well as any further damages recoverable under article 74. If, however, the party claiming damages has avoided the contract after taking over the goods, the current price at the time of such taking over shall be applied instead of the current price at the time of avoidance.	제76조(시가에 기초한 손해배상액) 계약이 해제되고 또한 물품에 시가가 있는 경우에는 손해배상을 청구하는 당사자는 제75조에 따라 구매 또는 재매각을 행하지 아니한 때에는 계약대금과 계약해제시의 시가와의 차액뿐만 아니라 제74조에 따라 회수 가능한 기타의 모든 손해배상액을 회수할 수 있다. 그러나 손해배상을 청구하는 당사자가 물품을 인수한 후에 계약을 해제한 경우에는 계약해제시의 시가에 대신하여 물품인수시의 시가를 적용한다.	• 계약 해제 시 + 시가적용물품 Case 대체거래차액 + 손해배상액 청구 가능 • 계약 해제 시 시가 × • 물품인수 시 시가 적용 O
(2) For the purposes of the preceding paragraph, the current price is the price prevailing at the place where delivery of the goods should have been made or, if there is no current price at that place, the price at such other place as serves as a reasonable substitute, making due allowance for differences in the cost of transporting the goods.	전항의 적용에 있어서 시가라 함은 물품의 인도가 행하여졌어야 할 장소에서 지배적인 가격을 말하고, 그 장소에서 아무런 시가가 없는 경우에는 물품의 운송비용의 차이를 적절히 감안하여 상당한 대체가격으로 할 수 있는 다른 장소에서의 가격을 말한다.	시가 = 인도장소의 지배적 가격 = 운송비용 감안 상당 대체 다른 장소 가격
Article 77 A party who relies on a breach of contract must take such measures as are reasonable in the circumstances to mitigate the loss, including loss of profit, resulting from the breach. If he fails to take such measures, the party in breach may claim a reduction in the damages in the amount by which the loss should have been mitigated.	제77조(손해경감의 의무) 계약위반을 주장하는 당사자는 이익의 손실을 포함하여 그 위반으로부터 야기된 손실을 경감하기 위하여 그 사정에 따라 상당한 조치를 취하여야 한다. 그러한 조치를 취하지 아니하는 경우에는 위반의 당사자는 경감되었어야 하는 손실의 금액을 손해배상액에서 감액하도록 청구할 수 있다.	위반주장자 → 손실 경감 상당조치의무 경감조치의무 × 시 → 위반자 = 경감 손실금 감액 청구 가능

Section III. Interest		
제3절 이자		
Article 78 If a party fails to pay the price or any other sum that is in arrears, the other party is entitled to interest on it, without prejudice to any claim for damages recoverable under article 74.	제78조(연체금액의 이자) 당사자 일방이 대금 또는 기타 모든 연체된 금액을 지급하지 아니한 경우에는 상대방은 제74조에 따라 회수가능한 손해배상액의 청구에 침해받지 아니하고 그 금액에 대한 이자를 청구할 권리를 갖는다.	연체금액 미지급 시 → 손해배상청구 + 이자청구권

Section IV. Exemption		
제4절 면책		
Article 79 (1) A party is not liable for a failure to perform any of his obligations if he proves that the failure was due to an impediment beyond his control and that he could not reasonably be expected to have taken the impediment into account at the time of the conclusion of the contract or to have avoided or overcome it or its consequences.	제79조(손해배상책임의 면제) 당사자 일방은 그 의무의 불이행이 자신의 통제를 벗어난 장해에 기인하였다는 점과 계약 체결 시에 그 장해를 고려하거나 그 장해나 장해의 결과를 회피하거나 극복하는 것이 합리적으로 기대될 수 없었다는 점을 입증하는 경우에는 자신의 어떠한 의무의 불이행에 대하여 책임을 지지 아니한다.	불이행자 장해 회피 극복 불가 입증 시 면책
(2) If the party's failure is due to the failure by a third person whom he has engaged to perform the whole or a part of the contract, that party is exempt from liability only if: (a) he is exempt under the preceding paragraph; and (b) the person whom he has so engaged would be so exempt if the provisions of that paragraph were applied to him.	당사자의 불이행이 계약의 전부 또는 일부를 이행하기 위하여 고용된 제3자의 불이행에 기인한 경우에는 그 당사자는 다음과 같은 경우에 한하여 그 책임이 면책된다. (a) 당사자가 전항의 규정에 따라 면책되고, 또 (b) 당사자가 고용한 제3자가 전항의 규정이 그에게 적용된다면 역시 면책되는 경우	고용자의 불이행 면책 : 당사자 장해에 따른 면책 입증 + 고용자 장해에 따른 면책 입증 시
(3) The exemption provided by this article has effect for the period during which the impediment exists.	본조에 규정된 면책은 장해가 존재하는 동안의 기간에만 효력을 갖는다.	장해 존재기간 한정 효력
(4) The party who fails to perform must give notice to the other party of the impediment and its effect on his ability to perform. If the notice is not received by the other party within a reasonable time after the party who fails to perform knew or ought to have known of the impediment, he is liable for damages resulting from such nonreceipt.	불이행의 당사자는 장해와 그것이 자신의 이행능력에 미치는 영향에 관하여 상대방에게 통지하여야 한다. 불이행의 당사자가 장해를 알았거나 알았어야 하는 때로부터 상당한 기간 내에 그 통지가 상대방에게 도착하지 아니한 경우에는 당사자는 그러한 불착으로 인하여 발생하는 손해배상액에 대한 책임이 있다.	• 불이행 당사자 장해 상당기간 내 통지 • 통지 ×시 → 손해배상책임
(5) Nothing in this article prevents either party from exercising any right other than to claim damages under this Convention.	본조의 규정은 어느 당사자에 대해서도 이 협약에 따른 손해배상액의 청구 이외의 모든 권리를 행사하는 것을 방해하지 아니한다.	손해배상청구권 유보

Article 80 A party may not rely on a failure of the other party to perform, to the extent that such failure was caused by the first party's act or omission.	제80조(자신의 귀책사유와 불이행) 당사자 일방은 상대방의 불이행이 자신의 작위 또는 부작위에 기인하여 발생한 한도 내에서는 상대방의 불이행을 원용할 수 없다.	자신의 귀책사유 → 상대방 불이행 ×

Section V. Effects of avoidance	
제5절 해제의 효과	

Article 81 (1) Avoidance of the contract releases both parties from their obligations under it, subject to any damages which may be due. Avoidance does not affect any provision of the contract for the settlement of disputes or any other provision of the contract governing the rights and obligations of the parties consequent upon the avoidance of the contract.	제81조(계약의무의 소멸과 반환청구) 계약의 해제는 이미 발생한 모든 손해배상의 의무를 제외하고 양당사자를 계약상의 의무로부터 면하게 한다. 해제는 분쟁해결을 위한 어떠한 계약조항이나 계약의 해제에 따라 발생하는 당사자의 권리와 의무를 규율하는 기타 모든 계약조항에 영향을 미치지 아니한다.	계약의 해제 = 계약의무 소멸 (손해배상의무 O) 분쟁관련 등 영향 ×
(2) A party who has performed the contract either wholly or in part may claim restitution from the other party of whatever the first party has supplied or paid under the contract. If both parties are bound to make restitution, they must do so concurrently.	계약의 전부 또는 일부를 이행한 당사자 일방은 상대방에 대하여 그 계약하에서 자신이 이미 공급하였거나 지급한 것에 대한 반환을 청구할 수 있다. 당사자 쌍방이 반환하여야 할 의무가 있는 경우에는 양당사자는 동시에 이를 이행하여야 한다.	계약해제 시 공급한 물품, 지급한 대금 반환청구 가능
Article 82 (1) The buyer loses the right to declare the contract avoided or to require the seller to deliver substitute goods if it is impossible for him to make restitution of the goods substantially in the condition in which he received them.	제82조(물품반환이 불가능한 경우) 매수인이 물품을 수령한 상태와 실질적으로 동등한 물품을 반환하는 것이 불가능한 경우에는 매수인은 계약의 해제를 선언하거나 매도인에게 대체품의 인도를 요구하는 권리를 상실한다.	매수인 반환 불가 시 → 계약해제 선언 × → 대체품 인도 요구 ×
(2) The preceding paragraph does not apply: (a) if the impossibility of making restitution of the goods or of making restitution of the goods substantially in the condition in which the buyer received them is not due to his act or omission; (b) the goods or part of the goods have perished or deteriorated as a result of the examination provided for in article 38; or (c) if the goods or part of the goods have been sold in the normal course of business or have been consumed or transformed by the buyer in the course of normal use before he discovered or ought to have discovered the lack of conformity.	전항의 규정은 다음과 같은 경우에는 이를 적용하지 아니한다. (a) 물품을 반환하거나 매수인이 물품을 수령한 상태와 실질적으로 동등한 물품을 반환하는 것이 불가능한 사유가 매수인의 작위 또는 부작위에 기인하지 아니한 경우 (b) 제38조에 규정된 검사의 결과로 물품의 전부 또는 일부가 이미 멸실되었거나 또는 변질된 경우, 또는 (c) 매수인이 불일치를 발견하였거나 발견하였어야 하는 때 이전에 물품의 전부 또는 일부가 이미 매수인에 의하여 정상적인 영업과정에서 매각되었거나, 또는 정상적인 사용과정에서 소비되었거나 변형된 경우	매수인 반환불가 시라도 계약해제 선언 등 가능한 경우 • 매수인 귀책 × • 물품검사 시 멸실/변질 시 • 이미 매수인 정상 매각, 소비 시

Article 83	제83조(기타의 구제방법)	기타구제권 보유
A buyer who has lost the right to declare the contract avoided or to require the seller to deliver substitute goods in accordance with article 82 retains all other remedies under the contract and this Convention.	매수인은 제82조에 가라 계약의 해제를 선언하는 권리 또는 매도인에게 대체품의 인도를 요구하는 권리를 상실한 경우에도, 계약 및 이 협약에 따른 기타 모든 구제방법을 보유한다.	
Article 84	제84조(이익의 반환)	대금반환시 이자도 지급
(1) If the seller is bound to refund the price, he must also pay interest on it, from the date on which the price was paid.	매도인이 대금을 반환하여야 할 의무가 있는 경우에는 매도인은 대금이 지급된 날로부터의 그것에 대한 이자도 지급하여야 한다.	
(2) The buyer must account to the seller for all benefits which he has derived from the goods or part of them: (a) if he must make restitution of the goods or part of them; or (b) if it is impossible for him to make restitution of all or part of the goods or to make restitution of all or part of the goods substantially in the condition in which he received them, but he has nevertheless declared the contract avoided or required the seller to deliver substitute goods.	매수인은 다음과 같은 경우에는 물품의 전부 또는 일부로부터 취득한 이익을 매도인에게 반환하여야 한다. (a) 매수인이 물품의 전부 또는 일부를 반환하여야 하는 경우 또는 (b) 매수인이 물품의 전부 또는 일부를 반환하거나 또는 그가 물품을 수령한 상태와 실질적으로 동등하게 물품의 전부 또는 일부를 반환하는 것이 불가능함에도 불구하고, 매수인이 계약의 해제를 선언하였거나 또는 매도인에게 대체품의 인도를 요구한 경우	• 물품 반환 시 • 반환 불가함에도 계약해제+ 대체품 인도 청구 시 → 물품으로부터 취득한 이익 반환

Section VI. Preservation of the goods		
제6절 물품의 보존		
Article 85 If the buyer is in delay in taking delivery of the goods or, where payment of the price and delivery of the goods are to be made concurrently, it he fails to pay the price, and the seller is either in possession of the goods or otherwise able to control their disposition, the seller must take such steps as are reasonable in the circumstances to preserve them. He is entitled to retain them until he has been reimbursed his reasonable expenses by the buyer.	제85조(매도인의 보존의무) 매수인이 물품의 인도수령을 지체한 경우에, 또는 대금의 지급과 물품의 인도가 동시에 이행되어야 하는 때에 매수인이 그 대금을 지급하지 아니하고 매도인이 물품을 점유하고 있거나 또는 기타의 방법으로 그 처분을 지배할 수 있는 경우에는 매도인은 물품을 보존하기 위하여 그 사정에 합리적인 조치를 취하여야 한다. 매도인은 자신의 합리적인 비용을 매수인으로부터 보상받을 때까지 물품을 유치할 권리가 있다.	• 매수인 수령지체 • 대금 미지급 시 → 매도인 : 합리적 보존 조치 의무 → 합리적인 비용 보상 청구 가능
Article 86 (1) If the buyer has received the goods and intends to exercise any right under the contract or this Convention to reject them, he must take such steps to preserve them as are reasonable in the circumstances. He is entitled to retain them until he has been reimbursed his reasonable expenses by the seller.	제86조(매수인의 보존의무) 매수인이 물품을 수령한 경우에 있어서 그 물품을 거절하기 위하여 계약 또는 이 협약에 따른 어떠한 권리를 행사하고자 할 때에는 매수인은 물품을 보존하기 위하여 그 사정에 합리적인 조치를 취하여야 한다. 매수인은 자신의 합리적인 비용을 매도인으로부터 보상받을 때까지 물품을 유치할 권리가 있다.	매수인 수령 후 물품 거절+구제권 행사 시 → 매수인 합리적 보존조치 → 합리적인 비용 보상 청구 가능
(2) If goods dispatched to the buyer have been placed at his disposal at their destination and he exercises the right to reject them, he must take possession of them on behalf of the seller, provided that this can be done without payment of the price and without unreasonable inconvenience or unreasonable expense. This provision does not apply if the seller or a person authorized to take charge of the goods on his behalf is present at the destination. If the buyer takes possession of the goods under this paragraph, his rights and obligations are governed by the preceding paragraph.	매수인 앞으로 발송된 물품이 목적지에서 매수인의 임의처분하에 적치된 경우에 있어서 매수인이 물품을 거절하는 권리를 행사할 때에는 매수인은 매도인을 위하여 물품을 점유하여야 한다. 다만 이것은 대금의 지급이 없이 그리고 불합리한 불편이나 불합리한 비용이 없이 행하여질 수 있는 경우에 한한다. 이 규정은 매도인이나 매도인을 위하여 물품을 관리하도록 수권된 자가 목적지에 있는 경우에는 이를 적용하지 아니한다. 매수인이 본항의 규정에 따라 물품을 점유하는 경우에는 매수인의 권리와 의무에 대해서는 전항의 규정을 적용한다.	매수인 물품 거절시 요건 • 물품점유 • 대금지급 × • 불합리 비용×
Article 87 A party who is bound to take steps to preserve the goods may deposit them in a warehouse of a third person at the expense of the other party provided that the expense incurred is not unreasonable.	제87조(제3자 창고에의 기탁) 물품을 보존하기 위한 조치를 취하여야 할 의무가 있는 당사자는 그 발생한 비용이 불합리한 것이 아닌 한, 상대방의 비용으로 물품을 제3자의 창고에 기탁할 수 있다.	상대방 비용으로 제3자 창고 보관 가능

Article 88 (1) A party who is bound to preserve the goods in accordance with article 85 or 86 may sell them by any appropriate means if there has been an unreasonable delay by the other party in taking possession of the goods or in taking them back or in paying the price or the cost of preservation, provided that reasonable notice of the intention to sell has been given to the other party.	제88조(물품의 매각) 제85조 또는 제86조에 따라 물품을 보존하여야 할 의무가 있는 당사자는 상대방이 물품의 점유 또는 반송에 있어서 또는 대금이나 보존비용의 지급에 있어서 불합리하게 지연한 경우에는 적절한 방법으로 물품을 매각할 수 있다. 다만 상대방에 대하여 그 매각의 의도에 관한 합리적인 통지가 있어야 한다.	대금, 보존비용 지급 불합리 지연 시 → 상대방 점유 물품 합리적 통지 후 매각 가능
(2) If the goods are subject to rapid deterioration or their preservation would involve unreasonable expense, a party who is bound to preserve the goods in accordance with article 85 or 86 must take reasonable measures to sell them. To the extent possible he must give notice to the other party of his intention to sell.	물품이 급속히 변질되기 쉬운 것이거나 그 보존에 불합리한 비용이 요구되는 경우에는 제85조 또는 제86조에 따라 물품을 보존하여야 할 의무가 있는 당사자는 이를 매각하기 위한 합리적인 조치를 취하여야 안다. 보존의 의무가 있는 당사자는 가능한 한 상대방에게 매각의 의도에 관하여 통지를 하여야 한다.	급속변질물품 보존비용과다물품 → 상대방 통지, 매각 합리적 조치
(3) A party selling the goods has the right to retain out of the proceeds of sale an amount equal to the reasonable expenses of preserving the goods and of selling them. He must account to the other party for the balance.	물품을 매각하는 당사자는 매각의 대금으로부터 물품의 보존과 그 매각에 소요된 합리적인 비용과 동등한 금액을 유보할 권리를 갖는다. 그러나 그 당사자는 상대방에게 잔액을 반환하여야 한다.	매각자 = 매각대금 − 보존, 매각비용 유보권리 → 잔액 반환

MEMO

PART 02
대금결제 관련 국제협약

국제무역사 2급

International Trade Specialist

Step3. 사용설명서

1. 협약집

Step3는 출제가능성이 높은 국제협약 및 무역서식의 발췌본 또는 해석을 위한 것입니다.

협약집과 무역서식의 경우 범위도 넓고, 이해하기에도 어려운데 비해 출제되는 부분은 한정적입니다. 그럼에도 불구하고, 시험문제와 거의 동일하게 출제되거나, 수험공부의 이해를 돕는 기반이 되기 때문에 간추린 협약을 필히 회독하실수 있기를 바랍니다.

2. 결제관련 국제 협약

대금의 결제에서 국제무역사 시험에 가장 많이 등장하는 것은 신용장 통일규칙(UCP 600)입니다. 신용장 통일규칙은 크게 2가지로 공부하셔야 하는데, 이론의 이해를 돕는 UCP 600의 간추린 요약본을 각 조항의 우측에 간추려 기재하였습니다.

또한, 무역영어 파트 및 기출 지문에는 UCP 600과 ISBP 745의 원문 지문이 영문 또는 국문으로 그대로 출제가 되고 있으므로, 출제가 잦은 조항의 경우 수차례 회독을 통해 해당 지문을 사전에 숙지하는 연습이 필요합니다.

Article 1 Application of UCP 600		
제1조 신용장통일규칙의 적용		
The Uniform Customs and Practice for Documentary Credits, 2007 Revision, ICC Publication no. 600 ("UCP") are rules that apply to any documentary credit("credit") (including, to the extent to which they may be applicable, any standby letter of credit) when the text of the credit expressly indicates that it is subject to these rules. They are binding on all parties thereto unless expressly modified or excluded by the credit.	화환신용장에 관한 통일규칙 및 관례, 2007년 개정, ICC 출판물번호, 제600호("UCP")는 신용장의 본문이 이 규칙에 따른다고 명시적으로 표시하고 있는 경우 모든 화환신용장("신용장")(적용가능한 범위에서 모든 보증신용장을 포함한다)에 적용되는 규칙이다. 신용장에 명시적으로 수정되거나 또는 배제되지 아니하는 한,이 규칙은 모든 관계당사자를 구속한다.	UCP 600 적용 • 화환신용장 • 보증신용장

Article 2 Definitions		
제2조 정의		
For the purpose of these rules: Advising bank means the bank that advises the credit at the request of the issuing bank.	이 규칙의 목적상: 통지은행이라 함은 개설은행의 요청에 따라 신용장을 통지하는 은행을 말한다.	통지은행
Applicant means the party on whose request the credit is issued.	개설의뢰인이라 함은 신용장이 발행되도록 요청하는 당사자를 말한다.	개설의뢰인
Banking day means a day on which a bank is regularly open at the place at which an act subject to these rules is to be performed.	은행영업일이라 함은 이 규칙에 따라 업무가 이행되는 장소에서 은행이 정상적으로 영업을 하는 일자를 말한다.	은행영업일
Beneficiary means the party in whose favour a credit is issued.	수익자라 함은 그 자신을 수익자로 하여 신용장을 발행받는 당사자를 말한다.	수익자
Complying presentation means a presentation that is in accordance with the terms and conditions of the credit, the applicable provisions of these rules and international standard banking practice.	일치하는 제시라 함은 신용장의 재조건, 이 규칙 및 국제표준은행관행의 적용가능한 규정에 따른 제시를 말한다.	일치 제시
Confirmation means a definite undertaking of the confirming bank, in addition to that of the issuing bank, to honour or negotiate a complying presentation.	확인이라 함은 개설은행의 확약에 추가하여 일치하는 제시를 지급이행 또는 매입할 확인은행의 확약을 말한다.	확인
Confirming bank means the bank that adds its confirmation to a credit upon the issuing bank's authorization or request.	확인은행이라 함은 개설은행의 수권 또는 요청에 따라 신용장에 확인을 추가하는 은행을 말한다.	확인은행

Credit means any arrangement, however named or described, that is irrevocable and there by constitutes a definite undertaking of the issuing bank to honour a complying presentation.	신용장이라 함은 그 명칭이나 기술에 관계없이 취소불능이며 일치하는 제시를 지급이행할 개설은행의 확약을 구성하는 모든 약정을 말한다.	신용장
Honour means: a. to pay at sight if the credit is available by sight payment. b. to incur a deferred payment undertaking and pay at maturity if the credit is available by deferred payment. c. to accept a bill of exchange ("draft") drawn by the beneficiary and pay at maturity if the credit is available by acceptance.	지급이행이라 함은 다음을 말한다. a. 신용징이 일람지급에 의하여 사용될 수 있는 경우 일람후 지급하는 것. b. 신용장이 연지급에 의하여 사용될 수 있는 경우 연지급확약의무를 부담하고 만기일에 지급하는 것. c. 신용장이 인수에 의하여 사용될 수 있는 경우 수익자에 의하여 발행된 환어음("어음")을 인수하고 만기일에 지급하는 것.	지급이행(결제)
Issuing bank means the bank the issues a credit at the request of an applicant of on its own behalf.	개설은행이라 함은 개설의뢰인의 요청에 따르거나 또는 그 자신을 위하여 신용장을 발행하는 은행을 말한다.	개설은행
Negotiation means the purchase by the nominated bank of drafts (drawn on a bank other than the nominated bank) and/or documents under a complying presentation, by advancing or agreeing to advance funds to the beneficiary on or before the banking day on which reimbursement is due to the nominated bank.	매입이라 함은 상환이 지정은행에 행해져야 할 은행영업일에 또는 그 이전에 수익자에게 대금을 선지급하거나 또는 선지급하기로 약정함으로써 일치하는 제시에 따른 환어음(지정은행이 아닌 은행을 지급인으로 하여 발행된) 및/또는 서류의 지정은행에 의한 구매를 말한다.	매입
Nominated bank means the bank with which the credit is available or any bank in the case of a credit available with any bank.	지정은행이라 함은 신용장이 사용될 수 있는 은행 또는 모든 은행에서 사용될 수 있는 신용장의 경우에는 모든 은행을 말한다.	지정은행
Presentation means either the delivery of documents under a credit to the issuing bank or nominated bank or the documents so delivered.	제시라 함은 개설은행 또는 지정은행에게 신용장에 의한 서류를 인도하는 행위 또는 그렇게 인도된 서류를 말한다.	제시
Presenter means a beneficiary, bank or other party that makes a presentation.	제시인이라 함은 제시를 행하는 수익자, 은행 또는 기타 당사자를 말한다.	제시인

Article 3 Interpretations 제3조 해석		
For the purpose of these rules: Where applicable, words in the singular include the plural and in the plural include the singular.	이 규칙에서 : 적용할 수 있는 경우에는 단수형의 단어는 복수형을 포함하고 복수형의 단어는 단수형을 포함한다.	단수 복수 포함
A credit is irrevocable even if there is no indication to that effect.	신용장은 취소불능의 표시가 없는 경우에도 취소불능이다.	취소불능 원칙

A document may be signed by handwriting, facsimile signature, perforated signature, stamp, symbol or any other mechanical or electronic method of authentication.	서류는 수기, 모사서명, 천공서명, 스탬프, 상징 또는 기타 모든 기계적 또는 전자적 인증방법에 의하여 서명될 수 있다.	서류의 서명방법
A requirement for a document to be legalized, visaed, certified or similar will be satisfied by any signature, mark, stamp or label on the document which appears to satisfy that requirement.	공인, 사증, 증명된 또는 이와 유사한 서류의 요건은 그러한 요건을 충족하는 것으로 보이는 서류상의 모든 서명, 표시, 스탬프 또는 부전에 의하여 충족된다.	서류요건 = 서명, 표시, 스탬프, 라벨로 충족
Branches of a bank in different countries are considered to be separate banks.	다른 국가에 있는 어떤 은행의 지점은 독립된 은행으로 본다.	타국지점 → 별개은행
Terms such as "first class", "well known", "qualified", "independent", "official","competent" or "local" used to describe the issuer of a document allow any issuer except the beneficiary to issue that document.	서류의 발행인을 기술하기 위하여 사용되는 "일류의(first class)", "저명한(well known)","자격 있는(qualified)", "독립적인(independent)", "공인된(official)", "유능한(competent)" 또는 "국내의(local)"와 같은 용어는 수익자 이외의 모든 서류발행인이 서류를 발행하는 것을 허용한다.	서류발행인 수식용어 수익자외 사용 가능
Unless required to be used in a document, words such as "prompt", "immediately" or "as soon as possible" will be disregarded.	서류에 사용될 것이 요구되지 아니하는 한, "신속한(prompt)", "즉시(immediately)" 또는 "가능한 한 빨리(as soon as possible)"와 같은 단어는 무시된다.	모호한 단어 무시
The expression "on or about" or similar will be interpreted as a stipulation that an event is to occur during a period of five calendar days before until five calendar days after the specified date, both start and end dates included.	"~경에(on or about)" 또는 이와 유사한 표현은 사건이 명시된 일자 이전의 5일부터 그 이후의 5일까지의 기간 동안에 발행하는 약정으로서 초일 및 종료일을 포함하는 것으로 해석된다.	On or about 이전 이후 5일 시작, 끝 양일포함
The words "to", "until", "till", "from" and "between" when used to determine a period of shipment include the date or dates mentioned, and the words "before" and "after" exclude the date mentioned.	"까지(to)", "까지(until)", "까지(till)", "부터(from)" 및 "사이(between)"라는 단어는 선적기간을 결정하기 위하여 사용되는 경우에는 언급된 당해 일자를 포함하며, "이전(before)" 및 "이후(after)"라는 단어는 언급된 당해 일자를 제외한다.	선적기간 계산 시 • 포함 : to, until, till, from, between • 제외 : before, after
The words "from" and "after" when used to determine a maturity date exclude the date mentioned.	"부터(from)" 및 "이후(after)"라는 단어는 만기일을 결정하기 위하여 사용된 경우에는 언급된 당해 일자를 제외한다.	만기일 계산 시 from, after 제외
The terms "first half" and "second half" of a month shall be construed respectively as the 1st to the 15th and the 16th to the last day of the month, all dates inclusive.	어느 개월의 "전반(first half)", "후반(second half)"이라는 용어는 각각 해당 개월의 1일부터 15일까지, 그리고 16일부터 말일까지로 하고, 양끝의 일자를 포함하는 것으로 해석된다.	• first half : 1~15 • second half : 16~말일 양일 포함
The terms "beginning", "middle" and "end" of a month shall be construed respectively as the 1st to the 10th, the 11th to the 20th and the 21st to the last day of the month, all dates inclusive.	어느 개월의 "상순(beginning)", "중순(middle)" 및 "하순(end)"이라는 용어는 각각 해당 개월의 1일부터 10일까지, 11일부터 20일까지, 그리고 21일부터 말일까지로 하고, 양끝의 일자를 포함하는 것으로 해석된다.	• beginning: 1~10 • middle : 11~20 • end :21~말일 양일 포함

Article 4 Credits v. Contracts		
제4조 신용장과 계약		
a. A credit by its nature is a separate transaction from the sale or other contract on which it may be based. Banks are in no way concerned with or bound by such contract, even if any reference whatsoever to it is included in the credit. Consequently, the undertaking of a bank to honour, to negotiate or to fulfil any other obligation under the credit is not subject to claims or defences by the applicant resulting from its relationships with the issuing bank or the beneficiary. A beneficiary can in no case avail itself of the contractual relationships existing between banks or between the applicant and the issuing bank.	a. 신용장은 그 성질상 그것이 근거될 수 있는 매매계약 또는 기타 계약과는 독립된 거래이다 은행은 그러한 . 계약에 관한 어떠한 참조사항이 신용장에 포함되어 있다 하더라도 그러한 계약괴는 이무런 관계기 없으며 또한 이에 구속되지 아니한다. 결과적으로 신용장에 의하여 지급이행하거나, 매입하거나 또는 기타 모든 의무를 이행한다는 은행의 확약은 개설은행 또는 수익자와 개설의뢰인과의 관계로부터 생긴 개설의뢰인에 의한 클레임 또는 항변에 지배받지 아니한다. 수익자는 어떠한 경우에도 은행상호간 또는 개설의뢰인과 개설은행 간에 존재하는 계약관계를 원용할 수 없다.	신용장의 독립성
b. An issuing bank should discourage any attempt by the applicant to include, as an integral part of the credit, copies of the underlying contract, proforma invoice and the like.	b. 개설은행은 신용장의 필수적인 부분으로서, 근거계약의 사본, 견적송장 등을 포함시키고자 하는 어떠한 시도도 저지하여야 한다.	개설은행 → 근거계약 포함시도 저지

Article 5 Documents v. Goods, Services or Performance		
제5조 서류와 물품/용역/이행		
Banks deal with documents and not with goods, services or performance to which the documents may relate.	은행은 서류를 취급하는 것이며 그 서류와 관련될 수 있는 물품, 용역 또는 이행을 취급하는 것은 아니다.	서류만을 취급 → 신용장 추상성

Article 6 Availability, Expiry Date and Place for Presentation		
제6조 사용가능성, 유효기일 및 장소		
a. A credit must state the bank with which it is available or whether it is available with any bank. A credit available with a nominated bank is also availble with the issuing bank.	a. 신용장에는 그 신용장이 사용될 수 있는 은행을 또는 그 신용장이 모든 은행에서 사용될 수 있는지를 명기하여야 한다. 지정은행에서 사용될 수 있는 신용장은 개설은행에서도 사용될 수 있다.	은행지정
b. A credit must state whether it is available by sight payment, deferred payment, acceptance or negotiation.	b. 신용장은 그것이 일람지급, 연지급, 인수 또는 매입 중 어느 것에 의하여 사용될 수 있는지를 명기하여야 한다.	사용방법 명시
c. A credit must not be issued available by a draft drawn on the applicant.	c. 개설의뢰인을 지급인으로 하여 발행된 환어음에 의하여 사용될 수 있는 신용장은 발행되어서는 아니 된다.	환어음 지급인 → 개설의뢰인 × (지급인 = 개설은행 O)

d. I. A credit must state an expiry date for presentation. An expiry date stated for honour or negotiation will be deemed to be an expiry date for presentation. ii. The place of the bank with which the credit is available is the place for presentation. The place for presentation under a credit available with any bank is that of any bank. A place for presentation other than that of the issuing bank is in addition to the place of the issuing bank.	d. i. 신용장은 제시를 위한 유효기일을 명기하여야 한다. 지급이행 또는 매입을 위하여 명기된 유효기일은 제시를 위한 유효기일로 본다. ii. 신용장이 사용될 수 있는 은행의 장소는 제시장소이다. 모든 은행에서 사용될 수 있는 신용장에 의한 제시장소는 모든 은행의 장소이다. 개설은행의 장소가 아닌 제시장소는 개설은행의 장소에 추가된다.	• 유효기일 명시 → 제시기간 • 제시장소 ↓ L/C사용은행장소
e. Except as provided in sub-article 29 (a), a presentation by or on behalf of the beneficiary must be made on or before the expiry date.	e. 제29조 a항에서 규정된 경우를 제외하고는, 수익자에 의하거나 또는 대리하는 제시는 유효기일에 또는 그 이전에 행하여져야 한다.	유효기일 이내 수익자(대리) 제시

Article 7 Issuing Bank Undertaking		
제7조 개설은행의 확약		
a. Provided that the stipulated documents are presented to the nominated bank or to the issuing bank and that they constitute a complying presentation, the issuing bank must honour if the credit is available by :	a. 명시된 서류가 지정은행 또는 개설은행에 제시되고, 그 서류가 일치하는 제시를 구성하는 한, 신용장이 다음 중의 어느 것에 의하여 사용될 수 있는 경우에는 개설은행은 지급이행하여야 한다 :	• 지정, 개설은행 제시 • 일치하는 제시 구성 • 개설은행→지급이행 의무
i. sight payment, deferred payment or acceptance with the issuing bank; ii. sight payment with a nominate bank and that nominated bank does not pay; iii. deferred payment with a nominated bank and that nominated bank does not incur its deferred payment undertaking or, having incurred its deferred payment undertaking, does not pay at maturity; iv. acceptance with a nominated bank and that nominated bank does not accept a draft drawn on it or, having accepted a draft drawn on it, does not pay at maturity; v. negotiation with a nominated bank and that nominated bank does not negotiate.	I. 개설은행에서 일람지급, 연지급 또는 인수 중의 어느 것에 의하여 사용될 수 있는 경우; ii. 지정은행에서 일람지급에 의하여 사용될 수 있고 그 지정은행이 지급하지 아니한 경우; iii. 지정은행에서 연지급에 의하여 사용될 수 있고 그 지정은행이 연지급확약을 부담하지 아니한 경우 또는, 그 지정은행이 연지급확약을 부담하였지만 만기일에 지급하지 아니한 경우; iv. 지정은행에서 인수에 의하여 사용될 수 있고 그 지정은행이 자행을 지급인으로 하여 발행된 환어음을 인수하지 아니한 경우 또는, 그 지정은행이 자행을 지급인으로 하여 발행된 환어음을 인수하였지만 만기일에 지급하지 아니한 경우; v. 지정은행에서 매입에 의하여 사용될 수 있고 그 지정은행이 매입하지 아니한 경우	개설은행L/C사용 ↑ • 일람지급/연지급/인수 사용中 지정은행이 • 일람지급 × • 연지급확약 ×/만기지급 × • 인수 ×/만기 지급 × • 매입 ×
b. An issuing bank is irrevocably bound to honour as of the time it issues the credit.	b. 개설은행은 신용장을 발행하는 시점부터 지급이행할 취소불능의 의무를 부담한다.	취소불능 지급확약의 무부담시점 : L/C발행시점 ~

c. An issuing bank undertaking to reimburse a nominated bank that has honoured or negotiated a complying presentation and forwarded the documents to the issuing bank. Reimbursement for the amount of a complying presentation under a credit available by acceptance or deferred payment is due at maturity, whether or not the nominated bank prepaid or purchased before maturity. An issuing bank's undertaking to reimburse a nominated bank is independent of the issuing bank's undertaking to the beneficiary.	c.개설은행은 일치하는 제시를 지급이행 또는 매입하고 그 서류를 개설은행에 발송하는 지정은행에게 상환할 것을 약정한다. 인수 또는 연지급에 의하여 사용될 수 있는 신용장에 따른 일치하는 제시금액에 대한 상환은 지정은행이 만기일 전에 선지급 또는 구매하였는지의 여부와 관계없이 만기일에 이행되어야 한다. 지정은행에 상환할 개설은행의 확약은 수익자에 대한 개설은행의 확약으로부터 독립한다.	• 개설은행 → 지정은행 상환의무 • 만기전 선지급/구매무관 만기일 상환 • 수익자 확약과 지정은행 확약은 독립(별개)

Article 8 Confirming Bank Undertaking
제8조 확인은행의 확약

a. Provided that the stipulated documents are presented to the confirming bank or to any other nominated bank and that they constitute a complying presentation, the confirming bank must:	a. 명시된 서류가 확인은행 또는 기타 모든 지정은행에 제시되고, 그 서류가 일치하는 제시를 구성하는 한, 확인은행은:	확인/지정은행 일치서류제시
I. honour, if the credit is available by a. sight payment, deferred payment or acceptance with the confirming bank; b. sight payment, deferred payment or acceptance with the confirming bank; c. deferred payment with another nominated bank and that nominated bank does not incur its deferred payment undertaking or, having incurred its deferred payment undertaking, does not pay at maturity; d. acceptance with another nominated bank and that nominated bank does not accept a draft drawn on it or, having accepted a draft drawn on it, does not pay atmaturity; e. negotiation with another nominated bank and that nominated bank does not negotiate.	i.신용장이 다음 중의 어느 것에 의하여 사용될 수 있는 경우에는 지급이행하여야 한다: a. 확인은행에서 일람지급, 연지급 또는 인수 중의 어느 것에 의하여 사용될 수 있는 경우; b. 다른 지정은행에서 일람지급에 의하여 사용될 수 있고 그 지정은행이 지급하지 아니한 경우; c. 다른 지정은행에서 연지급에 의하여 사용될 수 있고 그 지정은행이 연지급확약을 부담하지 아니한 경우 또는, 그 지정은행이 연지급확약을 부담하였지만 만기일에 지급하지 아니한 경우; d. 다른 지정은행에서 인수에 의하여 사용될 수 있고 그 지정은행이 자행을 지급인으로 하여 발행된 환어음을 인수하지 아니한 경우 또는, 그 지정은행이 자행을 지급인으로 하여 발행된 환어음을 인수하였지만 만기일에 지급하지 아니한 경우; e. 다른 지정은행에서 매입에 의하여 사용될 수 있고 그 지정은행이 매입하지 아니한 경우.	확인은행의 지급이행 ↑ • 확인은행 일람/연지급, 인수 • 지정은행 지급 × • 지정은행 연지급확약× 만기지급 × • 지정은행 인수 × 만기지급 × • 지정은행 매입 ×
ii. negotiate, without recourse, if the credit is available by negotiation with the confirming bank.	ii.신용장이 확인은행에서 매입에 의하여 사용될 수 있는 경우에는 상환청구 없이, 매입하여야 한다.	확인은행 매입 시 → 상환청구 × 매입

b. A confirming bank is irrevocably bound to honour or negotiate as of the time it adds its confirmation to the credit.	b. 확인은행은 신용장에 자행의 확인을 추가하는 시점부터 지급이행 또는 매입할 취소불능의 의무를 부담한다.	확인추가시점부터 지급이행/매입취소불능 의무부담
c. A confirming bank undertakes to reimburse another nominated bank that has honoured or negotiated a complying presentation and forwarded the documents to the confirming bank. Reimbursement for the amount of a complying presentation under a credit available by acceptance or deferred payment is due at maturity, whether or not another nominated bank prepaid or purchased before maturity. A confirming bank's undertaking to reimburse another nominated bank is independent of the confirming bank's undertaking to the beneficiary.	c. 확인은행은 일치하는 제시를 지급이행 또는 매입하고 그 서류를 확인은행에 발송하는 다른 지정은행에게 상환할 것을 약정한다. 인수 또는 연지급에 의하여 사용될 수 있는 신용장에 따른 일치하는 제시금액에 대한 상환은 다른 지정은행이 만기일 전에 선지급 또는 구매하였는지의 여부와 관계없이 만기일에 이행되어야 한다. 다른 지정은행에 상환할 확인은행의 확약은 수익자에 대한 개설은행의 확약으로부터 독립한다.	확인은행 (만기) 상환의무
d. If a bank is authorized or requested by the issuing bank to confirm a credit but is not prepared to do so, it must inform the issuing bank without delay and may advise the credit without confirmation.	d. 어떤 은행이 개설은행에 의하여 신용장을 확인하도록 수권 또는 요청받았으나 이를 행할 용의가 없는 경우, 그 은행은 지체 없이 발행은해에게 통고하여야 하고 확인 없이 신용장을 통지할 수 있다.	확인추가 거절 시 지체 × → 개설은행 통고

Article 9 Advising of Credits and Amendments
제9조 신용장 및 조건변경의 통지

a. A credit and any amendment may be advised to a beneficiary through an advising bank. An advising bank that is not a confirming bank advises the credit and any amendment without any undertaking to honour or negotiate.	a. 신용장 및 모든 조건변경은 통지은행을 통하여 수익자에게 통지될 수 있다. 확인은행이 아닌 통지은행은 지급이행 또는 매입할 어떠한 확약 없이 신용장 및 모든 조건변경을 통지한다.	통지은행 지급, 매입 확약× • 신용장 통지 • 조건변경 통지
b. By advising the credit or amendment, the advising bank signifies that it has satisfied itself as to the apparent authenticity of the credit or amendment and that the advice accurately reflects the terms and conditions of the credit or amendment received.	b. 신용장 또는 조건변경을 통지함으로써, 통지은행은 그 자신이 신용장 또는 조건변경의 외관상의 진정성에 관하여 스스로 충족하였다는 것과 그 통지가 수령된 신용장 또는 조건변경의 제조건을 정확히 반영하고 있다는 것을 의미한다.	통지은행의무 • 외관상 진정성 • 신용장 제조건, 조건변경 충족
c. An advising bank may utilize the services of another bank ("second advising bank") to advise the credit and any amendment to the beneficiary. By advising the credit or amendment, the second advising bank signifies that it has satisfied itself as to the apparent authenticity of the advice it has received and that the advice accurately reflects the terms and conditions of the credit or amendment received.	c. 통지은행은 수익자에게 신용장 및 모든 조건변경을 통지하기 위하여 타은행("제2통지은행")의 서비스를 이용할 수 있다. 신용장 또는 조건변경을 통지함으로써 제2통지은행은 자신이 수령한 그 통지의 외관상의 진정성에 관하여 스스로 충족하였다는 것과 그 통지가 수령된 신용장 또는 조건변경의 제조건을 정확히 반영하고 있다는 것을 의미한다.	제2통지은행 사용 가능 제2통지은행의무 외관상진정성 신용장, 조건변경 제조건 반영 충족

d. A bank utilizing the services of an advising bank or second advising bank to advise a credit must use the same bank to advise any amendment thereto.	d. 신용장을 통지하기 위하여 통지은행 또는 제2통지은행의 서비스를 이용하는 은행은 이에 대한 모든 조건변경을 통지하기 위하여 동일한 은행을 이용하여야 한다.	통지은행, 제2통지은행 조건변경 통지시 동일 은행이용
e. If a bank is requested to advise a credit or amendment but elects not to do so, it must so inform, without delay, the bank from which the credit, amendment or advice has been received.	e. 어떤 은행이 신용장 또는 조건변경을 통지하도록 요청되었지만 그렇게 하지 아니하기로 결정하는 경우에는 그 은행은 신용장, 조건변경 또는 통지를 송부해 온 은행에게 이를 지체 없이 통고하여야 한다.	통지거절시 통지송부처 은행에게 지체 ×통지

f. If a bank is requested to advise a credit or amendment but cannot satisfy itself as to the apparent authenticity of the credit, the amendment or the advice, it must so inform, without delay, the bank from which the instructions appear to have been received. If the advising bank or second advising bank elects nonetheless to advise the credit or amendment, it must inform the beneficiary or second advising bank that it has not been able to satisfy itself as to the apparent authenticity of the credit, the amendment or the advice.	f. 어떤 은행이 신용장 또는 조건변경을 통지하도록 요청되었지만 신용장, 조건변경 또는 통지의 외관상의 진정성에 관하여 스스로 충족할 수 없는 경우에는 그 은행은 그 지시를 송부해 온 것으로 보이는 은행에게 이를 지체 없이 통고하여야 한다. 그럼에도 불구하고 통지은행 또는 제2통지은행이 그 신용장 또는 조건변경을 통지하기로 결정한 경우에는 그 은행은 수익자 또는 제2통지은행에게 신용장, 조건변경 또는 통지의 외관상의 진정성에 관하여 스스로 충족할 수 없다는 것을 통고하여야 한다.	신용장, 조건변경 외관상 진정성 불충족시
		• 지시송부처
		  은행에게 지체×통지
		• 수익자, 제2통지은행
		  에게
		외관상 진정성
		불충족 통지

Article 10 Amendment 제10조 조건변경		
a. Except as otherwise provided by article 38, a credit can neither be amended nor cancelled without the agreement of the issuing bank, the confirming bank, if any, and the beneficiary.	a. 제38조에 의하여 별도로 규정된 경우를 제외하고는, 신용장은 개설은행, 확인은행(있는 경우)및 수익자의 합의 없이는 변경	또는 취소될 수 없다. 조건변경 요건 개설은행 (확인은행) 수익자 전원합의
b. An issuing bank is irrevocably bound by an amendment as of the time it issues the amendment. A confirming bank may extend its confirmation to an amendment and will be irrevocably bound as of the time it advises the amendment. A confirming bank may, however, choose to advise an amendment without extending its confirmation and, if so, it must inform the issuing bank without delay and inform the beneficiary in its advice.	b. 개설은행은 그 자신이 조건변경서를 발행한 시점부터 그 조건변경서에 의하여 취소불능의 의무를 부담한다. 확인은행은 그 자신의 확인을 조건변경에까지 확장할 수 있으며 그 변경을 통지한 시점부터 취소불능의 의무를 부담한다. 그러나 확인은행은 그 자신의 확인을 확장함이 없이 조건변경을 통지하기로 결정할 수 있으며 이러한 경우에는 개설은행에게 지체 없이 통고하고 그 자신의 통지서로 수익자에게 통고하여야 한다.	개설은행 조건변경발행시점 취소불능의무 확인은행 조건변경까지 확장 변경통지시점부터 취소불능의무부담 조건변경 ×수익자통지가능→개설은행 지체 ×통지

c. The terms and conditions of the original credit (or a credit incorporating previously accepted am endments) will remain in force for the beneficiary until the beneficiary communicates its acceptance of the amendment to the bank that advised such amendment. The beneficiary should give notification of acceptance or rejection of an amendment. If the beneficiary fails to give such notification, a presentation that complies with the credit and to any not yet accepted amendment will be deemed to be notification of acceptance by the beneficiary of such amendment. As of that moment the credit will be amended.	c. 원신용장(또는 이전에 승낙된 조건변경을 포함하고 있는 신용장)의 제조건은 수익자가 조건변경에 대한 그 자신의 승낙을 그러한 조건변경을 통지해 온 은행에게 통보할 때까지는 수익자에게는 여전히 유효하다. 수익자는 조건변경에 대하여 승낙 또는 거절의 통고(notification)를 행하여야 한다. 수익자가 그러한 통고(notification)를 행하지 아니한 경우, 신용장 및 아직 승낙되지 않은 조건변경에 일치하는 제시는 수익자가 그러한 조건변경에 대하여 승낙의 통고(notification)를 행하는 것으로 본다. 그 순간부터 신용장은 조건변경된다.	• 수익자 조건변경 승낙통지까지 원 조건 유효 • 조건변경 승낙/거절 통지 통지 × → 변경 전 일치하는 제시 = 승낙통지 간주
d. A bank that advises an amendment should inform the bank from which it received the amendment of any notification of acceptance or rejection.	d. 조건변경을 통지하는 은행은 조건변경을 송부해 온 은행에게 승낙 또는 거절의 모든 통고를 통지하여야 한다.	변경통지 은행 = 조건변경송부처 승낙/거절 통지
e. Partial acceptance of an amendment is not allowed and will be deemed to be notification of rejection of the amendment.	e. 조건변경의 부분승낙은 허용되지 아니하며 그 조건변경의 거절의 통지로 본다.	부분 승낙 → 거절
f. A provision in an amendment to the effect that the amendment shall enter into force unless rejected by the beneficiary within a certain time shall be disregarded.	f. 조건변경이 특정기한 내에 수익자에 의하여 거절되지 아니하는 한 유효하게 된다는 취지의 조건변경서상의 규정은 무시된다.	기한 내 거절 × 시 조건변경 유효→ 무시
Article 11 Teletransmitted and Pre-Advised Credits and Amendments 제11조 전송 및 사전통지신용장과 조건변경		
a. An authenticated teletransmission of a credit or amendment will be deemed to be the operative credit or amendment, and any subsequent mail confirmation shall be disregarded. If a teletransmission states "full details to follow" (or words of similar effect), or states that the mail confirmation is to be the operative credit or amendment, then the teletransmission will not be deemed to be the operative credit or amendment. The issuing bank must then issue the operative credit or amendment without delay in terms not inconsistent with the teletransmission.	a. 신용장 또는 조건변경의 인증된 전송은 유효한 신용장 또는 조건변경으로 보며, 추후의 모든 우편확인서는 무시된다. 전송이 "완전한 명세는 추후 통지함(full details to follow)"(또는 이와 유사한 표현)이라고 명기하고 있거나 또는 우편확인서를 유효한 신용장 또는 조건변경으로 한다는 것을 명기하고 있는 경우에는 그 전송을 유효한 신용장 또는 조건변경으로 보지 아니한다. 개설은행은 전송과 모순되지 아니한 조건으로 지체 없이 유효한 신용장 또는 조건변경을 발행하여야 한다.	인증된 전송 : ○ 추후 우편확인서 : 무시 추후 완전통지 : × 개설은행 = 전송과 모순× 신용장, 조건변경 발행

b. A preliminary advice of the issuance of a credit or amendment ("pre-advice") shall only be sent if the issuing bank is prepared to issue the operative credit or amendment. An issuing bank that sends a pre-advice is irrevocably committed to issue the operative credit or amendment, without delay, in terms not inconsistent with the pre-advice.	b. 신용장의 발행 또는 조건변경의 예비통지("사전통지")는 개설은행이 유효한 신용장 또는 조건변경을 발행할 용의가 있는 경우에만 송부된다. 사전통지를 송부하는 개설은행은 지체 없이 사전통지와 모순되지 아니한 조건으로 유효한 신용장 또는 조건변경을 발행할 것을 취소불능적으로 약속한다.	• 사전통지 → 유효발행시만 통지 • 개설은행 = 모순 × 발행취소불능약속

Article 12 Nomination
제12조 지정

a. Unless a nominated bank is the confirming bank, an authorization to honour or negotiate does not impose any obligation on that nominated bank to honour or negotiate, except when expressly agreed to by that nominated bank and so communicated to the beneficiary.	a. 지정은행이 확인은행이 아닌 한, 지급이행 또는 매입할 수권은 그 지정은행이 명시적으로 합의하고 이를 수익자에게 통보하는 경우를 제외하고는, 그 지정은행에게 어떠한 의무도 부과되지 아니한다.	• 확인은행이 아닌 지정은행 지급이행/매입 수권 • 명시적 합의, 수익자 통지 외 의무 ×
b. By nominating a bank to accept a draft or incur a deferred payment undertaking, an issuing bank authorizes that nominated bank to prepay or purchase a draft accepted or a deferred payment undertaking incurred by that nominated bank.	b. 환어음을 인수하거나 또는 연지급확약을 부담할 은행을 지정함으로써, 개설은행은 지정은행이 인수한 환어음 또는 부담한 연지급확약을 선지급 또는 구매하도록 그 지정은행에게 권한을 부여한다.	인수/연지급 지정은행→선지급/구매 권한 부여
c. Receipt or examination and forwarding of documents by a nominated bank that is not a confirming bank does not make that nominated bank liable to honour or negotiate, nor does it constitute honour or negotiation.	c. 확인은행이 아닌 지정은행에 의한 서류의 수령 또는 심사 및 발송은 지급이행 또는 매입할 의무를 그 지정은행에게 부담시키는 것은 아니며, 그것은 지급이행 또는 매입을 구성하지 아니한다.	확인×지정은행 서류 수령/심사/발송 → 지급이행, 매입의무 ×

Article 13 Bank-to-Bank Reimbursement Arrangements
제13조 은행간 상환약정

a. If a credit states that reimbursement is to be obtained by a nominated bank("claiming bank") claiming on another party ("reimbursing bank"), the credit must state if the reimbursement is subject to the ICC rules for bank-to-bank reimbursements in effect on the date of issuance of the credit.	a. 신용장에서 지정은행("청구은행")이 상환을 다른 당사자("상환은행")에게 청구하여 받는 것으로 명기하고 있는 경우에는 그 신용장은 상환이 신용장의 발행일에 유효한 은행간 대금상환에 관한 ICC 규칙에 따르는지를 명기하여야 한다.	상환은행 이용 시 URR 규칙 적용 명시

b. If a credit does not state that reimbursement is subject to the ICC rules for bank-to-bank reimbursements, the following apply:	b. 신용장에서 상환이 은행간 대금상환에 관한 ICC 규칙에 따른다고 명기하고 있지 아니한 경우에는 다음과 같이 적용된다:	URR 비적용 시
ⅰ. An issuing bank must provide a reimbursing bank with a reimbursement authorization that conforms with the availability stated in the credit. The reimbursement authorization should not be subject to an expiry date.	ⅰ. 개설은행은 신용장에 명기된 유효성을 따르는 상환수권을 상환은행에 부여하여야 한다. 상환수권은 유효기일에 지배받지 아니하여야 한다.	• 상환수권부여 (개설 → 상환은행) • 상환 청구 시 일치증명서 요구 ×
ⅱ. A claiming bank shall not be required to supply a reimbursing bank with a certificate of compliance with the terms and conditions of the credit.	ⅱ. 청구은행은 상환은행에게 신용장의 제조건과의 일치증명서를 제공하도록 요구되지 아니한다.	• 최초 청구 시 상환은행 불이행 → 개설은행 책임 부담 • 상환은행 비용 → 개설은행부담
ⅲ. An issuing bank will be responsible for any loss of interest, together with any expenses incurred, if reimbursement is not provided on first demand by a reimbursing bank in accordance with the terms and conditions of the credit.	ⅲ. 상환이 최초의 청구 시에 신용장의 제조건에 따라 상환은행에 의하여 이행되지 아니한 경우, 개설은행은 부담된 모든 경비와 함께 이 자손실의 책임을 부담하여야 한다.	• 수익자부담 시 – 상환 ○ : 청구금액 공제 – 상환 × : 개설은행 부담
ⅳ. A reimbursing bank's charges are for the account of the issuing bank. However, if the charges are for the account of the beneficiary, it is the responsibility of ann issuing bank to so indicate in the credit and in the reimbursement authorization. If a reimbursing bank's charges are for the account of the beneficiary, they shall be deducted from the amount due to a claiming bank when reimbursement is made. If no reimbursement is made, the reimbursing bank's charges remain the obligation of the issuing bank.	ⅳ.상환은행의 비용은 개설은행의 부담으로 하여야 한다. 그러나 그 비용이 수익자의 부담으로 되는 경우에는 개설은행은 신용장은 및 상환수권서에 이를 지시할 책임이 있다. 상환 은행의 비용이 수익자의 부담으로 되는 경우에는 그 비용은 상환이 행해질 때 청구은행에 기인하는 금액으로부터 공제되어야 한다. 상환이 행해지지 아니한 경우에는 상환은행의 비용은 개설은행의 의무로 남는다.	
c. An issuing bank is not relieved of any of its obligations to provide reimbursement if reimbursement is not made by a reimbursing bank on first demand.	c. 개설은행은 상환이 최초의 청구시에 상환은행에 의하여 행해지지 아니하는 경우에는 상환을 이행해야 할 자신의 의무로부터 면제되지 아니한다.	상환은행 최초청구 시 불이행 → 개설은행 상환의무

Article 14 Standard for Examination of Documents
제14조 서류심사의 기준

| a. A nominated bank acting on its nomination, a confirming bank, if any, and the issuing bank must examine a presentation to determine, on the basis of the documents alone, whether or not the documents appear on their face to constitute a complying presentation. | a. 지정에 따라 행동하는 지정은행, 확인은행 (있는 경우) 및 개설은행은 서류가 문면상 일치하는 제시를 구성하는지 여부("일치성")를 결정하기 위하여 서류만을 기초로 하여 그 제시를 심사하여야 한다. | 지정/확인/개설은행 서류만을 심사 |

b. A nominated bank acting on its nomination, a confirming bank, if any, and the issuing bank shall each have a maximum of five banking days following the day of presentation to determine if a presentation is complying. This period is not curtailed or otherwise affected by the occurrence on or after the date of presentation of any expiry date of last day for presentation.	b. 지정에 따라 행동하는 지정은행, 확인은행(있는 경우) 및 개설은행은 제시가 일치하는지 여부를 결정하기 위하여 지시일의 다음날부터 최대 제5은행영업일을 각각 가진다. 이 기간은 제시를 위한 모든 유효기일 또는 최종일의 제시일에 또는 그 이후의 사건에 의하여 단축되거나 또는 별도로 영향을 받지 아니한다.	제시일 다음날 ~ 최대 5영업일 (단축 ×, 영향 ×)
c. A presentation including one or more original transport documents subject to articles 19, 20, 21, 22, 23, 24 or 25 must be made by or on behalf of the beneficiary not later than 21 calendar days after the date of shipment as described in these rules, but in any event not later than the expiry date of the credit.	c. 제19조, 제20조, 제21조, 제22조, 제23조, 제24조 또는 제25조에 따른 하나 또는 그 이상의 운송서류의 원본을 포함하는 제시는 이 규칙에 기술된 대로 선적일 이후 21보다 늦지 않게 수익자에 의하여 또는 대리하여 이행되어야 한다. 그러나 어떠한 경우에도, 신용장의 유효기일보다 늦지 않아야 한다.	운송서류 • S.D~21 선적일~21이 내 수익자(대리인) 제시 • E.D 유효기일 내 제시
d. Date in a document, when read in context with the credit, the document itself and international standard banking practice, need not be identical to, but must not conflict with, date in that document, any other stipulated document or the credit.	d. 서류상의 자료는 신용장, 그 서류자체 및 국제표준은행관행의 관점에서 검토하는 경우, 그 서류, 기타 모든 명시된 서류 또는 신용장상의 자료와 동일할 필요는 없지만 이와 상충되어서는 아니된다:	서류 ↔ 신용장 동일필요 × 상충×
e. In documents other than the commercial invoice, the description of the goods, services or performance, if stated, may be in general terms not conflicting with their description in the credit.	e. 상업송장 이외의 서류에 있어서, 물품, 용역 또는 이행의 명세는 명기된 경우 신용장상의 이들 명세와 상충되지 아니하는 일반용어로 기재될 수 있다.	상업송장 : 완전일치 기타서류 : 일반용어 (상당일치)
f. If a credit requires presentation of a document other than a transport document, insurance document or commercial invoice, without stipulating by whom the document is to be issued or its date content, banks will accept the document as presented if its content appears to fulfil the function of the required document and otherwise complies with sub-article 14 (d).	f. 신용장에서 서류가 누구에 의하여 발행되는 것인가를 또는 서류의 자료내용을 명시하지 않고, 운송서류, 보험서류 또는 상업송장 이외의 서류의 제시를 요구하는 경우에는 그 서류의 내용이 요구된 서류의 기능을 충족하는 것으로 보이고 기타의 방법으로 제14조 d항과 일치한다면, 은행은 그 서류를 제시된 대로 수리한다.	발행자, 자료내용 미기재 서류 → 신용장과 상충되지 않는 한 제시대로 수리
g. A document presented but not required by the credit will be disregarded and may be returned to the presenter.	g. 제시되었지만 신용장에 의하여 요구되지 않은 서류는 무시되고 제시인에게 반송될 수 있다.	요구×서류 반송
h. If a credit contains a condition without stipulating the document to indicate compliance with the condition, banks bill deem such condition as not stated and will disregard it.	h. 신용장이 어떤 조건(condition)과 의 일치성을 표시하기 위하여 서류를 명시하지 않고 그 조건을 포함하고 있는 경우에는 은행은 그러한 조건을 명기되지 아니한 것으로 보고 이를 무시하여야 한다.	무서류조건 무시

I. A document may be dated prior to the issuance date of the credit, but must not be dated later than its date of presentation.	I. 서류는 신용장의 일자보다 이전의 일자가 기재될 수 있으나 그 서류의 제시일보다 늦은 일자가 기재되어서는 아니 된다.	• L/C발행자 이전 서류 발행 O • 제시일보다 늦은 일자 발행 ×
j. When the addresses of the beneficiary and the applicant appear in any stipulated document, they need not be the same as those stated in the credit or in any other stipulated, but must be within the same country as the respective addresses mentioned in the credit. Contact details (telefax, telephone, email and the like) stated as part of the beneficiary's and the applicant's address will be disregarded. However, when the address and contact details of the applicant appear as part of the consignee or notify party details on a transport document subject to articles 19,20, 21, 22, 23, 24, or 25, they must be as stated in the credit.	j. 수익자 및 개설의뢰인의 주소가 모든 명시된 서류상에 보이는 경우에는 이들 주소는 신용장 또는 기타 모든 명시된 서류에 명기된 것과 동일할 필요는 없으나, 신용장에 언급된 각각의 주소와 동일한 국가 내에 있어야 한다. 수익자 및 개설의뢰인의 주소의 일부로서 명기된 연락처명세(모사전송, 전화, 전자우편 등)는 무시된다. 그러나 개설의뢰인의 모든 주소 및 연락처 명세가 제19조, 제20조, 제21조, 제22조, 제23조, 제24조 또는 제25조에 따라 운송서류상의 수화인 또는 착화 통지처 명세의 일부로서 보이는 경우에는 이러한 주소 및 연락처명세는 신용장에 명기된 대로 이어야 한다.	• 수익자, 개설의뢰인 주소기재(동일국가면 충족) • 개설의뢰인 주소 = 수하인, 착화통지처 → 신용장 동일 명기
k. The shipper or consignor of the goods indicated on any document need not be the beneficiary of the credit.	k. 모든 서류상에 표시된 물품의 송화인 또는 탁송인은 신용장의 수익자일 필요는 없다.	송화인 ≠ 수익자 O
I. A transport document may be issued by any party other than a carrier, owner, master or charterer provided that the transport document meets the requirements of articles 19, 20, 21, 22, 23, or 24 of these rules.	I. 운송서류가 이 규칙의 제19조, 제20조, 제21조, 제22조, 제23조 또는 제24조의 요건을 충족하는 한, 그 운송서류는 운송인, 선주 또는 용선자 이외의 모든 당사자에 의하여 발행될 수 있다.	운송서류 발행 : 모든 당사자 발급가능

Article 15 Complying Presentation		
제15조 일치하는 제시		
a. When an issuing bank determines that a presentation is complying, it must honour.	a. 개설은행이 제시가 일치한다고 결정하는 경우에는 그 개설은행은 지급이행하여야 한다.	개설은행 : 지급이행
b. When a confirming bank determines that a presentation is complying, it must honour or negotiate and forward the documents to the issuing bank.	b. 확인은행이 제시가 일치한다고 결정하는 경우에는 그 확인은행은 지급이행 또는 매입하고 개설은행에게 서류를 발송하여야 한다.	확인은행 : 지급이행, 매입 개설은행서류발송
c. When a nominated bank determines that a presentation is complying and honours or negotiates, it must forward the documents to the confirming bank or issuing bank.	c. 지정은행이 제시가 일치한다고 결정하고 지급이행 또는 매입하는 경우에는 그 지정은행은 확인은행 또는 개설은행에게 서류를 발송하여야 한다.	지정은행 : 지급이행, 매입 확인개설서류발송

Article 16 Discrepant Documents, Waiver and Notice 제16조 불일치서류, 권리포기 및 통지		
a. When a nominated bank acting on its nomination, a confirming bank, if any, or the issuing bank determines that a presentation does not comply, it may refuse to honour or negotiate.	a. 지정에 따라 행동하는 지정은행, 확인은행 (있는 경우) 또는 개설은행은 제시가 일치하지 아니한 것으로 결정하는 경우에는 지급이행 또는 매입을 거절할 수 있다.	불일치서류 → 수리거절가능
b. When an issuing bank determines that a presentation does not comply, it may in its sole judgement approach the applicant for a waiver of the discrepancies. This does not, however, extend the period mentioned in sub-article 14 (b).	b. 개설은행은 제시가 일치하지 아니하다고 결정하는 경우에는 독자적인 판단으로 개설의뢰인과 불일치에 관한 권리포기의 여부를 교섭할 수 있다. 그러나 이것은 제14조 b항에서 언급된 기간을 연장하지 아니한다.	개설은행→개설의뢰인 불일치교섭권 O (제시 ~ 5영업일 내 심사기간 연장 ×)
c. When a nominated bank acting on its nomination, a confirming bank, if any, or the issuing bank decides to refuse to honour or negotiate, it must give a single notice to the effect to the presenter.	c. 지정에 따라 행동하는 지정은행, 확인은행 (있는 경우)또는 개설은행은 지급이행 또는 매입을 거절하기로 결정한 경우에는 제시인에게 그러한 취지를 1회만 통지하여야 한다.	지정/확인/개설 지급이행/매입 거절시 1회 통지
The notice must state: i . that the bank is refusing to honour or negotiate; and ii . each discrepancy in respect of which the bank refuses to honour or negotiate; and iii. a) that the bank is holding the documents pending further instructions from the presenter; or b) that the issuing bank is holding the documents until it receives a waiver from the applicant and agrees to accept it, or receives further instructions from the presenter prior to agreeing to accept a waiver; or c) that the bank is returning the documents; or d) that the bank is acting in accordance with instructions previously received from the presenter.	그 통지는 다음을 명기하여야 한다: i .은행이 지급이행 또는 매입을 거절하고 있다는 것 ; 그리고 ii .은행이 지급이행 또는 매입을 거절하게 되는 각각의 불일치사항 ; 그리고 iii. a) 은행이 제시인으로부터 추가지시를 받을 때까지 서류를 보관하고 있다는 것; 또는 b) 개설은행이 개설의뢰인으로부터 권리포기를 수령하고 서류를 수리하기로 합의할 때까지, 또는 권리포기를 승낙하기로 합의하기 전에 제시인으로부터 추가지시를 수령할 때까지 개설은행이 서류를 보관하고 있다는 것; 또는 c) 은행이 서류를 반송하고 있다는 것 ; 또는 d) 은행이 제시인으로부터 이전에 수령한 지시에 따라 행동하고 있다는 것.	거절통지 명기사항 • 지급/매입거절 • 불일치사항 • 사후상황통지 – 추가지시까지 서류 보관 – 권리포기, 수리 합의 – 서류반송 – 이전지시대로 은행 이행
d. The notice required in sub-article 16 (c) must be given by telecommunication or, if that is not possible, by other expeditious means no later than the close of the fifth banking day following the day of presentation.	d. 제 16조 c항에서 요구된 통지는 전기통신 (telecommunication)으로 또는 그 이용이 불가능한 때에는 기타 신속한 수단으로 제시일의 다음 제5은행영업일의 마감시간까지 행해져야 한다.	불일치통지 • 수단 : 전기통신, 기타 신속수단 • 기한 : 제시일~5영업일내

e. A nominated bank acting on its nomination, a confirming bank, if any, or the issuing bank may, after providing notice required by sub-article 16 (c) (iii) (a) or (b), return the documents to the presenter at any time.	e. 지정에 따라 행동하는 지정은행, 확인은행 (있는 경우) 또는 개설은행은, 제16조 c항 iii 호 (a) 또는 (b)에 의하여 요구된 통지를 행한 후에, 언제든지 제시인에게 서류를 반송할 수 있다.	불일치서류 반송가능
f. If an issuing bank or a confirming bank fails to act in accordance with the provisions of this article, it shall be precluded from claiming that the documents do not constitute a complying presentation.	f. 개설은행 또는 확인은행이 이 조의 규정에 따라 행동하지 아니한 경우에는 그 은행은 서류가 일치하는 제시를 구성하지 아니한다고 주장할 수 없다.	불일치서류 수리거절권 박탈
g. When an issuing bank refuses to honour or a confirming bank refuses to honour or negotiate and has given notice to that effect in accordance with this article, it shall then be entitled to claim a refund, with interest, of any reimbursement made.	g. 개설은행이 지급이행을 거절하거나 또는 확인은행이 지급이행 또는 매입을 거절하고 이조에 따라 그러한 취지를 통지한 경우에는 그 은행은 이미 행해진 상환금에 이자를 추가하여 그 상환금의 반환을 청구할 권리가 있다.	수리거절 + 불일치 통지시 이자 추가 상환금 반환 청구가능

Article 17 Original Documents and Copies 제17조 원본서류 및 사본		
a. At least on original of each document stipulated in the credit must be presented.	a. 적어도 신용장에 명시된 각 서류의 1통의 원본은 제시되어야 한다.	원본1통 제시의무
b. A bank shall treat as an original any document bearing an apparently original signature, mark, stamp, or label of the issuer of the document, unless the document itself indicates that it is not an original.	b. 서류 그 자체가 원본이 아니라고 표시하고 있지 아니하는 한, 명백히 서류발행인의 원본 서명, 표기, 스탬프, 또는 부전을 기재하고 있는 서류를 원본으로서 취급한다.	원본 취급 • 원본표기 • 서명, 표기,스탬프, 라벨
c. Unless a document indicates otherwise, a bank will also accept a document as original if it: ⅰ. appears to be written, typed, perforated or stamped by the document issuer's hand; or ⅱ. appears to be on the document issuer's original stationery; or ⅲ. states that it is original, unless the statement appears not to apply to the document presented.	c. 서류가 별도로 표시하지 아니하는 한, 서류가 다음과 같은 경우에는 은행은 서류를 원본으로서 수리한다: ⅰ.서류발행인에 의하여 수기, 타자, 천공 또는 스탬프된 것으로 보이는 경우; 또는 ⅱ.서류발행인의 원본용지상에 기재된 것으로 보이는 경우 ; 또는 ⅲ.제시된 서류에 적용되지 아니하는 것으로 보이지 아니하는 한, 원본이라는 명기가 있는 경우.	은행수리 원본 • 발행인-수기, 타자, 천공, 스탬프 • 원본용지 • 원본명시
d. If a credit requires presentation of copies of documents, presentation of either originals or copies is permitted.	d. 신용장이 서류의 사본의 제시를 요구하는 경우에는 원본 또는 사본의 제시는 허용된다.	사본제시요구 → 원본 or 사본 O

e. If a credit requires presentation of multiple documents by using terms such as "in duplicate", "in two fold" or "in two copies", this will be satisfied by the presentation of at least one original and the remaining number in copies, except when the document itself indicates otherwise.	e. 신용장 "2통(in duplicate)", "2부(in two fold)", "2통(in two copies)"과 같은 용어를 사용함으로써 수통의 서류의 제시를 요구하는 경우에는 이것은 서류자체에 별도의 표시가 있는 경우를 제외하고는 적어도 원본 1통과 사본으로 된 나머지 통수의 제시에 의하여 충족된다.	2통 이상 요구 → 원본 1통 + 사본 n통으로 충족

Article 18 Commercial Invoice 제18조 상업송장		
a. A commercial invoice: ⅰ. must appear to have been issued by the beneficiary (except as provided in article 38); ⅱ. must be made out in the name of the applicant (except as provided in sub-article 38 (g)); ⅲ. must be made out in the same currency as the credit; and ⅳ. need not be signed.	a. 상업송장은: ⅰ. 수익자에 의하여 발행된 것으로 보여야 하며(제38조에 규정된 경우를 제외한다); ⅱ. 개설의뢰인 앞으로 작성되어야 하며(제38조 g항에 규정된 경우를 제외한다); ⅲ. 신용장과 동일한 통화로 작성되어야 하며 ; 그리고 ⅳ. 서명될 필요가 없다.	C/I수리요건 • 수익자발행 (양도신용장 제외) • 개설의뢰인 앞(양도신용장 제외) • 신용장동일통화 • 서명 필요 ×
b. A nominated bank acting on its nomination, a confirming bank, if any, or the issuing bank may accept a commercial invoice issued for an amount in excess or the amount permitted by the credit, and its decision will be binding upon all parties, provided the bank in question has not honoured or negotiated for an amount in excess of that permitted by the credit.	b. 지정에 따라 행동하는 지정은행, 확인은행 (있는 경우) 또는 개설은행은 신용장에 의하여 허용된 금액을 초과한 금액으로 발행된 상업송장을 수리할 수 있으며, 그러한 결정은 모든 당사자를 구속한다. 다만 문제의 은행은 신용장에 의하여 허용된 금액을 초과한 금액으로 지급이행 또는 매입하지 아니하여야 한다.	신용장금액 초과 송장 수리가능 → 결정 시 당사자 구속 → 초과금액 지급이행, 매입 ×
c. The description of the goods, service or performance in a commercial invoice must correspond with that appearing in the credit.	c. 상업송장상의 물품, 용역 또는 이행의 명세는 신용장에 보이는 것과 일치하여야 한다.	물품, 용역, 이행명세 L/C엄격 일치

Article 19 Transport Document Covering at Least Two Different Modes of Transport 제19조 적어도 두 가지 다른 운송방식을 표시하는 운송서류		
a. A transport document covering at least two different modes of transport (multimodal or combined transport document), however named, must appear to: ⅰ. indicate the name of the carrier and be signed by: · the carrier or a named agent for or on behalf of the carrier, or · · the master or a named agent for or on behalf of the master. Any signature by the carrier, master or agent must be identified as that of the carrier, master or agent. Any signature by an agent must indicate whether the agent has signed for or on behalf of the carrier or for or on behalf of the master.	a. 적어도 두 가지의 다른 운송방식을 표시하는 운송서류(복합운송서류)는 그 명칭에 관계없이 다음과 같이 보여야 한다: ⅰ. 운송인의 명칭을 표시하고 다음의 자에 의하여 서명되어 있는 것: · 운송인 또는 운송인을 대리하는 지정대리인, 또는 · 선장 또는 선장을 대리하는 지정대리인. 운송인 선장 또는 , 대리인에 의한 모든 서명은 운송인, 선장 또는 대리인의 것이라는 것을 확인하고 있어야 한다. 대리인에 의한 모든 서명을 그 대리인이 운송인을 대리하여 서명하였는지, 또는 선장을 대리하여 서명하였는지를 표시하여야 한다.	운송인명칭표시 서명권자: · 운송인(대리인) · 선장(대리인)
ⅱ. indicate that the goods have been dispatched, taken in charge or shipped on board at the place stated in the credit, by: · pre-printed wording, or · a stamp or notation indicating the date on which the goods have been dispatched, taken in charge or shipped on board. The date of issuance of the transport document will be deemed to be the date of dispatch, taking in charge or shipped on board, and the date of shipment. · However, if the transport document indicates, by stamp or notation, a date of dispatch, taking in charge of shipped on board, this date will be deemed to be the date of shipment.	ⅱ. 다음에 의하여, 물품이 신용장에 명기된 장소에서 발송, 수탁 또는 본선선적되었음을 표시하고 있는 것: · 사전 인쇄된 문언, 또는 물품이 발송, 수탁 또는 본선선적된 일자를 표시하고 있는 스탬프 또는 표기 운송서류의 발행일은 발송, 수탁 또는 본선선적일 및 선적일로 본다. 그러나 운송서류가 스탬프 또는 표기에 의하여 발송, 수탁 또는 본선선적일을 표시하고 있는 경우에는 이러한 일자를 선적일로 본다. 발송, 수탁, 본선적재표시	· 발송, 수탁, 본선적재일 · 운송서류발행일
ⅲ. indicate the place of dispatch, taking in charge or shipment and the place of final destination stated in the credit, even if: a. the transport document states, in addition, a different place of dispatch, taking in charge or shipment or place of final destination, b. the transport document contains the indication "intended" or similar qualification in relation to the vessel, port of loading or port of discharge.	ⅲ. 비록 다음과 같더라도, 신용장에 명기된 발송, 수탁 또는 선적지 및 최종목적지를 표시하고 있는 것: a. 운송서류가 추가적으로 다른 발송, 수탁 또는 선적지 또는 최종목적지를 명기하고 있더라도, or 또는 b. 운송서류가 선박, 적재항 또는 양륙항에 관하여 "예정된" 또는 이와 유사한 제한의 표시를 포함하고 있더라도,	발송, 수탁, 선적지, 최종 목적지 표시 (운송서류 추가 표기, 제한 무관)

iv. be the sole original transport document or, if issued in more than one original, be the full set as indicated on the transport document.	iv. 단일의 운송서류 원본 또는,2통 이상의 원본으로 발행된 경우에는 운송서류상에 표시된 대로 전통인 것.	발행 원본 전통
v. contain terms and conditions of carriage or make reference to another source containing the terms and conditions of carriage (short form or blank back transport document). Contents of terms and conditions of carriage will not be examined.	v. 운송의 제조건을 포함하고 있거나, 또는 운송의 제조건을 포함하는 다른 자료를 참조하고 있는 것(약식/배면백지식 운송서류). 운송의 제조건의 내용은 심사되지 아니한다.	운송 제조건 무심사
vi. contain no indication that it is subject to a charter party.	vi. 용선계약에 따른다는 어떠한 표시도 포함하고 있지 아니한 것	용선금지
b. For the purpose of this article, transhipment means unloading from one means of conveyance and reloading to another means of conveyance (whether or not in different modes of transport) during the carriage from the place of dispatch, taking in charge or shipment to the place of final destination stated in the credit.	b. 이 조에서, 환적이란 신용장에 명기된 발송, 수탁 또는 선적지로부터 최종목적지까지의 운송과정 중에 한 운송수단으로부터의 양화 및 다른 운송수단으로의 재적재를 말한다.	환적 : 양하, 재적재
c. i. A transport document may indicate that the goods will or may be transshipped provided that the entire carriage is covered by one and the same transport document. ii. A transport document ii indicating that transhipment will or may take place is acceptable, even if the credit prohibits transhipment.	c. i. 운송서류는 물품이 환적될 것이라거나 또는 될 수 있다고 표시할 수 있다. 다만, 전운송은 동일한 운송서류에 의하여 커버되어야 한다. ii. 신용장이 환적을 금지하고 있는 경우에도, 환적이 행해질 것이라거나 또는 행해질 수 있다고 표시하고 있는 운송서류는 수리될 수 있다.	(전운송 동일운송서류 커버 조건) 환적가능 (신용장이 금지해도 환적가능 운송서류 수리 가능)

Article 20 Bill of Lading 제 20조 선화증권		
a. A bill of lading, however named, must appear to: i. indicate the name of the carrier and be signed by: · the carrier or a named agent for or on behalf of the carrier, or · the master or a named agent for or on behalf of the master. Any signature by the carrier, master or agent must be identified as that of the carrier, master or agent. Any signature by the agent must indicate whether the agent has signed for or on behalf of the carrier or for or on behalf of the master.	a. 선화증권은 그 명칭에 관계없이 다음과 같이 보여야 한다. i. 운송인의 명칭을 표시하고 다음의 자에 의하여 서명되어 있는 것: · 운송인 또는 운송인을 대리하는 지정대리인, 또는 · 선장 또는 선장을 대리하는 지정대리인. 운송인, 선장 또는 대리인에 의한 모든 서명은 운송인, 선장 또는 대리인의 것이라는 것을 확인하고 있어야 한다. 대리인에 의한 모든 서명은 그 대리인이 운송인을 대리하여 서명하였는지, 또는 선장을 대리하여 서명하였는지를 표시하여야 한다.	운송인 명칭표시 서명권자 · 운송인(대리인) · 선장(대리인)

ii. indicate that the goods have been shipped on board a named vessel at the port of loading sated in the credit by: · pre-printed wording, or · an on board notation indicating the date on which the goods have been shipped on board. The date of issuance of the bill of lading will be deemed to be the date of shipment unless the bill of lading contains an on board notation indicating the date of shipment, in which case the date stated in the on board notation will be deemed to be the date of shipment. If the bill of lading contains the indication "intended vessel" or similar qualification in relation to the name of the vessel, an on board notation indicating the date of shipment and the name of the actual vessel is required.	ii. 다음에 의하여 물품이 신용장에 명기된 적재항에서 지정선박에 본선선적되었음을 표시하고 있는 것 : · 사전 인쇄된 문언, 또는 · 물품이 본선선적된 일자를 표시하고 있는 본선적재표기 선화증권의 발행일은 선적일로 본다. 다만, 선화증권이 선적일을 표시하고 있는 본선적재표기를 포함하고 있는 경우에는 그러하지 아니하며, 이 경우, 본선적재표기상에 명기된 일자는 선적일로 본다. 선화증권이 선박의 명칭에 관하여 "예정된 선박" 또는 이와 유사한 제한의 표시를 포함하고 있는 경우에는 선적일 및 실제 선박의 명칭을 표시하고 있는 본선적재표기는 요구된다.	본선적재표시 • 사전인쇄 • 본선적재표기일 발행일 ex) 정선박등 → 본선적재표기 요구
iii. indicate shipment from port of loading to the port of discharge stated in the credit. If the bill of lading does not indicate the port of loading stated in the credit as the port of loading, or if it contains the indication "intended" or similar qualification in relation to the port of loading, an on board notation indicating the port of loading as stated in the credit, the date of shipment and the name of the vessel is required. This provision applies even when loading on board or shipment on a named vessel is indicated by pre-printed wording on the bill of lading. a. the transport document states, in addition, a different place of dispatch, taking in charge or shipment or place of final destination, b. the transport document contains the indication "intended" or similar qualification in relation to the vessel, port of loading or port of discharge.	iii. 신용장에 명기된 적재항으로부터 양륙항까지의 선적을 표시하고 있는 것. 선화증권이 적재항으로서 신용장에 명기된 적재항을 표시하고 있지 아니한 경우에는 또는 적재항에 관하여 "예정된" 또는 이와 유사한 제한의 표시를 포함하고 있는 경우에는 신용장에 명기된 대로 적재항, 선적일 및 선박의 명칭을 표시하고 있는 본선적재표기가 요구된다. 이 규정은 비록 지정된 선박에의 본선적재 또는 선적이 선화증권상에 사전에 인쇄된 문언에 의하여 표시되어 있더라도 적용된다. a. 운송서류가 추가적으로 다른 발송, 수탁 또는 선적지 또는 최종목적지를 명기하고 있더라도, or또는 b. 운송서류가 선박, 적재항 또는 양륙항에 관하여 "예정된" 또는 이와 유사한 제한의 표시를 포함하고 있더라도,	예정 적재항 등 → 본선적재표기요구
iv. be the sole original bill of lading or, if issued in more than one original, be the full set as indicated on the bill of lading.	iv. 단일의 선화증권 원본 또는 2통 이상의 원본으로 발행된 경우에는 선화증권상에 표시된 대로 전통인 것.	B/L전통

v. contain terms and conditions of carriage or make reference to another source containing the terms and conditions of carriage (short form or blank bill of lading). Contents of terms and conditions of carriage will not be examined.	v. 운송의 제조건을 포함하고 있거나, 또는 운송의 제조건을 포함하는 다른 자료를 참조하고 있는 것(약식/배면백지식 선화증권). 운송의 제조건의 내용은 심사되지 아니한다.	운송 제조건 무심사
vi. contain no indication that it is subject to a charter party.	vi. 용선계약에 따른다는 어떠한 표시도 포함하고 있지 아니한 것	용선금지
b. For the purpose of this article, transhipment means unloading from one vessel and reloading to another vessel during the carriage from the port of loading to the port of discharge stated in the credit.	b. 이 조에서, 환적이란 신용장에 명기된 적재항으로부터 양륙항까지의 운송과정 중에 한 선박으로부터의 양화 및 다른 선박으로의 재적재를 말한다.	환적 : 양하, 재적재
c. ⅰ. A bill of lading may indicate that the goods will or may be transshipped provided that the entire carriage is covered by one and the same bill of lading. ⅱ. A bill of lading indicating that transhipment will or may take place is acceptable, even if the credit prohibits transhipment, if the goods have been shipped in a container, trailer or LASH barge as evidenced by the bill of lading.	c. ⅰ. 선화증권은 물품이 환적될 것이라거나 또는 될 수 있다고 표시할 수 있다. 다만, 전운송이 동일한 선화증권에 의하여 커버되어야 한다. ⅱ. 신용장이 환적을 금지하고 있는 경우에도, 물품이 선화증권에 의하여 입증된 대로 컨테이너, 트레일러 또는 래쉬선에 선적된 경우에는 환적이 행해질 것이라거나 또는 행해질 수 있다고 표시하고 있는 선화증권은 수리될 수 있다.	(전운송 동일운송서류 커버 조건) 환적가능(신용장이 금지해도 환적가능 운송서류 수리가능)
d. Clauses in a bill of lading stating that the carrier reserves the right to tranship will be disregarded.	d. 운송인이 환적할 권리를 유보한다고 명기하고 있는 선화증권상의 조항은 무시된다.	운송인 환적권리 유보 조항 → 무시

Article 21 Non-Negotiable Sea Waybill
제 21조 비유통성 해상화물운송장

a. A non-negotiable sea waybill, however named, must appear to: ⅰ. indicate the name of the carrier and be signed by: · the carrier or a named agent for or on behalf of the carrier, or · the master or a named agent for or on behalf of the master. Any signature by the carrier, master or agent must be identified as that of the carrier, master of agent. Any signature by an agent must indicate whether the agent has signed for or on behalf of the carrier or for or on behalf of the master.	a. 비유통성 해상화물운송장은 그 명칭에 관계없이 다음과 같이 보여야 한다. ⅰ. 운송인의 명칭을 표시하고 다음의 자에 의하여 서명되어 있는 것 : · 운송인 또는 운송인을 대리하는 지정대리인, 또는 · 선장 또는 선장을 대리하는 지정대리인 운송인, 선장 또는 대리인에 의한 모든 서명은 운송인, 선장 또는 대리인의 것이라는 것을 확인하고 있어야 한다. 대리인에 의한 모든 서명은 그 대리인이 운송인을 대리하여 서명하였는지, 또는 선장을 대리하여 서명하였는지를 표시하여야 한다.	운송인명칭표시 서명권자 · 운송인(대리인) · 선장(대리인)

ii. indicate that the goods have been shipped on board a named vessel at the port of loading stated in the credit by: · pre-printed wording, or · an on board notation indicating the date on which the goods have been shipped on board. The date of issuance of the non-negotiable sea waybill will be deemed to be the date of shipment unless the non-negotiable sea waybill an on board notation indicating the date of shipment, in which case the date stated in the on board notation will be deemed to be the date of shipment. If the non-negotiable sea waybill contains the indication "intended vessel" or similar qualification in relation to the name of the vessel, an on board notation indicating the date of shipment and the name of the actual vessel is required.	ii. 다음에 의하여 물품이 신용장에 명기된 적재항에서 지정선박에 본선선적되었음을 표시하고 있는 것 : · 사전 인쇄된 문언, 또는 · 물품이 본선선적된 일자를 표시하고 있는 본선적재표기 비유통성 해상물운송장의 발행일은 선적일로 본다. 다만, 비유통성 해상화물운송장이 선적일을 표시하고 있는 본선적재표기를 포함하고 있는 경우에는 그러하지 아니하며, 이 경우, 본선적재표기상에 명기된 일자는 선적일로 본다. 비유통성 해상화물운송장이 선박의 명칭에 관하여 "예정된 선박" 또는 이와 유사한 제한의 표시를 포함하고 있는 경우에는 선적일 및 실제 선박의 명칭을 표시하고 있는 본선적재표기는 요구된다.	본선적재표시 · 사전인쇄 · 본선적재표기일 · 발행일 예정선박등 → 본선적재표기 요구
iii. indicate shipment from the port of loading to the port of discharge stated in the credit. If the non-negotiable sea waybill does not indicate the port of loading stated in the credit as the port of loading, or if it contains the indication "intended" or similar qualification in relation to the port of loading, an on board notation indicating the port of loading as stated in the credit, the date of shipment and the name of the vessel is required. This provision applies even when loading on board or shipment on a named vessel is indicated by pre-printed wording on the non-negotiable sea waybill. port of loading as stated in the credit, the date of shipment and the name of the vessel is required. This provision applies even when loading on board or shipment on a named vessel is indicated by pre-printed wording on the bill of lading.	iii. 신용장에 명기된 적재항으로부터 양륙항까지의 선적을 표시하고 있는 것. 비유통성 해상화물운송장이 적재항으로서 신용장에 명기된 적재항을 표시하고 있지 아니한 경우에는 또는 적재항에 관하여 "예정된" 또는 이와 유사한 제한의 표시를 포함하고 있는 경우에는 신용장에 명기된 대로 적재항, 선적일 및 선박의 명칭을 표시하고 있는 본선적재 표기가 요구된다. 이 규정은 비록 지정된 선박에의 본선적재 또는 선적이 비유통성 해상화물운송장에 사전에 인쇄된 문언에 의하여 표시되어 있더라도 적용된다.	본선적재표기요구
iv. be the sole original non-negotiable sea waybill or, if issued in more than one original, be the full set as indicated on the non-negotiable sea waybill.	iv. 단일의 비유통성 해상화물운송장 원본 또는 2통 이상의 원본으로 발행된 경우에는 비유통성 해상화물운송장상에 표시된 대로 전통인 것.	SWB전통

ⅴ. contain terms and conditions of carriage or make reference to another source containing the terms and conditions of carriage (short form or blank back non-negotiable sea waybill). Contents of terms and conditions of carriage will not be examined.	ⅴ. 운송의 제조건을 포함하고 있거나, 또는 운송의 제조건을 포함하는 다른 자료를 참조하고 있는 것(약식/배면백지식 비유통성 해상화물운송장). 운송의 제조건의 내용은 심사되지 아니한다.	운송제조건 무심사
ⅵ. contain no indication that it is subject to a charter party.	ⅵ. 용선계약에 따른다는 어떠한 표시도 포함하고 있지 아니한 것	용선금지
b. For the purpose of this article, transhipment means unloading from one vessel and reloading to another vessel during the carriage from the port of loading to the port of discharge stated in the credit.	b. 이 조에서, 환적이란 신용장에 명기된 적재항으로부터 양륙항까지의 운송과정 중에 한 선박으로부터의 양화 및 다른 선박으로의 재적재를 말한다.	환적 : 양하, 재적재
c. ⅰ. A non-negotiable sea waybill may indicate that the goods will or may be transshipped provided that the entire carriage is covered by one and the same non-negotiable sea waybill. ⅱ. A non-negotiable sea waybill indicating that transhipment will or may take place is acceptable, even if the credit prohibits transhipment, if the goods have been shipped in a container, trailer or LASH barge as evidenced by the non-negotiable sea waybill.	c. ⅰ. 비유통성 해상화물운송장은 물품이 환적될 것이라거나 또는 될 수 있다고 표시할 수 있다. 다만, 전운송이 동일한 비유통성 해상화물운송장에 의하여 커버되어야 한다. ⅱ. 신용장이 환적을 금지하고 있는 경우에도 물품이 비유통성 해상화물운송장에 의하여 입증된 대로 컨테이너, 트레일러 또는 래쉬선에 선적된 경우에는 환적이 행해질 것이라거나 또는 행해질 수 있다고 표시하고 있는 비유통성 해상화물운송장은 수리될 수 있다.	(전운송 동일운송서류 커버 조건) 환적가능 신용장이 금지해도 컨테이너, 트레일러, 래쉬선 선적 → 수리가능
d. Clauses in a non-negotiable sea waybill stating that the carrier reserves the right to tranship will be disregarded.	d. 운송인이 환적할 권리를 유보한다고 명기하고 있는 비유통성 해상화물운송장상의 조항은 무시된다.	운송인 환적권리 유보조항 → 무시

Article 22 Charter Party Bill of Lading		
제22조 용선계약선화증권		
a. A bill of lading, however named, containing an indication that it is subject to a charter party (charter party bill of lading), must appear to: ⅰ. be signed by: · the master or a named agent for or on behalf of the master, or · the owner or a named agent for or on behalf of the owner, or · the charterer or a named agent for or on behalf of the charterer. Any signature by the master, owner, charter or agent must be identified as that of the master, owner, charterer or agent. Any signature by an agent must indicate whether the agent has signed for or on behalf of the master, owner or charterer. An agent signing for or on behalf of the owner or charterer must indicate the name of the owner or charterer.	a. 용선계약에 따른다는 표시를 포함하고 있는 선화증권(용선계약선화증권)은 그 명칭에 관계없이 다음과 같이 보여야 한다. ⅰ. 다음의 자에 의하여 서명되어 있는 것: · 선장 또는 선장을 대리하는 지정대리인 또는 · 선주 또는 선주를 대리하는 지정대리인 또는 · 용선자 또는 용선자를 대리하는 지정대리인 선장, 선주, 용선자 또는 대리인에 의한 모든 서명은 선장, 선주, 용선자 또는 대리인의 것이라는 것을 확인하고 있어야 한다. 대리인에 의한 모든 서명은 그 대리인이 선장, 선주 또는 용선자 중 누구를 대리하여 서명하였는지를 표시하여야 한다. 선주 또는 용선자를 대리하여 서명하는 대리인은 선주 또는 용선자의 명칭을 표시하여야 한다.	운송인명칭표시 서명권자 · 운송인(대리인) · 선장(대리인) · 용선자(대리인)
ⅱ. indicate that the goods have been shipped on board a named vessel at the port of loading stated in the credit by: · pre-printed wording, or · an on board notation indicating the date on which the goods have been shipped on board. The date of issuance of the charter party bill of lading will be deemed to be the date of shipment unless the charter party bill of lading contains an on board notation indicating the date of shipment, in which case the date stated in the on board notation will be deemed to be the date of shipment.	ⅱ. 다음에 의하여 물품이 신용장에 명기된 적재항에서 지정선박에 본선선적되었음을 표시하고 있는 것 : · 사전 인쇄된 문언, 또는 · 물품이 본선적된 일자를 표시하고 있는 본선적재표기 용선계약선화증권의 발행일은 선적일로 본다. 다만, 용선계약선화증권이 선적일을 표시하고 있는 본선적재표기를 포함하고 있는 경우에는 그러하지 아니하며, 이 경우, 본선적재표기상에 명기된 일자는 선적일로 본다.	본선적재표시 · 사전인쇄 · 본선적재표기일 · 발행일
ⅲ. indicate shipment from the port of loading to the port of discharge stated in the credit. The port of discharge may also be shown as a range of ports or a geographical area, as stated in the credit.	ⅲ. 신용장에 명기된 적재항으로부터 양륙항까지의 선적을 표시하고 있는 것. 또한 양륙항은 신용장에 명기된 대로 항구의 구역 또는 지리적 지역으로 표시될 수 있다.	선적표시 양륙항 : 구역, 지리적 지역 표시 가능

ⅳ. be the sole original charter party bill of lading or, if issued in more than one original, be the full set as indicated on the charter party bill of lading.	ⅳ. 단일의 용선계약선화증권 원본 또는 2통 이상의 원본으로 발행된 경우에는 용선계약 선화증권상에 표시된 대로 전통인 것.	용선계약선하증권 전통
b. A bank will not examine charter party contracts, even if they are required to be presented by the terms of the credit.	b. 용선계약서가 신용장의 조건(terms)에 따라 제시되도록 요구되더라도, 은행은 그 용선계약서를 심사하지 아니한다.	용선계약서 무심사

Article 23 Air Transport Document		
세23조 항공운송서류		
a. An air transport document, however named, must appear to: ⅰ. indicate the name of the carrier and be signed by: · the carrier, or · a named agent for or on behalf of the carrier. Any signature by the carrier or agent must be identified as that of the carrier or agent. Any signature by an agent must indicate that the agent has signed for or on behalf of the carrier.	a. 항공운송서류는 그 명칭에 관계없이 다음과 같이 보여야 한다. ⅰ. 운송인의 명칭을 표시하고 다음의 자에 의하여 서명되어 있는 것: · 운송인, 또는 · 운송인을 대리하는 지정대리인 운송인 또는 대리인에 의한 모든 서명은 운송인 또는 대리인의 것이라는 것을 확인하고 있어야 한다. 대리인에 의한 모든 서명은 그 대리인이 운송인을 대리하여 서명하였음을 표시하여야 한다.	운송인명칭표시 서명권자 : 운송인(대리인)
ⅱ. indicate that the goods have been accepted for carriage.	ⅱ. 물품이 운송을 위하여 수취되었음을 표시하고 있는 것.	수취 표시
ⅲ. indicate the date of issuance. This date will be deemed to be the date of shipment unless the air transport document contains a specific notation of the actual date of shipment, in which case the date stated in the notation will be deemed to be the date of shipment. Any other information appearing on the air transport document relative to the flight number and date will not be considered in determining the date of shipment.	ⅲ. 발행일을 표시하고 있는 것. 이 일자는 선적일로 본다. 다만, 항공운송서류가 실제의 선적일에 관한 특정표기를 포함하고 있는 경우에는 그러하지 아니하며, 이 경우, 그 표기에 명기된 일자는 선적일로 본다. 운항번호 및 일자에 관하여 항공운송서류상에 보이는 기타 모든 정보는 선적일을 결정하는데 고려되지 아니한다.	선적일 > 발행일
ⅳ. indicate the airport of departure and the airport of destination stated in the credit.	ⅳ. 신용장에 명기된 출발공항과 목적공항을 표시하고 있는 것.	출발, 목적공항 표시
ⅴ. be the original for consignor or shipper, even if the credit stipulates a full set of originals.	ⅴ. 신용장이 원본의 전통을 명시하고 있는 경우에도 탁송인 또는 송화인용 원본인 것.	전통 × 탁송인, 송하인용 원본
ⅵ. contain terms and conditions of carriage or make reference to another source containing the terms and conditions of carriage. Contents of terms and conditions of carriage will not be examined.	ⅵ. 운송의 제조건을 포함하고 있거나 운송의 제조건을 포함하는 다른 자료를 참조하고 있는 것. 운송의 제조건의 내용은 심사되지 아니한다.	운송제조건 무심사

b. For the purpose of this article, transhipment means unloading from one aircraft and reloading to another aircraft during the carriage from the airport of departure to the airport of destination stated in the credit.	b. 이 조에서 환적이란 신용장에 명기된 출발공항으로부터 목적공항까지의 운송과정 중에 한 항공기로부터의 양화 및 다른 항공기로의 재적재를 말한다.	환적 : 양하, 재적재
c. ⅰ. An air transport document may indicate that the goods will or may be transhipped, provided that the entire carriage is covered by one and the same air transport document. ⅱ. An air transport document ii indicating that transhipment will or may take place is acceptable, even if the credit prohibits transhipment.	c. ⅰ. 항공운송서류는 물품이 환적될 것이라거나 또는 될 수 있다고 표시할 수 있다. 다만, 전운송은 동일한 항공운송서류에 의하여 커버되어야 한다. ⅱ. 신용장이 환적을 금지하고 있는 경우에도 은행은 환적이 행해질 것이라거나 또는 행해질 수 있다고 표시하고 있는 항공운송서류는 수리될 수 있다.	(전운송 동일운송서류 커버조건) 환적가능 (신용장이 금지해도 환적가능 운송서류 수리가능)

Article 24 Road, Rail or Inland Waterway Transport Documents		
제24조 도로, 철도 또는 내륙수로운송서류		
a. A road, rail or inland waterway transport document, however named, must appear to: ⅰ. indicate the name of the carrier and: · be signed by the carrier or a named agent for or on behalf of the carrier, or · indicate receipt of the goods by signature, stamp or notation by the carrier or a named agent for or on behalf of the carrier. Any signature, stamp or notation of receipt of the goods by the carrier or agent must be identified as that of the carrier or agent. Any signature, stamp or notation of receipt of the goods by the agent must indicate that the agent has signed or acted for or on behalf of the carrier. If a rail transport document does not identify the carrier, any signature or stamp of the railway company will be accepted as evidence of the document being signed by the carrier.	a. 도로, 철도 또는 내륙수로운송서류는 그 명칭에 관계없이 다음과 같이 보여야 한다. ⅰ. 운송인의 명칭을 표시하고 있는 것 그리고: · 운송인 또는 운송인을 대리하는 지정대리인에 의하여 서명되어 있는 것, 또는 · 운송인 또는 운송인을 대리하는 지정대리인에 의하여 행해진 서명, 스탬프 또는 표기에 의하여 물품의 수령을 표시하고 있는 것 물품의 수령에 관한 대리인에 의한 모든 서명, 스탬프 또는 표기는 그 대리인이 운송인을 대리하여 서명 또는 행동하였음을 표시하여야 한다. 철도운송서류가 운송인을 확인하지 아니한 경우에는 철도회사의 모든 서명 또는 스탬프는 운송인에 의하여 서명되어 있는 서류의 증거로서 수리되어야 한다.	· 운송인명칭표시 서명권자 : 운송인(대리인) · 물품수령 표시

ⅱ. indicate the date of shipment or the date the goods have been received for shipment, dispatch or carriage at the place stated in the credit. Unless the transport document contains a dated reception stamp, an indication of the date of receipt or a date of shipment, the date of issuance of the transport document will be deemed to be the date of shipment.	ⅱ. 선적일 또는 물품이 신용장에 명기된 장소에서 선적, 발송 또는 운송을 위하여 수령된 일자를 표시하고 있는 것 운송서류가 일자기재의 수령스탬프, 수령일의 표시 또는 선적일을 포함하고 있지 아니하는 한 운송서류의 발행일은 선적일로 본다.	선적일, 선적,발송, 운송을 위한 수령일 > 발행일
ⅲ. indicate the place of shipment and the place of destination stated in the credit.	ⅲ. 신용장에 명기된 선적지 및 목적지를 표시하고 있는 것.	선적지, 목적지
b. ⅰ. A road transport document must appear to be the original for consignor or shipper or bear no marking indicating for whom the document has been prepared. ⅱ. A rail transport document marked "duplicate" will be accepted as an original. ⅲ. A rail or inland waterway transport document will be accepted as an original whether marked as an original or not.	b. ⅰ. 도로운송서류는 탁송인 또는 송화인용 원본인 것으로 보여야 하거나 그 서류가 누구를 위하여 작성되었는지를 표시하는 어떠한 표시도 기재하지 아니한 것으로 보여야 한다. ⅱ. "부본(duplicate)"이 표시된 철도운송서류는 원본으로서 수리된다. ⅲ. 철도 또는 내륙수로운송서류는 원본이라는 표시의 유무에 관계없이 원본으로서 수리된다.	부본 수리
c. In the absence of an indication on the transport document as to the number of originals issued, the number presented will be deemed to constitute a full set.	c. 발행된 원본의 통수에 관하여 운송서류상에 표시가 없는 경우에는 제시된 통수는 전통을 구성하는 것으로 본다.	제시통수 : 전통구성
d. For the purpose of this article, transhipment means unloading from one means of conveyance and reloading to another means of conveyance, within the same mode of transport, during the carriage from the place of shipment, dispatch or carriage to the place of destination stated in the credit.	d. 이 조에서, 환적이란 신용장에 명기된 선적, 발송 또는 운송지로부터 목적지까지의 운송과정 중에 동일한 운송방식 내에서 한 운송수단으로부터의 양화 및 다른 운송수단으로의 재적재를 말한다.	환적 : 양하, 재적재
e. ⅰ. A road, rail or inland waterway transport document may indicate that the goods will or may be transhipped provided that the entire carriage is covered by one and the same transport document. ⅱ. A road, rail or inland waterway transport document indicating that transhipment will or may take place is acceptable, even if the credit prohibits transhipment.	e. ⅰ. 도로, 철도 또는 내륙수로운송서류는 물품이 환적될 것이라거나 또는 될 수 있다고 표시할 수 있다. 다만, 전운송은 동일한 운송서류에 의하여 커버되어야 한다. ⅱ. 신용장이 환적을 금지하고 있는 경우에도 환적이 행해질 것이라거나 또는 행해질 수 있다고 표시하고 있는 도로, 철도 또는 내륙수로운송서류는 수리될 수 있다.	(전운송 동일운송서류 커버조건) 환적가능 (신용장이 금지해도 환적가능 운송서류 수리가능)

Article 25 Courier Receipt, Post Receipt of Certificate of Posting 제25조 특송화물수령증, 우편수령증 또는 우송증명서		
a. A courier receipt, however named, evidencing receipt of goods for transport, must appear to: ⅰ. indicate the name of the courier service and be stamped or signed by the named courier service at the place from which the credit states the goods are to be shipped; and ⅱ. indicate a date of pick-up or of receipt or wording to this effect. This date will be deemed to be the date of shipment.	a. 운송물품의 수령을 입증하는 특송화물수령증은 그 명칭에 관계없이 다음과 같이 보여야 한다 : ⅰ. 특송업자의 명칭을 표시하고 신용장에서 물품이 선적되어야 한다고 명기하고 있는 장소에서 지정된 특송업자에 의하여 스탬프 또는 서명된 것; 그리고 ⅱ. 접수일 또는 수령일 또는 이러한 취지의 문언을 표시하고 있는 것이 일자는 선적일로 본다.	• 서명권자 : 특송업자 • 접수일, 수령일 : 선적일
b. A requirement that courier charges are to be paid or prepaid may be satisfied by a transport document issued by a courier service evidencing that courier charges are for the account of a party other than the consignee.	b. 특송요금이 지급 또는 선지급되어야 한다는 요건은 특송요금이 수화인 이외의 당사자의 부담이라는 것을 입증하는 특송업자에 의하여 발행된 운송서류에 의하여 충족될 수 있다.	선지급요건 : 특송요금 부담 당사자 입증 → 충족
c. A post receipt or certificate of posting, however named, evidencing receipt of goods for transport, must appear to be stamped or signed and dated at the place from which the credit states the goods are to be shipped. This date will be deemed to be the date of shipment.	c. 운송물품의 수령을 입증하는 우편수령증 또는 우송증명서는 그 명칭에 관계없이 신용장에서 물품이 선적되어야 한다고 명기하고 있는 장소에서 스탬프 또는 서명되고 일자가 기재된 것으로 보여야 한다. 이 일자는 선적일로 본다.	L/C상 선적장소 스탬프/서명일자 = 선적일

Article 26 "On Deck", "Shipper's Load and Count", "Said by Shipper to Contain" and Charges Additional to Freight 제26조 "갑판적", "송화인의 적재 및 수량 확인" 및 운임의 추가비용		
a. A transport document must not indicate that the goods are or will be loaded on deck. A clause on a transport document stating that the goods may be loaded on deck is acceptable.	a. 운송서류는 물품이 갑판에 적재되었거나 또는 될 것이라고 표시해서는 아니 된다. 물품이 갑판에 적재될 수 있다고 명기하고 있는 운송서류상의 조항은 수리될 수 있다.	갑판적재 × 갑판적재가능 O
b. A transport document bearing a clause such as "shipper's load and count" and "said by shipper to contain" is acceptable.	b. "송화인의 적재 및 수량 확인(shipper's load and count)" 및 "송화인의 신고내용에 따름(said by shipper to contain)"과 같은 조항을 기재하고 있는 운송서류는 수리될 수 있다.	부지약관 수리 O
c. A transport document may bear a reference, by stamp or otherwise, to charges additional to the freight.	c. 운송서류는 스탬프 또는 기타의 방법으로 운임에 추가된 비용에 대한 참조를 기재할 수 있다.	운임 추가 비용 기재 가능

Article 27 Clean Transport Document		
제27조 무고장 운송서류		
A bank will only accept a clean transport document. A clean transport document is one bearing no clause or notation expressly declaring a defective condition of the goods or their packaging. The word "clean" need not appear on a transport document, even if a credit has a requirement for that transport document to be "clean on board".	은행은 무고장 운송서류만을 수리한다. 무고장 운송서류는 물품 또는 그 포장에 하자 있는 상태를 명시적으로 표시하는 조항 또는 단서를 기재하고 있지 아니한 것을 말한다. 신용장에서 그 운송서류가 "무고장본선적재(clean on board)"이어야 한다는 요건을 가지는 경우에도, "무고장(clean)"이라는 단어는 운송서류상에 보일 필요가 없다.	Clean운송서류만 수리

Article 28 Insurance Document and Coverage		
제28조 보험서류 및 담보		
a. An insurance document, such as an insurance policy, an insurance certificate or a declaration under an open cover, must appear to be issued and signed by an insurance company, an underwriter or their agents or their proxies. Any signature by an agent or proxy must indicate whether the agent or proxy has signed for or on behalf of the insurance company or underwriter.	a. 보험증권, 포괄예정보험에 의한 보험증명서 또는 통지서와 같은 보험서류는 보험회사, 보험업자 또는 이들 대리인 또는 이들 대리업자에 의하여 발행되고 서명된 것으로 보여야 한다. 대리인 또는 대리업자에 의한 모든 서명은 그 대리인 또는 대리업자가 보험회사를 대리하여 서명하였는지 또는 보험업자를 대리하여 서명하였는지를 표시하여야 한다.	보험서류 발행, 서명권자 • 보험회사(대리인) • 보험업자(대리인) • 대리업자
b. When the insurance document indicates that it has been issued in more than one original, all originals must be presented.	b. 보험서류가 2통 이상의 원본으로 발행되었다고 표시하고 있는 경우에는 모든 원본은 제시되어야 한다.	전통제시
c. Cover notes will not be accepted.	c. 보험승인서는 수리되지 아니한다.	Cover note ×
d. An insurance policy is acceptable in lieu of an insurance certificate or a declaration under an open cover.	d. 보험증권은 포괄예정보험에 의한 보험증명서 또는 통지서를 대신하여 수리될 수 있다.	I/P ⊃ I/C I/C ⊅ I/P
e. The date of the insurance document must be no later than the date of shipment, unless it appears from the insurance document that the cover is effective from a date not later than the date of shipment.	e. 보험서류에서 담보가 선적일보다 늦지 않은 일자로부터 유효하다고 보이지 아니하는 한 보험서류의 일자는 선적일보다 늦어서는 아니 된다.	보험서류일자 → 선적일보다 늦지 × (선적일 이전 담보 유효)
f. i. The insurance document must indicate the amount of insurance coverage and be in the same currency as the credit.	f. i. 보험서류는 보험담보의 금액을 표시하여야 하고 신용장과 동일한 통화이어야 한다.	보험담보 금액표시, L/C동일통화

ii. A requirement in the credit for insurance coverage to be for a percentage of the value of the goods, of the invoice value or similar is deemed to be the minimum amount of coverage required. If there is no indication in the credit of the insurance coverage required, the amount of insurance coverage must be at least 110% of the CIF or CIP value of the goods. When the CIF or CIP value cannot be determined from the documents, the amount of insurance coverage must be calculated on the basis of the amount for which honour or negotiation is requested or the gross value of the goods as shown on the invoice, whichever is greater.	ii. 보험담보가 물품가액 또는 송장가액 등의 비율이어야 한다는 신용장상의 요건은 최소담보금액이 요구된 것으로 본다. 요구된 보험담보에 관하여 신용장에 아무런 표시가 없는 경우에는 보험담보의 금액은 적어도 물품의 CIF 또는 CIP 가격의 110%이어야 한다. CIF 또는 CIP 가격이 서류로부터 결정될 수 없는 경우에는 보험담보금액은 지급이행 또는 매입이 요청되는 금액 또는 송장에 표시된 물품 총가액 중에서 보다 큰 금액을 기초로 하여 산정되어야 한다.	보험담보금액 · 물품, 송장가액등 비율 · 최소 담보금액 CIF, CIP110% · MAX(요청금액, 송장금액)
iii. The insurance document iii must indicate that risks are covered at least between the place of taking in charge or shipment and the place of discharge or final destination as stated in the credit.	iii. 보험서류는 위험이 적어도 신용장에 명기된 대로 수탁 또는 선적자와 양륙 또는 최종 목적지간에 담보되었음을 표시하여야 한다.	보험담보구간 (수탁, 선적지~양륙, 최종 목적지)
g. A credit should state the type of insurance required and, if any, the additional risks to be covered. An insurance document will be accepted without regard to any risks that are not covered if the credit uses imprecise terms such as "usual risks" or "customary risks".	g. 신용장은 요구된 보험의 종류를 명기하여야 하고 만일 부보되어야 하는 부가위험이 있다면 이것도 명기하여야 한다. 신용장이 "통상적 위험(usual risks)" 또는 "관습적 위험(customary risks)"과 같은 부정확한 용어를 사용하는 경우에는 보험서류는 부보되지 아니한 어떠한 위험에 관계없이 수리되어야 한다.	· 부가위험부보 명기 · 부정확한 용어 → 수리
h. When a credit requires insurance against "all risks" and an insurance document is presented containing any "all risks" notation or clause, whether or not bearing the heading "all risks", the insurance document will be accepted without regard to any risks stated to be excluded.	h. 신용장이 "전위험"에 대한 보험을 요구하고 있는 경우, "전위험"이라는 표제를 기재하고 있는지의 여부와 관계없이 "전위험"의 표기 또는 조항을 포함하고 있는 보험서류가 제시된 경우에는 그 보험서류는 제외되어야 한다고 명기된 어떠한 위험에 관계없이 수리되어야 한다.	L/C"전위험"요구 → 전위험 조항 보험서류 제시 → 수리
l. An insurance document may contain reference to any exclusion clause.	l. 보험서류는 모든 면책조항(exclusion clause)의 참조를 포함할 수 있다.	면책조항 가능
j. An insurance document may indicate that the cover is subject to a franchise or excess (deductible).	j. 보험서류는 담보가 소손해면책율 또는 초과(공제)면책율을 조건으로 한다는 것을 표시할 수 있다.	소손해면책율 조건 표시 가능

Article 29 Extension of Expiry Date or Last Day for Presentation 제29조 유효기일의 연장 또는 제시를 위한 최종일		
a. If the expiry date of a credit or the last day for presentation falls on a day when the bank to which presentation is to be made is closed for reasons other than those referred to in article 36, the expiry date or the last day for presentation, as the case may be, will be extended to the first following banking day.	a. 신용장의 유효기일 또는 제시를 위한 최종일이 제36조에 언급된 사유 이외의 사유로 제시를 받아야 하는 은행의 휴업일에 해당하는 경우에는 그 유효기일 또는 제시를 위한 최종일은 경우에 따라 최초의 다음 은행영업일까지 연장된다.	(불가항력사유 외) 유효, 제시 최종일 = 휴업일 → 유효기일 연장
b. If presentation is made on the first following banking day, a nominated bank must provide the issuing bank or confirming bank with a statement on its covering schedule that the presentation was made within the time limits extended in accordance with sub-article 29 (a).	b. 제시가 최초의 다음 은행영업일에 행해지는 경우에는 지정은행은 개설은행 또는 확인은행에게 제시가 제29조 a항에 따라 연장된 기간 내에 제시되었다는 설명을 서류송부장(covering schedule)으로 제공하여야 한다.	제시기간 연장 시 개설/확인은행에 서류송부장 제공
c. The latest date for shipment will not be extended as a result of sub-article 29(a).	c. 선적을 위한 최종일은 제29조 a항의 결과로서 연장되지 아니한다.	선적기한연장불가

Article 30 Tolerance in Credit Amount, Quantity and Unit Prices 제30조 신용장금액/수량/단가의 과부족		
a. The words "about" or "approximately" used in connection with the amount of the credit or the quantity or the unit price stated in the credit are to be construed as allowing a tolerance not to exceed 10% more or 10% less than the amount, the quantity or the unit price to which they refer.	a. 신용장에 명기된 신용장의 금액 또는 수량 또는 단가와 관련하여 사용된 "약(about)" 또는 "대략(approximately)"이라는 단어는 이에 언급된 금액, 수량 또는 단가의 10%를 초과하지 아니하는 과부족을 허용하는 것으로 해석된다.	about, approximately의 해석 : 금액, 수량, 단가 10% 과부족 허용
b. A tolerance not to exceed 5% more or 5% less than the quantity of the goods is allowed, provided the credit does not state the quantity in terms of a stipulated number of packing units or individual items and the total amount of the drawings does not exceed the amount of the credit.	b. 신용장이 명시된 포장단위 또는 개개의 품목의 개수로 수량을 명기하지 아니하고 어음발행의 총액이 신용장의 금액을 초과하지 아니하는 경우에는 물품수량이 5%를 초과하지 아니하는 과부족은 허용된다.	벌크물품 신용장금액 이하 5% 과부족 허용
c. Even when partial shipments are not allowed, a tolerance not to exceed 5% less than the amount of the credit is allowed, provided that the quantity of the goods, if stated in the credit, is shipped in full and a unit price, if stated in the credit, is not reduced or that sub-article 30 (b) is not applicable. This tolerance does not apply when the credit stipulates a specific tolerance or uses the expressions referred to in sub-article 30 (a).	c. 분할선적이 허용되지 아니하는 경우에도, 신용장금액의 5%를 초과하지 아니하는 부족은 허용된다. 다만, 물품의 수량은 신용장에 명기된 경우 전부 선적되고 단가는 신용장에 명기된 경우 감액되어서는 아니 되거나 제30조 b항이 적용될 수 없어야 한다. 이 부족은 신용장이 특정 과부족을 명시하거나 또는 제30조 a항에 언급된 표현을 사용하는 경우에는 적용되지 아니한다.	• 특정과부족명시 • 과부족허용문구× • 수량 전부선적 • 단가 감액 × → 부족분 5% 허용

Article 31 Partial Drawings or Shipments		
제31조 분할어음발행 또는 선적		
a. Partial drawings or shipments are allowed.	a. 분할어음발행 또는 분할선적은 허용된다.	분할어음, 선적 O
b. A presentation consisting of more than one set of transport documents evidencing shipment commencing on the same means of conveyance and for the same journey, provided they indicate the same destination, will not be regarded as covering a partial shipment, even if they indicate different dates of shipment or different ports of loading, places of taking in charge or dispatch. If the presentation consists of more than one set of transport documents, the latest date of shipment as evidenced on any of the sets of transport documents will be regarded as the date of shipment. A presentation consisting of one or more sets of transport documents evidencing shipment on more than one means of conveyance within the same mode of transport will be regarded as covering a partial shipment, even if the means of conveyance leave on the same day for the same destination	b. 동일한 운송수단에 그리고 동일한 운송을 위하여 출발하는 선적을 증명하는 2조 이상의 운송서류를 구성하는 제시는 이들 서류가 동일한 목적지를 표시하고 있는 한 이들 서류가 상이한 선적일 또는 상이한 적재항, 수탁지 또는 발송지를 표시하고 있더라도 분할선적이 행해진 것으로 보지 아니한다. 그 제시가 2조 이상의 운송서류를 구성하는 경우에는 운송서류의 어느 한 조에 증명된 대로 최종선적일로 본다. 동일한 운송방식에서 2 이상의 운송수단상의 선적을 증명하는 2조 이상의 운송서류를 구성하는 제시는 그 운송수단이 동일한 일자에 동일한 목적지를 향하여 출발하는 경우에도 분할선적이 행해진 것으로 본다.	• 분할선적 × – 동일운송수단 – 동일목적지 • 분할선적 O – 동일운송방식 – 2 이상 운송수단 – 동일목적지
c. A presentation consisting of more than one courier receipt, post receipt or certificate of posting will not be regarded as a partial shipment if the courier receipts, post receipts or certificates of posting appear to have been stamped or signed by the same courier or postal service at the same place and date and for the same destination.	c. 2 이상의 특송화물수령증, 우편수령증 또는 우송증명서를 구성하는 제시는 그 특송화물수령증, 우편수령증 또는 우송증명서가 동일한 장소 및 일자 그리고 동일한 목적지를 위하여 동일한 특송업자 또는 우편서비스에 의하여 스탬프 또는 서명된 것으로 보이는 경우에는 분할선적으로 보지 아니한다.	특송화물수령증, 우편수령증, 우송증명서 • 동일장소, 일자 • 동일목적지 • 동일특송업자, 동일우편서비스, → 분할선적 ×

Article 32 Instalment Drawings or Shipments		
제32조 할부어음발행 또는 선적		
If a drawing or shipment by instalments within given periods is stipulated in the credit and any instalment is not drawn or shipped within the period allowed for that instalment, the credit ceases to be available for that and any subsequent instalment.	일정기간 내에 할부에 의한 어음발행 또는 선적이 신용장에 명시되어 있고 어떠한 할부분이 그 할부분을 위하여 허용된 기간 내에 어음발행 또는 선적되지 아니한 경우에는 그 신용장은 그 할부분과 그 이후의 모든 할부분에 대하여 효력을 상실한다.	신용장 명시 허용기간 내 선적되지 않는 경우 → 할부선적 ×

Article 33 Hours of Presentation		
제33조 제시시간		
A bank has no obligation to accept a presentation outside of its banking hours.	은행은 그 은행영업시간 이외의 제시를 수리할 의무가 없다.	영업시간외 수리 ×

Article 34 Disclaimer on Effectiveness of Documents		
제34조 서류효력에 관한 면책		
A bank assumes no liability or responsibility for the form, sufficiency, accuracy, genuineness, falsification or legal effect of any document, or for the general or particular conditions stipulated in a document or superimposed thereon; nor does it assume any liability or responsibility for the description, quantity, weight, quality, condition, packing, delivery, value or existence of the goods, services or other performance represented by any document, or for the goods faith or acts or omissions, solvency, performance or standing of the consignor, the carrier, the forwarder, the consignee or the insurer of the goods or any other person.	은행은 모든 서류의 형식, 충분성, 정확성, 진정성, 위조성 또는 법적 효력에 대하여 또는 서류에 명시되거나 또는 이에 부가된 일반조건 (general conditions) 또는 특별조건 (particular conditions)에 대하여 어떠한 의무 또는 책임도 부담하지 아니하며, 또한 은행은 모든 서류에 표시되어 있는 물품, 용역 또는 기타 이행의 명세, 수량, 중량, 품질, 상태, 포장, 인도, 가치 또는 존재에 대하여 또는 물품의 송화인, 운송인, 운송주선인, 수화인 또는 보험자 또는 기타 당사자의 성실성 또는 작위 또는 부작위, 지급능력, 이행능력 또는 신용상태에 대하여 어떠한 의무 또는 책임도 부담하지 아니한다.	• 서류의 성질, 조건 등 면책 • 물품 등, 기타 당사자에 대한 면책

Article 35 Disclaimer on Transmission and Translation		
제35조 송달 및 번역에 관한 면책		
A bank assumes no liability or responsibility for the consequences arising out of delay, loss in transit, mutilation or other errors arising in the transmission of any messages or delivery of letters or documents, when such messages, letters or documents are transmitted or sent according to the requirements stated in the credit, or when the bank may have taken the initiative in the choice of the delivery service in the absence of such instructions in the credit. If a nominated bank determines that a presentation is complying and forwards the documents to the issuing bank or confirming bank, whether or not the nominated bank has honoured or negotiated, and issuing bank or confirming bank must honour or negotiate, or reimburse that nominated bank, even when the documents have been lost in transit between the nominated bank and the issuing bank or confirming bank, or between the confirming bank and the issuing bank. A bank assumes no liability or responsibility for errors in translation or interpretation of technical terms and may transmit credit terms without translating them.	모든 통신문, 서신 또는 서류가 신용장에 명기된 요건에 따라 송달 또는 송부된 경우, 또는 은행이 신용장에 그러한 지시가 없으므로 인도서비스의 선정에 있어서 자발적으로 행하였을 경우에는 ,은행은 그러한 통신문(message)의 송달 또는 서신이나 서류의 인도 중에 지연, 분실, 훼손 또는 기타 오류로 인하여 발생하는 결과에 대하여 어떠한 의무 또는 책임도 부담하지 아니한다. 지정은행이 제시가 일치하고 있다고 결정하고 그 서류를 발행은 또는 확인은행에 발송하는 경우에는 서류가 지정은행과 개설은행 또는 확인은행 간에 또는 확인은행과 개설은행 간에 송달 중에 분실된 경우라 하더라도, 지정은행이 지급이행 또는 매입하였는지의 여부에 관계 없이 개설은행 또는 확인은행은 지급이행 또는 매입하거나 그 지정은행에 상환하여야 한다. 은행은 전문용어의 번역 또는 해석상의 오류에 대하여 어떠한 의무 또는 책임도 부담하지 아니하며 신용장의 용어를 번역함이 없이 이를 송달할 수 있다.	• 은행의 송달 중 지연, 분실, 훼손, 기타 오류 면책 번역,해석 면책 분실 등에도 일치하는 제시 → 지급이행/매입/상환 의무 ○

Article 36 Force Majeure		
제36조 불가항력		
A bank assumes no liability or responsibility for the consequences arising out of the interruption of its business by Acts of God, riots, civil commotions, insurrections, wars, acts of terrorism, or by any strikes or lockouts or any other causes beyond its control. A bank will not, upon resumption of its business, honour or negotiate under a credit that expired during such interruption of its business.	은행은 천재, 폭동, 소요, 반란, 전쟁, 폭력주의의 행위에 의하거나 동맹파업 또는 직장폐쇄에 의하거나 또는 기타 은행이 통제할 수 없는 원인에 의한 은행업무의 중단으로 인하여 발생하는 결과에 대하여 어떠한 의무 또는 책임도 부담하지 아니한다. 은행은 그 업무를 재개하더라도 그러한 업무의 중단 동안에 유효기일이 경과한 신용장에 의한 지급이행 또는 매입을 행하지 아니한다.	불가항력→은행업무 중단 시 면책 (불가항력 중 유효기일 경과 → 수리 ×)

Article 37 Disclaimer for Acts of an Instructed Party 제37조 피지시인의 행위에 대한 면책		
a. A bank utilizing the services of another bank for the purpose of giving effect to the instructions of the applicant does so for the account and at the risk of the applicant.	a. 개설의뢰인의 지시를 이행하기 위하여 타은행의 서비스를 이용하는 은행은 그 개설의뢰인의 비용과 위험으로 이를 행한다.	개설의뢰인 지시 서비스 비용 : 개설의뢰인 비용 부담
b. An issuing bank or advising bank assumes no liability or responsibility should the instructions it transmits to another bank not be carried out, even if it has taken the initiative in the choice of that other bank.	b. 개설은행 또는 통지은행이 타은행의 선정에 있어서 자발적으로 행한 경우라 하더라도, 그 은행이 타은행에게 전달한 지시가 수행되지 아니하는 경우에는 개설은행 또는 통지은행은 어떠한 의무 또는 책임도 부담하지 아니한다.	개설/통지은행 지시 타은행 불이행 면책
c. A bank instructing another bank to perform services is liable for any commissions, fees, costs or expenses ("charges") incurred by that bank in connection with its instruction. If a credit states that charges are for the account of the beneficiary and charges cannot be collected or deducted from proceed, the issuing bank remains liable for payment of charges. A credit or amendment should not stipulate that the advising to a beneficiary is conditional upon the receipt by the advising bank or second advising bank of its charges.	c. 타은행에게 서비스를 이행하도록 지시하는 은행은 그 지시와 관련하여 그러한 타은행에 의하여 부담되는 모든 수수료, 요금, 비용 또는 경비("비용")에 대하여 책임을 부담한다. 신용장에 비용이 수익자의 부담이라고 명기하고 있고 비용이 대금으로부터 징수 또는 공제될 수 없는 경우에는 개설은행은 비용의 지급에 대하여 책임을 부담한다. 신용장 또는 조건변경은 수익자에 대한 통지가 통지은행 또는 제2통지은행에 의한 통지비용의 수령을 조건으로 한다고 명시하여서는 아니 된다.	• 서비스 이행 지시 은행 비용 부담 • 수익자 부담시 : 대금 − 공제 • 개설은행 부담 • 비용 수령조건부 명시 ×
d. The applicant shall be bound by and liable to indemnify a bank against all obligations and responsibilities imposed by foreign laws and usages.	d. 개설의뢰인은 외국의 법률과 관행에 의하여 부과되는 모든 의무와 책임에 구속되며 이에 대하여 은행에게 보상할 책임이 있다.	개설의뢰인 외국법률, 관행 구속, 은행보상책임

Article 38 Transferable Credits 제38조 양도 가능신용장		
a. A bank is under no obligation to transfer a credit except to the extent and in the manner expressly consented to by that bank.	a. 은행은 그 은행에 의하여 명시적으로 동의된 범위 및 방법에 의한 경우를 제외하고 신용장을 양도할 의무를 부담하지 아니한다.	명시 동의 시만 신용장 양도의무
b. For the purpose of this article: Transferable credit means a credit that specifically states it is "transferable". A transferable credit may be made available in whole or in part to another beneficiary("second eneficiary") at the request of the beneficiary ("first beneficiary"). Transferring bank means a nominated bank that transfers the credit or, in a credit available with any bank, a bank that is specifically authorized by the issuing bank to transfer and that transfers the credit. An issuing bank may be a transferring bank. Transferred credit means a credit that has been made available by the transferring bank to a second beneficiary.	b. 이 조에서 : 양도 가능신용장이란 "양도 가능(transferable)" 이라고 특별히 명기하고 있는 신용장을 말한다. 양도 가능신용장은 수익자("제1수익자")의 요청에 의하여 전부 또는 일부가 다른 수익자("제2수익자")에게 사용될 수 있도록 될 수 있다. 양도은행은 신용장을 양도하는 지정은행 또는, 모든 은행에서 사용될 수 있는 신용장에 있어서, 개설은행에 의하여 양도하도록 특별히 수권되고 그 신용장을 양도하는 은행을 말한다. 개설은행은 양도은행일 수 있다. 양도된 신용장은 양도은행에 의하여 제2수익자에게 사용될 수 있도록 되는 신용장을 말한다.	• 양도 가능 L/C요건 : "Transferable" 명기 • 2수익자 사용가능 L/ C • 양도은행 : 개설은행의 양도수권 신용장 양도 은행 • 개설은행 = 양도은행 O
c. Unless otherwise agreed at the time of transfer, all charges (such as commissions, fees, costs or expenses) incurred in respect of a transfer must be paid by the first beneficiary.	c. 양도를 이행할 때에 별도의 합의가 없는 한, 양도와 관련하여 부담된 모든 비용(이를 테면, 수수료, 요금, 비용, 경비)은 제1수익자에 의하여 지급되어야 한다.	1수익자 = 양도관련 비용 부담
d. A credit may be transferred in part to more than one second beneficiary provided partial drawings or shipments are allowed. A transferred credit cannot be transferred at the request of a second beneficiary to any subsequent beneficiary. The first beneficiary is not considered to be a subsequent beneficiary.	d. 분할어음발행 또는 분할선적이 허용되는 한, 신용장은 2 이상의 제2수익자에게 분할양도 될 수 있다. 양도된 신용장은 제2수익자의 요청에 의하여 그 이후의 어떠한 수익자에게도 양도될 수 없다. 제1수익자는 그 이후의 수익자로 보지 아니한다.	분할선적 허용 시 2 이상 2수익자 분할양도 가능(2수익자는 1회만 양도 가능)
e. Any request for transfer must indicate if and under what conditions amendments may be advised to the second beneficiary. The transferred credit must clearly indicate those conditions.	e. 양도를 위한 모든 요청은 조건변경이 제2수익자에게 통지될 수 있는지 그리고 어떤 조건으로 제2수익자에게 통지될 수 있는지를 표시하여야 한다. 양도된 신용장은 이러한 조건을 명확히 표시하여야 한다.	양도 요청 시 2수익자 조건변경 통지 여부 표시

f. If a credit is transferred to more than one second beneficiary, rejection of an amendment by one or more second beneficiary does not invalidate the acceptance by any other second beneficiary, with respect to which the transferred credit will be amended accordingly. For any second beneficiary that rejected the amendment, the transferred credit will remain unamended.	f. 신용장이 2 이상의 제2수익자에게 양도된 경우에는 하나 또는 그 이상의 제2수익자에 의한 조건변경의 거절은 이로 인하여 양도된 신용장이 조건변경 되는 기타 모든 제2수익자에 의한 승낙을 무효로 하지 아니한다. 조건변경을 거절한 제2수익자에 대하여는, 양도된 신용장은 조건변경 없이 존속한다.	**예** 2이상 2수익자 a조건변경 b조건변경 거절시 a → 변경신용장 b → 원신용장존속
g. The transferred credit must accurately reflect the terms and conditions of the credit, including confirmation, if any, with the exception of: – the amount of the credit, – any unit price stated therein, – the expiry date, – the period for presentation, or – the latest shipment date or given period for shipment, any or all of which may be reduced or curtailed. The percentage for which insurance cover must be effected may be increased to provide the amount of cover stipulated in the credit or these articles. The name of the first beneficiary may be substituted for that of the applicant inthe credit. If the name of the applicant is specifically required by the credit to appear in any document other than the invoice, such requirement must be reflected in the transferred credit.	g. 양도된 신용장은 다음의 경우를 제외하고는 확인(있는 경우)을 포함하여 신용장의 제조건을 정확히 반영하여야 한다: – 신용장의 금액 – 신용장에 명기된 단가 – 유효기일 – 제시를 위한 기간 또는 – 최종선적일 또는 정해진 선적기간, 이들 중의 일부 또는 전부는 감액 또는 단축될 수 있다. 보험부보가 이행되어야 하는 비율은 이 규칙 또는 신용장에 명기된 부보금액을 충족시킬 수 있도록 증가될 수 있다. 제1수익자의 명의는 신용장상의 신용장개설의뢰인의 명의로 대체될 수 있다. 개설의뢰인의 명의가 송장 이외의 모든 서류에 표시되도록 신용장에 의하여 특별히 요구되는 경우에는 그러한 요구는 양도된 신용장에 반영되어야 한다.	감액/단축가능 • 금액, 단가 • 유효기일 • 제시기일 • 선적일, 기간 증가가능 → 보험부보비율 1수익자 명의 → 개설의뢰인 명의 대체 가능 (송장대체불가)
h. The first beneficiary has the right to substitute its own invoice and draft, if any, for those of a second beneficiary for an amount not in excess of that stipulated in the credit, and upon such substitution the first beneficiary can draw under the credit for the difference, if any, between its invoice and the invoice of a second beneficiary	h. 제1수익자는 신용장에 명시된 금액을 초과하지 아니하는 금액에 대하여 제2수익자의 송장 및 환어음을 그 자신의 송장 및 환어음(있는 경우)으로 대체할 권리를 가지고 있으며, 그러한 대체 시에 제1수익자는 자신의 송장과 제2수익자의 송장 사이에 차액이 있다면, 그 차액에 대하여 신용장에 따라 어음을 발행할 수 있다.	• 신용장금액이하 2수익자의 송장, 환어음 대체 가능 • 1수익자 → 송장 간 차액 어음발행 가능

l. If the first beneficiary is to present its own invoice and draft, if any, but fails to do so on first demand, or if the invoices presented by the first beneficiary create discrepancies that did not exist in the presentation made by the second beneficiary and the first beneficiary fails to correct them on first demand, the transferring bank has the right to present the documents as received from the second beneficiary to the issuing bank, without further responsibility to the first beneficiary.	l. 제1수익자가 그 자신의 송장 및 환어음(있는 경우)을 제공하여야 하지만 최초의 요구 시에 이를 행하지 아니하는 경우, 또는 제1수익자에 의하여 제시된 송장이 제2수익자에 의하여 행해진 제시에 없었던 불일치를 발생시키고 제1수익자가 최초의 요구 시에 이를 정정하지 아니한 경우에는 양도은행은 제1수익자에 대한 더 이상의 책임 없이 제2수익자로부터 수령한 서류를 개설은행에 제시할 권리를 가진다.	• 양도은행은 1수익자의 (2수익자의 송장으로) 송장 대체 요구 가능 • 최초 요구 시 정정 × → 양도은행 책임 없이 개설은행에 서류 송부(→원수출자 노출)
j. The first beneficiary may, in its request for transfer, indicate that honour or negotiation is to be effected to a second beneficiary at the place to which the credit has been transferred, up to and including the expiry date of the credit. This is without prejudice to the right of the first beneficiary in accordance with sub-article 38 (h).	j. 제1수익자는 그 자신의 양도요청으로 지급이행 또는 매입이 신용장의 유효기일을 포함한 기일까지 신용장이 양도된 장소에서 제2수익자에게 이행되어야 한다는 것을 표시할 수 있다. 이것은 제38조 h항에 따른 제1수익자의 권리를 침해하지 아니한다.	양도 장소에서 2수익자에게 지급이행/매입 표시가능(송장/환어음 대체권 유보)
k. Presentation of documents by or on behalf of a second beneficiary must be made to the transferring bank.	k. 제2수익자에 의하거나 또는 대리하는 서류의 제시는 양도은행에 행해져야 한다.	2수익자(대리) 서류제시 → 양도은행

Article 39 Assignment of Proceeds		
제39조 대금의 양도		
The fact that a credit is not stated to be transferable shall not effect the right of the beneficiary to assign any proceeds to which it may be or may become entitled under the credit, in accordance with the provisions of applicable law. This article relates only to the assignment of proceeds and not to the assignment of the right to perform under the credit.	신용장이 양도 가능한 것으로 명기되어 있지 아니하다는 사실은 적용 가능한 법률의 규정에 따라 그러한 신용장에 의하여 수권되거나 될 수 있는 대금을 양도할 수익자의 권리에 영향을 미치지 아니한다. 이 조는 대금의 양도에만 관련되어 있으며 신용장에 따라 이행할 권리의 양도에 관련되는 것은 아니다.	신용장에 따른 대금의 수익만 양도

Incoterms® 2020 구성 안내		
목차	ISBP	UCP
일반원칙	A	
환어음	B	
송장	C	Article 18
복합운송서류	D	Article 19
선하증권	E	Article 20
비유통해상화물운송장	F	Article 21
용선계약부선하증권	G	Article 22
항공운송서류	H	Article 23
도로 · 철도 · 내수로 운송서류	J	Article 24
특송화물수령증, 우편수령증 또는 우송증명서		Article 25
보험서류	K	Article 28
원산지증명서	L	
포장면세서, 포장노트	M	
중량명세서, 중량노트	N	
수익자 증명서	P	
분석증명서, 검사증명서, 위생증명서, 검역증명서, 수량증명서, 품질증명서, 기타 증명서	Q	

※ ISBP는 출제대비 범위가 넓기 때문에 출제 가능성 있는 부분만을 발췌함

GENERAL PRINCIPLES 일반원칙

Abbreviations	약어
A1) Generally accepted abbreviations, such as, but not limited to, "Int'l" instead of "International", "Co." instead of "Company", "Kgs" or "kos" instead of "kilograms" or "kilos" "Ind." instead of "Industry", "Ltd" instead of "Limited", "mfr" instead of "manufacturer" or, "mt" instead of "metric tons" may be used in documents in substitution for a word or vice versa. A credit that includes an abbreviation in its text allows a document to show the same abbreviation or any other abbreviation that has the same meaning, or to show the complete spelling of the word or vice versa.	A1. 예컨대, "International"대신에 "Int'l", "Company"대신에 "Co.", "kilograms"대신에 "kgs" 나"kos"또는"kilos", "Industry"대신에 "Ind.", "Limited"대신에 "Ltd", "manufacturer"대신에 "mfr" 혹은 "metric tons"대신에 "mt"와 같이(그러나 이러한 예시에 한정되지 않음) 일반적으로 승인되는 약어는 서류에서 온전한 단어 대신에 사용될 수 있으며 그 반대로 사용될 수도 있다. 그 문면에 약어를 내포하는 신용장은 동일한 약어가 나타나거나 동일한 의미를 갖는 다른 약어가 나타나는 서류나 그 약어의 온전한 단어가 나타나는 서류 또는 그 반대의 서류를 허용한다.

Certificates, Certifications, Declarations and Statements	증명서, 표명서 및 진술서
A3) When a certificate, certification, declaration or statement is required by a credit, it is to be signed.	A3. 신용장에 의하여 증명서, 표명서 또는 진술서가 요구되는 경우에, 이 서류는 서명되어야 한다.
A5) When a certification, declaration or statement is to appear in a document which is to be signed and dated, it does not require a separate signature or date when the certification, declaration or statement appears to have been given by the same entity that issued and signed the document.	A5. 증명서, 표명서 또는 진술서가 서명되고 일자가 표시되어야 하는 경우에 그 증명서, 표명서 또는 진술서를 발행하고 그에 서명한 자와 동일한 자가 그러한 증명, 표명 또는 진술을 한 것으로 보이는 때에는 별도의 서명이나 일자표시가 필요 없다.

Correction and alteration ("Correction")	정정과 변경("정정")
A7) a. i) Any correction of data in a document issued by the beneficiary, with the exception of drafts (see paragraph B16), need not be authenticated.	A7. a. ⅰ.수익자가 발행하는 서류상 정보의 정정은, 환어음을 제외하고는(B16항 참조), 인증될 필요가 없다.

dates	일자
A11) a. Even when a credit does not expressly so require: i) drafts are to indicate a date of issuance; ii) insurance documents are to indicate a date of issuance or effectiveness of the insurance coverage as reflected in paragraphs K10) (b) and K11); and iii) original transport documents, subject to examination under UCP 600 articles 19–25, are to indicate a date of issuance, a dated on board notation, a date of shipment, a date of receipt for shipment, a date of dispatch or carriage, a date of taking in charge or a date of pick up or receipt, as applicable. b. A requirement that a document, other than a draft, insurance document or original transport document, be dated will be satisfied by the indication of a date of issuance or by reference in the document to the date of another document forming part of the same presentation (for example, by the wording "date as per bill of lading number xxx" appearing on a certificate issued by a carrier or its agent) or a date appearing on a stipulated document indicating the occurrence of an event (for example, by the date of inspection being indicated on an inspection certificate that otherwise does not contain a date of issuance).	A11. a. 신용장에서 명시적으로 다음과 같이 요구하지 않는 경우에도 ⅰ. 환어음에는 발행일이 표시되어야 한다. ⅱ. 보험서류에는 K10(b)항과 K11항에 반영되어 있는 발행일이나 위험담보의 개시일이 표시되어야 한다. 그리고 ⅲ. UCP600 제19조~제25조의 적용을 받는 원본 운송서류는 각기 해당되는 발행일, 본선적재부기, 선적일, 선적을 위한 수령일, 발송일 또는 운송일, 수탁일 또는 수거일이 표시되어야 한다. b. 환어음이나 보험서류 또는 원본 운송서류 이외의 서류에 일부(日附)가 요구되는 경우에, 이는 그 서류의 발행일을 표시하는 방법이나 그 서류에 당해 제시에서 함께 제시되는 다른 서류의 일자를 원용하는 방법(예컨대, 운송이나 그 대리인이 발행한 증명서에 "date as per bill of lading number xxx"라고 기재함)으로 충족된다.
A12) a. A document, such as, but not limited to, a certificate of analysis, inspection certificate or fumigation certificate, may indicate a date of issuance later than the date of shipment. b. When a credit requires a document to evidence a pre-shipment event (for example, "pre-shipment inspection certificate", the document, either by its title, content or date of issuance, is to indicate that the event (for example, inspection) took place on or prior to the date of shipment. c. When a credit requires a document such as, but not limited to, an "inspection certificate" this does not constitute a requirement that the document is to evidence a pre-shipment event, and it need not be dated prior to the date of shipment.	A12. a. 분석증명서, 검사증명서 또는 훈증증명서와 같은 서류(이러한 서류에 한정되지 않음)는 선적일보다 나중일자로 표시될 수 있다. b. 신용장에서 선적전에 일어나는 사건을 증빙하는 서류(예컨대 "선적전 검사증명서")를 요구하는 경우에, 이 서류는 그 제목이나 내용 또는 발행일에 의하여 해당 사건(예컨대,선적)이 선적일이나 그 전에 발생한 것으로 표시되어야 한다. c. 신용장에서 "검사증명서"와 같은 서류(이러한 서류에 한정되지 않음)를 요구하는 경우에. 이러한 조건은 선적전 검사를 증빙하는 서류를 요구하는 것이 아니며, 선적일 전의 일자로 일부(日附)될 필요가 없다.
A13) A document indicating a date of issuance and a later date of signing is deemed to have been issued on the date of signing.	A13. 발행일을 표시하고 그보다 나중일자의 서명일을 표시하는 서류는 서명일에 발행된 것으로 본다.

A14) a. When a credit uses phrases to signify time on either side of a date or an event, the following shall apply:
i) not later than 2 days after (date or event)"means a latest date. If an advice or document is not to be dated prior to a specified date or event, the credit should so state.
ii) "At least 2 days before (date or event)"means that an act or event is to take place not later
than 2 days before that date or event. There is no limit as to how early it may take place.
b. i) For the purpose of calculation of a period of time, the term "within" when used in connection with a date or event excludes that date or the event date in the calculation of the period. For example, "within 2 days of (date or event)"means a period of 5 days commencing 2 days prior to that date or event until 2 days after that date or event.
ii) The term "Within"when followed by a date or a reference to a determinable date or event includes that date or event date. For example, "presentation to be made within 14 May" or "presentation is to be made within credit validity (or credit expiry)" where the expiry date of the credit is 14 May, means 14 May is the last day upon which presentation is allowed, provided that 14 May is a banking day.

A14.
a. 신용장에서 어떤 일자나 사건의 전후기간을 표시하는 문구가 사용된 경우에, 다음의 규칙이 적용된다.
ⅰ. "(일자 또는 사건)후 2일 이전에"("not later than 2 days after(date or event)")라는 문구는 최종일자를 의미한다. 통지나 서류가 그에 명시된 일자나 사건 전의 일자로 일부(日附)되지 않아야 한다면 신용장에서 이를 명시하여야 한다.
ⅱ. "(일자 또는 사건)보다 최소한 2일 이전에"("at least 2 days before(date or event)")라는 문구는 당해 행위나 사건이 그러한 일자나 사건보다 2일 이전에 발생하여야 함을 의미한다. 얼마나 조기에 그것이 발생하여야 하는지에 대한 제한은 없다.

b.
ⅰ. 기간을 산정할 때에, 일자나 기간과 관련하여 사용된 "내"(within)라는 단어는 그에 지칭된 일자나 사건발생일을 배제한다. 예컨대, "(일자 또는 사건)으로부터 2일 내"("within 2 days of (date or event)")라는 문구는 그러한 일자나 사건 발생일 부터 2일 전부터 그러한 일자나 사건발생일로부터 2일 후까지 5일의 기간을 의미한다.
ⅱ. 특정한 일자 앞에 있거나 결정가능한 일자나 사건을 언급하는 문구 앞에 있는 "내"(within)라는 단어는 그러한 일자나 사건발생일을 포함한다. 예컨대, "5월 14일 내에 제시되어야 한다"("presentation to be made with 14 May")는 문구나 신용장의 유효기일이 5월 14일 인 경우에 "신용장의 유효기간 내에 제시되어야 한다."("presentation is to be made within credit validity (or credit expiry)"는 문구는 5월 14일이 은행영업일이라는 전제하에 5월 14일이 제시가 허용되는 기간의 최종일임을 의미한다.

A15) The words "from" and "after"when used to determine a maturity date or period for presentation following the date of shipment, the date of an event or the date of a document, exclude that date in the calculation of the period. For example, 10 days after the date of shipment or 10 days from the date of shipment, where the date of shipment was 4 May, will be 14 May.

A15. "부터"(from)와 "후"(after)라는 단어는 선적일이나 어떤 사건의 일자 또는 서류의 일자에 연계되어 만기일이나 제시기간을 결정하는 데 사용된 경우에는 기간을 산정할 때 그에 지칭된 일자를 배제한다. 예컨대, 선적일 후 10일(10days after the date of shipment) 또는 선적일로부터 10일(10 days from the date of shipment)이라는 문구는 만약 선적일이 5월 4일이라면 5월 14일을 의미한다.(A15).

A16) Provided that the date intended can be determined from the document or from other documents included in the presentation, dates may be expressed in any format. For example, the 14th of May 2013 could be expressed as 14 May 13, 14.05.2013, 14.05.13, 2013.05.14, 05.14.13, 130514, etc. To avoid any risk of ambiguity, it is recommended that the month be stated in words. Documents and the need for completion of a box, field or space

A16. 의도된 일자를 당해 서류로부터 또는 당해 제시에 포함된 다른 서류로부터 결정할 수 만 있다면 일자는 어떤 형태로 표현되어도 무방하다. 예컨대, 2013년 5월 14일은 4May13, 14.05.2013, 14.05.13, 2013.05.14, 05.14.13, 130514 등으로 표현될 수 있다. 모호함을 피하기 위하여, 월은 문자로 표기하도록 권장된다.

Expressions not defined in UCP 600	UCP600에서 정의되지 않은 표현
A19) The expressions "shipping documents", "stale documents acceptable", "third party documents acceptable", "third party documents not acceptable", "exporting country", "shipping company" and "documents acceptable as presented" should not be used in a credit, as they are not defined in UCP 600. If, nevertheless, they are used, and their meaning is not defined in the credit, they shall have the following meaning under international standard banking practice: a. "Shipping documents" – all documents required by the credit, except drafts, tele-transmission reports and courier receipts, postal receipts or certificates of posting evidencing the sending of documents. b. "Stale documents acceptable" – documents may be presented later than 21 calendar days after the date of shipment as long as they are presented no later than the expiry date of the credit. This will also apply when the credit specifies a period for presentation together with the condition "stale documents acceptable" c. "Third party documents acceptable" – all documents for which the credit or UCP 600 do not indicate an issuer, except drafts, may be issued by a named person or entity other than the beneficiary. d. "Third party documents not acceptable" – has no meaning and is to be disregarded. e. "exporting country"□ one of the following: the country where the beneficiary is domiciled, the country of origin of the goods, the country of receipt by the carrier or the country from which shipment or dispatch is made. f. "Shipping company" – when used in the context of the issuer of a certificate, certification or declaration relating to a transport document – any one of the following: carrier, master or, when a charter party bill of lading is presented, the master, owner or charterer, or any entity identified as an agent of any one of the aforementioned, regardless of whether it issued or signed the presented transport Document. g. "documents acceptable as presented" – a presentation may consist of one or more of the stipulated documents provided they are presented within the expiry date of the credit and the drawing amount is within that which is available under the credit. The documents will not otherwise be examined for compliance under the credit or UCP 600, including whether they are presented in the required number of originals or copies.	A19. "선적서류", "기간경과서류 수리가능", "제3자서류 수리가능", "제3자서류 수리불가", "수출국", "해운회사" 및 "서류는 제시된 대로 수리가능" 이라는 표현은 UCP600에서 정의하지 않으므로 신용장에 사용하지 말아야 한다. 그럼에도 그러한 표현이 사용되고 신용장에서 그 의미를 규정하지 않았다면 이는 ISBP상 다음과 같은 의미를 갖는다. a. "선적서류(shipping documents)" – 이는 환어음, 전송보고서 그리고 서류의 발송을 증빙 하는 특송영수증, 우편영수증 및 우편증명서를 제외한 신용장에서 요구하는 모든 서류를 의미한다. b. "기간경과서류 수리가능(stale documents acceptable)" – 이는 신용장의 유효기일 이전에 제시되는 것을 전제로 서류가 선적일 후 달력상 21일 후에도 제시될 수 있다는 의미 이다. 이는 또한 신용장에서 제시기간을 "기간경과서류 수리가능"이라는 조건과 함께 명시한 경우에도 적용된다. c. "제3자서류 수리가능(third party documents acceptable)" – 이는 환어음을 제외하고, 신용장이나 UCP600에서 발행인이 명시되지 않은 모든 서류는 수익자 이외의 기명된 자연인이나 실체에 의하여 발행될 수 있음을 의미한다. d. "제3자서류 수리불가(third party documents not acceptable)" – 이는 어떠한 의미도 갖지 않으며 무시되어야 한다. e. "수출국(exporting country)" – 이는 수익자의 주소가 있는 국가, 물품의 원산지국, 운송인이 물품을 수령한 국가, 물품 선적국 또는 물품 발송국 중의 어느 하나를 의미한다. f. "해운회사(shipping company)" – 이는 운송서류와 관련한 증명서나 표명서의 발행인과 관련하여 사용된 경우에, 운송인이나 선장, 용선계약부 선하증권이 제시된다면 선장, 선박소유자 또는 용선자 또는 그러한 각각의 자의 대리인으로 확인되는 자 중의 어느 하나를 의미하며, 이때 그 자가 제시된 서류를 발행 또는 서명하였는지 여부는 불문한다.

g. "서류는 제시된 대로 수리가능(documents acceptable as presented)" - 이는 서류가 신용장의 유효기일 내에 제시되고 청구금액이 신용장에서 허용되는 금액 이내라는 전제하에 신용장에 명시된 서류 중의 어느 하나 또는 둘이상의 서류가 제시되어도 무방하다는 의미이다. 그밖의 서류는 요구되는 부수(部數)만큼 서류의 원본 또는 사본이 제시되었는지 여부를 포함하여 당해 신용장이나 UCP600하에서 일치여부의 결정을 위하여 심사 되지 아니한다.

Issuer of documents	서류의 발행인
A20) When a credit requires a document to be issued by a named person or entity, this condition is satisfied when the document appears to be issued by the named person or entity by use of its letterhead, or when there is no letterhead, when the document appears to have been completed or signed by, or for [or on behalf of], the named person or entity.	A20) 신용장에서 어떤 서류가 기명된 자연인이나 실체에 의하여 발행되도록 요구하는 경우에, 그 서류가 레터헤드의 사용에 의하여 그렇게 기명된 자연인이나 실체에 의하여 발행된 것으로 보이거나 만약 레터헤드가 없는 때에는 서류가 그렇게 기명된 자연인이나 실체 또는 그 대리인에 의하여 완성되거나 서명된 것으로 보인다면 이 조건은 충족된다.
A21) a. When a credit stipulates the language of the documents to be presented, the data required by the credit or UCP 600 are to be in that language. b. When a credit is silent with respect to the language of the documents to be presented, the documents may be issued in any language. c. i) When a credit allows two or more acceptable languages, a confirming bank or a nominated bank acting on its nomination may restrict the number of acceptable languages as a condition of its engagement in the credit, and in such a case the data contained in the documents are only to be in the acceptable language or languages. ii) When a credit allows a document to contain data in two or more acceptable languages and a confirming bank or a nominated bank acting on its nomination does not restrict the language or the number of acceptable languages as a condition of its engagement in the credit, it is required to examine the data in all of the acceptable languages appearing in the documents. d. Banks do not examine data that have been inserted in a language that is additional to that required or allowed in the credit. e. Notwithstanding paragraphs A21) (a) and (d), the name of a person or entity, any stamps, legalization, endorsements or similar, and the pre-printed text shown on a document, such as, but not limited to, field headings, may be in a language other than that required in the credit.	A21) a. 신용장에서 제시서류의 언어를 명시한 경우에, 신용장이나 UCP600에 의하여 요구되는 정보는 그러한 언어로 기재되어야 한다. b. 신용장에서 제시서류의 언어에 대하여 침묵한 경우에 ,서류는 어느 언어로 발행되어도 무방하다. c. ⅰ. 신용장에서 둘 이상의 언어를 허용하는 경우에, 확인은행이나 지정에 따라 행위하는 지정은행은 자신이 신용장에 관여하는 전제조건으로 허용되는 언어의 수를 제한할 수 있으며, 이러한 경우에 서류에 기재되는 정보는 그렇게 허용된 언어로만 기재되어야 한다. ⅱ. 신용장에서 정보가 둘 이상의 언어로 기재될 수 있다고 허용하고 확인은행이나 지정에 따라 행위하는 지정은행이 자신이 신용장에 관여하는 전제조건으로 허용되는 언어의 수를 제한하지 않은 경우에, 그 은행은 서류에 나타나는 정보가 허용된 어떤 언어로 기재되었더라도 그 서류를 심사하여야 한다. d. 은행은 신용장에서 요구되었거나 허용된 언어 외의 언어로 기입된 정보는 심사하지 아니 한다. e. A21(a)항과 (d)항에도 불구하고, 자연인이나 실체의 이름, 스탬프, 공증표시, 배서 등이나 예컨대 특정한 난의 제목(field heading)(이에 한정되지 않음)과 같이 서류에 나타나는 이미 인쇄된 문구는 신용장에서 요구하는 언어와 다른 언어로 작성될 수 있다.

Misspellings or typing errors	오자나 오타
A23) A misspelling or typing error that does not affect the meaning of a word or the sentence in which it occurs does not make a document discrepant. For example, a description of the goods shown as "mashine" instead of "machine", "fountan pen" instead of "fountain pen", or "modle" instead of "model" would not be regarded as a conflict of data under UCP 600 sub-article 14 (d). However, a description shown as, for example, "model 123" instead of "model 321" will be regarded as a conflict of data under that sub-article.	A23. 오자나 오타는 당해 단어나 문장의 의미에 영향을 주지 않는다면 서류의 하자로 되지 않는다. 예컨대, 물품명세에서 "machine" 대신에 "mashine", "fountain pen" 대신에 "fountan pen", "model" 대신에 "modle" 이라고 표기되더라도 UCP600 제 14조 제d항하에서 정보의 저촉으로 간주되지 않는다. 그러나 예컨대 "model321" 대신에 "model123" 이라고 기재되면 이는 같은 조항하에서 정보의 저촉으로 간주된다.

Originals and copies	원본과 사본
A27) A document bearing an apparently original signature, mark, stamp or label of the issuer will be considered to be an original unless it states that it is a copy. Banks do not determine whether such a signature, mark, stamp or label of the issuer has been applied in a manual or facsimile form and, as such, any document bearing such method of authentication will satisfy the requirements of UCP 600 article 17.	A27. 외관상 발행인의 원본 서명이나 표식, 스탬프 또는 라벨이 부가되어 있는 서류는 그것이 사본이라고 기재되지 않았다면 원본으로 간주된다. 은행은 발행인의 그러한 서명이나 표식, 스탬프, 또는 라벨이 육필이나 모사(模寫)의 방식으로 이루어졌는지 여부를 결정하지 않으며, 마찬가지 이유에서 그러한 방법에 의한 인증이 부가된 서류는 UCP600 제17조의 요건을 충족한다.
A28) Documents issued in more than one original may be marked "Original", "Duplicate", "Triplicate", "First Original", "Second Original" etc. None of these markings will disqualify a document as an original.	A28. 둘 이상의 원본으로 발행되는 서류는 "Original", "Duplicate", "Triplicate", "First Original", "Second Original" 등으로 표시될 수 있다. 이러한 표시가 있더라도 그 서류의 원본성은 상실되지 아니한다.
A29) a. The number of originals to be presented is to be at least the number required by the credit or UCP 600. b. When a transport document or insurance document indicates how many originals have been issued, the number of originals stated on the document is to be presented, except as stated in paragraphs H12) and J7) (c). c. When a credit requires presentation of less than a full set of original transport documents, (for example, "2/3 original bills of lading", but does not provide any disposal instructions for the remaining original bill of lading, a presentation may include 3/3 original bills of lading. d. When a credit requires, for example, presentation of: i) "Invoice", "One Invoice", "Invoice in 1 copy"or "Invoice - 1 copy" it will be understood to be a requirement for an original invoice. ii) "Invoice in 4 copies" or "Invoice in 4 fold" will be satisfied by the presentation of at least one original invoice and any remaining number as copies. iii) "photocopy of invoice" or "Copy of invoice" will be satisfied by the presentation of either a photocopy, copy or, when not prohibited, an original invoice. iv) "photocopy of a signed invoice"will be satisfied by the presentation of either a photocopy or copy of the original invoice that was apparently signed or, when not prohibited, a signed original invoice.	A29) a. 제시되어야 하는 원본의 부수는 최소한 신용장이나 UCP600에 의하여 요구되는 부수이어야 한다. b. 운송서류나 보험서류 자체에서 몇 부의 원본이 발행되었는지가 표시된 경우에, H12항과 J7(c)항에 규정된 바를 제외하고는, 그 서류에 기재된 부수의 원본이 제시되어야 한다. c. 신용장에서 원본 운송서류의 전통(全通)보다 적은 부수(部數)(예컨대, 선하증권 원본 3통 중의 2통)를 제시하도록 요구하면서 나머지 원본의 처리에 관하여 어떠한 시도 하지 않은 경우에, 3통의 원본 선하증권 모두를 제시할 수 있다. d. 신용장에서, 예컨대, i. "Invoice", "One Invoice", "Invoice in 1 copy" 혹은 "Invoice - 1copy"의 제시를 요구 한다면, 이는 1부의 송장 원본을 요구하는 것으로 이해된다. ii. "Invoice in 4 copies" 혹은 "Invoice in 4 fold"의 제시를 요구한다면, 이는 최소한 1부의 송장 원본과 나머지 부수의 사본의 제시에 의하여 충족된다. iii. "photocopy of invoice" 혹은 "copy of invoice"의 제시를 요구한다면, 이는 사진복사본이나 사본 1부 또는 만약 금지되지 않았다면 송장 원본 1부의 제시에 의하여 충족된다.

	iv. "photocopy of a signed invoice"의 제시를 요구한다면, 이는 외관상 서명된 송장 원본의 사진복사본 또는 사본 1부의 제시에 의하거나 만약 금지되지 않았다면 서명된 원본 송장의 제시에 의하여 충족된다.
A31) a. Original documents are to be signed when required by the credit, the document itself (except as stated in paragraph A37)) or UCP 600. b. Copies of documents need not be signed nor dated.	A31. a. 원본서류는 신용장이나 당해 서류 자체(A37항에 규정된 것 제외) 또는 UCP600에 의하여 요구되는 경우에 서명 되어야 한다. b. 서류의 사본은 서명되거나 일부(日附)될 필요가 없다.

Signatures	서명
A35) a. A signature, as referred to in paragraph A31) (a), need not be handwritten. Documents may also be signed with a facsimile signature (for example, a pre-printed or scanned signature), perforated signature, stamp, symbol (for example, a chop) or any mechanical or electronic method of authentication. authentication.	A35. a. A31(a)항에 규정된 서명은 자필서명일 필요가 없다. 모 사서명(예컨대, 미리 인쇄되거나 스캔된 서명), 천공서명, 스탬프, 상징(예컨대, 도장)이나 기계적 또는 전자적 인증 방법으로 서명서류에 서명하는 것도 가능하다.

Endorsement	배서
B15) A draft is to be endorsed, if necessary.	B15. 환어음은 필요하다면 배서되어야 한다.

Drafts drawn on the applicant	개설의뢰인을 지급인으로 하는 환어음
B18) a. A credit must not be issued available by a draft drawn on the applicant.	B18 a. 신용장은 개설의뢰인을 지급인으로 하여 발행되는 환어음에 의하여 이용 가능하도록 개설 되어서는 아니 된다.

INVOICES 송장

Title of invoice	송장의 제목
C1) a. When a credit requires presentation of an "Invoice"without further description, this will be satisfied by the presentation of any type of invoice (commercial invoice, customs invoice, tax invoice, final invoice, consular invoice, etc.). However, an invoice is not to be identified as "Provisional" "Pro-forma" or the like. b. When a credit requires presentation of a "commercial invoice" this will also be satisfied by the presentation of a document titled "Invoice" even when such document contains a statement that it has been issued for tax purposes.	C1. a. 신용장에서 "송장(invoice)"의 제시를 요구하면서 더 이상의 명시가 없는 경우에, 이는 (상업송장, 세관송장, 세금송장, 최종송장, 영사송장 등) 여하한 종류의 송장의 제시에 의하여 충족된다. 그러나 송장은 "임시"송장, "견적"송장 또는 이와 유사한 것으로 확인 되지 않아야 한다. b. 신용장에서 "상업송장"의 제시를 요구하는 경우에, 이는 "송장"이라는 제목의 서류를 제시함으로써 충족되며 그러한 서류가 세금의 목적으로 발행되었다는 기재를 담고 있더라도 무방하다.

Description of the goods, services or performance and other general issues related to invoices	물품, 서비스 또는 의무이행에 관한 명세 및 송장에 관한 기타 일반적 사항
C3) The description of the goods, services or performance shown on the invoice is to correspond with the description shown in the credit. There is no requirement for a mirror image. For example, details of the goods may be stated in a number of areas within the invoice which, when read together, represent a description of the goods corresponding to that in the credit.	C3. 송장에 나타나는 물품, 서비스 또는 의무이행에 관한 명세는 신용장에 나타나는 명세에 상응하여야 한다. 경상(鏡像,mirror image)과 같은 기재가 요구되는 것은 아니다. 예컨대, 물품의 세부사항은 송장 내의 여러 곳에 산재할 수 있으며, 단지 그것들을 통합하여 읽을 때, 물품명세가 신용장의 그 것에 상당하는 것으로 충분하다.
C4) The description of goods, services or performance on an invoice is to reflect what has actually been shipped, delivered or provided. For example, when the goods description in the credit indicates a requirement for shipment of "10 trucks and 5 tractors" and only 4 trucks have been shipped, an invoice may indicate shipment of only 4 trucks provided that the credit did not prohibit partial shipment. An invoice indicating what has actually been shipped (4 trucks) may also contain the description of the goods stated in the credit, i.e., 10 trucks and 5 tractors.	C4. 송장상의 물품, 서비스 또는 의무이행에 관한 명세는 실제로 선적되거나 인도 또는 제공된 것을 반영하여야 한다. 예컨대, 신용장의 물품명세에서 "10대의 트럭과 5대의 트렉터"가 선적되어야 한다고 표시하고 있고 실제로 단지 4대의 트럭이 선적된 경우에, 신용장에서 분할선적을 금지하지 않았다면, 송장에서는 트럭 4대의 선적만을 표시할 수 있다. 송장에서 실제로 선적된 것(트럭 4대)을 표시할 때에는 신용장에 명시된 물품명세, 즉, 트럭 10대와 트렉터 5대로 함께 기재할 수 있다.
C5) An invoice showing a description of the goods, services or performance that corresponds with that in the credit may also indicate additional data in respect of the goods, services or performance provided that they do not appear to refer to a different nature, classification or category of the goods, services or performance. For example, when a credit requires shipment of "Suede Shoes" but the invoice describes the goods as "Imitation Suede Shoes" or when the credit requires "Hydraulic Drilling Rig" but the invoice describes the goods as "Second Hand Hydraulic Drilling Rig" these descriptions would represent a change in nature, classification or category of the goods.	C5. 송장상 물품, 서비스 또는 의무이행에 관한 명세가 신용장에 명시된 그것과 상응하는 것으로 나타난다면 그 송장에서는 물품, 서비스 또는 의무이행에 관한 추가적 정보를 표시하고 있더라도 무방하되, 다만 그러한 추가적 정보가 물품, 서비스 또는 의무이행의 상이한 성질, 분류 또는 종류를 언급하지 않아야 한다. 예컨대, 신용장에서 "Suede Shoes"의 선적을 요구하는데 송장에서 물품을 "Imitation Suede Shoes"라고 명세하거나, 신용장에서 "Hydraulic Drilling Rig"를 요구하는데 송장에서 물품을 "Second Hand Hydraulic Drilling Rig"라고 명세하는 경우에, 이러한 명세는 물품의 성질이나 분류 또는 종류를 변경하는 것이 된다.
C6) An invoice is to indicate: a. the value of the goods shipped or delivered, or services or performance provided. b. unit price(s), when stated in the credit. c. the same currency as that shown in the credit. d. any discount or deduction required by the credit.	C6. 송장에서는 다음을 표시하여야 한다. a. 선적 또는 인도되는 물품이나 제공되는 서비스 또는 의무이행의 금액. b. 신용장에 명시된 경우에, 단가. c. 신용장에 나타나는 통화와 동일한 통화. d. 신용장에서 요구되는 할인 또는 공제.
C7) An invoice may indicate a deduction covering advance payment, discount, etc., that is not stated in the credit.	C7. 송장에서는 신용장에 명시되지 않은 선지급이나 할인 등에 따른 공제가 표시될 수 있다.

C8) When a trade term is stated as part of the goods description in the credit, an invoice is to indicate that trade term, and when the source of the trade term is stated, the same source is to be indicated. For example, a trade term indicated in a credit as "CIF Singapore Incoterms 2010"is not to be indicated on an invoice as "CIF Singapore" or "CIF Singapore Incoterms" However, when a trade term is stated in the credit as "CIF Singapore" or "CIF Singapore Incoterms" it may also be indicated on an invoice as "CIF Singapore Incoterms 2010"or any other revision.	C8. 신용장에서 정형거래조건이 물품명세의 일부로 기재된 경우에, 송장에서는 그 정형거래 조건이 표시되어야 하고, 그 정형거래조건의 출처까지 기재된 경우에는 동일한 출처가 송장에 표시되어야 한다. 예컨대, 신용장에서 정형거래조건이 "CIF Singapore Incoterms 2010"로 표시된 경우에, 송장에서 "CIF Singapore" 또는 "CIF Singapore Incoterms"로 표시되어서는 아니된다. 그러나 신용장에서 정형거래조건이 "CIF Singapore" 또는 "CIF Singapore Incoterms"라고 표시된 경우에, 송장에서는 "CIF Singapore Incoterms 2010"이나 다른 개정본이 표시될 수 있다.
C9) Additional charges and costs, such as those related to documentation, freight or insurance costs, are to be included within the value shown against the stated trade term on the invoice.	C9. 서류발급비용, 운임 또는 보험비용과 같은 추가적 수수료나 비용은 송장에 기재되는 정형거래조건과 함께 나타나는 금액 내에 포함될 수 있다.
C10) An invoice need not be signed or dated.	C10. 송장은 서명되거나 일부(日附)될 필요가 없다.
C11) Any total quantity of goods and their weight or measurement shown on the invoice is not to conflict with the same data appearing on other documents.	C11. 송장에 나타나는 물품의 총량 및 그 물품의 총중량 또는 총부피는 다른 서류에 나타나는 같은 정보와 저촉되어서는 아니 된다.
C12) An invoice is not to indicate: a. Over–shipment (except as provided in UCP 600 sub–article 30 (b)), or b. goods, services or performance not called for in the credit. This applies even when the invoice includes additional quantities of goods, services or performance as required by the credit or samples and advertising material and are stated to be free of charge.	C12. 송장에서는 다음이 표시되지 않아야 한다. a. 초과적(다만 UCP600 제30조 제b항 규정 제외), 또는 b. 신용장에서 요구되지 않은 물품, 서비스 또는 의무이행, 이는 송장이 신용장에서 요구되는 물품, 서비스 또는 의무이행에 추가되는 수량이나 견본 및 광고용품을 포함하고 있다면 그것들이 무료라고 기재된 경우에도 적용된다.
C13) The quantity of goods required in the credit may be indicated on an invoice within a tolerance of +/-5%. A variance of up to +5% in the quantity of the goods does not allow the amount demanded under the presentation to exceed the amount of the credit. The tolerance of +/- 5% in the quantity of the goods will not apply when: a. a credit states that the quantity is not to be exceeded or reduced; or b. a credit states the quantity in terms of a stipulated number of packing units or individual items.	C13. 신용장에서 요구되는 물품의 수량은 +/-5%의 오차범위내로 송장에 표시될 수 있다. 물품수량의 +/-5%까지 오차가 허용되더라도 신용장금액을 초과하는 금액으로 지급청구를 하는 것은 허용되지 않는다. 물품수량 +/-5% 오차의 허용은 다음의 경우에는 적용되지 않는다. a. 신용장에서 수량의 초과 또는 부족을 금지하는 경우 b. 신용장에서 포장단위나 개별품목의 개수를 명시하는 방법으로 수량을 명시하는 경우.
C14) When no quantity of goods is stated in the credit, and partial shipments are prohibited, an invoice issued for an amount up to 5% less than the credit amount will be considered to cover the full quantity and not a partial shipment.	C14. 신용장에 물품의 수량이 명시되지 않았고 분할선적이 금지되지 않은 경우에, 5% 이내에서 신용장금액보다 적은 금액으로 발행된 송장은 수량 전부를 선적한 것으로 간주되며 분할선적으로 간주되지 않는다.

MEMO

PART 03
빈출 무역 서식

국제무역사 2급

International Trade Specialist

Step3. 사용설명서

1. 협약집

Step3는 출제가능성이 높은 국제협약 및 무역서식의 발췌본 또는 해석을 위한 것입니다.

협약집과 무역서식의 경우 범위도 넓고, 이해하기에도 어려운데 비해 출제되는 부분은 한정적입니다. 그럼에도 불구하고, 시험문제와 거의 동일하게 출제되거나, 수험공부의 이해를 돕는 기반이 되기 때문에 간추린 협약을 필히 회독하실수 있기를 바랍니다.

2. 실무 무역 서식

국제무역사 2급의 2교시에는 타 무역자격시험(국제무역사 1급 포함)과는 달리 실무에서 사용되는 무역서식이 출제되며, 생소한 무역서식이 등장했을 때 바로 확인해야 하는 빈출 사항들을 표기하여 설명하였습니다.

실무 서식을 모두 익힐 필요는 없으나, 시험목적상 단시간 내에 정답을 확인하기 위해서는 목적적합한 서식 및 정답의 위치 확인이 중요합니다. 시험문제의 질문사항을 빠르게 파악 후 무역서류 예시 지문을 보았을 때 바로 확인할 수 있도록 연습이 필요합니다. 부디 참고가 되길 바랍니다.

CHAPTER 01 빈출 무역 서식

1. COUNTER OFFER(반대청약) 서신

① TOMATO INDUSTRIAL CO.,LTD.
② Kangnamgu, SEOUL, KOREA
Tel : 82-2-1000-1234, Fax : 82-2-1000-4321
E-Mail : hrsim2646@naver.com, Homepage : www.tomatopass.co.kr

③ Seoul, July 20, 2018

④ GEO co., Inc.
⑤ 50 Libeity st.,New York, N.Y. 12345 U.S.A.

⑥ Gentlemen;

⑦ We have the pleasure of acknowledging your letter of July 30, requesting us to quote the most favorable price on tomato

⑧ We regret that our prices were not low enough to meet your requirements.
But the above revised is the best price we can make at present since the high quality of our goods cannot be maintained at lower prices.

⑨ In fact, our revised price is closely calculated and we shall not be able to make any further price reduction in spite of our eagerness to do business with you.

⑩ We trust you will accept it without delay.

⑪ Yours truly,

TOMATO Industrial. co. ltd
H.R. Sim

Director Trading Department

※ 무역관련 서신(Letter)은 특정한 형식은 없기 때문에 다양한 형식과 양식으로 출제가능하다. 다만, 순서 및 어휘 등의 문제가 출제가 가능하기 때문에 아래의 작성순서를 기억하면 도움이 된다.
　① 보낸 이 → ② 보낸 이의 주소(국가) → ③ 작성일자 → ④ 받는 이 → ⑤ 받는 이의 소재지(국가) → ⑥ 인사말 → ⑦ 회사를 알게 된 경위 or 지난번 거래에 대한 사실관계 → ⑧ 당사의 사정 및 요구사항 → ⑨ 받는 이에게 요구하는 본론 → ⑩ 회신요청 또는 결미인사 → ⑪ 맺음말

2. 청약서(Offer Sheet)

Offer(청약자)

TOMATO CO., LTD.

Manufacturers, Exporters & Importers

· 707, 7th Fl., TOMATO Bldg., 123 TOMATO-dong, Kangnam-ku, Seoul 100-010, Korea

Tel: + 82-2-954-8710 Fax: + 82-2-6228-8710 M.P: + 82-11-334-8710

November 17, 2018

작성일/발신일

GEO CO., LTD.
50 Liberty St., New York,
N.Y. 10005, U.S.A.

Offeree(피청약자)

Attn.: Mr. Tony Stark / Importing Manager

Gentlemen :

거래물품/수량/단가/가격

OFFER SHEET No. 100001

We are pleased to offer you the following goods on the terms and conditions as stated below.

Item	Description	Quantity	Unit Price (CIF Seattle)	Amount
Tomato Drink no.1	235mm x 6can	100 Box	US$1,000	US$100,000
	350mm x 5can	100 Box	US$1,200	US$120,000
	500mm x 4can	100 Box	US$1,300	US$130,000
	1,000mm x 2pet	100 Box	US$1,500	US$150,000
Total		400 Box		US$500,000

Origin	:	Republic of Korea
Shipment	:	From Busan port, Korea for transportation to Seattle port, U.S.A. within 30days after receipt of L/C, partial shipment allowed and transshipment not allowed
Insurance	:	Seller to cover the 110% of full invoice value against ICC (A) with claims payable in Seattle, U.S.A. in the same currency as the draft
Payment	:	By irrevocable documentary credit at sight to be issued in favor of TOMATO Co., Ltd.
Documents required	:	+ Signed commercial invoice in triplicate
		+ Full set of clean on board ocean bills of lading made out to order of issuing bank, marked "freight prepaid" and notify applicant
		+ Insurance policy or certificate in duplicate blank endorsed for the 110% of full invoice value against ICC(A) with claims payable in Seattle in the same currency as the draft
		+ Packing list in triplicate
		+ Inspection certificate in duplicate issued by SGS
Inspection	:	SGS' inspection to be final before shipment
Packing	:	Export standard packing
Shipping marks	:	XYZ in diamond, destination port, origin, box No.1/up
Validity	:	Until December 31, 2018

Your valued acceptance would be highly appreciated

확정청약임을 알 수 있는 승낙의 유효기간(Validity)

청약자의 계약 조건

Date of acceptance:
Accepted by: GEO Co., LTD

TOMATO CO., LTD.

Haryong Shim

President

Offeree(피청약자)의 승낙(=서명)이 있는 경우 계약 성립이 된다.

3. 계약서(Sales Contract)

TOMATO CORPORATION
W.T.P.O. BOX 1010
Trade Tower 30F.
Gangnam – gu, Seoul, Korea
TEL : 02–6000–5353 FAX : 02–6000–5161

계약서 작성/발신자
(이 계약서는 수출자)

SALES CONTRACT NO.123

Messers : 거래처
(이 계약서는 수입자)

DATE : June 10, 2018

계약물품 및
가격, 선적조건

MESSRS, PFISTER & VOGEL INC.
Los Angeles, U.S.A.

We as Seller confirm having sold you as Buyer the following goods on the terms and conditions as stated below and on the back hereof.

QUANTITY	DESCRIPTION	PRICE	SHIPMENT
10,000yards	Printed Synthetic Febric 44 x about 500yards 100% Acrylic Fast Color	CIF New York in U.S. Currency $0.72	Aug. 2018

Total Amount : US$7,200.00

PAYMENT : By a Documentary Letter of Credit at 90 days after sight in favour of you.
INSURANCE : Seller to cover the CIF price plus 10% against All Risks including War and SRCC Risks.
PACKING : About 500 yards in a carton box

DESTINATION : LOS ANGELES, U.S.A.   〈SHIPPING MARK〉
                                                              P&V
                                                         LOS ANGELES
                                                        BOX NO. 1/UP
                                                        MADE IN KOREA

PLEASE SIGN AND RETURN THE DUPLICATE

계약조항
결제/보험/포장/목적지/화인

BUYER
PFISTER & VOGEL INC.
(Signed)
_____
David Jones
President

TOMATO CORPORATION.
(Signed)
_____
GIL DONG HONG
Export Manager

4. 상업송장(Commercial Invoice)

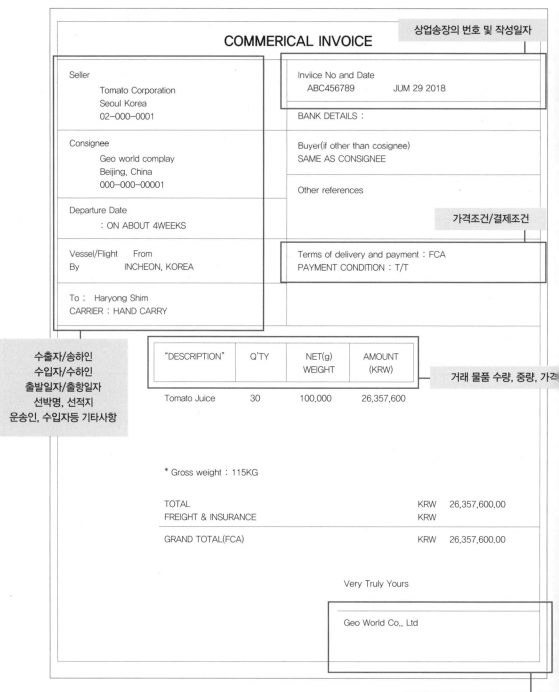

COMMERICAL INVOICE

Seller

Tomato Corporation
Seoul Korea
02-000-0001

Inviice No and Date
ABC456789   JUM 29 2018

상업송장의 번호 및 작성일자

BANK DETAILS :

Consignee

Geo world complay
Beijing, China
000-000-00001

Buyer(if other than cosignee)
SAME AS CONSIGNEE

Other references

Departure Date

: ON ABOUT 4WEEKS

가격조건/결제조건

Vessel/Flight   From
By   INCHEON, KOREA

Terms of delivery and payment : FCA
PAYMENT CONDITION : T/T

To ; Haryong Shim
CARRIER : HAND CARRY

수출자/송하인
수입자/수하인
출발일자/출항일자
선박명, 선적지
운송인, 수입자등 기타사항

"DESCRIPTION"	Q'TY	NET(g) WEIGHT	AMOUNT (KRW)
Tomato Juice	30	100,000	26,357,600

거래 물품 수량, 중량, 가격

* Gross weight : 115KG

TOTAL	KRW	26,357,600.00
FREIGHT & INSURANCE	KRW	
GRAND TOTAL(FCA)	KRW	26,357,600.00

Very Truly Yours

Geo World Co., Ltd

신용장 거래에서는
송장에 서명은 없어도 된다.

5.1 신용장개설 신청서(Application for L/C)

Application for Irrevocable Documentary Credit

신용장
개설을
의뢰요청할
개설은행

TO : HR Bank
※ ② Advising bank : ABC Bank, LA, USA
※ ②-1 Credit no. :
③ Applicant : TOMATO COMPANY, KOREA
④ Beneficiary : GEO CORPORATION USA
⑤ Amount : 통화 USD   금액
⑥ Expiry Date : Sep. 06, 2018 in the Beneficiary country (O) At the counters of ourselves (   )
⑦ Latest date of shipment : AUG. 31, 2018
⑧ Tenor of Draft   At sight (O), Usance   days(Usanse L/C only : Banker's (   )   Shipper's (   )   days

① Date : AUG. 13. 2018
BIC : (통지은행(Advising Bank)

과부족 용인조건 (M/L Clause)
(Tolerance : 0/0)

☐ After sight
☐ From B/L date
☐ Other

⑨ For 100% of the invoice value
Document Required(46A)
⑩ (O) Full set of clean on board ocean bills of lading made out to the order of H R BANK marked "Freight
(Prepaid   ) and notifyAccountee (O), Other (   ) :
⑪ Insurance Policy or Certificate in duplicate endorsed in blank for 110% of the invoice value, s
claims are payable in the currency of the draft and also indicating a claim setting agent in Kor
include : the Institute Cargo Clause : A/R with ICC War and SRCC clause.
⑫ (O) Signed Commercial Invoice in (3) folds
⑬ (O) Signed Packing List in (3) folds
⑭ (O) Certificate of Origin in (1) Original and (1) copy
⑮ (O) Inspention Certificate in (1) fold issued by Los Angeles, USA
⑯ ( ) Other Documents (if any)
⑰ Description of goods and/or services(45A)
⑱ Price term : CIF BUSAN, Korea

일람불(Sight) 또는
기한부(Usance) 신용장
기한부일 경우 누구의
신용공여로 할 것인지
일람후, 선적후, 기타
기산일 설정

제시 요구 서류
및 서류 조건

Commodity Description	Quantity	Unit Price	Amount
TOMATO HUICE, GOOD GRADE	10,000 KG	100	1,000,000

⑲ Shipment from : Los Angeles, USA   Shipment to : Busan, Korea
⑳ Partial Shipment : (O) Allow   (   ) Prohibited
㉑ Transshipment : (   ) Allow   (O) Prohibited
㉒ Confirmation : (   ) / Confirmation charges : (   ) Beneficiary (   ) Applicant
㉓ Transfer : (   ) Allowed(Transferring Bank :   )
㉔ Documents must be presented within (12)days after the date of shipment of B/L or transportation documents.

분할선적, 환적, 확인,
양도가능 여부 등

5.2 전신 신용장(SWIFT)

SWIFT 신용장 사례 예시
TOMATO Bank

Form of Doc. Credit	*40 A	: IRREVOCABLE
Doc. Credit Number	*20	: G /J-6551023
Date of Issue	31 C	: 110116
Expiry	*31 D	: Date 110315 Place AT THE NEGOTIATING BANK
Applicant	*50	: AEC CO., LTD.
		ROOM 208 SYUWA AOYAMA RESIDENCE
		3-3-10 SHIBUYA SHIBUYA-KU TOKYO 150
Beneficiary	*59	: 528-48 BUJEON-DONG BUSANJIN-GU
		BUSAN, KOREA
		C.P.O. BOX, 607-600, BUSAN, KOREA
Amount	*32 B	: Currency USD Amount 63,760.00
Available with / by	*41 D	: ANY BANK
		BY NEGOTIATION
Drafts at ...	42 C	: AT SIGHT
Drawee	42 A	: SWITUS33
		*SUMITOMO BANK, LTD. , THE
		*NEW YORK, NY
Partial Shipments	43 P	: ALLOWED
Transshipment	43 T	: PROHIBITED
Loading in Charge	44 A	: CHINESE PORT, CHINA
For Transport to ⋯	44 B	: JAPANESE PORT, JAPAN
Latest Date of Ship.	44 C	: 980228
Descript. of Goods	45 A	: TOTAL 2,000 SETS(10,000 PAIR) OF LADIES DRESS
		SHOES (DETAILS ARE AS PER BENEFICIARY'S
		PROFORMA INVOICE NO.WH971226-1 DATED CIF
		YOKOHAMA
Documents required	46 A	: COMMERCIAL INVOICE IN DUPLICATE
		2/3 SET OF CLEAN ON BOARD OCEAN BILL OF LADING
		MARKED FREIGHT PREPAID MADE OUT TO ORDER OF
		THE SHIPPER BLANK ENDORSED NOTIFY
		APPLICANT
		PACKING LIST IN DUPLICATE
		MARINE INSURANCE POLICY OR CERTIFICATE IN
		DUPLICATE ENDORSED IN BLANK WITH CLAIM
		PAYABLE IN JAPAN IN THE CURRENCY OF THE DRAFT
		COVERING 110 PERCENT OF THE INVOICE INCLUDING
		INSTITUTE CARGO CLAUSES(ALL RISKS), INSTITUTE
		WAR CLAUSES, INSTITUTE S. R. C. C. CLAUSES

Additional Cond.	47 A :	THIS CREDIT IS SUBJECT TO UNIFORM CUSTOMS AND
		PRACTICE FOR DOCUMENTARY CREDITS(2007
		REVISION) I. C. C. PUBLICATION NO 600.
T. T. REIMBURSEMENT	:	UNACCEPTABLE
		ALL SHIPPING DOCUMENTS MUST BE SPECIFIED L/C NUMBER.
		BENEFICIARY'S CERTIFICATE REQUIRED STATING THAT
		TWO SETS OF NON-NEGOTIABLE SHIPPING
		DOCUMENTS INCLUDING ONE ORIGINAL BILL OF
		LADING HAVE BEEN SENT TO APPLICANT
		DIRECTLY BY COURIER SERVICE.
		FREIGHT FORWARDERS TRANSPORT DOCUMENTS ARE
		NOT ACCEPTABLE.
Doc. Credit Number	:	G/J-6551023 Continued from Page 0002
Details of Charges	71 B :	ALL BANKING CHARGES AND COMMISSIONS INCLUDING
		REIMBURSEMENT COMM. OUTSIDE JAPAN ARE FOR A/C OF
BENEFICIARY.		
Presentation Period	48 :	DOCUMENTS TO BE PRESENTED WITHIN 15
		DAYS AFTER THE DATE OF SHIPMENT BUT
		WITHIN THE VALIDITY OF THE CREDIT.
Confirmation	*49 :	WITHOUT
Reimbursing Bank	53 A :	SMITUS33
		*SUMITOMO BANK, LTD., THE
		*NEW YORK, NY
Instructions	78 :	
		TO NEGOTIATING BANK : THE SUMITOMO BANK LTD
		T. I. B. O. D.CPO BOX 4 TOKYO 100-91
		JAPAN BY REGISTERED AIRMAIL IN ONE LOT
		PLEASE CLAIM YOUR REIMBURSEMENT FROM THE
		DRAWEE BANK BY FORWARDING THE BENEFICIARY'S
		DRAFT.
		REIMBURSEMENT IS SUBJECT TO ICC URR 525.
"Advise Through"	57 D :	TOMATO BANK PUSAN JUNGANG BRANCH
		PUSAN, KOREA SWIFT CODE CZNBKRSE

As this message has been advised by cable, we reserve the right to make corrections as may be necessary upon receipt of the mail advice and we assume no responsibility for any errors and/or omissions in the transmission and/or translation of the cable.

전신신용장 SWIFT의 Code별 구성 설명		
:700 :	Massage Type	MT 700 = 화환신용장 개설
:27	SEQUENCE OF TOTAL:	L/C 전송페이지의 표시
:40A	FORM OF DOCUMENTARY CREDIT:	신용장의 종류
:20	DOCUMENTARY CREDIT NUMBER:	개설은행이 부여하는 신용장 번호
:31C	DATE OF ISSUE:	개설은행이 개설일자로 간주하는 일자 무기재할 경우 L/C를 보낸 일자를 개설일자로 간주.
:31D	DATE AND PLACE OF EXPIRY:	서류가 제시되어야 하는 마지막 일자와 장소를 표시. 은행휴입일에 종료시 다음 최초 영업일까지 자동연장.
:50	APPLICANT:	개설의뢰인, 수입자
:59	BENEFICIARY:	수익자, 수출자
:32B	CURRENCY CODE, AMOUNT:	신용장의 통화 및 금액
:39A	PCT CREDIT AMOUNT TOLERANCE:	신용장금액의 과부족 용인 표기
:41D	AVAILABLE WITH ... BY ...:	신용장 사용방법= 지급, 연지급, 매입, 인수 구분
:42C	DRAFTS AT ...:	환어음의 기간 (일람불 또는 기한부)
:42D	DRAWEE:	환어음의 지급인
:43P	PARTIAL SHIPMENT:	분할선적의 허용 여부
:43T	TRANSSHIPMENT:	환적의 허용 여부
:44A	LOADING/DISPATCH/TAKING CHARGE AT/ FROM:	선적항, 발송지, 수탁지
:44B	FOR TRANSPORTATION TO ...:	최종목적지
:44C	LATEST DATE OF SHIPMENT:	최종선적일자
:45A	DESCRIPTION OF GOODS AND/OR SERVICES:+ORIGIN :	상품/용역의 명세
:46A	DOCUMENTS REQUIRED:	수출상이 제시해야 할 서류에 관한 사항
:47A	ADDITIONAL CONDITIONS:	부가조건
:71B	CHARGES:	수수료 부담관계를 표시 (일반적으로 수출자가 부담)
:48	PERIOD FOR PRESENTATION:	서류 제시기간
:49	CONFIRMATION INSTRUCTIONS:	수신은행 앞으로 확인에 대한 지시사항
:78	INST TO THE PAY/ACCEPT/NEGOTIATE BANK:	지급은행, 인수은행 또는 매입은행을 위한 지시사항
:57D	ADVICE THROUGH BANK:	수익자에게 통지하기 위하여 경유해야 하는 은행명
:72	SENDER TO RECEIVER INFORMATION:	발신은행이 수신은행에게 제공하는 정보를 기록

6. 환어음 작성의 예시

BILL OF EXCHANGE

No.002018 DATE : JUNE 01, 2018

FOR USD 1,000,000.   Place : Seoul Korea

AT (만기) (SIGHT/USANCE) OF THIS FIRST BILL OF EXCHANGE (SECOND OF THE SAME TENOR DATE BEING UNPAID)

PAY TO (Payee수취인) OR ORDER THE SUM OF SAY US DOLLARS ONE HUNDRED THOUSAND ONLY

VALUE RECEIVED AND CHARGE THE SAME TO ACCOUNT OF (지급인drawee/최종대금결제인)

DRAWN UNDER L/C NO. JM0806 DATED May. 23, 2018

TO (Drawee지급인)

signature (Drawer발행인 서명)

7.1 선하증권(Bill of Lading)

B/L NUMBER

송하인, 수하인,
착화통지처

Consignor/Shipper

FBL KR M71 DSCLHIKP80409191
KIFFA NEGOTIABLE FIATA
MULTIMODAL TRANSPORT ICC
BILL OF LADING

Consignee
TO ORDER

Notify Party

B/L의 종류, 발행운송인
FIATA: 포워더 발행
M/T: 복합운송
B/L: 선하증권

T□
SHIPPING CO.
TEL :
FAX :
SEOUL, KORE

Place of Receipt
BUSAN CFS

Ocean vessel TOMATO V34N	Port of loading BUSAN, KOREA
Port of discharge Jakarta, Malaysia	Place of delivery Jakarta, Malaysia

Received by the Carrier from the Shipper
in apparent good order and condition
unless otherwise indicated herein, the
Goods, or package(s) said to contain —

Marks and number Number and kind of packages Description of goods Gross weight Measurement
250,000　　KGS

1234CBM

운송인의 화물 수취장소
선명, 선적항 도착항,목적지

24 CTNS

SAID TO CONTAIN:
334 YDS OF
0.25MT of Tomato Faste

COL :
QTY :
C/NO. : 1–24.

D/C NO. : SWFGWGW
FREIGHT PREPAID
SAY : TWENTY-FOUR(24) CARTONS ONLY
LADEN ON BOARD : MAY 08, 2018

ORIGINAL

본선적재일
(Onboard Notation)

According to the declaration of the consignor

Declaration of interest of the Consignor in timely delivery	Declared value for ad valorem rate According to the declaration of the consignor

Freight amount OCEAN FREIGHT PREPAID AS ARRANGED	Freight payable at SEOUL, KOREA	Place and date of issue SEOUL, KOREA MAY 07 2018
Cargo Insurance through the	No. of original FBL THREE(3)	Stamp and signature TOMATO SHIPPING CO., LTD. B/L 발행일, 발행장소

For delivery of goods please apply to :
T SHIPPING COMPANY LTD.
TEL : 02-012-3456

ASA CARRIER

7.2 선하증권 B/L

Bill of Lading			
① Shipper/Exporter ABC TRADING CO. LTD. 1. PIL-DONG, JUNG-GU, SEOUL, KOREA		⑪ B/L No. ; But 1004	
② Consignee TO ORDER OF XYZ BANK		지시식 XYZ은행으로 발행 XYZ 은행이 지정하는자가 수하인이 되도록 유통가능하도록 발급	
③ Notify Party ABC IMPORT CORP. P.O.BOX 1, BOSTON, USA			

Pre-Carrage by	⑥ Place of Receipt BUSAN, KOREA	
④ Ocean Vessel WONIS JIN	⑦ Voyage No. 1234E	⑫ Flag

⑤ Port of Loading ⑧ Port of Discharge ⑨ Place of Delivery ⑩ Final Destination(For the Merchant Ref.)
BUSAN, KOREA   BOSTON, USA   BOSTON, USA   BOSTON, USA

⑬ Container No. ⑭ Seal No. Marks & No	⑮ No. & Kinds of Containers or Packages	⑯ Description of Goods	⑰ Gross Weight	Measurement
ISCU1104 Total No. of Containers or Packages(in words)	1 CNTR	LIGHT BULBS (64,000 PCS)	4,631 KGS	58,000 CBM

⑱ Freight and Charges	⑲ Revenue tons	⑳ Rate	Per	Prepaid	Collect
Freight prepaid at	Freight payable at		Place and Date of Issue May 21, 2007, Seoul Signature		
Total prepaid in	No. of original B/L				
Laden on board vessel Date Signature May 21, 2000			ABC Shipping Co. Ltd. as agent for a carrier, zzz Liner Ltd.		

본선적재일

발행 선사

8. 항공화물운송장(AWB)

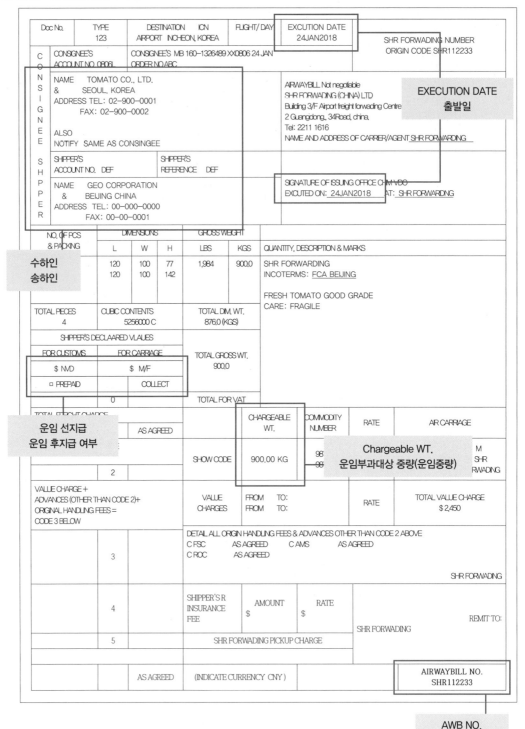

| Doc No. | TYPE 123 | DESTINATION ICN AIRPORT INCHEON, KOREA | FLIGHT/DAY | EXCUTION DATE 24JAN2018 | SHR FORWADING NUMBER ORIGIN CODE SHR112233 |

CONSIGNEE'S ACCOUNT NO. 0806 — CONSIGNEE'S MB 160–1326489 XX0806 24 JAN ORDER NO. ABC

NAME TOMATO CO., LTD.
& SEOUL, KOREA
ADDRESS TEL : 02–900–0001
FAX: 02–900–0002

ALSO
NOTIFY SAME AS CONSIGNEE

AIRWAYBILL Not negotiable
SHR FORWADING (CHINA) LTD
Building 3/F Airport freight forwading Centre
2 Guangdong, 34Road, china.
Tel: 2211 1616
NAME AND ADDRESS OF CARRIER/AGENT SHR FORWARDING

EXECUTION DATE
출발일

SHIPPER'S ACCOUNT NO. DEF | SHIPPER'S REFERENCE DEF

NAME GEO CORPORATION
& BEIJING CHINA
ADDRESS TEL: 00–000–0000
FAX: 00–00–0001

SIGNATURE OF ISSUING OFFICE CHM VBO
EXCUTED ON: 24JAN2018 AT: SHR FORWARDING

수하인
송하인

NO. OF PCS & PACKING	DIMENSIONS L / W / H	GROSS WEIGHT LBS / KGS	QUANTITY, DESCRIPTION & MARKS
	120 100 77	1,984 900,0	SHR FORWARDING
	120 100 142		INCOTERMS: FCA BEIJING
			FRESH TOMATO GOOD GRADE
			CARE: FRAGILE

| TOTAL PIECES 4 | CUBIC CONTENTS 5256000 C | TOTAL DIM. WT. 876.0 (KGS) |

SHIPPER'S DECLAARED VLAUES

FOR CUSTOMS	FOR CARRIAGE	TOTAL GROSS WT. 900.0
$ NVD	$ M/F	
□ PREPAID	COLLECT	
0		TOTAL FOR VAT

운임 선지급
운임 후지급 여부

	AS AGREED	CHARGEABLE WT.	COMMODITY NUMBER	RATE	AIR CARRIAGE
		SHOW CODE 900.00 KG	98	**Chargeable WT.**	M SHR RWADING
2			98	**운임부과대상 중량(운임중량)**	

VALUE CHARGE + ADVANCES (OTHER THAN CODE 2)+ ORIGINAL HANDLING FEES = CODE 3 BELOW		VALUE CHARGES	FROM TO: FROM TO:	RATE	TOTAL VALUE CHARGE $ 2,450
	3	DETAL ALL ORIGIN HANDLING FEES & ADVANCES OTHER THAN CODE 2 ABOVE C FSC AS AGREED C AMS AS AGREED C ROC AS AGREED			SHR FORWADING
	4	SHIPPER'S R INSURANCE FEE	AMOUNT $	RATE $	SHR FORWADING REMIT TO:
	5	SHR FORWADING PICKUP CHARGE			
	AS AGREED	(INDICATE CURRENCY CNY)			AIRWAYBILL NO. SHR112233

AWB NO.

9. 화물인도지시서(Deilivery Order)

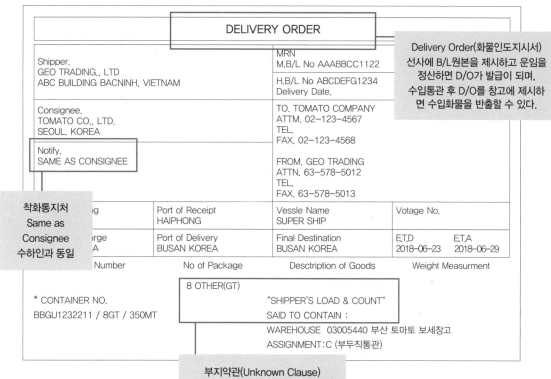

DELIVERY ORDER

Shipper.
GEO TRADING., LTD
ABC BUILDING BACNINH, VIETNAM

MRN
M.B/L No AAABBCC1122

H.B/L No ABCDEFG1234
Delivery Date.

Consignee.
TOMATO CO., LTD.
SEOUL, KOREA

TO. TOMATO COMPANY
ATTM. 02-123-4567
TEL.
FAX. 02-123-4568

Notify.
SAME AS CONSIGNEE

FROM. GEO TRADING
ATTN. 63-578-5012
TEL.
FAX. 63-578-5013

착화통지처
Same as
Consignee
수하인과 동일

| ...g | Port of Receipt
HAIPHONG | Vessle Name
SUPER SHIP | Votage No. | |
| ...rge | Port of Delivery
BUSAN KOREA | Final Destination
BUSAN KOREA | E.T.D
2018-06-23 | E.T.A
2018-06-29 |

...A

...Number   No of Package   Description of Goods   Weight Measurment

* CONTAINER NO.
BBGU1232211 / 8GT / 350MT

8 OTHER(GT)

"SHIPPER'S LOAD & COUNT"

SAID TO CONTAIN :

WAREHOUSE   03005440 부산 토마토 보세창고
ASSIGNMENT:C (부두직통관)

부지약관(Unknown Clause)
송하인이 적재하고, 카운트함
= B/L에도 기재되며, Clean B/L이
발행되며, FCL임을 추측할 수 있음

Delivery Order(화물인도지시서)
선사에 B/L원본을 제시하고 운임을
정산하면 D/O가 발급이 되며,
수입통관 후 D/O를 창고에 제시하
면 수입화물을 반출할 수 있다.

10.1 보험증명서(Insurance Certificate)

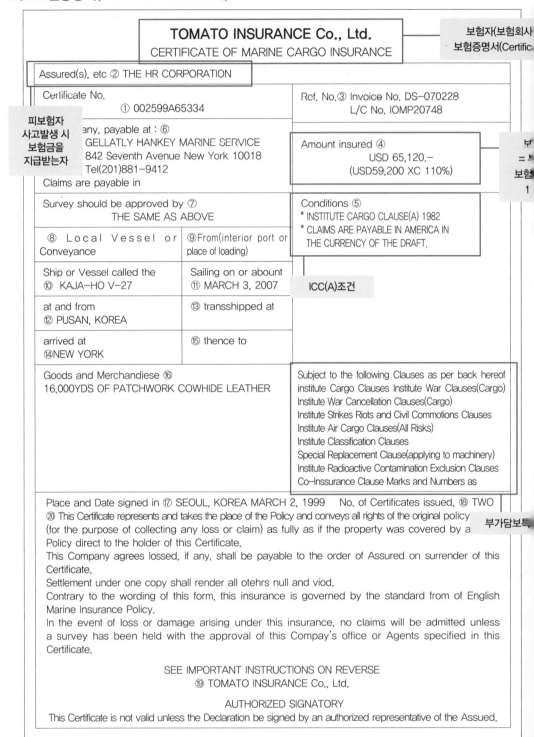

TOMATO INSURANCE Co., Ltd.

CERTIFICATE OF MARINE CARGO INSURANCE

보험자(보험회사
보험증명서(Certific

Assured(s), etc ② THE HR CORPORATION

Certificate No.
① 002599A65334

Rcf. No.③ Invoice No. DS-070228
L/C No. IOMP20748

피보험자
사고발생 시
보험금을
지급받는자

~any, payable at : ⑥
GELLATLY HANKEY MARINE SERVICE
842 Seventh Avenue New York 10018
Tel(201)881-9412

Claims are payable in

Amount insured ④
USD 65,120.-
(USD59,200 XC 110%)

보
=
보험
1

Survey should be approved by ⑦
THE SAME AS ABOVE

Conditions ⑤
* INSTITUTE CARGO CLAUSE(A) 1982
* CLAIMS ARE PAYABLE IN AMERICA IN
THE CURRENCY OF THE DRAFT.

⑧ Local Vessel or Conveyance

⑨From(interior port or place of loading)

Ship or Vessel called the
⑩ KAJA-HO V-27

Sailing on or about
⑪ MARCH 3, 2007

ICC(A)조건

at and from
⑫ PUSAN, KOREA

⑬ transsshipped at

arrived at
⑭NEW YORK

⑮ thence to

Goods and Merchandiese ⑯
16,000YDS OF PATCHWORK COWHIDE LEATHER

Subject to the following Clauses as per back hereof
institute Cargo Clauses Institute War Clauses(Cargo)
Institute War Cancellation Clauses(Cargo)
Institute Strikes Riots and Civil Commotions Clauses
Institute Air Cargo Clauses(All Risks)
Institute Classification Clauses
Special Replacement Clause(applying to machinery)
Institute Radioactive Contamination Exclusion Clauses
Co-Inssurance Clause Marks and Numbers as

Place and Date signed in ⑰ SEOUL, KOREA MARCH 2, 1999   No. of Certificates issued. ⑱ TWO
⑳ This Certificate represents and takes the place of the Policy and conveys all rights of the original policy
(for the purpose of collecting any loss or claim) as fully as if the property was covered by a
Policy direct to the holder of this Certificate.

부가담보특

This Company agrees lossed, if any, shall be payable to the order of Assured on surrender of this
Certificate.
Settlement under one copy shall render all otehrs null and viod.
Contrary to the wording of this form, this insurance is governed by the standard from of English
Marine Insurance Policy.
In the event of loss or damage arising under this insurance, no claims will be admitted unless
a survey has been held with the approval of this Compay's office or Agents specified in this
Certificate.

SEE IMPORTANT INSTRUCTIONS ON REVERSE
⑲ TOMATO INSURANCE Co., Ltd.

AUTHORIZED SIGNATORY
This Certificate is not valid unless the Declaration be signed by an authorized representative of the Assued.

10.2 보험증권(Insurance Policy)

① TOMATO <u>INSURANCE CO., LTD.</u>

6000, TOMATO, KOREA

TEL : (O2) 02-500-5000 . FAX : (O2) 6000 6115

MARINE CARGO INSURANCE POLICY

Assured(s), etc. ② KITA CO., LTD.	
Police No. WXS8150051600	③ Ref. No. INVOICE NO. IE2015 1129 0324L/C NO. 662/212/4333
④ Claim, if any, payable at : MCLARENS TOPLIS, NORTH AMERICA. 195 BROADWAY, 20TH FLOOR NEW YORK, NEW YORK 10007 TEL : (212) 2672700, 1-800-472-4128 63932, 9625360 TLX : 233158 ble in the USD CURRENCY	

**보험사고발생 시
손해조사기관
(손해사정사)**

	⑤ Amount insured USD 98,308.37 INVOICE USD 89,371.25×110%

Survey should be approved by : SMITH, BELL & CO., INC SMITH BELL BUILDING 2294 PASONG TAMO EXTENSION 1231 MAKATI, METRO MANILA TEL : (2) 8167851/8 TLX : 63335 BELLAD PN FAX : (2) 8150199, 8136949		⑪ Conditions Subject to the following Clauses
Local Vessel or Conveyance	⑥ From(interior port or place of loading)	as per back hereof or as attached Institute Cargo Clauses A/R Institute War Clauses Institute SRCC Clauses(Institute Strike
Ship or Vessel called the TOMATO SEOUL 0208W	Sailing on or about Feb. 25, 2015	Clauses for use only with New Marine Policy Form) Special Replacement Clause (applying to machinery)
⑦ at and from KOREA (BUSAN)	⑧ Transshipped at	On Deck Clause Institute Radioactive Contamination Exclusion Clause INSTITUTE WAR CLAUSES(CARGO)
⑨ arrived at MANILA, PHILIPPINES	⑩ thence to	INSTITUTE STRIKES, RIOTS & CIVIL COMMOTIONS CLAUSES CLAIMS TO BE PAYABLE IN USA IN THE CURRENCY OF THE DRAFT(S)

⑫ Goods and Merchandises

LIST AS ATTACHED.

P.O. N.O. 1234 (65 PERCENT COTTON, 35 PERCENT NYLON RIPSTOP 57 INCHES)

(A)	FABRIC NAME : 65 PERCENT COTTON 3.5 PERCENT NYLON RIPSTOP
(B)	QUALITY NO. KN 20RS
(C)	FIBER CONTENT : PA 35% CTN 65%
(D)	FABRIC WIDTH : 56/7
(F)	LC NO. MD01438867

COLOR BREAKDOWN:

ARMY —	17,854YARDS
BLACK—	3,621YARDS
CHINO —	12,250YARDS

(E)	TOTAL 33,725YARDS

**부보조건(약관)
ICC A/R
부가담보특약**

Feb. 24, 2015	NO. OF POLICIES ISSUED TWO

**피보험목적물
Subject matter Insured**

11. 수입신고필증

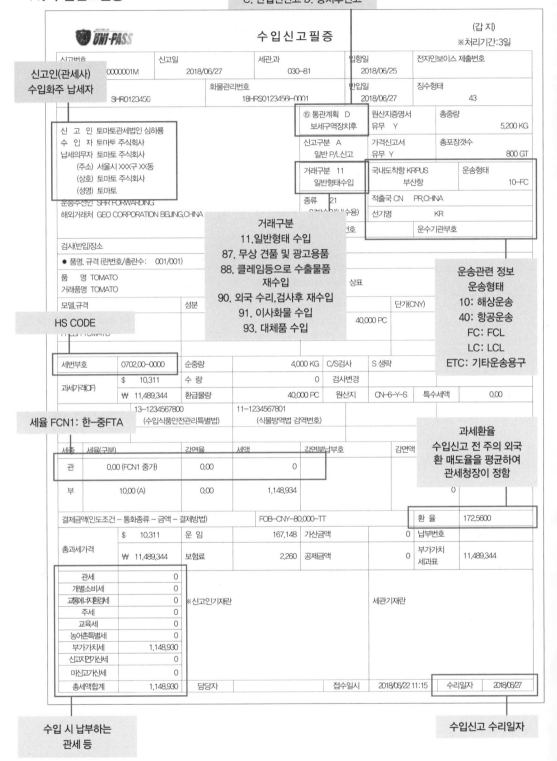

통관계획
A. 출항전신고 B. 입항전신고
C. 반입전신고 D. 장치후신고

신고인(관세사)
수입화주 납세자

(갑 지)
※처리기간:3일

수 입 신 고 필 증

신고번호	신고일	세관,과	입항일	전자인보이스 제출번호
0000001M	2018/06/27	030-81	2018/06/25	

	화물관리번호	반입일	징수형태
SHR012345G	18HRS0123456-0001	2018/06/27	43

신 고 인 토마토관세법인 심하룡
수 입 자 토마토 주식회사
납세의무자 토마토 주식회사
　(주소) 서울시 XXX구 XX동
　(상호) 토마토 주식회사
　(성명) 토마토

운송주선인 SHR FORWARDING
해외거래처 GEO CORPORATION BEIJING,CHINA

검사(반입)장소

● 품명,규격 (란번호/총란수: 001/001)

품　명 TOMATO
거래품명 TOMATO

모델,규격

HS CODE

⑮ 통관계획 D	원산지증명서	총중량	
보세구역장치후	유무 Y		5,200 KG

신고구분 A	가격신고서	총포장갯수	
일반 P/L신고	유무 Y		800 GT

거래구분 11	국내도착항 KRPUS	운송형태
일반형태수입	부산항	10-FC

종류 21	적출국 CN　PR.CHINA
	선기명 KR
	운수기관부호

거래구분
11.일반형태 수입
87. 무상 견품 및 광고용품
88. 클레임등으로 수출물품
재수입
90. 외국 수리,검사후 재수입
91. 이사화물 수입
93. 대체품 수입

운송관련 정보
운송형태
10: 해상운송
40: 항공운송
FC: FCL
LC: LCL
ETC: 기타운송용구

성분		상표	
		단가(CNY)	
		40,000 PC	

세번부호	0702.00-0000	순중량	4,000 KG	C/S검사	S 생략
과세가격(CIF)	$ 10,311	수 량	0	검사변경	
	₩ 11,489,344	환급물량	40,000 PC	원산지	CN-6-Y-S	특수세액	0.00

13-1234567800　　　　11-1234567801
(수입식품안전관리특별법)　　(식물방역법 검역번호)

세율 FCN1 : 한-중FTA

과세환율
수입신고 전 주의 외국
환 매도율을 평균하여
관세청장이 정함

세종	세율(구분)	감면율	세액	감면분납부호	감면액
관	0.00 (FCN1 중가)	0.00	0		
부	10.00 (A)	0.00	1,148,934		0

결제금액(인도조건 - 통화종류 - 금액 - 결제방법)	FOB-CNY-80,000-TT	환 율	172.5600

총과세가격	$ 10,311	운 임	167,148	가산금액	0	납부번호	
	₩ 11,489,344	보험료	2,260	공제금액	0	부가가치세과표	11,489,344

관세	0
개별소비세	0
교통에너지환경세	0
주세	0
교육세	0
농어촌특별세	0
부가가치세	1,148,930
신고지연가산세	0
미신고가산세	0
총세액합계	1,148,930

※신고인기재란

세관기재란

담당자		접수일시	2018/06/22 11:15	수리일자	2018/06/27

수입 시 납부하는
관세 등

수입신고 수리일자

12. 수출신고필증(E/L; Export Licence)

거래구분
11. 일반 수출 29. 임가공(위탁가공)수출 31. 위탁판매
수출 79. 중계무역 수출 83. 외국 수리, 검사용 수출
90.계약상이물품 수출 92. 무상 반출 견품, 광고용품

결제방법
TT: 전신환(송금), DP: 서류상환추심
DA: 만기상환추심, LS: 일람지급신용장
LU: 기한부신용장

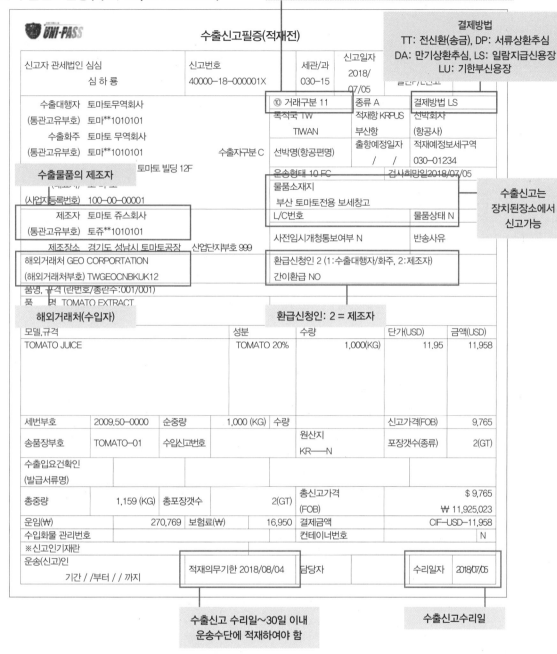

UNI-PASS

수출신고필증(적재전)

신고자 관세법인 심심 심 하 룡	신고번호 40000-18-000001X		세관/과 030-15	신고일자 2018/07/05	

수출대행자 토마토무역회사
(통관고유부호) 토마**1010101
수출화주 토마토 무역회사
(통관고유부호) 토마**1010101
토마토 빌딩 12F

⑩ 거래구분 11   종류 A   결제방법 LS
목적국 TW   적재항 KRPUS   선박회사
  TIWAN   부산항   (항공사)
수출자구분 C   선박명(항공편명)   출항예정일자 / /   적재예정보세구역 030-01234

수출물품의 제조자
(사업자등록번호) 100-00-00001
제조자 토마토 쥬스회사
(통관고유부호) 토쥬**1010101
제조장소 경기도 성남시 토마토공장 산업단지부호 999
해외거래처 GEO CORPORTATION
(해외거래처부호) TWGEOCNBKUK12
품명, 규격 (란번호/종란수:001/001)
품 명 TOMATO EXTRACT

해외거래처(수입자)

운송형태 10 FC   검사희망일2018/07/05
물품소재지
  부산 토마토전용 보세창고
L/C번호   물품상태 N
사전임시개청통보여부 N   반송사유
환급신청인 2 (1:수출대행자/화주, 2:제조자)
간이환급 NO

환급신청인: 2 = 제조자

수출신고는 장치된장소에서 신고가능

모델,규격		성분	수량	단가(USD)	금액(USD)
TOMATO JUICE		TOMATO 20%	1,000(KG)	11,95	11,958
세번부호	2009.50-0000	순중량	1,000 (KG)	수량		신고가격(FOB)	9,765
송품장부호	TOMATO-01	수입신고번호		원산지 KR——N	포장갯수(종류)	2(GT)
수출입요건확인 (발급서류명)						
총중량	1,159 (KG)	총포장갯수	2(GT)	총신고가격 (FOB)	$ 9,765 ₩ 11,925,023
운임(₩)	270,769	보험료(₩)	16,950	결제금액	CIF-USD-11,958
수입화물 관리번호				컨테이너번호	N

※신고인기재란
운송(신고)인
  기간 / /부터 / / 까지
적재의무기한 2018/08/04   담당자   수리일자 2018/07/05

수출신고 수리일~30일 이내 운송수단에 적재하여야 함

수출신고수리일

토마토패스
국제무역사 2급 초단기완성
—

초 판 발 행	2018년 10월 25일
개정1판1쇄	2020년 08월 25일

편 저 자	심하롱
발 행 인	정용수
발 행 처	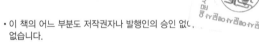 예문사
주 소	경기도 파주시 직지길 460(출판도시) 도서출판 예문사
T E L	031) 955-0550
F A X	031) 955-0660

등 록 번 호	11-76호

정 가	24,000원

홈페이지 **http://www.yeamoonsa.com**

I S B N   978-89-274-3637-9   [13320]

이 도서의 국립중앙도서관 출판예정도서목록(CIP)은 서지정보유통
지원시스템 홈페이지(http://seoji.nl.go.kr)와 국가자료공동목록시스템
(http://www.nl.go.kr/kolisnet)에서 이용하실 수 있습니다.
(CIP제어번호: CIP2020026623)